Till Julian Huss
Ästhetik der Metapher

Image | Band 154

Till Julian Huss, geb. 1983, studierte Kunst und Philosophie in Münster und promovierte an der Humboldt-Universität zu Berlin. Er forscht zu visuellen Metaphern, der Darstellung von Zeit sowie Formen der Wiederholung in der bildenden Kunst und Medienkultur.

TILL JULIAN HUSS
Ästhetik der Metapher
Philosophische und kunstwissenschaftliche Grundlagen visueller Metaphorik

[transcript]

Die Publikation wird ermöglicht durch den Exzellenzcluster *Bild Wissen Gestaltung. Ein Interdisziplinäres Labor* der Humboldt-Universität zu Berlin (Fördernr. EXC 1027/1) und die finanzielle Unterstützung durch die Deutsche Forschungsgemeinschaft im Rahmen der Exzellenzinitiative.

Dissertation an der Kultur-, Sozial- und Bildungswissenschaftlichen Fakultät der Humboldt-Universität zu Berlin

Bibliografische Information der Deutschen Nationalbibliothek
Die Deutsche Nationalbibliothek verzeichnet diese Publikation in der Deutschen Nationalbibliografie; detaillierte bibliografische Daten sind im Internet über http://dnb.d-nb.de abrufbar.

© 2019 transcript Verlag, Bielefeld

Alle Rechte vorbehalten. Die Verwertung der Texte und Bilder ist ohne Zustimmung des Verlages urheberrechtswidrig und strafbar. Das gilt auch für Vervielfältigungen, Übersetzungen, Mikroverfilmungen und für die Verarbeitung mit elektronischen Systemen.

Umschlagabbildung: Till Julian Huss und Lena von Goedeke, 2018
Druck: Majuskel Medienproduktion GmbH, Wetzlar
Print-ISBN 978-3-8376-4749-5
PDF-ISBN 978-3-8394-4749-9
https://doi.org/10.14361/9783839447499

Gedruckt auf alterungsbeständigem Papier mit chlorfrei gebleichtem Zellstoff.
Besuchen Sie uns im Internet: *https://www.transcript-verlag.de*
Bitte fordern Sie unser Gesamtverzeichnis und andere Broschüren an unter:
info@transcript-verlag.de

Inhalt

Einleitung | 7

ERKENNTNIS, SPRACHE, WIRKLICHKEIT: VON DER METAPHER ZUR LEBENSWELT

1 Poetische Logik und Sprachursprung (Vico) | 31
2 Einheit der Sinne und vorsprachliche Analogie (Herder) | 41
3 Exkurs: Sprachliche Grenze, Symbol und Metapher (Kant) | 49
4 Metapherntrieb und Artisten-Metaphysik (Nietzsche) | 53
5 Symbolische Prägnanz und radikale Metapher (Cassirer) | 67
6 Metaphorologie und Unbegrifflichkeit (Blumenberg) | 87
7 Resüme: Die Metapher zwischen Sprache, Anschauung und Denken | 107

RHETORIK, ÄSTHETIK, KOGNITION: VON DER SINNLICHKEIT IM DENKEN

8 Ästhetische Vorgeschichte (Baumgarten) | 119
9 Ähnlichkeit und Analogie (Richards, Black) | 125
10 Kritik des Bildbegriffs (Asmuth, Furbank, Gehring) | 135
   Der Fall des Hase-Ente-Kopfes: Wittgensteins *Sehen-als* und die Folgen (Hester, Ricoeur) | 144
11 Metapher als Metapher: Verstrickung, Entzug und Grenze (Derrida, de Man, Haverkamp) | 159
12 Die kognitive Metapher | 177
   Metaphorische Modellierung von Theorien und Lebenswelten (Black, Turbayne, Wheelwright, Hesse) | 178
   Cognitive Metaphor Theory (Lakoff/Johnson) | 189
   Historische und kognitive Semantik: Die Eisberge der Metapherntheorie (MacCormac, Kittay, Indurkhya, Haskell) | 201
13 Kunstphilosophie der Metapher | 225
   Sinnlicher Ausdruck des Geistes und Seelenlebens (Hegel, Biese) | 229
   Ausdruck als metaphorische Exemplifikation (Goodman) | 231
   Kunst als Transfiguration (Danto) | 241
   Zwischen Metapherntheorie und Kunstphilosophie (Hausman) | 250
14 Resümee: Die Metapher als Form der sinnlichen Erkenntnis | 257

DIE SICHTBARE METAPHER

15 **Metapher und Symbolgenese** (Panofsky, Gombrich) | 267
16 **Kritik des Metaphernbegriffs** (Boehm, Mitchell) | 287
17 **Bild und Metapher** | 301
   Perspektiven eines kognitiven Ausgangspunktes
   (Gombrich, Forceville, Rimmele) | 301
   Interdisziplinäre Positionen (Kennedy, Rozik, Sonesson, Forceville) | 311
   Die Metapher im Bild: Mischgestalt und Sehen-als
   (Aldrich, Danto, Carroll) | 319
   Metaphorische Prozesse im Bild (Bätschmann, Wagner) | 333
   Das Bild als Metapher (Wollheim) | 342
   Jackson Pollock: Abstrakte Malerei und Metapher | 347
18 **Mediale Metaphern und visuelle Metaphern der Metapher**
   (Alberti, Crary, Stoichita, Kruse) | 353
19 **Die visuelle kognitive Metapher** (Arnheim, Rothenberg) | 373
20 **Wahrnehmung und Metapher** | 391
   Johannes Brus: Ausstellungsmetaphorik | 391
   Félix González-Torres: metaphorische Konzepte | 397
   Non-Anthropomorphic und *The Metaphor Problem*:
   Ablehung und Skepsis | 401
   Matthew Barney: metaphorisches Denken | 409
21 **Resümee: Systematische Aspekte visueller Metaphorik** | 423

Nachwort | 429

Literatur | 435

Abbildungsverzeichnis | 457

Namensregister | 461

Einleitung

Die vorliegende Dissertation unterzieht die verschiedenen und mitunter skizzenhaft ausgeführten Theorien zur visuellen Metapher einer allerersten systematischen Analyse, um eine Grundlegung für die weitere Forschung vorzunehmen. Um für die Geltung einer Theorie der visuellen Metapher zu argumentieren, wird die Metapher in einer philosophischen Ausarbeitung zwischen Sprache, Anschauung und Denken verortet. Hierdurch lässt sich eine seit der Begründung der Ästhetik im 18. Jahrhundert immer wieder vorgenommene erkenntnistheoretische, kognitive und anthropologische Aufwertung der Metapher als wichtige Traditionslinie der Metaphernforschung aufgreifen. Der Metapher kommt eine grundlegende Funktion im Denken und in der sinnlichen wie auch sprachlichen Aneignung und Umformung der Welt zu. Sprachliche und visuelle Metaphern lassen sich als verschiedene Ausdrucksformen eines Denkens in Metaphern verstehen.

Das Buch vollzieht über die drei Hauptteile eine Bewegung von den philosophisch-anthropologischen Grundlagen der Metapher als Erkenntnismittel über die ästhetische Funktion der Metapher in der Sprache bis hin zu den metaphorischen Ausdrucksarten in anschaulichen Gebilden. Um die sprachliche und visuelle Metapher aufeinander zu beziehen, aber auch voneinander abzugrenzen, werden der zweite und dritte Teil durch eine multiperspektivische Kritik verbunden: einerseits der Kritik am Bildbegriff der Metapherntheorien und andererseits der Kritik am Metaphernbegriff der Bildtheorien. Erst durch diese zwei aufeinander antwortenden Teile der Analyse lässt sich die Ästhetik der Metapher im Denken und in den verschiedenen Ausdrucksformen angemessen bestimmen. Durch den kognitiven Ausgangspunkt der Untersuchung wird in der Verbindung von Philosophie, Kognitionswissenschaft, Wahrnehmungspsychologie, Kunstwissenschaft und künstlerischen Positionen der Gegenwartskunst erstmals auch eine produktionsästhetische Theorie der visuellen Metapher ausgearbeitet. Sprachliche und visuelle Metaphern sind nicht bloßer Ausdruck eines metaphorischen Denkens. Sie werden erzeugt und rezipiert durch das Zusammenspiel von Sinnen und Materialien, von Modalitäten und Medialitäten.

Die Metapher

Die Metapher ist allgegenwärtig in der Sprache wie auch im Denken. Sie ist wesentliches Mittel in der Dichtung als poetische Figur wie auch in der Rhetorik als machtvolle Überzeugungsleistung. Ebenso durchdringt sie unsere alltägliche Sprache als kreative Neuschöpfung oder aber konventionelle und tote Metapher wie etwa in den Ausdrücken ›Lebensabend‹ und ›Tischbein‹. Philosophie und Wissenschaft greifen nicht weniger auf Metaphern zurück, um Theorien und die ihnen zugrunde liegenden Modelle auszuarbeiten: die Welt wird dem Wesen nach als Wasser bestimmt (Thales von Milet), der Staat ist ein Organismus (Thomas Hobbes), die Gesellschaft gemäß der Botanik ein sich selbst produzierendes System mit Außen und Innen (Nikolas Luhmann). Neue Phänomene werden mitunter zu weiten Teilen durch Metaphern beschrieben wie beispielsweise für den Computer in der Hard- und Software Ausdrücke wie ›Maus‹, ›Desktop‹, ›Papierkorb‹, ›Cloud‹ und ›Motherboard‹ belegen. Diese Leistung der Metapher weist auf ihre grundlegende und unumgängliche Funktion in der Sprache hin. Abstrakte Phänomene werden oftmals statt durch neu eingeführte Begriffe durch Metaphern bestimmt. Besonders bei Dingen, die der direkten sinnlichen Erfahrung unzugänglich sind, springt die Metapher ein, indem sie das weniger Konkrete oder auch gänzlich Abstrakte durch eine konkrete Erfahrung verstehen lässt. Unser Denken und unsere mentalen Prozesse sind in der Sprache nur mit Metaphern benenn- und beschreibbar. ›Einen Gedanken *fassen*‹, ›eine Denk*blockade* haben‹, ›sich etwas *vorstellen*‹, ›einen *Filmriss* haben‹ – alle diese Ausdrücke oder Redewendungen machen einen sehr abstrakten Vorgang erfahrbar, indem sie körperliche oder kulturelle Erfahrungen auf den Gegenstandsbereich anwenden.

    Metaphern sind mehr als nur Umschreibungen oder Ersetzungen, die sich ohne Verlust wieder in die ›eigentliche‹ Sprache zurückübersetzen lassen. Sie konkretisieren, fokussieren oder ermöglichen allererst den Zugang zu etwas. Ihr enormer Einfluss und ihre erkenntnistheoretische Funktion lässt sich an einem einfachen Beispiel verdeutlichen: der Windschatten. Der Schatten, als eine dunkle Form, die durch alles projiziert wird, das Lichtstrahlen unterbricht, wird als anschauliche Erfahrung genutzt, um ein Phänomen genauer vermitteln zu können, das zwar wahrgenommen aber nicht unmittelbar gesehen werden kann. Diese Metapher erzeugt eine Spannung zwischen Ähnlichkeit und Differenz: Einerseits sind sich beide Phänomene ähnlich, weil jeweils durch eine Blockade eine Kraft unterbrochen wird. Andererseits sind sie aber auch grundsätzlich verschieden, weil ein Schatten nur durch die Unterbrechung eines Lichtstrahles erzeugt wird, nicht hingegen durch eine solche des Windes. Die Ähnlichkeit beider Phänomene macht es aber möglich, sich trotz des begrifflichen Widerspruchs, über die ungewohnte Verwendung hinwegzusetzen und nach einer neuen Bedeutung zu suchen. Die Metapher des Windschattens strukturiert die Erfahrung des Phänomens auf bestimmte, fokusbildende Weise: Der Bereich hinter einem Gegenstand, der nicht vom Wind ergriffen wird, kann gemäß des Schattens als klar umrissener Raum verstanden werden, der sich anhand des Gegenstandes mit Linien präzise erfassen lässt – ebenso, wie es beim Schatten als Unterbrechung einer Lichtquelle der Fall ist. Die Metapher kann also dazu führen die dynamische Luftzirkulation gemäß einem projizierten Schatten zu verstehen. Ebenso macht sie den vor dem Wind geschützten Bereich aber auch konkreter erfahrbar, indem sie ihm eine Sichtbarkeit nahelegt. Diese Visualität der Metapher kann aber nicht auf ein Bild reduziert werden. Während wir bei Begriffen wie ›Hund‹ oder ›Auto‹ eine anschauliche Vorstellung haben, die auf Erinnerungsbilder und schematische, an Begriffe und Kategorien gebundene abstrahierte Vorstellungsbilder zurückgeht, ist es fraglich, ob wir eine solche Vorstellung auch mit dem Begriff ›Schatten‹ verbinden. Oder meint die Rede von der Metapher als Sprachbild ein Bild, das erst durch die Metapher produziert wird? Ist der Metapher ein genuiner Zugang zur mentalen Bildlichkeit eigen oder bringt sie Bilder eigener Art sogar allererst hervor? Bereits das einfache Beispiel des Windschattens zeigt, dass die Metapher ein Phänomen konkreter und mitunter durch ein auf sinnliche Erfahrung beruhendes Konzept verstehen lassen kann, ohne dass sie ein Bild in die Sprache setzt.

Der Ausdruck ›Windschatten‹ ist eine konventionelle, sogar tote Metapher, denn er ist in den alltäglichen Sprachgebrauch übergegangen und wird nur in Ausnahmefällen bewusst als Metapher wahrgenommen. Zudem ist er eine Wortmetapher – reduziert die Metapher also auf einen einzelnen Ausdruck, der auch ohne seinen Kontext in einer Äußerung oder einem Text als Metapher hinreichend verstanden wird. Kreative Metaphern hingegen sind in der Regel nicht ohne ihren Kontext zu verstehen:

»schwer tragen wir an den macheten, mit denen sätze
                (ehemals endoparasiten)
zu verdaulichen happen gehackt werden«[1]

In diesen Zeilen aus dem Gedicht *Ausgang, zurück* von Jan Skudlarek ist der metaphorische Sinn nur aus einem Kontext und einem Netz von Metaphern zu verstehen. In den Ausführungen behandelt der Autor die Sprache als lebendigen und materiellen Organismus. Sätze in ihrer linearen Abfolge und sukzessiven Äußerung werden mit Endoparasiten, zu denen auch Bandwürmer zählen, gleichgesetzt. Erst wenn sie zerteilt werden, sind sie auch verdaubar. Die Verdauung von Substanzen wird mit der kognitiven Verarbeitung von Sätzen gleichgesetzt. Die Bandwürmer unseres

---

1 Skudlarek 2010.

sprachlichen Denkens müssen wir mit schwerem Werkzeug, der Machete, zerhacken, um sie für andere verdaubar, also verständlich zu machen. Die Metaphern vermitteln einen sehr abstrakten kognitiven und kommunikativen Prozess durch sehr konkrete Vorstellungen wie ›Happen‹ und ›Machete‹. Sind die Metaphern dadurch aber Sprachbilder? Allgemein ließe sich sagen, dass die Ausführungen eine abstrakte Erfahrung durch konkrete sinnliche Erfahrungen wiedergeben. Inwieweit bildhafte Vorstellungen dabei eine Rolle spielen und wie genau diese ›aussehen‹, ist deutlich schwerer zu beantworten. Dem Ausdruck ›Machete‹ kann ein schematisches Vorstellungsbild entsprechen, ebenso können wir beim Lesen des Gedichts aber auch an das Aussehen einer bestimmten Machete erinnert werden, die wir vielleicht noch vor wenigen Tagen in Händen hielten oder auf einem Bild gesehen hatten. Zudem appellieren die Verse an das motorische Gedächtnis, die Handhabung einer großen und schweren Waffe wie auch das Verzehren von Happen. Die ästhetische Dimension der Metapher ist daher nicht einfach auf ein Bild zurückzuführen. Sie ist vielmehr dynamisch und kann auch multisensorisch sein und dabei konkrete Bilder, Handlungen, Gerüche, Töne oder ganze Ereignisse in der Erinnerung aufrufen. Der Auszug aus dem Gedicht spiegelt diese ästhetische Seite der Sprache auch inhaltlich wider: Um die Komplexität unseres Denkens, seine Verbindung von Sprache und sinnlicher Vorstellung, mitteilen zu können, müssen wir verdauliche Happen äußern können.

Die Theorie der Metapher

Um dem Phänomen der Metapher gerecht zu werden, gilt es, seine enorme Bedeutung für die Alltagssprache mit seiner Schlüsselfunktion für die Sprache, Ästhetik wie auch Erkenntnistheorie zusammenzudenken. In dieser Weise ist die Metapher besonders: Einerseits gehört sie zu unserem täglichen Sprachgebrauch und geht auf eine Art intuitive Verwendung zurück, andererseits ist sie seit zweieinhalb Jahrtausenden Gegenstand eines philosophischen Diskurses über das Wesen und die Grenzen unserer Sprache, unseres Denkens und unserer Erkenntnis. Der Metapher im alltäglichen Sprachgebrauch steht also ein theoretischer und höchst sensibler bis kritischer Umgang mit der Metapher gegenüber, hinter dem sich mitunter eine ganze Erkenntnistheorie oder Philosophie der Sprache auftut.

Die Theorie der Metapher wie auch die ›Namengebung‹ des Phänomens geht auf Aristoteles zurück. Er bezeichnet den Prozess zur Sinnerzeugung als *Metaphorà* (μεταφορά) und bestimmt seine Leistung damit als *Übertragung*. Er arbeitete sie sowohl in der *Rhetorik* wie auch der *Poetik* aus und machte sie zum Gegenstand der Lexis und der Dichtung. Aristoteles zeichnete bereits in der Antike im Wesentlichen das komplexe Feld der Metapherntheorie vor, indem er die Metapher in ein Spannungsverhältnis zwischen Sprache und Bild, zwischen analogischen Übertragungen gemäß der Gattungen und einem Vor-Augen-Stellen und zwischen ein Hervorbringen eines Rätsels und einer Ähnlichkeit stellt.² Bereits in dieser antiken Grundlegung zeichnet sich ein epistemologischer Aspekt im Umgang mit der Metapher ab, der für die Theoriebildung bis heute von zentraler Bedeutung und auch unumgänglich ist: Weil die Metapher ein so abstraktes sprachliches wie kognitives Phänomen ist, brauchen wir selbst Metaphern, um sie konkreter begreifen und beschreiben zu können. Grundsätzlich verstehen wir mentale Vorgänge mithilfe räumlicher Vorstellungen. Der Ausdruck *Metaphorà* ist selbst eine räumliche Metapher, denn die Sinnproduktion wird als eine Übertragung, ein Transport von einem Ort an einen anderen bestimmt. In diesem Sinne ›übersetzte‹ Quintilian die Metapher mit *translatio* ins Lateinische und wies den Begriffen einen eigentlichen Ort (*loci*) zu, an dem sie ihre Bedeutung haben und von dem aus sie durch die Metapher an einen anderen transportiert werden, um eine neue Bedeutung anzunehmen. Er fügte allerdings eine folgenschwere Definition hinzu, indem er die Metapher als verkürzte Vergleichung bestimmte.³ Auf dieses Verständnis aufbauend, wurde die Metapher bis ins 20. Jahrhundert zumeist als Ersetzung eines Wortes durch ein anderes gesehen. Die Metapher ließe sich in dieser Hinsicht problemlos in die ›eigentliche‹ Sprache zurückübersetzen.

Vom Beginn der Neuzeit bis zum 20. Jahrhundert erlitt die Metapher zumeist das Schicksal eines Exilanten. Sie wurde als ›uneigentliche‹ Rede aus der philosophischen und wissenschaftlichen Sprache verbannt und gemäß der aristotelischen Unterscheidung zwischen Rhetorik und Poetik einerseits der Redekunst und gefährlichen Überzeugungsleistung und andererseits der Dichtung als bildhafter Ausdruck und Ornament zugesprochen.⁴ Ihre Rehabilitierung als Mittel der alltäglichen wie auch theoretischen Sprache vollzog sich erst im Laufe des 20. Jahrhunderts. Es ist das Verdienst der Theorie Ivor Armstrong Richards und ihrer Weiterentwicklung zur Interaktionstheorie durch Max Black, die Metapher genauer als einen Übertragungsprozess zwischen zwei Vorstellungen zu bestimmen, ihre erkenntnistheoretische wie auch kognitive Funktion herauszuarbeiten und nicht zuletzt ihre Unersetzbarkeit unter Beweis zu stellen.⁵ Neben dieser Ausarbeitung der Metapher als semantischer Prozess sind es vor allem Roman Jakobsons und Harald Weinreichs wie auch Hans Blumenbergs Theorien, die der Metapher zu Beginn der 2. Hälfte des 20. Jahrhunderts eine zentrale Funktion in der Sprache zuwiesen. Jakobson bestimmt Metapher und Metonymie als die zwei Grundachsen der Sprache. Weinrich und

---

2 Vgl. Aristoteles 1980, 190f. und Aristoteles 1982, 73 u. 77.
3 Vgl. Quintilian 1995, 251.
4 Eine Zusammenfassung des theoretischen wie auch poetologischen Werdegang der Metapher vor allem in Hinblick auf ihre ästhetische Dimension bietet Willer 2010.
5 Vgl. Richards 1936 und Black 1954.

Blumenberg entwickeln eine historische Semantik der Metapher, die letzterer als Metaphorologie und wesentliche Erweiterung und Grundlegung der Begriffsgeschichte ausweist.[6] Ein besonders wichtiger Wandel wie auch eine enorme Expansion der Metaphernforschung vollzog sich gegen Ende der 1970er und zu Beginn der 1980er Jahre: (1.) entfachte ein kritischer metapherntheoretischer Diskurs zwischen semantischen, pragmatischen und zeichentheoretischen Positionen der Metapher, für den vor allem die Herbst-Ausgabe des *Critical Inquiry* von 1978 paradigmatisch einsteht, (2.) legten Andrew Ortony mit *Metaphor und Thought* (1979/1993) und Anselm Haverkamp mit *Theorie der Metapher* (1983) für den englischen und deutschen Sprachraum die bis heute maßgebenden Anthologien der Theoriebildung zur Metapher vor, (3.) veröffentlichten George Lakoff und Mark Johnson 1980 ihre Schrift *Metaphors We Live By* und initiierten eine neue und einflussreiche metapherntheoretische Forschung der Kognitionswissenschaften.[7]

Inwieweit lässt sich das Feld der Theoriebildung zur Metapher abstecken? Für die Forschung ist es besonders bezeichnend, welches Spektrum die beiden einflussreichen Anthologien von Ortony und Haverkamp aufweisen und welche Spannung sie zwischen unterschiedlichen Schwerpunktsetzungen aufbauen. Zwei wesentliche historische Markierungen tauchen bei beiden auf und sind Gemeinplatz der Forschung: die antike Grundlegung durch Aristoteles und die moderne, kopernikanische Wende der Metapherntheorie durch Richards. Ergänzen lässt sich als bedeutender Wegbereiter zudem Friedrich Nietzsche.[8] Generell kann dem metapherntheoretischen Diskurs eine Vernachlässigung der neuzeitlichen philosophischen Kritik am Rationalismus attestiert werden. Diese Kritik ist für die Metapherntheorie jedoch von fundamentaler Bedeutung, denn sie nutzt die Metapher als wesentlich ästhetisches *und* epistemologisches Phänomen und bereitet damit viele der neueren Aufwertungen der Metapher – von Nietzsche über Ernst Cassirer bis Blumenberg – vor. Haverkamp holt dieses Defizit in zwei weiteren Publikationen nach. In einer ergänzenden Anthologie von 1998 fasst er die wesentlichen Positionen zum Streit über die Paradoxie der Metapher zusammen.[9] In seiner Monografie von 2007 arbeitet er schließlich die ästhetische und rhetorische Vorgeschichte der modernen Metapherntheorie aus. Ebenso attestiert er der aktuellen Theoriebildung Gewohnheiten

---

6 Vgl. Jakobson 1956, Weinrich 1963 und Blumenberg 1960 u. 1972.

7 Vgl. Ortony 1979/1993, Haverkamp 1983 und Jakoff/Johnson 1980. Für den deutschen Sprachraum lässt sich ferner die poetologische Anthologie zur Metapher von Klaus Müller-Richter und Arturo Larcati ergänzen, vgl. Müller-Richter/Larcati 1997.

8 In seinem Aufsatz »Ueber Wahrheit und Lüge im aussermoralischen Sinne« thematisiert Nietzsche die Metapher in ihrer erkenntnistheoretischen Funktion und nutzt sie als wesentliches Argument einer Kritik der Metaphysik. Vgl. Nietzsche 1873.

9 Vgl. Haverkamp 1998.

vor allem im Hinblick auf die historische Differenzierung, die sich zumeist als Topos eines »Metaphern-Mittelalters« zwischen Antike und dem 20. Jahrhunderts bzw. Nietzsche äußern würden.[10] Als neue Wendungen der Metapherntheorie ergänzt Haverkamp die Performativität, Ambiguität und Unbegrifflichkeit, bleibt damit aber dem sprachlichen Paradigma der Metapher verhaftet.[11] Damit blendet er die neuere Forschung zur kognitiven Metapher und besonders auch zur visuellen Metapher in Bild- und Kunstwissenschaft, Semiotik und Psychologie aus.[12]

Ortony nimmt in die Neuauflage seiner Anthologie im Jahr 1993 die kognitionswissenschaftliche Forschung zur Metapher auf. Sie fügt sich in den stark wissenschaftstheoretischen und philosophischen Zugang zur Metapher in der Publikation ein. Grundsätzlich steht die Verbindung der Beiträge zu einem möglichen Erkenntnismodell und dessen Auswirkungen auf die theoretische Skizzierung der Metapher im Vordergrund. Die rhetorische Tradition und ihr Erbe treten dabei zurück.[13] Haverkamp hingegen vernachlässigt in seiner Anthologie von 1980 weitgehend die kognitive Dimension und spricht der Metapher eine rhetorische Herkunft und linguistische Natur zu.[14] Hierdurch wird gerade die philosophische Auseinandersetzung mit der Metapher marginalisiert. Während Ortony die Metapher zwischen den Polen von logischem Positivismus und Konstruktivismus verhandelt, rückt Haverkamp die Differenz der Paradigmen von Sprachanalyse (Black), Strukturalismus (Jakobson) und Hermeneutik (Blumenberg) in den Vordergrund – und ergänzt mit seiner Anthologie von 1998 noch den Dekonstruktivismus (Derrida, de Man) sowie den Widerstreit zwischen Pragmatik (Davidson) und Semantik.[15]

An beiden Perspektiven auf die Metapher zeigt sich bereits, wie unterschiedlich der Gegenstandsbereich und seine disziplinäre Verortung ausfallen können. So stehen sich nicht nur die ›Denkschulen‹ gegenüber wie sie Haverkamp im Hinblick auf die Metapher herausgearbeitet hat. Vielmehr muss ergänzend gefragt werden, ob eine Theorie die Metapher als rein sprachliches oder allgemein kognitives Phänomen bestimmt und ob ein historischer oder rein systematischer Zugang zum Gegenstand vorgenommen wird. Diese Differenzen und Unvereinbarkeiten metapherntheoretischer Positionen und Denkschulen spitzt sich in Anbetracht der neuen kognitionswissenschaftlichen Forschung zu, die sich dezidiert als zeitgenössische Metaphern-

---

10 Haverkamp 2007, 86. Vgl. auch Kohl 2007, 115.
11 Vgl. Haverkamp 2007, 15.
12 Dennoch nahm er bereits 1983 in seine Anthologie einen Beitrag Virgil Aldrichs zur visuellen Metapher auf, dessen völlig neuer Gegenstandsbereich für die Metaphernforschung in der Einleitung in den Band allerdings unberücksichtigt bleibt.
13 Vgl. Ortony 1993, bes. 2.
14 Vgl. Haverkamp 1983, 3f.
15 Vgl. Ortony 1993, 1f.; Haverhamp 1983, 2; Haverkamp 1998.

theorie abzusetzen versucht und zudem ein wesentliches Argument einer allgemeinen philosophischen Wende darstellt. Der aktuelle metapherntheoretische Diskurs ist erkenntlich zweigeteilt und von einer wechselseitigen Ausblendung gezeichnet. Kognitionswissenschaftliche Metapherntheorien marginalisieren oder übersehen ihre Vordenker, literaturwissenschaftliche Positionen zur Metapher berücksichtigen die kognitionswissenschaftliche Forschung oftmals nicht.[16] Weil die Theoriebildung zur visuellen Metapher auf beide ›Lager‹ oder gezielt auf jeweils eines zurückgreift, erzeugt sie gleichermaßen eine Spannung in ihren theoretischen Grundlagen wie auch eine Reproduktion der Spaltung des allgemein metapherntheoretischen Diskurses.

Die verschiedenen Metapherntheorien lassen sich nicht zu einem integralen Ansatz verbinden. Dies macht vor allen Dingen in Anbetracht der großen sprachphilosophischen, ästhetischen und erkenntnistheoretischen Problematiken, die mit der Metapher verbunden sind, eine Einführung zur Metapherntheorie zu einem schwierigen Unterfangen. Es scheint, als wäre der Übergang von einem alltagssprachlichen Verständnis der Metapher zur interdisziplinären Forschung ein großer Sprung, der immer mit Fokusbildungen und Marginalisierungen zu tun hat.[17] Die Komplexität und der Dissens der metapherntheoretischen Forschung stellt besonders für die Analyse nichtsprachlicher Metaphern ein Problem dar. Wie lassen sich Theorien der sprachlichen und kognitiven Metapher finden und auf bspw. die Analyse von Bildern anwenden, ohne dass der Autor oder die Autorin selbst zum Experten der Theoriebildung zur Metapher avanciert oder eben einen methodischen Eklektizismus betreibt?

Die visuelle Metapher

Visuelle Metaphern lassen sich nicht einfach anhand der Übertragung von Kriterien sprachlicher Metaphorik verstehen. Es gilt, die genuin visuellen und besonders bildlichen Mittel zur Hervorbringung von metaphorischen Sinnprozessen zu berücksichtigen. Ein einfaches Beispiel verdeutlicht bereits das bildliche Potential zur Sinnübertragung und ebenso wesentliche Aspekte visueller Metaphorik, die sich als neuralgische Punkte in der Theoriebildung ausweisen lassen. Die grafische Darstellung *Je suis Charlie* (Abb.1) von Domenico Rosa ist im Anschluss an den Terroranschlag auf die französische Satirezeitung *Charlie Hebdo* entstanden. Ihr Sinn lässt

---

16 Vgl. exemplarisch Lakoff/Johnson 1980 u. 1999 sowie Haverkamp 1983 u. 2007.
17 Zahlreiche Einführungen bzw. allgemeine Darstellungen nehmen einen dezidert kognitionswissenschaftlichen Standpunkt ein. Vgl. Kövecses 2002, Knowles/Moon 2006, Kohl 2007. Eine knappe Einführung in Metapher, Symbol und Allegorie, die sich weitgehend neutral zwischen den unterschiedlichen Denkschulen bewegt ist Kurz 1982.

sich sehr leicht verstehen, weil er im Kontext einer allgemeinen metaphorischen Aussage der Reaktionen zahlreicher internationaler Karikaturisten und Satiriker steht: Wörter und natürlich auch Bilder sind eine gefährliche bzw. starke Waffe.

Abbildung 1: Domenico Rosa, Je suis Charlie, 2015

Die Darstellung ist zweigeteilt – auf der einen Seite hebt sich als helle Fläche eine Sprechblase vom schwarzen Hintergrund ab, auf der anderen Seite sieht man als Ausschnitt den Abzug einer Pistole. Beide Teile sind durch formale Korrespondenzen direkt aufeinander bezogen. Die Sprechblase und die durch den Bügel beschriebene Öffnung für den Abzug der Waffe wie auch der spitze Fortsatz an der Sprechblase, der auf den Redner oder die Rednerin verweist, und der Abzugshebel an der Pistole haben genau dieselbe Form. Zudem sind sie auf der jeweiligen Bildhälfte an der gleichen Stelle positioniert. Mit genuin bildlichen Mitteln der Komposition und Formgebung ist in der Darstellung eine Engführung zwischen zwei Elementen erreicht. Welche Metapher ergibt sich aber aus dieser Verbindung? Einerseits kann das Abfeuern der Schusswaffe als starkes Argument verstanden werden – dies würde allerdings gerade der gewaltlosen Antwort auf den Terroranschlag widersprechen. Andererseits kann das Wort als Waffe gesehen werden. In diesem Sinne holen die Karikaturisten und Satiriker zum gewaltlosen aber kraftvollen Gegenangriff aus.

Die bildliche Metapher lässt sich allerdings nicht einfach auf die Anwendung einer sprachlichen Metapher zurückführen. Einerseits ist unklar, welcher sprachliche Ausdruck ihr genau entsprechen soll – ›Das Wort ist eine Waffe‹, ›Argumente haben Durchschlagskraft‹ oder ›Argumentieren ist Schließen‹? –, andererseits betont die bildliche Metapher auf ganz eigene Weise Aspekte für die metaphorische Sinnübertragung wie etwa die formale Analogie zwischen dem Ansatz der Sprechblase und dem Abzug der Waffe. Sie erzeugt eine Verbindung der Vorstellungen auf der Ausdrucksebene, also durch sichtbare Entsprechungen, während die sprachliche Metapher nur die Syntax bei Elementen verbindet, die auf rein inhaltlicher Ebene eine sichtbare oder rein strukturelle Ähnlichkeit aufweisen.

Das Beispiel kann jedoch nicht exemplarisch für alle bildlichen Metaphern einstehen, denn es unterscheidet sich von anderen, künstlerischen Metaphern beispielsweise in Gemälden durch die schematische Wiedergabe mit eindeutig zu bestimmenden Bildelementen, der weitgehenden Loslösung eines bildlichen Kontexts aber der Zugehörigkeit zu einem eindeutigen historischen und kommunikativen Kontext.

Die Theorie der visuellen Metapher

Seit Mitte des 20. Jahrhunderts wird die Möglichkeit auch visueller Metaphern zum Gegenstand der Forschung. Erste Beiträge zur Thematik stammen einerseits aus der Kunstwissenschaft und andererseits aus der philosophischen Ästhetik und Kunstphilosophie. Letztere beerbt damit die Diskussion der rhetorischen Figuren in der Ästhetik seit ihrer Begründung durch Alexander Gottlieb Baumgarten.[18] Neben ihrer Funktion in der Dichtung wird die Metapher vor allem durch ihre Bedeutung für die Kunstinterpretation und allgemein die Sprache über Kunst und die Bestimmung ästhetischer Eigenschaften von Bedeutung.[19] In der Philosophie steht die Metapher zumeist im Dienst einer Wesensbestimmung der Kunst und wird weniger in Hinblick auf ihre allgemeine Grundlegung als visuelles Mittel zur Bedeutungsgenerierung untersucht.[20] Handbücher und Lexika der Ästhetik gehen zumeist nur auf die sprachliche Metapher ein[21] und arbeiten nur selten ihre ästhetische Funktion aus[22]. Der Hinweis auf die Möglichkeit visueller Metaphern bildet eine Ausnahme.[23]

Besonders seit den 1980er Jahren hat die Zahl der Untersuchungen zur visuellen Metapher stark zugenommen. Allgemein lassen sich die Positionen anhand der bereits von Haverkamp für die sprachliche Metapher vorgenommene Unterscheidung in drei Zugänge unterscheiden: (1.) einen eher Sprachanalytisch-Philosophischen,

---

18 Vgl. Baumgarten 1739 u. 1758 und Hegel 1842.
19 Vgl. Gombrich 1954, Kaplan 1954, Beardsley 1968, Sibley 1959, Aldrich 1963, Berry 1967, Goodman 1968, Scruton 1974, Baxandall 1979, Moran 1989, Hausman 1991, Zangwill 1991, Gaut 1997, Carroll 1999, Cohen 2003, Majetschak 2005b, Budd 2006, Grant 2011.
20 Vgl. Biese 1893, Goodman 1968, Danto 1981 u. 1992, Hausman 1991.
21 Vgl. Levin 1992, Cohen 2003, Goer 2006.
22 Vgl. Willer 2005, Lossi 2010, Kümmerling 2014, Urbich 2014.
23 Vgl. Hagberg 2001 und besonders Johnson/Stern/Hausman/Summers/Wheeler 1998.

der auf die Ausarbeitung eines visuellen Phänomens abzielt, das analog zur Sprache einen Syntaxbruch bzw. eine metaphorische Prädikation hervorbringt,[24] (2.) einen zumeist dezidiert Semiotischen, der weitgehend kontextungebundene, schematische Darstellungen zum Gegenstand hat,[25] und (3.) einen Hermeneutisch-Kunstwissenschaftlichen, der ebenso semantische Prozesse in Bildern einschließt[26]. Ergänzend setzt die neue Forschung zur visuellen Metapher auf einen kognitiven Ausgangspunkt. Charles Forceville entwickelte in den 1990er Jahren anhand von Werbegrafiken eine Theorie der bildlichen Metapher, die er in den folgenden Jahrzehnten zu einer Theorie der multimodalen Metapher erweiterte.[27] Mit dieser integralen Metapherntheorie will Forceville allen Formen der Metapher – visuelle, gestische, sprachliche u.a. – auf eine kognitive Grundlage zurückführen. Ebenso arbeitete Marius Rimmele in Anschluss an die kunstwissenschaftliche Forschung Ernst Gombrichs einen kognitiven Zugang zur bildlichen Metapher aus, um allen Formen metaphorischer Prozesse im Bild Rechnung zu tragen, die nicht unmittelbar aus einem visuellen ›Regelverstoß‹ hervorgehen.[28] Neben Forcevilles gehört John M. Kennedys psychologische Position in der englisch-sprachigen Metaphernforschung zur meist rezipierten Theorie visueller Metaphern. Dies belegt vor allem Raymond W. Gibbs' *Cambridge Handbook of Metaphor and Thought* von 2008, dass Ortonys einflussreiche Anthologie beerben und die seither vorgenommene interdisziplinäre Forschung in den Kontext von »language-mind-culture interactions«[29] stellt. Zwar solle das Handbuch vor allem auch die Kunst abdecken, doch bieten die Beiträge von Forceville und Kennedy eine dezidiert nicht kunstwissenschaftliche noch -philosophische Perspektive.

Vor dem Hintergrund der bisherigen Forschung können verschiedene Typen visueller Metaphorik unterschieden werden: (1.) Mischgestalten bzw. Kompositformen, deren anschauliche Verbindung zweier Elemente ähnlich wie die sprachliche

---

24 Vgl. Carroll 1994 u. 1999, Goodman 1968, Stern 1997.
25 Vgl. Johns 1984, Durand 1987, Rozik 1994, Sedivy 1997, Sonesson 2003 und ferner Kennedy 1982, 1990, 2008, Kennedy/Green/Vervaeke 1993. Einige Autor_innen wie etwa Johns und Kennedy orientieren sich ebenfalls stark am Paradigma der sprachlichen Identitätsstiftung der Metapher, fügen es aber in den Rahmen einer semiotischen Kommunikationstheorie oder psychologische Bildtheorie schematischer Darstellungen ein.
26 Vgl. Bätschmann 1982 u. 1984, Heffernan 1985, Wollheim 1987 u. 1991, Wagner 1999, Kruse 1999 u. 2000, Pérez-Carreño 2000, Majetschak 2005a, Yiu 2005, Koos 2007, Rimmele 2011, 2013 u. 2017a.
27 Vgl. Forceville 1996, 2008 u. 2009.
28 Vgl. Gombrich 1954, 1966, 1972, Rimmele 2011, 2013, 2017a u. 2017b.
29 Gibbs 2008, 5. Zudem wird das breit angelegte Forschungsspektrum Ortonys auf die Kognitionswissenschaft und ihre Bezüge zu anderen Disziplinen reduziert.

Metapher durch eine Art Anomalie oder Regelverstoß eine Identität der Elemente behauptet, (2.) Repräsentationen-als, die Attributionen oder Ausdrucksmittel einer Sache mit den Mitteln einer anderen darstellen, (3.) metaphorische Prozesse in Bildern, die aus einer formalen oder farblichen Korrespondenz zwischen Bildelementen hervorgeht, (4.) Bildelemente, die das Bild als Ganzes zur Metapher machen wie auch (5.) das Bild als Metapher und schließlich – im Sinne allgemein visueller Metaphern – (6.) die metaphorische Verwendung von Praktiken, Gesten, Materialien und anderen Dingen zur Hervorbringung einer neuen Bedeutung. Während bildliche Metaphern zunehmend in das Interesse einer interdisziplinären Forschung rücken[30], liegt bislang keine Theorie allgemein visueller Metaphern vor.[31]

Abgesehen von Forcevilles Rahmentheorie der multimodalen Metapher, die bisher nur auf Werbegrafiken und schematische Darstellungen angewendet wurde und für Anwendung auf künstlerische Bildwerke weniger geeignet ist, besteht die Forschung zur visuellen und zur bildlichen Metapher im Besonderen nur aus einzelnen Theorieansätzen. Keine systematische Grundlegung noch differenzierte philosophische Begründung visueller Metaphern wurde unternommen. Eine Ausnahme zu den nur punktuellen Zugängen zur Thematik stellen die Sonderausgabe »Metaphor and Visual Rhetoric« der Zeitschrift *Metaphor and Symbolic Activity* von 1993, die Themenhefte »Metaphern in Bilder und Film, Gestik, Theater und Musik« und »Metaphern in Sprache, Literatur und Architektur« der *Zeitschrift für Semiotik* von 2003 sowie das jüngst von Marius Rimmele herausgegebene Themenheft »Metaphern sehen/erleben« (2017) der Zeitschrift *Figurationen* dar. Sie stellen den Forschungsgegenstand allerdings dezidiert nur aus einer zeichentheoretischen Perspektive vor. Kritische Methodenfragen sind jüngeren Datums und wurden erst 2011 von Marius Rimmele hervorgebracht.[32] Obwohl Forceville im Anschluss an Lakoff und Johnson und Rimmele im Anschluss an Gombrich die kognitive Dimension auch für die Analyse nichtsprachlicher Metaphern hervorheben, beziehen sie diese vor allem auf den Nachvollzug von Metaphern als aktive kognitive Leistung der Sinnproduktion. Eine produktionsästhetische Perspektive auf Formen der visuellen und konzeptuellen Metaphern wurde bislang nicht eingenommen. Dabei gilt es gerade, in der systematischen Ausarbeitung einer Theorie der visuellen Metapher,

---

30 Besonders in der Filmtheorie wurde die Metapher bereits mehrfach zum Forschungsgegenstand. Vgl. exemplarisch Whittock 1990 und Carroll 1996.

31 Obwohl noch keine kunstwissenschaftliche Theorie visueller Metaphern ausgearbeitet wurde, bieten einige Positionen zu Formen nichtsprachlicher Metaphern bereits wichtige Einsichten in das weite Forschungsfeld. Vgl. zur gestischen und Tanzmetapher Rozik 1989, Whittock 1992, Cienki/Müller 2008, Katan-Schmid 2016 und zu Metapher und Architektur Onians 1992, Fez-Barringten 2012, Gerber/Patterson 2013, Caballero 2014.

32 Vgl. Rimmele 2011 u. 2013.

zwischen produktions-, werk- und rezeptionsästhetischen Aspekten zu unterscheiden. Hierdurch lässt sich auch die Forschung zu den Modalitäten der Metapher (Forceville) mit jener zur Medialität bspw. des Bildes als Malerei oder Bewegtbild verbinden. Die kognitive Erzeugung wie auch der kognitive Nachvollzug einer Metapher spielt sich daher stets zwischen den Sinnen (Modalitäten) und dem jeweiligen Material (Medium) ab, in der die Metapher konstituiert wird.

Eine philosophische Grundlegung

Mit der vorliegenden Theorie sollen erstmals die philosophischen wie auch kunst- und bildtheoretischen Grundlagen visueller Metaphorik ausgearbeitet werden. Es geht um nicht weniger als die Metapher historisch wie auch systematisch als archimedischen Punkt zwischen Sprache, Anschauung und Denken auszuweisen.

»Das Rätsel der Metapher kann nicht allein aus der Verlegenheit um den Begriff verstanden werden.«[33] Diese These Hans Blumenbergs ist folgenschwer, denn sie verlangt nicht nur eine neue Perspektive auf das Verständnis der Sprache, sondern auch eine Neukonstellation von Erkenntnistheorie, Sprachphilosophie, Ästhetik und ferner auch Anthropologie, also anders gesagt von Sprache, Anschauung und Denken. Die Überschneidung verschiedener theoretischer Felder lässt sich auch nicht ausklammern, will man ›nur‹ der Möglichkeit visueller Metaphorik nachgehen. In diesem Sinne setzt die vorliegende theoretische Grundlegung der Ästhetik der Metapher an ihrer Verortung zwischen Sprache, Anschauung und Denken an. Darüber hinaus soll die Analyse visueller Metaphern auch jener Verlegenheit um die Metapher entgegenwirken und helfen ihr Rätsel genauer zu ergründen, denn der Sprache – so die wesentliche Einsicht der Theoriebildung spätestens des 20. Jahrhunderts – kommt keine Exklusivität bei diesem Anliegen zu.

Für die Philosophie der Metapher ist entscheidend, dass seit der Begründung des neuzeitlichen Rationalismus die Ästhetik als zentrales Argument gegen eine logizistische Vereinnahme der Erkenntnis auf die Metapher zurückgreift. Giambattista Vico, Alexander Gottlieb Baumgarten wie auch Johann Gottfried Herder nutzen in je unterschiedlicher Gewichtung und Zielsetzung die Metapher, um die Erkenntnisleistung des Sinnlichen herauszuarbeiten.[34] Vico und Herder sehen in der Metapher sogar im Sinne des sprachphilosophischen Humanismus ein wesentliches Moment des Sprachursprungs im mythischen Zeitalter. Der Analogiebildung sprechen sie eine noch vorbegriffliche Syntheseleistung zu. Diese sprachphilosophische wie auch erkenntnistheoretische und ästhetische Bestimmung der Metapher schreibt sich bis in die Gegenwart im Denken von Friedrich Nietzsche und seiner radikalen Meta-

---

33 Blumenberg 1979, 77.
34 Vgl. Vico 1744, Baumgarten 1758 und Herder 1772.

physikkritik, in Ernst Cassirers Philosophie der symbolischen Formen, Hans-Georg Gadamers philosophischer Hermeneutik und schließlich Hans Blumenbergs Metaphorologie fort.[35] In dieser Traditionslinie wird die Metapher bereits vor den einflussreichen Theorien des 20. Jahrhunderts auf ein sprachkonstitutives, erkenntnistheoretisches wie auch anthropologisches Niveau gehoben. Diesem Zugang zur Metapher widmet sich der erste Teil, um eine philosophische Grundlage für die Bestimmung der Metapher jenseits der Sprache zu schaffen.

Die Sprache ist ein Prozess, deren integraler Bestandteil die Metapher ist. Diese Sicht löst zwei bis heute wirksame Dichotomien zu einem dynamischen Verständnis hin auf: die Oppositionen von Eigentlich und Uneigentlich wie auch von Bild und Begriff. Metaphorik setzt nicht das sprachliche System voraus, innerhalb dessen Regeln es zum Syntaxbruch, zur paradoxen Behauptung einer Identität durch Prädikation kommt. Diese Anomalie eines Identitätspostulats muss auf einer noch allgemeineren und ursprünglicheren Ebene reformuliert werden, um einerseits die Metapher nicht der Ausbildung einer wörtlichen Sprache nachzustellen und andererseits die Möglichkeit nichtsprachlicher Metaphern allererst zu sichern. Diese Ursprünglichkeit der Metapher ist eine kognitive Spannung und die aus ihr folgende Sinnproduktion als Übertragungsleistung oder Erfahren-als, die gleichermaßen Sprache, Anschauung, Klang und Körpermotorik einschließen kann. Die kognitive Spannung meint dabei eine Disparität von Vorstellungen, die umfassender ist als der grammatische Widerspruch oder Kategorienfehler innerhalb des Systems der Sprache. Sie wird zur Metapher, wenn sie zwei Dinge derart zusammenbringt, sodass eine durch die andere verstanden und konkretisiert wird. Nicht einen derartigen Standpunkt zu vertreten, würde bedeuten, zwar andere als sprachliche Metaphern anzunehmen, diese aber doch nur als Anwendungen sprachlicher Metaphern zu verstehen, denn das Denken verfährt in dieser Sicht rein sprachlich, wenn es mit Metaphern arbeitet.

Das Fehlen einer derartigen Grundlegung ist ein enormes Defizit im aktuellen metapherntheoretischen Diskurs, in dem die visuelle Metapher zumeist am Leitfaden der Theoriebildung zur sprachlichen Metapher ausgearbeitet wird und die kognitive Metapher wie auch die Bedeutung des Körpers für unser Denken in Metaphern weitgehend der kognitionswissenschaftlichen Forschung zugesprochen wird. Die kognitive Metapher wird im zweiten Teil vor dem Hintergrund der Theoriebildung des 20. Jahrhunderts analysiert. Um eine Theorie der konzeptuellen und visuellen Metaphern in der Kunst auszuarbeiten, gilt es vor allem, dem Widerstreit zwischen einer kognitiven (Lakoff/Johnson) und einer historischen (Blumenberg) Se-

---

35 Vgl. Nietzsche 1873, Cassirer 1923a, 1925a, 1925b, 1929, Gadamer 1960 und Blumenberg 1957, 1960, 1971b, 1972, 1979.

mantik wie auch zwischen konventionellem Konzeptsystem und kreativem Metapherngebrauch zu begegnen.

Diese Analyse ist Teil einer Ausarbeitung der Ästhetik der sprachlichen Metapher im zweiten Teil, vor dessen Hintergrund sich die kognitiven Theorien im Hinblick auf die Einbildungskraft analysieren lassen. Um die visuelle Metapher genauer bestimmen zu können, muss im Vorfeld geklärt werden, inwieweit die Bezeichnung der Metapher als Sprachbild angemessen ist. In historischer Perspektive zeigt sich, dass die Gleichsetzung von Metapher und Bild sich erst im Laufe des 19. Jahrhunderts konventionalisiert hat. Die Metapher soll in den erweiterten und differenzierteren Kontext einer Ästhetik der Sprache gestellt werden. Die im ersten Teil ausgearbeiteten Grundlagen der Metapher als Teil des Sprachprozesses und der kreativen Aneignung der Wirklichkeit werden im zweiten Teil in eine Ästhetik der Metapher überführt, nach der die Metapher in der Sprache zwischen Begriff, Anschauung und abstraktem Denken vermittelt. Den Abschluss dieser Ästhetik wie auch den Übergang zur Analyse visueller Metaphern bildet eine Perspektive auf kunstphilosophische Positionen zur Metapher.

Um die visuelle Metapher in den Begriffskanon der Kunstwissenschaft zu integrieren, wird zu Beginn des dritten Teils ausgearbeitet, inwiefern sich der Symbolbegriff der Ikonologie, wie er vor allem durch Erwin Panofsky und die darauf folgenden Kritiken geprägt wurde,[36] durch die Metapher erweitern und differenzieren lässt. Sofern das Symbol in seiner Genese berücksichtigt wird, lassen sich beide Konzepte in diachroner Hinsicht miteinander verbinden. Kreative Metaphern können durch ständigen Gebrauch zu statischen und konventionellen Symbolen werden. Darauf aufbauend werden verschiedene Formen der bildlichen Metapher systematisiert. Ist diese Untersuchung einem genuin visuellen Phänomen auf der Spur, das aus Gründen des Äußerungscharakters und seiner inneren Strukturiertheit den Begriff der Metapher verdient? Oder ist diese Frage bereits falsch gestellt? In gewisser Weise schon, weil sie die Übertragung eines sprachlichen Konzepts auf den Bereich des Visuellen suggeriert. Gerade dies soll aber nicht geschehen. Um die Theorie auf Formen der visuellen Metapher erweitern zu können, wird in Analogie zu den Theorien der kognitiven Metapher, die implizit oder sogar explizit rein an der Sprache ausgerichtet sind, eine Perspektive auf ein visuelles Denken in Metaphern gegenübergestellt. Dieses wird im Rückgriff auf die (wahrnehmungs-)psychologischen Positionen von Rudolf Arnheim und Albert Rothenberg ausgearbeitet, die anhand empirischer Studien Aspekte eines für die Metapher relevanten visuellen Denkens bestimmen.[37] Wie bereits der psychologisch motivierte Ansatz Gombrichs zeigt, bietet besonders die Wahrnehmungspsychologie Einsichten in die bedeu-

---

36 Vgl. Panofsky 1927, 1932 u. 1939.
37 Vgl. Arnheim 1969 und Rothenberg 1979.

tungsgenerierende Funktion von rein anschaulichen Vorstellungen. Den Abschluss bilden Analysen visueller Metaphern und metaphorischen Denkens in der bildenden Kunst des 20. Jahrhunderts. Dieser Gegenstandsbereich der Metapherntheorie ist bislang kaum berücksichtigt und wird daher erstmals in einer detaillierten Ausarbeitung seiner Facetten wie auch seines Potentials für die Forschung zur Metapher vorgestellt. Hierbei lassen sich die theoretischen Einsichten der Psychologie mit den künstlerischen Werken und den Aussagen der Künstler binden, um ein visuelles Denken in Metaphern zu begründen.

Zwei methodische Zugänge zum Phänomen der Metapher sind integraler Bestandteil aller Teile. Zum einen wird die Metaphorik der Sprache über die Metapher selbst mit reflektiert. Weil die Metapher ein abstraktes Phänomen ist, kann sie selbst wie auch ihr Verständnisprozess nur durch Metaphern beschrieben werden. Die Offenlegung derartiger Metaphern *der* Metapher bietet einen besonderen Zugang zu Theorien der Metapher, weil sie aufzeigen kann, auf welche Weise das Phänomen bereits durch technische Begriffe vorbestimmt wird. Im zweiten Teil wird die Unhintergehbarkeit der Metapher in ihren philosophischen Implikationen genauer diskutiert. Im dritten Teil wird die Reflexion der sprachlichen Metaphern der Metapher um eine Perspektive auf visuelle Metaphern der Metapher ergänzt.

Zum anderen bietet die wechselseitige Kritik von Metapher und Bild einen methodischen Zugang, der zwischen Sprachtheorie und Bildtheorie vermitteln kann und die Erzeugung von blinden Flecken der Theoriefelder für das jeweilige andere vermeiden soll. Ebenso wie im zweiten Teil der Bildbegriff der Metapher problematisiert wird, gilt es, für eine Theorie der visuellen Metapher im dritten Teil den Metaphernbegriff des Bildes kritisch zu analysieren. Für eine Theorie der bildlichen Metapher ist es Voraussetzung, sowohl die Bildtheorien der Metapher als auch die Metapherntheorien des Bildes kritisch zu reflektieren und zusammenzudenken. Bislang ist ein sinnvoller Zugang von beiden Seiten erschwert: Einerseits von der Metapherntheorie, die einen unterkomplexen bis problematischen Bildbegriff pflegt, andererseits von der Bildtheorie, die einen unterkomplexen Metaphernbegriff nutzt. Die von W. J. T. Mitchell begründete bildliche Wende wie auch die von Gottfried Boehm begründete ikonische Wende in den 1990er Jahren führen die Metapher als zentrales Argument einer Einheit von Bild und Wort, Anschauung und Sprache an.[38] Beide ergänzen die von Richard Rorty ausgerufene sprachliche Wende der Wissenschaft, indem sie dessen Metaphernfeindlichkeit durch die Ausarbeitung eines Kontinuums zwischen Bild und Begriff relativieren. Die wechselseitige Kritik von Metapher und Bild wie auch die Ausarbeitung der ästhetischen Vorgeschichte der Metapher vom 17. bis 19. Jahrhundert stellen diese wissenschaftlichen Wenden in einen weiteren historischen Kontext. Der neuzeitliche Rationalismus wie auch

---

38 Vgl. Mitchell 1992 und Boehm 1994.

logische Positivismus konnte nicht bereits im *linguistic turn* überwunden werden, sondern erst in der Berücksichtigung seiner historischen Kehrseite der barocken Ästhetik und ihrer Folgen. Der *pictorial* und *iconic turn* können dieser Rehabilitation des Sinnlichen aber nur gerecht werden, wenn sie allgemein als ästhetische Wende begriffen werden.

Um dem metapherntheoretischen Diskurs und nicht nur einem Modell zum Auffinden und Analysieren visueller Metaphern gerecht zu werden, gilt es, die metapherntheoretischen Implikationen stets auszuweisen und den theoretischen Zugang mitzuteilen. Es soll besonders der Orientierung an nur einzelnen Theorien der Metapher entgegengewirkt werden. Ein breit angelegter und differenzierter Ansatz kann aber dennoch nicht allen Denkschulen der Metapher gerecht werden. Die hier ausgearbeitete Grundlegung orientiert sich maßgeblich an dem sprachanalytischen und hermeneutischen Paradigma der Metapher, um es schrittweise mit dem Kognitionswissenschaftlichen zusammen zu denken und nach Verbindungen zu suchen. Im Fokus stehen daher weniger strukturalistische Theorien. Besonders im Hinblick auf bildliche Metaphern werden semiotische Ansätze berücksichtigt. Zeichentheoretische Implikationen finden zudem durch die Theorie Paul Ricoeurs Einzug, der sich auf Charles Sander Peirces Ikonbegriff bezieht. In den sprachphilosophischen Ausführungen werden sprachliche Bedeutungselemente jedoch dezidiert nicht als arbiträre Zeichen behandelt, sondern im Hinblick auf einen auch metaphorischen Sprachprozess relativiert. Denn gerade der Hiatus zwischen Anschauung und begrifflicher Abstraktion wird neben Peirces Ikon ebenso durch die Metapher wesentlich neuformuliert.

Auf welche Weise lassen sich die verschiedenen Theorien der Metapher genauer unterscheiden oder zusammendenken? Bei der Unterscheidung ist generell zu kritisieren, dass oftmals Differenzierungen absolut gesetzt werden – bspw. verleitet die Kritik an der Wortmetapher dazu, dass kein Quellbereich einer Metapher auf ein Wort zurückgeführt werden kann, oder hat die Kritik an der Anschaulichkeit zur Folge, dass allen Metaphern ein ästhetisches Moment abgesprochen wird. Diese kategorischen Setzungen gehen über eine sinnvolle Kritik oftmals hinaus und führen zu einer theoretischen Verengung. Auch wird durch strenge Setzungen die Prozessualität besonders der Konventionalisierung und Remetaphorisierung ausgeblendet. Die gattungsmäßige Trennung hat ihre Legitimität in der historischen Entwicklung des Metapherndiskurses, führt aber in der gegenwärtigen Forschung eher zu problematischen Folgeannahmen, wie etwa der Beheimatung der kreativen Metapher (mit imaginativer Kraft) in der Dichtung.[39] Die Theorie der visuellen Metapher

---

39 Vgl. dazu Kohl 2007, 57.

muss sich daher zwangsläufig mit einem »Methodenpluralismus«[40] der Metaphernforschung auseinandersetzen. Mit dem Rekurs zahlreicher bisheriger Ansätze zur bildlichen Metapher auf einzelne einflussreiche Theorien der sprachlichen Metapher wurde neben der Ausarbeitung wichtiger Aspekte der bildlichen Metapher jedoch immer auch der bestehende Methodenpluralismus wiederholt.

Eine strenge Systematik der Metaphernforschung, wie sie etwa Eckard Rolf vorlegte, hilft weniger im Umgang mit dem bestehenden Dissens der Methoden und stellt zudem nur *eine* mögliche Systematik dar, die wiederum ihren ganz eigenen sprachtheoretischen Grundannahmen folgt.[41] Eine erste sinnvolle Unterscheidung ist daher nach wie vor diejenige nach Denkschulen, wie sie Haverkamp vorschlägt.[42] Innerhalb dieser Schulen bleibt der Dissens natürlich nicht aus und eine genauere vergleichende Analyse ist notwendig. Hierbei ist es besonders hilfreich herauszuarbeiten, auf welche Metapherntypen sich einzelne Theorien konzentrieren. Allgemein lassen sich Metaphern in aktive bzw. lebendige, konventionalisierte bzw. schlafende und tote Metaphern unterscheiden. Anhand dieser Differenzierung kann bereits gezeigt werden, dass sich das kognitionswissenschaftliche Paradigma der Metapher fast ausnahmslos auf konventionelle und für unser alltägliches Konzeptsystem bedeutsame Metaphern konzentriert. Darüberhinaus gibt es neben Substantivmetaphern, auch Adjektiv-, Verb- und sogar Präpositionsmetaphern. Die meisten Metaphern lassen sich allerdings gar nicht erst auf ein einzelnes Wort festmachen, sondern sind komplexe Kontextphänomene. Diese Unterscheidung dient besonders als Kritik an Theorien, die mit wenigen Beispielen oder nur solchen der simplen prädikativen Form ›A ist B‹ arbeiten. Die Metapherntheorien des 20. Jahrhunderts ermöglichen es zudem, zwischen Metaphern zu unterscheiden, die auf sichtbare Ähnlichkeiten oder rein strukturelle Analogien der Eigenschaften zweier Dinge zurückgehen. Hiermit ließe sich das strenge Entweder-Oder vom Bildbegriff der Metapher und der Verneinung jeder Art der Visualität relativieren.

In Anbetracht des enormen Dissens der Metaphernforschung und der immer noch nötigen Methodenarbeit stimmt es Petra Gehring, die die Theoriebildung zur Metapher in den vergangenen Jahren mehrmals einer kritischen Methodenreflexion unterzog, skeptisch, Metaphern auch jenseits der Sprache zu suchen und auszuarbeiten.[43] Dieser Skepsis kann allerdings entgegengehalten werden, dass gerade die Berücksichtigung visueller, akustischer und gestischer Formen der Metapher helfen kann, das bis heute bestehende Rätsel der Metapher zu ergründen. Allerdings gilt es dabei besonders, vorschnellen gebietsübergreifenden Postulaten mit entsprechender

---

40 Gehring 2013, 13.
41 Vgl. Rolf 2005.
42 Vgl. Haverkamp 1983.
43 Vgl. Gehring 2009, 99n47.

Vorsicht zu begegnen und damit einen an Gehrings Methodenkritik geschulten Zugang zu wählen. Denn ihr Nachweis eines Visualismus der Metaphernforschung[44] bereitet erst den Boden, auf dem eine differenzierte Neuformulierung der Ästhetik der Metapher möglich ist.

Entgegen strengen sprachanalystischen und besonders rein pragmatischen Positionen, wird von der Unhintergehbarkeit und Notwendigkeit der Metapher für die Theoriesprache ausgegangen. Es gibt keine Metasprache, welche die Metapher als Teil der Sprache zu ihrem Objekt machen kann. In einer klaren begrifflichen Theoriesprache über die epistemologische Funktion der Metapher und ihren genetischen Charakter in der Sprache zu schreiben, hieße der eigenen Arbeit den Boden zu entziehen. Es gilt vielmehr, sprachreflexiv im Hinblick auf den Gebrauch *von* Metaphern und den Begriff *der* Metapher zu argumentieren. Um eine solche kritischreflexive Dimension zu eröffnen, wird im Folgenden immer wieder auf die Metaphern der Metapher zurückgegriffen, die viele Theoretiker nutzen, um ein Phänomen näher zu bestimmen, das selbst von Anfang an schon Metapher ist: *metaphorà*, Übertragung.

Danksagung

Mein besonderer Dank gilt dem Exzellenz-Cluster *Bild Wissen Gestaltung. Ein interdisziplinäres Labor* der Humboldt-Universität zu Berlin für den großzügigen Druckkostenzuschluss. Diese Arbeit wäre nicht entstanden ohne das große Vertrauen, den Zuspruch und die enorme Unterstützung von Claudia Blümle. Ebenso danke ich Christof Windgätter für die Zweitbetreuung und die äußerst gewinnbringenden Gespräche. Nachdem ich durch Klaus Sachs-Hombach auf die Thematik stieß, waren es vor allem Marius Rimmele, Gerd Blum, Audrey Rieber, Reinold Schmücker und Dimitri Liebsch, die mir durch anregende Diskussionen neue Impulse gaben. Die Visualisierung des Eisbergs für das Buchcover wäre ohne die Hilfe von Lena von Goedeke nicht gelungen. Pure Origins hat mich mit über 1000 Espressi durch die Schreibphase geführt. Wolfgang Huss, Jan Skudlarek, Stephanie Sczepanek und Elena Winkler beseitigten unzählige Flüchtigkeitsfehler und holprige Sätze. Ihnen allen gilt mein herzlicher Dank.

Dieses Buch ist meinen Eltern gewidmet, für ihren unentwegten Glauben an mich.

---

44 Vgl. Gehring 2009, 2011.

**Erkenntnis, Sprache, Wirklichkeit:
Von der Metapher zur Lebenswelt**

Die epistemologische Funktion wie auch die Verortung der Metapher im Denken wird gängiger Weise auf das beginnende 20. Jahrhundert gelegt, jener Zeit in der die Metapher aus ihrer traditioneller, seit der Antike weitgehend bestehenden Verortung in Poetik und Rhetorik gelöst und einer neuen philosophischen wie auch und linguistischen Forschung zugänglich gemacht wird. Entscheidend für eine Rehabilitierung der Metapher im wissenschaftlichen und besonders im philosophischen Diskurs ist allerdings nicht erst die Theoriebildung des 20. Jahrhunderts, sondern die Sprachphilosophie seit dem Barock. Bereits im frühen 18. Jahrhundert bildete sich eine neue Traditionslinie heraus, die in der Kritik am cartesianischen Rationalismus auf die Metapher zurückgreift. Diese Linie von Giambattista Vico über Johann Gottfried Herder bis hin zu Friedrich Max Müller wird als sprachphilosophischer Humanismus bezeichnet und bildet einen selbständigen Weg neben jenen des Nominalismus bzw. psychologischen Empirismus und Sensualismus, der Logosmystik und der modernen Logik des Rationalismus.[1] Ihm eigen ist eine Betonung der historischen und besonders der ästhetischen Dimension von Sprache.

Die Metapher erfährt hierin eine besondere epistemologische Aufwertung, weil sie als anthropologische Größe, als Wesenszug des Menschen nicht nur *innerhalb* der Sprache berücksichtigt, sondern als entscheidendes Element *zur* Entstehung und Ausbildung derselben überhaupt begriffen wird. In dieser Sonderstellung im Prozess der Menschenwerdung als Vernunftwesen in seiner Sprache bildet die Metapher den zentralen Übergang von der Sinnenfülle zur Begrifflichkeit. Sprache wird durch Vico und Herder als ständiger Prozess verstanden, in dem das Wirken des Metaphorischen von wesentlicher Bedeutung ist. In dieser Aufwertung des Sinnlichen – der Ästhetik in der Ausbildung der Sprache – unterscheidet sich der sprachphilosophische Humanismus von der zur gleichen Zeit begründeten Ästhetik im Sinne Baumgartens: Wenige Jahrzehnte vor Baumgartens *Aesthetica* formuliert Vico in seinem Hauptwerk *Die Neue Wissenschaft, Scienzia nouvo*, eine poetische

---

1 Vgl. Apel 1963, 17f.

Logik am Leitfaden der sprachlichen Tropen, deren bedeutendste die Metapher sei. Während Baumgarten der rationalen Erkenntnis eine ihr analog bestimmte sinnliche Erkenntnis zur Seite stellt, die jene Bereiche erschließt, die der Logik unzugänglich bleiben, wählt Vico einen weitaus radikaleren Weg, indem er alle rationale Erkenntnis auf die poetische Phantasie gründet. Herder wertet infolge die seit Leibniz als dunkel charakterisierte Sinneserfahrung als eigentlichen Ursprung der Sprache auf, indem er den Seelenkräften in der Verarbeitung der Sinneseindrücke ein Prinzip nach dem Gesetze der Analogie zuschreibt, das im Wesentlichen durch die Metapher bestimmt ist.

Die Traditionslinie des sprachphilosophischen Humanismus wird von Friedrich Nietzsche und besonders Ernst Cassirer und später auch Hans Blumenberg in der Auseinandersetzung mit der Metapher aufgegriffen. Von Nietzsches Artistenmetaphysik über Cassirers Kulturphilosophie der symbolischen Formen bis hin zu Blumenbergs Metaphorologie und Theorie der Unbegrifflichkeit wird die Metapher in ihrer epistemologischen Funktion und anthropologischen Dimension als grundlegend für unsere Sprache und unser Weltverhältnis erklärt. Anhand dieser Linie von Theoretikern wird eine Bestimmung der Metapher zwischen Sprache und Anschauung, Logik und Ästhetik möglich, aus der heraus eine philosophische Grundlegung visueller Metaphern entwickelt werden kann. Die Metapher steht demnach nicht mehr bloß im Spannungsverhältnis von sprachlicher Reflexivität und Bildlichkeit der Sprache, sondern ist als ein entscheidender Teil des gesamten sprachlichen Prozesses zu verstehen. Sie gründet daher bereits im Denken – in jenem Vermögen, Analogien zu erkennen und zu bilden. Durch diese philosophische Bestimmung der Metapher im Rückgriff auf die Analogiebildung im Denken wird ein Zugang zum Phänomen der Metapher geschaffen, der nicht von vornherein über die Sprache stattfindet. Sprachliche und visuelle Metaphern gründen in der gemeinsamen Basis des analogischen Denkens wie es bereits in der neuzeitlichen Philosophie bestimmt wurde, wie im Folgenden neben der genauen Analyse der Theorien von Vico und Herder auch ein Exkurs zu Immanuel Kant zeigen soll. Darauf aufbauend wird anhand der Theorien von Nietzsche, Cassirer und Blumenberg eine Linie der philosophischen Bestimmung der Metapher bis ins 20. Jahrhunderts verfolgt.

1 Poetische Logik und Sprachursprung (Vico)

Im Jahre 1725 veröffentlichte Giambattista Vico erstmals seine *Neue Wissenschaft*, die *Scienzia Nouvo*, die er bis 1744 immer weiter überarbeitete, ergänzte und neu veröffentlichte. Der Name der Schrift kann programmatisch gelesen werden: Vico setzt dem vorherrschenden Rationalismus, der sich auf die Logik und – im Sinne Descartes – eine Sprache nach dem Vorbild der Arithmetik stützt, eine neue Wissenschaft entgegen, deren Fundament eine *poetische* Logik ist.[1] Der Metaphysik des logischen Denkens stellt Vico eine poetische Metaphysik, den Mythos der dichterischen Schöpfung entgegen.[2] Durch seine Analyse der mythischen Sprachschöpfung gelangt er zu jenem Grundsatz der menschlichen Entwicklung, aus dem alles Weitere folgt: »Der Mensch macht aufgrund der unbegrenzten Natur des menschlichen Geistes, wo dieser sich in Unwissenheit verliert, sich selbst zur Regel des Weltalls.«[3] Diese Grundannahme über die Natur des Menschen enthält zwei Prinzipien, die für die Anthropologie wie auch die humanistische Sprachphilosophie von entscheidender Bedeutung sind. Der Mensch setzt sich selbst ins Zentrum seiner Welt, so das Prinzip des *Anthropozentrismus*, und begreift die Welt auch nur in Analogie zu sich selbst, seinem Geist und Körper, so das Prinzip des *Anthropomorphismus*. Hierin liegt das besondere Potential der poetischen Logik begründet, die Vico in aller Radikalität dem Rationalismus als schöpferische Kraft entgegenstellt: »durch das Begreifen entfaltet der Mensch seinen Geist und erfaßt die Dinge, doch durch das Nicht-Begreifen macht er die Dinge aus sich selbst, verwandelt sich in sie und wird selbst zum Ding.«[4]

---

1 Benedetto Croce sieht in dieser auf der Sinnlichkeit gestützten Logik die Entdeckung der Ästhetik, noch bevor Baumgarten wenige Jahrzehnte später der neu entstehenden Disziplin den Namen gab. Vgl. Croce 1927, 40.
2 Vgl. Vico 1744, §400.
3 Ebd., §120.
4 Ebd., §405.

32 | Ästhetik der Metapher

Im Zentrum der poetischen Logik stehen die vier Tropen Synekdoche, Metonymie, Metapher und Ironie, deren lichtvollste, notwendigste und häufigste die Metapher sei,

»die dann am meisten gerühmt wird, wenn sie nach der [...] Metaphysik den empfindungslosen Dingen Sinn und Leidenschaft verleiht: denn die ersten Dichter gaben den Körpern das Sein beseelter Substanzen, die allerdings nur für das empfänglich waren, wofür auch sie es waren, nämlich für Sinn und Leidenschaft, und schufen so aus ihnen die Mythen; so wird jede derartige Metapher zu einem kleinen Mythos. Daraus ergibt sich für die Zeit, in der die Metaphern in den Sprachen entstanden, folgende Kritik: daß alle Metaphern, die durch Gleichnisse, die von Körpern hergenommen sind, auf abstrakte Geistestätigkeiten übertragen wurden, um diese zu bezeichnen, aus den Zeiten stammen müssen, in denen die Philosophien anfingen, sich zu entwickeln.«[5]

Durch diesen ersten schöpferischen Akt der Übertragung wurde den Dingen, den Naturerscheinungen und -gewalten sozusagen der Geist geliehen und sie wurden beseelt bzw. belebt. Hiermit antizipiert Vico eine sprachphilosophische Tradition, in der die Metaphern zum wesentlichen erkenntnistheoretischen Prinzip der Aneignung und Bildung von Wirklichkeit wird.

Initialzündung der frühen menschlichen Entwicklung hin zur Mythenbildung und Sprachschöpfung sei der Blitz (*acumen*, auch Scharfsinnigkeit). Er sei der »Urknall« der Humanität, denn im Akt der Übertragung des menschlichen Leibes auf einen Gott, in der Benennung des Gewitters als ersten Gott Jupiter entstehen in einem Metapher, Sprache, Religion und Mythos.[6] Im Blitz sieht Vico die erste Fixierung einer Sinneswahrnehmung als geistigen Akt der Übertragung.[7] Diese Ursprungsgeschichte Jupiters ist nicht nur in sprachphilosophischer Hinsicht wichtig, sondern in besonderem Maße auch für die theoretische Skizzierung der Metapher bei Vico. Anhand des Blitzes lässt sich das Prinzip der Metapher verstehen. Er ist eine Metapher der Metapher und steht »für die Schärfe des Geistes, für das ingeniöse, schnelle Entdecken von Ähnlichkeitsbezügen«.[8] Die Gefahr und Erleuchtung – also negativ wie auch positiv gedeutete Aspekte der Metapher – werden durch den Blitz versinnbildlicht. »Die Wesensart des Metaphorischen, das Blitzschnelle, ist

---

5 Ebd., §404.
6 Albus 2001, 59, vgl. Vico 1744, §377, 381-383, 474ff. und zur »big bang theory of metaphor« Haskell 1987, 69.
7 Vgl. Verene 1987, 161.
8 Albus 2001, 59.

gleichzeitig ihre Entstehungsgeschichte.«[9] Indem der Geist auf die Welt übertragen und den Naturerscheinungen nicht nur Leben, sondern auch Namen – wie im Falle des Blitzes Jupiter – gegeben werden, beginnt der Mensch sich eine mythische Welt der Götter aufzubauen.[10] Eine zweite Art der Übertragung, in der das Prinzip des Anthropomorphismus wirkt, ist die Bildung von Metaphern für die abstrakten Geistestätigkeiten, die vom Körper, also von der Welt hergenommen werden. Hierbei wird nicht mehr die Welt durch den Geist, sondern umgekehrt der Geist durch die Welt begriffen.

Diese Metaphernbildung spricht Vico aber nicht bereits den mythischen Dichtern zu, sondern späteren Menschen, die über ein reflexives Vermögen ihrer selbst und ihres Geistes verfügen. Um diese Entwicklung genauer zu beschreiben und die einzelnen Stufen voneinander abzusetzen, entwirft er eine Abfolge von drei Zeitaltern: (1.) ein Poetisches der Götter, indem stumme Metaphern gebildet werden, da den Menschen noch eine Lautsprache fehlt, (2.) ein Heroisches der mythischen Dichter, die Metaphern erstmals artikulieren, und schließlich (3.) ein Prosaisches der Philosophen. Im ersten Zeitalter verständigen sich die Menschen noch ohne eine Lautsprache und bilden Metaphern durch Zeichen und Gesten. Diese haben noch eine ganz natürliche Beziehung zu den Ideen und seien daher nicht willkürliche Setzungen, sondern beruhen auf einer Identität zwischen Zeichen und Bezeichnetem.[11] Die Identitätsbeziehung ist eine entscheidende Neuerung im Verständnis der Metapher, mit der sich Vico klar von Quintilians gängiger Definition der Metapher als verkürzte Vergleichung absetzt.[12] Der Metapher kommt hierdurch nicht nur eine

---

9 Ebd., 59. Vanessa Albus deutet erstmals auf die zentrale Bedeutung der Blitzmetapher für Vicos Verständnis des Metaphorischen hin. Metaphern der Metapher übernehmen eine wesentliche Funktion im Verständnis der Metapher, da sich das Phänomen einer klaren begrifflichen Fixierung entzieht und nur durch Metaphern beschrieben werden kann, wie bereits das räumliche Konzept der »Übertragung« im griechischen Ausdruck ›metaphorà‹ verdeutlicht. Ich werde daher im weiteren Verlauf der Schrift immer wieder auf die Metaphern der Metapher, die sogenannten Metametaphern der jeweiligen Theoretiker hinweisen. Hierdurch verengt sich die Beschreibung des Phänomens nicht auf eine begriffliche Fixierung. Für eine Theorie der visuellen Metapher ist es daher auch von grundlegender Bedeutung den sprachlichen Metametaphern visuelle entgegenzusetzen.
10 Vico 1744, §404.
11 Vgl. ebd., §32, 34, 401.
12 Wie steht es aber um das Verhältnis von Identität und Differenz, das in Bezug auf die Metapher nicht unthematisiert bleiben darf? Trabant argumentiert, dass Vico die Differenz, die nach der Identität durch die Ähnlichkeit entsteht, nicht übersieht, sondern bewusst vernachlässigt, um gegen die traditionelle Interpretation der Willkürlichkeit der Zeichen zu arbeiten. Vgl. Trabant 1994, 81.

wesentliche Rolle in der Entstehung der Sprache zu, indem sie die Zeichen an die sinnliche Wahrnehmung bindet, sondern ebenso eine starke Abgrenzung gegenüber »schwächeren« Formen des Zusammendenkens nach einem analogischen Prinzip wie etwa dem Gleichnis bzw. Vergleich. Für Vicos historische Darstellung bedeutet dies, dass sich erst in der heroischen Sprache, also im zweiten Zeitalter, die Identität durch eine Abstraktionsbewegung im Denken zugunsten einer Ähnlichkeitsbeziehung auflöst. Was wir als sprachliche Metapher verstehen, erscheine erst in der heroischen Sprache. Die sprachliche Benennung der Welt im ersten Zeitalter versteht Vico allerdings ausdrücklich *auch* als Metapher, denn die Animierung der unbeseelten Welt, das Leihen der Seele an die unbelebten Dinge ist für ihn die »Ur-Metapher«[13]. Dieser grundlegenden Übertragung folgen alle vier Tropen. Daher beschreiben sie keine direkte Abfolge, nach der die Synekdoche und die Metonymie des ersten Zeitalters durch die Metapher der heroischen Sprache ersetzt werden. Alle drei Tropen sind Formen »*derselben* Grundbewegung des Denkens. *Alles* ist Metapher, Übertragung, *transporto*.«[14]

Hierdurch bestimmt Vico die Metapher einerseits als Prinzip, das im gesamten Sprachprozess, also der Entstehung, Ausbildung wie auch Weiterbildung wirkt und daher mit der Sprache zusammen ein Kontinuum bildet. Andererseits hält er die Metapher im anthropologischen Sinne für die Menschwerdung von derart grundlegender Bedeutung, weil sie auch im gesamten Prozess der geistigen Bildung, die sich gleichzeitig mit der und durch die Sprachbildung vollzieht, wirkt. Der Metapher kommt demnach eine epistemologische Funktion zu. Sie wirkt jenseits des sprachlichen Ausdrucks auch im Denken des Menschen.[15] Die poetische Logik komme im Sprachprozess dadurch zum Ausdruck, dass die Dichtkunst die erste Tätigkeit des menschlichen Geistes sei und die Metapher in der Ausbildung der Sprache noch vor den Allgemeinbegriffen des reines Geistes stehe – diese sogar erst aus der Metapher hervorgehen. Benedetto Croce sieht in der Betonung dieses dichterischen Ursprungs einerseits die Bestätigung des Spontanen und der Phantasie als Ausgangspunkt, andererseits die Unterdrückung des Dualismus von Dichtkunst und Sprache als implizite Fluchtlinie der Begründung.[16]

Wie bestimmt Vico aber genauer jenes Prinzip des Denkens, durch das Metaphern gebildet werden können? Er geht von drei geistigen Vermögen aus, die alle im Körper gründen und aus ihm ihre Kraft beziehen: *memoria* (Gedächtnis), *phantasia* (Phantasie) und *ingenium* (schöpferischer Geist). Durch das Zusammenspiel

---

13 Ebd., 85, ebenso Albus 2001, 66, vgl. dazu Vico 1744, §404.
14 Trabant 1994, 85.
15 Vgl. Albus 2001, 55, 79.
16 Vgl. Croce 1927, 43.

dieser Vermögen können die »phantastische[n] Gattungsbegriffe«[17] (*universali fantastici*) gebildet werden, welche die Interpretation der Welt ermöglichen. Das *ingenium* ist nach Vico die zentrale Kraft zur Verbindung von auf den ersten Blick sehr unterschiedlichen Eigenschaften zwischen weit auseinanderliegenden Vorstellungen. Es ist eine Form der Synthesis, die in der Intuition und den Sinnen gründet und dem Vermögen der Metaphernbildung entspricht. Im *ingenium* ist also Vicos Betonung der epistemologischen Funktion der Metapher zu sehen: Sie wird in seiner neuer Wissenschaft zum Fundament aller Erkenntnisbereiche.[18]

Die Verortung der Metapher im Denken als zentrales Moment der poetischen Logik ist Vicos stärkstes Argument seiner Kritik an der Logik des Rationalismus. Durch sie stellt er eine zweite Form der Synthesis neben diejenige der logischen Schlussfolgerung, also des Syllogismus. Während der Syllogismus dem Prinzip der kausalen Ableitung folgt und aus Prämissen einen logischen Schluss ziehen lässt, könne das *ingenium* in der Metaphernbildung heterogene Vorstellungen aufgrund von Wahrscheinlichkeiten zusammenziehen. Die Metapher stellt daher eine schöpferische Kraft jenseits der Grenzen der kausalen Logik dar. Ferdinand Fellman sieht in Vicos neuer Wissenschaft eine implizite Verknüpfung der Metapher mit der Induktion während der Syllogismus für die Deduktion steht:

»Die Differenz von Deduktion und Induktion bei Vico bildet nur den Ausdruck des fundamentaleren Gegensatzes von Syllogismus und Metapher, welche die beiden Grundformen geistiger Synthesis repräsentieren. Dem Syllogismus entspricht das für den rationalistischen Erfahrungsbegriff konstitutive Prinzip der Reihe, während die Metapher das Prinzip der über die Reihenbildung hinausgehenden Beziehungen zwischen gegebenen Vorstellungen darstellt.«[19]

Vico geht in seiner Ergänzung der rationalen Logik durch die poetische Logik noch einen Schritt weiter. Weil Descartes die Sprache am Modell der Arithmetik ausgerichtet wissen will, entwirft Vico eine geometrische Methode am Leitfaden der Topik.[20] Diese Kritik am Rationalismus kulminiert in der Linien-Metapher, die gleichzeitig die anschauliche Entsprechung seiner Argumentation ist: Descartes' Methode

---

17 Fellmann zitiert aus einer älteren Übersetzung, in der *universali fantastici* mit »phantasiegeschaffene Allgemeinbegriffe« übersetzt wurde. Vgl. Fellmann 1976, 64.
18 Albus ordnet diese Aussage Vicos in den historischen Kontext des Diskurses um die Metapher ein und erklärt, dass Vico hiermit die europäische *acutezze*-Debatte um das Wesen der Metapher im Literarischen und der Rolle der Phantasie zur erkenntnistheoretischen und damit philosophischen Dimension erweitert. Vgl. Albus 2001, 48.
19 Fellmann 1976, 172.
20 Vgl. ebd., 172f., Albus 2001, 52f.

entspreche eine dünne einfache Linie, die durch Aneinanderreihung gemäß der Kette des analytisch-deduktiven Verfahrens des Beweises entstehe. Er charakterisiert sie als zerbrechlich und nicht widerstandsfähig. Ihr entgegen stellt er die Doppellinie als Sinnbild der poetischen Logik, nach der sich zwei Linien schneiden und daher für das Scharfe, Spitzfindige und Genaue stehen. Vanessa Albus arbeitet die Bedeutung der Doppellinie als zentrale Metapher Vicos neben der Blitz-Metapher des Sprachursprungs heraus und kommt zur Einsicht, dass das Scharfe des Schnittpunktes eine weitere Metapher der Metapher ist: »Der Schnittpunkt der zwei Linien ist der Bereich, in dem sich die zwei zu vergleichenden Gegenstände in der Metapher treffen«[21].

Neben der Identitätsthese greift Vico in seiner Theorie des Sprachursprungs und der poetischen Schöpfung einen weiteren Aspekt der Metapher auf, der bis in das 20. Jahrhundert den wissenschaftlichen Diskurs prägte. Durch die Genese der Sprache und die Verortung des metaphorischen Prinzips im Denken löst er die traditionelle Dichotomie von eigentlicher und uneigentlicher Sprache auf. Die Metapher ist für ihn die eigentliche Sprache, die ursprüngliche und notwendige Sprache der Naturvölker und nicht bloß eine Erfindung der Dichter.[22] Diese Einsicht bildet den Ausgangspunkt seiner Theorie des Sprachursprungs, denn wenn Sprache kein Erzeugnis nach Beschluss oder von Gott gegeben sei, dann entstand sie aus einem natürlichen Prozess heraus, dessen Initialzündung die Ur-Metaphern der Götter seien, also jene Benennungen und Beseelung der Naturphänomene.

Mit seiner *Neuen Wissenschaft* hat Vico entscheidende Einsichten des sprachphilosophischen Humanismus wie der modernen Metapherntheorie vorweggenommen. Nun stellt sich aber die Frage, inwieweit diese Einsichten Vicos in ihrer Tragweite erkannt wurden und Einfluss auf die Theoriebildung der folgenden Jahrhunderte hatten. Aufgrund des Dissenses in der Rezeption seiner metapherntheoretischen Position und deren Neuheit bleibt sein Stellenwert für die Sprachphilosophie und Metapherntheorie unklar, wie Albus jüngst herausstellte.[23] Johann Gottfried Herder schrieb beispielsweise seine berühmte und einflussreiche *Abhandlung über den Ursprung der Sprachen* (1772) bevor er mit Vicos Werk vertraut war.[24] Donald Philip Verene weist Vico eine »Position außerhalb der abendländischen Philosophie« im traditionellen Verständnis zu.[25] Er habe Einfluss auf einige wichtige Denker aber keine tiefgreifende Wirkung auf die Formung modernen Bewusst-

---

21 Albus 2001, 54.
22 Vgl. Vico 1744, §409. Die Bedeutung dieser Einsicht stellt bereits Croce heraus, Croce 1927, 41.
23 Vgl. Albus 2001, 80.
24 Vgl. Gaier 1988, 28.
25 Verene 1987, 28.

seins wie etwas die klassischen Denker des Rationalismus, Empirismus und Idealismus gehabt.[26] Zwei offensichtliche Gründe für diese problematische Rezeptionsgeschichte können angeführt werden: einerseits stellte Vico mit seiner poetischen Logik und der darin enthaltenen schweren Kritik am vorherrschenden Rationalismus eine äußerst radikale Position dar, andererseits fordert seine *Neue Wissenschaft* eine besondere Lesart, die einen schnellen Zugriff erschwert. Seine Hauptschrift könne nur durch einen Vollzug, in dem der Leser selbst zum Schöpfer des Vichianischen Mythos werde[27], oder durch einen aktiven Nachvollzug als eine Bewegung des Durchlebens[28] begriffen werden. Verene bestimmt Vicos Theoriebildung als eine »narrative Wissenschaft«, »die in der Sprache die innere Gestaltform der Menschheitsexistenz vergegenwärtigt«.[29] Zwei Zugangsweisen zum Werk leisten hier Abhilfe: einerseits die Analyse von Vicos Metaphern der Metapher, wie es Albus anhand der Blitz- und der Linien-Metapher vornahm, andererseits die Orientierung am Frontispiz der *Neuen Wissenschaft*. Vico wurde gebeten für seine Schrift ein Vorwort zu verfassen, bot aber stellvertretend nur eine Grafik an, die die entscheidenden Einsichten seiner Theorie symbolisch enthalten solle. Er bietet dem Leser somit eine bildliche Darstellung als Leitfaden seines Werkes an.[30]

Die emphatischste Lesart der poetischen Logik Vicos im Hinblick auf ihre Grundlegung einer Ästhetik bietet Verene, indem er die wesentliche Bedeutung der Imagination und der damit verbundenen konstitutiven Funktion der Bilder im Denken ausarbeitet. Verene versteht Vicos Ausrichtung des Denkens an der schöpferischen Kraft der Topik, also der Metapher, als die »nachdrückliche Rechtfertigung des Bildes als des primären Ursprungs des Philosophierens«.[31] Hierdurch vollziehe Vico eine radikale Umkehrung, nach der die sprachlichen Metaphern nicht mehr nur auf den Begriffen gründen, sondern die Imagination erst die Gestaltformen hervorbringe, aus denen sich Begriffe und schließlich auch die sprachlichen Metaphern bilden lassen.[32] Die Metapher »ist das zugrunde liegende Bild, von dem aus der Geist erst zu sprechen beginnen kann«.[33] So liest Verene Vicos *Neue Wissenschaft* als eine Philosophie, nach der philosophisches Verstehen aus dem Bild und nicht aus der Rationalität heraus erzeugt wird. Dies bedeutet, dass die Imagination als

---

26 Vgl. ebd., 17f.
27 Vgl. Albus 2001, 63.
28 Vgl. Verene 1987, 15ff.
29 Ebd., 153.
30 Vgl. ebd., 13f. wie auch 179. Verene betont erstmals nachdrücklich die Bedeutung des Frontispiz für die *Neue Wissenschaft*.
31 Ebd., 20.
32 Vgl. ebd., 25 und 154ff.
33 Ebd., 163.

Methode des Philosophierens verstanden werden muss, nicht als ihr Gegenstand.[34] Jene zugrundeliegenden Bilder, welche die ersten Metaphern sind, bezeichnet Vico als *universali fantastici*, als phantastische Gattungsbegriffe. Sie seien der Hauptschlüssel zu seiner *neuen Wissenschaft*, denn sie stellen die gemeinsame Basis aller ersten Völker und ihrer Sprachen dar.[35]

Ebenso hebt Robert E. Haskell die fundamentale Bedeutung der Metapher in Vicos *Neuer Wissenschaft* hervor und macht den Philosophen in seinen Einsichten und seiner Methodik zum wesentlichen Vordenker der zeitgenössischen Metapherntheorie. Hierbei argumentiert er ähnlich wie Verene, wenn er Vico eine metaphernreflexive Sprache zuschreibt, welche die Dichtung aufgreift, um die Eigenschaften des poetischen Denkens praktisch umzusetzen: Die *Neue Wissenschaft* »was written as a metaphorical recapitulation of its own theory«.[36] Vico verbinde auf völlig neue Weise Affekt, Vorstellungsvermögen und Sprache. Dies werde besonders an der Blitz-Metapher deutlich. Indem grundsätzlich der Zorn mit der Naturerscheinung verbunden wird, finde eine Übertragung eines emotiven, sinnlichen Elements statt. Die Blitz-Metapher »constitutes paradigmatically a demonstration of the primal transmutation of sensory experience into the abstraction of imagery and language. It is the origin of consciousness.«[37]

In Anbetracht dieser fundamentalen Bedeutung der Metapher für die Erkenntnis, für Sprache und Weltbild, die auf einer Erweiterung des Metaphernbegriffs beruht, kann Vico der Vorwurf gemacht werden, dass er die Metapher als Trope, als rhetorische und poetische Figur, entgrenzt und wesentliche Momente des Erkenntnisprozesses ›überträgt‹. Albus weist in ihrer metapherntheoretischen Analyse der Schriften Vicos – in einer sehr neutralen Ausdrucksweise – auf dessen »veränderten und ausgedehnten Metaphernbegriff«[38] hin. Dieser nüchternen Benennung steht eine schwere Kritik an derartigen epistemologischen Aufwertungen der Metapher gegenüber, die an späterer Stelle – besonders in der Rezeption Friedrich Nietzsches – als Totalisierung der Metapher wiederkehren wird. Für die Ausarbeitung einer Ästhetik der Metapher, die der Metapher ein grundlegendes und nicht rein sprachli-

---

34 Vgl. ebd., 15.
35 Vgl. Vico 1744, §35. Die Schlüsselfunktion der phantastischen Gattungsbegriffe stellt sich vor allem im weiteren Verlauf der *Neuen Wissenschaft* dar, wenn Vico weitere zentrale Begriffe wie etwa das »geistige Wörterbuch«, den *sensus communis*, den Rechtsbegriff und seine Geschichtsphilosophie darauf aufbaut, vgl. bes. ebd. §145 und zur Rolle des *sensus communis* bei der Metaphernbildung, Verene 1987, 165 und Grassi 1976, 566f.
36 Haskell 1987a, 78.
37 Ebd., 70.
38 Albus 2001, 73.

ches Moment im Denken zuspricht, ist es von entscheidender Bedeutung, dieser Kritik entgegenzuwirken. Keiner der hier besprochenen Theoretiker, weder Vico noch Herder, Nietzsche, Cassirer und Blumenberg, vertreten einen strengen zweistelligen Metaphernbegriff. Ein produktiver Zugang zur Metapher als Phänomen zwischen Anschauung, Sprache und Denken kann nur geschaffen werden, wenn die Sprachursprungsmetaphern und die sprachlichen Metaphern als Teile eines einheitlichen Sprachprozesses verstanden werden. An dessen Anfang und in dessen Fortgang wirkt immer die Ästhetik der Metapher. Ihren Ausgang findet die Metapher in einer analogisch verfahrenden Kraft des Denkens, welche die Metapher nicht nur historisch, sondern auch systematisch im Denken verortet.

2 Einheit der Sinne und vorsprachliche Analogie (Herder)

Wenige Jahrzehnte nach Vicos letzter Auflage der *Neuen Wissenschaft* erschien Johann Gottfried Herders berühmte und einflussreiche Schrift *Abhandlung über den Ursprung der Sprache*, mit der er einen von der Berliner Akademie ausgelobten Preis zur theoretischen Erarbeitung eben jenes Ursprungs gewann. Herder verbindet dabei eine Kritik an den vorherrschenden Auffassungen des Sensualismus, also jene Form des Empirismus, der sich auf individuelle Sinneseindrücke konzentriert, mit einer anthropologisch ausgerichteten Theorie der mythischen Sprachbildung. Zentraler Ausgangspunkt und auch wesentliches Argument gegen die sensualistische Trennung der Sinne ist die Bestimmung der ursprünglichen Einheit der Sinne als Gefühlsarten der Seele. Die Metapher ist nach Herder für den Ursprung der Sprache von wesentlicher Bedeutung, da sie für die Übertragungen zwischen den Sinnen nach dem Gesetz der Analogie einsteht, aus denen heraus die Bildung von Begriffen erst möglich ist: »Die Seele, die im Gedränge solcher zusammenströmenden Empfindungen und in der Bedürfnis war, ein Wort zu schaffen, griff und bekam vielleicht das Wort eines nachbarlichen Sinnes, dessen Gefühl mit diesem zusammenfloß, – so wurden für alle und selbst für den kältesten Sinn Worte.«[1]

Die Annahme der Einheit der Sinne in der Seele ermöglicht es Herder seine zwei Hauptthesen der Schrift aufzustellen, die allen weiteren Schwierigkeiten und Einsichten vorangehen: (1) Alle Vorstellungsarten der Seele sind deutlich und bieten Merkmale, durch welche die Seele eine »innere Sprache«[2] habe. Mit dieser Aufwertung der sinnlichen Vorstellung als deutliche, richtet sich Herder gegen die seit Leibniz vorherrschende Stigmatisierung der Wahrnehmungen als dunkel und verworren. Dies wird vor allem deutlich, da er stets das Prädikat ›dunkel‹ benutzt, um den vordergründigen Eindruck der Empfindungen zu charakterisieren. Erst hin-

---

1 Herder 1772, 745.
2 Ebd., 746.

ter dieser Dunkelheit sehe man die Analogien der verschiedenen Sinne.[3] (2) Das Gehör sei der mittlere Sinn und durch die Übertragungsvorgänge seien alle Sinne bereits zum Laut und damit zum Wort veranlagt: »Der Sinn zur Sprache ist unser Mittel- und Vereinigungssinn geworden; wir sind Sprachgeschöpfe.«[4] Daher könne sich aus der inneren die äußere Sprache bilden. Die Analogie der Sinne bildet also den Ausgangspunkt aller weiteren Entwicklung und ist bereits in den Wurzeln der Sprache.[5] Um sie für die Übertragungsprozesse der Sprachbildung zu nutzen, müsse allerdings die anfangs chaotische Synergie der Sinne durch Differenzierung zur Ordnung gebracht werden.[6] Das Bewusstsein für die jeweiligen einzelnen Sinne ermögliche ein analogisches Verständnis zwischen ihnen. Hierin sieht Herder die Grundlage für die Metaphorik des Sprachursprungs:

»Wie der Erfinder Ideen aus Einem Gefühl hinaus riß und für ein anderes borgte! wie er bei den schwersten, kältesten, deutlichsten Sinnen am meisten borgte! wie alles, Gefühl und Laut werden mußte, um Ausdruck zu werden! Daher die starken und kühnen Metaphern in den Wurzeln der Worte! daher die Übertragungen aus Gefühl in Gefühl, so daß die Bedeutungen eines Stammworts, und noch mehr seiner Abstammungen gegen einander gesetzt, das buntschäckigste Gemälde werden.«[7]

Herder erweitert – ähnlich wie Vico – den Metaphernbegriff, um einerseits die zentrale Rolle der Metapher im gesamten Sprachprozess zu fassen und andererseits die ästhetische Dimension des Sprachursprungs anhand der metaphorischen Übertragungen zwischen den Sinnen herauszustellen. Hierin äußert sich eine Kritik an der vorherrschenden rationalistischen Auffassung der Sprache, durch welche die ursprünglich sinnliche Natur der Begriffe in Vergessenheit geraten sei.[8] Die frühe Lautsprache sei an die sinnliche Basis angeschlossen, denn die Töne seien sinnliche Zeichen, also zugleich Teil der beginnenden Abstraktion der Begriffe wie auch der Empfindungen.[9] Der Sprachprozess als fortschreitende Entwicklung zur Begrifflichkeit sei durch ein antiproportionales Verhältnis von Sinnlichkeit und Abstraktion, Ästhetik und Ratio geprägt:

---

3   Vgl. ebd., 744.
4   Ebd., 747.
5   Vgl. ebd., 751.
6   Vgl. Fürst 1988, 331.
7   Herder 1772, 752.
8   Vgl. Heise 1998, 58.
9   Vgl. ebd., 26f. Er führt zudem an, dass es sich bei der Lautsprache um Ausdruck statt Darstellung und Repräsentation handelt – eine Unterscheidung, die vor allem bei Ernst Cassirer von wesentlicher Bedeutung sein wird.

»So wie die menschliche Seele sich keiner Abstraktion aus dem Reiche der Geister erinnern kann, zu der sie nicht durch Gelegenheiten und Erweckungen der Sinne gelangte: so hat auch keine Sprache ein Abstraktum, zu dem sie nicht durch Ton und Gefühl gelangt wäre. Und je ursprünglicher die Sprache, desto weniger Abstraktionen, desto mehr Gefühle.«[10]

Den Sprachprozess gibt Herder ebenfalls wie Vico in drei Zeitaltern wieder, die er in Analogie zu den Lebensaltern sieht: (1) dem Poetischen, (2) dem Prosaischen und (3) dem Philosophischen. Das erste Zeitalter sei noch ganz von den Metaphern, den Sinnesanalogien geprägt. Die Wörter seien sinnlich. Erst wenn im zweiten Zeitalter die starke Einbildungskraft und Sinnlichkeit zurücktreten, setze die begriffliche Abstraktion als Sekundärbildung ein.[11] Für die Notwendigkeit wie auch Wertung der Metapher ist dieser Fortgang der Sprachentwicklung wesentlich: »Mit der Schwächung der Einbildungskraft und der Sinnlichkeit entfärben sich die Metaphern. Poetisches tritt kaum noch notwendigerweise und natürlich auf, sondern immer öfter zur Verzierung und Verschönerung.«[12] Nicht nur, dass der Mensch immer weniger auf die Metapher angewiesen ist, er degradiert sie sogar als Ornament der Sprache und gerät in Vergessenheit über ihre ursprünglich fundamentale Rolle in der Entstehung der Sprache.

Sprachschöpfung wie auch ästhetisches Weltverhältnis ordnet Herder durch das Konzept der menschlichen Armut in einen anthropologischen Kontext ein. Gegenüber dem instinktgebunden Tier sei der Mensch ungebunden, weil er über keine Sphäre und somit über keine gebundene Sprache und Welt verfüge.[13] Beide muss er erst ausbilden; die Sprache und auch die durch sie gebildete Welt setzt der Mensch dem Mangel entgegen.[14] Sein Erfindungsreichtum liegt also in seiner natürlichen Armut als notwendig begründet, wie Herder auch in seinen Ausführungen zum ersten Naturgesetz herausarbeitet.[15] Dort weist er auch die Besonnenheit als jenes Reflexionsvermögen aus, das dem Menschen seine Armut, seine Ungebundenheit als Freiheit verspüren lässt.[16] Der Besonnenheit kommt in der Philosophie Herders eine Schlüsselfunktion zu, nicht nur weil sie im Sinne einer Anthropologie die Bestimmung des Mangelwesens ins Positive kehrt, sondern in erster Linie, weil sie eine Funktion vor und jenseits der Sprache hat – eine ästhetische, die sie zur Basis aller

---

10 Herder 1772, 758.
11 Vgl. Albus 2001, 103 und Fürst 1988, 184.
12 Albus 2001, 103.
13 Vgl. Herder 1772, 712ff.
14 Vgl. Heise 1998, 29.
15 Zur Armut Herder 1772, 752. Im ersten Naturgesetz bestimmt Herder den Menschen als »freidenkendes, tätiges Wesen« und »Geschöpf der Sprache«, ebd. 769.
16 Vgl. ebd., 770f. und auch 722f.

höheren Vermögen des Menschen macht.[17] Sie waltet als »Naturgesetz über die Sukzession seiner Ideen« und »jede Handlung der Seele ist [...] eine *Folge der Besonnenheit*«.[18] Sie meint nicht weniger als das Zusammenwirken aller Seelenkräfte, also der Sinne. Da sie ein reflexives Vermögen sei, könne der Mensch durch sie einzelne Merkmale einer Sache, eines Gegenstandes herausgreifen, unterscheiden und als identifizierendes Zeichen nutzen. »Dies *Erste Merkmal der Besinnung war Wort der Seele! Mit ihm ist die menschliche Sprache erfunden.*«[19] Dieses Potential der Besonnenheit ist also der Ausgangspunkt der Sprachbildung, da durch einen noch vorsprachlichen Akt der Imaginationskraft die inneren Wörter gebildet werden[20], aus denen Herder die Lautsprache hervorgehen lässt. Der Ausgangspunkt der Besonnenheit liegt im Ästhetischen, denn jene Vorstellungen der Gegenstände, aus denen die Besonnenheit einzelne Merkmale als Zeichen herausziehen lässt, werden durch die metaphorischen Übertragungen zwischen den Sinnen gebildet.[21] Durch die Besonnenheit bestimmt Herder also genauer die wesentliche Funktion der Metapher in der Ausbildung der Worte. In dieser ästhetischen Grundlegung der Sprache äußert sich auch Herders implizite Kritik am Rationalismus am stärksten: Die Vernunft ist in seiner humanistischen Sprachphilosophie an die Empfindungen und Sinne wie auch den Sprachprozess und dadurch an die Geschichte gebunden, ihre Reinheit, die im Fortgang des Prozesses zunimmt, geht zu Lasten der Sinnlichkeit.[22]

Entscheidender als Herders implizite Kritik am Rationalismus ist aber sein in die Sprachphilosophie eingebetteter Ausblick auf die Bedeutung der Metapher im Hinblick auf die Ästhetik, also anders gesagt: die Ästhetik der Metapher. Den spezifischen wie auch historischen Rahmen für Herders Ausführungen bezüglich der Ästhetik bilden Leibniz und Baumgarten. Wie eingangs bereits erwähnt, nutzt Herder oft den Ausdruck *dunkel*, der als direkter Verweis auf Leibniz berühmte Charakterisierung der Sinne gelesen werden kann. Herder versucht mit seiner Sprachphilosophie unter den Deckmantel des Dunklen zu schauen, um die zentrale Bedeutung der Sinne, ihres Zusammenwirkens in der Reflexion auszuarbeiten, das er als Besonnenheit aller Sprachbildung zugrunde legt. Hans Adler sieht im Begriff bzw. in der Metapher der Prägnanz, wie er es gewinnbringend fasst, den archimedischen Punkt in Herders Ästhetik, mit dem er die Ästhetik des Dunklen ins Positive umwertet. »Der Weg der Einführung des Dunklen in die Philosophie ist der über die Metapher, und diejenige zentrale Metapher, mit der Herder den Zugriff auf das anthropo-

---

17 Vgl. Heise 1998, 23 und Fürst 1988, 328f.
18 Herder 1772, 773 und 774.
19 Ebd., 723.
20 Vgl. Fürst 1988, 333f.
21 Vgl. Herder 1772, 744.
22 Vgl. Heise 1998, 22 und 37f.

logische Datum des Dunklen sucht, ist die Metapher der *Prägnanz*.«[23] Gemäß einer für das 18. Jahrhundert üblichen Begriffsanspielung des Ausdrucks liest Alder die Prägnanz (*praegans*) als Umwertung des Dunklen hin zum Schwangeren: Statt eines Mangels bezeichne sie eine Sinnenfülle und sei der »anschauliche Ausdruck von Inhärenz und Implikation«.[24] Jens Heise sieht in der Prägnanz ebenfalls eine Aufwertung des dunklen Seelengrunds als positiven Überschuss:

»Prägnante Zeichen sind weder begrifflich klar noch methodisch erzeugbar. Ausgeprägt ist aber ihr Zeichencharakter selbst, weil sie auf das Viele hinweisen, das sie als überschüssigen Sinn enthalten. Im Rückgriff auf die Metaphorik der Prägnanz zeigt sich, daß Herder den Mangel an begrifflicher Klarheit, den die rationalistische Ästhetik im Grunde der Seele feststellt, als Überschuß an Sinn deutet. Prägnant sind alle Erfahrungsdaten, die in der Empfindung erschlossen sind; deswegen lassen sie sich auch in unterschiedlichen Perspektiven interpretieren.«[25]

Hier greift wiederum auch die Metapher in der ersten Sprache: Aufgrund des geringen Zeichenvorrats[26] und des der Besonnenheit zugrunde liegenden Überschusses an Sinnperspektiven kommt es zu häufigen Übertragungsvorgängen, den notwendigen Metaphern.

Mit der Verhältnissetzung von Ästhetik und Logik, von ursprünglicher Metaphorik und Begriff als ein Nacheinander steht Herders humanistische Sprachphilosophie auch in Einklang mit seiner Kritik an Baumgartens Ästhetik. Zwar stimmt er unter Berücksichtigung einer bestimmten Lesart grundsätzlich mit Baumgarten überein, doch bemängelt er an dessen Ästhetik, dass sie, in dem sie die Logik vor Phantasie und Gedächtnis setze, einen Teil dessen, was mit Ästhetik eigentlich gemeint sein sollte, außen vor lässt.[27] Baumgarten übertrage das logische Paradigma auf die Gegenstände der sinnlichen Wahrnehmung.[28] Die Metaphernbildung als ein Verfahren, das bereits vor der Ausbildung der Sprache und der Logik steht, wird bei Herder somit zentrales Argument, um eine Ästhetik zu begründen, die in den ursprünglich als dunkel ausgewiesenen Tiefen der Sinnlichkeit ein Vermögen ausmacht, das einem spezifischen Prinzip folgt. Über die Metapher wird, wie bereits

---

23 Adler 91. Adler weist darauf hin, dass der Begriff bereits in Baumgartens Metaphysik (§517) als »prägnante Vorstellung« und ebenfalls in Lessings berühmter Laokoon-Schrift als »prägnanter Augenblick« auftaucht, 94f.
24 Ebd., 92.
25 Heise 1998, 59.
26 Vgl. Fürst 1988, 183f.
27 Vgl. Herder 1772, 667.
28 Vgl. Adler 1990, 80.

bei Vico zum Ausdruck kam, eine Ästhetik möglich, welche die Sinne ›von Unten‹ anstatt ›von Oben‹ aufwertet. Dies ist nur möglich, wenn die Metapher als Prinzip der Übertragung auch jenseits der Sprache verortet werden kann – was Herder gelingt, da er sie in der Analogie der Sinne begründet. Diese radikale Kritik an der rationalistischen Vereinnahmung der Ästhetik eint Herder und Vico, auch wenn Herder die *Neue Wissenschaft* Vicos erst nach dem Verfassen seiner *Abhandlung* und seiner Kritik an Baumgarten zur Kenntnis nahm.

In der neueren Rezeption wird die Metapher mehrfach als wesentliches Moment der Philosophie Herders aufgefasst. Gebhard Fürst sieht im metaphorischen Prozess das Wesen der Sprache nach Herder[29] – die Sprache *ist* metaphorischer Prozess, wie bereits der Titel seiner Schrift verlauten lässt. Drei zentrale Aspekte der Ausführungen Herders zur Metapher legt Fürst dar, die allesamt wesentlich sind, um die Bedeutung der humanistischen Sprachphilosophie für die metapherntheoretische Forschung herauszustellen: (1.) die philosophische Rehabilitierung der Metapher durch die Aufwertung der Ästhetik in erkenntnistheoretischer Hinsicht – so sei Herders zentrale Intention die Wiederherstellung der Einheit der intellektuellen und imaginativen Kräfte der Seele, (2.) die genaue Unterscheidung mehrerer Typen von Metaphorik, die im Sprachprozess an verschiedenen Stellen auftreten, (3.) die grundlegende Bedeutung der Analogie für die verschiedenen Arten der Metapher.[30] Letzteres ist im Hinblick auf eine Ästhetik der Metapher besonders wichtig, da in der Analogie eine Funktion des Denkens gesehen werden kann, die sich auch als nichtsprachliches Vermögen fassen lässt und dabei eine weniger vorbelastete Tradition der sprachlichen Vereinnahmung aufweist als die Metapher. Die Unterscheidung verschiedener Metaphernarten dient hierbei als wesentliche Argumentationslinie zur Herausarbeitung der ästhetischen Dimension der Analogie: In ihren verschiedenen Formen im Sprachprozess durchläuft die Metapher einen Wandel von der Anschauung zur begrifflichen Abstraktion. Die ursprünglichsten Metaphern bezeichnet Fürst als »synästhetische Metaphora«:

»In der synästhetischen Metaphora, die ermöglicht wird durch die trotz aller Unterschiedlichkeit doch bestehenden Analogie aller Sinne, werden aufgrund der Simultaneität der Sinneseindrücke und der produktiven Kooperation der verschiedenen Modifikationen der Sensibilität Empfindungen des einen Sinnes auf die der anderen übertragen und mit diesem zu Synästhesien bleibend verknüpft. Durch solche unbewußten, im Vorfeld der eigentlichen Wortge-

---

29 Vgl. Fürst 1988, 27f.
30 Vgl. ebd., 225 u. 335-337. Er erweitert seine metapherntheoretische Analyse auf das Feld der philosophischen Ästhetik, indem er in zeitgenössischer Terminologie von der »ästhetischen Erfahrung« als zentralen Impuls zur inneren Aktivität der Seele spricht, 227.

nese stattfindenden, metaphorischen Vorgänge bilden sich eigentümliche sinnliche Qualitäten, die der poetischen Imaginationskraft zur Verfügung stehen.«[31]

Diesen Übertragungen zwischen den Sinnen folgen die »projektiven Metaphora« im Wortbildungsprozess, die nach dem Prinzip des Anthropomorphismus und der Personifikation verfahren und alles in Analogie zum Menschen versprachlichen. Die nächste Form der Metapher wirke in der phonetischen Sprachschöpfung und ermögliche den Übergang von der inneren zur äußeren, also zur Lautsprache. Mit der »kompensatorischen Metaphora« greift Fürst schließlich Herders Argument der Armut der Begriffsvielfalt auf, aus der heraus der Mensch notwendigerweise Metaphern bilden muss, um die Sinnenfülle und Vielzahl der Erscheinungen und Phänomene sprachlich benennen zu können. Den Abschluss bilde schließlich die »Abstraktionsmetaphora« anhand der sich durch Setzung einzelner Merkmale als wesentliche Charakterisierung der Dinge der Übergang zum abstrakten Begriff vollzieht.[32]

Die epistemische Funktion der Metapher arbeitet Vanessa Albus in einer vergleichenden Darstellung von Vico und Herder heraus. Während Vico die Metapher als eigentliche Sprache sehe, indem er Wahrheit und Metapher im Mythos zusammenfallen lässt, folge Herder eher der aristotelischen Tradition der Uneigentlichkeit metaphorischer Rede.[33] Diese Gegenüberstellung relativiert sie allerdings, indem sie nachweist, dass Herder Wahrheit und Metapher zwar trennt, aber in der Metaphorik des Kleides von einer eingehüllten Wahrheit spreche. Hierbei unterscheide Herder nicht zwischen Innerem und Äußerem, also Wahrheit und Metapher, beide seien vielmehr die »Einheit zweier verschiedener, aber untrennbarer Dinge«[34]. Wie bereits bei Vico arbeitet Albus auch bei Herder die Metaphern der Metapher heraus: Seine Hochschätzung der Metapher verdeutlichen die Metaphern der Blume und des Gemäldes[35], wie in der bereits zitierten Textstelle der *Abhandlung* zur Metapher der Ausdruck des »bundschäckigste[n] Gemälde[s]« unter Beweis stellt. Als dritte Metapher nennt Albus das blökende Schaf, das Herder nutzt, um das Vermögen der Besonnenheit zu beschreiben. Die Eigenschaft des Blökens als Wesensmerkmal des

---

31 Ebd., 335.
32 Ebd., 336-337.
33 Vgl. Albus 2001, 100f.
34 Ebd., 101. So weisen die Prägnanz-Metapher und die Kleid-Metapher eine strukturelle Ähnlichkeit auf, indem sie ein Äußeres und Inneres in ein Verhältnis setzen. Beide Metaphern bestimmen die Metapher als das Innere, das durch die Metaphorik in ein bestimmtes Verhältnis zur äußeren Rationalität und Wahrheit gesetzt wird. Sie sind demnach kohärent.
35 Vgl. ebd., 108.

Schafes zu setzen und es daher als das Blökende zu bestimmen, erhellt das Potential der Besonnenheit, in einem reflexiven Zugang zu den Sinneseindrücken einzelne als Merkmale für Dinge zu definieren.[36] Im Beispiel des blökenden Schafs kann Herders Entsprechung der Namengebung Jupiters bei Vico als Initialzündung der Wortbildung gesehen werden.

Der für diese Untersuchung wesentliche Gemeinplatz von Herders und Vicos Theorie des Sprachursprungs ist die Ausarbeitung eines der Metapher zugrunde liegenden Prinzips, das am Beginn der Wortbildungen zwischen Sprache und Anschauung steht. Entscheidend ist hierbei, dass beide in der Beschreibung dieser besonderen Art der Metapher nicht auf die aristotelische Definition der Übertragung zwischen Gattungen und Art zurückgreifen. Da diese bereits den Rahmen der sprachlichen Logik und der begrifflichen Abstraktion voraussetzt, konzentrieren sie sich auf ein tiefer liegendes Vermögen: jenes der Analogie. Auch wenn beide diese Art der Metaphernbildung in eine unterschiedliche Terminologie fassen – Vicos *ingenium* als poetische Schöpferkraft, Herders Besonnenheit als Reflexionspotential der Seele – zielen sie beide auf die Bestimmung eines Prinzips ab, das auf ähnliche Weise wie die sprachliche Metapher auf Übertragungsprozesse zurückgeht, diese im Falle der ersten Metapher aber jenseits der Logik der Sprache funktionieren. In beiden Positionen ist demnach nicht nur eine Antizipation, sondern sogar eine Grundlegung einer Theorie der Metapher im Denken zu sehen. Die Bedeutung der Ausarbeitung der Analogienbildung im Denken für die Metapherntheorie ist nicht zu überschätzen, wie im zweiten Teil noch eingehender für den Diskurs des 20. Jahrhunderts herausgestellt wird. Um die Grundlagen für diesen Diskurs weiter auszuarbeiten, wird im Folgenden auf Immanuel Kants Ausführungen zur Analogie eingegangen, weil sie einerseits zeitlich direkt an Herders *Abhandlung* anschließen und andererseits besonders für die im Anschluss vorgestellten Positionen von Ernst Cassirer und Hans Blumenburg eine wichtige Referenz bilden.

---

36 Vgl. Herder 1772, 723f.

3 Exkurs: Sprachliche Grenze, Symbol und Metapher (Kant)

In seiner Transzendentalphilosophie setzt sich Immanuel Kant eingehend mit der Erkenntnis nach der Analogie auseinander, um die Beziehung zwischen Begriff und Anschauung zu bestimmen. Diese sei bei reinen Vernunftbegriffen schwieriger zu fassen als bei gewöhnlichen empirischen Begriffen oder Verstandesbegriffen. Bereits in den *Prolegomena*, jener Schrift, die 1783 zwischen der ersten und zweiten Fassung seiner *Kritik der reinen Vernunft* erschien und die Bedingungen der Metaphysik als Wissenschaft klären soll, konzentriert sich Kant auf die Verstandesbegriffe als »Grenzbestimmung der reinen Vernunft«[1]:

»[W]ie verhält sich unsere Vernunft bei dieser Verknüpfung dessen, was wir kennen, mit dem, was wir nicht kennen und auch niemals kennen werden? Hier ist eine wirkliche Verknüpfung des Bekannten mit einem völlig Unbekannten (was es auch jederzeit bleiben wird), und wenn dabei das Unbekannte auch nicht im mindesten bekannter werden sollte – wie denn das in der Tat auch nicht zu hoffen ist –, so muß doch der Begriff von dieser Verknüpfung bestimmt und zur Deutlichkeit gebracht werden können. [...] Da wir nun aber diese Verstandeswesen nach dem, was sie an sich selbst sein mögen, d.i. bestimmt, niemals erkennen können, gleichwohl aber solche im Verhältnis auf die Sinnenwelt dennoch annehmen und durch die Vernunft damit verknüpfen müssen, so werden wir doch wenigstens diese Verknüpfung vermittelst solcher Begriffe denken können, die ihr Verhältnis zur Sinnenwelt ausdrücken. Denn denken wir das Verstandeswesen durch nichts als reine Verstandesbegriffe, so denken wir uns dadurch wirklich nichts Bestimmtes, mithin ist unser Begriff ohne Bedeutung; denken wir es uns durch Eigenschaften, die von der Sinnenwelt entlehnt sind, so ist es nicht mehr Verstandeswesen, es wird als eines von den Phänomenen gedacht und gehört zur Sinnenwelt.«[2]

---

1 Kant 1783, §57-60.
2 Ebd., §57.

In diesen einleitenden Worten stellt Kant bereits drei Sachverhalte vor, die für die Erschließung der epistemologischen Funktion der Metapher und ihrer Grundlegung im Denken wie auch in der Ästhetik von entscheidender Bedeutung sind: (1.) das Verhältnis von Begriff und Anschauung in der Ausbildung von Sprache und unserem Weltverhältnis, (2.) der daraus hervorgehende Anthropozentrismus als Schranke der reinen Vernunft und (3.) die Analogie als Schlüsselprinzip der Grenzbestimmung der reinen Vernunft. Als philosophisches Dilemma drückt sich dieser Sachverhalt folgendermaßen aus: Wie können wir die reine Verstandestätigkeit des Menschen erfassen, wenn wir dafür Anschauungen der empirischen Welt benötigen und damit immer schon von jener Tätigkeit abrücken?

Immer wieder stellt Kant heraus, dass die Begriffe, um nicht leer und reine Form zu sein, der Anschauung bedürfen, so in der *Kritik der reinen Vernunft*, der *Prolegomena* wie auch der *Kritik der Urteilskraft*.[3] Die Notwendigkeit, Begriffe anschaulich zu machen, bildet die erste Annahme seiner Einleitung in die transzendentale Logik. Den verschiedenen Begriffsarten ordnet er auch verschiedene Anschauungen zu, so heißen sie bei empirischen Begriffen »Beispiele« und bei Verstandesbegriffen »Schemata«. Problematisch werde es allerdings bei den reinen Vernunftbegriffen, »weil ihnen schlechterdings keine Anschauung angemessen gegeben werden kann«, daher »begehre« man »etwas Unmögliches«.[4] Dieser Unmöglichkeit könne begegnet werden, wenn den reinen Vernunftbegriffen Anschauungen gegeben werden, die ihnen der Analogie nach entsprechen. Vordergründig erscheint dies nicht mit Kants transzendentaler Logik vereinbar, doch durch die Einführung der »Grenze« als »Sinnbild«[5] ist es ihm möglich, transzendentale Urteile der reinen Vernunft, also jene Urteile *a priori*, mit empirischen Anschauungen, also jenen Erfahrungen *a posteriori*, zu verbinden. Beide können zusammen bestehen »aber nur gerade auf der *Grenze* alles erlaubten Vernunftgebrauchs; denn diese gehört ebensowohl zum Felde der Erfahrung als dem der Gedankenwesen«.[6] Der Analogieschluss zur Verbindung von Vernunftbegriffen, also Ideen mit der Anschauung stellt demnach das Grenzgebiet dar, das Vernunft und Anschauung eint.

Derartige Begriffsbildungen weist Kant als Anthropomorphismen aus und hält sie für unvermeidbar – wie er am Beispiel des Deismus als der Vorstellung Gottes verdeutlicht.[7] Um den Menschen angesichts dessen weiterhin als Vernunftwesen fassen zu können, unterscheidet er zwischen einem *dogmatischen* und einem *symbolischen* Anthropomorphismus. Der Symbolische fälle keine Wesensaussage über

---

3 Vgl. Kant 1781/87, A51/B75; Kant 1783, §57; Kant 1790, §59 B254.
4 Kant 1790, B254.
5 Kant 1783, §59.
6 Ebd., §57, 174.
7 Vgl. ebd., §57 und Kant 1790, §59 B257.

das Objekt des selbst, sondern sei lediglich in der Sprache zu verorten und drücke eine Verhältnismäßigkeit, ein *als ob* aus, nach dem, wie das Objekt dem Menschen erscheine. Dieses *als ob* regele unser gesamtes Weltverhältnis, indem nicht nur die einzelnen Erscheinungen, sondern ebenso ihre Gesamtheit als Welt in Analogie zum Menschen, also anthropomorph aufgefasst werde.[8]

Wie definiert Kant aber genauer jenes Prinzip der Analogiebildung? In den *Prolegomena* fasst er das *Als ob* des symbolischen Anthropomorphismus, der die reinen Vernunftbegriffe mit der Anschauung verbindet und ihrer Form so den Inhalt gibt, folgendermaßen: »Eine solche Erkenntnis ist die *nach der Analogie*, welche nicht etwa, wie man das Wort gemeiniglich nimmt, eine unvollkommene Ähnlichkeit zweier Dinge, sondern eine vollkommene Ähnlichkeit zweier Verhältnisse zwischen ganz unähnlichen Dingen bedeutet.«[9] Entscheidend – vor allem für den metapherntheoretischen Diskurs, wie an späterer Stelle noch deutlich wird – ist hierbei die Bestimmung der Beziehung zwischen Analogie und Ähnlichkeit. Die Analogie gehe zwar auf das Erkennen von Ähnlichkeiten zurück, diese sind aber keine anschaulichen, sondern verhältnismäßige zwischen den Dingen. Zwei verschiedene Dinge können also in ein analogisches Verhältnis gesetzt werden, wenn eine strukturelle Ähnlichkeit erkannt wird. Diese Bestimmung schließt nicht aus, dass diese Ähnlichkeit *auch* eine direkt anschauliche zwischen den Dingen sein kann, sie vermeidet lediglich, dass Analogie auf bloße Ähnlichkeit in der Anschauung reduziert werden kann. An jener Stelle der *Kritik der Urteilskraft*, an der Kant den Begriffsarten verschiedenen Anschauungen zuordnet, bestimmt er die Beziehung zwischen Anschauung und Analogie noch genauer. Eine Anschauung ist symbolisch,

»da einem Begriffe, den nur die Vernunft denken, und dem keine sinnliche Anschauung angemessen sein kann, eine solche untergelegt wird, mit welcher das Verfahren der Urteilskraft demjenigen, was sie im Schematisieren beobachtet, bloß analogisch ist, d. i. mit ihm bloß der Regel dieses Verfahrens, nicht der Anschauung selbst, mithin bloß der Form der Reflexion, nicht dem Inhalte nach übereinkommt.«[10]

Als Vorstellungsarten seien schematische und symbolische Anschauung intuitiv und können dem Diskursiven gegenübergestellt werden.[11] Indem Kant die schematische auf die Demonstration und die symbolische Vorstellungsart auf die Analogie zurückführt, grenzt er sie ebenfalls von der Diskursivität der Sprache ab und rückt sie in das Licht der Ästhetik. Da die Urteilskraft auf der Grenze zwischen Vernunft

---

8 Vgl. Kant 1783, §57, 58 u. 175.
9 Ebd., §58, 176.
10 Kant 1790, §59, B255.
11 Vgl. ebd., §59, B255f.

und Anschauung walte, wenn sie reinen Vernunftbegriffen der Analogie nach eine Anschauung zuordnet, habe sie an beiden Bereichen Teil, dem Diskursiven wie auch dem Ästhetischen.

Kant nutzt an keiner der hier angeführten Stellen den Begriff *Metapher*, dennoch fügt sich seine Theorie der Analogie genau in jenes Verständnis der Analogie als metaphorische Übertragung ein, das bereits bei Vico und Herder analysiert wurde. Kants Begriff des Symbols, welcher der symbolischen Anschauung zugrunde liegt, kann als Synonym für die Metapher gelesen werden: Die Anwendung eines Begriffes auf den Gegenstand einer sinnlichen Anschauung und die anschließende Anwendung der »Regel der Reflexion über jene Anschauung auf einen ganz anderen Gegenstand, von dem der erstere nur das Symbol ist«[12], meint nichts anderes als den Vorgang der Übertragung. Anwendung und Übertragung sind als Vorgänge in dieser Sicht strukturgleich und folglich lässt sich Kants Symbolbegriff im hier entwickelten Verständnis als Metapher lesen. Diese Einsicht gewann bereits Hans Blumenberg in der Auseinandersetzung mit Kant. In seinen *Paradigmen zu einer Metaphorologie* liest er Kants Symbol im Sinne seiner eigenen Definition der absoluten Metaphern.[13] Anne Tebartz-van Elst greift diesen Gedanken Blumenbergs auf und sieht ebenfalls in Kants Symbolbegriff »das metaphorische Verfahren der Übertragung der Reflexion qua Analogie«[14] beschrieben und damit beide Begriffe, Metapher und Symbol, im Hinblick auf Kants Definition der Analogie als synonym. Bernhard Debatin weist ebenfalls, im Folgejahr 1995, die Metapher als entscheidende Instanz in Fällen aus, in denen der Schematismus nicht zwischen Begriff und Anschauung vermitteln kann. Analogie der Anschauung und symbolische Versinnlichung setzt er an dieser Stelle mit der Metapher gleich – auch ohne den Verweis auf Blumenbergs frühe Einsicht.[15]

---

12 Ebd., § 59, B256.
13 Vgl. Blumenberg 1960, 11f. Die Analyse der metapherntheoretischen Position Blumenberg bildet das letzte Kapitel des ersten Teils.
14 Tebartz-van Elst 1994, 53.
15 Vgl. Dabatin 1995, 232f. Kants Symbolbegriff wird von zahlreichen Theoretikern als Metapher verstanden, wie in den folgenden Kapiteln noch betont wird.

4 Metapherntrieb und Artisten-Metaphysik (Nietzsche)

Die Rückführung der Begriffe auf eine ursprünglich wirkende Kraft der Metapher nimmt bei Friedrich Nietzsche die radikalste Form einer Kritik an der Metaphysik an. Diese Kritik an der Erkenntnis, an der Wahrheit und der begrifflichen Sprache führt zu einer »Artisten-Metaphysik«, die er bereits in seinem Frühwerk, in der *Geburt der Tragödie* von 1872, entwirft und die sich durch sein gesamtes philosophisches Werk zieht. Ein erweiterter Metaphernbegriff, der die sprachliche Trope über ihre Zuordnung in Poetik und Rhetorik hinausführt und jenseits dieser Dichotomie verortet, wird in einem Aufsatz seines Frühwerks zur entscheidenden Rückführung der Sprache auf ihren ästhetischen Grund. Weil alle Begriffe durch die Übertragung nach dem Prinzip der Metapher aus den sinnlichen Reizen entstehen, ist die Metapher mehr als nur ein sprachphilosophisches Moment in seiner Kritik: Wahrheit und Weltbezug liegen in der Sprache und sind durch ihren ästhetischen Ursprung nur schöpferische Setzungen in Begriffen. Alle Erkenntnis beruht somit auf einer künstlerischen Kraft der Metapher, durch die Sinnesreize in Bilder und Bilder wiederum in Begriffe übertragen werden. Nietzsches Artistenmetaphysik, die Schöpfung der Welt durch künstlerische Akte des Menschen selbst, baut in Nietzsches Frühwerk auf der Metapher auf.

In seinen nachgelassenen Aufsatz *Ueber Wahrheit und Lüge im aussermoralischen Sinne* von 1873 versucht Nietzsche, der Bestimmung des Wahrheitsbegriffs und genauer den Trieb zur Wahrheit überhaupt zu ergründen. Er sieht den Menschen grundsätzlich als ein hochmütiges Geschöpf, dessen Intellekt ihn über den Wert des Daseins täuscht und seine Hauptkräfte vor allem in der Verstellung entfaltet.[1] Obwohl die Natur dem Menschen das Allermeiste, selbst über seinen Körper, verschweige, ist der Mensch durch einen starken Trieb zur Wahrheit ausgezeichnet. Die Beantwortung der Frage nach der Herkunft dieses Triebes führt ihn zur Ausbil-

---

1 Vgl. Nietzsche 1873, 370.

dung der Gesellschaft: Der Mensch ist ein Herdentier, muss sein Zusammenleben durch einen Friedensschluss sichern und erfindet daher »Wahrheit« als »eine gleichmässig gültige und verbindliche Bezeichnung der Dinge«[2]. Durch Konventionen der Sprache wird also die Wahrheit gesichert. Diesen Prozess bezeichnet Nietzsche als schöpferischen, da in einem künstlerischen Akt aus den Sinnesreizen Begriffe gebildet werden, deren Systematik die Wahrheit konstituiert. Für den Trieb zur Wahrheit ist entscheidend, dass der Mensch sich dessen nicht mehr bewusst ist:

»Nur durch Vergesslichkeit kann der Mensch je dazu kommen zu wähnen: er besitze eine Wahrheit in dem eben bezeichneten Grade. Wenn er sich nicht mit der Wahrheit in der Form der Tautologie d. h. mit leeren Hülsen begnügen will, so wird er ewig Illusionen für Wahrheiten einhandeln. Was ist ein Wort? Die Abbildung eines Nervenreizes in Lauten. Von dem Nervenreiz aber weiterzuschliessen auf eine Ursache ausser uns, ist bereits das Resultat einer falschen und unberechtigten Anwendung des Satzes vom Grunde.«[3]

Im Sprachprozess werden zur Ausbildung der Begriffe Genus und Wesensmerkmale gesetzt, nicht durch eine ursprüngliche Beziehung zu den Dingen, sondern durch »willkürliche Übertragungen«[4]. Um diese Tätigkeit des Übertragens genauer zu fassen, nutzt Nietzsche den Begriff der Metapher und setzt ihn als entscheidendes Prinzip in der Ausbildung der Sprache und der damit verbundenen Wahrheit ein: Der Sprachbildner

»bezeichnet nur die Relationen der Dinge zu den Menschen und nimmt zu deren Ausdrucke die kühnsten Metaphern zu Hülfe. Ein Nervenreiz zuerst übertragen in ein Bild! erste Metapher. Das Bild wieder nachgeformt einen Laut! Zweite Metapher. Und jedesmal vollständiges Uebersrpingen der Sphäre, mitten hinein in eine ganz andere und neue.«[5]

In dieser berühmten und viel zitierten Passage des Textes wird die Metapher zum Paradigma der Übertragung.[6] Alle Begriffe sind nur Metaphern der Dinge und die Entstehung der Sprache folgt daher auch nicht der Logik, sondern der Ästhetik. Die Begriffe entstehen durch Abstraktionen der individuellen Urerlebnisse – einen Schritt, den Nietzsche ganz nach dem Gesetz der Metapher als »Gleichsetzen des Nicht-Gleichen« und »durch Weglassen des Ungleichen«[7] beschreibt. Am Beispiel

---

2 Ebd., 371.
3 Ebd., 372.
4 Ebd., 372.
5 Ebd., 373.
6 Vgl. Tebartz-van Elst 1994, 101.
7 Nietzsche 1873, 374.

des Begriffs *Blatt* verdeutliche er, wie aus dieser Abstraktionsleistung die Gattungen und Klassen der Sprache entstehen, die wiederum auf unser Verständnis der Dinge zurückwirken. Jedes Blatt ist demnach nur noch das Abbild einer Urform, die durch den Begriff, also die sprachliche Abstraktion aller individuellen Erscheinungen konstituiert wird.[8]

Dieser erweiterte Begriff der Metapher als schöpferisches Prinzip der Begriffsbildung erlaubt es Nietzsche, die Wahrheit neu zu bestimmen:

»Was ist also Wahrheit? Ein bewegliches Heer von Metaphern, Metonymien, Anthropomorphismen kurz eine Summe von menschlichen Relationen, die, poetisch und rhetorisch gesteigert, übertragen, geschmückt wurden, und die nach langem Gebrauche einem Volke fest, canonisch und verbindlich dünken: die Wahrheiten sind Illusionen, von denen man vergessen hat, dass sie welche sind, Metaphern, die abgenutzt und sinnlich kraftlos geworden sind.«[9]

Und der feste Glaube an die Wahrheit liege nun darin begründet, dass der Mensch vergisst, dass er sie selbst in die Sprache hineingelegt hat, dort also keine Wahrheiten über die Dinge wiederfindet, sondern nur die Relationen der Dinge zu ihm selbst.[10] Nietzsche liefert nicht nur einen Befund des Vergessens, sondern ebenfalls eine anthropologische Rechtfertigung, denn um als Herdentier gemeinschaftlich überleben zu können, braucht der Mensch Konventionen, die er als Wahrheiten hinstellen und dadurch eine Gesellschaft moralisch sichern kann.

Anhand der Abstraktionsleistung der Sprache bilde der Mensch ein Regelwerk und eine Ordnung nach Schemata aus, die er dann auf die Dinge übertrage. In diesem durch und durch anthropomorphen Zug sei es dem Menschen möglich, die Sprache in einer »pyramidale[n] Ordnung nach Kasten und Graden aufzubauen«[11] und sie der Welt entgegenzusetzen. Nietzsche verwendet ein System von aufeinander aufbauenden Metaphern der Architektur, um das ›Begriffsgebäude‹ der Sprache genauer zu fassen. Bemerkenswert an dieser Entwicklung der übertragenen Sicht ist die voranschreitende abwertende Konnotation der Metaphern. Von der pyramidalen Ordnung über die »starre Regelmässigkeit eines römischen Columbariums«, das »in der Logik jene Strenge und Kühle aus[atmet], die der Mathematik zu eigen ist« und einem »unendlich complicirten Begriffsdomes« »auf beweglichen Fundamenten«

---

8 Diese Ausführungen Nietzsches lassen sich als schwere Kritik am Platonismus lesen, denn er bezeichnet implizit alle plantonischen Ideen als sprachliche Setzungen nach dem Prinzip der Metapher.
9 Ebd., 374f.
10 Vgl. ebd., 377.
11 Ebd., 375.

bis hin zur Konstruktion aus »Spinnenfäden«[12]: Die Metaphern drücken unterschiedliche Aspekte des Begriffssystem aus wie Hierarchie, Absenz des Lebens, Religion ohne festes Fundament, dynamische Elastizität und Widerspenstigkeit, aber auch Bedrohung aus.[13] Die Sprache wird somit stufenweise in der Falschheit ihres Wahrheitsanspruchs gesteigert, ist erst eine »Begräbnissstätte der Anschauung«[14], dann ein falscher Glaube und schließlich die gefährliche Spinne, in deren Netz man sich verfangen soll.

Ein Leben in der Sicherheit und mit dem Halt der sprachlichen allgemeingültigen Wahrheit erkauft sich der Mensch durch die Preisgabe der Anschauung – sie muss begraben werden, damit die sprachliche Abstraktion ihren Siegeszug antreten kann. Hierdurch vergisst der Mensch aber zudem seine eigene künstlerische Tätigkeit der anthropomorphen Aneignung von Welt:

»Nur durch das Vergessen jener primitiven Metaphernwelt, nur durch das Hart- und Starr-Werden einer ursprünglich in hitziger Flüssigkeit aus dem Urvermögen menschlicher Phantasie hervorströmenden Bildermasse, [...], kurz nur dadurch, dass der Mensch sich als Subjekt und zwar als *künstlerisch schaffendes* Subjekt vergisst, lebt er mit einiger Ruhe, Sicherheit und Consequenz.«[15]

Auf dieser vergessenen, aber ursprünglichen Tätigkeit des Menschen gründet Nietzsches Artisten-Metaphysik und hierin zeigt sich zudem ihr stärkstes Argument gegen die traditionelle Metaphysik, den Platonismus, Cartesianismus und jeglichen Anspruch auf Wahrheit: Der menschliche Wirklichkeitsbezug ist »höchstens ein *ästhetisches* Verhalten, [...] eine andeutende Uebertragung«.[16] Die empirische Welt wird in Nietzsches Sicht zur anthropomorphischen Welt, die Metaphernbildung als zentrales Moment der Aneignung von Wirklichkeit zum »Fundamentaltrieb«[17].

Weil der Metapher eine derart grundlegende anthropologische und epistemologische Bedeutung zukommt, sie sozusagen zum Wesenszug des Menschen überhaupt wird, kann sie nicht bloß einer frühen Phase der Sprachbildung zugeordnet werden. Das ästhetisch-schöpferische Verhalten ist stets im Prozess der Sprache wirksam, nur eben unbewusst bzw. vergessen. Nietzsches Argumentation weist

---

12 Ebd., 376.
13 Ferner lässt sich noch der »Thurmbau« anführen, der zusammen mit dem Ausdruck »Bollwerk« die Assoziation des Turmbaus zu Babel als Sinnbild des menschlichen Hochmuts zulässt, vgl. ebd., 380.
14 Ebd., 380.
15 Ebd., 377.
16 Ebd., 378.
17 Ebd., 381.

deutliche Parallelen zu den Sprachursprungstheorien von Vico und Herder auf, so neben der Kritik am Cartesianismus und der vorherrschenden Metaphysik die Thesen der Ursprungsmetaphern zur Bildung der Begriffe, der ästhetischen und phantasiegeschaffenen Basis der Sprache, des anhaltenden metaphorischen Sprachprozesses und der Verbindung der Ursprungsmetaphern mit den sprachlichen Metaphern zu einem geschlossenen Kontinuum der ästhetischen Dimension von Sprache überhaupt. Außergewöhnlich bleibt in seiner Schrift der Zugang über den Wahrheitstrieb des Menschen. Hierbei nutzt er seine Methodik des *Jenseits*, also die Einnahme eines Standpunktes jenseits einer bestehenden Dichotomie, im doppelten Sinne: Einerseits analysiert er die Wahrheit jenseits der Gegensätze von Gut und Böse und damit jenseits der Moral, die die Wahrheit in der Gemeinschaft motiviert. Erst hierdurch kann er das produktive und anthropologisch begründete Vergessen der Metaphorik in der Begriffsbildung bestimmen. Andererseits denkt er hieran anschließend den Trieb zur Metaphernbildung jenseits der Dichotomie von Metapher und Begriff, um die schöpferischen Übertragungen, die von den Sinneseindrücken zum Begriff führen zusammen mit den sprachlichen Metaphern als *eine einzige* in der Sprache wirkende Kraft zu fassen.

In Bezug auf die Sprache entwickelt Nietzsche diese Methodik durch einen Rückgriff auf die vorsokratische Philosophie. Hierdurch fasst er wieder die Gesamtheit der Triebe und nicht nur allein den Erkenntnistrieb ins Auge und spielt dabei Heraklit gegen Aristoteles und Dionysos gegen Sokrates aus.[18] Dieser Rückgriff auf die griechische Philosophie eint Nietzsches frühe Werke, darunter die *Geburt der Tragödie* und *Ueber Wahrheit und Lüge im aussermoralischen Sinne*, in ihrer Methodik. In beiden Schriften steht eine Artisten-Metaphysik im Vordergrund, die als Antithese zum Platonismus und zur sokratischen Abstraktion der Sprache verstanden werden kann. In der *Geburt der Tragödie* äußert sie sich in der Personifikationen zweier ursprünglicher Kräfte durch griechische Gottheiten: Dionysos ist der Rausch und damit Verklärer des Dasein durch die Auflösung aller Ordnungen, Apollon ist als gestaltender Traum sein Widerpart und steht für die klare Form, sichtbare Gestalt und die Herstellung von Ordnung. Ihre Trennung ist eine rein analytische, ihr Zusammenspiel die Schöpfung der Kunst. Die Differenzlosigkeit Dionysos' lässt sich nur durch die differenzierende Kraft Apollons verstehen. In *Ueber Wahrheit und Lüge im aussermoralischen Sinne* konzentriert sich Nietzsches Metaphysikkritik dagegen auf den Fundamentaltrieb zur Metaphernbildung und damit der ästhetischen Grundlegung des sprachlichen Paradigmas der Erkenntnis.[19]

---

18 Vgl. Kofman 1983, 34ff.

19 Anne Tebartz-van Elst sieht im Fortgang von Nietzsches Philosophie einen Wechsel der Orientierung von der Artisten-Metaphysik und der Kunst zur sprachphilosophischen Perspektive, vgl. Tebartz-van Elst 1994, 39. Dies bedeute aber keine Abkehr von der Ästhe-

Bevor Nietzsches Bestimmung der Metapher zwischen Denken, Anschauung und Sprache genauer analysiert werden kann, gilt es, seinen Sprachgebrauch im Hinblick auf die Metapher zu erhellen. Da er alle Begriffe als Ergebnis in Vergessen geratener künstlerisch-schöpferischer Übertragungen ausweist, muss seine eigene philosophische Sprache dieser Einsicht insoweit Rechnung tragen, als dass sie nicht mit kanonischen Begriffen arbeitet, damit jenem ästhetischen Grund entgegenwirkt und dem Vergessen erneut zuarbeitet. Er muss demnach selbst zum schöpferischen Dichter werden – eine Einsicht, die besonders Sarah Kofman herausgestellt hat.[20] Wie bereits an der Abfolge verschiedener aber kohärent aufeinander aufbauender Metaphern zur Beschreibung des Begriffssystems deutlich wurde, umkreist Nietzsche bestimmte Aspekte vielmehr durch eine Vielzahl von Metaphern anstelle einer eindeutigen Begriffsnennung.[21] Sie äußert sich besonders deutlich an den verschiedenen Metaphern, die er für das Phänomen der Metapher selbst anführt – eine Methode, die er mit Vico und auch Herder teilt, aber weitaus nachdrücklicher und grundlegender angeht. Kofman arbeitet einerseits die *chladnische Skulptur* und andererseits den *Maler ohne Hände, der sein Bild singt* als zwei sich ergänzende Metaphern der Metapher bei Nietzsche heraus. Sie ergänzen sich, weil sie beide verschiedene Aspekte des Phänomens hervorheben und es somit durch unterschiedliche Perspektiven nicht zur begrifflichen Einheit mit definiertem Wesensmerkmal zwingen.[22] Wenn das Phänomen der Metapher zum festen Begriff wird, ist sein eigentliches Potential schon in der definitorischen Sprache erstickt. Nietzsche gibt mit seinen Metaphern der Metapher also auch implizit eine Anleitung zur diskursi-

---

tik, da die Sprache eine fundamental ästhetische Dimension habe. Ich argumentiere hingegen dafür, dass sich die Grundgedanken der Philosophie Nietzsches nicht in einem sprachphilosophischen Rahmen fassen lassen. Bereits sein metapherntheoretischer Aufsatz verdeutlicht, dass Sprachanalyse und Artisten-Metaphysik in der Metapher zusammenfallen. Wenn Tebartz-van Elst die perspektivische Wahrheit des späten Nietzsches als metaphorische Wahrheit bestimmt, kann sie daher die Artisten-Metaphysik nicht bloß dem Frühwerk zuordnen. Die Metapher als schöpferische Übertragung ist immer zugleich auch ein künstlerisch-metaphysischer Akt.

20 »Als unerbittlicher Philologe macht sich Nietzsche aus strategischer Erwägung zum Dichter, um die metaphysischen Verführungen und die irregehenden Interpretationen zu zerstören: Er vervielfacht die Metaphern, wiederholt die traditionellen Metaphern, indem er sie an weniger gebräuchliche Metaphern anbaut oder sie noch bis zur letzten Konsequenz drängt, um zu sehen, wie weit sie führen können.« Kofman 1983, 152.

21 Diese Einsicht verdanke ich besonders Kofmans genauer Analyse dieser aufeinander aufbauenden Metaphern, dazu Kofman, Kapitel 4.

22 Vgl. ebd., 65ff. Sie liest das Zusammenspiel der verschiedenen Metaphern im Sinne des Dekonstruktivismus als Zerstören und wieder Aufbauen von Sinn.

ven Verwendung des Phänomens. Ebenso lassen sich die zahlreichen Personifikationen in seinem Werk – so Dionysos und Apollon in *Geburt der Tragödie* und die drei Verwandlungen vom Geist zum Kamel, zum Löwen und schließlich zum Kind in *Also sprach Zarathustra* – als Metaphern verstehen, die Aspekte konkret und anschaulich fassen, ohne sie der begrifflichen Definition preiszugeben. Anne Tebartz-van Elst sieht im Zusammenspiel von Dionysos und Apollon sogar eine weitere Metapher der Metapher: »Die Metapher ist die sprachliche Einheit, in der sich Aufbauen und Zerstören von Sinn und Referenz gleichsam verdichtet ereignen.«[23] Im Zuge dieser Personifikationen und der zahlreichen aufeinander aufbauenden Metaphern in der Charakterisierung des Begriffssystems sieht Kofman auch den Willen zur Macht, jene zentrale Fluchtlinie im Spätwerk Nietzsches, als metaphorischen Namen denn als explikativen Begriff. Ohne diese Einsicht, so Kofman, müsse man Nietzsche für den letzten Metaphysiker halten, der den Platonismus einfach umgekehrt hat.[24]

Den Aspekt des Vergessens der schöpferischen Übertragungen fasst Nietzsche besonders prägnant in der Metapher der abgenutzten Münze.[25] Durch häufigen Gebrauch verlieren die Münzen ihre Bilder, daher ihren eigentlichen Charakter und werden nicht mehr als solche erkannt. So auch die Begriffe: Ihre ursprünglich ästhetisch-schöpferische Grundlage wird durch den konventionellen Gebrauch sozusagen abgenutzt oder weggewischt. Die Metapher verdeutlicht einerseits den enormen Stellenwert der Pragmatik im Vergessen, wie Kofman festhält, ist andererseits aber auch trügerisch, da sie eine Passivität ausdrückt, die dem Prozess nicht gerecht wird.[26] Das Vergessen der metaphorischen Sprachbildung ist als Genese Teil eines anhaltenden Sprachprozesses, zu dem als gegenläufige Kraft die revitalisierenden Metaphern gehören. Die begriffliche Sprache kann erneut durch die Metapher Kraft erhalten, sie wiederfinden.[27] Zwar ist die Sprache die Kunst des Scheins, sie ist aber keine Kunst der Täuschung mehr, wenn sie nicht mehr an der *episteme* gemessen wird, wie Tebartz-von Elst ausführt.[28] In der Metapher selbst ist das Potential zu sehen, der Verstellung des Intellekts zu entkommen und dem Vergessen der schöpfe-

---

23 Tebartz-van Elst 138. Ihr Verständnis der Metapher bei Nietzsche ist stark von ihren Analysen der *Geburt der Tragödie* und dadurch der Übertragung der Bedeutung des Mythos auf die Metapher geprägt, vgl. bes. ebd. Kapitel 4.3. Auch Jörg Villwock greift auf die Polarität von Dionysos und Apollon zurück, um die Metapher zu bestimmen, Villwock 1999, 165.
24 Vgl. Kofman 1983, 142. Eine Position die Volker Gerhardt vertritt, vgl. Gerhardt 1988.
25 Vgl. Nietzsche 1873, 374f.
26 Vgl. Kofman 1983, 85 u. 76f.
27 Vgl. ebd., 28.
28 Vgl. Tebartz-van Elst 1994, 96f.

rischen Ausbildung der Sprache entgegenzuwirken. Nietzsche stellt dem Intellekt einen schöpferischen Geist entgegen, der der Intuition und nicht der Vernunft folgt. Als schöpferisch Tätiger wird der Mensch vom Bedürftigen zum Herren.[29] Im Hinblick auf das Vergessen und die Wiederbelebung der Metapher ist der Unterschied zwischen Begriff und Metapher nur ein gradueller bzw. ein fließender Übergang – eine Einsicht, die Nietzsche durch seinen Sprachgebrauch vorführt.[30]

Wie lässt sich nun aber Nietzsches Konzept der Metapher zwischen Denken, Anschauung und Sprache bestimmen, wenn er die Metapher einerseits als wesentliches Argument seiner Artisten-Metaphysik, also als zentrales Moment der Ästhetik der Sprache fasst, ihr andererseits als Fundamentaltrieb eine wesentlich anthropologische Dimension zuschreibt? Die Verbindung von Anthropologie und Erkenntniskritik kommen exemplarisch in Nietzsches Umformulierung der aristotelischen Bestimmung des *vernünftigen Tiers* zum *metaphorischen Tier* zum Ausdruck. Wie die Begriffsbildung so werden auch die klassifikatorischen Rubriken nicht mehr auf die Logik, sondern die Metapher zurückgeführt und demnach als anthropomorphe Metaphern bezeichnet.[31] Aus den nachgelassenen Fragmenten der Jahre 1872 und 1873 geht besonders deutlich hervor, welchen Stellenwert der Anthropomorphismus in Nietzsches Kritik an der Metaphysik einnimmt.[32] Die gesamten Weltkonstruktionen sind nur Anthropomorphismen, denn der »Mensch kennt die Welt in dem Grade, als er sich kennt«[33]. In jenen Fragmenten finden sich auch erhellende Ausführungen, die die Übertragungsprozesse vom Nervenreiz zum Bild und vom Bild zum Laut detaillierter fassen. Zwei künstlerische Kräfte wirken bei diesen Übertragungen, die er explizit als Metapher fasst: eine »bildererzeugende« und eine »auswählende«[34]. Diesen Vorgang bezeichnet er als ein »Bilderdenken«, das auf die Bilder als »Urdenken[,] d. h. die Oberflächen der Dinge im Spiegel des Auges zusammenge-

---

29 Vgl. Nietzsche 1873, 382.

30 Sarah Kofman sieht darin ein metaphorisches Spiel durch Austauschen verschiedener Metaphern und durch Revitalisierung und Neubewertung traditioneller und abgegriffener Metaphorik, vgl. Kofman 94f. Anne Tebartz-van Elst stellt ebenfalls die zentrale Bedeutung von Metaphern in Nietzsches Sprachgebrauch heraus, behandelt allerdings eine einzelne Metapher, *Die Welt ist das Spiel des Zeus*, als programmatisch und konzentriert ihre Analyse maßgeblich darauf, vgl. Tebartz-van Elst, Kpt. 4. Gerade diese Metapher ist Kofman aber ein Beispiel für ihre dekonstruktivistische Deutung Nietzsches als Zerstörung und Wiederaufbau von Sinn, vgl. Kofman, 111.

31 Vgl. Kofman 1983, 45 u. 64.

32 Vgl. Nietzsche 1872/1873, 19 [36f.][116ff.][125][134].

33 Ebd., 19 [118].

34 Ebd., 19 [79].

faßt«[35], zurückgreift und sich als unbewusstes Denken ohne Begriffe und daher in Anschauungen vollziehen muss. Es ist aber dennoch ein Denken, weil es durch die Kraft der Phantasie Ähnlichkeiten sieht und betont, noch bevor jede Logik der Reflexion einsetzt.[36] Auf diesem ästhetischem Grund verfährt das Denkens nach dem Prinzip der vorbegrifflichen Analogiebildung, bei der es um die Ausschöpfung von Möglichkeit denn um den Nachweis von kausalen Verhältnissen geht:

»Was ist aber eine solche ›Möglichkeit‹? Ein Einfall z. B. ›es könnte vielleicht‹. Aber wie *kommt* der Einfall? Mitunter zufällig äußerlich: ein Vergleichen, das Entdecken irgend einer Analogie findet statt. Nun tritt eine *Erweiterung* ein. Die Phantasie besteht im *schnellen Ähnlichkeitenschauen*. Die Reflexion mißt nachher Begriff an Begriff und prüft. Die *Ähnlichkeit* soll ersetzt werden durch *Causalität*.«[37]

Nietzsche nutzt in Bezug auf den Aspekt des Sehens den Ausdruck *Ähnlichkeit*, bei der Charakterisierung des Denkens hingegen die *Analogie*. Diese vordergründige Differenzierung im Hinblick auf die Metapher ist noch ganz einer Zuordnung zur Modalität geschuldet, dennoch bezeichnet er das Sehen von Ähnlichkeiten als *Teil* des metaphorischen Prozesses. Die Metapher hingegen *ist* das Analoge, der Analogieschluss.[38] Nietzsches Argumentationslinie einer ästhetischen Fundierung der Erkenntnis gibt allerdings vor, dass er das Ähnlichkeitsparadigma der Metapher unbedingt benötigt: Zwar verfährt das Bilderdenken in Analogien, d. h. durch Metaphernbildung, da es aber auf die Übertragungen der Nervenreize in Bilder zurückgreift, müssen sich die Metaphern durch ein *Sehen* von Ähnlichkeiten bilden. Vor dieser wesentlichen Argumentationslinie einer Ästhetik ist denn auch Nietzsches Definition der Metapher zu verstehen: »*Metapher* heißt etwas als *gleich* behandeln, was man in einem Punkte als *ähnlich* erkannt hat.«[39] Die Metapher ist Nietzsche nicht vorrangig das Bild in der Sprache, sondern das Prinzip zur Rückführung der Sprache auf das Bild, einen Bildervorrat, mit dem das analoge Denken arbeitet. Der metaphorische Sprachprozess beschreibt demnach den Übergang vom Analogischen des Bilderdenkens zum Identischen des Begriffsdenkens[40] – aber auch gleichzeitig die gegenläufige Bewegung, um die Metaphorik der Sprache lebendig zu halten.

---

35 Ebd., 19 [66].
36 Vgl. ebd., 19 [107][78].
37 Ebd., 19 [75].
38 Vgl. ebd., 19 [210], [226]; vgl. Tebartz-van Elst 1994, 175.
39 Nietzsche 1872/1873, 19 [249].
40 Vgl. Kofman 1983, 59f.

Die Ästhetik wird bereits und vor allem im Frühwerk Nietzsches zum wesentlichen Mittel einer Umwertung der Philosophie, denn sie stellt – anders als die Logik der Sprache – eine Verbindung zum Leben her. Volker Gerhardt bezeichnet diesen »Machtwechsel« als Nietzsches »ästhetische Revolution«: »An die Stelle von Erkenntnis, Bewußtsein, Philosophie und Wahrheit im metaphysischen Verständnis hat nun die *Kunst* zu treten. Nicht der Realitätssinn, sondern die Kunst ermöglicht das Leben.«[41] So eint Nietzsches Argumentation für das Dionysische in der *Geburt der Tragödie* und den intuitiven, künstlerischen Menschen in *Über Wahrheit und Lüge im aussermoralischen Sinne* das grundlegende Prinzip einer *amor fati*, die er in den nachgelassenen Fragmenten auf eine prägnante Formel bringt: »Nicht im *Erkennen*, im *Schaffen* liegt unser Heil!«[42] Die Metapher nimmt in der Auslotung von Logik und Ästhetik bei ihm eine zentrale Rolle ein, denn, wie Günter Abel herausgearbeitet hat, verdeutlicht sie ein antiproportionales Verhältnis beider: »Je mehr Ästhetik desto weniger Metaphysik.«[43] Dabei ist sie aber weder dem einen noch dem anderen Bereich ausschließlich zuzuordnen: »Sie ist wichtiger Bestandteil der Funktionsweisen der logisch-ästhetischen Interpretations-Grenze der Welt und des Sinns.«[44] Diese Einsicht begründet Abel damit, dass die Metapher einerseits als ästhetische Anschauung logisch wird, weil sie als metaphorischer Ausdruck im Kern eine ästhetische Dimension besitzt, andererseits – im Sinne der Metaphorizität der gesamten Sprache – das ästhetische Fundament jedes Begriffes ist. Diese Einsicht kann allerdings nur als Kritik an der Metaphysik und als Plädoyer für eine Artisten-Metaphysik angeführt werden, wenn gleichzeitig auch berücksichtigt wird, dass die Metapher einen unersetzbaren Beitrag zur Konstitution von Wirklichkeit leistet, d. h. eine epistemologische Funktion hat. Diese hat Georg Schöffel in Bezug auf den Zusammenhang von Logik und Ästhetik, Sprache und Anschauung zusammengefasst, indem er schreibt, dass die Metapher »die Sprache als Ganze in ihrem Verhältnis zu den Dingen [kennzeichnet]; ›Metapher‹ bezeichnet nicht abweichende sprachliche Äußerungen, sondern markiert den Hiatus zwischen Wort und Ding.«[45] Trotz dieser Einsicht verfehlt Schöffel aber die Tragweite der Metapher bei Nietzsche in dem Punkte, dass er die Metapher dennoch als das Uneigentliche auffasst, zu dem die Wahrheit über sie Zugang erhält. Nietzsches Kritik am Wahrheitsbegriff und seine schrittweise erarbeitete Artisten-Metaphysik lösen aber eindeutig das Spannungsverhältnis von eigentlicher und uneigentlicher Sprache auf, denn die Metapher ist nicht nur als Ausbruch aus der Logik der Sprache hin zum Bildhaften zu

---

41 Gerhardt 1988, 20.
42 Nietzsche 1872/1873, 19 [125].
43 Abel 1987, 133.
44 Ebd., 124.
45 Schöffel 1987, 102f.

sehen, sondern als Rückgang und damit als Revitalisierung eines ästhetischen Fundaments der Sprache. Logik und Ästhetik und damit Eigentlichkeit und Uneigentlichkeit werden wechselseitig aufeinander bezogen. Anne Tebartz-van Elst betont die Überwindung dieser Dichotomie, Nietzsches *Jenseits* des Spannungsverhältnisses, indem sie ausführt, dass Analogieschluss der Erkenntnis und Metapher dasselbe meinen und Erkennen als ein Sich-aneignen des Fremden auf dem Weg der metaphorischen Übertragung ist.[46] Die Metapher steht nicht als Mittel der Sprache, als eine bloße Trope für das Uneigentliche und Ästhetische in der Sprache ein: Als Prinzip, das als schöpferische Kraft der Übertragung mit der Sprache ein Kontinuum bildet, ist die Unterscheidung zwischen Eigentlichkeit und Uneigentlichkeit hinfällig. Vielmehr verweist sie auf ein sinnlich-schöpferisches Fundament, »das selbst nicht weiter zergliedert werden kann«[47]. Dies ist die Analogiebildung durch das Sehen von Ähnlichkeiten aufgrund intuitiver Anschauung und ein Bilderdenken in Metaphern. Die Parallelen zu Vicos *ingenium* und Herders Besonnenheit in Bezug auf Metapher und Analogie sind unverkennbar.

Die Rezeption von Nietzsches Metaphernverständnis und dessen theoretischer Tragweite in seinem Gesamtwerk fällt mitunter sehr gegenläufig aus und ließe sich eher als eine Kontroverse bezeichnen. Ausschlaggebend für die unterschiedlichen Interpretationen sind einerseits das Fehlen einer klaren metapherntheoretischen Position und die Bewertung des Umgangs seines Metaphernbegriffs und andererseits die Charakterisierung seines Sprachgebrauchs. So verdeutlicht die Rezeption der Metapher bei Nietzsche exemplarisch einen wesentlichen Aspekt des gesamten metapherntheoretischen Diskurses: Das theoretische Verständnis der Metapher wandelt besonders stark im Hinblick auf unterschiedliche philosophische Grundauffassungen, weil anhand der Einschätzung der Metapher immer auch eine Theorie der Sprache und Erkenntnis und deren Bezug zur Ästhetik zum Ausdruck kommt. So lässt sich in der Nietzscherezeption ein Feld dekonstruktivistischer und poststrukturalistischer Theorien zusammenfassen, dem auch Sarah Kofmans Schrift *Nietzsche und die Metapher* von 1983 zuzuordnen ist. Sie begründet darin Nietzsches Sprachgebrauch in seiner theoretischen Wertung der Metapher als Metaphysik-Kritik. Ihr Grundverständnis dessen als »metaphorisches Spiel« im Sinne einer Dekonstruktion der Sprache[48] und des Metapherntriebes in einer psychoanalytisch motivierten Analyse sieht Tebartz-van Elst als ein Missverständnis des Philosophen. Der durch Spiel dekonstruierten Sprache setzt Tebartz-van Elst die These einer »metaphorischen Wahrheit« bei Nietzsche entgegen. In dieser Wendung der perspektivischen Wahrheit durch eine epistemologische Aufwertung der Metapher könne der Nach-

---

46 Vgl. Tebartz-van Elst 1994, 175 u. 177.
47 Ebd., 166.
48 Vgl. Kofman 1983, 94, 131 u. 153ff.

weis einer fundamentalen ästhetischen Dimension des Weltbezugs erbracht werden.[49] Beide Positionen eint die positive epistemologische Aufwertung der Metapher und des damit verbundenen Sprachgebrauchs bei Nietzsche, auch wenn ihre theoretischen Zugänge nicht vereinbar sind – Kofman über ein semiotisches und dekonstruktivistisches Verständnis im Anschluss an Jacques Derrida und Tebartz-van Elst über eine Zusammenführung von Nietzsches Perspektivismus mit der Referenzialität und prädikativen Struktur der Metapher nach Paul Ricoeur. Entscheidend ist aber, dass sowohl Kofman als auch Tebartz-van Elst Nietzsches erweiterten Metaphernbegriff für ein Gesamtverständnis seiner Philosophie fruchtbar machen und ihn nicht wie andere Autoren als eine »mißbräuchliche Totalisierung« hin zur »anthropologischen Leerformel«[50] oder als einen mehrstelligen (Zunjic) abwerten. So bleibt ein wesentliches Potential der Metapher als eine im gesamten Prozess der Sprache wirkende Kraft unerkannt, sprachtheoretisch dunkel (Keil[51]) oder gar widersprüchlich, wenn verschiedene Metaphernbegriffe bei Nietzsche voneinander unterschieden und nicht mehr hinreichend wechselseitig aufeinander bezogen werden (Zunjic[52]). Slobodan Zunjic versteht die Analogiebildung, die Nietzsche mit der Metapher gleichsetzt, als eine Erweiterung des Prinzips der sprachlichen Metapher und muss daher auch den Übertragungen im Bilderdenken ein Verfahren nach Gattungen und Schemata voraussetzen, was nicht nur die Charakterisierung der Analogie jenseits den Grenzen der Sprache verkennt, sondern auch zwangsläufig zu theoretischen Widersprüchen führt. Nietzsches Philosophie wird so zur destruktiven Belehrung über einen aussichtslosen Perspektivismus.[53]

Dass Nietzsche bereits im 19. Jahrhundert wesentliche Einsichten des metapherntheortischen Diskurses des 20. Jahrhunderts im Ansatz vorweggenommen hat (Tebartz-van Elst), lässt sich erst erschließen, wenn sein Metaphernkonzept als einheitliches vor dem Hintergrund des gesamten Sprachprozesses erhellt wird (Kofman, Tebartz-van Elst) und die Metapher positiv zwischen Logik und Ästhetik verortet (Abel) bzw. zur ursprünglichen Einheit beider (Tebartz-van Elst[54]) wird. Vor diesem Hintergrund kommt der Metapher bei Nietzsche eine wesentliche epistemologische Funktion in der Übertragung von Sinnesreizen über das Bilderdenken hin zu Begriffen zu, die nicht in einer ausgebildeten Sprache zum erliegen kommt, sondern als Revitalisierung der Sprache einen Ausweg aus der Verstellung des an die Logik gebundenen Intellekts bedeutet und dem Vergessen entgegenwirkt. Nietz-

---

49 Vgl. Tebartz-van Elst 1994, 7 u. 13.
50 Gebhard 1983, 115.
51 Vgl. Keil 1993, 264n25.
52 Vgl. Zunjic 1987, 154ff.
53 Vgl. ebd., 162.
54 Vgl. Tebartz-van Elst 1994, 76f.

sches häufiger Gebrauch von Metaphern zur Beschreibung wesentlicher Momente seiner Philosophie spiegelt diese Grundauffassung einer lebendigen und ästhetischen Sprache genauso wieder wie seine Lehre des Perspektivismus, die eine absolute metaphysische Wahrheit zugunsten eines Plurals an Weltsichten überwindet. Hierin offenbart sich erneut der Leitsatz des *amor fati*: Der handelnde Weltbezug ist ein ästhetischer, ästhetisches Handeln äußert sich wesentlich als Symbolisieren.[55] Diese Einsicht in die aktive Schöpfung von Welt(en) ist wesentlicher Gemeinplatz von Friedrich Nietzsche und Ernst Cassirer, dessen Kulturphilosophie im Folgenden im Hinblick auf die Metapher vorgestellt wird.

---

55 Vgl. ebd., 34 u. 53.

5 Symbolische Prägnanz und radikale Metapher (Cassirer)

In den 1920er Jahren legte Ernst Cassirer in drei Bänden seine Philosophie der symbolischen Formen vor: *Die Sprache*, 1923, *Das mythische Denken*, 1925, und schließlich als systematische Konsequenz der ersten beiden Bücher dann 1929 die *Phänomenologie der Erkenntnis*. In diesem umfassenden Werk widmet er sich dem »Kulturprozess«[1] als Rahmung einer Philosophie, die die Trennung von Geist und Kultur überwinden will, indem sie verschiedene symbolische Formen analysiert, in denen sich der Geist äußert aber durch die er sich auch erst ausbildet. »Unter symbolische Formen«, so Cassirers zentrale Definition, »soll jede Energie des Geistes verstanden werden, durch welche ein geistiger Bedeutungsgehalt an ein konkretes sinnliches Zeichen geknüpft und diesem Zeichen innerlich zugeeignet wird.«[2] Sprache, Mythos, Kunst, Religion und Wissenschaft geben als symbolische Formen kein Abbild der Wirklichkeit wieder, sondern sind je spezifische Weisen des Bildens selbst. Cassirer will die verschiedenen Grundformen des Verstehens der Welt in ihrem Eigencharakter erfassen und dabei systematisch nachweisen, dass neben dem intellektuellen Begreifen, Urteilen und Schließen auch Empfinden und Wahrnehmen zu den Grundfunktionen der Erkenntnis gehören.[3] Sinnlichkeit, Anschauung und Verstand sind konstruktive Momente der Erkenntnis und damit nicht als aufeinander folgende Phasen, sondern als ein Ineinander zu denken.[4] Die Metapher nimmt in der Philosophie Cassirers eine zentrale Rolle ein, weil sie einerseits als radikale Metapher, als Übertragung in ein fremdes Medium aller Symbolbildung zugrunde liegt und andererseits das Wesen unser Sprache ausmacht, weil im genetischen Sinne alle Begriffe aus ihr entstehen und sie zudem die Bestimmung geistiger

---

1 Cassirer 1925a, 16.
2 Cassirer 1923b, 79.
3 Vgl. Cassirer 1923a, 280.
4 Vgl. Cassirer 1929, 10.

Prozesse wesentlich strukturiert und erfahrbar macht. Diese Einsichten in die Tragweite der Metapher für die Erkenntnis sollen im Folgenden schrittweise an der Philosophie der symbolischen Formen und unter Berücksichtigung weiterer Schriften Cassirers erarbeitet werden. Der Einbezug der aktuellen Rezeption zeigt darüber hinaus, dass sich anhand seiner metapherntheoretischen Thesen Aporien in seiner Kulturphilosophie auflösen lassen.

Cassirer verwendet einen sehr weit gefassten Symbolbegriff, der es ihm ermöglicht, alle kulturellen Schöpfungen einzuschließen. Hierdurch wird eine Verbindung vom Intelligiblen und Sinnlichen erst möglich, denn zum einen werden die Erscheinungen der Kultur zur »geistig beherrschte[n] Sinnlichkeit«[5], da ihnen als Zeichenträger immer schon eine Symbolfunktion eingeschrieben ist, zum anderen äußert sich Sinn aber auch nur durch Sinnliches, denn erst in der Kultur findet das Geistige seinen Ausdruck. Sein Formbegriff ist ebenso weit gefasst: Er zielt nicht nur auf die rationalistische Reflexionsform, sondern zu gleichen Teilen auf die organische Form ab.[6] Gemäß eines prozessualen und auch morphologischen Verständnisses des Organischen geht es Cassirer demnach nicht um das Unveränderliche und Absolute, sondern um jene Formprozesse, durch die eine Einheit der Form aus dem Bewusstseinsstrom heraustritt und gleichbleibende Grundgestalten bildet.[7] Hierdurch verschränkt er Objektives und Subjektives in einer Verbindung von Transzendentalphilosophie und Lebensphilosophie: »die Form ist Abgeschlossenheit und Stillstand, während die Lebensbewegung als solche keine anderen als relative Haltepunkte kennt«.[8] Diese für die Philosophie der symbolischen Formen wesentliche Verbindung von Geist und Kultur geht auf drei zentrale methodische Einsichten zurück: (1.) Cassirer vollzieht eine systematische Abwendung von der Analyse eines Istzustands anhand der Substanz und einer dahinter liegenden Erkenntnis. Er sucht sie *in* den Erzeugnissen der Kultur, da sich in ihnen die Funktionen des Geistes ausdrücken. Methodisch bereitete er diesen Zugang zur Erkenntnis bereits in seinem Frühwerk vor, indem er vom Substanzbegriff zum Funktionsbegriff überging.[9] (2.) Er wählt in mehrfacher Hinsicht einen theoretischen Mittelweg, um einseitige und damit unzureichende Erkenntnistheorien zu verbinden. So greift er sowohl auf die metaphysisch-deduktive Methodik des Idealismus wie auch die psychologisch-induktive des Empirismus zurück.[10] Geist und Kultur werden hierbei aufeinander

---

5   Cassirer 1923a, 18.
6   Vgl. ebd., 95.
7   Vgl. ebd., 20.
8   Cassirer 1929, 43.
9   Das Grundprinzip seines kritischen Denkens sieht er im Primat der Funktion vor dem Gegenstand, vgl. Cassirer 1923a, 9.
10 Vgl. Cassirer 1925a, 13.

bezogen und konstituieren sich wechselseitig im Kulturprozess. Von den kulturellen Erzeugnissen ausgehend lassen sich bestimmte Strukturgesetze und Funktionen erkennen, Zusammenhänge bestimmen und ein spezifischer Stufenbau ableiten, die zusammen eine symbolische Form darstellen. (3.) Die Funktionen lassen sich aber erst aus den je individuellen Gegenständen herleiten, wenn das Allgemeine, für das sie einstehen, überhaupt aus dem je Besonderen hervorgehen kann. Dies ist möglich, da sich nach Cassirer das Allgemeine als Einheit in der Allheit des Besonderen darstellt.[11] Die Einheit ist keine der Substanz, sondern der Regel. Das Allgemeine ist im Besonderen zu finden und das Besondere ist auf das Allgemeine bezogen, an ihm gemessen und läßt sich immer nur im Hinblick darauf denken.[12]

Fluchtpunkt dieser neuen philosophischen Methodik ist ein pragmatisches Grundverständnis seiner Philosophie: Cassirer geht es um eine schöpferisch-bildende Kraft, mit der er Erkenntnis und Gestaltung zusammendenkt. Die Welt ist nicht nur passiver Eindruck, sondern ein geistiger Ausdruck aktiven Gestaltens. Um die Dualismen von Geist und Kultur wie auch Idealismus und Empirismus zu überwinden, versucht Cassirer jenes Wahrnehmungserlebnis herauszuarbeiten, das vordualistisch ist und damit den Ausgangspunkt seiner Kulturphilosophie bilden kann. Er findet es im Urphänomen der Ausdruckswahrnehmung. In ihr werden »gewisse Grundgestalten der Verknüpfung« gebildet, die noch vor der logischen Auflösung im Kausalgesetz stehen und daher »Gebilde sui generis«[13] sind. Auf diese ursprünglichen Sinnverknüpfungen bauen alle weiteren Ding- und Kausalverknüpfungen erst auf.[14] Cassirer entwirft hieraus eine geistige Trias, deren Stufenbau die Entwicklung der symbolischen Formen beschreibt: von der reinen Ausdrucksfunktion über die Darstellungs- hin zur reinen Bedeutungsfunktion. In den beiden ersten Bänden seiner Kulturphilosophie analysiert er diese Ausbildung anhand der symbolischen Formen von Sprache und Mythos. Hiermit knüpft Cassirer an Kants Ergänzung der Transzendentalphilosophie der *Kritik der reinen Vernunft* durch die Urteilskraft und ästhetische Wahrnehmung an. Es gibt keine ›bloße‹ Wahrnehmung, sondern immer bereits ein geistiges Mitwirken im sinnlichen Erfassen der Wirklichkeit. Wahrnehmung ist immer schon nach bestimmten Funktionen des Sinnes gegliedert.[15] Mit Kant bestimmt Cassirer diesen Wahrnehmungsakt als ursprüngliche Formung durch eine produktive Einbildungskraft.[16] Im Fortgang zu einer objektiven Gestaltung der geistigen Kultur werden erste Merkmale und Eigenschaften in einem Akt der Abs-

---

11 Vgl. Cassirer 1923a, 97.
12 Vgl. ebd., 16 und Cassirer 1925a, 39.
13 Beide: Cassirer 1929, 111.
14 Vgl. ebd., 113.
15 Vgl. ebd., 66.
16 Vgl. ebd., 149.

traktion gesetzt.[17] Raum, Zeit, Zahl und ebenso Subjekt und Objekt bilden sich in diesem geistigen Prozess erst aus bzw. bilden einen wesentlichen Teil seines Fortgangs. Schöpferische Einbildungskraft, aber auch schöpferisches und nicht bloß wiederholendes Gedächtnis[18] weisen eine unverkennbare Nähe zu Vicos *ingenium* und *memoria* auf, werden unter kantischen Vorzeichen allerdings neu formuliert.

Besonders im Hinblick auf den Mythos wird Vico eine zentrale Referenz Cassirers. Der barocke Philosoph gilt ihm als Begründer der neuen Sprach- und Mythosphilosophie, in der er durch die Trias von Sprache, Kunst und Mythos einen Einheitsbegriff des Geistes finde.[19] Cassirers Mythosanalyse stellt eine Überwindung der Forschung dar, die sich nur auf das Material, aber nicht auf die innere Form des Mythos konzentrierte. Der Mythos hat eine Eigengesetzlichkeit, die nicht chaotisch, sondern vorlogisch gestaltet ist. Er kennt die Trennung in Immanenz und Transzendenz und damit die Krise der Erkenntnis noch nicht: »alle Inhalte [sind] in eine einzige Seinsebene zusammengedrängt«.[20] Cassirer geht wie Vico von einem Verhältnis reiner Identität aus. So steht in der Bezeichnung, in der ersten Merkmalsfixierung der Teil nicht für das Ganze, er *ist* unmittelbar das Ganze.[21] Eigenschaften werden substantiell gedacht. In den mythischen Zeiten erfanden die Menschen Augenblicks- und Sondergötter.[22] Diese Tätigkeit spiegelt den Trieb zur Belebung als den Grundakt des Mythos wieder, durch den die mythische Welt noch rein aus dem Ausdrucksphänomen entsteht. Aus dieser Einsicht heraus und in einer genealogischen Perspektive sieht Cassirer im Mythos den Grund der symbolischen Formen: Aus ihm heraus entwickeln sich erst Religion, Sprache, Kunst und später Wissenschaft.[23]

Durch den Akt der Benennung wird aus der bloßen Empfindungswelt eine Welt der Anschauung und Vorstellung und in der Fixierung der flüchtigen Eindrücke in Lauten und später Begriffen artikuliert sich erstmals der Geist und eine objektive

---

17 Vgl. ebd., 128.
18 Vgl. ebd., 203.
19 Vgl. Cassirer 1925a, 4.
20 Ebd., 52.
21 Vgl. ebd., 62.
22 Vgl. Cassirer 1923a, 52. Ein Akt der Belebung, den Cassirer ganz im Sinne der Metapher und des Anthropomorphismus im Anschluss an Vico und Herder bestimmt. Cassirer führt zwar Max Müllers Mythenforschung an, geht aber im zweiten Band der Philosophie der symbolischen Formen nicht auf dessen Begriff der radikalen Metapher ein, auch wenn die Analyse der Augenblicksgötter nach Hermann Usener einen direkten Anhaltspunkt für die grundlegende Bedeutung der Metapher für den Mythos geben.
23 Vgl. Cassirer 1925a, 30 u. XIf.

Weltordnung wie auch sich die Sprache in einem steten Prozess entwickelt.[24] Der Sprache ist der erste Band der Kulturphilosophie Cassirers gewidmet, weil sich einerseits der objektive Geist im Wesentlichen in und durch sie ausbildet und sie andererseits das Paradigma des Denkens darstellt – dennoch lässt sich das Denken nicht auf die Sprache reduzieren, wie im Folgenden noch genauer nachgewiesen wird. Cassirers Erarbeitung der Sprache als symbolische Form folgt in weiten Zügen den Einsichten und der Methodik des sprachphilosophischen Humanismus in der Tradition von Vico, Herder und besonders Wilhelm von Humboldt, indem er die Einheit der Sprache nicht in ihrer gegebenen logischen Struktur, sondern in ihrem Entstehungsprozess sucht.[25] Humboldts paradigmatische Bezeichnung der Sprache als *energeia* (Tätigkeit) statt als *ergon* (Werk)[26] kann als sprachphilosophisches Äquivalenz zum morphologischen Formbegriff und zum erkenntnistheoretischen Funktionsbegriff gesehen werden: Im Prinzip des Prozessualen gründet Cassirers kulturphilosophische Methodik. So liest er auch in die Positionen Vicos und Herders das Prinzip einer Dynamik rein, das für seine Sprachphilosophie grundlegend ist. Trotz des Vorwurfs der »Willkür einer spekulativen Etymologie« betont er die Bedeutung Vicos, da sein Übergang von einer statischen zur dynamischen Beziehung zwischen Laut und Bedeutung ein »wichtiger und fruchtbarer Keim« für die Theorie ist.[27] Herders Originalität sieht Cassirer in der Entwicklung einer neuen Anschauung der Sprachvernunft durch die Besonnenheit als eigentliche geistige Form der Sprache.[28] Ebenso ist ihm Herder in seinen Ausführungen zur Reflexion Gewährsmann für seine Theorie der Prägnanz der Wahrnehmung: Die erste Merkmalssetzung, in der die Fülle der Sinneseindrücke fixiert und einzelne herausgegriffen und zur Identifizierung genutzt werden, ist ein noch vorlogischer Akt der Wahrnehmung selbst.[29] Diese Übertragungen zwischen den verschiedenen Sinneseindrücken, die Herder als Metaphern nach dem Prinzip der Analogie fasst, führen Cassirer zu der Frage: »Müßte nicht unter dieser Voraussetzung jeder sprachliche *Ausdruck* als ein unbegreiflicher und unberechtigter Übergang, als die seltsamste μετάβασις εἰς ἄλλο γένος [Metábasis eis állo génos] erscheinen?«[30] Nicht nur, dass diese als Frage formulierten Bestimmungen eine deutliche Nähe zu Nietzsches Beschreibung der ursprünglichen Metaphorik aufweisen, sie greifen auch explizit Aristoteles Definition der Metapher als Wechsel in eine andere Gattung auf. Doch

---

24 Vgl. Cassirer 1923a, 18.
25 Vgl. ebd., X.
26 Vgl. ebd., 99-106 und Humboldt 1835, 45f.
27 Cassirer 1923a, 90f.
28 Vgl. ebd., 87 u. 94.
29 Vgl. Cassirer 1929, 37f. u. 126f.
30 Ebd., 36.

bleibt diese direkte Anknüpfung an das Wesen des Metaphorischen in Cassirers Kulturphilosophie als Frage stehen.

Die frühe Entwicklung der Sprache beschreibt Cassirer anhand seiner Trias von Ausdrucks-, Darstellungs- und Bedeutungsfunktion: In der frühen Gebärdensprache als noch mimetischer Ausdruck findet ein steter Übergang von Greifen zu Begreifen und von Zeigen zu Sprechen und Sagen statt – Bedeutung ist hierbei noch die wechselseitige Durchdringung von Inhalt und Ausdruck. Der Fortgang zur Phase des analogischen Ausdrucks vollzieht sich dann durch natürliche Lautmetaphern, indem aus der direkten Nachahmung eine Analogie der Form wird.[31] Schließlich geht die Sprache in ihren reinen symbolischen Ausdruck über, indem »das eigentliche Grundgerüst der objektiven Anschauung« im wesentlichen anhand der Ausbildung der abstrakten Vorstellungen von Raum, Zeit und Zahl aufgebaut wird.[32]

Den Sprachprozess vom sinnlichen über den anschaulichen Ausdruck hin zum begrifflichen Denken beschreibt Cassirer zentral an den Konzepten von Raum, Zeit und Zahl und entwickelt in der Analyse ihrer grundlegenden und strukturierenden Bedeutung für Sprache, Anschauung und Denken implizit eine differenzierte Theorie der epistemologischen Funktion der Metapher. Dennoch arbeitet er das Prinzip der Metapher in seiner Bedeutung im Sprachprozess nicht explizit heraus, sondern überantwortet das schöpferische Potential jenseits der begrifflichen Logik einer »Sprachphantasie«:

»Die Form der Reihenbildung wird niemals lediglich durch die objektive »Ähnlichkeit« der Einzelinhalte bestimmt, sondern sie folgt dem Zuge der subjektiven Einbildungskraft. Die Motive, durch welche die Sprache in ihren Klassenbildungen geleitet wird, scheinen daher durchweg, soweit uns überhaupt ein Einblick in sie verstattet ist, den primitiven *mythischen* Begriffsformen und Klasseneinteilungen noch nahe verwandt zu sein. Auch hier bewährt sich, daß die Sprache als geistige Gesamtform auf der Grenze zwischen Mythos und Logos steht und daß sie andererseits die Mitte und Vermittlung zwischen der theoretischen und der ästhetischen Weltbetrachtung darstellt.«[33]

Hierdurch löst Cassirer den Gegensatz von Ästhetik und Logik, von Sinnlichkeit und Intellekt auf, da die Sprache in ihrem gesamten Prozess Ausdrucksform beider ist. Sie ist einerseits in die Welt des Sinnlichen und Imaginativen eingebunden, folgt aber gleichzeitig einer Tendenz und Kraft zum Logisch-Allgemeinen.[34] Cassi-

---

31 Vgl. Cassirer 1923a, 123ff u. 141
32 Ebd., 212. Logisch und syntaktisch bedeutet dies den Weg vom umfassenden Ausdruck des bloßen Daseins zum Sein als Ausdruck der reinen prädikativen Synthesis, vgl. 295f.
33 Ebd., 273.
34 Vgl. ebd., 300 u. 278f.

rer nutzt ebenso wie Vico und Herder eine Aufwertung des ästhetischen Fundaments der Sprache, bestimmt aber die metaphorische analogisch-verfahrende Kraft des Sinnlich-Schöpferischen an dieser Stelle nicht weiter.

In seiner Analyse der Sprache in der Phase des anschaulichen Ausdrucks konzentriert sich Cassirer auf die Entwicklungen der Raum-, Zeit- und Zahlvorstellungen unter Rekurs auf Kants Schematismus. Jene rein geistigen Prozesse, die Kant als Vernunftbegriffe fasst und ihnen ein transzendentales Schema nach dem Prinzip der Analogiebildung zuordnet, untersucht Cassirer im Hinblick auf konkrete Raumvorstellungen. Alle ideellen und gedanklichen Beziehungen werden erst fassbar, wenn sie auf den Raum »projiziert« und in ihm »analogisch ›abgebildet‹« werden.[35] Was Kant selbst noch mit dem Symbolbegriff bestimmt, bezeichnet Cassirer an einer Stelle direkt als Metapher: »Noch in den höchstentwickelten Sprachen begegnet diese ›metaphorische‹ Wiedergabe geistiger Bestimmungen durch räumliche.«[36] Was er an späterer Stelle gegen eine rein logische Sicht der Sprachentstehung anführt, wie bereits dargelegt, weist er ebenfalls im Kurs auf Kants »produktive Einbildungskraft«[37] als Metapher aus. Die Metaphern des Raumes für die abstrakten Leistungen des Geistes konkretisieren nicht nur das Verständnis der Tätigkeit des Verstandes, sondern systematisieren sie durch räumliche Relationen und haben damit entscheidenden Einfluss auf unseren sprachlichen Zugriff auf den Geist: »An den Verhältnissen des Beisammen, des Neben- und Auseinander gewinnt es [das Sprachbewusstsein, Anm. TJH] erst das Mittel zur Darstellung der verschiedenartigsten qualitativen Zusammenhänge, Abhängigkeiten und Gegensätze.«[38] Aus dieser metaphorischen Konzeptualisierung der geistigen Leistungen erwachsen erst jene reinen Beziehungsausdrücke der abstrakten Begriffssprache. Und noch mehr: Selbst die ursprünglichen Lautmetaphern als »deiktische Partikel«[39] wirken noch nach. Implizit fundiert Cassirer also die Philosophie der symbolischen Formen in der Metaphorik: »Damit ist durch die denkbar einfachsten sprachlichen Mittel eine Gliederung der räumlichen Anschauungswelt erreicht, die in ihren geistigen Folgen von unabsehbarer Bedeutung ist. Der erste Rahmen, in den sich alle weiteren Unterscheidungen einfügen werden, ist geschaffen.«[40]

Cassirer betont hierbei den deiktischen Kern der Lautmetaphern und damit auch das ästhetische Fundament der rein begrifflichen Sprache, dem die Deixis über die strukturierenden Raummetaphern fest eingeschrieben ist und noch immer durch-

---

35 Ebd., 150 und auch Cassirer 1929, 41.
36 Cassirer 1923a, 148.
37 Kant 1781/1787, B177.
38 Cassirer 1923a, 150
39 Ebd., 150
40 Ebd., 152

schimmert. Das Physische nutzt der Mensch zum Erfassen der Geistestätigkeit aber nicht nur im Hinblick auf bloß räumliche Relationen: Ebenso bezieht er seinen eigenen Körper in den Übertragungsprozess mit ein: »Das Innen und Außen, das Vorn und Hinten, das Oben und Unten erhält seine Bezeichnung dadurch, daß sie je an ein bestimmtes sinnliches Substrat im Ganzen des menschlichen Leibes angeknüpft werden.«[41] Diese werden im Sprachprozess immer weiter durch Präpositionen und Postpositionen ersetzt, doch bleibt der sinnliche Kern, die physiomorphe Basis als ein Rest erhalten. Für Cassirer ist dieses ästhetische Fundament der Sprache ein Beleg für die Verschränkung von sinnlichem und geistigen Ausdruck[42], also jenes Ineinander, dessen theoretische Erarbeitung den Kern seiner Philosophie der symbolischen Formen bildet. Durch seine Analyse des Ausdrucks des Raumes und der räumlichen Beziehungen in der Sprache hat Cassirer implizit eine Theorie des metaphorischen Denkens geliefert, in der der Metapher eine grundlegende Strukturierungsleistung zukommt.[43] Seine Aussage aus dem Spätwerk *Essay on Man*, dass die Sprache »ihrem Wesen nach metaphorisch« ist kann daher als systematische Konsequenz dieser impliziten Metapherntheorie verstanden werden. In der späten Schrift bleibt sie allerdings unbegründet.[44]

Welche Rolle nimmt die Metapher aber im mythischen Denkens ein? In der Philosoph der symbolischen Formen wird ihre Tragweite für den Mythos nicht explizit herausgearbeitet: Jene Augenblicksgötter, die für Vico noch der Ausgangspunkt seiner metapherntheoretischen Ausführungen sind, fasst Cassirer unter das Prinzip des *Pars pro toto*, nachdem der Teil nicht einer Analogie nach für das Ganze steht, sondern es tatsächlich ist. Er ordnet dem mythischen Denken und der mythischen Realität kein Verständnis der Analogie zu, weil sie erst auf einer höheren Reflexi-

---

41 Ebd., 158

42 Vgl. ebd., 148

43 So lieferte Cassirer bereits in den 1920er Jahren eine kognitive Metapherntheorie, die wesentliche Einsichten der einflussreichen Theorie von Georg Lakoff und Mark Johnson von 1980 vorwegnahm. Zudem gewinn er diese Einsichten in einer genetischen Analyse des gesamten Sprachprozesses und nicht wie Lakoff und Johnson in einem rein systematischen Zugriff auf die gewordene Sprache. Vgl. hierzu besonders das Kapitel 12 und in weiterer Vorbereitung das Kapitel 6 zu Hans Blumenberg.

44 Cassirer 1944, 171. Birgit Recki weist auf dieses Defizit hin, sieht eine Erklärung für diese Aussage aber nur im Cassirers Konzept der radikalen Metapher, das er ebenfalls in den Jahren der Philosophie der symbolischen Formen als Text veröffentlichte, vgl. Recki 2004, 76. Dennoch erkennt Recki als einzige, »daß in seine Sprachphilosophie unausdrücklich eine Theorie der Metapher eingelassen ist«, und sieht diese bisher ausgebliebene Einsicht als klares Forschungsdefizit, vgl. Recki 1999, 145 und Recki 2004, 77n14.

onsebene verstanden wird, die sich erst allmählich ausbildet.[45] Von der Metapher spricht Cassirer erst explizit in der Bestimmung der symbolischen Form der Religion, die er unmittelbar in einem Spannungsverhältnis aus dem Mythos hervorgehen lässt. Nun wird alles Sinnliche zum Zeichen: »Die Form des ›tropologischen‹ Denkens wandelt alles Dasein in einen bloßen Tropus, in eine Metapher um – aber die Auslegung dieser Metapher erfordert eine eigentümliche Kunst der religiösen ›Hermeneutik‹, die das mittelalterliche Denken auf feste Regeln zu bringen sucht.«[46]

Die Metapher wird in *Sprache und Mythos. Ein Beitrag zum Problem der Götternamen*, einem Aufsatz, den Cassirer 1925 zeitgleich mit dem zweiten Band seiner Philosophie der symbolischen Formen veröffentlichte, zum zentralen Grundprinzip seiner Kulturphilosophie. Um zu vermeiden, dass entweder Mythos oder Sprache zur ursprünglichen symbolischen Form werden, aus der alle weiteren hervorgehen und sich in einer linearen Stufenfolge aufbauen, bestimmt er eine »gemeinsame Wurzel«, eine »Gemeinsamkeit in der Funktion des Gestaltens«[47], aus der beide herauswachsen. Diese findet Cassirer in der »Form des *metaphorischen Denkens*«:[48] »Vom Wesen und Sinn der *Metapher* scheinen wir daher ausgehen zu müssen, wenn wir auf der einen Seite die Einheit, auf der anderen die Differenz der mythischen und der sprachlichen Welt erfassen wollen.«[49] Seine Gewährsmänner für diese geistige Verknüpfung von Sprache und Mythos sind Herder und Friedrich W. J. Schelling, die beide den mythischen Charakter der Sprachbildung hervorheben, und besonders Friedrich Max Müller. Während Herders Sprachphilosophie in Cassirers gesamter Kulturphilosophie eine einflussreiche Referenz darstellt, bleibt hier sein Konzept der Metapher im Sprachursprung unerwähnt.[50] Andersherum übernimmt er Müllers Prinzip der radikalen Metapher, ohne die sprachphilosophische und erkenntnistheoretische Tragweite dessen zu erkennen – vielmehr versucht er Müllers Prinzip selbst in diese Richtung weiterzuführen.[51]

---

45 Vgl. Cassirer 1925a, 83.
46 Ebd., 301.
47 Cassirer 1925b, 299.
48 Wichtig ist an dieser Stelle, dass im Erstdruck des Textes von 1925 in der Kopfzeile noch inhaltliche Aspekte ergänzt waren. Dort stand zu diesem wichtigen Passus »Die geistige Funktion der Metapher«. Philipp Stoellger hat auf die Bedeutung dieses Ausdrucks hingewiesen und sieht damit die funktionale Dynamik der fundamentalen Metapher bezeichnet, vgl. Stoellger 2000a, 129.
49 Cassirer 1925b, 299.
50 Birgit Recki sieht in der Referenz auf Herders mythisches Sprachverständnis anstelle seines Fundamentalismus der Metapher eine »Unterbestimmung«, Recki 2004, 80n23.
51 Vgl. Cassirer 1925b, 299ff.

In seiner Schrift *Das Denken im Lichte der Sprache* von 1888 erweitert Müller die in Poetik und Rhetorik bestimmte Metapher zu einer fundamentalen, der gesamten Erkenntnis und der Sprachbildung zugrunde liegenden *radikalen Metapher*. Sie ist jene Übertragungsleistung, durch die der Mensch seine Handlungen und Zustände auf die Gegenstände der Natur, also das Subjekt auf das Objekt projiziert und in dieser Belebung und Beseelung die Welt zum Reflex seiner selbst macht.[52] In diesen Anthropomorphismen, Personifikationen und Beseelungen sieht Müller keine willkürliche Tätigkeit einer poetischen Phantasie, sondern »eine ganze Entwicklungsstufe des Denkens«[53], ein für das Wachstum jeder Sprache notwendiges Prinzip: »Es war völlig unmöglich, zu begreifen und zu benennen, ohne diese *fundamentale Metapher*, diese Universalmythologie, dieses Blasen unseres eigenen Geistes in das Chaos der Objecte und das Wiedererschaffen nach unserem Bilde.«[54] Die radikale Metapher ist explizit eine Erweiterung des traditionellen Verständnisses der Metapher hin zum metaphorischen Denken, wenn Müller den klassischen Definitionen von Aristoteles und Quintilian diagnostiziert, dass sie zum Erfassen bestimmter Vorgänge im Denken und in der Sprache nicht mehr ausreichen. Neben dieser grundlegenden Funktion der Metapher in der Sprachschöpfung greift er zudem den bereits von Herder entwickelten Gedanken einer Kompensation der Spracharmut auf: Metaphern sind das wichtigste Verfahren, um den begrenzten Wortschatz zu erweitern.[55] Bemerkenswert in diesem Zusammenhang ist Müllers reflexiver Umgang mit dem Begriff der Metapher, denn man müsse »sich davor zu hüten haben, die etymologische Bedeutung für die eigentliche Definition zu nehmen.«[56] Mit der Kornmetapher versucht er, die Bedeutung der Metapher für die Sprache konkreter zu fassen: »Metapher ist in unserem Sinne des Wortes für die Sprache, was Regen und Sonnenschein für die Ernte ist. Sie bewirkt, daß jedes Korn hundert- und tausendfältige Früchte trägt.«[57] Die fundamentale Metapher ist die Saat der Sprache – in Hinblick auf die Ausbildung sowie die Erweiterung.[58]

---

52 Vgl. Müller 1888, 302f.
53 Ebd., 443.
54 Ebd., 304.
55 Vgl. ebd., 448ff u. 443.
56 Ebd., 452.
57 Ebd., 443.
58 Müller bringt jenes Verständnis für die Metaphern der Metapher zum Ausdruck, das in Cassirers klarer und präziser Theoriesprache bis auf eine Ausnahme, die Lichtmetaphorik, keinen Platz findet.

Cassirer erkennt die Tragweite von Müllers radikaler Metapher nicht[59] und verlangt daher, um den Widerstreit der Theorien um den Vorrang von Sprache oder Mythos zu lösen, »den Grundbegriff der Metapher selbst schärfer zu bestimmen und zu umgrenzen«.[60] Erweiterung wie auch Eingrenzung des Metaphernbegriffs vollzieht er durch eine zweistellige Definition: (1.) Die sprachliche Metapher ersetzt einen Inhalt durch einen anderen nach dem Gesetz der Ähnlichkeit oder Analogie.[61] Von dieser gängigen Definition ist (2.) die Radikale zu unterscheiden, da sie grundsätzlicher als die Sprache ist, indem sie einerseits die Entstehungsursache der Grundschicht des mythischen Denkens und Fühlens ist und andererseits nicht im sprachlichen Gebrauch der Metapher liegt, da sie nicht wie diese bestimmte Größen wie Klassen und Gattungen bereits voraussetzt. Begriffsbildung wie auch mythische Benennung durch Augenblicksgötter haben in der radikalen Metapher ihre gemeinsame Wurzel. Sie ist grundlegender als die sprachliche Metapher, also der Übertragung der Gattung nach, weil sie eine Übertragung in ein anderes *Medium* ist: »In der Tat erfordert schon die primitivste sprachliche Äußerung die Umsetzung eines bestimmten Anschauungs- oder Gefühlsgehaltes in den Laut, also in ein diesem Inhalt selbst fremdes, ja disparates Medium«. Die radikale Metapher kann daher auch nicht einer bestimmten mythischen Zeit zugeordnet werden, da sie ein ideelles Verhältnis ist, das nicht einer besonderen Sprache angehört, sondern in der logischen Gattungsbildung jeder Sprache zu jeder Zeit wirkt: »Hier findet nicht nur eine Übertragung, sondern eine echte μετάβασις εἰς ἄλλο γένος [Metábasis eis állo génos, Anm. TJH] statt; ja es wird hierbei nicht nur in eine andere bereits bestehende Gattung übergegangen, sondern die Gattung, in die der Übergang erfolgt, wird selbst erst erschaffen.«[62] Durch diese fundamentale Metapher, die als ästhetischer Grund der Sprache gesehen werden kann, da sie eine »›Intensivierung‹ der Sinnesanschauung«[63] ist, lässt sich der Zusammenhang zwischen sprachlichen und mythischen Metaphern erst erkennen. Auch hierin ist Cassirers bereits erwähnte These begründet, dass die Sprache einerseits sinnlich gebunden, andererseits durch eine Tendenz zum Logisch-Allgemeinen ausgezeichnet ist: »logische Art- und Gattungsbegriffe erweitern die Anschauungs- und Begriffskreise während Sprachbe-

---

59 Philipp Stoellger weist den »›transzendentalen‹ Begriff der Metapher« bei Müller nach und kommt daher zur Einsicht, dass Cassirers »Vertiefung der radikalen Metapher« bereits bei Müller vorbereitet ist, Stoellger 2000a, 123.
60 Cassirer 1925b, 301.
61 Vgl. ebd., 301. Cassirer thematisiert hier nicht die mögliche Unersetzbarkeit von sprachlichen Metaphern. Daher können seine Ausführungen der traditionellen Substitutionstheorie der Metapher zugeordnet werden.
62 Beide Zitate: ebd., 302.
63 Ebd., 303.

griffe und mythische Begriffe ursprünglich durch zusammengedrängte Anschauung entstehen«.[64]

Das Prinzip des *Pars pro toto* ist nunmehr nicht allein die Identitätsstiftung der mythischen Augenblicksgötter, sondern ebenfalls, weil im Kern metaphorisch, die Identitätsstiftung in der sprachlichen Begriffsbildung.[65] Bemerkenswert ist hierbei, dass Cassirer in seinen Ausführungen zum *Pars pro toto* aus seiner ›Theoriesprache‹ ausbricht und das Verhältnis von sprachlicher Abstraktion und radikaler Metaphorik mit einer Metapher fasst:

»Im Begriffsraum der Logik herrscht ein gleichmäßiges, gewissermaßen diffuses Licht – und je weiter die logische Analyse fortschreitet, um so weiter breitet sich diese gleichmäßige Klarheit und Helle aus. Im Anschauungsraum des Mythos und der Sprache aber finden sich immer neben Stellen, von denen die intensivste Leuchtkraft ausgeht, andere, die wie in Dunkel gehüllt erscheinen.«[66]

Die Lichtmetaphorik erlaubt es, das *Pars pro toto* der radikalen Metapher und das *genus proximum* der logischen Klassenbildung in ein anschauliches Verhältnis zu setzen: Während das hervorgehobene Merkmal in der ursprünglichen metaphorischen Setzung noch eine »punktuelle Einheit«[67] mit intensiver Leuchtkraft ist, wird es in der logischen Ordnung der Begriffssprache zur *differentia specifica*, als diffuses Licht der Klassen, das seine ursprüngliche Strahlkraft verloren hat. Und diese eingebüßte Kraft ist nichts anderes als ihr ästhetischer Gehalt, ihre anschauliche Fülle: »Die Gleichheit des im Wort festgehaltenen Moments läßt alle sonstige Heterogenität der Anschauungsinhalte mehr und mehr zurücktreten und bringt sie zuletzt ganz zum Verschwinden. Auch hier setzt sich somit der Teil an die Stelle des Ganzen, ja er wird und ist das Ganze.«[68]

Im dritten Band der Philosophie der symbolischen Formen greift Cassirer diese Einsicht der radikalen Metapher als Bedingung der Sprache – wie bereits erwähnt – nur als unbeantwortet belassene Frage auf.[69] Welche Gründe mögen Cassirer dazu bewegt haben und welches Prinzip nimmt den Platz der radikalen Metapher als zentrales Moment in der Ausbildung der symbolischen Formen ein? Er entwickelt ein solches Prinzip an einem sinnlichen Beispiel: Eine auf und ab geschwungene

---

64 Ebd., 304.
65 An dieser Stelle verweist Cassirer auf Vicos Einsicht in die ursprüngliche mythische Identität, vgl. ebd., 307n118.
66 Ebd., 304f.
67 Ebd., 305.
68 Ebd., 308.
69 Vgl. Cassirer 1929, 36.

Linie kann je nach symbolischer Form unterschiedlich verstanden werden. Das mythische Denken belebt sie, weil in ihrem Auf und Ab eine seelische Eigenkraft wirke; der wissenschaftliche Geist sieht in ihr eine geometrische Figur und macht sie zur bloßen Darstellung einer allgemeinen Gesetzlichkeit; die ästhetische Anschauung fasst sie als Ornament auf.[70] Um das Zusammenwirken von Sinnlichem und Geistigem in der Wahrnehmung zu bestimmen, reichen Cassirer die transzendentale Apperzeption der kantischen Synthesis, nach der die Wahrnehmung als Bewusste immer schon eine geformte ist, und der Intuitionsbegriff der modernen Phänomenologie nach Franz Brentano und Edmund Husserl[71] nicht aus. Als Grundprinzip der Ausbildung der symbolischen Formen definiert er die symbolische Prägnanz: »Unter ›symbolischer Prägnanz‹ soll also die Art verstanden werden, in der ein Wahrnehmungserlebnis, also ›sinnliches‹ Erlebnis, zugleich einen bestimmten nichtanschaulichen ›Sinn‹ in sich faßt und ihn zur unmittelbaren konkreten Darstellung bringt.«[72] Was Cassirer hiermit versucht zu umgehen, ist das bloße Aufpfropfen eines Sinnes auf die Perzeption: Die Wahrnehmung hat selbst eine prägnante Gestalt, eine »immanente Gliederung«, der eine bestimmte Sinnfügung angehört. Durch diese spezifische Beziehung einer konkreten sinnlichen Gestaltung zum Sinn, werden erneut Allgemeines und Besonderes zusammengedacht: »Diese ideelle Verwobenheit, diese Bezogenheit des einzelnen, hier und jetzt gegebenen Wahrnehmungsphänomens auf ein charakteristisches Sinnganzes, soll der Ausdruck der ›Prägnanz‹ bezeichnen.«[73] Im Anschluss an den Neukantianer Paul Natorp rückt Cassirer damit von der Vorstellung absoluter Elemente ab zugunsten eines »Primats der Beziehung«, das ihm das eigentlich Apriorische und »eigentlicher Pulsschlag des Bewusstseins« ist.[74]

Das Prinzip der symbolischen Prägnanz wahrt die sinnliche Fülle des je Besonderen, ist aber zugleich auch der Ausbildungspunkt einer festen und geschlossenen Form.[75] Der Ausdruck der Prägnanz vermittelt nicht nur zwischen Sinnlichem und Geistigen, er wertet das Sinnliche als durch seine eigene Gestalt schon Sinnhafte auf. So verwendet Cassirer *Prägnanz* oft zusammen mit *Klarheit* und verbindet das ursprünglich als dunkel und verworren bezeichnete Sinnliche mit der Klarheit des Verstandes. Hierin äußerte sich eine bemerkenswerte Nähe zu Herders strategischer Verwendung der Prägnanz, der ebenfalls wie Cassirer, eine Referenz auf Leibniz' Prägnanzbegriff und das klar Verworrene erkennen lässt. John Michael Krois sieht

---

70 Vgl. ebd., 228ff.
71 Vgl. ebd., 220f. u. 224ff.
72 Ebd., 231.
73 Ebd., 231.
74 Ebd., 232.
75 Vgl. ebd., 233.

in der Begriffswahl Cassirers vor allem dessen Aneignung der Gestaltpsychologie seiner Zeit: Das Gesetz der Prägnanz, der guten Gestalt nach Kurt Koffka sieht er als klaren Beleg, dass Cassirer sich von der Gestalttheorie hat beeinflussen lassen, um das Konzept der Eigengesetzlichkeit der Erscheinungen für seine Symboltheorie als ein transzendentales Prinzip furchtbar zu machen.[76] Zudem weist Krois auf die Übersetzungsproblematik der Prägnanz hin, da der Begriff im Deutschen sowohl das Prägen als auch die Schwangerschaft fasst.[77]

Cassirer setzt dem von Müller übernommenen Ausdruck der radikalen Metapher die symbolische Prägnanz als eigene Wortschöpfung entgegen. Beide eint, dass sie sowohl ein Prinzip fassen, das aller symbolischen Ausprägung zugrunde liegt, als ihre gemeinsame Basis, als Grundfunktion der symbolischen Formen gesehen werden kann. Beide gehen der Sprache voraus, da sie das konkret Sinnliche und das Geistige auf einer Ebene zusammenbringen, die noch vorbegrifflich, vielmehr die Bedingung der Begriffsbildung überhaupt ist. Hierbei kommt der Wahl des Linienbeispiels zur Begründung der symbolischen Prägnanz wesentliche Bedeutung zu, denn es passt in besonderem Maße als ein rein sinnliches Beispiel zur Ausarbeitung eines wahrnehmungstheoretischen Ausgangspunkt.[78] Die symbolische Prägnanz eignet sich für die Philosophie der symbolischen Formen in der Hinsicht besonders, dass sie dem Sinnlichen eine Eigengesetzlichkeit zuweist, die nicht bereits unter die Begriffe der Synthesis und Intuition gefasst werden muss. Wesentlicher Gewinn beider Prinzipien, also symbolische Prägnanz und radikale Metapher, ist, dass sie die innertheoretische Spannung zwischen einer eigenen Systematik und einer progressiv-linearen Stufenfolge der symbolischen Formen zu lösen vermögen. Auf dieses Potential beider ist in der Rezeption Cassirers vermehrt hingewiesen worden, wie im Folgenden ausgeführt werden soll.

Birgit Recki hebt in mehrfacher Hinsicht die Bedeutung der Metapher im Werk Cassirers hervor und diagnostiziert der Rezeption dabei eine Vernachlässigung der Frage nach Cassirers in die Kulturphilosophie eingelassenen Metaphernbegriffs wie auch das Defizit einer klaren Theorie dessen. Der Fokus auf den Fundamentalismus der radikalen Metapher habe, so Recki, den Zugang zu einem differenzierten Verständnis verwehrt.[79] Um dieser Forschungsproblematik entgegenzuwirken, arbeitet sie zwei Metaphernbegriffe bei Cassirer heraus, deren Verbindung ein tiefergehendes Verständnis in die grundlegende Bedeutung der Metapher in seiner Philosophie hat: Einerseits weist sie auf einen geläufigen Begriff der Metapher hin, den Cassirer

---

76 Vgl. Krois 1987, 53f.
77 Hier ließen sich einerseits zu Herders Präganzbegriff der Metapher und andererseits zu Nietzsches Münzmetapher und dem Prägen der Begriffe Verbindungen ziehen.
78 Vgl. Recki 2013, 43.
79 Vgl. Recki 1999, 45.

implizit im ersten Band seiner Philosophie der symbolischen Formen darlegt, sodass man den Eindruck habe, »daß in seine Sprachphilosophie unausdrücklich eine Theorie der Metapher eingelassen ist.«[80] Andererseits hebt sie die radikale Metapher als *das* »Prinzip der Kultur«, als »Grundlegungstheorem« hervor.[81] Was Cassirer als den »Inbegriff der geistigen Grundfunktion überhaupt«[82] bezeichnet, sieht Recki im Konzept des metaphorischen Denkens erfüllt.[83] Hierdurch löse Cassirer nicht nur die Problematik einer linearen Stufenfolge der symbolischen Formen, indem er eine Grundfunktion findet, die allen Formen vorausgeht und zugrunde liegt. Die Metapher tritt in jeder symbolischen Form auf, nicht nur in der mythischen und sprachlichen Begriffsbildung: »Die Bestimmung der Übertragung in ein fremdes Medium und des pars-pro-toto treffen nämlich *jede Zeichensetzung als Sinnerfüllung des Sinnlichen.*« Beide Funktionen sind dabei Teile ein und derselben geistigen Operation, deren »*Prozeß-Aspekt*« wie auch »*Resultat-Aspekt*«.[84]

Zwar ist die Sprache nur eine unter vielen symbolischen Formen, doch komme ihr eine grundlegende Funktion zu: Jener Distanzgewinn durch die Verobjektivierung vollzieht sich im Wesentlichen durch die Sprache.[85] Hieran schließt die Frage nach einen Denken ohne Sprache unmittelbar an, deren positive Beantwortung Cassirer – nach Recki vorsichtig – für möglich hält.[86] Das zentrale Linienbeispiel weist in diese Antwortrichtung, weil es als ein rein anschauliches Beispiel auf einen Sinngehalt jenseits der Sprache abzielt: »Die Sprache bleibt durch die Wahl eines

---

80 Recki 2004, 77n14, ebenso Recki 1999, 145.
81 Recki 2013, 38.
82 Cassirer 1921, 303.
83 Vgl. Recki 2013, 39.
84 Beide Zitate: Recki 2004, 78. Dieses Potential der radikalen Metapher zur Erweiterung des Symbolbegriffs erkennt auch Enno Rudolph, indem er zur Unterscheidung anführt, dass Metaphern gelebt werden müssen, Symbole hingegen einen »Resultatcharakter« haben, Rudolph 2003, 228.
85 Zudem sei das Wahrgenommene in der Realisierung seiner Bedeutung auf die Sprache angewiesen, auch wenn es sich damit nicht in dieser erfüllt, vgl. Recki 2004, 82. Das ist natürlich ein grundlegendes Problem der philosophischen Ästhetik: Erst durch eine eigene sprachphilosophische Position und die kritisch-reflexive Positionierung des Ästhetischen ihr gegenüber, kann eine Ästhetik eine philosophische sein. Diesem Anspruch versucht auch die vorliegende Arbeit gerecht zu werden.
86 Vgl. Recki 2004, 81. Enno Rudolph räumt ein, dass »eine ursprüngliche Differenz zwischen Denken und Sprache« bestünde, wenn es – wie Cassirer mit der radikalen Metapher meint – eine *metabasis* nicht nur zwischen Anschauungsgehalt und sprachlichem Laut, sondern auch zwischen Gedanken und sprachlicher Verlautbarung bzw. stummer Sprachlichkeit gäbe, Rudolph 2003, 224.

bildlichen Elements außerhalb der sachlichen Explikation.«[87] Das grundlegende Prinzip der symbolischen Prägnanz, das durch den Linienzug verdeutlicht werden soll, ist, so Recki, ein anderer Ausdruck für »denselben Sachverhalt«, also die radikale Metapher.[88] Dennoch erweitere Cassirer hiermit sein zuvor ausgearbeitetes Prinzip der fundamentalen Metapher, denn die symbolische Prägnanz verbinde zwei komplementäre Momente miteinander: die Form-Materie-Einheit des Symbols und die Pluralität des Wirklichkeitsausdrucks der verschiedenen symbolischen Formen.[89] Was sich in dieser Verbindung von *forma formans* und *forma formata* abzeichne, sei eine »epistemologisch-poietische Kontinuität« als »eigentümliche und erkennbar programmatische Verschleifung von *Konstitution* und *Konstruktion*«[90]. Diese epistemologisch-poietische Dimension und der darin enthaltene Aspekt der Pragmatik wie auch die Erweiterung des Metaphernbegriffs zur medialen Gestaltung rücken Cassirers Verständnis des Symbolgebrauchs in die Nähe von Nietzsches Artisten-Metaphysik. So stellt Recki in Ausblick, dass man vor dem Hintergrund dieser Parallelen Cassirers Theorie als »Produzenten-Metaphysik« betrachten könne.[91] Beiden Philosophen werde die Metapher »zum Passepartout für alle Produktivität des menschlichen Geistes«.[92]

Philipp Stoellgers wesentlicher Ansatzpunkt zur Herausarbeitung der Bedeutung der radikalen Metapher bei Cassirer ist die Problematik einer Reihenbildung bzw. Stufenfolge der Philosophie der symbolischen Formen – diese sieht er sowohl in der Abfolge der einzelnen Formen wie auch in der linearen Entwicklung von Ausdrucks-, Darstellungs- und Bedeutungsfunktion.[93] Sein Lösungsvorschlag ist »die Metapher als Modell symbolischer Prägnanz, mit dem die symbolischen Formen neu konstelliert werden können«, denn die Metapher ermögliche eine mehrdimensionale statt einer teleologischen Reihenbildung.[94] Mit der Einsicht in die grundlegende Bedeutung der radikalen Metapher will Stoellger die Wahrnehmung als präprädikativ synthetisch und damit symbolisch prägnant retten. Präprädikativ synthetisch meint hierbei die wesentliche »Unbegrifflichkeit« der expressiven Darstellung und nicht die »Vorbegrifflichkeit«, die sich final im Begriff und damit der

---

87 Recki 2013, 43.
88 Recki 2004, 79n18.
89 Vgl. Recki 2013, 42.
90 Ebd., 33.
91 Recki 2004, 80.
92 Recki 1999, 152.
93 Vgl. Stoellger 2000a, 105f.
94 Ebd., 108. Hierin sieht er die Neuformulierung der kantischen Synthese unter Einbezug von Leibniz' Begriff der Prägnanz als eine präprädikative Synthesis, vgl. ebd. 100 u. 103.

Reihenbildung auflösen lasse.[95] Was im Detail bedeutet, dass »*un*begriffliche Darstellungsformen wie die Metaphern besonders geeignet sind, Ausdruckswahrnehmungen und -phänomene darzustellen und vice versa, daß die präprädikative Synthesis der Ausdruckswahrnehmung durch Metaphern stets schon sinnvoll geformt ist und so auf eigene Weise repräsentiert wird.«[96] Sie ist eine genuine Darstellungsform des Ausdrucksphänomens und entkräftet so als Grundlage aller Symbolbildung auch die teleologische Reihenbildung. In dieser Sicht besteht nun eine bemerkenswerte Ähnlichkeit zu Vicos tropischer Geometrie als Kritik an der Cartesianischen Reihenbildung der logischen Begriffssprache.

Durch die Grundlegung der Metapher als Modell symbolischer Prägnanz und unter Rekurs auf Cassirers Verständnis der wesentlichen Metaphorik der Sprache kommt Stoellger zur Einsicht der dynamischen Kraft der Metapher im Aufbau der symbolischen Formen: »So gesehen erscheint die Metaphorizität als das Leben der Sprache, wenn nicht sogar als *die* Dynamis der symbolischen Formung. Damit würde die *Metaphorizität* zum *Modell kultureller Formvarianz*.«[97] Der traditionelle Metaphernbegriff wird hierdurch »strukturell universalisiert als semiosische Dynamik«.[98] Diese Dynamik der Metaphorizität meint alle Formprozesse und äußert sich in allen symbolischen Formen auf je unterschiedliche Weise – so etwa in der sprachlichen Metapher. Ohne Einbezug der radikalen Metapher und deren Deutung als Dynamik der Semiose fällt, so Stoellger, die Systematik der symbolischen Formen in eine teleologische Reihenbildung zurück.

Cassirers Theorie fehlt ein eigenes Gestaltkapitel, das der Homogenisierung in der Reihe entgegengewirkt hätte.[99] Genau diesem Defizit der Philosophie der symbolischen Formen geht Marion Lauschke nach, indem sie anhand der ästhetischen Vorgeschichte und der gestalttheoretischen Implikationen der Symbolphilosophie systematische Aspekte der Kunst als symbolische Form herausarbeitet. Anders als Stoellger führt sie Cassirers Neuformulierung der kantischen Synthesis im Wesentlichen auf den Anschauungsbegriff und damit den Gestaltbegriff Goethes zurück, zieht aber durch Goethes Konzept des »prägnanten Punkts« dennoch die Verbindung zu Leibniz' Prägnanzbegriff.[100] Durch Einbezug von Goethes Methode der »poetischen Variation«, die Cassirer zu einem allgemeinen Formgesetz erweitert habe, und der an den Gestaltbegriff angelehnten Synthesis ließe sich ebenfalls die

---

95 Ebd., 105f.
96 Ebd., 118.
97 Ebd., 120.
98 Ebd., 128.
99 Vgl. ebd., 114.
100 Lauschke 2007, 83.

Problematik der teleologischen Reihenbildung auslösen.[101] Cassirers Auseinandersetzung mit dem Erkenntnisproblem lässt sich mit Lauschkes Analyse der Schriften vor der Symboltheorie als allmähliche Erweiterung des Formbegriffs von einem abstrakten Funktionsbegriff zum Gestaltbegriff beschreiben.[102] Der sinnlichen Wahrnehmung kommt hierdurch eine enorme Selbständigkeit zu, sie erhält »konstruktiven Charakter«.[103] Dieser Einsicht zufolge »avanciert die Ästhetik zur prima philosophia« und die Wahrnehmung zum wesentlichen Fluchtpunkt: »Cassirers Symbolphilosophie ist eine Philosophie der Wahrnehmung, denn mit dem Zentraltheorem der symbolischen Prägnanz verlegt sie den Ort der symbolischen Formung in den an verschiedenen symbolischen Ordnungen orientierten Akt der Wahrnehmung.«[104] Die Wahl des Linienbeispiels zur Ausarbeitung der symbolischen Prägnanz spielt diesem Verständnis klar in die Hände, doch steht die grundlegende Bedeutung, die Cassirer der Sprache im Denken, im Aufbau der symbolischen Formen und in der Ausbildung des objektiven Geistes zukommt, im Spannungsverhältnis zu dieser wahrnehmungstheoretischen Umwertung.

Lauschkes Analyse der Ansätze einer Theorie der Kunst als symbolische Form bei Cassirer fehlt allerdings die Einsicht in das Wesen des Metaphorischen als analogisch waltende Kraft im Denken. Cassirer entfaltet sein Konzept der radikalen Metapher und des metaphorischen Denkens in *Sprache und Mythos* maßgeblich im Hinblick auf den Sprachursprung, die gemeinsame Grundlegung von Sprache und Mythos und im besonderen am Beispiel der Götternamen. Hierbei geraten die kunstphilosophischen Implikationen der radikalen Metapher schnell aus dem Blick, doch gibt Cassirer zumindest am Ende des Textes einen Ausblick auf die Bedeutung für die Kunst. Die hier in Aussicht gestellte Analyse der kunstphilosophischen Dimension der Metapher, die besonders Nelson Goodman aufgenommen und Noël Carroll erneut diskutiert hat,[105] verstehe ich als Ergänzung der gestalttheoretischen Ausführungen Lauschkes. Gestalt- wie auch Metaphernbegriff bieten, weil sie an den strukturell ähnlichen Urphänomenen bzw. Grundfunktionen von symbolischer Prägnanz und radikaler Metapher ansetzen, wesentliche Zugänge zu Cassirers Verständnis eines nichtsprachlichen, analogischen Denkens im Hinblick auf die Kunst als symbolische Form.

Die vergleichende Analyse von radikaler Metapher und symbolischer Prägnanz wie auch die Herausarbeitung der metapherntheoretischen Implikationen in Cassi-

---

101 Lauschke weist darauf hin, dass die Kunst als symbolische Form eine Korrektur der teleologischen Ausrichtung ermögliche, vgl. ebd., 309.
102 Vgl. ebd., 99.
103 Ebd., 102.
104 Ebd., 307.
105 Vgl. Kapitel 13.

rers Sprachtheorie stellen die grundlegende Bedeutung der Metapher für Wahrnehmung, Denken und jede Art der kulturellen Symbolbildung unter Beweis. Cassirers Novum im philosophischen Diskurs um die Metapher ist dabei, dass er nicht nur eine Perspektive auf den metaphorischen Ausdruck in den verschiedenen symbolischen Formen eröffnet, sondern die Möglichkeit dieser metaphorischen Ausdrucksformen auch systematisch in seiner Philosophie begründet. Hierin kann eine bereits sehr frühe Antizipation der Gleichursprünglichkeit sprachlicher und visueller Symbolbildung und damit auch der Metaphorik gesehen werden.[106] Ein weiterer metapherntheoretischer Aspekt, der sich in Cassirers Schrift implizit äußert, ist allerdings in der Forschung kaum herausgearbeitet worden. Die Metapher lässt sich nicht nur deshalb als Argument gegen eine teleologische Reihenbildung der symbolischen Formen und der Trias von Ausdrucks-, Darstellungs- und reiner Bedeutungsfunktion anführen, weil sie als radikale und fundamentale allen Symbolbildungen vorausgeht. Verbindet man Cassirers Metaphernkonzept mit seinen Ausführungen zur Kunst als symbolische Form, bietet die Metapher ebenso eine Rückkehr zum Ausdrucksphänomen. In der Dichtung kann eine Revitalisierung der ursprünglichen Metaphorik der Begriffssprache wie auch eine Neuschöpfung metaphorischen Ausdrucks gesehen werden: »Vor allem ist es die dichterische Sprache, die immer wieder in diesen Grund des ›physiognomischen‹ Ausdrucks zurückstrebt und in ihn, als ihren Urquell und ihren ständigen Jungbrunnen, eintaucht.«[107] Im Hinblick auf die Sprache bildet die Metapher bei Cassirer ebenso wie bei den bereits diskutierten Positionen von Vico, Herder und Nietzsche ein Kontinuum mit der Sprache, weil sie als Radikale die Bedingung der Sprachbildung und als Lebendige den stets in der Sprache möglichen Rückgang zu ihrer Metaphorik und damit zu ihrem ästhetischen Fundament darstellt. Diese Einsicht wiederholt Cassirer mehrmals in verschiedenen Schriften, so etwa im Aufsatz *Dingwahrnehmung und Ausdruckswahrnehmung* von 1942[108] und vor allem in einer Schrift von 1939:

»Die natürliche Sprache bleibt immer wie mit unsichtbaren Fäden mit der mythischen Denk- und Vorstellungsart verknüpft. Man braucht nur zu erwägen, welche Bedeutung die *Metapher* für sie hat, um sich diesen Zusammenhang deutlich zu machen. Alles Sprechen ist in gewissem Sinne an die Metapher gebunden; wollten wir der Sprache ihren Gebrauch verbieten, so

---

106 Cassirer weist lediglich auf die eigenständige Charakteristik des metaphorischen Ausdrucks in der symbolischen Form der Kunst hin, indem er die Nutzung »allegorisch-symbolischer Mittel des Ausdrucks« zur »Herausgestaltung des sinnlich-anschaulichen Inhalts« erwähnt, Cassirer 1923b, 78.
107 Cassirer 1929, 123.
108 Vgl. Cassirer 1942, 45f.

würde sie damit aufhören, lebendige Sprache zu sein und sich in ein abstraktes Zeichensystem verwandeln.«[109]

---

109 Cassirer 1939, 85.

6 Metaphorologie und Unbegrifflichkeit (Blumenberg)

Was in Ernst Cassirers Sprachanalyse implizit und damit noch methodisch unerkannt eingebettet ist, erhebt Hans Blumenberg zur neuen philosophischen Disziplin: die Herausarbeitung der Metaphorik, die das theoretischen Denken einer jeden Zeit prägt. Blumenberg nennt seine neue Methode, die er über sein gesamtes Werk immer wieder vorführt, Metaphorologie. Die Metaphern, die hierbei im Fokus stehen, sind ihm absolute, da sie Totalitäten wie Sein, Welt und Wahrheit fassen, die durch Begriffe nicht zu definieren sind. Absolute Metaphern müssen sich nicht unmittelbar im Ausdruck zeigen, können als Hintergrundmetaphorik latent bleiben. In dem Nachspüren dieser Metaphoriken zeigt Blumenberg, dass Metaphern nicht nur grundsätzlich zur Struktur der Sprache gehören, sondern unser Denken wesentlich mitbestimmen. Blumenberg kann als *der* Metapherntheoretiker des 20. Jahrhunderts gesehen werden, denn er weist nicht nur die metaphorische Substruktur des theoretischen Denkens anhand zahlreicher und umfangreicher Beschreibungen aus, er ermöglicht dabei und darüber hinaus auch wesentliche Einsichten in die allgemein kognitive Funktion der Metapher. Wo die Begriffssprache ihrem Wesen nach scheitern muss, schafft und erweitert die Metapher Horizonte.

Blumenbergs Arbeit an der Metapher steht in vielerlei Hinsicht in der Tradition der bisher besprochenen Theoretiker. Seine grundlegende Auffassung von Sprache ist eine anti-cartesianische: Descartes ideale Sprache würde seine philosophische Arbeit obsolet machen, denn alle Übertragungsbedeutung und damit Metaphorik wäre nur vorläufig und logisch überholbar.[1] Wichtigster Protagonist seiner Kritik am Rationalismus ist Giambattista Vico. Jene Klarheit, die Descartes in reinen Begriffen sieht, bestimmt Blumenberg mit Vico als eine selbst Erzeugte, die aus der Welt der Bilder und Projektionen und damit aus der schöpferischen Phantasie her-

---

1 Vgl. Blumenberg 1960, 7.

vorgeht.[2] Darüberhinaus greift Blumenberg in seiner Analyse des Mythos auf Vicos frühe Einsichten in dessen Eigenlogik und die Bedeutung der Imagination zurück.[3] Vico – und ebenso Schlegel und ferner Nietzsche – gilt ihm als Wegbereiter einer neuen poetischen Lesart des Mythos, die die imaginative Ausschweifung der anthropomorphischen Aneignung der Welt als eigene Ordnung des Mythos erkenne und ihn damit gegen eine (cartesianische) Bestimmung als bloß vorphilosophisch und damit überwindbar verteidige.[4] Zweiter und ebenso entscheidender Protagonist der Metaphorologie ist Immanuel Kant. Wie bereits ausgeführt, weist Blumenberg Kant als Metapherntheoretiker aus, indem er aufzeigt, dass dessen Verständnis des Symbols zur Übertragung der Reflexion bei reinen Vernunftbegriffen genau das meint, was er selbst als Metapher, genauer als absolute Metapher bestimmt.[5]

In seinen *Paradigmen zu einer Metaphorologie* von 1960 formuliert Blumenberg im Wesentlichen sein Verständnis der absoluten Metapher aus – zwar nicht als eigene Metapherntheorie, doch aber anhand zahlreicher Beispiele, aus denen eine differenzierte Bestimmung hervorgeht.[6] Unter absoluten Metaphern versteht er mehr als Restbestände auf dem Weg zur reinen, idealen Begrifflichkeit: Sie sind Grundbestände, »›Übertragungen‹, die sich nicht ins Eigentliche, in die Logizität zurückholen lassen«. In diesem Sinne wird nicht nur die Gleichsetzung von übertragener und uneigentlicher Redeweise fragwürdig, sondern auch die cartesianische Teleologie, also der Fortgang der Sprache zur idealen Begrifflichkeit wäre entkräftet, denn Metaphern würde eine »begrifflich nicht ablösbare Aussagefunktion« zukommen.[7] Blumenberg wertet – ganz im Sinne und in Anschluss an Vico – die Phantasie auf und bestimmt ihr Verhältnis zum Logos neu, indem er ihren Bereich »als eine katalysatorische Sphäre [fasst], an der sich zwar ständig die Begriffswelt bereichert, aber ohne diesen fundierenden Bestand dabei umzuwandeln und aufzu-

---

2 Vgl. ebd., 8. Blumenbergs wesentlicher Rückgriff auf Vicos Argument der Metapher in seiner Kritik am Rationalismus und der damit verbundenen alternativen Rationalität der Metapher führten in der Rezeption bereits zum Ausweisen der vichianischen Philosophie als frühe Antizipation der Metaphorologie, vgl. Haeflinger 1996, 118, oder gar als »Metaphorologie avant la lettre«, Stoellger 2000b, 107.

3 Vgl. Blumenberg 1971a, 381.

4 Vgl. ebd., 331 u. 350f., Blumenberg 1957, 139. Blumenberg missversteht Vico allerdings dahingehend, dass dieser die Sprache der Phantasie nur einer frühen Epoche des Mythos zuordne, vgl. Blumenberg 1960, 10f. Zur Kritik an dieser Fehleinschätzung: vgl. Stoellger 2000b, 104n62.

5 Vgl. Blumenberg 1960, 11f.

6 Die Grundzüge und zentralen Begriffe der Metaphorologie tauchen erstmals im Aufsatz *Licht als Metapher der Wahrheit* von 1957 auf.

7 Beide Zitate: Blumenberg 1960, 10.

zehren.«[8] Absolute Metaphern besetzen Leerstellen, die von Begriffen nicht gefüllt werden können, weil sie Totalitäten sind, denen keine Anschauung direkt korrespondieren kann. Blumenberg begründet ihre Funktion in starker Anlehnung an Kants Ausführungen zu den reinen Vernunftbegriffen, die durch die »Übertragung der Reflexion über einen Gegenstand der Anschauung auf einen ganz andern Begriff« gebildet werden. In der Besetzung von Leerstellen kommt absoluten Metaphern eine pragmatische Funktion und ein Modellcharakter zu. Sie bieten Orientierung bei Dingen, die sich grundsätzlich der Anschauung entziehen. In Hinblick auf die Theoriegeschichte sind sie von zentraler Bedeutung, da sich an ihnen der Wandel des Denkens und der Sinnhorizonte ablesen lässt:

»Daß diese Metaphern absolut genannt werden, bedeutet nur, daß sie sich gegenüber dem terminologischen Anspruch als resistent erweisen, nicht in Begrifflichkeit aufgelöst werden können, nicht aber, daß nicht eine Metapher durch eine andere ersetzt bzw. vertreten oder durch eine genauere korrigiert werden kann. Auch absolute Metaphern haben daher *Geschichte*. Sie haben Geschichte in einem radikaleren Sinn als Begriffe, denn der historische Wandel einer Metapher bringt die Metakinetik geschichtlicher Sinnhorizonte und Sichtweisen selbst zum Vorschein, innerhalb deren Begriffe ihre Modifikationen erfahren.«[9]

Erstmals führt Blumenberg diese Analyse der Metakinetik des theoretischen Denkens am Beispiel der Lichtmetaphorik für die Wahrheit aus. Wahrheit ist ihm dabei eine Totalität, die nur durch Metaphern beschreibbar und erfahrbar wird. Der Wandel der Lichtmetaphorik für den Wahrheitsbegriff zeigt, dass die damit verbundenen metaphysischen Vorstellungen sich als beim Wort genommene Metaphorik erweisen.[10] Zu erkennen geben sich derartige metaphorische Orientierungen oder »Leitvorstellungen«[11] nicht immer als konkrete Metapher im Text. Er beschreibt sie daher als »Hintergrundmetaphorik«, um sie von jenen Ausdrucksmetaphern abzugrenzen. Diese Unterscheidung ist ein zentraler Punkt in Blumenbergs metapherntheoretischen Überlegungen: Der Ausdruck *Metaphorik* meint alle ›im Hintergrund des Denkens waltenden‹ Prozesse der Übertragung von Vorstellungen, die durch einzelne Metaphern im Text oder durch die Struktur des Textes hermeneutisch herausgearbeitet werden können.

Blumenberg entwickelt sein Verständnis der Hintergrundmetaphorik sehr eng am Modellbegriff, um die orientierende und damit pragmatische Funktion derartiger metaphorischer Leitvorstellungen zu fassen. Sie sind »ganz elementare *Modellvor-*

---

8   Ebd., 11.
9   Ebd., 12f.
10 Vgl. ebd., 193; Blumenberg 1957, 153.
11 Blumenberg 1960, 20; Blumenberg 1957, 140.

stellungen, die in der Gestalt von Metaphern bis in die Ausdruckssphäre durchschlagen«.[12] Aufgrund des auch indirekten Ausdruckscharakters in Begriffen und Zusammenhängen bezeichnet er einen metaphorischen Hintergrund als »implikatives Modell«.[13] Blumenbergs Einsichten in das Wirken von Metaphorik und Ausdrucksmetaphern stehen stets im Zusammenhang einzelner Analysen, wie etwa des neuzeitlichen Dualismus von *organischen* und *mechanischen* Leitvorstellungen und der metaphorischen Hintergründe von Wahrheit und Wahrscheinlichkeit und deren Übergänge von Metapher und Begriff.[14] Hierbei wird ersichtlich, dass nicht die Sprache unser Denken und unsere Weltsicht wesentlich leitet: »noch zwingender sind wir durch Bildervorrat und Bilderwahl bestimmt, ›kanalisiert‹ in dem, was überhaupt sich uns zu zeigen vermag und was wir in Erfahrung bringen können.«[15] Blumenberg überantwortet aber nicht einfach die Metaphorik der Bildlichkeit und damit der Ästhetik: Am Beispiel der Sprengmetaphorik der negativen Theologie liest er eine immanente Bewegung von der Anschaulichkeit der Leitvorstellung zur reinen Strukturanalogie ab, einen Übergang, den er als Vergewaltigung der Anschauung beschreibt.[16] So entzieht sich etwa die Sprengmetaphorik von Cusanus der Anschauung, indem sie einen Kreis mit unendlichem Radius beschreibt, dessen Umfang mit einer Gerade zusammenfällt.[17]

Über den Modellbegriff gilt es Blumenberg, die Konzepte von Hintergrundmetaphorik und absoluter Metapher zu differenzieren und zu relativieren. Modelle können dem Denken eine Orientierung bieten, es leiten, müssen dabei aber nicht unersetzbar sein, auch wenn ihre Hintergrundmetaphorik sich anhand absoluter Metaphern ausgebildet hat und damit nicht ersetzbar ist.[18] Es besteht aber eine starke Analogie zwischen beiden aufgrund ihrer Projektionsleistung zur praktischen Orientierung: »das Modell wird *projiziert* an die Stelle dessen, was dem theoretischen

---

12 Blumenberg 1960, 16.
13 Ebd., 20.
14 Vgl. ebd., Kapitel 6 und Kapitel 1-4, bes. 117.
15 Ebd., 91.
16 Vgl. ebd., 179.
17 Hier zeigt sich bereits Blumenbergs Auseinandersetzung mit der Ästhetik und den Grenzwerten der Metapher, die in seiner Weiterentwicklung der Metaphorologie in den Fokus geraten.
18 Philipp Stoellger diskutiert Blumenbergs Modellbegriff genauer im Hinblick auf die Ersetzbarkeit und die Metapher als Grund- und Restbestand. Im Wesentlichen kritisiert er dessen unpräzisen Modellbegriff, vgl. Stoellger 2000b, 188-192. Für eine weitergehende Differenzierung von Modell und Metapher: Vgl. Black 1962, Ricoeur 1975, Debatin 1996 und Kapitel 12.

Objektivationsanspruch essentiell entzogen zu sein schien. Die Struktur dieses Vorganges ist uns schon ganz vertraut: Es ist die Struktur der ›absoluten Metapher‹.«[19]
Blumenberg veröffentlichte seine *Paradigmen zu einer Metaphorologie* erstmals 1960 in der *Zeitschrift für Begriffsgeschichte*. Seine Motivation war, den Umfang und die Methodik der Begriffsgeschichte durch die Analyse von Hintergrundmetaphoriken, anhand derer sich der Wandel von Begriffen ablesen lässt, zu erweitern. Seine neu konzipierte Disziplin fasst er daher als Teil der allgemeinen Begriffsgeschichte:

»Durch dieses Implikationsverhältnis bestimmt sich das Verhältnis der Metaphorologie zur Begriffsgeschichte (im engeren terminologischen Sinne) als ein solches der Dienstbarkeit: die Metaphorologie sucht an die Substruktur des Denkens heranzukommen, an den Untergrund, die Nährlösung der systematischen Kristallisationen, aber sie will auch faßbar machen, mit welchem ›Mut‹ sich der Geist in seinen Bildern selbst voraus ist und wie sich im Mut zur Vermutung seine Geschichte entwirft.«[20]

Zwingende Voraussetzung für eine Metaphorologie ist die »[u]ngestellte Frage des Mehr an Aussageleistung der Metapher«.[21] Jene Denker aus über zweieinhalb Jahrtausenden Theoriegeschichte, die Blumenberg in seinen Analysen anführt, dürfen keine Metaphorologie besessen haben oder besessen haben konnten, andernfalls wäre jene logische Verlegenheit nicht aufzuspüren, für die die Metapher einspringt.[22] Methodisch versucht er diese Verlegenheit aufzudecken, indem er historische Längs- und Querschnitte vornimmt, um die leitenden Hintergrundmetaphoriken einer jeden Zeit bzw. Epoche (Querschnitt) und anschließend ihren historischen Wandel (Längsschnitte auf der ›Zeitleiste‹ der Geschichte) zu beschreiben. Hierin ist eine der Metaphorologie eigene methodische Hintergrundmetaphorik zu sehen, die er auch selbst kurz als »methodische[s] Bilde«[23] anführt. Um eine einseitige Analyse der Bewegung von der Metapher zum Begriff und damit eine teleologische Lesart der Metaphorologie zu vermeiden, geht er auch den umgekehrten Weg vom Begriff zur Metapher: Die Revolution des Weltbildes durch die kopernikanische Wende wird mehr und mehr zum Orientierung stiftenden Modell und damit zur ko-

---

19 Blumenberg 1960, 98.
20 Ebd., 13.
21 Ebd., 9.
22 Vgl. ebd., 24 u. 9f.
23 Ebd., 49.

pernikanischen Metapher, die eine bewusstseinsbildende Funktion in der Neuzeit einnimmt.[24]

Begriff und Metapher und deren verschiedene Übergangsformen sind in Blumenbergs Metaphernanalysen reich thematisiert. Wie verhält es sich aber mit anderen Formen im Umfeld der Metapher? Generell ist anzumerken, dass Blumenberg keine allgemeinen Begriffsdefinitionen vornimmt, sondern – wie auch bei der Metapher – nur Einsichten anhand von Beispielen entwickelt. Neben einer expliziten Metapherntheorie fehlen vor allem systematische Überlegungen zu anderen, angrenzenden Phänomenen, so Petra Gehrings Diagnose, die sie auf das Überwiegen von interpretatorischen Gesichtspunkten und inhaltlichen Pointen zurückführt.[25] Blumenberg formuliert einen Symbolbegriff aus, der im Wesentlichen als Kontrastfolie der Metapher fungiert und daher »operational verkürzt« ist und Bedeutsamkeit von Unbedeutsamkeit abgrenzt, wie Philipp Stoellger kritisiert.[26] Während die Symbolisierung als reale Basis einen gegebenen Sachverhalt hat, bringt die Metaphorisierung ein gegebenes Bild durch eine zusätzliche Sinnhypothese zum Sprechen, wie Blumenberg am Beispiel der geometrischen Symbolik Fontenelles ausführt. Das Symbol ist statisch und fixiert, die Metapher hingegen zur Bewegung fähig, wie etwa in der Sprengmetaphorik.[27] Hieraus ergibt sich der defizitäre Charakter des Symbols gegenüber der Metapher: »Das Symbol fungiert dadurch, daß es einer Identifizierung dient; aber es ist sinnlos, es auf seinen *Gehalt* hin zu befragen; wo das dennoch möglich ist, haben sich symbolische und metaphorische Funktionsmomente zusammengefunden.«[28] Symbolik ist damit die zur Ruhe gekommene Bewegung der Metaphorik und ihr Grenzwert.[29] Gleichnis und Allegorie konzipiert Blumenberg ebenfalls von einem Metaphernverständnis aus, das Metaphorik als dynamischen Prozess im Denken verortet, aus dem die Metaphern wie auch andere Formen hervorgehen: »Metaphern ziehen in imaginative Kontexte hinein. So entsteht explizit das Gleichnis aus der Metapher. Wird solche Explizität nicht erreicht, so kann die Orientierung hintergründig bleiben.«[30] Das Gleichnis ist eine Entfaltung

---

24 Vgl. ebd., 142-148. Dieser Wandel zu einem metaphorischen Verständnis vollzieht sich, indem Geozentrik und Heliozentrik zu »Diagrammen« werden, die die Funktion von Leitvorstellungen übernehmen. Blumenberg gelingt es, mit dem Nachweis dieses umgekehrten Weges der Metaphorik, das cartesianische Ideal einer reinen Begriffssprache weiterhin als unzureichend auszuweisen.
25 Vgl. Gehring 2014, 210.
26 Stoellger 2000b, 180.
27 Vgl. Blumenberg 1960, 167 u. 178.
28 Ebd., 168.
29 Vgl. Blumenberg 1971b, 116.
30 Blumenberg 1972, 167.

der Metapher, eine erweiterte Metapher, die Allegorie hingegen nur eine Versammlung und Aneinanderreihung von Symbolen, weil sie keine Szenarien schaffen kann, in denen sich etwas abspielt.[31] Symbol, Gleichnis und Allegorie werden nicht als das ganz Andere der Metapher bestimmt, sondern als Stilllegung und ausdrucksmäße Erweiterung einer dynamischen Metaphorik, die im Denken ihren Ausgangspunkt hat.

Im Anschluss an die *Paradigmen* entwickelte Blumenberg Anfang der 1970er Jahre sein Konzept der absoluten Metapher aber auch den disziplinären Umfang der Metaphorologie weiter zu einer Theorie der Unbegrifflichkeit. Den Übergang dieser lebensweltphänomenologischen Öffnung der Orientierungsfunktion der Metapher vollzieht er im Wesentlichen in *Anthropologische Annäherungen an die Aktualität der Rhetorik* von 1971 und den *Beobachtungen an Metaphern* von 1972. Hierin formuliert er sein Verständnis der Metapher im Hinblick auf Ästhetik, Rhetorik und Anthropologie neu, was im Folgenden ausgeführt werden soll. Blumenbergs weit gefasster Rhetorikbegriff wie auch seine anthropologische Grundlegung der Metapher, machen die traditionelle Zuordnung der Metapher zur Rhetorik oder Ästhetik nahezu unmöglich und belassen diese Frage der Zugehörigkeit als offene Problematik der Rezeption, wie Gehring diagnostiziert.[32]

Die Metapher hat die allgemeine Funktion, Unverfügbares durch Verfügbares zu ersetzen und damit einem anthropologischen Mangel entgegenzuwirken. Dadurch bildet sie das wesentliche Mittel der Rhetorik, ihre Funktion und ihren anthropologischen Bezug darzustellen.[33] Indem Blumenberg über die Metapher bereits die Rhetorik philosophisch aufgewertet hat, da sie bei der logischen Verlegenheit um nicht begrifflich fassbare Totalitäten einspringt, kann er den Menschen als nicht nur armes Wesen eines Mangels ausweisen: Der Mensch ist ein armes Wesen, da er auf Rhetorik angewiesen ist, um den Wahrheitsmangel zu bewältigen; er ist aber ebenso ein reiches Wesen, denn die Rhetorik erlaubt es ihm über den bloßen Mangel hinauszugehen und ästhetisch zu wirken.[34] Wie bereits in den *Paradigmen* hat die Metapher und mit ihr die Rhetorik als Orientierungsleistung wesentlich pragmatische Funktion: »Handeln ist die Kompensation der ›Unbestimmtheit‹ des Wesens Mensch, und Rhetorik ist die angestrengte Herstellung derjenigen Übereinstimmungen, die anstelle des ›substantiellen‹ Fundus an Regulationen treten müssen, damit Handeln möglich wird.«[35] Die Wahrheit erfährt durch diese rhetori-

---

31 Vgl. zum Gleichnis: Blumenberg 1975, 62; zur Allegorie: Blumenberg 2012, 63-65.
32 Vgl. Gehring 2014, 203.
33 Vgl. Blumenberg 1971b, 116.
34 Vgl. ebd., 105. Dennoch überwiegt in Blumenbergs Denken die Auffassung der Armut des Menschen, vgl. etwa 130.
35 Ebd., 108.

sche Orientierungsfunktion eine Wendung zur *vérité à faire*. Sprache tritt in den Dienst der Handlung, wie Blumenberg angeleitet durch Ernst Cassirers Konzept des *animal symbolicum* ausführt. Seine Motivation ist hierbei die Aufwertung der Rhetorik über die anthropologische Grundlegung der Metapher und damit die Überwindung einer Weichenstellung, die bereits Platon vornahm, indem er die Rhetorik zum Gegentypus der Philosophie machte.[36] Ganz im Sinne von Vicos poetischer Logik, Kants Ausführungen zum Anthropomorphismus und Cassirers Philosophie der symbolischen Formen entwirft Blumenberg ein Konzept des menschlichen Wirklichkeitsbezugs, der »indirekt, umständlich, verzögert, selektiv und vor allem ›metaphorisch‹« ist.[37] In dieser anthropologischen Sicht springt die Metapher nicht erst in eine Situation der Verlegenheit ein, sondern wird zur Konstitution des Menschen.

Die anthropologische Bestimmung der Metapher wirkt sich in den *Beobachtungen an Metaphern* auf die Konzeption der Metaphorologie aus: Sie steht zwar noch im Hilfsdienst zur Begriffsgeschichte, lässt aber in der Erarbeitung der genetischen Struktur der Begriffsbildung »die Eindeutigkeit des Resultats als Verarmung an imaginativem Hintergrund und an lebensweltlichen Leitfäden«[38] erkennen. Der Lebensweltbezug wird damit zur zentralen Fluchtlinie der metaphorologischen Arbeit, die »die Rückführbarkeit des konstruktiven Instrumentariums auf die lebensweltliche Konstitution [erschließt], der es zwar nicht entstammt, auf die es aber vielfältig zurückbezogen ist«.[39] Zwar liegen die vorgreifenden Orientierungen absoluter Metaphern jenseits der begriffssprachlichen Norm und ihrer Systematik, doch bilden die Totalitäten, die sie meinen, im Hinblick auf die Lebenswelt eine geordnete Struktur der Verschränkung.[40] In den Blick geraten nun immer mehr die komplexen Interferenzen verschiedener Metaphern, die sich zu Metaphersystemen erweitern, wie Blumenberg an den Überschneidungen von Schiffbruch-[41] und Theater-Metaphorik bei Galiani und Herder verdeutlicht. Als Hintergrundmetaphorik sind

---

36 Vgl. Blumenberg 1975, 83f.
37 Blumenberg 1971b, 115.
38 Blumenberg 1972, 163.
39 Ebd., 164.
40 Vgl. ebd., 168 u. 171.
41 Die Daseinsmetaphorik der Seefahrt, der Blumenberg später eine eigene Schrift widmet, grenzt er auf den Schiffbruch mit Zuschauer ein. Hierbei verweist er auch auf Nietzsche und schreibt ihm eine nautische Hintergrundmetaphorik zu, die er am Gebälk und Bretterwerk der Begriffe in *Ueber Wahrheit und Lüge im aussermoralischen Sinne* festmacht. Wie die oben gemachten Ausführungen zu Nietzsches Metaphorik aber gezeigt haben, gehen diese Metaphern eher auf das System der Bauwerk-Metaphorik zurück denn auf die Planken eines Schiffes.

diese Daseinsmetaphern »Bildtypus« und »Imaginationssystem«[42], ihr Ausdruck dann vordergründige Verbildlichung und Übertragung einer Übertragung.[43] Zwar verwendet Blumenberg den Ausdruck ›Bild‹ nahezu synonym mit ›Metapher‹, doch stellt sich seine Metaphorologie klar gegen eine Reduktion der Metapher auf ihre Bildlichkeit. Eine derartige Auffassung der Metapher würde die Rhetorik und Poetik weiterhin philosophisch entkräften und als Ornament abtun. In diesem Zuge weist er die Sicht der Metaphorologie als ästhetische Umwertung auch klar zurück und schreibt der Ästhetik eine Vieldeutigkeit zu. Diese Ablehnung eines ästhetischen Moments der Disziplin löst sich in seiner Theorie der Unbegrifflichkeit zugunsten einer differenzierten Inbezugsetzung auf. Zu bemängeln wäre allerdings, dass er den Bildbegriff der Metapher weder explizit noch implizit reflektiert.[44]

Die knappen Untersuchungen zu Interferenzen zwischen Hintergrundmetaphoriken wie Quelle und Eisberg arbeitete Blumenberg in Anschluss an die *Beobachtungen an Metaphern* in bis 2014 unveröffentlichten Manuskripten aus. Anhand dieser Texte wird sein tiefgehendes Verständnis des Zusammenspiels verschiedener metaphorischer Hintergründe und ihrer Ausdrücke deutlich. Am Beispiele der Quell-Metapher zeigt er in einer vergleichenden Analyse der projizierten Eigenschaften und ihrer Kohärenzen, wie etwa das Fließen und der Rückgang zur Quelle, die Trübung im Strom und die Läuterung im Meer[45], inwieweit zwischen den einzelnen Ausdrücken einer Hintergrundmetaphorik Interferenzen möglich sind und wie sie sich gegenseitig bedingen. Seine Aufmerksamkeit gilt der Quelle der Historiker, denn wesentlich interessanter als das Absterben einer ursprünglichen Metaphorik in Ausdrücken wie ›Tischbein‹ oder ›Schloss‹ ist die fachsprachliche Konventionalisierung einer ganzen Hintergrundmetaphorik: Ihre Remetaphorisierung bedeutet eine »Wiederentdeckung des metaphorischen Horizontes dieses Zentralbegriffs«[46] und damit die Revitalisierung einer Leitvorstellung zur kritischen Analyse der Methodik der eigenen Disziplin. Am Beispiel der metaphernreflexiven Ausführungen des Historikers Droysen und dessen Verbindung von Quell- und Licht-Metaphorik bringt Blumenberg zum Ausdruck, dass zur vermeintlichen Herstellung von Kohärenzen zwischen Hintergrundmetaphern die ursprüngliche Metaphorik in der Verwendung »abgeblendet« werden kann, um damit Projektionen zu vermeiden, die einer Kohärenz schaden würden.[47] Die Revitalisierung der Metaphorik bringt hingegen jene Implikationen und Konnotation zum Vorschein, die sich eben

---

42 Beide: ebd., 177.
43 Vgl. ebd., 180-184.
44 Dieses Defizit der Metapherntheorie wird in Teil 2 genauer untersucht werden.
45 Vgl. Blumenberg 2012, 10 u. 18f.
46 Ebd., 11.
47 Ebd., 13.

austauschen oder ausblenden lassen und damit wesentlich leitende Funktion haben.[48] Die Kohärenzen führt Blumenberg auf die Bildlichkeit der Metapher zurück, die er als »konsistente[ ] Bildkräftigkeit«[49] bezeichnet. So kann ein Wechsel oder eine Ergänzung der Leitvorstellung ein neues Feld an möglichen kohärenten Metaphern eröffnen, wie er am Beispiele von Kants Übergang von der Quell- zur Boden-Metaphorik ausweist: »Der Ausdruck ›Boden‹ läßt sogleich eine Kaskade von zugehörigen Metaphern aufgehen«.[50] Die enorme epistemologische Funktion metaphorischer Leitvorstellung geht aus Blumenbergs Analyse der Strommetapher in der Phänomenologie am stärksten hervor. Der *Bewusstseinsstrom* ist die beherrschende Metapher der Phänomenologie Husserl. Ihre Auswirkungen auf die Theoriebildung, ihre zahlreichen Vorteile aber auch entstehenden Problematiken führt Blumenberg eingehend aus.[51] Die Struktur der Metapher wird derart formalisiert, so sein wesentlicher Befund, dass die anthropologische Orientierung den Anschein ontologischer Verhältnisse gewinnt.

Die Analyse der Eisberg-Metapher stellt in Blumenbergs Metaphorologie ein Novum dar: Einerseits ergründet er mit ihr das schrittweise Entstehen einer Metaphorik, andererseits wendet er sich erstmals zeitgenössischem Material aus Werbeanzeigen und Zeitungsartikeln zu. Die Metapher geht auf den Schiffsbruch der Titanic, ihren Zusammenstoß mit einem Eisberg zurück, erfuhr allerdings erst in den Jahrzehnten von Blumenbergs metaphorologischen Schriften, also den 1960er und 1970er Jahren Verbreitung.[52] Neben der Diskussion von Formen des Verunglückens oder Überstrapazierens der Metapher, will Blumenberg nachweisen, dass sie erst spät in eine Lücke einspringt, die vorher durch keine evidente Vorstellung vermittelt werden konnte. So meinten etwa Schopenhauer und Freud genau das Missverhältnis der Metapher, Simmel war kurz davor, sie zu nutzen, für Nietzsche war das Missverhältnis aber zu groß, als dass er die Metapher hätte gebrauchen können.[53] Wesentliche Bedeutung kommt der Eisberg-Metapher und Blumenbergs metaphorologischer Analyse aber in Hinblick auf das Verständnis zur Sichtbarkeit zu: Er attestiert ihr die Zerstörung des traditionellen, harmonischen Sichtbarkeitspostulats, indem sie mit der Evidenz eines Naturgesetzes eine Hinter- bzw. eine Untergründigkeit einführt, die sie zum Monument des Misstrauens macht.[54] Zur Naturgesetzlichkeit gehört aber neben dem Missverhältnis von sichtbarem und unsichtbarem

---

48 Vgl. ebd., 19.
49 Ebd., 54.
50 Ebd., 54.
51 Vgl. ebd., 108-125.
52 Vgl. ebd., 237.
53 Vgl. ebd., 237-239.
54 Vgl. ebd., 205 u. 211.

Teil auch die Homogenität des Materials. Was in einer dualistischen Weltsicht und der damit verbundenen dualistischen Metaphorik von Licht und Finsternis *unsichtbar* war, ist nunmehr lediglich *übersehen*: »Es ist nicht das prinzipiell Unzugängliche und Unsichtbare, sondern nur das akzidentiell Übersehene, obwohl prinzipiell Sichtbare.«[55] Vor dem Hintergrund dieser paradigmatischen Funktion für die Erkenntnistheorie kann die Eisbergmetapher in Analogie zu Blumenbergs eigener theoretischen Arbeit gesehen werden: Sie ist implizit seine Metapher der Metapher, und noch mehr: seine Metapher der Metaphorologie. Metaphern als sprachliche Ausdrücke stellen nicht mehr das Ganze des Phänomens dar, sie sind vielmehr nur noch die Spitze eines Eisberges, dessen wesentlicher Teil ›unter der Oberfläche‹ ist, was im Kontext der Metaphologie meint: seine Latenz im Denken hat. Entscheidend ist auch hier wieder die Homogenität des Materials, denn Ausdrucksmetaphern und Hintergrundmetaphorik sind nur zwei Teile ein und derselben metaphorischen Dynamik des Denkens, des Welt- und Selbstverhältnisses. Diese Dynamik setzt an der Schnittstelle zwischen Sprache, Anschauung und Denken an und wirkt damit einer defizitären Bestimmung der Metapher über ihre Grenzwerte von Prädikation und Bild entgegen. Eben hierfür steht die Eisbergmetapher ein: »Was heißt nun Anschaulichkeit der Metapher? Nicht sehr viele, die die Metapher vom Eisberg verwenden, haben jemals einen Eisberg gesehen«.[56] Sie knüpft nicht an eine bestehende Erinnerung oder ein vertrautes Bild, sondern an eine Naturgesetzlichkeit an, die sich in einer Relation ausdrückt und damit eine bloß strukturelle Ähnlichkeit nahelegt. Mit äußerster Klarheit weist Blumenberg hier die Ähnlichkeitsthese der Metapher zurück, auch wenn er den sonst oft synonym zur Metapher verwendeten Bildbegriff dennoch nicht reflektiert.[57]

In den 1970ern verschiebt sich die Fluchtlinie der Metaphorologie immer weiter von der Paradigmatik des theoretischen Denkens zur lebensweltlichen Orientierung und Rückbindung. Ebenso wird die Metapher neu verortet, sie ist nunmehr nur »ein schmaler Spezialfall von Unbegrifflichkeit«[58] und damit in einen erweiterten Kontext der Kritik am cartesianischen Ideal der Sprache gestellt. Leitend ist dabei Blumenbergs Einsicht, dass Vernunft und Begriff nicht zur Deckung kommen, der Be-

---

55 Ebd., 248.
56 Ebd., 211.
57 Stoellger weist Blumenbergs Überwindung der Ähnlichkeitsthese anhand der Analysen der negativen Theologie in den *Paradigmen* nach, vgl. Stoellger 2000b, 184. Blumenberg stehe damit in der Tradition der neuzeitlichen Sprachphilosophie, die – wie Vico etwa – die Analogie nicht mehr ontologisch, sondern imaginativ bzw. durch Phantasie geschaffen versteht, vgl. ebd., 107.
58 Blumenberg 1979, 77.

griff ihren Ansprüchen nicht genügen kann.[59] Im Hinblick auf diese Ansprüche stellt Blumenberg der Unterscheidung von Rest- und Grundbeständen der Metapher die allgemeine Unterscheidung zwischen Vorbegrifflichem und Unbegrifflichem zur Seite. Um einen rein sprachlichen Zugang zum Denken zu vermeiden, den Blumenberg als »Absolutismus vom Rücken her«[60] bezeichnet, setzt er am Unsagbaren an: »Die Grenzwerte von Sagbarkeit und Unsagbarkeit sind noch weiter gespannt als die von definitorischer Bestimmtheit und imaginativer Annäherung oder Vorzeichnung, Begrifflichkeit und Unbegrifflichkeit.«[61] Der Zugang zum Bereich des Unsagbaren ist der Begriffssprache prinzipiell entzogen, durch die Metapher aber möglich, indem sie jene Totalitäten durch Projektionen erfahrbar macht.

Schrittweise entwickelt Blumenberg seine Theorie der Unbegrifflichkeit aus einer anthropo-genetischen Grundthese der Distanzleistung. Aufgrund seines konstitutiven Mangels muss der Mensch Prävention schaffen, um sich im Leben zu halten, ist andererseits aber auch in der Lage zur Distanzierung. Der Extremwert der Distanzbildung ist der Begriff, der Inbegriff schließlich die Vernunft.[62] Durch den Begriff ist der Mensch in der Lage, über Dinge zu reden und auch an Dingen zu handeln, die er nicht wahrnimmt. Die Vernunft will aber auch jene Dinge ersetzen, die nicht nur aktuell nicht gegenwärtig sind, sondern prinzipiell nicht sein können: Totalitäten wie Welt, Zeit und Sein. Diese Bezugnahme ist aber nur durch absolute Metaphern möglich. Der Begriff ist daher nicht »die Erfüllung der Intentionen der Vernunft, sondern nur deren Durchgang, deren Richtungsnahme«.[63] Blumenberg will über diese Entlastungsfunktion des Begriffes hinausgehen, sieht sie als Bedingung eines neuen Luxus der Möglichkeiten. Seine erste zentrale These lautet daher, »daß das *Weniger*-wahrnehmen-*Müssen* ganz in den Dienst des *Mehr*-wahrnehmen-*Könnens* tritt«, oder anders formuliert: »die Abkehr von der Anschauung steht ganz

---

59 Vgl. Blumenberg 1975, 9-11. Dieser Gedanken findet sich bereits in seiner ähnlicher Ausführung im Text *Sprachsituation und immanente Poetik* von 1966, vgl. Blumenberg 1966, 120f.
60 Blumenberg 2007, 104.
61 Ebd., 102, ebenso Blumenberg 1979, 84. Blumenberg bestimmt den Begriff der Unbegrifflichkeit nur über das Unsagbare und den metaphorischen Zugang zum lebensweltlichen Horizont. Alle weitere Definition wäre aber auch paradox, da ja gerade Begriff und Unbegriff sich komplementär gegenüberstehen. So fasst Philipp Stoellger diese Problematik wie folgt: »*Unbegrifflichkeit* ist ein *paradoxer Begriff*, der als Inbegriff vortheoretischer und theoretischer Ausdrucks-, Darstellungs- und Orientierungsformen fungiert, für das, was nicht auf den Begriff zu bringen ist. Er wird hier von dem traditionellen ›Unsagbaren‹ her bestimmt«, Stoellger 2000b, 265.
62 Vgl. Blumenberg 1975, 9.
63 Ebd., 10.

im Dienst der *Rückkehr zur Anschauung* [...] aber diesmal einer nicht aufgezwungenen, sondern ausgesuchten«.[64] Hiermit dreht Blumenberg Descartes' Anspruch an die Sprache um, indem er den Erfolg des Begriffs nicht im cartesianischen Ideal der reinen Begrifflichkeit, sondern in der Rückkehr zur Anschauung, also der Umkehr seiner Funktion sieht. Nach seiner ursprünglichen Distanzierung zur Ästhetik in den *Paradigmen* und den *Beobachtungen* vertritt er nun eine eigene Ästhetik der Metapher, in der sie im Sprachprozess sowohl in der Begriffsbildung als auch in der Schöpfung von Ausdrucks- und absoluten Metaphern den Zusammenhang von Sprache, Anschauung und Denken ausmacht: »Die *Metapher* ist gerade deshalb auch ein ästhetisches Medium, weil sie sowohl in der Ursprungssphäre des Begriffs beheimatet ist als auch für die Unzulänglichkeit des Begriffs und seine Leistungsgrenzen noch fortwährend einzustehen hat.«[65] Diese Sicht wirkt sich auch auf die Bestimmung der Metaphorologie aus, die nun ein wesentliches ästhetisches Moment hat, da sie erklärt, wie die Metapher in den ästhetischen Kontext eingeht und das Ästhetische aus der Metapher hervorgeht.

Zentrale Referenz für Blumenbergs metapherntheoretische Ausführungen ist weiterhin Kants Schematismus und Symbolbegriff: Im Sinne seiner neuen Wertung von Anschauung und Ästhetik führt er Kants These der Abhängigkeit der Begriffe von der Anschauung an, um den ästhetischen Horizont der Sprache zu bestimmen. Die reinen Vernunftbegriffe, die Blumenberg bereits als absolute Metaphern gelesen hatte[66], stehen für die große Variationsbreite der Bestimmtheit ein: »In dem Minimum an standardisierter Bestimmtheit liegt ihre Disposition dafür, imaginatives und wertendes Material an sich zu ziehen und erst dadurch sich zu spezifizieren.«[67] Diese konstitutive Unbestimmtheit ist schließlich auch das Argument, die Vieldeutigkeit des Ästhetischen ins Positive zu lenken: »Die Metaphorik, die in den Unbestimmtheitsraum der Idee ›Welt‹ eindringt, kann fast jede Vieldeutigkeit herstellen, wenn sie nur nicht die Einheit dessen, was damit bezeichnet ist, gefährdet.«[68] Der Horizont, der durch die absolute Metapher der Welt besetzt wird, kann durch das ästhetische Potential der Metapher erweitert werden.

---

64 Ebd., 26 u. 27.
65 Ebd., 28.
66 Vgl. ebenso ebd., 58 und Blumenberg 1979, 93. Zudem verdeutlicht Blumenberg anhand der Hausbau-Metaphorik der *Kritik der reinen Vernunft* den großen Stellenwert der Hintergrundmetaphorik in der Anlage und Argumentation der Schrift. Auch wenn Kant keine explizit metapherntheoretischen Überlegungen anstellte, kommt sein Verständnis der Komplexität und Wirkmächtigkeit von Hintergrund- und damit strukturgebender Metaphorik sehr deutlich zur Geltung, vgl. Blumenberg 1975, 47f.
67 Blumenberg 1975, 56.
68 Ebd., 57.

Kants Verweis auf Quintilians Metapher der lachenden Wiese ist Blumenberg ebenfalls Beleg für die metapherntheoretische Deutung des Symbolbegriffs. Nur leider, so muss angemerkt werden, lässt sich dieses Beispiel nicht als Beleg für die absolute Metapher anführen, da sie für keine Totalität einspringt, die sonst nicht zur Darstellung kommt.[69] Blumenbergs generelle Konzentration auf die absolute Metapher, lässt jene unersetzbaren und damit epistemologisch bedeutsamen Metaphern, die nicht Leerstellen der Sagbarkeit besetzen, sondern nur neue Zugänge zu Phänomenen bieten, unbestimmt außerhalb des theoretischen Fokus verbleiben. So lassen sich die zahlreichen Aussagen über den Prozess der Metaphorik in der *Theorie der Unbegrifflichkeit*, etwa über die Störung der Homogenität beim Lesen von Texten und die dem entgegenwirkende Selbstreparaturleistung des Bewusstseins wie auch die Nutzung der schwachen Kontextdetermination, weniger auf absolute Metaphern als allgemein auf sprachliche Metaphern anwenden.[70]

In der *Theorie der Unbegrifflichkeit* überwiegt der lebensweltliche Bezug in der theoretischen Ausarbeitung der Metapher. In starker Anlehnung an Friedrich Nietzsche spricht Blumenberg von »Metaphernwelten«, die der absoluten Metapher der Welt gegenüber im Plural stehen, da sie die Idee dieser Totalität durch metaphorische Fremdbestimmungen vielseitig zugänglichen machen.[71] Die Welten sind gemäß des Spielraums der Kohärenz zwischen verschiedenen Leitvorstellungen nicht beliebig addierbar, sondern »mit einer eigenen Logik ihrer Assoziation, ihrer bildlichen Deckung und Berührung«[72] in Relation zu setzen. In diesem Sinne ist die Metapher nicht nur eine Verlegenheit aufgrund des Mangels, jene Totalitäten wie *Welt* mit Sinn zu besetzen, sondern »das Instrument eines expansiven Weltverhältnisses«.[73] Der primäre Wirklichkeitsbezug wird ergänzt durch einen sekundären Möglichkeitsbezug. Die anthropologische Grundlegung der Metapher verbindet Blumenberg letztendlich mit einer Phänomenologie der Lebenswelten:

Die Metapher – als das signifikante Element der Rhetorik – zeigt auf einen anthropologischen Mangel und entspricht in ihrer Funktion einer Anthropologie des Mängelwesens. Aber sie behebt den Mangel aus dem Fundus eines Überschusses, aus der Ausschweifung über den Horizont des Lebensnotwendigen hinweg, insofern dieser Horizont Möglichkeit und Wirklichkeit trennt.[74]

---

69 Vgl. ebd., 60.
70 Vgl. ebd., 61; Blumenberg 2007, 97.
71 Blumenberg 1975, 72.
72 Ebd., 74.
73 Ebd., 88.
74 Ebd., 88.

Das gesamte Weltverhältnis des Menschen wird in dieser anthropologischen Wendung »seiner gesamten Artung nach metaphorisch-rhetorisches«.[75] Diese Sicht weist deutliche Ähnlichkeiten zu Nietzsches metaphorischer Wahrheit und Perspektivismus auf. Blumenberg sieht selbst diese Nähe und führt Nietzsche daher als direkten Vordenker an.

Der Metapher kommt in der Phänomenologie lebensweltlicher Horizonte eine Schlüsselfunktion zu, da über sie ein Bezug hergestellt werden kann, indem man den Reichtum ihrer Herkunft aufdeckt, der in ihr konserviert ist, den die Abstraktion des Begriffes aber verleugnen muss. Der Zugang zur Wirklichkeit, zur Lebenswelt über die reine Begriffssprache macht daher das Unsagbare heimatlos.[76] Die Theorie der Unbegrifflichkeit, die Blumenberg nur in seinem Vorlesungsskript skizzierte und im *Ausblick* in Aussicht stellte, soll jene Horizonte rekonstruieren, aus denen Begriffe wie auch Theorien erst hervorgehen. In dieser Ausrichtung ist sie deutlich weiter gefasst und auch grundlegender als die Metaphorologie:

»Im Aspekt auf die Lebenswelt ist die Metapher, auch die absolute, noch dazu in ihrer grammatisch-rhetorisch präzis definierten Kurzform, etwas Spätes und Abgeleitetes. Deshalb wird die Metaphorologie, will sie sich nicht auf die Hilfsfunktion der Metapher für die Begriffsbildung beschränken, sondern zum Leitfaden der Hinblicknahme auf die Lebenswelt werden, nicht ohne die Einfügung in den weiteren Horizont einer Theorie der Unbegrifflichkeit auskommen.«[77]

Das Novum an Blumenbergs Metaphorologie ist, dass er mit der absoluten Metapher die dynamische Metaphorik des Denkens und die sprachliche Ausdrucksmetapher um eine dritte Dimension ergänzt: Die absolute Metapher ist nicht nur *absolut* im Hinblick auf die Totalitäten, für die sie einspringt, sondern ebenfalls in Bezug auf die Zeit. Metaphern wie Welt, Sein und Geschichte werden nicht im Laufe der Zeit gestellt, sondern können »als im Daseinsgrund *gestellte*«[78] vorgefunden werden. Sie sind daher – anders als die sprachlichen Metaphern – jenseits der prozessorientierten Unterscheidung von *lebendig* und *tot*. Philipp Stoellger weist auf diese Sonderstellung der absoluten Metaphern hin und betont dabei ihren steten, aber variablen Lebensweltbezug: »Der Lebensraum dieser Metaphern sind ursprünglich die ›Wirklichkeiten in denen wir leben‹, und ihre Lebenszeit ist nicht ein ›Sein zum

---

75 Ebd., 90.
76 Vgl. Blumenberg 1979, 80; Blumenberg 2007, 104.
77 Blumenberg 2007, 101; Blumenberg 1979, 83.
78 Blumenberg 1960, 23.

Tode‹, sondern die endliche Wiederkehr des immer wieder Variierten.«[79] Fraglich ist nur, ob Blumenberg die Auflösung der Opposition von *lebendig* und *tot* für jene absoluten Metaphern reserviert, die im Seinsgrund gestellte Fragen angehen. Es stellt sich also erneut die Frage, ob es für Blumenberg unersetzbare Metaphern gibt, die nicht absolut sind. Problematisch ist hierbei sein »Arbeitsverhältnis zum Gegenstand Metapher«[80], das sich in je spezifischen Beobachtungen an Metaphern anstelle einer eigenen Metapherntheorie oder Methodologie der Metaphernforschung äußert.[81] Birgit Reckis Kritik zielt auf die Konzeption der absoluten Metapher ab, mit der Blumenberg »zwei Momente des Metaphernbegriffs undeutlich ineinanderfließen läßt«[82]: einerseits die These der Unersetzbarkeit und andererseits in Rückgriff auf Kants Vernunftbegriffe die Besetzung von Totalitäten.

Blumenbergs theoretische Ausführungen konzentrieren sich eher auf die exponierte Stellung der absoluten Metaphern in der Gesamtanlage einer Phänomenologie der Lebenswelt anstelle im Kontext der verschiedenen Formen von Metaphorik. Er bestimmt sie als im Seinsgrund angelegt und daher als stets latent. Dadurch entgeht er einer Systematik und Teleologie der Leitvorstellungen in der metaphorologischen Analyse.[83] In Blumenbergs später Erweiterung der Metaphorologie durch den Lebensweltbezug steht nicht mehr die Paradigmatik der Sinnhorizonte großer Denker der Theoriegeschichte im Vordergrund, sondern eine »Hermeneutik geschichtlicher Lebenswelten als Genealogie der Gegenwart«.[84] Gemeint sind nunmehr der stets mitgesetzte kulturelle Horizont: »Dieser fungiert als der dynamisch-relationale ›Inbegriff‹ dessen, was in den Paradigmen die Einstellungen, Wünsche, Ängste und dergleichen sind. Er ist in diesem Sinne die ›Welt, in der wir mit Metaphern leben‹.«[85] Stoellger sieht in dieser Erweiterung den Anspruch an eine eigene Lebenswelttheorie, um den Umfang der Metaphorologie erfassen zu können. Wie aber ist Blumenberg selbst in seine Phänomenologie der Lebenswelt verstrickt, in

---

79 Stoellger 2000b, 87, vgl. auch 163f. *Wirklichenkeiten in denen wir leben* ist der Titel einer Schriftensammlung Blumenbergs von 1986, in der Texte zusammengestellt sind, die den Übergang von den *Paradigmen* zur *Theorie der Unbegrifflichkeit* vollziehen.
80 Gehring 2014, 201.
81 Petra Gehring fügt darüber hinaus die Frage hinzu, ob die Metapher bzw. Metaphorologie im Werk Blumenbergs ein weitläufiges Programm oder nur eine Episode darstellt, vgl. Gehring 2014, 201. Ich gehe hierbei mit Philipp Stoellger, der das Werk als topisch konstelliertes Oeuvre fasst, da alle Bücher die zentralen Metaphern der *Paradigmen* weiter bearbeiten, vgl. Stöllger 2000a, 256.
82 Recki 1999, 153.
83 Vgl. Stoellger 2000a, 8.
84 Ebd., 255.
85 Stoellger 2000b, 266.

dem Sinne, dass seine Erarbeitung der Lebensweltbezüge durch absolute Metaphern immer schon eine Interpretation ist? Stoellger verlangt einen »Mitvollzug« ihrer Umwege und Verstrickungen, um Blumenberg zu lesen.[86] Es erfordere eine Korrektur, die aus den *Beobachtungen an* Metaphern *Interpretationen mit* Metaphern mache.[87] Bei Blumenberg zeigt sich ebenfalls wie bei den bisher besprochenen Theoretikern, dass die philosophische Auseinandersetzung mit der Metapher eine eigene metaphernreflexive Methode und einen derartigen Sprachgebrauch verlangt. Wird die Metapher zur grundlegenden Funktion der Weltaneignung und des Sprachprozesses, wovon Blumenberg eindeutig ausgeht, ist keine nüchterne Distanz einer rein begrifflichen Theoriesprache mehr möglich. Stoellger analysiert dieses theoretische Dilemma Blumenbergs in Rekurs auf dessen *Schiffbruch mit Zuschauer* von 1979. Die sichere Distanz des Zuschauers bleibt Blumenberg in seiner metaphorologischen Arbeit verwehrt: »In diesem Sinne kann man das Pascal entliehene Motto Blumenbergs ›*Vous êtes embarqué.*‹ als Grundmetapher seiner eigenen Position verstehen.«[88] Der Zuschauer des Schiffbruchs wird zur Metapher für die Methodik der Metaphorologie. Stoellger sieht Blumenbergs Umgang mit dieser Problematik in der Destruktion der Zuschauerposition, indem er sich rhetorisch und pragmatisch wohlkalkuliert in die thematischen Lebenswelten verstrickt.[89]

Den Fortgang von Blumenbergs erstem Entwurf der Metaphorologie in *Licht als Metapher der Wahrheit* bis hin zur *Theorie der Unbegrifflichkeit* beschreibt Jürg Heaflinger im Hinblick auf die Metapher als erkenntnistheoretische Radikalisierung einer anfangs nur kognitiven Minimalposition. Der Blumenberg-Rezeption bis zur Mitte der 1990er Jahre wirft er eine Vernachlässigung der kognitiven Leistung der Metapher vor. Diese Leistung bestehe in einer zur Begrifflichkeit alternativen Denkform, die mehr als nur eine Irreduzibilitätsthese beinhalte, sondern eine Anti-Logik, die der Sprache vorgelagert ist und sie daher strukturiere.[90] Haeflinger versucht herauszuarbeiten, dass in Blumenbergs Verständnis der Metapher eine Vor-

---

86 Ebd., 12.
87 Vgl. ebd., 158.
88 Ebd., 270. Blumenberg stellt das Zitat Pascals seiner Schrift voran.
89 Vgl. ebd., 279. Stoellger liefert eine differenzierte Analyse der methodischen Problematik der Metaphorologie, vor allem im Hinblick auf Jacques Derridas grundsätzliche Kritik an der Möglichkeit ebenjener. Zu Derrida vgl. ausführlicher Kapitel 11. Zur versuchten Distanzierung lässt sich des Weiteren Blumenbergs Setzen von Anführungszeichen bei Metaphern ergänzen. Birgit Recki sieht darin die reflektierte Leistung der Vermittlung, die ihn im Vergleich zu Nietzsche und Cassirer vor einem Fundamentalismus bewahre, Recki 1999, 152.
90 Vgl. Haeflinger 1996, 70ff. u. 92. Zum Forschungsdefizit, 74f.; zur alternativen Denkform, 76 und 85; zur Anti-Logik, 94-102.

wegnahme wesentlicher Inhalte der in den 1980ern folgenden Theorien der kognitiven Metapher zu sehen ist. In seinem Vergleich der Hintergrundmetaphorik und ihrer Modellfunktion mit der Metapherntheorie von Georg Lakoff und Mark Johnson von 1980, zielt er aber zu stark auf einzelne Aspekte der kognitven Metapher ab und verkennt dabei Blumenbergs hermeneutisch-philologische wie auch seine lebensweltphänomenologische Perspektive.[91] Dieses Versäumnis holt er aber nach, wenn er in Rückgriff auf Vico und dessen Konzept der imaginativen Universalien die Metapher als »Imaginationssystem«[92] beschreibt. Kein anderer Ausdruck fasse Blumenbergs Verbindung der kognitiven Funktion der Metapher mit seiner Anthropologie und ebenso die absolute Metapher als Erzeugnis der Phantasie besser zusammen. Zwar wertet Blumenberg in seinen späten Schriften die Ästhetik der Metapher auf, sein Vico-Bezug und damit die Betonung der Phantasie fällt hingegen gänzlich weg.

Die pragmatische Dimension der Metapher bei Blumenberg arbeitet besonders Birgit Recki heraus. Hierbei verdeutlicht sie im wesentlichen seine Bezüge zur Kulturphilosophie Ernst Cassirers, aber auch die gebrauchstheoretische Interpretation von Kants Symbolbegriff.[93] Großer Gemeinplatz von Blumenberg und Cassirer sei das Interesse an der Unbegrifflichkeit als »Gedanken einer genuinen und tragenden Leistung der metaphorischen Bildlichkeit für das Denken«.[94] Recki sieht darin eine Fortführung des Konzepts der radikalen Metapher, das Cassirer nicht weiter ausführte. In diesem Sinne sei Cassirer für Blumenberg nicht nur *der* Theoretiker des Mythos, sondern eine »ähnliche Autorität«[95] in der Intention der Metaphorologie. Im Hinblick auf das Interesse an Formen der Unbegrifflichen lässt sich eine Stelle aus der Rede *Ernst Cassirer gedenkend* zur Entgegennahme des Kuno-Fischer-Preises der Universität Heidelberg 1974 als Argument anführen:

»Die Theorie der symbolischen Formen geht ihrerseits auf die alltägliche, nicht mehr auf die wissenschaftliche Erfahrung zurück. Aber was diese alltägliche Erfahrung vergegenwärtigt, sieht sie durch das Medium der Gestaltpsychologie. Cassirer hat die ›anschauliche Welt‹, ihre

---

91 Vgl. hierzu bes. ebd., 79-86. Zur kognitiven Metapher und deren sehr unterschiedlichen Konzeptionen vor allem bei Blumenberg und Lakoff und Johnson vergleiche ausführlicher Kapitel 12.
92 Ebd., 117 und Blumenberg 1972, 177. In Vico sieht Haeflinger ebenfalls einen Vordenker der kognitiven Metapherntheorien (118), in Nietzsche hingegen einen Vordenker der Aufwertung der Ästhetik gegenüber der Logik durch die Metapher (121).
93 Vgl. Recki 1999, 153n41.
94 Ebd., 152.
95 Ebd., 143.

Phänomene des Ausdrucks, als Grundlage aller theoretischen Leistungen sehen wollen und diese nur als Vollstreckung jener.«[96]

Blumenberg sieht in der Kulturphilosophie Cassirers den lebensweltlichen Horizont ebenfalls als wesentliche Fluchtlinie. Sein früher Hinweis auf Cassirers Bezug zur Gestaltpsychologie zeigt zudem, dass er in dessen Philosophie die Orientierung an den nicht geistigen und sprachlichen und damit vor- und unbegrifflichen Formen als gleichermaßen bedeutend ansieht. Recki weist aber darauf hin, dass sich beide im Hinblick auf ihre anthropologische Ausgangsthese unterscheiden: Blumenberg hält grundsätzlich an der Mängellage des Menschen fest und ordnet Cassirer die entgegengesetzte Auffassung des Überflusses zu. Sein Festhalten an der These des Mangels sieht Recki einerseits im Abgrenzungsbedarf andererseits aber im Fehlen einer »Tiefendimension der Kreativität«[97] wie sie Cassirer in der radikalen Metapher als Produzenten-Metaphysik zumindest in Grundzügen vorgelegt hat. Sie führt zwar die »ästhetische Affinität«[98] im Spätwerk an, arbeitet Blumenbergs zentrale Bezüge zu Vicos Logik der Phantasie und damit der wesentlichen Bedeutung der Imagination nicht heraus. Dennoch analysiert Recki das sehr differenziert dargelegte Verhältnis von Metapher, Anschauung und Sprache in Blumenbergs Metaphorologie und bezeichnet die Metapher als »Residuum der Anschaulichkeit«. Blumenberg wehre sich nur vordergründig gegen die Ästhetik, um nicht einfach Metapher und Anschaulichkeit zusammenfallen zu lassen: Vielmehr vermittele sie »die Pole von Anschaulichkeit und Abstaktion«. In der ästhetischen Affinität der *Theorie der Unbegrifflichkeit* komme der Metapher gegenüber dem Begriff schließlich eine individuierende Funktion des Ausdrucks zu, der sie zum »Ort der ästhetischen Erfahrung« mache.[99] Aus der Metaphorologie werde somit eine indirekte Ästhetik unter dem Primat des Praktischen.

Unter der Berücksichtigung der theoretischen Entwicklung von den *Paradigmen* hin zur *Theorie der Unbegrifflichkeit* wird in Blumenbergs Arbeit an der Metapher mehr als nur die Erweiterung der Metaphorologie von der Teildisziplin der Begriffsgeschichte zur Phänomenologie lebensweltlicher Horizonte ablesbar: Blumenberg kann als entscheidender Theoretiker der epistemologischen Aufwertung der Metapher wie auch einer differenzierten Ästhetik der Metapher gesehen werden. Aus seinen zahlreichen und tiefgehenden Analysen absoluter Metaphern geht eine Verortung der Metapher zwischen Sprache und Anschauung hervor, die sie nicht

---

96 Blumenberg 1974, 166.
97 Recki 1999, 156.
98 Ebd., 160.
99 Alle Zitate: ebd., 162.

der ersteren unterordnet, sondern voranstellt und sie dabei der letzteren nicht überantwortet, sondern mit ihr verbindet.

7 Resümee: Die Metapher zwischen Sprache, Anschauung und Denken

Die erbrachten Analysen einiger großer Position der Philosophiegeschichte seit der Neuzeit im Hinblick auf die Verortung der Metapher zwischen Anschauung, Denken und Sprache bieten einen besonderen Zugang zur Metapherntheorie durch eine Emphase der Ästhetik und der Konzeption des metaphorischen Denkens mittels der Analogie. Ersteres ist ganz einer Rezeptionslinie geschuldet, die in den Theorien der besprochenen Autoren ein ästhetisches Moment der oder eine ästhetische Grundlegung durch die Metapher hervorhebt. Letzteres ist eine hier eigens vorgenommene Hervorhebung der theoretischen Fundierung der Metapher im Denken, die zwar in der Forschung immer wieder anklingt, doch in ihrer Tragweite und metapherntheoretischen Fokussierung nicht hinreichend vollzogen wurde. Gerade aber diese Arbeit ist zwingende Voraussetzung einer theoretischen Erarbeitung der visuellen Metapher, weil sie eine differenzierte Grundlage bietet, um das Phänomen der Metapher jenseits seiner linguistischen Konturierung zu erfassen. Um in den folgenden Kapiteln auf diese philosophisch-ästhetische Grundlegung aufbauend die Metapher im interdisziplinären Kontext zu verorten und eingehender besonders für die Kunst- und Bildtheorie zu bestimmen, sollen die wesentlichen Einsichten nochmals zusammengefasst werden.

Anhand einschlägiger und einflussreicher Positionen, die als zentrales Argument für ein analoges Denken die Metapher nutzen, wurde ein Querschnitt durch den sehr komplexen und weitreichenden Diskurs um ein Denken jenseits der Sprache vorgestellt. Wesentliche Einsicht dieses Querschnitts ist, dass besonders von Vico und Herder die Metapher benutzt wurde, um jenes analoge Vermögen des Denkens zu erhellen und es aus der Dunkelheit und dem Verworrenen der barocken Ästhetik zu holen und epistemologisch aufzuwerten. Schon seit Beginn des neuzeitlichen, rationalistischen Denkens wurde die Metapher genutzt, um die reine Sprachförmigkeit und damit die Logizität des Denkens in Frage zu stellen, zu ergänzen oder gar zu unterlaufen, wie Vico es mit seiner poetischen Logik tat. Die Metapher wurde hierbei als Fundierung und Differenzierung der Sprachbildung und der begrifflichen Abstraktionsleitung genutzt. Die Ursprüngliche Metaphorik des Denkens und Sprachbildens als der ästhetische Ausgangspunkt der Leistungen des Begriffs tritt in ein produktives Spannungsverhältnis zum Abstraktionsprozess. Aus einer vordergründigen Dichotomie von Sprache und Bild wird in Bezug auf die Metapher ein vielschichtiges und generatives Wechselverhältnis von Prozessen – dem Abstrahierenden und dem Metaphorischen. Die Dichotomie wird in eine Relativierung von logischer Fixierung durch Merkmalssetzung und ästhetischer Fülle des Bildervorrats und der Einbildungskraft hin aufgelöst. Die Analyse der Theorien hat zudem gezeigt, dass dieser Sprachprozess nicht als ein Übergang von ursprünglicher Metaphorik zu begrifflicher Abstraktion, also als linearer Progress verstanden werden muss. Die Revitalisierung der ursprünglichen Metaphorik, wie sie besonders Nietzsche thematisierte und auch nutzte, wie auch die Remetaphorisierung von terminologischen Ausdrücken zur Erhellung der ›dahinterliegenden‹ Leitvorstellungen im Denken durch Blumenberg erweitern ein rein teleologisches Sprachverständnis hin zu einer inneren Sprachdynamik, die kein absolutes Ziel einer rein begrifflichen Sprache mehr zulässt.

Unter dem Prinzip der Metapher sollen mehrere Teilaspekte zusammengefasst werden, die sich zwar analytisch trennen lassen, aber zusammen das Wirken einer Bewegung der Metaphorik beschreiben. Hierdurch wird der Metaphernbegriff weder mehrstellig noch totalisiert bzw. durch eine ›Übertragung‹ auf andere Phänomene selbst ›uneigentlich‹. Vielmehr wird das Wirken der Metapher jenseits des sprachlichen Ausdrucks in seiner erkenntnistheoretischen, ästhetischen und anthropologischen Tragweite erkannt. Folgende Aspekte sind Teil dieser Dynamik der Metapher:

(1.) *Die Metapher steht für eine kognitive Leistung ein, die der Sprache vorausgeht.* Bei Vico ist sie eine ingeniöse Form der Synthesis, in der Erinnerung und Phantasie zusammenwirken; bei Herder wird sie als Besonnenheit zum Reflexionsvermögen der Seele, indem einer der Sinne durch einen anderen verstanden wird; Nietzsche geht einerseits von den Übertragungen in eine ganz andere Sphäre, von Nervenreiz in Bild, von Bild in Laut und von Laut in Begriff, und andererseits von einem Bilderdenken aus, das durch Entdecken von Analogien sowohl bilderzeugend als auch auswählend arbeitet; Cassirer fasst sie als Übertragung in ein anderes Medium und somit als Schöpfung jener Gattungen, auf die die sprachliche Metapher zurückgreift; Blumenberg weist auf das Wirken der Imagination und einen Bildervorrat hin, der von der Begriffssprache nicht erschöpft werden kann. Diese kognitive Leistung wird unterschiedlich stark bewertet. So sieht Vico in ihr im emphatischen Sinne eine Logik der Phantasie, Herder eine Analogiebildung auf emotiver Basis, Nietzsche eine Artisten-Metaphysik, bei Cassirer und Blumenberg wird sie hingegen lediglich für möglich gehalten oder in Aussicht gestellt.

(2.) *Die Metapher hat eine wesentliche Funktion in der Begriffsbildung.* Vico sieht in den Götternamen der mythischen Zeit den Ursprung der Sprache, da durch metaphorische Belebung und Personifikation die Naturphänomene zu Göttern werden; Herder und Cassirer bestimmen die Merkmalssetzung als metaphorische Übertragung des Teils auf das Ganze; Nietzsche fügt dem auch die willkürliche Setzung des Genus hinzu. Die Sprache hat demnach einen metaphorischen Ursprung, weil ihre Begriffe auf eine jenseits der Logik funktionierende schöpferische Kraft zurückgehen.

(3.) *Die Metapher ist eine vitale Funktion der Sprache, weil sie die terminologischen Ausdrücke zu ihrem ästhetischen Grund zurückführen kann.* Nietzsche führt diese Revitalisierung der verblassten Metaphern selbst unentwegt vor; Blumenberg beschreibt derartige Prozesse der Remetaphorisierung in seinen metaphorologischen Analysen; Cassirer sieht in der dichterischen Rückkehr zum Urquell der Sprache und zum Physiognomischen ebenfalls eine solche Kraft der Sprache. Der Sprachprozess ist demnach keine direktionale Bewegung mit einer strikten Fortschrittslogik und einem idealen Endzustand wie ihn Descartes in einer Begriffssprache am Leitfaden der Arithmetik formulierte. Ihr ist eine ständige Bewegung zwischen den Polen der Abstraktion und der Anschaulichkeit eigen, die anhand von Terminologisierungen und Metaphorisierungen gesteuert werden kann.

(4.) *Die Metapher ist als sprachliche Metapher Ausdruck der Dynamik der Metaphorik im Denken.* Die aristotelische Zuordnung der Metapher zu Rhetorik oder Poetik fasst daher nur einen Teil des Metaphorischen, sie ist nicht mehr hinreichend. Nietzsche nutzt eine Vielzahl unterschiedlicher, aufeinander aufbauender Metaphern, um einzelne Inhalte aus verschiedenen Perspektiven zu beleuchten und nicht in einer Terminologie stillzulegen. Cassirer und Blumenberg arbeiten die strukturierende Funktion einzelner sprachlicher Metaphern heraus – Cassirer noch implizit, Blumenberg schließlich in seiner eigenen Disziplin der Metaphorologie.

(5.) *Die Metapher liegt unserem Denken zugrunde, indem sie Vorstellungskomplexe, Weltsichten und Orientierungen im Hintergrund anleitet oder gar konstituiert. Zudem können Metaphern jene gänzlich undarstellbaren Dinge erfahrbar machen, an denen eine rein begriffliche Sprache scheitert.* Vico, Herder und auch Cassirer schreiben von einer Übertragung von konkreten Vorstellungen des Körpers und der Natur, wie auch von Tätigkeiten auf den Geist; Kant sieht in den reinen Verstandesbegriffen Veranschaulichungen nach dem Prinzip der Analogie und verortet sie auf der Grenze zwischen Vernunft und Anschauung; Cassirer bietet implizit eine metapherntheoretische Analyse der Zeitvorstellungen und -begrifflichkeiten, die durch Übertragungen von Aspekten des Raumes konkreter gefasst und kommunizierbar werden; Blumenberg nennt derartige Metaphern absolut, da sie jene Totalitäten wie Welt, Sein und Geschichte fassen können, die auf anderem Wege gar nicht erschließbar wären. Derartige Metaphern sind, so Blumenberg, Leitvorstellungen, die die Substruktur des Denkens und damit die Metakinetik geschichtlicher Horizonte ausmachen und bis in die Ausdruckssphäre durchschlagen können.

(6.) *Die Metapher ist ein wesentliches Mittel der Erweiterung der Sprache.* Besonders Vico, Herder und Müller weisen auf die Armut der Sprache hin und stellen damit heraus, dass Metaphern nötig sind, um dieser entgegenzuwirken und neue Phänomene benennen zu können. Die These der Armut der Sprache ist eine zweistellige und steht damit in direktem Zusammenhang zur vorhergehenden These: Sie meint einerseits neue Phänomene, für die Benennungen bzw. Namen nötig sind und aufgrund der begrenzten Anzahl an Wörtern Metaphern einspringen, und andererseits Phänomene, die überhaupt nicht durch Wörter zur Anschauung gebracht werden können, weil nur Metaphern ihnen diese beimessen können, wie Kant und Blumenberg ausgeführt haben. Eine weitere Differenzierung wäre im Anschluss an Blumenberg eine temporale: Entweder sind es neue Phänomene, die allererst auftauchen, oder es sind Totalitäten, die absolut und zeitlos sind, weil sie im Daseinsgrund als Frage ihren Ausgang nehmen.

Diese Aspekte des Metaphorischen verdeutlichen, dass die Metapher einerseits im gesamten Sprachprozess, in der Entstehung, Ausbildung, Erweiterung und Revitalisierung, wirkt, andererseits aber auch jenseits der Sprache in einem analogisch verfahrenden Denken angesiedelt ist. Sie ist eine dynamische Kraft des Sinnlich-Schöpferischen. Weder kann sie als Aufbruch der Sprache hin zum Bild und damit als das Andere der Sprache gesehen werden, noch ist sie in ihrer rein sprachlichen Funktion hinreichend erfasst. Ebenso wird ihre Bestimmung als uneigentliche Sprache ihrer erkenntnistheoretischen Leistung *in* der Sprache als auch ihre schöpferische Leistung *zur* Sprache nicht gerecht. Die Funktion der Metapher auch im Denken zu situieren, bedeutet allerdings noch nicht, ihr auch ein Wirken außerhalb der Sprache zuzuschreiben. Erst die Einsicht, dass Sprache und Denken nicht zur Deckung kommen, es also ein Denken jenseits der Sprache gibt, verlangt, ein Konzept der kognitiven Metapher einen völlig neuen Ausgangspunkt nehmen zu lassen. Nietzsches Position ist in dieser Hinsicht die radikalste, denn sein Metaphernbegriff der Übertragung zwischen Sphären ist nicht nur ästhetische Grundlegung der Metapher, sondern sogar eine Gleichsetzung der Metapherntheorie und der Ästhetik in ihrem ursprünglichen Sinne als Aisthesis: Die Metapher weist den Weg auf, den die Erkenntnis von der Anschauung zum Begriff nimmt.

Eine Erweiterung des Metaphernbegriffs, wie er von Vico, Herder, Nietzsche und Cassirer vorgenommen wurde, wäre nur eine Totalisierung oder Entgrenzung, wenn man das Metaphorische strickt für die Sprache reserviere. Um die visuelle Metapher nicht aus der sprachlichen Metapher abzuleiten, muss eine gemeine ›Wurzel‹ beider gefunden werden. Diese liegt im Denken. Um die visuelle nicht der sprachlichen Metapher unterzuordnen, darf das Denken in Metaphern aber nicht rein sprachlich verfahren. Eine visuelle Ausdrucksmetapher hätte dann als Ausgangspunkt immer eine sprachlich-kognitive Identitätsstiftung. Die Beziehung zwischen Ausdrucksmetaphern und kognitiven Prozessen wird im folgenden Teil daher genauer analysiert.

Das Verhältnis von ursprünglicher Metaphorik und Sinnlichkeit ist in dieser philosophischen Tradition bereits genau und mehrfach bestimmt worden, was hierbei hingegen in den Hintergrund trat, ist jenes Verhältnis zwischen sprachlicher Metapher und Bildlichkeit. Viele der Autoren gehen zwar auf die Grundfunktion der Analogie in der metaphorischen Übertragung ein, grenzen aber das Ähnlichkeitsparadigma, also die implizite Bildlichkeit nicht genau davon ab. Zudem verwenden sie im Hinblick auf die sprachliche Metapher die Ausdrücke *Metapher* und *Bild* oft synonym. Im Folgenden soll daher der metapherntheoretische Diskurs mit dem Fokus auf diese Differenzierungsproblematik vorgestellte werden. Hierzu sollen auch die historischen Konstellationen und Begriffsverschiebungen angeführt werden, unter denen sich die Differenzierung zwischen sprachlicher Metapher und Bild erst ausbilden konnte.

Dennoch ist in diesen philosophischen Positionen eine positive und anschlussfähige Ästhetik ausgearbeitet, die die Metapher gegenüber ihrer strikt rhetorischen Bestimmung im epistemologischen Sinne aufwertet. Inwieweit diese Philosophien der Metapher im weit verzweigten metapherntheoretischen Diskurs des 20. Jahrhunderts aufgenommen werden oder anschlussfähig sind, wird im folgenden Teil gezeigt. Auch die bisher angeführten Metaphern der Metapher werden dort wieder unter den Vorzeichen einer metapherntheoretischen Verstrickung aufgenommen und als ein Plädoyer für eine positive Bewältigung des Entzugs der Metapher genutzt. So hilft das Konzept der Metapher der Metapher eine innertheoretische Aporie, der Unmöglichkeit, die Metapher in einer wissenschaftlichen Begriffssprache zu definieren, aufzulösen. Eine Schwierigkeit der Nietzsche durch seine metaphernreiche Sprache und Blumenberg durch seine Metapherngeschichten ohne Metapherntheorie Herr werden wollten.

Rhetorik, Ästhetik, Kognition:
Von der Sinnlichkeit im Denken

Die Metapher ist ein multidimensionales Phänomen: Sie schließt den sprachlichen Ausdruck, das Denken und die Wahrnehmung mit ein. Diese Einsicht in die komplexe Funktionsweise der Metapher ist bereits in der antiken aristotelischen Definition angelegt, in der neuzeitlichen Philosophie erstmals bewusst ausformuliert und im Verlauf des 20. Jahrhunderts dann immer mehr zum stets kontrovers diskutierten Allgemeinplatz geworden. Ein wesentlicher Aspekt der Funktion der Metapher, den die Analysen im ersten Teil verdeutlicht haben, ist ihre erkenntnistheoretische Leistung, unsere Wirklichkeit begreifbar zu machen – vor allem, wenn es um abstrakte Dinge geht, bei deren wörtlicher Beschreibung wir in Verlegenheit geraten.

Abstrakte, mentale ›Dinge‹ oder Prozesse können nur schwer ohne die Vermittlung durch konkrete Vorstellungen gefasst werden. Sie werden daher durch Metaphern konkreter vermittelt und dadurch zumeist anschaulicher. Zu dieser Art von Metaphern gehören aber auch vermeintlich als Begriffe bestimmte Ausdrücke wie ›Vorstellung‹, ›mentale Repräsentation‹, ›Einbildungskraft‹ oder wie man jenes zwischen Anschauung und Sprache vermittelnde Vermögen fassen will. Schon der einfach Ausdruck ›Vorstellung‹ suggeriert, dass wir uns etwas ›in unserem Kopf‹ ›vor uns stellen‹ und wie durch ein ›inneres Auge‹ betrachten können. Diese gängige Vermittlung durch Metaphern ist derart eingeübt und konventionalisiert, dass sich bestimmte Metaphern nicht mehr als solche zu erkennen geben. Sie sind in den festen Wortbestand übergangen, haben also lexikalische Bedeutung erlangt. Der Vorgang ist im Falle der Einbildungskraft im besonderen Maße problematisch, weil bei fehlender Begriffsklärung und Differenzierung die Vorstellung als ›mentales Bild‹ mit dem Bild generell gleichgesetzt werden kann. Philosophie, Rhetorik, Linguistik wie auch Kunstgeschichte geben dafür zahlreiche Beispiele, wie in den folgenden Kapiteln gezeigt wird. Kurz gesagt, handelt es sich um eine Verquickung der Ausdrücke ›Metapher‹, ›Bild‹ und ›Vorstellung‹, die einerseits zu Unschärfen in den Theorien der Metapher geführt hat, andererseits aber auch den Zugang zur Metapher in Bildern erschweren, weil der Verdacht einer Tautologie oder eines Zirkelschlusses entsteht: Die Metapher im Bild wäre dann das Bild im Bild.

Die Funktionsweise der Metapher auf eine Art ›Sehen‹ zurückzuführen oder als solches zu beschreiben, ist vor dem Hintergrund der grundlegenden epistemologischen und pragmatischen Funktion der Metapher zu verstehen, abstrakte kognitive Prozesse durch Metaphern des Körpers oder im Besonderen der Sinne zu fassen. Eine solche physiomorphe Metaphorik kann in der Metapherntheorie also das ›Sehen‹ selbst sein. Ebenso ist der Ausdruck *Metapher* bereits eine Metapher, weil er den hier zur Analyse stehenden kognitiven Prozess als eine Art der *Übertragung* von Vorstellungen konzeptualisiert. Aus der Vergessenheit dieser essentiellen Metaphorik ist zum Teil die Problematik um die Metapher als Bild in der Sprache entstanden. Die weitreichenden Folgen der bewussten Einsicht in diese Metaphorik der Metapher werden in den folgenden Kapiteln nach und nach ausgearbeitet.

Grundsätzlich lassen sich für den metapherntheoretischen Diskurs die folgenden kritischen Fragen stellen: Was meinen die jeweiligen Autoren, wenn sie von der Metapher als Bild sprechen? Ist die gesamte Metapher gemeint oder lediglich ein Bild, das im metaphorischen Prozess involviert ist? Wie ist dieses Bild dann beschaffen? Eine genaue Bestimmung mentaler Bildlichkeit würde komplexe und kontroverse Diskurse aus der Erkenntnistheorie, philosophischen Ästhetik, Psychologie sowie der Kognitions- und Neurowissenschaft aufrufen und zu keinem zufriedenstellenden Konsens führen. Es soll und kann aber gelingen, anhand einiger Ausschlüsse und Präzisierungen im Hinblick auf den Bildbegriff eine Ästhetik der Metapher zu erarbeiten, die den kognitiv-metaphorischen Prozess zwischen Anschauung und Sprache verortet und damit eine hinreichende Grundlage für die theoretische Ausarbeitung visueller Metaphorik – im Denken wie in anschaulichen Gebilden – schafft.

Die verkürzte Redeweise von der Metapher als Bild in der Sprache steht einer Theorie visueller Metaphorik im Weg. Die Überlegung, Bilder würden auf eine ähnliche bzw. analoge Weise Dinge ausdrücken wie etwa die Sprache, ist nicht darauf zurückzuführen, dass es in der Sprache auch Bilder gäbe, deren Funktion und Wirkung in Analogie zu den materiellen Bildern zu sehen sei. Ein erster entscheidender historischer Schritt für die kritische Reflexion des Bildbegriffs der Metapher ist die Überwindung des Ähnlichkeitsparadigmas der Metapher zu Beginn des 20. Jahrhunderts. Eine Topo-Logik als rhetorische Bestimmung des Übertragungsprozesses benötigt keine Ana-Logik von Ähnlichkeit, Bildlichkeit und Vergleich, so Stefan Willers Einschätzung dieses theoretischen Wandels.[1] Hierzu ergänzt er aber, dass der Ähnlichkeitsbegriff für die Erarbeitung des erkenntnistheoretischen und ästhetischen Potentials von fundamentaler Bedeutung ist. Diese Spannung zwischen Kritik und Emphase der Anschauung soll im Folgenden ausgearbeitet und genutzt werden, um eine differenzierte Ästhetik der Metapher zu entwickeln. Hieran

---

1 Vgl. Willer 2010, 92.

schließt auch der Diskurs um das Verhältnis von Sprachreflexivität und Ästhetik der Metapher an: Eine Paradoxie zwischen Sprachlichkeit und Bildlichkeit entsteht vor allem, wenn der Ausdruck *Metapher* als Begriff verstanden wird und seine Ästhetik auf den ebenfalls wörtlich genommenen Bildbegriff reduziert wird. Der Metaphysikverdacht gegenüber der Metapher entfaltet hier eine innertheoretische Aporie, deren Ausweg entweder als genereller Entzug der Metapher verneint wird, so etwa Jacques Derrida, oder in einem Perspektivismus der Metaphern der Metapher gesucht wird, wie Nietzsche ihn vorführte. Derartige Verstrickungsgefahren der Metapherntheorie werden im Anschluss an die Kritik des Bildbegriffs diskutiert, um für das zentrale Kapitel zur kognitiven Metapher das entsprechende Rüstzeug für eine differenzierte Analyse zur Hand zur haben. Denn gerade durch die Ästhetik der Metapher, die sich, so Anselm Haverkamp, unter anderem als »Ambiguität an der semantischen Oberfläche ihrer paradoxen Verfaßtheit«[2] äußert, lässt sich zwischen Theorien der sprachlichen Semantik und solchen der kognitiven Metapher vermitteln. Vor einer abschließenden Bilanzierung des zweiten Teils werden zentrale kunstphilosophische Positionen zur Metapher vorgestellt, die die erkenntnistheoretischen Einsichten des Metapherndiskurses für eine Kunst- und Bildtheorie visueller Metaphorik anschlussfähig machen. Der dritte Teil vertieft dann systematische wie auch historische Aspekte zur visuellen Metapher.

Bevor die Kritik des Ähnlichkeitsparadigmas und daraufhin der Bildbegriff der Metapher in seinem poetologischen Kontext diskutiert werden soll, skizziert das folgende Kapitel den allgemeinen ästhetik-geschichtlichen Kontext, aus dem heraus die Metaphernforschung des 20. Jahrhunderts zu verstehen ist.

---

2 Haverkamp 2007, 22.

8 Ästhetische Vorgeschichte (Baumgarten)

Die barocke Ästhetik des frühen 17. Jahrhunderts hat sich im Widerstand gegen den Rationalismus mit den Mitteln eben dieses ausgebildet. Die im ersten Teil herausgearbeitete Tradition der erkenntnistheoretischen, anthropologischen und kulturphilosophischen Fundierung der Metapher versuchte, der Logik des Rationalismus eine andere Logik, eine sinnliche Logik, entgegenzustellen und sie über die Metapher zu begründen. Für die Entwicklung einer Logik des Sinnlichen sind Gottfried Wilhelm Leibniz und Alexander Gottlieb Baumgarten als Wegbereiter unverzichtbar, auch wenn ihre Wertungen des Sinnlichen und der Metapher sich von den Positionen Giambattista Vicos und Johann Gottfried Herders deutlich unterscheiden.

Baumgartens Ästhetik gewinnt ihr Profil durch eine Kritik an der Erkenntnislehre Leibniz'. Nach Leibniz ist die Erkenntnis entweder dunkel oder klar. Anhand der Distinktionsmöglichkeiten von Merkmalen baut er eine Hierarchie der Erkenntnis auf, an deren unterem Ende die Sinne stehen. Sie können zwar nicht zu einem deutlichen Begriff der klaren Erkenntnis führen, dennoch aber zu einem verworrenen Begriff dieser. Farben, Gerüche und Geschmacksempfindungen lassen sich demnach erkennen, aber nicht hinreichend durch aussagbare Kennzeichen, sondern nur durch sinnliche Zeugnisse unterscheiden.[1] In Leibniz' Erkenntnislehre ist damit eine grundlegende und qualitative Unterscheidung zwischen dem Allgemeinen der Logik und dem je Besonderen und Individuellen der Sinne eingelassen.

Baumgartens Ästhetik der Tropen ist eine positive Umwertung der Erkenntnislehre Leibniz' mithilfe der Tropenlehre Quintilians. Diese Transferleistung steht im Kontext einer allgemeinen Antikenrezeption des neuzeitlichen Humanismus, zu der auch eine Neubewertung der klassischen Rhetorik zählt. Bereits im 16. Jahrhundert fasste Petrus Ramus (Pierre de la Ramée) Metapher, Metonymie, Synekdoche und Ironie als die vier Haupttropen zusammen, deren Systematik zwar bis ins 20. Jahrhunderts variierte doch stets einflussreiche Referenz war.[2] Die vier Haupttropen

---

1 Vgl. Leibniz 1684, 33-35.
2 Vgl. dazu: Haverkamp 2007, 42-46 u. 86; Willer 2010, 96f.

wurden einerseits im poetologischen Diskurs der barocken *acutezze*-Debatte aufgegriffen, wurden also als dichterisches Ingenium gegen den Rationalismus gestellt, andererseits aber als Fundierung der ästhetischen Erkenntnis der logischen Erkenntnis anschlussfähig gemacht. Die zentralen Begriffe des poetologischen Diskurses gehen auch in Baumgartens Tropenlehre ein, wenn er in der *Metaphysica*, im Vorfeld seiner *Aesthetica*, einerseits das Ingenium als Fertigkeit, die Übereinstimmung weit auseinanderliegender Dinge zu erfassen, und andererseits den Scharfsinn als Fertigkeit, die Ähnlichkeiten der Dinge zu sehen, bestimmt.[3] Auf diese Einsichten aufbauend spricht Baumgarten der sinnlichen Erkenntnis eine Eigengesetzlichkeit zu: Sie hat keinen geringeren Grad an Deutlichkeit – wie Leibniz zuvor annahm –, sondern eine spezifische Qualität, die die Allgemeinbegriffe der rationalen Erkenntnis nicht erfassen können. In diesem Sinne ist die Abstraktion der Begriffe ein Verlust.[4] Diese Eigengesetzlichkeit des Ästhetischen müsse aber nicht als dunkle und unvollkommene Erkenntnis verborgen bleiben. Die rationale Erkenntnis habe sich ihrer auf dem Weg einer Herrschaft statt einer Tyrannei zu bemächtigen.[5]

Auf welchem Wege ist eine Herrschaft über die sinnliche Erkenntnis aber möglich? Baumgarten nähert sich der Tropenlehre über die Vergleichung (*comparatio*), die er in zwei Arten gemäß der komplementären Erkenntnisformen unterscheidet: eine Aufsteigende der Reduktion auf allgemeine Merkmale und eine Absteigende der größtmöglichen Fülle der Merkmale. Hiervon setzt er aber die Vergleichungen im engeren Sinne ab, die direkt zu den Tropen überleiten, denn sie lassen sich allesamt als Synekdoche oder Metonymie verstehen.[6] Durch die Hinführung über die Vergleichung und Einleitung der Tropen als »geschmackvolle Ersetzung einer Vorstellung durch eine andere«[7] schließt Baumgarten sie an die Tropenlehre Quintilians und deren Konzepte des Vergleichs und der Substitution an. Da er die Ersetzung nicht nur auf Wörter, also die Sprache, bezieht sondern ebenso auf Töne und Farben, überführt er die antike Rhetorik in die Ästhetik. Dies ist für die Metapherntheorie von entscheidender Bedeutung, weil die Metapher zum »Inbegriff der durch-

---

3 Vgl. Baumgarten 1739, §572f.
4 Vgl. Majetschak 2007; Mirbach 2007; Baumgarten 1750, §559f.
5 Vgl. Baumgarten 1750, §12, 16 u. 17.
6 Vgl. zum ersteren Baumgarten 1758, §§ 742-762, bes. 752 u. 755.; zum letzteren ebd. §§ 773-779. Baumgarten zählt die Konzepte Leib-durch-Seele und Seele-durch-Leib als Metonymie und nicht als Metapher (§§ 793, 803-805). Dies erklärt sich durch sein Verständnis der menschlichen Einheit von Leib und Seele: Hierdurch finden keine Übertragungen zwischen zweien statt, sondern Ersetzungen zwischen Teil und Ganzem nach dem Gesetz des *Pars pro toto*.
7 Ebd., § 780.

greifenden Ästhetisierung der Rhetoriktradition«[8] wird und eine differenzierte, ästhetische Perspektive auf die Metapher eröffnet. Die neuere Baumgarten-Rezeption rückt diese Ästhetisierung der antiken Rhetorik in den Fokus. Aufgrund des Gesetzes der Ähnlichkeit dient die Metapher zur Regulierung der vielfältigen und sich abwechselnden ästhetischen Vorstellungen und führt sie zu sinnlicher Klarheit, so Christoph Menke. Hieran schließt Rüdiger Campes Einsicht an, dass die Tropen bei Baumgarten zwar rein sprachlichen Charakter haben, aber dennoch zu jenen Verfahren gehören, die Licht in das Schattenreich der Sinne werfen können. Sie tun dies, indem sie die sinnliche Erkenntnis rhetorisch reduzieren, wie Anselm Haverkamp das entscheidende Moment der Metapher bei Baumgarten festhält.[9]

Nach Baumgarten reduziert die Metapher die sinnliche Fülle, indem sie durch eine »verkürzte Verähnlichung«[10] ein ausgelassenes Subjekt als uneigentliche Bedeutung einschließt, eine verborgene Figur im Tropus – eine *figura cryptica*. Diese Kryptik verlangt der Aufklärung zur offenbaren Verähnlichung. Auf diese Weise übernimmt Baumgarten das Konzept des verkürzten Vergleichs von Quintilian, lässt es aber für die sinnliche Fülle einstehen, die in der sprachlichen Reduktion verborgen liegt. In der Baumgartenrezeption hat besonders Anselm Haverkamp die Bedeutung der *figura cryptica* für die ästhetische Grundlegung der Rhetorik ausgearbeitet. Er versteht die vier Tropen bei Baumgarten als Substitutionen latenter Allegorien und folgt hiermit der bereits seit Quintilian bestehenden Definition der Allegorie als ausgeführte Metapher. Hierin sieht er das entscheidende Moment der Neukonstellation von antiker Rhetorik und neuzeitlicher Ästhetik: »Die metaphorische Konstruktion der Allegorie Quintilians ist in der Ästhetik Baumgartens strukturell tiefer gelegt worden, zur metaphorologischen Grundlage von Ästhetik geworden. Als metaphorologische ist die Ästhetik philosophisch, in der allegorischen Ausführung rhetorisch.«[11] Die letzte Konsequenz dieses Befundes sei dann, die Vorgeschichte der Ästhetik in der Allegorie zu sehen, die in der *figura cryptica* verborgen aufgehoben sei.[12]

Alexander Gottlieb Baumgarten vollzieht ebenso wie Giambattista Vico und Johann Gottfried Herder im Barock des 17. Jahrhunderts eine ästhetische und erkenntnistheoretische Aufwertung der Metapher, die sie über die Grenzen der Rhetorik hinaushebt. Durch seine Bestimmung der Metapher als *figura cryptica* unterscheidet sich Baumgarten allerdings wesentlich von seinen Zeitgenossen, welche die Vorgeschichte der Metapher nicht als verborgene beilegen, sondern explizit

---

8   Willer 2010, 106.
9   Vgl. Menke 2014, 97 u. 97n51; Campe 2014, 177; Haverkamp 2014, 30.
10 Baumgarten 1758, § 782.
11 Haverkamp 2007, 96.
12 Vgl. Haverkamp 2002, 73-88.

zum Gegenstand ihrer Ausarbeitungen machen. Vico lässt aus den Tropen den Mythos hervorgehen, der in der Sprachentwicklung dann selbstreflexiv wird, sich über sich selbst hinwegsetzt und zur Begriffssprache führt. Sprachursprung wie auch schöpferischer Geist des Menschen liegen in der Metapher begründet. Herder stellt sich in seiner Begründung der Ästhetik bewusst gegen Baumgartens Lehre. Für ihn ist nicht das Denken, sondern sind die Gefühle der Ausgangspunkt der Ästhetik. Statt die sinnliche durch Analogiebildung der rationalen Erkenntnis anzuschließen, ergründet er die vorsprachlichen Syntheseleistungen. Demgegenüber geht es Baumgarten weniger um die Ursprünge der Metapher als um ihre kognitive Leistung im Hinblick auf die Verbindung von sinnlicher und logischer Erkenntnis. Vico und Herder wurden daher im vorhergehenden Teil in der Tradition des sprachphilosophischen Humanismus und dessen Rezeption bei Ernst Cassirer und Hans Blumenberg gelesen. Zusammen mit der Tropenlehre Baumgartens ist nun der entscheidende ästhetik-historische Kontext gegeben für die Analyse der modernen und zeitgenössischen Metapherntheorie als kritischer Rückbezug.

Im späten 18. und im Verlauf des 19. Jahrhunderts steht die Metapher im Spannungsverhältnis von Wissenschaftlichkeit und Poetik, zwischen Idealismus und logischem Empirismus. In der Dichtung wird die Metapher im Zuge der romantischen Geniesemantik aufgewertet, in der Wissenschaft vollzieht sich eine zunehmende Metapherntilgung aufgrund einer fundamentalen Skepsis gegenüber Tropen.[13] Quer zu diesen beiden Linien der Metaphernemphase und -kritik verläuft die Rezeption des sprachphilosophischen Humanismus – zu Beginn des 19. Jahrhunderts durch Jean Paul, gegen Ende durch Friedrich Max Müller und Alfred Biese. Jean Paul greift die Sprachursprungstheorie und die Anthropomorphismusthese auf, sieht die Sprachgenese vollzogen durch Beseelungen des Körpers und Verkörperungen des Geistes, deren Konventionalisierungen unsere Wörterbücher füllen: »Daher ist jede Sprache in Rücksicht geistiger Beziehungen ein Wörterbuch erblasseter Metaphern.«[14] Müller hat mit seinem Konzept der fundamentalen bzw. radikalen Metapher im Jahre 1888 den Grundstein für Ernst Cassirers Metaphernbegriff gelegt, den er zu Beginn des 20. Jahrhunderts als Basis der Ausbildung der symbolischen Formen nutzte. Auch bei Müller steht die Metapher wesentlich im Kontext von Anthropomorphismus, Personifikation und Beseelung.

Biese greift ebenfalls diese Momente des Metaphorischen auf und formulierte durch sie eine Philosophie, in der die Metapher zum metaphysischen Prinzip des Menschseins wird. Während er in einer frühen Schrift aus dem Jahre 1890 die Me-

---

13 Vgl. hierzu Willer 2010, 115-122 und zur ästhetischen Moderne 126-130. Der poetische Metaphernbegriff des 19. Jahrhunderts wird in Kapitel 10 in der Kritik des Bildbegriffs nochmals ausführlicher besprochen.
14 Paul 1804, 184.

tapher auf das Assoziationsprinzip des Empiristen Gustav Theodor Fechner zurückführt, um gegen die idealistisch-philosophischen Positionen Georg Wilhelm Friedrich Hegels und Friedrich Theodor Vischers zu argumentieren, wird in seiner *Philosophie des Metaphorischen* von 1893 die Metapher zum Spiegel unserer menschlichen Doppelnatur von Leib und Seele.[15] Weil die Metapher in jenen Anthropomorphismen gründe, nach denen wir die Welt in einer vermenschlichenden Anschauungsweise umformen, und die Anschauung von dieser Beseelung nicht zu trennen sei, wird sie zur primären Grundform des menschlichen Denkens.[16] Hiermit verortet Biese die Metapher wesentlich im Denken, radikalisiert und totalisiert diese Einsicht in ihre kognitive Leistung allerdings, indem er sie in der These gründet, »daß das Metaphorische nicht nur in der Sprache, sondern in unserem ganzen geistigen Leben von hervorragendster Bedeutung ist, daß die Synthese des Inneren und des Äußeren, die Verinnerlichung des Äußeren und die Verkörperung des Geistigen, der notwendige Ausdruck unseres geistigleiblichen Wesens ist«.[17] Zentrale Fluchtlinie seiner Grundlegung des Metaphorischen für das menschliche Weltverhältnis ist die Orientierung an der Leib-Seele-Verbindung des Menschen als Ursprung seiner Welt- und Sprachschöpfung. Viele Einsichten seiner Philosophie der Metapher weisen Parallelen zu Nietzsches frühem Metapherntext auf, doch formuliert er hieraus keine Metaphysikkritik, sondern eine neue Metaphysik der Metapher. Wesentliche Neuerung seiner Philosophie ist aber, dass er zur Begründung der Metapher als *conditio humana*, das Metaphorische in allen Bereichen des Lebens nachweisen will, so auch in den Künsten. Biese liefert also auch eine erste Kunstphilosophie der Metapher, die im Kapitel 13 genauer besprochen wird.

Eine entscheidende Wende nimmt der metapherntheoretische Diskurs schließlich im frühen 20. Jahrhunderts im *New Criticism* und dessen Kritik am literarischen Bildbegriff und damit zusammenhängenden Ähnlichkeitsparadigma der Metapher. Während Aristoteles' Metaphernlehre weiterhin der archimedische Punkt der Metaphernforschung bleibt, wird Ivor Armstrong Richards' Philosophie der Rhetorik – besonders auch wegen ihrer Weiterentwicklung durch Max Black – zur neuen Grundlage des Interesses an der Metapher.

---

15 Vgl. Biese 1890, 5f.; Biese 1893, 2f.
16 Vgl. Biese 1890, 15-20.
17 Biese 1893, 3.

9 Ähnlichkeit und Analogie (Richards, Black)

Ivor Armstrong Richards' Ausgangspunkt einer grundlegenden Kritik an der Metapherntheorie in seiner *Philosophy of Rhetoric* von 1936 sind die aristotelische Metaphernlehre und der weit verbreitete Bildbegriff der Metapher. Aristoteles bestimme die Metapher lediglich als besonderen Sprachgebrauch und nicht als allgegenwärtiges Prinzip ihrer freien Entfaltung.[1] Richards verortet die Metapher primär im Denken. Je abstrakter es werde, desto stärker steuere sie es. Dies gilt auch für die philosophische Sprache, wenn sie die Metapher meiden will, so Richards implizite Kritik an der Metapherntilgung der wissenschaftlichen Fachsprachen des vorangegangenen Jahrhunderts. Ein neuer und differenzierterer Zugang zur Metapher wird nach Richards möglich, indem der metaphorische Prozess genauer gefasst wird als die Ermöglichung eines gegenseitigen aktiven Zusammenhangs zweier unterschiedlicher Vorstellungen. Diese werde durch ein einzelnes Wort oder eine Wendung als Resultat der Interaktion der beiden Vorstellungen unterstützt. Die bisherigen Theorien würden diese allgemeine und kognitive Form der Metapher verkennen und daher nur einige Spielarten metaphorischen Ausdrucks bestimmen:

»Die Metapher erschien dabei als eine auf Verschiebung und Verdrängung von Wörtern beschränkte Angelegenheit, wogegen sie doch in allererster Linie Austausch und Verkehr von *Gedanken*, eine Transaktion zwischen Kontexten ist. *Denken* ist metaphorisch und verfährt vergleichend; daraus leiten sich die Metaphern der Sprache her. Daran müssen wir denken, wenn wir die Theorie der Metapher verbessern wollen.«[2]

Erst der neue und kognitionstheoretische Ausgangspunkt ermöglicht auch eine Kritik am Bildbegriff der Metapher. Diese baut Richards auf einer genauen terminologischen Bestimmung der »Doppeleinheit« der Metapher auf, die bisher weder erkannt noch genau benannt wurde und daher die Ausdrücke *Bild*, *Vorstellung* und

---

1 Vgl. Richards 1936, 32.
2 Ebd., 35.

Metapher auch nicht getrennt werden konnten. Die der Metapher zugrunde liegende Vorstellung bezeichnet er als Tenor (*tenor*) und die Figur, also den Hauptgegenstand, als Vehikel (*vehicle*).[3] Zwischen beiden Bereichen entstehe eine Spannung (*tension*), die mit der Größe der Entfernung auch zunehme – wie Richards in Rückgriff auf die aristotelische Metapher des Bogens veranschaulicht: »Diese Spannung ist mit der Elastizität des Bogens vergleichbar, der Quelle der Durchschlagskraft des Schusses; doch dürfen wir nicht die Stärke des Bogens mit der Qualität des Schießens, den Kraftaufwand mit dem Treffen des Ziels verwechseln.«[4]

Aus dieser Unterscheidung heraus kann Richards seine Kritik am Bildbegriff, den er für das Verständnis des metaphorischen Prozesses für irreführend hält, genauer hervorbringen: Die Begriffe *Figur* (*figure*) und *Bild* (*image*) würden entweder für die ganze Doppeleinheit oder für einen Teil, also das Vehikel, stehen. Zudem sei nicht klar, welche Art von Bild jeweils gemeint sei, ein reproduziertes oder wiederbelebtes, und auf welche Weise es ›gesehen‹ werde. In dieser Kritik darf allerdings keine Ästhetikfeindlichkeit gesehen werden, denn Richards stellt sogar in Aussicht, dass es metaphorische Interaktion im Bereich des Visuellen gibt, wenn etwa ein Gebäude ein Gesicht zu haben scheint.[5] Dies widerspricht seinem Konzept der Metapher nicht, da er den metaphorischen Prozess auf einer gemeinsamen Einstellung aufbaut, die wir den beteiligten Vorstellungen gegenüber einnehmen und aus denen die Ähnlichkeiten zwischen ihnen hervorgehen. Er lehnt also einen undifferenzierten Bildbegriff der Metapher ab, hält die Ähnlichkeitsbeziehung für den Prozess aber für grundlegend. Diese bestimmt er dann genauer als eine Spannung von Ähnlichkeit und Unähnlichkeit: Ersteres sei dabei zwar die »ostentative Basis der Verschiebung«, doch die Veränderung des Tenors durch das Vehikel bewirke vorrangig die Unähnlichkeit. Den Analogiebegriff hält Richards für die ganze Metapher bereit, also den gesamten Denkvorgang. Die Metapher als analogisch verfahrender kognitiver Prozess spiegelt den Verstand als »ein Organ der Verknüpfung«[6] wider.

Richards Skizzierung der Interaktion im metaphorischen Prozess wird infolge von Max Black in seinen Aufsätzen *Metaphor* von 1954 und der kritischen Revision und Erweiterung *More about Metaphor* von 1977 zur Interaktionstheorie der Metapher weiterentwickelt.[7] In diesen Beiträgen schärft Black die Begrifflichkeit

---

3   Vgl. ebd., 36f.
4   Ebd., 48f. Diese Metapher für den metaphorischen Prozess kehrt im Diskurs wieder wie im Folgenden noch ausgeführt werden wird.
5   Vgl. ebd., 37f. u. 41f.
6   Ebd., 48.
7   Black nimmt den Aufsatz *Metaphor* als Kapitel in sein Buch *Models and Metaphors* von 1962 auf. Hierin stellt er die Metapher in den weiteren wissenschaftstheoretischen Kontext von Modellen und Archetypen, der in Kapitel 12 genauer vorgestellt wird.

Richards', differenziert den interaktiven Prozess und unterzieht die traditionellen Typen der Metapherntheorie einer erneuten Kritik, die besonders auf eine Verabschiedung des Ähnlichkeitsparadigmas abzielt. Die Ausdrücke *Tenor* und *Vehikel* ersetzt er durch *Fokus* (*focus*) und *Rahmen* (*frame*) bzw. *Hauptgegenstand* (*principle subject*) und *untergeordnetem Gegenstand* (*subsidiary subject*) und später *primary* und *secondary subject*.[8] Weil die Metapher für ihn auch maßgeblich ein kognitiver Prozess ist, konzentrieren sich seine Analysen weniger auf die sprachliche Syntax als auf die Semantik. Seine Arbeit widmet sich primär den kreativen Metaphern.

Die Metapher hat eine erkenntnisstiftende Funktion, da sie die Ähnlichkeit nicht vorfindet, sondern selbst hervorbringt, so Blacks Kreativitätsthese, die er der Reduktion und Ersetzbarkeit der Metapher entgegenstellt. In diesem Zuge weist er die Substitutionstheorie[9] und ihren Spezialfall der Vergleichstheorie als unzureichend aus, weil sie die Metapher entweder als ersetzbaren Term oder als gekürzten oder elliptischen Vergleich bestimmen und es demnach für möglich halten, sie ohne Verlust in die ›eigentliche‹, wörtliche Sprache zu überführen.[10] Was Black hiermit vornimmt ist keine absolute Verneinung von Substitutions- und Vergleichsmetapher, sondern lediglich eine qualitative Abwertung gegenüber der Interaktionsmetapher, die Ähnlichkeiten hervorbringt und daher allein für die Philosophie von Interesse ist. Erst an diesen kreativen Metaphern lassen sich die kognitiven Aspekte untersuchen.[11] Hierbei geht er gegenüber der für ihn defizitären Zweiteilung in tote und lebendige Metaphern von einer Dreiteilung in ausgestorben (*extinct*), schlafend (*dormant*) und aktiv (*active*) aus. Die aktive Metapher zeichne sich durch eine Emphase aus, da sie aufgrund ihrer Interaktion zwischen Fokus und Rahmen nicht substituiert, aber erweitert werden könne.[12]

Die Interaktion der Metapher bestimmt Black genauer, indem er den Kontext stärker berücksichtigt: »The new context (the ›frame‹ of the metaphor, in my terminology) imposes extension of meaning upon the focal word.«[13] Durch den neuen Kontext richte sich die Aufmerksamkeit sowohl auf die alte wie auch die neue Bedeutung des Ausdrucks, wie Richards bereits mit der Spannung zwischen Ähnlichkeit und Unähnlichkeit vorformulierte. Die Interaktion findet daher durch ein Sys-

---

8 Black 1954, 28 u. 44f.; Black 1977, 441.
9 Mit der Substitutionstheorie will Black auch das Ähnlichkeitsparadigma verabschieden. Auf anderem Wege versucht etwa Paul Ricoeur, die Ähnlichkeit zu rehabilitieren, indem er sie aus der Verbindung mit der Substitutionstheorie löst, vgl. Ricoeur 1975. Dieser Weg wird im folgenden Kapitel weiter ausgeführt.
10 Vgl. Black 1954, 31-36. Zur Kreativitätsthese ebd., 37.
11 Vgl. ebd., 45; Black 1977, 434.
12 Black 1977, 439f.
13 Black 1954, 39.

tem assoziierter Gemeinplätze (*system of associated commonplaces*) statt, oder wie er später stärker kontextbezogen formuliert: ein implikativer Komplex (*implicative complex*).[14] In dieser Interaktion – und das ist Blacks innovative Einsicht – findet allerdings auch eine Rückwirkung auf den Rahmen statt. An der klassischen Metapher des Menschen als Wolf verdeutlicht er den Effekt des metaphorischen Prozesses:

»The effect, then, of (metaphorically) calling a man a ›wolf‹ is to evoke the wolf-system of related commonplaces. [...] But these implications will *not* be those comprised in the commonplaces *normally* implied by literal uses of ›man.‹ The new implications must be determined by the pattern of implications associated with literal uses of the word ›wolf.‹ [...] The wolf-metaphor suppresses some details, emphasizes others – in short, *organizes* our view of man.«[15]

Aufgrund der Rückwirkung des Implikationssystems werde dann der Wolf auch zum Teil vermenschlicht.

Durch die Ausarbeitung der Interaktion konzentriert sich Black im Wesentlichen auf die kognitiv-semantische Dimension der Metapher. Jener syntaktische Aspekt der Absurdität und der Falschheit habe zwar enorme Bedeutung vor allem für das Implikationssystem im metaphorischen Prozess, sein Interesse gilt allerdings wie zuvor schon dasjenige Richards der Spannung oder Dissonanz, die daraus hervorgehen könne, dies aber nicht müsse. Black kritisiert damit den Syntaxbruch als notwendiges Kriterium für die Metapher. Nicht alle Metaphern würden sich auf diese Weise äußern. Anhand der Spannung zwischen Fokus und Rahmen sei eine Metapher erkennbar, was vielmehr für ein diagnostisches Kriterium spreche.[16] Hierin äußert sich zunehmend seine Bestimmung eines metaphorischen Denkens, das die Anomalie der Metapher in der Diagnose einer Spannung anstelle des Vorfindens einer syntaktischen Falschheit fasst. Black verlagert den Wahrheitsgehalt damit von der Falsifikation, also der Überprüfung der Wahrheitswertfähigkeit einer sprachlichen Aussage, zur kontextbasierten Richtigkeit: »Charts and maps, graphs and pictorial diagrams, photographs and ›realistic‹ paintings, and above all models, are familiar cognitive devices for *showing* ›how things are,‹ devices that need not be per-

---

14 Ebd., 40; Black 1977, 442.
15 Black 1954, 41. Black wählt hier ein offensichtlich einfaches Beispiel, das zwar eine aktive, kreative Metapher ist, den Kontext bzw. den Rahmen allerdings auf ein einziges Wort reduziert. Vor einer zu einfachen Darstellung der Metapher warnt er aber, da er die Formalisierung (A als B, A ist B) als Abstraktionen jener metaphorischen Äußerungen sieht, aus denen die Metapher hervorgeht. Dazu Black 1977, 438.
16 Black 1977, 449.

ceived as mere substitutes for bundles of stement of fact.«[17] Nur durch diese Einsicht könne man der kognitiven Dimension der Interaktionsmetapher gerecht werden.

Bemerkenswert an Blacks analytischer Theoriesprache ist, dass er zwar neue technische Ausdrücke für die Beschreibung des metaphorischen Prozesses einführt, diese aber nicht als Begriffe im Sinne klarer wissenschaftlicher Terminologie sieht, sondern sich ihrer eigenen Metaphorizität bewusst ist und diese thematisiert. Er variiert sogar derartige Metaphern der Metapher, um nicht einer einzigen Perspektive und damit einer Fokusbildung auf den Gegenstand zu erliegen: »To speak of the ›interaction‹ of two thoughts ›active together‹ (or, again, of their ›interillumination‹ or ›co-operation‹) is to *use* a metaphor emphasizing the dynamic aspects of a good reader's response to a nontrivial metaphor.«[18]

Interaktion, gegenseitige Beleuchtung, Kooperation und auch Filter, Projektion, Rahmen und Schirm (*screen, screening*) – Black bietet ein ganzes Spektrum der metaphorischen Zugänge zum Forschungsgegenstand. Er ist sich wohl bewusst, dass er der metaphorischen Bestimmung der Metapher nicht entkommen kann, wie besonders auch seine Verwendung der Anführungszeichen beim ›Sehen‹ unter Beweis stellen: »the imposed ›view‹ of the primary subject«.[19] Zu unterscheiden sind diese *technischen Metaphern der Metapher*, wie sie für die folgenden Analysen bestimmt werden sollen, die Teile bzw. Funktionsweisen des metaphorischen Prozesses fassen, von kreativen Metaphern, die das gesamte Phänomen der Metapher durch einen vertrauten, aber völlig verschiedenen Erfahrungskomplex veranschaulichen bzw. ›in ein neues Licht rücken‹. Blacks *kreative Metapher der Metapher* ist das Schachspiel. Er stellt eine besondere Art des Schachspiels vor, *Epichess*, bei dem die Figuren die Bewegungsweise anderer ausführen können, also beispielsweise der Turm statt in einer einfachen Linie geradeaus wie das Pferd zwei Felder vor und eines zur Seite springen kann. Diese Neuformulierung des Schachspiels funktioniere, insofern beide Spieler die Änderung annehmen und das damit verbundene Implikationssystem richtig anwenden; der Kreativität ist hierbei klar eine Grenze gesetzt.[20] Diese beispielhafte Neubeschreibung der Metapher durch eine Metapher, beleuchtet spezifische Aspekt des metaphorischen Prozesses wie das Erkennen und

---

17 Ebd., 456.
18 Black 1954, 39.
19 Black 1977, 445. Blacks Annäherung an eine derartige, notwendige Metaphorik ist die Katachrese, die eine Lücke im Vokabular beseitigt und in die Wörtlichkeit übergeht, wenn sie besonders erfolgreich ist. Gerade gegen dieses Absterben setzt er sich zur Wehr. Vgl. Black 1954, 32f.
20 Vgl. Black 1977, 436.

die Interaktion, ist aber für andere wiederum unzugänglich, wie etwa die erkenntnistheoretische Funktion oder das Hervorbringen von Ähnlichkeiten.

Ist die gängige Bildhaftigkeit und damit auch das ›Sehen‹ einer Metapher einmal als Metaphorik entlarvt, können die eigentlich ästhetischen Aspekte des metaphorischen Prozesses der Analyse zugänglich gemacht werden. Black stellt sie lediglich in Aussicht, indem er zum metaphorischen Denken auch jene Operationen zählt, die er als »perceptual analysis«[21] bezeichnet. Als Beispiel gilt ihm der Davidstern und seine unterschiedlichen Lesarten der Formbildung – ob als Überlagerung zweier Dreiecke oder die Verbindung von Parallelogrammen. Dieses *Seeing-as* vergleicht er mit dem metaphorischen Sehen einer Sache durch eine andere, *A as metaphorically B*. Den Vergleich hält er selbst aber für schwach, da das Formsehen keine konzeptuelle Innovation ermögliche. Er weist dennoch auf eine im Grunde nichtsprachliche Funktionsweise metaphorischen Denkens hin. Ihm fehlt lediglich ein angemessenes Beispiel, dass auch eine konzeptuelle Innovation darstellt.[22] Gegenüber dieser doch eher als Marginalie zu lesende Ausführung zum visuellen Denken, rückt Black die Analogie ins Zentrum der Metapherntheorie, um den Ähnlichkeitsbegriff zu ersetzen: »Hence, every metaphor may be said to mediate an analogy or structural correspondence.« Das ›Sehen‹ von Ähnlichkeiten formuliert er damit um zum Erfassen von Ähnlichkeiten der Struktur.

Vordenker dieses Paradigmenwechsels ist Immanuel Kant mit jenem berühmten §59 seiner *Kritik der Urteilskraft* von 1790. Hiermit löste er die seit der antiken Grundlegung der Metapherntheorie bestehende Annahme, die Metapher bilde eine ontologisch gegebene Ähnlichkeit ab. Dieser Einsicht zufolge ist die Metapher »ein reflexives Mittel der Kategorisierung und Rekategorisierung«[23], so Bernhard Debatin, der darauf aufbauend eine Theorie der metaphorischen Rationalität am Leitfaden des Analogiebegriffs aufbaut. Befreit vom Abbildbegriff greift Debatin die Ähnlichkeit im Anschluss an Kant als Reflexionsfigur auf. Kants Verbindung der Metapher mit der Einbildungskraft stellt er dabei in eine bei Vico beginnende Traditionslinie, die die Anschaulichkeit der Metapher als eine synthetische Leistung der Einbildungskraft verstand, »die im metaphorischen Prozess Verschiedenes *als*

---

21 Ebd., 446.
22 Vgl. ebd., 446-448. Black übernimmt hier offensichtlich das Konzept des Sehen-als seines Lehrers Wittgenstein, dessen Werk er einen eigenen Kommentarband gewidmet hat. Wittgensteins Sehen-als und der Diskurs um sein paradigmatisches, aber genauso wenig Erkenntnis stiftendendes Beispiel des Hase-Ente-Kopfes wird im folgenden Kapitel Hauptgegenstand sein.
23 Debatin 1995, 233.

ähnlich sah«.[24] Der Analogiebegriff ermöglichte eine Kritik an der Doktrin der Bildlichkeit und Abbildlichkeit der Metapher und damit eine positive Rückkehr zur Ähnlichkeit als durch die Metapher geschaffene und erkenntnisstiftende.

In den Dekaden zwischen Max Blacks Aufsätzen zur Metapher veröffentlichte Harald Weinrich seine vielbeachtete Bildfeldtheorie der Metapher. Darin konzentriert er sich ebenfalls auf die semantischen Aspekte des metaphorischen Prozesses, übernimmt die von Richards und Black entwickelte duale Struktur der Metapher und formuliert sie durch die Ausdrücke *Bildspender* (Bild) und *Bildempfänger* (Sache) um. Der subtile und reflektierte Umgang mit der Metaphorizität und Visualität der Metapher bei Black verliert sich nun in einer dezidiert bildtheoretischen Bestimmung – auch wenn Weinrich eben diesen reflektierten Umgang als Einstieg wählte. Ausgangspunkt ist ihm die in Aristoteles Bogen-Metapher und Ciceros Sprung-Metapher angelegte Weite und Spannung. Hieraus habe sich das Gesetz ergeben, dass je weiter der Abstand zwischen den Teilen der Metapher desto kühner ist sie. Dieses hält Weinrich für falsch, aber interessant falsch: Nicht die Weite stelle die Kühnheit der Metapher unter Beweis, sondern eine gefährliche Nähe »der geringen Bildspanne, die uns zur Wahrnehmung der Widersprüchlichkeit zwingt«.[25]

Mit dem Konzept der Bildspanne will er die Ähnlichkeit als Grundlage der antiken Metapherntheorien neu formulieren, nimmt dabei aber ihre Bildlichkeit als notwendiges Kriterium in Kauf. So geht er im Hinblick auf die Metaphorik der Metapher nur einen Schritt zurück und erkennt die Metaphorizität von Bogen und Sprung an, ohne auch den weiteren entscheidenden Schritt zu machen und den Bildbegriff selbst als problematische Terminologisierung einer Metapher zu erkennen. Dies hat zwei negative Effekte auf seine weitere Ausarbeitung der Metapher: Einerseits bestimmt er eine kritische Zone der kleinen Bildspanne, die er in einer Art optischen Täuschung sprachlichen Bilder analog zu optischen Bildern sieht, andererseits sieht er in den blauen Pferden August Mackes die Bildwerdung des sprachlichen Bildes.[26] Besonders die Farbveränderung versteht er als gefährliche Nähe und damit als Qualität der Metapher und führt neben den blauen Pferden auch Paul Celans berühmte Metapher der ›schwarzen Milch der Frühe‹ an. In der Bildhaftigkeit der Metapher wird der dem Sehen zugrunde liegende Aspekt einer räum-

---

24 Ebd., 240. Nietzsches Ausführungen zur Metapher sieht er allerdings als skeptizistisch-nihilistische Position, die die Möglichkeit der Rationalität ad absurdum führe. Vgl. ebd., 15. Er schließt hier vielmehr an Wittgensteins Konzept des Sehen-als sowie den wissenschaftstheoretischen Diskurs des Wahrheitsgehalts der Metapher bei Black und Mary Hesse an, der im Kapitel 12 genauer vorgestellt wird.
25 Weinrich 1963, 335.
26 Vgl. ebd., 326 u. 328.

lichen Distanzierung zu einer Topik der Kühnheit sedimentiert, die Weinrich von Nah- und Fernmetaphern sprechen lässt.

Ebenfalls dem Bildbegriff der Metapher verhaftet bleibt Hans Georg Coenen in seiner Ausarbeitung der Analogie als Basis der Metapher. Die Analogie fasst er dabei weiter und differenzierter als sie in der Aristotelischen Metapherntheorie formuliert wurde. Sie sei »eine bestimmte symmetrische Relation zwischen zwei Gegenständen, die sprachlich benannt oder beschrieben werden«.[27] Die der Metapher zugrunde liegende Analogie ist demnach nicht direktional, werde aber in der sprachlichen Manifestation asymmetrisch. Coenen verlagert die Analogie damit ins Denken. Aus einer Analogie würde eine Metapher entstehen, wenn aus der symmetrischen Relation eine prädikative Zuschreibung vom einen auf das andere werde.[28] Dennoch löst er sich nicht von der gängigen Bezeichnung der Metapher als bildliche Rede und greift daher auf Weinrichs Bildfeldtheorie zurück. Weil das Feld, aus dem bei der Metapher übertragen werden soll, nicht begrifflich strukturiert sei, sondern auf psychologischen Verknüpfungen basiere, werd es als Bildfeld ausgewiesen. Die bildliche Rede ist nach Coenen eine besondere Art der Nennung von Beschreibungsinhalten, eine bildliche Nennung.[29] Hier zeigt sich exemplarisch, wie der Bildbegriff als Terminologisierung und als Synonym der Metapher durch die Metaphernforschung geistert und anschlussfähige Einsichten in die Analogie und Ähnlichkeit der Metapher verhindert.

Ebenso wie die Ähnlichkeit ist auch die Analogie im Hinblick auf die Metapher einem steten historischen Bedeutungswandel unterworfen. Aristoteles bestimmte sie in der *Poetik* nach strengen Vorgaben als die Regel der metaphorischen Übertragung. Die Metapher ist demnach eine Übertragung »eines fremden Nomens, entweder von der Gattung auf die Art oder von der Art auf die Gattung oder von einer Art auf eine andere oder gemäß Analogie.«[30] In der *Rhetorik* fasst er unter die Enthymeme, jene Schlussfolgerungen deren Prämissen nicht ausgesprochen werden, neben der Antithese und der Metapher das Vor-Augen-Führen. Dieses unterscheide sich von der allgemeinen Metapher durch eine mitausgedrückte Wirksamkeit. Von den vier Arten der Metapher hebt er die Analogische heraus. An einigen Beispielen verdeutlicht er, wie analogische Metapher und Vor-Augen-führen zusammenkommen und sich wechselseitig beeinflussen. Eine veranschaulichende Wirkung komme hierbei aber auch der analogischen Metapher zu; er spricht sogar von einem Bild.[31] Weil Aristoteles die Metapher als ein Übertragungsverfahren aufbauend auf

---

27 Coenen 2002, 2.
28 Vgl. ebd., 6f. und 97.
29 Vgl. ebd., 63 u. 21.
30 Aristoteles 1982, 21, 1457b.
31 Aristoteles 1980, III, 1410b-1411b.

den Gattungen und Arten der Sprache und als Form des Enthymemes bestimmt, macht er die Analogie anschlussfähig für eine wissenschaftstheoretische Neuformulierung und Präzision. Katrin Kohl sieht daher in der Analogie »eine formal durchgehaltene, rationale Beweisführung«[32] und grenzt den allgemeiner gehaltenen Vergleich von ihr ab. Quintilians Definition der Metapher als verkürzte Vergleichung nimmt der Metapher in dieser Lesart ihre strenge Form der Analogie und damit auch die Möglichkeit einer rationalen Auflösung. Die neuzeitliche Wissenschaft knüpft an Aristoteles' Analogieschluss an und geht über das traditionell rhetorische Verständnis der Tropen hinaus. In dieser rationalistischen Wissenschaftsentwicklung kann eine Vernachlässigung und sogar Verkümmerung des metaphorischen Denkens gesehen werden.[33] Während Kohl ein wieder entfachtes Interesse der Metapherntheorie an der Analogie erst wieder im späten 20. Jahrhundert in den neuen Kognitionstheorien sieht,[34] hat die Analyse im ersten Teil gezeigt, dass in der Neuzeit bis hin zur neueren Metapherntheorie von Richards und Black die Analogie in einer philosophischen Tradition nicht als rationaler Analogismus, sondern als eine dem metaphorischen Denken und der Weltwahrnehmung und -konstitution zugrunde liegende Syntheseleistung verstanden wurde.

Parallel zu jener zunehmend wissenschaftlichen Vereinnahmung der Analogie fand besonders im 19. Jahrhundert in der Poesie und Literatur wie auch der dazu gehörigen Theoriebildung eine Gleichsetzung von Metapher und Bild statt. Die hierdurch folgenschweren Auswirkungen für eine Theorie der Metapher, wie sie bereits dargelegt wurden, sollen im Folgenden in einer Kritik der Bildlichkeit zugunsten einer differenzierten Ästhetik der Metapher überwunden werden.

---

32 Kohl 2007, 73.
33 Vgl. Willer 2010, 98.
34 Vgl. Kohl 2005, 76. Die Kognitionstheorien zur Metapher wie auch der rationalistische Analogieschluss werden in Kapitel 12 eingehend analysiert werden.

10 Kritik des Bildbegriffs
(Asmuth, Furbank, Gehring)

Bild und Metapher wurden nicht immer schon gleichgesetzt, ihre Verbindung hat ihre eigene Historie. So arbeiteten Ray Frazer 1960 für den englischsprachigen Begriffe *image* und schließlich 1991 Bernhard Asmuth für das deutsche Wort *Bild* ihren geschichtlichen Werdegang im poetologischen und metapherntheoretischen Diskurs aus. In Rekurs auf Frazers Analyse kommt Asmuth zur Einsicht, dass es sich bei der Verbindung von Bild und Metapher nicht um ein nationalsprachliches Wortproblem, sondern ein allgemein theoriegeschichtliches Problem handelt.[1] Dabei seien die Ausdrücke *Bild*, *Bildlichkeit* und *Bildhaftigkeit* kaum differenziert worden, was zu erheblicher theoretischer Unschärfe geführt habe. Asmuth stellt zur Klärung verschiedene Bedeutungskomponenten für ein übertragenes Bildverständnis vor: (1.) das Gemälde als Analogon der Dichtung, wie etwa in Horaz' berühmtem und einflussreichem Ausspruch ›Ut pictura poesis‹, (2.) das Wortfeld um *Schaffen, Gebilde, Bildung*, zu dem er auch *Einbildungskraft* zählt, (3.) die antiken Abbildtheorien, (4.) das psychische Bild, wie es bereits in Aristoteles *phantasia* angelegt ist, dieser aber zwischen Metapher und Bild trennte, und (5.) das Bild in der Beschreibungspoesie.[2] Rhetorik und Poetik haben sich besonders über das psychische Bild im Sinne einer Vergegenwärtigung den Bildbegriff zu eigen gemacht – eine Entwicklung, deren Anfang Asmuth auf 1700 datiert. Stefan Willer unterstreicht ebenfalls diesen Bedeutungswandel im Barock, für den das neue ästhetische Paradigma entscheidend war, lieferte es doch die Möglichkeit, das Argument der Anschaulichkeit systematisch mit dem des Bildes zu verknüpfen. Hierdurch konnten Einbildungskraft und Imagination zu Konzepten von Metaphorik als Bildlichkeit werden.[3] Vor 1700 gab es also einen derartigen Bildbegriff der Metapher nicht.

---

1 Vgl. Asmuth 1991, 300.
2 Vgl. ebd., 301-303.
3 Vgl. Willer 2010, 110.

Wenn überhaupt galt das Gleichnis als poetisches Bild. Die später folgende Begriffsverschiebung wurde unter anderem durch eine Umorientierung in der Poesie von der technischen Virtuosität zur Künstlichkeit vollzogen.

Im 18. Jahrhundert rückte dann verstärkt das psychische, ›innere‹ Bild ins Zentrum poetologischer Diskurse. Hierbei löst sich die Orientierung an der Einbildungskraft und den unteren Erkenntnisvermögen vom bloßen Abbildcharakter wie auch von einer rein technischen Virtuosität des Sprachgebrauchs.[4] Asmuth beschreibt diesen Wandel als »Entpikturalisierung des Bildbegriffs«, wodurch *Bild* zum Stellvertreter des imaginativ-schöpferischen Denkens wird: »*Bild* bezeichnet nun nicht mehr nur die durch sprachliche Verfahren hervorgerufenen Vorstellungen, sondern – mittels Metonymie – zunehmend auch diese Verfahren selbst«.[5] Die Metapher galt im Barock erst als Lieferant psychischer Bilder, ersetzte dann als metaphorisches Bild zunehmend das Vorstellungsbild und wurde – so die Besonderheit im deutschsprachigem Raum – über das Adjektiv *bildlich* schließlich selbst zum Bild.[6] Teil dieser Entwicklung sind zudem, wie Frazer anmerkt, in der Restaurationszeit die Vorurteile gegenüber der Tradition der Rhetorik. Die Rede von der figurativen und bildlichen Sprache spielte dieser Abneigung in die Hände, wurde aber dadurch weniger präzise.[7]

Allgemein lassen sich drei Entwicklungen des metapherntheoretischen Diskurses im 20. Jahrhundert ausmachen, die für eine kritische Neubestimmung der Ästhetik der Metapher die wesentlichen Grundlagen bereithielten. Neben der Ausarbeitung der Genese des Bildbegriffs der Metapher seit dem Barock sind es einerseits die technische Differenzierung des metaphorischen Prozesses ausgehend von Richards und die daran anschließenden neueren, auf dem Ähnlichkeitsbegriff aufbauenden Theorien der Metaphern, andererseits aber eine dezidierte Kritik am Bildbegriff, die besonders im Wechsel zum 21. Jahrhundert hervorgebracht wurden. Von diesen ausgehend sollen die Metapherntheorien am Anschluss an Richards und Black im Hinblick auf ihren Bezug zum Bildbegriff analysiert werden.

Richard Moran sieht eine problematische Redeweise, die einem Visualismus bereits den Boden bereitet, in der Metapher als *figurativer* Sprachgebrauch. Es sei daher nicht überraschend, dass auf die bildliche Dimension Bezug genommen werde.[8]

---

4 Vgl. Frazer 1960, 150.
5 Asmuth 1991, 305 u. 304.
6 Vgl. ebd., 305f.
7 Vgl. Frazer 1960, 153
8 Vgl. Moran 1989, 88. Er schreibt von der »imagistic or picturing dimension« und nimmt damit eine Unterscheidung zwischen mentaler und materieller Bildlichkeit vor, die im Deutschen derart begrifflich nicht möglich ist. Ähnlich sieht auch Ted Cohen den Zu-

Diese Redeweise stellt er in eine lange Tradition von Aristoteles über Hegel bis hin zu Wittgenstein und Ricoeur: »Among tropes, it is metaphor that is continually and insistently thought of as providing a kind of picture, such as a verbal icon, or a physiognomy of discourse.«[9] Ebenso kritisierte Josef Stern eine Definition der Metapher über ihre mentale Bildlichkeit oder eine spezielle Art des Sehens. Eine besondere Gefahr einer derartigen Argumentation sieht er in einem Kurzschluss, der auf Seiten der Bildtheorie vorgenommen werden könne: »But if verbal metaphors are pictorial or visual, it would be natural to assume that pictures themselves, employing the same pictorial and imagistic capacities, could themselves be metaphorical.«[10] Inwieweit zwar ein unterkomplexer Bildbegriff, aber nicht eine ästhetische Dimension der Metapher abzuweisen ist, wird im Folgenden noch genauer ausgearbeitet. Um Sterns Bedenken zu begegnen, wird im dritten Teil schließlich eine Kritik des Metaphernbegriffs der Bildtheorien vorgenommen, die auf die Kritik des Bildbegriffs der Metapherntheorien antworten wird.

Katrin Kohl leitet ihren Versuch einer integralen Metapherntheorie mit einer Hinterfragung des Bildbegriffs ein. Hierfür unterteilt sie die Metapher in drei Bedeutungsebenen, nach denen sich auch die Frage nach der ›Uneigentlichkeit‹ und ›Bildlichkeit‹ erst genauer stellen lässt: (1.) die kognitive Verarbeitung von Vorstellungen als rein kognitive und damit vorsprachliche Bedeutung, (2.) die kognitiv-sprachliche Verarbeitung von Vorstellungen als kognitiv-sprachliche Bedeutung und (3.) das Resultat der kognitiv-sprachlichen Verarbeitung als Ausdruck.[11] Kohl geht es also nicht nur um die rein kognitive Metapher, sondern ebenso um die kognitive Verarbeitung von Ausdrucksmetaphern. Sie gibt hiermit auch die wesentliche Grundlage, um die Problematik des Bildbegriffs genauer fassen zu können: Wenn bei der Metapher als ›bildliche‹ Sprache kognitive Prozesse beteiligt sind, dann gerät die Theorie direkt in die Kontroverse um das Verhältnis von Sprache, Denken

---

sammenhang zwischen Figur und Bild im Hinblick auf die Metapher, vgl. Cohen 2003, 374.

9 Moran 1989, 88. Er sieht den Ausweg aus dieser Engführung der Metapher auf ihre Bildlichkeit in einer rein pragmatischen Bestimmung wie sie Davidson vorlegte.

10 Stern 1997, 256.

11 Vgl. Kohl 2007, 9f. Kohls allgemeiner Zugang ist derjenige der kognitionswissenschaftlichen Metapherntheorie. Hierbei übernimmt sie vor allem deren Fehlinterpretation Blacks wie auch deren Tilgung der eigenen philosophischen Vorgeschichte wie sie hier besonders in Teil 1 erarbeitet wurde. Zur *Cognitive Metaphor Theory* vgl. ausführlicher Kapitel 12. Ihr kognitionstheoretischer Zugang führt Kohl auch zur Frage nach einem rein visuellen Denken, das sie aber lediglich als möglich in Aussicht stellt und durch ihren Rekurs auf Pylyshyn an die Notwendigkeit einer sprachlichen Fixierung rückbindet, vgl. ebd. 13 u. 121.

und Anschauung. Das Bild liegt nicht einfach – und naiv ausgedrückt – in der Sprache. Der Mythos um das Aufbrechen der Sprache zum Bild hin lässt sich durch die Einsicht in die kognitive Dimension der Metapher abtun, nicht aber der Bildbegriff, sofern er anhand der Differenzierung von Bedeutungsebenen neu verstanden wird: Er evoziere einen Komplex von sprachlichen Phänomenen, die über die Sprache hinausgehen, »einerseits in die physische Welt des sinnlich Wahrgenommenen und andererseits in die mentale Welt der Imagination – wobei die Imagination wiederum das sinnlich Wahrgenommene verarbeitet und mentale Entsprechungen dazu ausbildet«.[12] Dennoch bezeichnet sie damit das Ästhetische Moment der Metapher, indem es über die Sprache hinausgehe, als das Andere der Sprache. In welcher Weise die Metapher aber die Ästhetik *in* der Sprache ist, soll im Folgenden noch genauer herausgearbeitet werden.

Die Metapher des Bildes wird zudem verständlicher, wenn man ihre metonymischen Implikationen berücksichtigt. ›Bild‹ steht hierbei nicht nur für das Erinnerungsbild oder den Sinneseindruck, sondern stellvertretend für den gesamten Gesichtssinn, also ebenso für Töne, Gerüche, Geschmack und ebenso Emotionen.[13] Diese vereinende Wiedergabe unterstreicht bereits den metaphorischen Charakter des Ausdrucks ›Bild‹.

Die differenzierteste Kritik des Bildbegriffs der Metapher, die mit einer kategorischen Absage eines damit verbundenen »metapherntheoretischen Visualismus« verbunden ist, legte Petra Gehring in mehreren Aufsätzen der vergangenen Jahre vor. Sie unterscheidet zwischen regelrechten Bildtheorien der Metapher und solchen die den metaphorischen Prozess als bildförmig beschreiben, also entweder explizit oder implizit annehmen, die Metapher sei ein Bild, und weist sie als »schlicht kontraproduktiv« zurück: »Das Bild vom Sprachbild fungiert selbst als Metapher. Zwischen dem Bild als wortsprachlichem Tatbestand und leibhaftigen Bildern beziehungsweise der Blickpraxis des Bildersehens hingegen klafft ein Bruch, den die Theorie nicht beheben kann.«[14] Explizit äußere sich der Visualismus etwa bei Weinrich, implizit als »Denkmuster« bei Derrida, Blumenberg und Lakoff und Johnson und schreibt sich damit »unerbittlich« in der Theoriebildung zur Metapher fort.[15]

Zwei wesentliche Auswirkungen des Bildverständnisses der Metapher sieht Gehring: einerseits eine konkretistische Verkürzung, andererseits eine latenztheoretische Erweiterung. Durch den Appell an die »Evidenz des Seh-Sinnes« werde das

---

12 Ebd., 12.
13 Vgl. Frazer 1960, 149; Kohl 2007, 12f.; Willer 2005, 110; Ricoeur 1975, 190-194.
14 Gehring 2009, 88. Zur Unterscheidung vgl. Gehring 2011, 16 u. 26.
15 Gehring 2009, 84. Ebenso stellt John B. Dilworths Versuch, eine Repräsentationstheorie der Metapher zu entwerfen, eine Version der Bildtheorie dar, vgl. Dilworth 1979.

komplexe Phänomen der Metapher auf die Fixierung sichtbarer Attribute von Objekten reduziert, woraus eine Art »Gegenstandsrealismus« folge – eine Einsicht die bereits Anselm Haverkamp formulierte, indem er die Redeweise vom ›Bild in der Dichtung‹ als »substantialistische Auffassung« bezeichnete.[16] Dieser Appell sei vage auf die Unterstellung einer vorbegrifflichen Evidenz gestützt. Aus dieser Latenz müsse gefolgert werden, dass alles hinter der Sprache Metapher ist und die Sprache damit selbst immer Bild – eine Totalisierung, die in einer Tautologie münden würde.[17] Gehring sieht in der Metapher aber mehr als ihre anschaulich Evidenz: »Die metaphorische Funktion ist viel flexibler. Sie ist allemal reicher als das Inventar des Sichtbaren oder der Sinne – wie überhaupt Sichtbares, Sagbares, Denkbares sich in der Metapher in maximaler und bislang unverstandener Abstraktionsfreude zusammentun.«[18] Hierin äußert sich ihr eigener Zugang zur Metapher, der vor allem ein texthermeneutischer ist. Ihren Vorschlag einer Neuakzentuierung der Metapherntheorie bildet daher auch eine Orientierung am Kontextgebrauch. Die Metapher ist nach Gehring ein je singulärer kontextbasierter Bruch, in dem zwei Seiten einer Übertragung auseinandertreten. Hiermit greift sie vor allem Blacks Interaktionstheorie und deren duale Struktur der Metapher auf, kritisiert und neuformuliert sie allerdings dahingehend, dass sie die Bedeutung des Kontextes entscheidend aufwertet. Dies verdeutlicht sie in ihrem seismischen Modell, also ihrer eigenen Metapher der Metapher. Von der dualen Beschaffenheit geht sie damit zu einer seismischen Struktur über, in der der Fokus der Metapher »so etwas wie ein Erregungszentrum«[19] bildet. Die Metapher sei also eine seismische Erschütterung, die man nicht vom Zentrum, also einem einzelnen Begriff, auf den der Visualismus die Metapher oft verkürzen will, zu verstehen ist, sondern entlang einer kontextbezogenen Differenz.

Mit dieser Kritik weist Gehring wesentliche Defizite eines bildtheoretischen Verständnisses der Metapher auf. Da sie sich aber auf ein hermeneutisches Verständnis von Texten und damit auf Ausdrucksmetaphern konzentriert, bleibt offen, wie sich diese mit jenen konzeptuellen Metaphern des Denkens verbinden lassen, deren Theorien sie ja gerade eine latenztheoretische Erweiterung attestiert. Im Folgenden soll eine Position entwickelt werden, die durch Gehrings Kritik zwar wesentlich an Profil gewinnt, den Visualismus der Metapher aber nicht kategorisch verneint. Zum einen soll ein Konzept des Vorsprachlich-Anschaulichen erarbeitet werden, das sich von einem naiven und unreflektierten Gegenstandsrealismus trennt, zum anderen wird die Ästhetik der Metapher in der Sprache neu ›verortet‹.

---

16 Gehring 2011, 22; Gehring 2009, 89; Haverkamp 1983, 1.
17 Vgl. Gehring 2011, 28.
18 Ebd., 20.
19 Gehring 2009, 98; vgl. auch Gehring 2001, 24f.

Gehring weist den metapherntheoretischen Visualismus auch deshalb entschieden zurück, weil die Rede von der Metapher als Bild in der Sprache das Visuelle und das Wörtlich-Lexikalische als ihre zwei Pole gegenüberstellt. Rückt man allerdings von der naiven Totalisierung, nach der alle lexikalischen Wörter tote Metaphern sind, und der Annahme, alle Metaphern würden veranschaulichen, ab, wird auch die mögliche Anschaulichkeit von Begriffen und deren Wandel von anschaulich zu abstrakt nicht ausgeblendet. Eine Totalisierung der Ästhetik der Metapher wäre demnach, der Metapher sowohl die Notwendigkeit der wie auch das alleinige Recht an der Anschaulichkeit zuzusprechen und im Gegenzug alle Begriffe als abstrakt und nicht zur Veranschaulichung fähig abzutun.

Vor diesem Hintergrund können nun die Theorien der Metapher des 20. Jahrhunderts auf ihre positiven Aspekte einer Ästhetik der Metapher hin untersucht werden. Ivor Armstrong Richards ist erneut der Ausgangspunkt, weil er anhand der funktionalen Analyse des metaphorischen Prozesses den ›Begriff‹ der Metapher wieder ins Zentrum des *New Criticism* rückt und damit die Bildlichkeit als Teil aus diesem Prozess hervorgehen lässt. Hiermit vollzieht sich durch die Verlagerung vom Bild auf den ›Transport‹ der Übergang von einer Statik zur Dynamik im Metaphernverständnis, wie Haverkamp anmerkt.[20]

Während Richards die duale Struktur der Metapher und ihren Übertragungsprozess in seinem Aufsatz über die Metapher ausarbeitet, konzentriert er sich in seiner Darlegung der Analyse von Gedichten auf den Einbezug von Bildlichkeit (*imagery*) im mentalen Prozess. Er unterscheidet dabei zwischen freien und gebundenen Bildern (*images*). Beiden gemein sei eine dynamische Verfasstheit, die sie deutlich von der Gleichsetzung mit materiellen, äußeren Bildern absetzt, zudem seien sie nicht auf eine einzige Modalität beschränkt und können etwa visuell, auditiv oder olfaktorisch sein: »Ein Image ist weniger durch seine Lebendigkeit *qua* Image als durch seinen Charakter *qua* mentales Ereignis wirksam, ein Ereignis, das auf besondere Weise mit den Sinneseindrücken verbunden ist.«[21] Unter gebundenen Images versteht Richards den visuellen Eindruck von Wörtern, unter freien Images jede Art von sinnlich-mentalem Ereignis. Jene Teilkategorie der visuellen Images seien dann doch wieder »Bilder im geistigen Auge«.[22] Trotz des Wiedereintritts des Bildbegriffs lehnt er eine Nähe zu materiellen Bildern und ebenso zu visuellen Sinneseindrücken ab. Visuelle Images seien als Images kein direktes Abbild von Sinneseindrücken, ihre Wirkung sei entscheidender als ihre sensorische Qualität und

---

20 Haverkamp 1983, 1f.
21 Richards 1924, 161. Die deutsche Übersetzung begegnet dieser impliziten Abgrenzung, indem sie im Fließtext *images* ins Deutsche als *Images* übernimmt. Am Diagramm wird der Begriff dann mit *Bilder* übersetzt.
22 Ebd., 163. [*pictures in the mind's eye*]

mimetische Fähigkeit. Ein Image als Bild zu beurteilen wäre absurd.[23] Im Zentrum steht daher weniger eine besondere Form der poetischen Bildlichkeit, sondern eine allgemeine psychologische Form der Erfahrung. Diese versucht er dann auch leicht modifiziert auf das Betrachten von Bildern anzuwenden.[24] Richards Differenzierungsleistung im Hinblick auf die Bildlichkeit der Sprache besteht darin, dass er zwischen dem Sehen als sensorischer Wahrnehmung und der kognitiven Verarbeitung unterscheidet. In den visuellen Künsten meine *Sehen* dann dreierlei, das materielle Ding, das Retinabild und den Bild-Raum. Abgrenzend unterscheidet er dann mehrere Arten der Imagination, darunter auch das Hervorbringen visueller Vorstellungen als häufige Form und Metapher, Gleichnis und allgemein figurative Sprache.[25] Neben der Ausarbeitung des dualen metaphorischen Prozesses legte Richards also ebenso eine Differenzierung der ästhetischen Aspekte mentaler Verarbeitung vor.

Eine andere Art der Unterscheidung bietet Paul Henle in einem Aufsatz von 1958, der sich am Ikonbegriff von Charles Sander Peirce orientiert, um einer Bildtheorie der Metapher zu entgehen. Die Metapher könne demnach als ein Zeichen begriffen werden, dem ein anderer, ein figürlicher Sinn zukommt. Ein Wort habe einen unmittelbaren Sinn, die Metapher hingegen einen mittelbaren, denn sie beschreibe ein Ikon, das aber nicht präsent sei. Die Metapher besitzt bei Henle ein bildliches Element – ohne selbst Bild zu sein. Peirces Ikonbegriff erscheint ihm dabei besonders vielversprechend, da er nicht rein bildlich zu verstehen ist. Hierdurch wird ebenso der Ähnlichkeitsbegriff differenziert, weil im metaphorischen Prozess die qualitativen und strukturellen Ähnlichkeiten in die Metapher eingehen. Henle beschreibt den Prozess daher auch als *mapping*: »the aptness of metaphor depends on the capability of elaborating it – of extending the parallel structure. In this respect the parallelism is like that of the map and what is mapped, though to a lesser degree and without the rigid similarity«.[26] Die *mapping*-Metapher der Metapher impliziert ein analogisches Verständnis. Die Unterscheidung zwischen mimetischer Ähnlichkeit und Analogie als struktureller, amimetischer Ähnlichkeit ist durch diesen Ausdruck bereits in die Bezeichnung des metaphorischen Prozesses eingelassen.

Einen entscheidenden Beitrag zur Diskussion um den Bildbegriff der Metapher lieferte schließlich Philip Nicolas Furbank im Jahr 1970. Neben einer ausführlichen Beschreibung des Werdegangs des Image-Begriffs, auf die auch Bernhard Asmuth

---

23 Vgl. ebd., 165.
24 Vgl. ebd., 189f. Die besondere Begabung des Dichters fasst er als synthetische Kraft der Imagination auf, vgl. 288-290.
25 Vgl. ebd., 190 u. 285f.
26 Henle 1958, 180.

maßgeblich zurückgriff, unterzieht er die synonyme Lesart von Bild und Metapher einer scharfen Kritik. Bereits seine einleitenden Ausführungen, die grundlegende Skepsis darin und vor allem die daraus hervorgehenden Fragen sind zentral für eine Ästhetik der Metapher:

»The doubt, of course, is that if you use the word ›image‹ as a synonym for ›metaphor‹ – that is to say, to signify a comparison – it is hard to see how this squares with the natural sense of the word ›image‹, as meaning a likeness, a picture, or a simulacrum. For, after all, a comparison is not a picture. If you read Milton's phrase ›a Forest huge of Spears‹, the final result of your reading can't be a picture, since you cannot permanently present something to your mind's eye as being both a forest and spears. There is something fundamentally awkward and strange in using the word ›image‹ as a substitute for ›metaphor‹ in this way. For the word ›image‹, unlike ›metaphor‹, seems to suggest that the end result of what the author is doing is a picture. But what is it a picture of? Which bit of the comparison are you meant to visualise? Or are you meant to visualise both? And if so, how? Successively? Or one on top of the other? Or combined to make a sort of hybrid or monster? Once you start thinking about it, the problem swells and begins to look insuperable.«[27]

Furbank verdeutlicht in dieser Passage einerseits nochmal den feinen Unterschied zwischen ›image‹ und ›picture‹, der im Deutschen durch den allgemeinen Bildbegriff verlorengeht, andererseits den nach wie vor bestehenden Anspruch, die Bildlichkeit der Metapher an Beispielen präziser zu fassen. Die Differenzierungen von Richards und auch Henle leisten hier lediglich Vorarbeiten, ohne das Problem jedoch bewältigen zu können. Bei Richards bleibt unklar, ob die Metapher über die gebundenen und freien Images hinaus als Bild fungieren kann, bei Henle wird die Ikonizität der Metapher ebenso wenig präzise verortet noch geklärt, wie genau jenes *tertium*, das durch das *mapping* geschaffen wird, beschaffen ist.

Das erzeugte *tertium* der Metapher und damit die Metapher in verkürzter Weise selbst als Bild zu bezeichnen, hält Furbank für einen Fehlschluss, da hierdurch irrelevante Implikationen von der Malerei und Skulptur mitgetragen werden. Horaz' Ausspruch ›Ut pictura poesis‹ werde wörtlich genommen, dem ›Wortbild‹ eine Art »wholeness«, eine Totalansicht wie bei Gemälden zugemessen und damit eine »queer sort of picture« erzeugt.[28] Mit zwei Argumenten versucht Furbank den Kurzschluss der Ausdrücke und dessen Effekte zu entkräften: Einerseits sei mentale Bildlichkeit (*mental imagery*) in einem steten Zustand des Wandels (*constant state of metamorphosis*) und dadurch Mobilität ihre eigentliche Natur. Andererseits sei

---

27 Furbank 1970, 1.
28 Beide Ausdrücke: ebd., 6. Den Ausdruck »wholeness« übernimmt er aus einem Text von Caronline Spurgeon von 1935.

die Analogie falsch, da Malerei mit dem Besonderen, Wörter hingegen mit dem Allgemeinen arbeiten.[29] Hieraus folgert er dann auch, dass poetische Bilder nicht der Illusion fähig sind wie etwa die *trompe l'oeil*-Malerei, bei der man etwas fälschlicher Weise für das Original hält. Dies ist eine entschiedene Ablehnung einer Bildtheorie der Metapher wie sie etwa Harald Weinrich vertritt und der Metapher die Möglichkeit zur optischen Illusion attestiert. Richards widerspricht er dahingehend, dass er zwar ebenso die Beteiligung der mentalen Bildlichkeit (*imagery*) annimmt, sie aber nicht als frei bestimmt. Auch wenn der Autor eines Gedichtes die mentalen Bilder des Lesers oder Hörers nicht kontrollieren kann, so dennoch den Rahmen innerhalb dessen sie entstehen. Mit der Metapher des Labyrinths fasst er dies veranschaulichend zusammen. »[T]he casting-around of the rat in the maze«[30] ist das nicht ganz freie Spiel der Einbildungskraft beim Nachvollzug von Metaphern. Dieses Labyrinth ist ihm ein sprachliches, ein einzigartiger Kontext. Er sieht die Metapher daher verstärkt als sprachliches Ausdrucksphänomen, das sich durch einen Syntaxbruch als Einladung zu einem aktiven aber niemals endenden kognitiven Nachvollzug äußert. Mentale Bilder seien an diesem Nachvollzug beteiligt, also wesentliche Aspekte des metaphorischen Prozesses. Dies ist der bildliche Aspekte der Metapher nach Furbank. Die Metapher setzt also kein Bild in die Sprache ein als ihr Anderes, wie er es sehr konkret abermals mit einer Metapher verdeutlicht: Die Metapher sei nur unter der Kontrolle einer bestimmten Syntax und Rhythmik realisiert und kein heterogenes Element wie ein Trüffel in einer Pastete.[31]

Mentale Bilder sind, so Furbank im Anschluss an Gilbert Ryle und Jean-Paul Sartre, nicht solche, die wir kontemplativ und aus Distanz betrachten können. Er spricht ihnen aber auch jede Art der Erkenntnisvermittlung ab, da sie uns nur präsentieren, was wir bereits wissen.[32] Bildlichkeit fließt in seiner Sicht daher nur in den metaphorischen Prozess ein, der neben dem sprachlichen Ausdruck auch in der kognitiven Verarbeitung durch die Sprache kontrolliert wird. Eine rein bildliche Übertragung schließt Furbank aus, wie das einleitende Zitat bereits verdeutlichte: Miltons Metapher ›a Forest huge of Spears‹ begreifen wir nicht, indem wir gleichzeitig einen Wald und Speere sehen. Diese Art der Mischgestalt sei unmöglich. Das *tertium* der Metapher werde also unter dem Einfluss mentaler Bilder gebildet, sei selbst aber keines. Zwar hat Furbank in seiner Verwunderung über einen Bildbegriff der Metapher jenen bedeutenden Aspekt einer rein visuellen kognitiven Metapher angesprochen, doch sogleich als unmöglich verworfen. Diese rein visuelle Dimension eines kognitiven Erkenntnisprozesses wurde in der Theorie der Meta-

---

29 Vgl. ebd., 6f.
30 Ebd., 9.
31 Vgl. ebd., 12.
32 Vgl. ebd., 13.

pher erst eingehend diskutiert als durch Wittgensteins Analyse derartiger Mischformen ein theoretisches Konzept verfügbar war: das Sehen-als.

DER FALL DES HASE-ENTE-KOPFES: WITTGENSTEINS *SEHEN-ALS* UND DIE FOLGEN (HESTER, RICOEUR)

Im zweiten Teil seiner *Philosophischen Untersuchungen* von 1958 wendet sich Ludwig Wittgenstein der Verbindung von Wahrnehmung und Denken zu. Hierbei stellt er zwei Arten des Sehens vor, die sich im Hinblick auf ihre Objekte kategorisch unterscheiden: etwas sehen und eine Ähnlichkeit sehen. Letzteres gehöre bereits nicht mehr nur der bloßen Wahrnehmung an, sondern sei halb Seherlebnis und halb Denken.[33] Eine Ähnlichkeit sehen heißt nach Wittgenstein, das Gesehene bereits zu Deuten und gemäß der Deutung zu sehen. Wir sehen etwas *als* etwas. Er versucht dies genauer anhand eines Beispiels auszuführen, dessen Wahl eine folgenschwere Entscheidung für die Philosophie, Bild- und Metapherntheorie ist: Der Hase-Ente-Kopf des amerikanischen Psychologen Joseph Jastrow, den er in schematischer, reduzierter Form wiederholt (Abb. 2 und 3). Diese Mischgestalt, allgemein als Kippfigur oder Vexierbild bezeichnet, kann auf unterschiedliche Arten gesehen werden – einmal als Entenkopf und einmal als Hasenkopf. Am Beispiel versucht Wittgenstein, das stetige Sehen eines Aspekts vom Aufleuchten eines Aspekts zu trennen. Entweder sehe man den Hasen- oder den Entenkopf, ihre Gleichheit allerdings nicht. Erst durch einen Aspektwechsel werde die Gleichheit der beiden Bilder erfahrbar und das stetige Aspektsehen überwunden: »Der Ausdruck des Aspektwechsels ist der Ausdruck einer *neuen* Wahrnehmung, zugleich mit dem Ausdruck der unveränderten Wahrnehmung.«[34] Diese Erkenntnis sei mehr als ein bloßes Seherlebnis, es sei ein Sehen-als, das als Deutung zugleich Denken und Handeln sei, indem es einen Aspektwechsel in der Wahrnehmung ermögliche.

Was nun folgt in Wittgensteins Ausführungen zum Aspektsehen, ist eine Beschreibung, die nicht explizit auf die Metapher zielt, aber implizit als eine solche Definition gelesen werden kann und auch wiederholt wurde: »Wer in einer Figur (1) nach einer anderen Figur (2) sucht, und sie dann findet, der sieht (1) damit auf neue Weise. Er kann nicht nur eine neue Art der Beschreibung von ihr geben, sondern jenes Bemerken war ein neues Seherlebnis.«[35] Wirklich bemerkenswert an die-

---

33 Vgl. Wittgenstein 1958, 227 u. 231.
34 Ebd., 230. Dieser Satz wird in der Kunstphilosophie der Metapher von Arthur C. Danto in Kapitel 13 noch von entscheidender Bedeutung sein.
35 Ebd., 233.

ser Formulierung ist, dass sie für die Theorie der Metapher angebracht und unangebracht zugleich ist. Dies liegt daran, dass sie sowohl als Bestimmung der Metapher wie auch als Analyse der Kippfigur des Hase-Ente-Kopfes verstanden werden kann und sinnvoll ist, jedoch nicht auf beide in Verbindung zutrifft. Ein Umstand, der bisher in den philosophischen, metapherntheoretischen und bildwissenschaftlichen Analysen nicht erkannt wurde. Dieses Entweder-Oder der theoretischen Vereinnahmung des Sehen-als, ist Wittgensteins besonderer Wahl des Beispiels, dem Hase-Ente-Kopf geschuldet. Er ist nämlich, auch in einer sehr allgemeinen Bestimmung der Metapher, keine Metapher.[36] Zwar kann man den Hasenkopf durch einen Aspektwechsel als Entenkopf sehen oder anders herum, doch versteht man den jeweiligen Kopf *durch* den anderen nicht auf neue Weise. Eine Minimalbestimmung der Metapher wäre: Eine Sache durch eine andere Sache verstehen, wobei immer eine Bewegung vom weniger Konkreten zum Konkreteren stattfindet. Es ist nicht wie bei der Metapher des Menschen als Wolf, dass Eigenschaften des Wolfes auf den Menschen übertragen werden. Im Falle des H-E-Kopfes geht es um eine Entsprechung der Form, die aber keinen metaphorischen Prozess und damit keine neue Erkenntnis leistet. Lediglich wird ein Formgebilde aus Linien, Konturen und Schraffuren, *entweder* als Hasenkopf *oder* als Entenkopf gesehen.

Abbildung 2: Joseph Jastrow, The Duck-Rabbit
Abbildung 3: Wittgenstein, Hase-Ente-Kopf

Das Sehen-als wurde einerseits in Theorien zur sprachlichen Metapher aufgegriffen, besonders durch Marcus Hester und Paul Ricoeur, wie im Folgenden ausgeführt wird, und andererseits in Theorien zur visuellen Metapher, erstmals bei Virgil Ald-

---

36 Mary B. Hesse bezeichnet den H-E-Kopf sogar als »Meta-Metapher für die Metapher« und setzt der Fehldeutung noch eine Krone auf. Hesse 1988, 137.

rich, dann Arthur C. Danto und in Erweiterung und Differenzierung schließlich bei Richard Wollheim und Stefan Majetschak.[37] Die Anschlussfähigkeit von Wittgensteins Sehen-Als für eine Theorie der Metapher im Bild wird durch seine weiteren Ausführungen noch ersichtlicher. Die Funktion der Aspekte im Sehen-als deutet er an, indem er sie als »Aspekte der Organisation«[38] bezeichnet. Wenn ein Aspekt wechselt, so werden Teile eines Bildes neu verknüpft, die zuvor nicht zusammengehörig waren. In diesem Organisationsprinzip des Sehen-als kann aber auch jene Hervorbringung von Ähnlichkeit gesehen werden, die in der Metapherntheorie des 20. Jahrhunderts seit Max Black immer wieder aufgegriffen wird, aber zumeist der Bildhaftigkeit bzw. Visualität überantwortet und damit nicht weiter ausgeführt wird. Liest man Wittgensteins Ausführungen zum Sehen-als weiter als implizite Metapherntheorie, so ist sein ergänzendes Bildbeispiel aufschlussreich. Anhand eines einfachen Doppelkreuzes (Abb. 4) versucht er das Aspektsehen, den Wechsel zwischen einem schwarzen Kreuz auf weißen Grund und einem weißen Kreuz auf schwarzem Grund, durch die Grundrelation Figur-Grund weiter zu bestimmen. Die Räumlichkeit des Seherlebnisses ergibt sich aus Wittgensteins eigenartigem bis problematischen Bildbegriff, nachdem jedes mentale Bild ein Abbild im Sinne einer Materialisation ist, die selbst wiederum angeschaut werden kann.[39]

Abbildung 4: Wittgenstein, Doppelkreuz

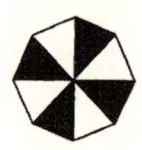

Diese Auffassung widerspricht direkt derjenigen Furbanks, da sie das mentale, innere Bild in die Nähe des äußeren Bildes rückt und einer distanzierten kontemplativen Betrachtung verfügbar macht. Wittgenstein entwickelte in seiner *Logisch-philosophische Abhandlung* (*Tractatus Logico-Philosophicus*) von 1921 eine Theorie, nach der logische Sätze Bilder sind, weil sie Tatsachen abbilden würden. Er revidiert diese strenge Abbildtheorie zwar im Spätwerk, doch behält er ein Grundverständnis des Bildbegriffs bei, der zwischen materiellem Bild, Bild-Metapher und analogisch-mathematischem Modell steht. Daher bleibt das Konzept des Sehen-als, verstanden als implizite Metapherntheorie, auch wenig anschlussfähig, löst man es

---

37 Diese Theorien zur visuellen Metapher werden in Kapitel 17 ausführlich vorgestellt.
38 Wittgenstein 1958, 243.
39 Ebd., 234.

nicht von Wittgensteins eigenem Bildbegriff. Für eine Erarbeitung eines visuellen metaphorischen Denkens sind seine Ausführungen zur Mischform und deren Figur-Grund-Relation, wie bereits Furbanks (negative) Andeutungen dieses Moments des Denkens aufzeigen, von wesentlicher Bedeutung und werden an späterer Stelle erneut aufgegriffen.

Max Black fasst die Bilder (*pictures*), in denen sein Lehrer Wittgenstein denkt und anhand derer seine Philosophie zu rekonstruieren ist, dann erstmals explizit als Metaphern, als *visual metaphors*.[40] Das für Wittgensteins Philosophie entscheidende Verhältnis von Sagen und Zeigen knüpft Black eng an dessen Bildbegriff, den er dezidiert als nicht figurativ bezeichnet. Dies ist besonders wichtig im Hinblick auf die logischen Bilder der Präpositionen als atomistische logische Einheiten. Zudem wird hierdurch sein Darstellungsbegriff verständlich, der auf ein Zeigen abzielt und vom Abbilden als Sagen getrennt wird. Wittgenstein versucht hiermit, die Grenzen der sprachlichen Logik zu untersuchen. Die logischen Wahrheiten seien Tautologien, die darstellen, indem sie zeigen.[41] Der Bildbegriff nimmt bei Wittgenstein daher auch ein Apriori ein, das nicht weiter hintergehbar ist: Es ist die Form in der die Logik sich selbst zeigen kann, ohne diese Form weiter reflektieren zu können, denn dafür müsse das Bild sich selbst darstellen bzw. beschreiben können. Daher hält uns auch ein Bild gefangen, das in der Sprache liegt – so Wittgensteins spätere Neuformierung des Bildverständnisses des frühen Tractatus.[42] Diese Einsichten sind auch für die Metapherntheorie von Belang, weil die Metapher als ebenjenes Bild verstanden werden kann, das im Gegensatz zur sprachlichen Logik *zeigt* und diese damit überwindet. Anselm Haverkamp sieht darin sogar eine direkte Verbindung zwischen Wittgenstein und Black, indem der Schüler den Bildbegriff des Lehrers der Struktur der Metapher unterlegt:

»Die grammatische ›Perspektive‹ von focus und frame ist das syntaktische Äquivalent der bildhaften Anordnung, deren Bildfeld die Unterscheidung des visuell-metaphorischen ›Zeigens‹ von der Eigentlichkeit des bloßen ›Sagens‹ entnommen ist [...]. Der frame, dessen un-

---

40 Black 1964, 3. Black bietet eine bemerkenswerte Zusammenfassung des Tractatus, indem er nur die visuellen Metaphern verbindet – oder wie er es selbst nennt: »a serviceable list of Wittgenstein's chief leitmotifs«.
41 Vgl. ebd., 74f. u. 17.
42 Vgl. ebd., 17 u. 87; Wittgenstein 1921, 4.1212 u. 1958, §115. Wittgenstein geht von der Abbildtheorie im Spätwerk zum Konzept der Familienähnlichkeit und den Sprachspielen über, um weiter die Grenzen der sprachlichen Logik und Kategorienbildung zu untersuchen. Hieran knüpfte später besonders die *Cognitive Metaphor Theory* an wie in Kapitel 12 genauer ausgeführt wird.

erbittliche Gegebenheit die Bildartigkeit des focus quasi syntaktisch vorzeichnet, etabliert einen Blickzwang ›metaphorischen Sehens‹, den Wittgenstein ein ›seeing as‹ genannt hat.«[43]

Die Parallele mag plausibel sein, doch wird in Haverkamps Ausdeutung Blacks Metapherntheorie bildformig, was aber nicht zutrifft, da Black einerseits von der Übertragung von Eigenschaften spricht und andererseits seine eigene visuelle Metaphorik der Beschreibung des metaphorischen Prozesses bewusst mitreflektiert.

Die neuere Wittgensteinrezeption hat sich unter anderem verstärkt den Implikationen eines Metaphernbegriffs oder einer Metapherntheorie zugewendet. Hierbei wird sein Bildbegriff als Metapher oder im Sinne von ›Weltbildern‹ verstanden und durch letzteres in eine auffällige Nähe einerseits zur Hans Blumenbergs Konzept der Leitvorstellung und Hintergrundmetaphern als Daseinsmetaphern und andererseits zum Konzeptsystem der kognitionswissenschaftlichen Forschung von Georg Lakoff und Mark Johnson gerückt.[44]

Marcus Hester entwickelte 1967 erstmals eine Theorie der sprachlichen Metapher und ihrer Bildlichkeit im Anschluss an Wittgensteins Konzept des Sehen-als.[45] Die Verbindung von Denken und Anschauung seines Vordenkers bildet den Kern seiner Bestimmung der Metapher: »*Metaphor is a fusion of sense and sensa because the seeing as in the metaphorical structure is half thought, half experience.*«[46] Die Metapher schließe *neben* der Bildlichkeit (*imagery*) auch das Sehen-als ein, beide bilden unterschiedliche ästhetische Momente.[47] Hesters Theorie ist dezidiert eine poetologische, grenzt dabei die poetische Metapher als eine besondere von an-

---

43 Haverkamp 2007, 98.
44 Vgl. Weiberg 2004, 115 u. 117. Anders argumentiert etwa Kertscher, der den oft gemachten Vergleich Wittgensteins mit der pragmatischen Sprach- und Metapherntheorie Donald Davidsons aufgreift und differenziert. Gerade das Konzept der Familienähnlichkeit wird dabei zum Argument für eine Sprachpragmatik. Vgl. Kertscher 2004. Wittgensteins Konzept des Sehen-als ist mit dieser Perspektive aber nur schwer vereinbar. Kroß und Zill verbinden die Lesart des Bildbegriff als Metapher mit der Metapherntheorie Davidsons zu einer pragmatischen Auflösung des Syntaxbruchs der Metapher. Vgl. Kroß 2004 u. Zill 2004. Die metapherntheoretischen Rezeptionslinien Wittgensteins, die sich anhand von Blacks Semantik und Davidsons Pragmatik ergeben sind unvereinbar. Ricoeurs Neuformulierung des Sehen-als greift zumindest Blacks Position wieder auf. Dazu im Folgenden mehr.
45 Virgil Aldrich entwickelte bereits wenige Jahre zuvor eine Theorie der visuellen Metapher, aufbauend auf Wittgensteins Sehen-als. Diese wird in Kapitel 17 genauer vorgestellt.
46 Hester 1967, 187.
47 Ebd., 116f.

deren Formen ab. Er vollzieht eine allgemeine Trennung der Sprache in poetische und wissenschaftliche – erstere schließe grundsätzlich Bildlichkeit ein, letztere wissenschaftliche Modelle.[48]

Worin sieht Hester die Besonderheit der poetischen Metapher? Diese äußere sich nicht durch eine spezifisch andere Verfasstheit, sondern durch eine besondere Wahrnehmungshaltung, ein Lesen als den Gedichten angemessene Haltung, in der die Welt suspendiert werde. Die sonst nur sekundären Qualitäten der Bildlichkeit und des Sehen-als treten hierbei gleichberechtigt neben die Wörter als primäre Qualitäten der Metapher.[49] In dieser ästhetischen Haltung werde auch das natürliche Urteil suspendiert und die Metapher durch eine Art Richtigkeit (*correctness*) wahrheitsfähig.[50] Das Lesen erfordert, so Hester, die Bildlichkeit. Damit meint er die gesamte sinnliche Fülle von Bildern, Tönen, Gerüchen und Geschmack. Diese Fülle komme der Metapher zu, allerdings nicht als freie und spontane, sondern immer als an die Sprache gebundene. Die Bildlichkeit ist also an die Metapher gebunden, genauer an die Wörter, die gelesen werden. Die Bilder liegen an den Ketten der Sprache.[51] Zwar seien sie nie frei – Hester widerspricht hierbei explizit Richards –, doch hat in seiner Metapherntheorie die Bildlichkeit Vorrang vor der Prädikation. Er bestimmt die Metapher und ihren Einbezug von Sinnlichkeit und Bildlichkeit daher wie folgt: »A metaphor is a momentary, illuminating identification between the main idea and an imported image, an identification which does not explain itself but rather must be seen by our insight.«[52] In welcher Weise diese Identifikation ›gesehen‹ werden kann, erklärt er dann ausführlich mit Wittgensteins Sehen-als.

Das Sehen-als wähle die relevanten Aspekte der metaphorischen Bilder, also der durch Worte hervorgerufenen mentalen Bildlichkeit aus. Um diese besondere Art des Sehens aber nicht einer naiven Annahme eines *Mind's Eye*, eines inneren Auges zu überantworten, geht Hester weiter auf die involvierten Bilder und deren

---

48 Ebd., 133 u. 134n77. Er bezieht sich zur wissenschaftlichen Sprache auf Black, der die Metapher in den Wissenschaften in einer breiter angelegten Modelltheorie diskutiert. Dazu ausführlicher in Kapitel 12.

49 Ebd., 119. Er greift hierbei auf Husserls Konzept der *Epoché* zurück.

50 Vgl. ebd., 164-166. Im Vorjahr formulierte bereits Mary B. Hesse ein Konzept der Richtigkeit als erweiterter Wahrheitsanspruch, der auch die Metapher einschließt. Nelson Goodmans erster Entwurf eines solches Konzept entsteht dann im Folgejahr. Vgl. Hesse 1966 und Goodman 1968. Dazu ausführlicher in Kapitel 12.

51 Hester 1967, 131f. Deshalb orientiert er sich auch an Dufrennes Wahrnehmungsbegriff und nicht an Sartres Imagination. Zu den Ketten zwischen Wörtern und Bildern vgl. ebd., 137. Zu den Kriterien der Gebundenheit wie Erinnerung, kultureller Kontext und Intention ausführlicher 142-150.

52 Ebd., 138.

Verarbeitung ein. Hierbei unterscheidet er zwei Arten des Sehens, eines, das direkte Sinneseindrücke auslöst, und ein bewusst in Anführungszeichen gesetztes ›Sehen‹ der mentalen Bilder. In dieser Art des Sehens habe man eine Quasi-Erfahrung (*quasi-experience*), die sich von einem wirklichen Sinneseindruck unterscheidet, da ihre Bilder keine perspektivische Fülle haben. Hester konstruiert ein Kriterium für die Besonderheit metaphorischer Bilder, um sie nicht gegenüber den Sinneseindrücken abzuwerten, wie aus seiner Kritik an David Humes Begriff des mentalen Bildes hervorgeht.[53]

Den bisherigen Ausführungen nach liest sich seine Position als Bildtheorie der Metapher, in der die Bildlichkeit notwendiges Kriterium ist. An späterer Stelle räumt er aber ein, dass es auch Metaphern gibt, bei denen ein Teil im Übertragungsprozess abstrakt ist. Diese Einsicht gelingt Hester vor allem auch durch den Rückgriff auf Richards Trennung zwischen Tenor und Vehikel und die daraus hervorgehende duale Struktur der Metapher. Im Sehen-als wird der abstrakte Teil einer Metapher dann ikonisiert (*iconicized*).[54] Hester will den metaphorischen Prozess zwischen beiden Teilen der Metapher nicht als Übertragung von Eigenschaften nach sprachlichen Regeln auffassen, sondern als ein ›Sehen‹. Was Black bewusst als metaphorische Beschreibung, als visuelle Metapher der Metapher ausweist, knüpft Hester an einen Wahrnehmungsakt, der durch seine kognitive Verfasstheit jedoch nicht einem naiven inneren Auge entspricht. Das Aspektsehen, so interpretiert er Wittgenstein, erfordert die Einbildungskraft, ist daher nicht mehr nur bloße Wahrnehmung, aber auch nicht bereits Interpretation.[55]

Wie äußert sich das Sehen-als bei einer sprachlichen Metapher anstelle einer sichtbaren Gestalt wie etwa dem Hase-Ente-Kopf? Hesters unglückliches Shakespeare-Beispiel ist die Zeit als Bettler, also eine konventionelle Metapher, bei der der Tenor sogar ein Abstraktum – Blumenberg würde sagen etwas Absolutes – ist. Bemerkenswert ist seine Bestimmung des Äußerungscharakters der Metapher. Die Annahme, dass die an der Metapher beteiligten Vorstellungen nicht identisch sind, sei wesentlich um den metaphorischen Prozess und damit das Sehen-als einzuleiten. Er geht über ein rein grammatikalisches Verständnis hinaus und unterscheidet zwei Arten der Spannung: »Explicit metaphors have grammatical red flags to disclaim a literal interpretation. Implicit metaphors are recognized by their tension with scientific knowledge.«[56] Bei beiden werde der Tenor ›gesehen als‹. Mit der Orientierung an einer allgemeinen Spannung anstelle des Syntaxbruchs, nimmt er Richards Kon-

---

53 Vgl. ebd., 150-153 u. 159f. Zur Kritik an Hume nutzt er wie später auch Furbank die Theorien von Ryle und Sartre.
54 Vgl. ebd., 140 u. 176.
55 Vgl. ebd., 170f.
56 Ebd., 174. Er verweist hier vor allem auf die Position Aldrichs.

zept der Spannung und die damit einhergehende Berücksichtigung der kognitiven Dimension der Metapher auf. Erst hierdurch wird die grammatische Struktur der Metapher mit dem Sehen-als vereinbar.

Um das Konzept des Sehen-als weiter auf die Metapher zuzuschneiden, versucht Hester schließlich das Sehen-als des Hase-Ente-Kopfes von demjenigen der Metapher zu unterscheiden: »In Wittgenstein's example we are given B and the problem is to see A and C. In metaphor the problem is different though the act of seeing as is similar. *In metaphor we are given A and C and the problem is to see B.* [...] In the metaphor B is the relevant senses in which A is like C.«[57] Verbindendes Element beider Arten des Sehen-als ist jenes ›B‹, das er als »common *Gestalt*« im Anschluss an Wittgensteins Rückgriff auf die Gestaltpsychologie bestimmt. Hesters zitierte Ausführungen und die Formalisierung suggeriert aber eine falsche Evidenz: Die beiden als »B« formalisierten Gestalten sind nicht gleichzusetzen, da es sich im Falle der Metapher um eine Mischgestalt handeln müsste, in der beide Teile, also A und C, derart enthalten wären, dass ein Sehen des einen *als* das andere im Sinne von *durch das andere hindurch* möglich ist. Das *tertium* der Metapher kann keine Kippfigur sein, die zwar A *und gleichzeitig* B *ist* aber dennoch nur als *entweder* A *oder* B *wahrgenommen* werden kann. Hier äußert sich wieder die Verwirrung, die Wittgensteins bereits zitierte Passage stiftet, die auf das Kippbild und die Metapher zutrifft, aber nicht beide verbinden lässt. Ein erhellendes Beispiel lieferte Furbank mit ›a Forest huge of Spears‹. Was er für nicht möglich hielt, das gleichzeitige Sehen beider Vorstellungen als Mischgestalt, entspricht genau Hesters Beschreibung des metaphorischen Sehen-als. Der Wald (Tenor) wird mit den Speeren (Vehikel) zusammen gesehen. Das metaphorische Bild als Mischgestalt der durch Tenor und Vehikel über die Sprache vermittelten Bilder von Wald und Speeren wäre ein Wald aus Speeren – eine Vorstellung, die definitiv möglich ist. Diese wäre dann aber eine Mischgestalt aus A und C, die aber nicht einem B im Sinne des Hase-Ente-Kopfes entspricht. Sie ließe sich nicht als entweder Wald oder Speere wahrnehmen, sondern nur als Gestalt, in der beide Vorstellungsbilder auf neue Weise verbunden sind.

Hesters Beispiel der Zeit als Bettler, das er an dieser Stelle abermals zur Klärung anführt, wird seinen theoretischen Ausführungen nicht gerecht. Hier gebe es eine gemeinsame Gestalt, hervorgerufen durch die den Worten *Zeit* und *Bettler* korrespondierenden Bilder. Der Zeit kommt aber in der Metapher allererst eine vermittelnde Vorstellung, diejenige des Bettlers, zu, da sie als abstrakter Begriff per se unanschaulich ist. Hester spricht dem Sehen-als das Potential zu, derartig abstrakte Begriff zu ikonisieren, doch geschieht dies erst durch die Metapher. Das im metaphorischen Prozess hervorgebrachte *tertium* als gemeinsame Gestalt von Tenor und

---

57 Ebd., 179.

Vehikel kann es im Falle der Metapher der Zeit als Bettler nicht geben. Der Zeit kommt durch die Metapher die anschauliche Vorstellung, die Personifizierung als Bettler, zu. Sie ist aber nicht bereits Lieferant einer bildlichen Vorstellung im metaphorischen Prozess. Sie kann *als* Bettler *gesehen* werden, doch nicht aufgrund einer Mischgestalt im Sinne Wittgensteins. Hesters Konzept des metaphorischen Sehen-als ist aufschlussreich, berücksichtigt man, dass es nicht auf alle Metaphern anwendbar ist. Bei jenen Metaphern, die veranschaulichen, weil ihre beiden Bereiche unmittelbar Vorstellungsbilder hervorrufen, wie Miltons Metapher ›a Forest huge of Spears‹ bietet das Konzept einen Einblick in die Hervorbringung von Ähnlichkeit, wie Hester schreibt: »*The metaphor establishes a relation but also reveals a relation.* [...] what we call ›similar‹ is defined ex post facto by the act of seeing as«[58]. In der durch das Sehen-als bei veranschaulichenden Metaphern hervorgebrachten Mischgestalt werden neue Ähnlichkeiten zwischen Vorstellungen aufgezeigt und hervorgebracht.

Einen wesentlichen Beitrag zu einer Ästhetik der Metapher stellt Paul Ricoeurs Schrift *La métaphore vive* von 1975[59] dar, in der er die Einsichten in die Struktur und Visualität der Metapher mit der Tradition der neuzeitlichen Sprachphilosophie verknüpft. Diese Traditionslinie findet über seine Rezeption Hans-Georg Gadamers in seine Theorie Einzug; im Zentrum seiner Ausarbeitung stehen aber Immanuel Kant und Ludwig Wittgenstein und deshalb auch die bereits vorgestellten Positionen von Paul Henle und Marcus Hester. Ricoeur stellt eine Theorie der lebendigen Metapher vor, die als positive Neuwertung des Ähnlichkeitsbegriffs zu verstehen ist. Anhand von vier Argumenten lässt sich sein Plädoyer für die Ähnlichkeit rekonstruieren.

Ricoeurs erstes Argument richtet sich besonders an Max Blacks Interaktionstheorie und ihre Überwindung der Substitution aufgrund von Ähnlichkeiten. Spannung und Widerspruch, wie sie in Blacks Theorie ausgearbeitet sind, seien nur die semantische Kollision, nicht aber die neue Angemessenheit darauf zu antworten. Mit Rückgriff auf Wittgensteins Konzept der Familienähnlichkeit argumentiert er für eine vorbegriffliche Ähnlichkeit, aus der heraus die Ähnlichkeit in der Metapher erst logisch erschlossen werden kann.[60] Ähnlichkeit sei daher notwendig für die

---

58 Ebd., 183.
59 Wesentliche Einsichten der Schrift gibt er in seinem Aufsatz für die einflussreiche Ausgabe des *Critical Inquiry* 1978 wieder und macht sie damit einem englischsprachigen Fachkreis verfügbar. Vgl. Ricoeur 1978. Ebenso nimmt Haverkamp in sein Standardwerk zur neueren Metapherntheorie eine Übersetzung Ricoeurs auf und macht sie damit zu Beginn der 1980er auch einem deutschsprachigen Fachkreis zugänglicher. Vgl. Haverkamp 1983.
60 Vgl. Ricoeur 1975, 182f.

Spannung. Hieran schließt sein zweites Argument an, nachdem die Ähnlichkeit nicht nur aus der Metapher hervorgeht, sondern vielmehr ihr leitendes Prinzip ist. Referenz sind hierbei Aristoteles' Ausführungen zum Sehen der Ähnlichkeit als vereinigender Prozess. Auch Blacks Metaphern der Metapher wie *Schirm*, *Filter* und *Linse* versteht er als notwendige erste Sprache, um der konstitutiven Ähnlichkeit nachzukommen: »Es ist also nicht widersprüchlich, die Metapher erst in der Sprache der Apperzeption, also des Sehens, und dann in der der Konstruktion zu beschreiben.«[61]

Das dritte Argument hebt die epistemologische Leistung der Metapher nochmals hervor. Wo die Logik an ihre Grenzen gerate, da sie den Ursprung ihrer eigenen logischen Struktur des Ähnlichen nicht selbst fassen könne, biete die Metapher Erkenntnis. Sie bringe diese Struktur hervor, weil das Ähnliche in ihr trotz der Differenz, also des logischen Widerspruchs wahrgenommen werde. Weil die Metapher Ähnlichkeit und Widerspruch gleichermaßen aufrecht erhalte, löst Ricoeur die Paradoxie der Metapher von der Ähnlichkeit her auf. Er formuliert den Kategorienfehler der Metapher damit um zu einer Sprachstrategie, »die Grenzen der etablierten Logik zu verwischen, um neue Ähnlichkeiten sichtbar zu machen, [...] eine frühere Kategorisierung zu brechen, um auf den Trümmern der älteren logischen Grenzen neue zu errichten«.[62] Der Widerspruch ist das sprachliche Hilfsmittel, um eine kognitive Wechselwirkung von Gleichheit und Verschiedenheit anzuzeigen.

Der Kategorienfehler wird zur Verlegenheitslösung der Logik in Hinblick auf die Ähnlichkeit. Kategorien sind nicht absolut, so lehrt die Metapher. Sie führt aus dem Spiegelkabinett des herrschenden logischen Systems, macht Ähnlichkeiten sichtbar und die bestehenden Gattungen als Setzungen reflexiv zugänglich. Diese an der philosophischen Verortung der Metapher im ersten Teil geschulte Sicht auf Ricoeur geht nicht über seine Argumente hinaus, sondern greift auf, was er selbst vorsichtig und kritisch in Aussicht stellt:

»Können wir nicht noch einen Schritt weiter gehen und die Hypothese aufstellen, daß die gedankliche Dynamik, die sich durch die schon etablierten Kategorien einen Weg bahnt, die gleiche ist wie diejenige, die jeder Klassifizierung zugrunde liegt? Ich spreche hier von einer Hypothese; denn wir haben keinen direkten Zugang zu einem solchen Ursprung der Gattungen und Klassen. Beobachtung und Reflexion kommen immer zu spät. Nur aufgrund einer Art philosophischer Imagination, die extrapolierend vorgeht, kann man voraussetzen, daß die

---

61 Ebd., 185. Auch Nelson Goodmans Metaphorik der Hingabe unter Protest liest er unter diesen Vorzeichen. Zu Goodman genauer in Kapitel 12 u. 13. Die visuellen Metaphern der Metapher werden durch Ricoeurs Rückführung auf die vorbegriffliche Ähnlichkeit damit als angemessen erklärt.
62 Ebd., 188.

Redefigur, die wir Metapher nennen und die zunächst als ein Phänomen der Abweichung gegenüber einem etablierten Sprachgebrauch erscheint, von der gleichen Art ist wie der Prozeß, der allen ›semantischen Feldern‹ zugrundeliegt, damit auch dem Sprachgebrauch selbst, von dem die Metapher abweicht.«[63]

Die Metapher lege dabei eine grundlegende Dynamik der Sprache offen. Ricoeur verbindet Gadamers Konzept der fundamentalen Metaphorik der Sprache mit Wittgensteins Familienähnlichkeit: Die logischen Gattungen verdecken die Differenzen, die in den durch Abstraktion gebildeten Identitäten stecken. Die Metapher macht diese und das ihnen zugrunde liegende vorbegriffliche Ähnlichkeitsprinzip wieder sichtbar. Durch dieses entscheidende dritte Argument verbindet Ricoeur die Tradition des sprachphilosophischen Humanismus nach Gadamer mit der Interaktionstheorie der Metapher nach Richards und Black und dem Aspektsehen als ästhetisches Moment der Metapher in Anschluss an Wittgenstein.[64]

Eine Neuformulierung des ikonischen Charakters der Ähnlichkeit stellt dann Ricoeurs viertes Argument dar. So rehabilitiert er die Imagination als semantisches Moment der Metapher. In der Begründung orientiert er sich an Kant und seiner Bestimmung der produktiven Einbildungskraft. Das Schema, das nach Kant den Kategorien als Vorstellung zugrunde liegt, also das Bild in der Sprache ist, sieht er als Analogon für ein Konzept der Imagination im metaphorischen Prozess: »Wie also das Schema die Matrix der Kategorie, so ist das Ikon diejenige der neuen semantischen Pertinenz, die aus dem Abbau der semantischen Felder unter der Schockwirkung des Widerspruches entsteht.«[65] Das Ikon stelle das vorbegriffliche Erfassen des Identischen in den und trotz der Differenzen dar. Es geht ihm wesentlich auch darum, Aristoteles neu zu lesen, um nachzuweisen, dass die Metapher nicht nur auf die bestehenden Kategorien aufbaut und eine nicht aufzulösende Paradoxie von Anschauung und Sprache erzeugt. Nach Ricoeur finden sich bereits bei Aristoteles

---

63 Ebd., 188f.

64 Gadamer arbeitete in seiner philosophischen Hermeneutik 1960 aus, dass Sprache und Logik nicht zusammenfallen. Demnach vollziehe sich die grundsätzliche Metaphorik der Sprache nicht im Hinblick auf ein Logisch-Allgemeines der Gattungen, sondern aufgrund von Ähnlichkeiten, die eine sprachfremde logische Theorie als uneigentlichen Gebrauch abwertet. Er nimmt damit den neuzeitlichen Gedanken eines schöpferischen Bildens nach dem Gesetz der Metapher auf, das durch das cartesianische Sprachideal vom ursprünglichen Grund des Sprachlebens zur rhetorischen Figur marginalisiert wird. Vgl. Gadamer 1960, 405-411. Im Anschluss an Herder und Humboldt sieht er in der Sprache einen Organismus, durch den der Mensch erst zu einer Welt, einer Weltsicht kommt, ebd. 415 u. 446-448.

65 Ricoeur 1975, 191.

Anhaltspunkte zur semantischen Rolle der Imagination. Der kalkulierte Kategorienfehler trägt also die bildhafte Verkörperung seiner eigenen Struktur. Ikon und Schema lassen sich demnach als prä-prädikative und post-prädikative Bildlichkeit gegenüberstellen.

In Rekurs auf Henle und Hester geht Ricoeur schließlich über diesen logischen Grenzwert der Ähnlichkeit hinaus. Die Nähe zu Henles Position wurde bereits durch Ricoeurs Ikonbegriff und die Überwindung einer Dichotomie von Bild- und Sprachtheorie deutlich. Der Ikonbegriff eigne sich für eine Erweiterung und damit Neuformulierung des Bildbegriffs, da er weitere Ähnlichkeiten wie strukturelle, situative und emotive einschließe, die in der ursprünglichen Bedeutung des Bildes als Metonymie für die gesamten Gesichtssinn enthalten waren, doch durch seine zunehmende Verkürzung und Substantialisierung überlagert wurden. Aber erst durch Hesters qualitativ neuen Ikonbegriff könne die Verbindung von sprachlichem und nichtsprachlichem Moment der Metapher erfasst werden. Dieser nehme die Verschmelzung von Sinn und Sinnlichkeit, die Dichte der materialgewordenen Sprache und die Virtualität einer Erfahrung, die nicht auf einer einfachen Referenz beruhe, auf.[66] Der ikonische Charakter schließt, so Ricoeur im Anschluss an Hester, die Kontrolle des Bildes durch den Sinn ein. In der Ikonizität der Metapher sei ein der Sprache eigenes Imaginäres zu sehen. Die selektive Funktion im metaphorischen Prozess sieht er wie auch Hester erst durch Wittgensteins Konzept des Sehen-als, des Aspektsehens als Verbindung von Sinn und Bild gesichert.[67] Kants Schematismus bestimmt er grundsätzlich als vereinbar mit dieser Position und bezieht daher auch Sehen-als und Schema aufeinander:

»Das ›Sehen als‹ spielt somit gerade die Rolle des Schemas, das einen *leeren* Begriff und einen *blinden* Anschauungseindruck vereinigt; durch seinen halb gedanklichen, halb erfahrungsmäßigen Charakter verbindet es das Licht des Sinnes mit der Fülle des Bildes. Innerhalb

---

66 Vgl. ebd., 198. Er verweist zudem auf die Schrift *The Verbal Ikon* von Wimsatt und Beardsley von 1954, in der diese Verschmelzung in Analogie zu den byzantinischen Ikonen gesetzt wird. Hester habe dieses Konzept übernommen, allerdings mit einer entscheidenden Wendung zum Imaginären, Vgl. 200. Ricoeurs Aristoteles-Analyse schließt auch dessen Verbindung von Gesichtssinn und Vor-Augen-Stellen ein, die er mit Peirces Ikonbegriff weiter fasst, vgl. 190-194.

67 Vgl. ebd., 203-205. Die selektive Funktion als Bindeglied zwischen Anschauung, Denken und Sprache weist deutliche Ähnlichkeit zum Pars-pro-toto-Konzept etwa bei Herder und Cassirer auf. Durch die selektive Merkmalssetzung werden die Kategorien und damit auch die Begriffe erst gebildet.

der Imaginationsfunktion der Sprache sind somit Nichtsprachliches und Sprachliches eng miteinander verbunden.«[68]

Ricoeur orientiert sich weiter an den Ausführungen Hesters, indem er ebenfalls zugunsten einer kognitiven Sicht der Metapher die Spannung vorrangig als eine semantische denn eine grammatische sieht, verzichtet aber auf dessen kunstphilosophische Vorannahme einer besonderen Art des Lesens als ästhetische Haltung. Ihm geht es nicht nur um die poetischen sondern um ein allgemeines Verständnis der Ästhetik und der Wirkung lebendiger Metaphern.

Ricoeur gelingt es, die sprachliche Ausdrucksseite der Metapher mit ihrem prozessualen Charakter und dessen visuellen Moment zu verbinden. Bildlichkeit und Einbildungskraft können Teil der Reflexivität der Sprache sein, weil sie sprachlich gebunden sind. Bernhard Debatin arbeitet diese Verbindung von Ikonizität und Sprachlichkeit der Ricoeur'schen Metapherntheorie heraus, indem er dessen Ikonbegriff als Konzept einer rationalen Kontrolle des Bilderflusses beschreibt. Die Dichotomie von Anschauung und Reflexivität, wie sie etwa Geert Keil annimmt und die Metapher als hyper-begriffliche der unhaltbaren Anschauungsthese gegenüberstellt,[69] ist in Ricoeurs Position entkräftet. Debatin sieht in der Ikonizität der Metapher nach Ricoeur sogar »die reflektierte Neubildung der Anschauung in Einnehmen einer neuen, kontrafaktischen Perspektive«[70] und verbunden damit die Möglichkeit, neue an alte Erfahrungen anzuschließen, um die Einheit der Erfahrung zu gewährleisten.

Die Metapher ist ein Schritt hin zur genetischen Struktur der Sprache. Sie lässt die rationale und strikte Ordnung und die Grenzen der Kategorien bewusst werden. Sie geht damit an jenen Punkt, an dem sich Anschauung, Denken und Sprache treffen *können*, sofern die am metaphorischem Prozess beteiligten Vorstellungen bildlich sind – bildlich in dem Sinne, dass die Wörter und ihr Kontext Bilder evozieren. Diese Bildlichkeit der Metapher ist immer durch das Brennglas des Begriffs gegeben: Der Begriff bzw. der dazugehörige Kontext von Satz oder Text bieten den Zugang zur Anschauung, die im metaphorischen Prozess involviert ist. Das heißt, dass die Metapher einen Zugang zum ästhetischen Grund der Sprache darstellt, nicht aber bereits, dass sie selbst schon per se ästhetisch oder gar bildlich ist. Der Schematismus Kants bietet hierbei die nötige Differenzierung, denn die Anschauung bleibt an die Sprache gebunden und kann daher weder einem externen Bildbegriff entsprechen noch einer freien Imagination. Es ist nicht das Bild in der Sprache oder

---

68 Ebd., 206.
69 Vgl. Keil 1993, 250 u. 271.
70 Debatin 1995, 242.

die Ästhetik in der Sprache, sondern die Bewegung innerhalb der Sprache zu ihren begrifflich-logischen Grenzen, die durch ein Anschauliches bzw. Ikonisches Element selbst aufgezeigt werden und ein Vorbegriffliches erahnen lassen. Neben dieser gebundenen Bildlichkeit *kann* aber auch eine freie Einbildungskraft den metaphorischen Prozess steuern. Das Modell des Sehen-als im Anschluss an Wittgenstein erklärt die Ähnlichkeitskonstitution im Interaktionsprozess solcher Metaphern. Die Ähnlichkeiten müssen nicht bereits durch Gattungen und Klassen gegebene sein, sondern können durch die Metapher in einem vorbegrifflichen Zusammendenken trotz Differenz erzeugt werden.

Um nicht wieder in einen unhaltbaren Visualismus der Metapher zurückzufallen, gilt es aber unbedingt, nicht die Art von Metapher absolut setzen, die in den Fokus der Theorie gerückt ist, nicht das ästhetischen Moment, das einer großen Zahl von Metaphern zukommt, als notwendiges Kriterium aller Metaphern anzunehmen. Zur Relativierung lassen sich leicht Beispiele geben, die ihren ›Gegenstand‹ zwar konkreter fassen, dabei aber nicht auf Anschaulichkeit zurückgreifen. Die im metaphorischen Prozess beteiligten Vorstellungen evozieren dabei keine sprachlich gebundenen Bilder. Die Metapher des Staates als Organismus beispielsweise kann nicht durch Wittgensteins metapherntheoretisch erweitertes Konzept des Sehen-als erschlossen werden, weil dem Begriff ›Organismus‹ keine konkret bildhafte Vorstellung entspricht. Dennoch wird das abstrakte und unanschauliche Konzept des Staates konkreter fassbar, da der Organismusbegriff unserer eigenen Erfahrung zugänglicher ist, sogar am eigenen Leib unmittelbar erfahrbar wird. Diese Metapher gehört sogar zu jener besonderen Art der Metapher, die überhaupt nicht auf Anschaulichkeit zurückgreift, weder durch den Tenor noch das Vehikel. Anders verhält es sich bei solchen Metaphern, die Hans Blumenberg als absolut bezeichnet, da sich ihr ›Gegenstand‹, etwa die Zeit, die Welt oder der Kosmos jeglicher Form der Anschauung und Konkretheit entzieht. Diese können aber durch Metaphern allererst einer Einbildungskraft zugänglich gemacht werden, in dem beispielsweise die Zeit als linear gedacht wird und sich der Verlauf der Geschichte oder eines Lebens entlang einer Linie anschaulich begreifen lässt. Ferner können wir unsere gesamte geistige Tätigkeit nur durch Metaphern beschreiben, wie besonders die technischen Metaphern des metaphorischen Prozesses bei Max Black verdeutlicht haben. Auch hier greift das metaphorische Sehen-als nicht. Bereits an diesen einfachen, konkreten Kontexten enthobenen Metaphern wird verständlich, dass sich Metaphern entlang einer Linie verorten lassen, die sich von einer bildlichen Vorstellung bis hin zur rein strukturellen Analogie erstreckt. Zu berücksichtigen gilt hierbei erneut die duale Struktur der Metapher, nach der beide im metaphorischen Prozess involvierten Vorstellungen auf dieser Linie verortet werden können. Nur wenn beide Vorstellungen auch bildlich sind, kann das *tertium* der Metapher durch ein Sehen-als gebildet werden.

Diese ästhetische Dimension der Metapher konnte erschlossen werden, da durch die Differenzierung des metaphorischen Prozesses und die damit auch präzisere Kritik am Bildbegriff der Metapher ihre imaginativ-anschaulichen Aspekte nicht mehr verdeckt bleiben. Das Aufdecken unerkannter Metaphern der Metapher wurde als Analysemittel benutzt, um die hartnäckige Einschreibung eines naiven Visualismus zu entlarven.[71] Die Handhabung derartiger Metaphern wurde bisher als eine Art allheilendes Wundermittel in der Metapherntheorie präsentiert, soll im folgenden Kapitel gerade deshalb genauer besprochen und kritisch hinterfragt werden.

---

71 Dieser Ertrag sei mit Nachdruck betont, da ebenso die Möglichkeit bestünde, die visuellen Metaphern der Metapher als schlichtweg unangebracht abzutun und damit die hierbei verstellte Bildlichkeit, die viele Metaphern aufweisen, unbeachtet lassen. Vgl. hierzu etwa Haverkamp 2007, 99, für den sie kaum der weiteren Rede wert sind.

11 Metapher als Metapher: Verstrickung, Entzug und Grenze (Derrida, de Man, Haverkamp)

Der bewusste Umgang mit Metaphern der Metapher kann eine falsche Terminologisierung der Metapher offenlegen und verhindern. Das Wort *Metapher* ist selbst kein Begriff sondern bereits seit seiner theoretischen Grundlegung in der Antike durch Aristoteles ein Name, der seinen Gegenstand durch sich selbst beschreibt: μεταφορά (*metaphorá*) als altgriechisches Wort für Übertragung leitet damit ein, was sich als Verstrickung in der Metapherntheorie äußert. Die Metapher lässt sich nur durch sich selbst charakterisieren, entzieht sich dabei jeder terminologischen Definition. *Metapher* als Begriff zu verstehen und zu fixieren, würde nur bedeuten, *eine* Metapher der Metapher absolut zu setzen und die Eigenart des Phänomens zu verfehlen. Welche theoretische Sprache ist der Metapher also angemessen? Berücksichtigt man diese Verstrickung der Metapherntheorie, so ist keine logisch-rationale Sprache und auch keine Metasprache, die auf die Sprache als ihren Untersuchungsgegenstand zurückgreift, in der Lage, sie zu fassen. Dies wirft die weiterführende aber grundlegende Frage auf, ob die Metapher durch ihre Metaphern, also die *Metaphern der Metapher* besser zu bestimmen ist oder sich per se der Analyse entzieht. Indirekte und pragmatische Ansätze sind bereits bei Friedrich Nietzsche und Hans Blumenberg zu finden, wie im ersten Teil besonders mit Blick auf deren Rezeption erarbeitet wurde. In den 1970er Jahren entfachte die Diskussion um die Verstrickung der Metapher. Ihre Protagonisten sind vor allem Jacques Derrida und Paul de Man.[1]

---

1 Eine radikale und einflussreiche Kritik ist auch in der pragmatischen Theorie von Donald Davidson zu sehen, der jede metaphorische Wortbedeutung verneint, da alles auf die Sprachpragmatik zurückzuführen sei. Den Diskurs um die Paradoxie der Metapher und die Legitimität von Analysemethoden fasste Anselm Haverkamp in seiner Anthologie *Die paradoxe Metapher* zusammen und kommentierte ihn. Vgl. Haverkamp 1998. In sei-

Derrida entfaltet in seinen beiden metapherntheoretischen Aufsätzen eine Kritik am philosophischen Metapherndiskurs im Wesentlichen durch zwei Metaphoriken – beide sind Metaphern für die Metapher: einerseits die Sonne in *Die weiße Mythologie* von 1972, andererseits das Fahrzeug in *Der Entzug der Metapher* von 1987. In beiden wird die Metapher als eine Bewegung in der Sprache dargestellt, die entweder blendet oder nicht wegzunehmen ist, in jedem Fall daher einen Entzug bedeutet. Beide bringen auch seine Metaphysikkritik und die damit verbundene Dekonstruktion des Programms der Metaphorologie, verstanden als Analyse der philosophischen Metaphern, auf den Punkt. Die Metapher, so Derridas Diagnose für die Erkenntnistheorie, bleibt bei ihrem Ausschluss dennoch unerkannt und mit wesentlichem Einfluss erhalten und bei ihrem Einschluss nicht als Begriff fixierbar. Wie man der Metapher auch gegenübertritt, sie erzeugt eine Verstrickung, die nur über die Metaphern der Metapher zugänglich ist, sich aber generell einer Beherrschung entziehe.

Was Derrida der Metaphysiktradition als weiße Mythologie vorwirft, geht zurück auf eine geschickte Verbindung von Ubiquität und Konventionalisierung der Metapher – Gebrauch (*usage*) und Abnutzung (*usure*). Dieses Verhältnis beschreibe die eigentliche Geschichte und Struktur der philosophischen Metapher, denn als allgegenwärtige im Text werde sie stets abgenutzt, durch ständigen Gebrauch verliere sie ihre sinnlich wahrnehmbare Figur und werde zum abstrakten Begriff.[2] Hiermit greift er die bereits von Jean Paul, Friedrich Max Müller, Ernst Cassirer und Hans-Georg Gadamer hervorgebrachte These der Ubiquität der Metapher in der Sprache auf, wendet sie aber gegen die philosophische Tradition selbst, genauer gesagt gegen die Metaphysik, wie bereits Friedrich Nietzsche zuvor. Für diese folgenschwere Abnutzung der Metapher hält Derrida selbst eine Metapher bereit, die ebenso für die Sprachökonomie und Verschiebung der Metapher von der Bedeutung zum Wert einsteht: die Münze.[3] Die Analogie liegt auf der Hand: Auf der Münze ist eine Figur eingeprägt, die durch ständigen Gebrauch, durch Zirkulation des Begriffs, abgenutzt und sogar ausgelöscht wird. Diesen Prozess verdeutlicht er durch das französische *ef-facement* als Wegnahme des Gesichts. Bezogen auf die Philosophie bedeutet dies eine doppelte Auflösung. Einerseits nutze sie die Metapher, tilge sie andererseits dann aber wieder aus ihrem bewussten Sprachgebrauch. Ebendiesen

---

nen latenztheoretischen Ausführungen zur Historie der Metapher im theoretischen Diskurs spielt bei Haverkamp die Paradoxie der Metapher, die sich in ihrer sprachlichen Anomalie äußert eine wesentliche Rolle. Vgl. Haverkamp 2007, 54 u. 61-64.

2 Vgl. Derrida 1972, 229f.

3 Vgl. ebd., 231 u. 236f. Die Münz-Metapher wurde in der Metapherntheorie immer wieder aufgegriffen. Ihre zentrale Bedeutung und Verbindung zu anderen Metaphern der Metapher wird im Folgenden noch erarbeitet.

Prozess beschreibt Derrida als weiße Mythologie: »die Metaphysik hat in sich selbst den sagenhaften Schauplatz (scène), der sie hervorgebracht hat und der dennoch aktiv und rege bleibt, eingeschrieben mit weißer Tinte, als unsichtbares Bild und verborgen im Palimpsest, ausgelöscht«.[4] Die Mythologien seien jene alten Fabeln, die die Metaphysiker als »traurige Poeten« sammeln und entfärben. Durch die Entfärbung ist das Blatt weiß, die Tinte, mit der die Metapher schreibt, verborgen.

Eine Metaphorologie hält Derrida im doppelten Sinne für unmöglich. Sie würde versuchen, etwas zu entziffern, dessen »Inschrift« sie zuvor bereits ausgelöscht habe. Darüber hinaus könne sie nicht »von außen« auf ihren Gegenstand zugreifen: »Indem ihre Werkzeuge ihrem Bereich angehören, ist sie außerstande, ihre allgemeine Tropologie und Metaphorik zu beherrschen.«[5] Zumindest Ersteres hält Hans Blumenberg grundsätzlich für möglich, indem die Leitvorstellungen als Metakinetik des abendländischen philosophischen Denkens herausgearbeitet werden. Diese würden sich in Kontexten bzw. ganzen Theorien äußern und wären auch dann erkennbar, wenn ihre jeweiligen Ausdrücke als Worte terminologischen Charakter erhalten – wie etwa die Gleichsetzung von Licht und Wahrheit wie sie in Descartes Sprachmaxime der Begriffe als *clara et distincta* zum Ausdruck kommt, der die Sinneseindrücke als dunkel gegenüber gestellt werden. *Die* Metapher zu analysieren stellt sich dagegen als schwieriger bis unmöglich dar. So ließe sich das Ausbleiben einer dezidierten Metapherntheorie bei Blumenberg verstehen: einzelne Metapherngeschichten als größtmögliche Annäherung an *die* Metapher. Blumenberg geht allerdings nicht auf die Metapher der Metapher ein. Gerade diese unterzieht Derrida aber ebenfalls einer scharfen Kritik, denn sie müsse an jenen Werten wie *Begriff*, *Gründung* und *Theorie* scheitern. Bei ihm klingt hiermit an, was die Thematisierung der Metaphern der Metapher im Hinblick auf die Erkenntnistheorie im Wesentlichen verhandeln muss: das Grundlegende und die Grenze. Während die Metapher der Grenze vorerst zurückgestellt und an späterer Stelle wieder aufgegriffen wird, steht die Überwindung des Grundes als metaphysische und bei Derrida damit als metaphorische Grundannahme im Zentrum seiner nun folgenden eigenen Metaphern der Metapher.

Die Metapher wird bei Derrida zum Heliotrop, zur Sonne als Paradigma der Wahrnehmung und der Metapher schlechthin. Als Sonne ist die Metapher nicht beherrschbar, dreht und versteckt (sich) regelmäßig. Das Licht der Erkenntnis, das Blumenberg in seinem metaphorologischen Aufsatz zum Licht als Metapher der Wahrheit analysierte, kehrt sich nun als blendende Sonne gegen den Beschauer. Derridas Metapher eint damit zwei Bewegungsmomente, jenen zur Sonne hin und jenen der Sonne selbst. Die Sonnenellipse beschreibe dann den Metapherndiskurs in

---

4　Ebd., 234.
5　Ebd., 239 u. 248.

seiner Negativität: »Die Metaphorisierung der Metapher, ihre unerschöpfliche Überbestimmtheit, scheint in die Struktur der Metapher eingeschrieben zu sein, aber als negative Umkehrung.«[6] Mit dem Heliotrop wählt Derrida eine Metapher mit enormer metaphysikkritischer Durchschlagskraft, da das Licht der Sonne in der abendländischen Tradition seit der Antike, etwa in Platons Sonnen- und Höhlengleichnis, als naturalisierende und schließlich naturalisierte Metapher der Wahrheit gilt. Ebenso soll diese Metapher der Metapher ihren traditionellen Vorgänger ablösen, den Ausdruck *Metapher* selbst, durch den das Definierte im Definierenden bereits mit eingeschlossen ist.[7] Diese der Metapher eingeschriebene Verstrickung sieht er in der Metapher der Wohnstätte bei Du Marsais aufgehoben. In ihr äußere sich ein Zum-Stehen-Kommen und ein fixer Ort, der bei Quintilian bereits als *loci* begrifflich gefasst wurde, um die Topik der Metapher als Übertragung zu verdeutlichen. Die mit dem Ausdruck *Metapher* verbundene Metaphorik ist – im Sinne Blumenbergs – eine Hintergrundmetaphorik des Raumes. Derrida löst sie mit der Sonnen-Metapher von ihrem festen Ort und versetzt sie in Bewegung. Damit ersetzt er aber die herausragende Metapher der Metapher durch eine neue, die er für angemessener zur Beschreibung des Phänomens hält. Jede Metapher der Metapher hebt ein wesentliches Moment ihres Gegenstandes hervor, setzt es absolut. Im Heliotrop, der Bewegung und Blendung der Sonne äußert sich Derridas Auffassung vom ›Wesen‹ der Metapher: ihr unabdingbarer Entzug.[8]

In seinem zweiten metapherntheoretischen Aufsatz schließt Derrida direkt an Du Marsais' Metaphorik des Bewohnens an, verschiebt sie aber zur für die Metapher eigentümlichen Bewegung: aus der Wohnstätte wird das Fahrzeug – eine Metapher der Metapher, mit der er besonders auf den methodischen Umgang mit der Metapher und ihren Entzug dabei eingeht. Beide Momente, die Topik der Wohnstätte und die Bewegung der Sonne, sind nun stärker miteinander verknüpft. Die Übertragung als Transport (φορά, phorá = das Tragen, die Bewegung) wird in dieser geschickten Remetaphorisierung wörtlich genommen: »*Metaphora* fährt durch die Stadt« und befördert uns. »Wir sind gewissermaßen – metaphorisch natürlich und in der Weise des Bewohnens – der Inhalt dieses Fahrzeugs: Passagiere, von der Metapher fortbewegt und umfangen.«[9] Sobald wir das Fahrzeug bezeich-

---

6   Ebd., 263.
7   Vgl. ebd., 249 u. 272f.
8   Vgl. hierzu auch Derrida 1972, 287. In Nietzsches Metapher des Bienenstocks sieht er bereits einen wesentlichen Versuch, mit einer Metapher der Metapher das Verhältnis zwischen Metapher und Begriff neu zu formulieren. Nietzsche kritisiert er dahingehend, dass er die Metapher derart radikalisiere, dass die Beziehung zwischen Zeichen und Zeichenträger per se metaphorisch wird, vgl. 398n33 u. 281f.
9   Derrida 1987, 197.

nen, trage es uns fort. Ein Anhalten sei unmöglich, da es durch den Versuch nur ins Schleudern geraten würde. Derrida zieht für den Aspekt des Lenkens den Vergleich zum Steuermann auf dem Schiff. Die gefährliche Nähe zu Descartes erkennt er hierbei, diejenige zu Blumenberg allerdings nicht. Descartes' sehr anschauliche Bestimmung des rationalistischen Verhältnisses des Leib-Seele-Dualismus geht auf seine Metapher des Schiffers auf dem Schiff zurück.[10] Die Kontrollfunktion des logisch-rationalen Geistes wird in Derridas Umwertung der Metapher negiert; wie auch in der Sonnen-Metapher schwingt eine radikale Metaphysikkritik mit. Blumenbergs Daseinsmetapher des Schiffbruchs mit Zuschauer greift dieses metapherntheoretische Moment indirekt auf. So deutet Philipp Stoellger die Metapher im Kontext der Verstrickung der Metapher in der Metaphorologie als Unmöglichkeit, als Zuschauer die Metaphern zu beschreiben. Es sei unmöglich diese Position einzunehmen, da der Metaphorologe immer auch selbst auf dem Schiff sei.

Im Anschluss an diese unaufhaltsame Bewegung der Metapher bestimmt Derrida ihren Entzug (*retrait*)[11] genauer: Dieser sei ein doppelter Zug, einerseits als Ausdruck in der Sprache und andererseits als Aufriss der Sprache. Die Metapher entziehe sich nicht, indem sie über die Grenzen der Sprache hinausgehe. Die Grenzen liegen vielmehr als Aufriss in der Sprache selbst, weshalb Derrida auch von Rändern spricht, die »invaginiert«[12] werden. Hiermit bricht er bewusst mit der rationalistischen Annahme eines homogenen Sprachraumes, dessen Anderes außerhalb liege. Die Metapher zeige vielmehr, dass die Grenzen der Sprache in ihrem Inneren verlaufen. Der homogene, logische Sprachraum ist selbst wieder weiße Mythologie. In dieser Argumentation orientiert er sich wesentlich an Heideggers Seinsbegriff, nachdem sich das Sein entziehe und nur als metaphorischer Umweg möglich sei, der selbst wieder ein Entzug sei. Derrida lehnt daher auch strikt die Möglichkeit einer Meta-Metaphorik ab, einer Art Metasprache, die der Entzug unmöglich macht. Was bleibt, sind also jene Bewegungen des Entzugs: die Metaphern der Metapher.[13]

---

10 Vgl. Descartes 1641, 6. Meditation.
11 Das französische *retrait* weist eine reiche Polysemie auf, mit der Derrida im Text spielerisch umgeht und auch ein performatives Moment der Theoriesprache ›vorführt‹, das für seine Philosophie von wesentlicher Bedeutung ist. Vgl. Derrida 1987, 199f. u. 214.
12 Derrida 1987, 209. Er verweist dazu auf seine Aufsätze zur *Différance* und zur Spur, die diese Umwertung der Grenze zum Aufriss ebenfalls verdeutlichen.
13 Vgl. ebd., 217-219, 225f. u. 229. Für Heidegger ist Metaphorik nur im Rahmen der Metaphysik möglich, weil sie als Übertragung des Sinnlichen auf das Intelligible die metaphysische Trennung des Sinnlichen und Nichtsinnlichen voraussetzt. Löst sich die metaphysische Trennung auf, so löse sich damit auch die Metapher auf. Vgl. Heidegger 1957, 88f.

Die metapherntheoretische Verstrickung der Selbstbezüglichkeit der Metapher arbeitete auch Paul de Man aus, indem er ihr – so in seinem Aufsatz von 1978 – eine eigene Epistemologie zuschrieb. Die Metaphorik der Metapher macht er dabei einleitend an der *translatio*, dem Übersetzen anstelle des Transportes fest. Durch diese lateinische Namengebung als Übersetzung gebe sie »sich selbst die Totalität, die sie zu definieren beansprucht, doch tatsächlich ist sie die Tautologie ihrer eigenen Setzung«. Sie wird zur »trügerische[n] Illusion einer Definition«.[14] De Man arbeitet in seinem Text einen historischen Werdegang der Metapher als epistemologisches Moment des philosophischen Denkens aus, der ergänzend zu jenem im ersten Teil gelesen werden kann. Beide historischen Linien kreuzen sich bei Kant, dessen Begriff der Hypotypose de Man in die Nähe der Prosopopöie, jenes Prozesses der Figuration, in dem ein Gesicht verliehen wird, rückt.[15] Kants Analogiebegriff wird in anderer Ausdeutung ebenfalls zur Metapher. Des Weiteren greift de Man gerade diejenigen Denker auf, die in ihren Theorien die Erkenntnisfunktion der Metapher entweder wie Étienne Bonnot de Condillac implizit ausarbeiteten oder wie John Locke explizit sogar ihre Gegner waren. Lockes implizite allgemeine Theorie der Tropen wird durch Condillacs spezifische Theorie der Metapher ergänzt. De Man arbeitet dabei nach und nach die Metaphorik des Metapherngegners Locke heraus, um die Verstrickung der Metapher mit einer möglichst starken Spannung zwischen rationalem Sprachgebrauch und Ubiquität der Metapher vorzuführen.

De Mans eigene Metapher der Metapher ist eine Personifikation. Die Metapher sei Frankenstein, der durch einen schöpferischen Akt zum Leben gerufen und über den dann die Kontrolle verloren wurde. Diese Metapher greift einerseits den Aspekt der ingeniösen Kraft und damit verbundenen Gefahr auf, andererseits aber auch die Figürlichkeit. Sie verdeutlicht zugleich, dass in de Mans Ausführungen zur Verstrickung der Metapher das Moment der Figürlichkeit der Figur im Vordergrund steht, die er den drei angeführten Autoren attestiert.[16] Gerade am Beispiele Lockes will er zeigen, dass die Unterdrückung der Metapher ihr Wiederauftauchen im Gewand formaler Kategorien zur Folge hat. Hieraus entstehen »totalisierende Systeme, die die defigurierende Macht der Figuration zu ignorieren suchen«.[17] So formuliert er als Bedingung für die Metaphorologie, dass erst die wuchernde und erschütternde Macht der Metapher anerkannt werden muss – wie er es selbst vorführt. Auch wenn de Man die grundsätzliche Frage der theoretischen Verstrickung durch die Metaphorik der Metapher aufwirft, bietet er keinen Ausweg an. Er sitzt daher mit Derri-

---

14 Beide Zitate: de Man 1978, 419.
15 Vgl. ebd., 431.
16 Vgl. ebd., 434f.
17 Ebd., 435.

da gemeinsam im Automobil des metaphorischen Aprioris, das nicht angehalten sondern nur zum Schleudern gebracht werden kann.

Abbildung 5: Titelbild von Haverkamp 2007, Fragment des Kopfes einer Königin, Ägypten, ca. 1353-36 v. Chr., Metropolitan Museum of Art, New York

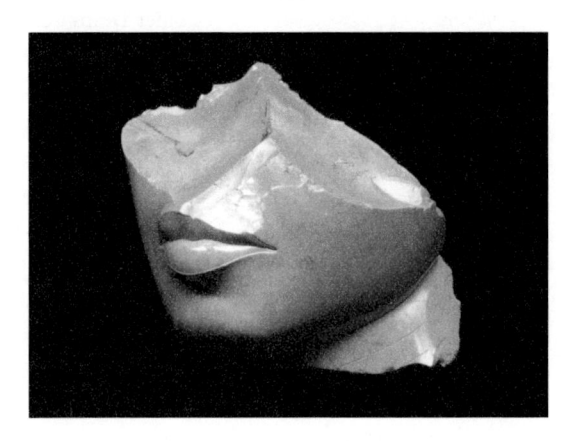

Die Figürlichkeit der Metapher rückt ebenfalls Anselm Haverkamp in den Vordergrund, wenn er in seiner archäologischen Studien zum Verhältnis von Ästhetik und Rhetorik bei der Metapher ein Verlustmoment der Figur herausarbeitet. Zwei zusammenhängende Metaphern der Metapher leiten seine Untersuchung: die *figura cryptica* im Anschluss an Alexander Gottlieb Baumgarten und als seine eigene ›Namengebung‹ das Paläonym. Bemerkenswert ist hierbei, dass er den schwer zugänglichen Ausdruck des Paläonyms durch die *figura cryptica* konkreter fasst, indem er ihr eine anschauliche Entsprechung gibt. Auf dem Cover seines Buches von 2007 ist eine Fotografie einer antiken Plastik abgedruckt. Der Kopf einer Figur ist oberhalb ihrer Lippen abgeschlagen, die Figur nur als kryptische erhalten (Abb. 5). Diese visuelle Metapher der Metapher überführt das Konzept Baumgartens in die Gegenstandswahrnehmung, nimmt dabei die *figura cryptica* wörtlich, um im gleichen Zuge ihre Metaphorik wiederzubeleben. Haverkamp zielt mit dieser Metapher auf die Archäologie der antiken Einführungssituation der Metapher. Aristoteles' ›Namengebung‹ der Metapher und ihre theoretische Bestimmung in Poetik und Rhetorik schließe das Vorherige, also ihre bisherige Vorgeschichte, zum Preis des Fragments ein. Ebendiesen historischen Umstand sieht er in der Metapher der *figura cryptica* wiedergegeben und im Paläonym, der neuen Begriffsfindung für einen alten Namen, den Aristoteles mit *Metapherein* vollzieht, nochmals konkreter gefasst. Vor dem Hintergrund dieser historischen Ausgangssituation beschreibt er die durch Richards und den *New Criticism* vorangetriebene Entwicklung der Metaphernforschung als »paläonyme Wendung«[18], die in der Differenzierung des metaphorischen Prozesses als duale Struktur abermals die Figur zum Preis des Fragments einschließt.

Haverkamps Metaphorik wandelt sich entscheidend, indem er die Eisberg-Metapher einführt, durch die sein hermeneutisches Interesse an einer Theorie der Latenz noch deutlicher zum Ausdruck kommt:

»Wie die notorische Spitze des Eisbergs zeigen Paläonyme in der Form von Begriffen an, was sich unter der Oberfläche der Diskurse an latenten Brüchen der Epistemen abzeichnet. [...] Von ihrer »strategischen« Rolle her (sagt Derrida) und von ihrer »erkenntnispragmatischen« Funktion aus (sagt Blumenberg) läßt sich das Apriori als ihre Vergangenheit beschreiben«.[19]

Die Eisberg-Metapher ist die Metapher der Latenz schlechthin. Sie zeichnet sich durch die Evidenz des Natürlichen von einem im Verhältnis zum Sichtbaren viel größeren Verborgenen aus, das nun prinzipiell zugänglich ist und mit dem Sichtbaren eine homogene Masse bildet.[20] Derridas Metaphern der Metapher werden hiermit entschleunigt, aus der Bewegung der Sonne und des Fahrzeuges wird das langsame Treiben eines Eisbergs in arktischen Gewässern, aus der Blendung durch die Sonne als Negativität der Metapher wird eine nautische Latenzerforschung. Auch wenn die Paläonyme als vermeidliche Begriffe ihre Latenz verborgen halten, entziehen sie sich nicht gänzlich. Der Eisberg ist die Metapher für Blumenbergs Metaphorologie, die den philosophischen Text nach seinen latenten Hintergrundmetaphoriken analysiert. Es ist diese Arbeit am Text, die auch in Haverkamps Kommentierung der Metaphernforschung leitend ist und sein Interesse auch verstärkt auf die Paradoxie lenkt, die von der Metapher im Text produziert wird. Die verborgene Latenz der als Begriff aufgefassten Metaphern der Metapher bindet er mit der sprachlichen Anomalie zur doppelten Paradoxie der Metapher. Das Spannungsverhältnis zwischen rhetorischer Kontrolle und ästhetischer Freisetzung der Metapher trifft auf

---

18 Vgl. Haverkamp 2007, 14. Diese Entwicklung wird durch Haverkamps Metaphorik in die Nähe einer Revolution gerückt, bei der die Standbilder der alten Ordnung zerschlagen bzw. unkenntlich gemacht werden. In diesem Sinne ließe sich die kognitive Metapher der kognitionswissenschaftlichen Forschung im Anschluss an George Lakoff und Mark Johnson als weiteres Paläonym der Metapherntheorie begreifen. Vgl. hierzu ausführlicher das folgende Kapitel.

19 Ebd., 12.

20 Vgl. hierzu die metaphorologischen Ausführungen Blumenbergs und deren Zusammenfassung in Kapitel 6. Die Eisberg-Metapher wird in Kapitel 12 genauer besprochen, wenn es um die Gegenüberstellung von historischer und kognitiver Semantik in der Metapherntheorie geht.

die in der Metapher bereits angelegte eigene Kryptik, die sie in der Paradoxie ihrer sprachlichen Verfasstheit ausstelle: »Die ausgestellte Paradoxie besteht demnach darin, daß die Figur dis-figuriert, was sie als Referenz überschätzt.«[21] Die Metapher erkrankt an ihrer eigenen verborgenen Latenz, die als unlösbar in der Sprache zum Ausdruck kommt. Die Metaphern der Metapher sind auch nach Haverkamp kein Ausweg aus dem metapherntheoretischen Dilemma einer ausbleibenden angemessenen Theoriesprache. Sie sind vielmehr ihr Ausgangspunkt, wenn er die aristotelische Metapher als Paläonym und »Urszene der Paradoxie«[22] beschreibt. Auch die Theorien eines Sprachursprungs der Metapher geraten dadurch in Misskredit, denn dieser sei nur der falsche Glaube an eine ursprüngliche Mimesis der Worte an die Dinge.[23]

Die kritischen Befunde von Derrida, de Man und Haverkamp bereiten den Boden auf dem sich eine philosophisch reflektierte Metapherntheorie behaupten muss. Die theoretische Verstrickung, die sich in der Einsicht in die Metaphorik der Metapher äußert, zu ignorieren, hätte eine naive Affirmation zur Folge. Positionen, die sich auf paradoxe Weise zwischen der reflektierten Einsicht in die Metapher als Metapher und ihrer unreflektierten Terminologisierung bewegen, sind solche, die abermals den Bildbegriff als Metapher verkennen. Folge ist eine innertheoretische Aporie, die im Vergleich zur bisher ausgearbeiteten Verstrickung gelöst werden kann.

Christian Strub stellt der Einsicht in die Verstrickung der Metapher und die damit verbundene Unmöglichkeit einer beschreibenden Metasprache den grundsätzlichen Widerstreit zwischen Reflexivität und Ikonizität der Metapher zur Seite. Reflexiv sei die Sprache, wenn sie die Art des Darstellens der Welt in der Sprache in herausragender Weise darstellt, ikonisch dagegen, wenn die Darstellung der Welt in der Sprache unvermittelt in Darstellung aufgehe. Strub greift dabei auf einen unreflektierten Bildbegriff der Metapher zurück, der in einem naiven Gegenstandsrealismus aufgeht: Die Metapher suspendiere die Sprache und lasse ihren Sinn bildhaft in simultaner Gesamtheit aufscheinen. Um dieses ikonische Moment der Sprache mit der dualen Struktur der Metapher zusammenzubringen, spricht er von einem »stereoskopischen Sehen«[24], in dem aus zwei Bildern ein einziges werde. Von diesem ikonischen Moment der Metapher auszugehen, hieße also, ihr eine reflexive Funktion abzusprechen, weil die Anomalie, der kalkulierte Kategorienfehler in ei-

---

21 Ebd., 61.
22 Haverkamp 1998, 14.
23 Haverkamp greift hier Derridas Ausdruck »Phantom« auf, der eben für diese nachträglich hinein interpretierte Mimesis stehe. Vgl. Haverkamp 2007, 65.
24 Strub 1998, 270. Ricoeur wies bereits nach, dass diese Metapher der Metapher auf Bedell Stanford zurückgeht. Vgl. Ricoeur 1978, 154.

nem außersprachlichen Gebrauch außer Kraft gesetzt wird.[25] Dieses Jenseits der Norm steht einer Sicht der Sprache gegenüber, die in der Metapher einen Teil des sprachlichen Prozesses sieht. Zentral wird hierbei wieder die theoretische Grenzziehung des Rationalen. Ob diese als Grenze im Sinne Kants oder als Aufriss im Sinne Derridas gedacht wird, der Widerspruch zwischen Ästhetik und sprachlicher Verfasstheit der Metapher wird hier gelöst, indem die naive Vorstellung eines bildhaften Ausbruchs der Metapher aus der Sprache verabschiedet wird. Sprache und Rationalität kommen nicht zur Deckung wie Blumenberg es gefasst hatte.

Für Strub ergibt sich aber aus dem Widerstreit zwischen Reflexivität und Ikonizität ein »*Darstellungsparadox*« der Metapher: »wäre die Metapher in ihrer reflexiven Funktion die Sprengung der Normalität, so in ihrer bildlichen Funktion ihre Avantgarde«.[26] Dieses Paradox wiederholt er nun bei den Metaphern der Metapher, die entweder reflexiv oder abbildend sein können. Erstere würden die Grenze unserer Sprache von außen erfahrbar machen, Letztere von innen. Zu dieser Einsicht gelangt er in Rekurs auf Wittgensteins Abbildbegriff des Tractatus, dessen eigentümliche Metaphorizität er ebenfalls nicht erkennt. Die einzige Möglichkeit, der Paradoxie zu entkommen, sieht er in einer Metapher der Metapher, die den Bildbegriff mit der Reflexivität verbindet. Diese Metapher findet er im Spiegel, bei dem sich der Spiegelnde selbst wahrnimmt. Die Spannung zwischen Bild und Spiegel wiederholt dabei die Paradoxie der Metapher: »Bildertheorien enthalten Reflexionsverbote, Spiegeltheorien Abbildungsverbote«.[27]

Die Einsicht in die Metapher als Metapher verband Bernhard Debatin erstmals mit einer Kritik am Bildbegriff. Die traditionelle Metapher des Lichtes wie Blumenberg sie in ihrer Historie beschrieb und das Licht der Metapher nach Derrida sind ihm dabei der exemplarische Ausgangspunkt: »Dadurch wird die Bildhaftigkeit der Metapher (als Metapher für die Metapher) so selbstverständlich werden, daß sie selbst kaum in Frage gestellt wird: Als *Sinnbild, Denkbild, Sprachbild* ›verbildlicht‹ und ›veranschaulicht‹ die Metapher Sinn, Denken und Sprache.«[28] Zwei Formen der metaphorischen Anschauung lassen sich nach Debatin unterscheiden, zum einen die Bildhaftigkeit und zum anderen die Perspektive. Gewährsmann ist ihm hierbei neben Max Black auch Kenneth Burke, den er nach Henle zitiert: »Metaphor is a device for seeing something *in terms* of something else. ... A metaphor tells us something about one character considered from the point of view of another character. And to consider A from the point of view of B is, of course, to use B as a

---

25 Vgl. Strub 1998, 267f.
26 Beide: ebd., 271.
27 Ebd., 275. Eine Gegenüberstellung die Danto bewusst in Angriff nimmt. Vgl. Kapitel 13.
28 Debatin 1995, 239.

perspective upon A.«[29] Wie bereits Henle vor ihm versucht er, beide Begriffe als Metaphern auszuweisen und zu differenzieren, geht aber dabei über seinen Vorgänger hinaus, indem er nicht lediglich die Perspektivität von der mentalen Bildlichkeit abzieht.

Den Perspektivbegriff selbst zum Gegenstand einer metaphorologischen Untersuchung zu machen, kann hier nicht überschätzt werden. Er ist nicht als physikalischer bzw. wahrnehmungs- und bildtheoretischer – und in diesem Sinne ursprünglich wörtlicher – Begriff zu verstehen, sondern als Metapher für eine abstrakte geistige bzw. mentalitätstheoretische Disposition. Diese nicht ausgeführte Differenzierung spielt erneut der bildtheoretischen Lesart der Metapher in die Hände, indem die Perspektive nicht nur als Sichtweise oder als Zugang zur Welt, sondern ebenfalls als konkrete Anschauungsform verstanden wird. Dieser Perspektivbegriff ist bereits in Wittgensteins Bildbegriff implizit angelegt.

In der Theoriebildung zur Metapher häufen sich seit den grundlegenden Kritiken die Positionen zur Metapher der Metapher – man kann mittlerweile sogar von einem »Gemeinplatz«[30] sprechen. Während die Wendungen *Metapher der Metapher* oder *Meta-Metapher* bereits seit der Moderne immer wieder auftauchten, nutzen Petra Gehring und Katrin Kohl den Aspekt für eine Methodenkritik der Metapherntheorie. Gehring nimmt die Selbstverwicklung der Metapher lediglich in ihre Liste zur Ausbildung einer differenzierten Methodik auf, um die Zugriffsweisen auf die Metapher transparenter zu halten.[31] Zu erwähnen ist Gehrings eigene Metapher der Metapher, die ihre Kritik an der Bipolarität der Metapher in Anschluss an Richards' und Blacks Interaktionstheorie verdeutlicht. Die Metapher als Kontextphänomen fasst sie in der Metapher des »Gestaltschema Figur-vor-Grund«[32], also eine Metapher, die ein bildtheoretisches Moment zur Konkretion nutzt, ohne die Metapher dabei als bildförmig zu beschreiben. Kohl hingegen sieht gerade im Plural der Metaphern der Metapher eine wesentliche Einsicht in das Wesen der Metapher überhaupt. So sei es hilfreich, »für unterschiedliche Effekte eine Vielfalt von Beschreibungsweisen verfügbar zu halten«.[33] Den Gegenstand der Forschung hält sie für so komplex, dass eine einzige Metapher ihn nicht erfassen könne. Mehrere Metaphern bereitzuhalten, würde unterschiedliche Aspekte der Metapher präsent halten.[34]

---

29 Kenneth Burke, *A Grammar of Motives*, 1945, 503-4, zitiert nach Henle 1958, 192.
30 Willer 2010, 90.
31 Vgl. Gehring 2013, 19.
32 Gehring 2011, 29.
33 Kohl 2007, 2.
34 Vgl. ebd., 41. Sie stellt zentrale Metaphern der Metapher vor und spielt sie an einem Beispiel durch. Hierbei gibt sie der Metapher der Projektion den Vorzug, da der metaphori-

Was der Metapherntheorie dennoch fehlt, ist eine weitere, aufschlussreiche Unterscheidung verschiedener Typen der Metapher der Metapher. Diese Differenzierung klang bereits in der Ausarbeitung von Blacks metaphernreflexiver Theorie an und trennt zwei Typen, die allerdings oftmals in wechselseitiger Abhängigkeit zueinander stehen. *Einerseits* gibt es technische Metaphern der Metapher, die den doch sehr abstrakten mentalen Prozess erstmals beschreiben und durch eine Konkretion auch für die Theoriebildung verfügbar machen. Hierbei werden bereits vorhandene Erfahrungen und Konzepte genutzt wie etwa die Übertragung, der Transport, die Projektion, die Perspektive als eine Blickrichtung oder ein neues Licht, das auf einen Gegenstand geworfen wird und ihn anders erscheinen lässt, wie auch die Mischung als Überblendung und das *mapping* als abstrakte kartographische Wiedergabe und ferner auch die Interaktion und die damit verbundenen Ausdrücke von Tenor und Vehikel, Fokus und Rahmen. Hierdurch wird der metaphorische Prozess durch ein eigenes Vokabular beschreibbar. Auf dieser technischen Beschreibungsebene äußert sich der unreflektierte Visualismus auch am stärksten, indem er die Begriffe der Anschauung wie ›Bild‹, ›Sehen‹, ›Sichtweise‹, ›Perspektive‹ nicht als notwendige Behilfsmetaphern erkennt, sondern als Begriffe ontologisiert. Den technischen Metaphern der Metapher liegen oft bestimmte Konzepte zugrunde, die das ganze weitere Verständnis der Metapher präfigurieren. Besonders dominant sind die Hintergrundmodelle – wie ich sie im Anschluss an Hans Blumenberg nennen will – des Raumes und der Wahrnehmung. Letzteres wurde bereits eingehend Analysierung und in seinen negativen Auswirkungen kritisiert. Ersteres wurde besonders durch Derridas Kritik und seinen dagegengestellten Bewegungsmetaphern verdeutlicht. Die Sensibilität für die metapherntheoretischen Implikationen derartiger unbewusst, aber durch Reflexion bewusst erfahr- und bestimmbarer Hintergrundmodelle hat beispielsweise Katrin Kohl dazu bewegt, den weniger strengen Ausdruck ›Projektion‹ zu präferieren. ›Metapher‹ bildet in dieser Gruppe der Metaphern der Metapher eine Ausnahmeerscheinung, da ihre Terminologisierung am resistentesten ist und sie seit Aristoteles zudem als ›Namengebung‹ des Phänomens fungiert. Ihr kommt damit eine Schlüsselfunktion zu, weil die Einsicht in ihre Selbstbezüglichkeit allererst ermöglicht, sie in den Plural zu setzen.

Andererseits gibt es solche Metaphern der Metapher, die sich selbst bewusst als (kreative) Metaphern zu erkennen geben, entweder indem sie durch die Autoren und Autorinnen gezielt dem Ausdruck ›Metapher‹ zur Seite oder gegenüber gestellt werden oder indem sie narrativ entfaltet werden – hier ließe sich dann in gewisser

---

sche Prozess dadurch weniger bestimmt erscheine und eine generelle Vorstellung von Dynamik vermittle. Leider führt sie die Projektion wie auch das *mapping* auf die kognitionswissenschaftliche Theorie von George Lakoff und Mark Johnson zurück, die in ihrer gesamten Schrift dominiert. Hierzu ausführlicher in Kapitel 12.

Weise auch von Allegorien der Metapher sprechen. Im ersten Teil wurden bereits für die Metapher besonders einflussreiche kreative Metaphern der Metapher vorgestellt. Diese lassen dabei immer das besondere theoretische Interesse an der Metapher erkennen und beleuchten jeweils besondere Aspekte des Phänomens. Giambattista Vico fasst mit seiner Blitz-Metapher nicht nur jene mythischen Ursprungsmetaphern sondern auch die barocke *acutezza*-Debatte um den Scharfsinn und das ingeniöse schnelle Erfassen, die Gefahr und die Erleuchtung. Hieran schließt seine Metapher der sich kreuzenden Linien an, die in der Überschneidung einerseits das Blitzartige im spitzen Winkel aufnimmt und der logisch-rationalen Reihenbildung entgegensetzt, andererseits aber auch das Hinübertragen in ein Treffen, Sich-Kreuzen der Vorstellungen übersetzt und damit auch neue technische Metaphern der Metapher bereithält. Johann Gottfried Herder brachte seine Aufwertungen der unteren Sinnesvermögen und die Einsicht in deren vorsprachliche Syntheseleistung in der Metapher des buntscheckigen Gemäldes zum Ausdruck, das für die in der Metapher aufgehobene sinnliche Fülle und Konkretheit gegenüber der begrifflichen Abstraktion steht. Ernst Cassirer bietet implizit eine Metapher für das Verhältnis von rationaler Begriffssprache und mythischer Sprache, in deren Kontext auch sein Prinzip der radikalen Metapher steht: Stellen intensiver Leuchtkraft weichen im Prozess der Ausbildung der symbolischen Formen und der Sprachlogik zunehmend einem diffusen, gleichmäßigen Licht einer wohlstrukturierten und alles abdeckenden Systematik. Friedrich Max Müllers Kornmetapher fasst hingegen die Saat der Metapher in der Sprache, die von der Armut zur metaphorischen Kompensation und Ausdrucksvielfalt führt. Hans Blumenberg bietet in seiner Vorsicht vor falschen, weil unmöglichen theoretischen Bestimmungen der Metapher nur indirekt Metaphern der Metapher an wie etwa seine Daseinsmetapher des Schiffbruchs mit Zuschauer, die sich als Selbstwahrnehmung des Metaphorologen lesen lässt, und die Eisberg-Metapher, die das Verhältnis von Ausdrucksmetapher und Leitvorstellungen bzw. Hintergrundmetaphoriken veranschaulicht.

Zwei Metaphern der Metapher verdienen allerdings eine genauere Analyse, denn ihre Fortschreibungen und ihre erkenntnistheoretischen Implikationen sind von enormer Bedeutung: zum einen die Münze und Prägnanz, zum anderen die Grenze und der Grund. Die Münze ist schon bei Friedrich Nietzsche eine herausragende Metapher für die Metapher, weil sie jenen sprachlichen Prozess der Abnutzung und Konventionalisierung von Metaphern beschreibt, die das Fundament für jene Metaphernvergessenheit der Metaphysik ist. Das Verschwinden der Prägung, jener Figur, die mit den Wert der Münze anzeigt, vermittelt als Metapher anschaulich die sinnliche Kraftlosigkeit der zu Begriffen gewordenen Metaphern. Es ist diese Metaphorik die noch vor Derridas Wiederaufnahme in seiner Kritik an der Metaphysik und Metaphorologie bereits Harald Weinrich in seinem Aufsatz *Münze und Wort* von 1958 zum Gegenstand einer historischen Metaphernuntersuchung macht. Er datiert die Münz-Metapher in die Antike zurück und wirft die Frage auf, ob nicht ein tieferliegender Grund darin zu sehen ist, dass diese Metaphorik über die Jahrtausende immer wieder motiviert wird. Weinrich sieht in der metaphorischen Tradition und dem sprachlich-literarischen Weltbild einen solchen Grund für einen objektiven und überindividuellen Metaphernbesitz.[35] Die Metapher ist aber zudem von historischer Bedeutung, weil das Prägen einer Münze in etymologischer Verwandtschaft zur Prägnanz als Schwangerschaft und als Ausdruck eines hohen und aussagekräftigen Bedeutungsgehalts steht. Und diese verwandte Bedeutung des Wortfeldes taucht als Metaphorik sowohl bei Leibniz, Herder als auch bei Cassirer auf. Bei Herder konzeptualisiert sie die Metapher als eine sprachliche Form mit metaphorischem Kern. Die Metapher ist das Wort, das mit der sinnlichen Fülle schwanger geht. Bereits lange vor den modernen Bildtheorien der Metapher weist Herder der Ästhetik der Sprache als Rückbezug der Metapher zu einer sinnlichen Fülle einen Platz zu, der auf ein Innen-Außen-Verhältnis zurückgeht. So lässt sich allgemeiner sagen, dass nicht erst die neueren technischen Metaphern der Metapher wie Projektion oder *mapping* den metaphorischen Prozess auf ein anderes räumliches Hintergrundmodell zurückführen. Bereits Vicos Linienmetapher als Schneiden bzw. Kreuzen und Herders Schwangerschaft der Metapher als Innen-Außen-Verhältnis lösen sich von der Übertragung als Ortswechsel.

Die Grenz-Metapher ist von noch weitreichender Bedeutung, da ihr Verständnis ins Herz der jeweiligen Metapherntheorien und ihrer erkenntnistheoretischen Vorannahmen führt. In seiner Kritik an der Metaphysik der Metapher geht Derrida an zwei Stellen auf das Konzept einer Grenze ein. Einerseits wirft er der Philosophie die Annahme eines homogenen logischen Raumes vor, der von einer Grenze umschlossen werde. Besonders die Bildtheorien der Metapher greifen auf diese Annahme zurück, wenn sie ihren Gegenstand als den Ausbruch aus der Sprache zum Bild hin beschreiben. Was nicht den Gesetzen der Logik und den Regeln der Kategorien unterworfen ist, liegt jenseits dieser Grenzen. Die im ersten Teil besprochenen philosophischen Positionen lösen diese Grenzziehung auf, indem sie durch die genetische Struktur der Sprache und die Metapher als Teil ihres Prozesses auf eine Gründung in Wahrnehmung und Erfahrung hinweisen. Die Ästhetik ist damit nicht das außerhalb der Grenzen der logischen Sprache Liegende, sondern ihr genetischer Grund. Auch Blumenberg löst die Grenzvorstellung auf, indem er die Sprache nicht mit den logischen Begriffen zur Deckung kommen lässt, die klare Grenzziehung zu einem Horizont der Lebenswelt und Unbegrifflichkeit hin ausweitet. Weil Derrida aber gerade die Metapher des Grundes für eine weitere metaphorische Metaphysik hält, verlegt er die Grenze der logischen Sprache in sich selbst als ihr eigener Aufriss. Seine zweite Erwähnung der Grenze betrifft andererseits die Metapher der Me-

---

35 Vgl. Weinrich 1958, 510. Bereits in diesem frühen Text liegt der Metaphernanalyse eine Bildtheorie zugrunde.

tapher, die sich aus dem durch die Philosophie bestimmbaren Feld der Metaphern entzieht. Daher sei auch keine Meta-Metapher möglich, da es keine metasprachliche Ebene im Hinblick auf die Metapher gebe. Die Metapher der Metapher stehe außerhalb dieses Feldes und lege damit dessen Grenzen fest.[36]

Für zwei weitere Philosophen ist die Metapher der Grenze von entscheidender Bedeutung. Wie bereits im ersten Teil ausgeführt, bestimmt Immanuel Kant die Grenze der Sprache als jenen Ort, an dem Begriff und Anschauung sich treffen. Dort werden Begriffe, denen nie eine Anschauung entsprochen hat, durch das Gesetz der Analogie mit Anschauungen verknüpft. Es ist dieser Ort der Grenze, den Derrida wiederum kritisiert: »Das Grundlegende antwortet auf den Wunsch nach dem festen und letztendlichen Boden, nach dem Gelände der planmäßigen Gestaltung, nach der Erde als Stütze einer künstlichen Struktur.«[37] Die einflussreiche Grundlegung von Kants Metapher des Grenzortes bringt Rüdiger Zill zum Ausdruck, indem er betont: »Die Metapher der Grenze bezeichnet das Territorium der Metapher. Ohne es ahnen zu können, inauguriert Kant damit eine Metapherntradition.«[38] Eine Räumlichkeit der Grenze, so Zill, ist ebenso bei Ludwig Wittgenstein zu finden. Im Gegensatz zu Kant, der nach außen strebe und die Grenze *der* Sprache meine, orientiere sich Wittgenstein nach innen, indem er die Grenze *in der* Sprache suche.[39] Dies geht aus Wittgensteins Grenz-Metapher und ihrer anschaulichen Ausbildung hervor. Eine Grenze, um etwa ein Sumpfland abzugrenzen, könne demnach nur auf noch festem Boden gezogen werden. Übertragen auf die Sprache bedeutet dies, dass die Grenze nur innerhalb ihrer selbst gezogen werden kann, da sie ihr Außen nicht kennt. Auch hier zeigt sich wieder, dass die Grenz-Metapher auch eine räumliche Metaphorik von Innen-Außen und von Grund mit sich zieht. Bemerkenswert sind hierbei Friedrich Nietzsches aufeinander aufbauende Metaphern für das logisch-metaphysische System der Begriffe. Indem er vom Bollwerk auf weichen Grund zum beweglichen Spinnennetz übergeht, löst er den festen Grund der rationalen Sprache nach und nach auf, ohne hierbei auf die Metaphern der Grenze und der metaphorischen Relation eines Innen-Außen zurückzugreifen. Dies geschieht nicht ohne Grund wie im Folgenden noch deutlich wird.

Was anhand der Metaphern von Grenze und Grund nun allererst *denkbar* wird, ist ein Nullpunkt der sprachlichen Erkenntnis, der nur über die Metapher aufgezeigt werden kann. Sobald sich die Erkenntnistheorie von allen logischen Positivismen und metaphysischen Vorannahmen entkleidet hat, stößt sie nicht auf eine Nacktheit, sondern einen Nullpunkt. Die Annäherung an diesen kommt in der Metaphorik der

---

36 Vgl. Derrida 1972, 240.
37 Ebd., 244.
38 Zill 2004, 152.
39 Vgl. ebd., 154.

Grenze zum Ausdruck, wird zur Grenzerfahrung im doppelten Sinne. Derridas negatives Moment des Entzugs birgt ein positives Moment der Bewegung, indem durch die Metapher der Entzug und jener Nullpunkt selbst erfahrbar aber nicht fixier- oder bestimmbar werden. Die Bewegung ist Derridas methodisches Mittel, um einem erneuten Eintreten eines absoluten Grundes zu entgehen. Der Entzug ist selbst wieder eine Metapher. Durch die Metapher wird also allererst jener Nullpunkt ins Bewusstsein gerufen, durch sie die Metaphysik der Metapher und das vermeidliche Vordringen zu einem absoluten Grund als in seiner falschen Grundsätzlichkeit erkannt. Heidegger sieht diese Möglichkeit nicht in der Metapher. Sie bleibt ihm Metaphysik, weshalb er die bodenlose Bewegung durch eine andere Art der Selbstbezüglichkeit der Sprache einleitet. Wittgenstein sieht die Grenze und den Nullpunkt in der Sprache selbst und nähert sich ihm durch seinen Bildbegriff. In jenem Innenraum der Erkenntnis ist keine Sprache möglich, lediglich ein Zeigen. So liegt in der Sprache ein Bild, ein metaphorisches Bild, das uns gefangen hält und worüber man nicht sprechen kann und daher darüber schweigen müsse. Die Bewegung vollzieht er dann durch Sprachspiele. Blumenberg nährt sich dem Nullpunkt auf indirektem Wege, indem er ihn in der gnostischen Mystik verhandelt findet, deren Methode er dann als Sprengmetaphorik beschreibt. In der Bewegung der Sprengung findet eine Annäherung an das nicht begriffssprachlich Bestimmbare statt. Kant bestimmt die Grenze als räumliche, die Sprache und Anschauung verbindet. Implizit kehrt bei ihm der Grund wieder in die Theorie zurück.

Nietzsche aber bleibt wie auch Derrida bei der Metapher. Durch sie werde ein metaphorischer Perspektivismus in Gang gesetzt, der als Bewegung durch verschiedene Perspektiven den Nullpunkt nicht fixieren, sich ihm aber annähern kann. Der wesentliche Unterschied zwischen Nietzsche und Derrida ist, dass Derrida lediglich Metaphern der Metapher wählt und auch bevorzugt, die Metaphern der Entzugsbewegung sind. Sonne, Fahrzeug und Entzug selbst thematisieren nur den zwar erkenntnistheoretisch durchaus positiven Wert eines denkbaren Nullpunkts aber metapherntheoretisch negativen Befund als prinzipielle Unmöglichkeit der Bestimmung. Diesen negativen Punkt wertet Nietzsche in seiner Artistenmetaphysik positiv um: Pluralisierung statt Negativität. Statt wie Derrida nur einen Aspekt der Metapher hervorzuheben, bietet der Wechsel zwischen Metaphern der Metapher, die jeweils unterschiedliche Aspekt hervorheben, keine Bestimmung im Sinne einer Terminologie-affinen Definition sondern einen pluralistischen Zugang. Der Perspektivismus ist ebenfalls jene grund-lose Bewegung, die keiner metaphysischen noch rationalen Vorannahme folgt. Dieser stellt eine Reflexion der Metapher innerhalb der Sprache dar, weil er sie nicht durch eine Distanzleistung vergegenständlicht.

Die diesem Kapitel zugrunde liegende Frage, kann nun in ihrer allgemeinen Form gestellt und beantwortet werden: Wie ist Selbstreflexivität in einem System möglich, das nur durch sich selbst beschrieben werden kann? Wie kann die Metapher theoretisch bestimmt werden, wenn sie selbst eine Metapher ist und daher nicht wie ein Begriff definiert werden kann? Die Bestimmung der Metapher ist möglich, wenn sie selbst als Metapher eines Prozesses erkannt wird, der nur über Metaphern gefasst werden kann. Eine Festlegung auf eine einzige Metapher der Metapher und damit eine erneute begriffsförmige Fixierung kann verhindert werden, wenn durch einen Perspektivismus mehrere Metaphern der Metapher bereitgehalten werden. Diese zusammen ergeben aber keine notwendigen oder hinreichenden Kriterien der Metapher. Vielmehr sind sie in Sinne einer Familienähnlichkeit nach Wittgenstein oder als Symptome nach Goodman[40] zu verstehen, die das komplexe Phänomen der Metapher möglichst vielseitig erfassen. Ad-hoc-Definitionen sind dennoch nicht kategorisch abzulehnen: Sie bieten einen guten ersten Zugang zum Phänomen und schaffen eine Arbeitsgrundlage, um theoretische Einsichten in die Metapher nicht direkt durch ihr Verstrickungsmoment zu verweigern und eine Pragmatik damit von vornherein auszuschließen. Wie bereits die Analyse des Konzepts des Sehen-als gezeigt hat, ist eine sinnvolle Annäherung an die Metapher in der Betonung ihrer Sinnstiftung aufgrund eines Verständnisprozesses, der zwischen zwei Vorstellungen vermittelt, zu sehen. Dies kann als notwendiges Kriterium der Metapher gesehen werden, das sich wie folgt formulieren lässt: *Mit einer Metapher wird eine Vorstellung durch eine andere verstanden.* Diese allgemeine, auf einen kognitiven Verständnisprozess abzielende Bestimmung, taucht schließlich wiederholt in Theorien zur kognitiven Metapher auf.

---

40 Zu Goodman ausführlicher in Kapitel 13.

12 Die kognitive Metapher

Seit Beginn des 20. Jahrhunderts wird die Metapher zunehmend als ein auch kognitives Phänomen begriffen. Anmerkungen zur Rolle der Metapher im Denken lassen sich bereits seit ihrer antiken Grundlegung bei Aristoteles finden, doch gehört ihr kognitives Potential erst seit gut einem Jahrhundert zu den wesentlichen Aspekten der Metapherntheorie. Um Aspekte einer kognitiven Metapherntheorie bei einzelnen Autorinnen herauszuarbeiten, gilt es, verschiedene Momente der kognitiven Dimension der Metapher zu unterscheiden, die zwar untrennbar zusammenhängen, aber für die weitere Ausarbeitung als Orientierung analytisch getrennt werden können. Hierdurch lässt sich genauer herausfinden, ob Theorien lediglich die kognitive Funktion der sprachlichen Metapher oder eben wirklich kognitive Metaphern meinen, also solche, die nicht explizit geäußert werden müssen, aber unser Denken steuern – bewusst oder unbewusst. Hieran ließe sich die entscheidende erkenntnistheoretische Frage anschließen: Vollziehen wir Metaphern lediglich gedanklich nach oder Denken und Handeln wir tatsächlich in und durch Metaphern? Letzteres wurde im ersten Teil, wird in diesem Kapitel und soll im dritten Teil mit einem emphatischen ›Ja‹ beantwortet werden.

Die Metapherntheorie hält zwei hilfreiche Trennungen bereit, die aus jeweils unterschiedlicher Perspektive erfolgen: einmal vom Denken her, ein anderes mal eher von der Sprache her. Wie bereits ausgeführt, trennt Katrin Kohl zwischen einer kognitiven Verarbeitung von Vorstellungen, einer kognitiv-sprachlichen Ebene und deren Resultat oder eben ›Lieferant‹ des sprachlichen Ausdrucks.[1] Eine ähnliche Unterscheidung nahm bereits Earl R. MacCormac vor, indem er zwischen »Surface Language«, »Semantics and Syntax« und »Cognition« trennte. Die sprachliche Oberfläche spiele dabei eine entscheidende Rolle in der Bereitstellung eines Kontextes für die Interpretation. Den semantischen Prozess und den ihm unterliegenden

---

1 Vgl. Kohl 2007, 9f. Kohl versucht mit dieser Einteilung die Bildlichkeit genauer zu verorten. Sie kann aber generell als Unterscheidung für die Metapher genutzt werden.

kognitiven Prozess bezeichnet er als Ebenen der Tiefenstruktur (*deep structure*).[2] Kohl und MacCormac unterscheiden also zwei Ebenen der Metapher, eine ›äußere‹ des Ausdrucks und eine ›innere‹ des Denkens und ergänzen eine vermittelnde Zwischenebene, die beiden gleichermaßen angehört. Diese Einteilung kann im Folgenden als Grundlage zur Analyse aller Positionen zur kognitiven Metapher verstanden werden. Schwieriger gestaltet es sich dann aber bei der weiteren Differenzierung der kognitiven Ebene und ihrer Auswirkung auf den sprachlichen Ausdruck. Die wesentliche Problematik ist hierbei die Kluft zwischen einer Metaphorizität unseres alltäglichen Konzeptsystems und einer Hermeneutik des abendländischen Denkens, also zwischen einer kognitiven Semantik nach George Lakoff und Mark Johnson und einer historischen Semantik nach Hans Blumenberg. Synchrone und diachrone Analyse stoßen als grundsätzliche Methodiken aufeinander, wie im Folgenden ausgearbeitet wird. Konventionelle, unbewusste Metaphern, metaphorische Modelle und kreative Metaphern sind ihre Prüfsteine.

Wesentliche Wegbereiter sind abermals Ivor A. Richards und Max Black, die die duale Struktur der Metapher ausarbeiteten und den metaphorischen Prozess damit als einen kognitiven Akt bzw. Nachvollzug bestimmten. Die für die Metapher wichtige Verbindung von Ähnlichkeit und Differenz begreifen beide in erster Linie als kognitive Spannung und nicht als Syntaxbruch. Hierdurch erarbeiteten sie eine Vorbedingung für den sprachlichen Ausdruck der Metapher, die dezidiert ein mentales Moment ist. Während Richards mit großer Emphase die Metapher im Denken verortet, aber diese These nicht weiter ausarbeitet, entwirft Black erstmals eine Theorie der kognitiven Metapher.

METAPHORISCHE MODELLIERUNG VON THEORIEN UND LEBENSWELTEN (BLACK, TURBAYNE, WHEELWRIGHT, HESSE)

Neben seinen beiden dezidiert metapherntheoretischen Aufsätzen stellt Black die Metapher in einen weiteren wissenschaftstheoretischen Kontext der Modelltheorie. Um den Zusammenhang von Metapher und Modell herauszuarbeiten unterscheidet er zwischen verschiedenen Modelltypen: relative Skalierungsmodelle und analoge, auf dem Isomorphismus beruhende Modelle, die er beide als symbolische Repräsentationen ausweist; mathematische, mit *mapping* und *projection* arbeitende Modelle, wie sie oft auch sozialen Kräften als abstrakteres Verständnis unterlegt werden, und schließlich theoretische Modelle, denen sein eigentliches Interesse gilt.[3]

---

2 MacCormac 1985, 2.
3 Vgl. Black 1962, 223-230.

Theoretische Modelle führen eine neue Sprache oder einen neuen Dialekt in die Wissenschaft ein. Dies sei möglich, da die Theoretiker nicht mit einer Analogie, sondern durch sie hindurch bzw. aufgrund einer unterlegten Analogie arbeiten. Sie verwenden eine dem Modell angemessene Sprache, wenn sie über ihren Anwendungsbereich nachdenken.[4] Black verbindet das Modellverständnis der Wissenschaft mit der Metapherntheorie, wenn er gezielt zwischen Vergleichen und Metaphern unterscheidet, die dem jeweiligen Verständnis unterliegen. Die Beschreibungen der Elektrizität nach James Clerk Maxwell und William Thomson Kelvin dient ihm hierbei als Beispiel: »The difference is between thinking of the electrical field *as if* it were filled with a material medium, and thinking of it *as being* such a medium. One approach uses a detached comparison reminiscent of simile and argument from analogy; the other requires an identification typical of metaphor.«[5] Die Metapher impliziere hierbei eine stärkere ontologische Annahme. Solange aus dem Modell dem Anwendungskontext angemessene Schlussfolgerungen gezogen werden können, bleibe sein metaphorischer Charakter unerkannt. Diesen sieht Black vor allem in der Möglichkeit des intuitiv Bildhaften (*picturability*). Black fällt hier aber nicht in einen problematischen Visualismus der Metapher zurück. Elektrizität würden wir dem Modell nach nicht *sehen* können, sondern dessen Eigenschaften besser *verstehen*: »To make good use of a model, we usually need intuitive grasp (›Gestalt knowledge‹) of its capacities, but so long as we can freely *draw inferences* from the model, its picturability is of no importance.«[6] Das theoretische Modell ist für Black eine anhaltende und systematische Metapher, arbeitet mit analogischem Transfer des Vokabulars und bringt ebenso neue Beziehungen hervor.[7] Dessen Ursprung ist aber in der Intuition und einem Gestaltwissen als eine Art synthetisierendes Begreifen zu suchen.

Über die erkenntnistheoretische Funktion von Modellen in der Wissenschaft erarbeitet Black die kognitive Dimension der Metapher, der er als »metaphorical thought«[8] eine spezifische und nicht reduzier- oder übersetzbare Erkenntnisgewinnung zuspricht. In ihrer modellbildenden Funktion sind Metaphern wesentlicher Teil der wissenschaftlichen Untersuchung. Black geht noch einen Schritt weiter und wendet sich einer rein kognitiven Ebene der Modelle zu, die keinen direkten sprachlichen Ausdruck hat und deren Metaphorik damit auch rein kognitiv ist. Der-

---

4 Vgl. ebd., 229.
5 Ebd., 228.
6 Ebd., 232f.
7 Vgl. ebd., 236-238.
8 Ebd., 237. Weil die durch Modelle neu erzeugten Verbindungen vorher nicht vollends absehbar sind, bezeichnet Black wissenschaftliche Modelle auch in Anschluss an Richards als spekulative Instrumente.

artige Modelle beschreibt er als implizit und untergetaucht, unter Wasser liegend (*submerged*).[9] Sie operieren im Denken des Autors. Mit dieser metaphorischen Beschreibung antizipiert Black die Leitvorstellung der kognitiven Theorie der Metapher: der Eisberg.[10]

Black versucht diese impliziten Modelle durch eine eigene Namengebung hervorzuheben und von jenen ›an der Oberfläche Liegenden‹ abzusetzen. Wegen ihrer grundlegenden Funktion für das theoretische Denken nennt er sie »conceptual archetypes« bzw. kurz »archetypes« und bestimmt sie als dem Wesen nach metaphorisch, denn sie sind »a systematic repertoire of ideas by means of which a given thinker describes, by *analogical extension*, some domain to which those ideas do not immediately and literally apply«.[11] Konturen hat diese Auffassung der impliziten Modelle durch Stephen Peppers Theorie der *root metaphors* von 1942 gewonnen. Nach Pepper legt sich ein Denker im Verständnis der Welt auf einen alltäglichen Aspekt (*commensense fact*) fest und versucht, auch andere Bereich durch ihn zu beschreiben. Dieser Aspekt wird dann seine Grundanalogie (*basic analogy*) oder Wurzelmetapher (*root metaphor*). Eine Liste von strukturellen Eigenschaften wird zu den wesentlichen Konzepten der Erklärung und Beschreibung der Welt. Pepper verdeutlicht seine Methode der Wurzelmetapher am Beispiel der Welttheorie von Thales, nach der alles Wasser ist und durch Veränderungsprozesse alles hervorbringen kann. Aus dieser einfachen Metapher könne durch Erweiterung eine ganze Welttheorie entstehen.[12] Jede Wissenschaft müsse mit der Metapher anfangen und mit Algebra aufhören, so stellt Black im Anschluss an Pepper und seine eigene Ausarbeitung der impliziten Modelle in Aussicht. Ohne die Metapher würde es vielleicht keine Algebra geben.[13] Am Ende seiner Ausführungen radikalisiert er den Ursprung der naturwissenschaftlichen, aber ebenso geisteswissenschaftlichen Theoriebildung wie auch der Literatur, indem er an den Anfang die Einbildungskraft setzt. Sie sei der gemeinsame Grund der Wissenschaftskultur, denn sie bringe durch

---

9 Vgl. ebd., 239.

10 Diese Metapher der kognitiven Metapher wird im Laufe des Kapitels noch genauer ausgearbeitet und auch als wesentliches Analyseinstrument genutzt.

11 Ebd., 241.

12 Vgl. Pepper 1942, 91-95. Pepper unterscheidet zwischen vier Welthypothesen (formism, mechanism, contextualism, organicism, vgl. 89f.) und versucht dadurch die verschiedenen philosophischen Schulen zu verstehen, vgl. 328. In rudimentärer aber doch strenger Form verbindet er hiermit, was Blumenberg später Leitvorstellungen und Hintergrundmetaphorik bzw. -modelle und Thomas S. Kuhn die Paradigmatik der Wissenschaft nennt. Blacks Adaption der Wurzelmetapher in den Archetypen ist dagegen weniger streng und limitierend.

13 Vgl. Black 1962, 242.

die Metapher Modelle hervor, die das Denken wesentlich kanalisieren. Dieser Verheißung stellt er aber auch eine Gefahr zur Seite: Einerseits kann ein überzeugender Archetyp den Ansprüchen der Erfahrung nachkommen, andererseits aber auch zum selbstbeglaubigenden Mythos werden.[14]

Genau diese doppelte Natur der Metapher leitet Colin Murray Turbaynes zeitgleich veröffentlichte Schrift zur Metapher und ihrer Funktion in der Modellierung von Theorien und Weltentwürfen. Theorien würden grundlegende metaphorische Annahmen über die Welt zugrunde liegen, die dann zu Modellen erweitert werden. Die Gefahr hierbei sieht Turbayne im Vergessen der Metaphorik. Einstellungen würden zu Fakten und eine Perspektive zur einzigen Perspektive werden.[15] Ihm geht es aber nicht um eine Bereinigung der Theoriesprache, sondern um einen reflexiven Metapherngebrauch, dessen Methodik er ausarbeitet und vorführt. Hierzu greift er selbst auf eine Metapher zurück: Die Metapher sei eine Maske, die, sofern ihr Als-ob nicht erkannt wird, zum Gesicht wird. Man sehe durch sie hindurch, ohne das Make-Up wahrzunehmen (*the make-up is hidden*). Dieser Täuschung könne entgegengewirkt werden, wenn die versteckte Metapher wieder entkleidet wird (*to »undress« a hidden metaphor*) und aus der Konfusion der Dinge wieder eine Fusion werde.[16] Turbayne konzentriert sich zwar auf sprachlich verfasste Theorien, doch bestimmt er die Metapher derart allgemein, dass sie alle Art Zeichenprozesse mit dualer Bedeutung einschließt: »the use of metaphor involves both the awareness of duality of sense and the pretense that the two different senses are one. [...] [It] gives you two ideas *as* one«.[17]

Um eine Sichtweise der Welt als nur eine metaphorische Perspektive zu entlarven, gilt es, so Turbayne, die zugrundeliegende Metapher aufzuspüren (*detection*), aufzudecken (*undress*) und als Metapher wiederherzustellen (*restoration*). Diese Methode führt er anhand der Maschinen-Metapher und der geometrischen Metaphorik der Wahrnehmung bei Newton, Descartes und Locke vor.[18] Abschließend stellt er seine eigene Metapher des Sprach-Modells der Wahrnehmung vor. Er wechselt nicht einfach nur die Metaphern aus, sondern macht die Gesichter als Masken sichtbar, um dann eine andere Maske vorzuschlagen: »If we are aware, we

---

14 Vgl. ebd., 242f. Hier muss der begrifflichen Trennung zwischen *science* und *humanities* Rechnung getragen werden, die im Deutschen durch den allgemeinen Begriff der Wissenschaft nicht direkt mitgedacht wird.
15 Vgl. Turbayne 1962, 21 u. 57.
16 Vgl. ebd., 4f. Die Metapher müsse dann stets am Leben gehalten werden, um sie zu gebrauchen anstatt von ihr gebraucht zu werden, vgl. 6f.
17 Ebd., 17. Er bestimmt die Metapher also durch *sort-crossing/fusion* und *as-if/pretense*.
18 Visuelle Metaphern der Wahrnehmung werden in Kapitel 18 als mediale Metaphern noch genauer besprochen.

can stop and think. We can choose our metaphors.«[19] Turbaynes Methode ist ein metaphernreflexiver Perspektivismus im Sinne Nietzsches, denn man könne nur die Aufmerksamkeit für Metaphern steigern, nie aber zu einer Wahrheit vordringen. Man entlarvt etwas als mögliche aber nicht notwendige Sichtweise, also schlichtweg als *eine* Sichtweise. Entzieht sich für ihn die Metapher aber generell wie etwa bei Derrida oder de Man? Turbayne unterscheidet genauer zwischen Metaphern, indem er die Metapher selbst als Tote und Ausdrücke wie *to see meanings* als Schlafende bezeichnet.[20] Metaphern des Sehens wie er sie bei Burke, Stanford und Black findet, weist er als »meta-metaphors« aus, obwohl seine Theorie eine Metaperspektive ausschließt.[21] Problematisch wird hierbei auch seine einschlägige Metapher der Maske, denn sie schließt nicht nur ein, dass ein Vergessen die Maske zum Gesicht macht, sondern auch, dass es hinter der Maske ein Gesicht gibt. Sein Perspektivismus verneint die Existenz eines wahres Gesicht zwar nicht, doch unser Erkennen dessen: »It is part of the nature of metaphor to appear wearing a disguise.«[22] Turbayne verbindet also einen metapherntheoretischen Perspektivismus mit der Modellfunktion der Metapher in wissenschaftlichen Theorien. Hierbei zeigt er, dass gerade die Unhintergehbarkeit der Metapher nach einer metaphernreflexiven Methode verlangt.

Ebenfalls in den 1960er Jahren legte Philip Ellis Wheelwright eine Erkenntnistheorie der Metapher vor. Die grundlegende Metaphorik seiner Position ist die Annahme von fester und flüssiger Sprache und Symbolen. Während die feste, logisch-abstrakte Sprache (*steno-language*) für die Wissenschaft einsteht, widerspiegle die spannungsvolle Sprache (*tensive language*) als lebender Organismus, der mit gegensätzlichen Kräften zu kämpfen hat, eine poetische Sprache. Letztere sei lebendig, weil sie an der menschlichen Erfahrung Teil hat und weder mimetisch noch logisch-abstrakt ist, vielmehr sei sie eine partielle Repräsentation durch performative Teilhabe am Leben.[23] Wheelwright nutzt Richards' Bestimmung der Metapher als Spannung und semantischen Prozess, um eine grundlegende Vitalität der Sprache zu bestimmen. Diese Übernahme von Einsichten in die Funktion der Metapher führt ihn zu einer grundlegenden Unterscheidung in zwei Arten der Metapher anhand ihrer etymologischen Bedeutung als *phora*, als Bewegung. Die Epipher (*epiphor*) ist eine Erweiterung der Bedeutung durch Vergleichung, eine semantische Bewegung

---

19 Ebd., 65.
20 Vgl. ebd., 76.
21 Ebd., 21.
22 Ebd., 95.
23 Vgl. Wheelwright 1968, 38-52.

»over on to«. Die Diapher (*diaphor*) ist eine Schöpfung neuer Bedeutung durch Gegenüberstellung und Synthese, eine semantische Bewegung »through«.[24]

Mit dieser Unterscheidung greift er Vicos Gedanken der sich kreuzenden Linien auf, die er der Aristotelischen Definition der Metapher als Übertragung zur Seite stellt. Auch in der weiteren Ausarbeitung seiner Theorie wird deutlich, dass Wheelwright auf die metapherntheoretische Traditionslinie zurückgreift wie sie im ersten Teil ausführlich ausgearbeitet wurde.[25] Um die Bedeutung der Metapher in der Sprache weiter auszuarbeiten, stellt er sie systematisch und auch genealogisch in Verhältnis zum Symbol, das er generell als relativ stabiles und wiederholbares Element einer Wahrnehmungserfahrung versteht und das durch Gewohnheit immer mehr an Lebendigkeit verliert.[26] Wenn ein Bild einmalig als Metapher auftauche, könne es nicht symbolisch funktionieren. Eine Metapher könne aber durch Umformung des Kontextes zum Symbol werden. Er bestimmt damit wesentliche Übergänge zwischen Metapher und Symbol und daher fester und spannungsvoller Sprache.[27] Auf diese Weise sind die Metaphern nicht nur einer poetischen Sprache vorbehalten, denn sie zeichnen ebenso als spannungsvolle Symbole die feste Sprache der logisch-abstrakten Wissenschaft aus.

Wheelwright geht aber noch einen Schritt weiter, indem er die Metaphern nicht gänzlich in einer subjektiven Erfahrung gründen lässt. Als urbildliches Symbol (*archetypal symbol*) bestimmt Wheelwright jenes, das ohne historische Verbindung wiederkehrt. Die ihm zugrundeliegende natürliche Ähnlichkeit gehe auf die menschliche Physis, auf den Körper zurück. Mit diesen Ausführungen stellt er sich in die Tradition des sprachphilosophischen Humanismus und der Einsicht in die wesentliche Metaphorik der Sprache. Besonders nahe sind seine Ausführungen an Ernst Cassirers impliziter Theorie der am Leitfaden des Körpers aufgebauten Sprache. Mit seinen Ausführungen zur Metaphorik von *up/down* nimmt er zentrale Thesen der kognitionswissenschaftlichen Metapherntheorie vorweg:

»Despite the great diversity among human societies and their ways of thinking and responding, there are certain natural similarities too, both in men's physical and in their basic psychical make-up. Physically all men are subject to the law of gravitation, for which reason *up* is normally a more difficult direction in which to go than *down*; and this makes it natural enough that the idea of going up should associate itself with the idea of achievement, and that

---

24 Ebd., 72-78.
25 Vgl. ebd., 22-25. Er führt Müller, Vico, Hamann, Herder und Cassirer an.
26 Vgl. ebd., 38, 68 u. 92. Er merkt kritisch an, dass der Bildbegriff (*image*) zu weit gefasst ist und für die ganze Bandbreite poetischer Ausdrucksfähigkeit einstehen soll, vgl. 68.
27 Vgl. ebd., 93-96.

various images connoting loftiness or ascent should associate themselves with the idea of excellence, and often of regality and command.«[28]

Diese Konzepte würden in Kulturen zu unterschiedlichen symbolischen Manifestationen kommen und mit anderen metaphorischen Vorstellungen wie jene von Licht und Schatten und Blut etwa in seiner mythischen und magischen Bedeutung verbunden werden.[29] In seinen Ausführungen gelingt es Wheelwright, die kulturvarianten mit den kulturinvarianten Aspekten der Metapher zusammenzudenken. Gerade der Licht-Metapher weist er einen Modellcharakter zu, da sie von grundsätzlicher Bedeutung für die Konzeptualisierung der Verstandestätigkeit sei und sich viele weitere metaphorische Konzepte aus einer ursprünglichen Lichtmetaphorik ableiten lassen.[30] Er kommt Hans Blumenbergs Ausführungen zum Licht als Metapher der Wahrheit und der Modellfunktion der Metapher bemerkenswert nahe. Allerdings geht es ihm weniger um eine historische Metakinetik des theoretischen Denkens, als vielmehr um den Nachweis der Metaphorik der Sprache im Allgemeinen. Auch vollzieht er nicht wie Blumenberg nach seiner Grundlegung der Metaphorologie in den 1960ern den Wandel zu einem Verständnis der sprachlichen Grenzen und damit verbundenen lebensweltlichen Horizonte. Zwar nutzt Wheelwright den allgemeinen Symbolbegriff, um Metaphern jenseits der Sprache zu berücksichtigen, doch limitiert er die kognitive Funktion der Metapher auf die Sprache:

»what is here desirable is to see them [symbols, Anm. TJH] as extensions and stabilizations of metaphorical activity. Thought is not possible to any significant degree without language, nor language without metaphoric activity whether open or concealed; the stabilization of certain metaphors into tensive symbols is a natural phase of the process.«[31]

Im Anschluss an Max Black arbeitete auch Mary B. Hesse die kognitive Metapher als metaphorisches Denken anhand der Analogie und des Modellbegriffs in der Wissenschaft aus. Hesse strebt im Wesentlichen eine Neuformulierung und Erweiterung der wissenschaftlichen Erklärung am Leitfaden der Metapher an. Weil wissenschaftliche Theorien im Gebrauch von Modellen mit Analogien, zum einen rein formalen und zum anderen materialen, die auf Ähnlichkeit und Kausalität beruhen, arbeiten, müsse die Wissenschaft über eine elaborierte Metapherntheorie verfügen. So zielt ihre zentrale These zur Rolle von Analogie und Modell in den (Natur-)Wis-

---

28 Ebd., 111f.
29 Vgl. ebd., 113-119. In seinen Ausführungen zum Mythos wendet er sich allerdings gegen Cassirer, den er als Neukantianer ausweist, vgl. 133.
30 Vgl. ebd., 116-118.
31 Ebd., 128. Die metaphorische Aktivität wird hierdurch als rein vorbegrifflich abgewertet.

senschaften auch auf die Metapher: »the deductive model of scientific explanation should be modified and supplemented by a view of theoretical explanation as metaphoric redescription of the domain of the explanandum«.[32] Die Verbindung zwischen der Metapher und der theoretischen Begründung, die Black in seiner modelltheoretischen Erweiterung der Metapher nicht hinreichend ausgearbeitet habe, ist keine der notwendigen und hinreichenden Bedingungen, sondern der ungefähren Angemessenheit (*approximate fit*) aufgrund einer Kohärenz. Diese stütze sich maßgeblich auf eine generelle empirische Akzeptanz.[33] Die Sicht der metaphorischen Neubeschreibung des zu Erklärenden entspricht in etwa Blacks später vorgenommener metapherntheoretischer Bestimmung einer kontextbasierten Richtigkeit, wird aber für die Wissenschaftstheorie genauer gefasst.[34] Die Theoriesprache werde durch die Metapher in ihrer Bedeutung verschoben und erweitert, bleibe aber rational, denn Rationalität im Sinne von Hesse besteht aus der fortschreitenden Adaption unserer Sprache zur kontinuierlichen Erweiterung der Welt. Die Metapher sei dabei eines der wesentlichen Mittel dieser Erweiterung.[35]

Die Folgen dieser metaphorischen Grundlegung der wissenschaftlichen Theoriebildung und Sprache führt Hesse in ihren weiteren Schriften genauer aus. Wissenschaftliche Theorien seien Modelle oder frei imaginierte Narrative, die auf einer analogischen Relation mit der wahrgenommenen realen Welt beruhen. In ihrer weiteren Untersuchung der kognitiven Konzeptstruktur orientiert sie sich an Einsichten in den nicht-arbiträren Charakter der Sprache, von Autoren wie Giambattista Vico, Friedrich Nietzsche, Ludwig Wittgenstein und ferner Hans-Georg Gadamer. Die Bildung von Konzepten sei immer zugleich ein kreativer und korrektiver Prozess der Anwendung zuvor erlernter genereller Begriffe auf neue Einzelfälle. Diese werden im Prozess stets erweitert und modifiziert.[36] Ihrem Verständnis der Ausbildung des Konzeptsystems legt sie ihre These des Primats der Metapher und der damit verbundenen Annahme der generellen Metaphorik der Sprache zugrunde: »Metaphor is a fundamental form of language, and prior (historically and logically) to the literal.«[37] Hesse argumentiert stark mit Wittgenstein, wenn sie einerseits im Anschluss an das Prinzip der Familienähnlichkeit von einer Netzwerktheorie der Be-

---

32 Hesse 1966, 157. Zur Unterscheidung der Arten der Analogie vgl. 100.
33 Vgl. ebd., 171f.
34 Vgl. Black 1977, 456.
35 Vgl. Hesse 1966, 176f.
36 Vgl. Hesse 1992, 364. Hierbei erweitert sie Gadamers Sicht der natürlichen Konzeptbildung mit Wittgensteins Prinzip der Familienähnlichkeit.
37 Ebd., 358. Sie bezeichnet ihre Theorie als moderaten Realismus, der vor allem durch die radikalen Ersetzungen und Revolutionen der Theorien in der Physik und Kuhns darauf aufbauende Theorie der Paradigmatik geschult ist, vgl. 354-356.

deutung spricht, nach der Bedeutungserweiterungen durch die in Metaphern auftretenden Ähnlichkeiten und Differenzen stattfinden. Andererseits nimmt sie Wittgensteins Verständnis der Grenze der logischen Sprache auf, indem sie diese nichtreduzierbare primäre Relation von Ähnlichkeit und Differenz dem Zeigen überantwortet und dem Sagen verweigert.[38] Die Unterscheidung von wörtlicher und metaphorischer Sprache sei demnach nur als pragmatische und nicht als semantische Grundlage tragbar. Die normative Klassifizierung bestimme dabei eine nach begrenzenden Idealen der wörtlichen Sprache definierte faktische Welt, die zum Preis der Vielfalt der Dinge eine objektivierte Sicht etabliere.[39] Die grundlegende Funktion der Metapher im Denken verlange aber eine radikale Neuinterpretation des Kognitiven, die sie bisher nur von Paul Ricoeur und Nelson Goodman vorformuliert findet.

Mit *Languages of Art* entwarf Nelson Goodman 1968 eine Symboltheorie der Künste, in der er im Anschluss an die Philosophie der symbolischen Formen von Ernst Cassirer die »Symbolsysteme«, wie die »Sprachen der Kunst« eigentlichen heißen sollten, in ihrer Hervorbringung von Sinn untersucht und unterscheidet.[40] Die darin bereits angelegte Neuformulierung des Erkenntnis- und Wahrheitsbegriffs – unter anderem durch die Metapher – formuliert er in *Ways of Worldmaking* von 1978 genauer aus. Cassirers Themen der Vielheit von Symbolsystemen und schöpferischen Kraft des Verstehens und der Symbole sind auch hier integrale Aspekte der Theorie. Die Symbolsysteme der Kunst stellt er in den weiteren Kontext einer »Vielheit wirklicher Welten« – »Versionen«, denen je eine eigene Weise der Welterzeugung entspreche. Diese Versionen bilden Bezugsrahmen, die zum Beschreibungssystem und nicht zum Beschriebenen gehören. Im Hinblick auf diese Bezugsrahmen lasse sich von einer »Richtigkeit« durch Relevanz und Angemessenheit sprechen, die Bildern und auch Begriffen zukomme. Wahrheitswert würden lediglich Aussagen erhalten.[41] Goodmans Ansatz, den er selbst einen radikalen Relativismus unter strengen Einschränkungen nennt, lässt sich als eine ästhetische Theorie verstehen, die die Wahrnehmung der Wirklichkeit im Kontrast zur physikalischen Bestimmung erschließen will, dabei aber auf eine klare Begriffssprache zurückgreift und ein System von Definitionen hervorbringt.[42]

---

38 Vgl. Hesse 1988, 128f. u. 135f.
39 Vgl. ebd., 144f.
40 Vgl. Goodman 1968. Diese Schrift wird im nächsten Kapitel als Kunstphilosophie noch in den Fokus der Analyse gerückt.
41 Vgl. Goodman 1978, 13-16 u. 33.
42 Vgl. ebd., 10 u. 93-112. So spricht Goodman im Kontrast zu Cassirer von Typen und Funktionsweisen und nimmt damit keine genealogische Perspektive einer wechselseitigen Ausbildung von Sprache, Denken, Wissenschaft und Kunst ein, vgl. 18.

Die Weisen der Welterzeugung fasst Goodman unter fünf wesentlichen Gesichtspunkten zusammen, bei denen die Metapher von grundlegender Bedeutung ist. Durch *Komposition und Dekomposition*, durch Erschaffen als Umschaffen werde ein Bezugsrahmen geschaffen, der die Einteilung in Entitäten und Arten hervorbringe, auf der die Identifikation beruhe. Identität ist demnach relativ im Hinblick auf das Bezugssystem. Dieses werde wesentlich durch Reorganisationen mithilfe metaphorischer Übertragungen erzeugt, wenn etwa Geschmacksprädikate auf Klänge angewendet werden.[43] Durch *Gewichtung* werden Betonungen vorgenommen und Relevanzen bestimmt, die Welten unterscheiden können. Goodman trennt hierbei zwischen Sagen und Zeigen und entsprechend zwischen Darstellen und Exemplifizieren. Gewichtung werde in der Kunst durch Exemplifikation und Ausdruck erzeugt, weshalb es auch nicht eine einzige symbolische Form der Kunst gäbe, wie etwa bei Cassirer, sondern mehrere Welten der Kunst.[44] *Ordnung* werde demnach nicht als gegebene vorgefunden, sondern in eine Welt – vor allem auch nach dem Prinzip der Metapher – hineingebaut. Dieser Prozess der Welterzeugung impliziere ferner *Tilgung und Ergänzung* wie auch *Deformation*.[45]

Wie verortet Goodman die Metapher? Weil er dezidiert eine schöpferische Sicht des Erkennens vertritt wie Cassirer, hat die Metapher nicht nur eine kognitive Funktion im Hinblick auf das Verstehen, sondern ebenso eine erkenntniskonstitutive Funktion bei der Erzeugung von Welten. Da er der logischen Klassenbildung eine Organisation voranstellt, die wesentlich am Leitfaden von Metaphern erfolgt, und die nichtsprachlichen Symbolsysteme ebenfalls metaphorischen Ausdruck besitzen, verortet Goodman die Metapher – zwar nicht explizit aber doch unmissverständlich – auf einer kognitiven Ebene, die sich in allen Symbolsystemen bzw. Bezugssystemen der Weltversionen Ausdruck verschaffen kann. Den Aspekt der Metapher, das Mögliche im Gegensatz zum Faktischen aufzurufen, sieht er auch als Bedingung für Fiktionen: Indem sie metaphorisch wirkliche Welten beschreiben, liegen sie als mögliche innerhalb der wirklichen. Für diese Verortung der Metapher spricht zudem, dass Goodman ebenfalls wie auch Pepper auf Thales' metaphorische Erzeugung der Welt als Wasser zurückgreift.[46]

In seiner Theorie der lebendigen Metapher wendet sich Paul Ricoeur auch den Modelltheorien von Black und Hesse zu und sieht im Hinblick auf die Wirklichkeitsbeziehung das Verhältnis des Modells zur Wissenschaftssprache wie jenes der Metapher zur dichterischen Sprache. Das Modell sei ein heuristisches Instrument,

---

43 Vgl. ebd., 20f.
44 Vgl. ebd., 23-25. Er arbeitet dabei die metaphorische Exemplifikation aus, durch die Kunstwerke im Ausdruck neuen Sinn erzeugen können. Dazu genauer in Kapitel 13.
45 Vgl. ebd., 27-30.
46 Vgl. ebd., 132f.

das weniger zur Logik der Beweisführung als vielmehr zur Logik der Entdeckung gehöre. Ihm eigen sei daher auch ein kognitiver Prozess, der ebenfalls rational verfahre, aber seine eigenen Normen und Prinzipien habe.[47] Ricoeur kommentiert die Theorien von Black und Hesse, nimmt den Imaginationsbegriff des ersten auf, um ihn stärker als Leistung der Vernunft zu formulieren, und stellt die Frage der letzten nach der metaphorischen Referenz in Bezug zu Wittgensteins Sehen-als.[48] Beiden wirft er allerdings vor, dass sie sich zu sehr darauf konzentrieren würden, ihre Theorien der Metapher auf das Modell zu erweitern, ohne dabei die entscheidenden Rückschlüsse vorzunehmen. Besonders in Blacks radikalem und doch zugleich systematischem Archetyp sieht er einen Gewinn für das Verständnis der Metapher: »Aufgrund dieser beiden Merkmale hat der Archetyp eine weniger lokale, weniger punktuelle Existenz als die Metapher: er entspricht einem ›Bereich‹ von Erfahrungen oder Tatsachen.«[49] Aufgrund dieser dynamischen kognitiven Funktion schlägt Ricoeur vor, den Ausdruck *Archetyp* durch *Netzmetapher* zu ersetzen. Die möglichen Ausdrucksmetaphern werden auf einer rein kognitiven Ebene durch eine Netzmetapher vorbestimmt und einer heuristischen Systematik unterstellt. Ricoeur arbeitet hiermit die im Archetyp angelegte Theorie einer rein kognitiven Metapher aus und macht sie für die Theorie der Ausdrucksmetaphern anschlussfähig.

Diese Grundlegung der kognitiven Metapher erfolgte in den 1960er Jahren über Blumenbergs, Blacks, Turbaynes und Hesses Modelltheorien der Metapher, Wheelwrights epistemologischer Aufwertung und Ricoeurs anschließender Ausarbeitung ihrer zentralen kognitiven Aspekte wie auch durch Goodmans Erweiterung des Erkenntnisbegriffs durch metaphorische Übertragungen sprachlicher und nichtsprachlicher Art. Eine entscheidende Wende zur kognitiven Metapher nimmt die Metapherntheorie aber erst durch eine dezidert kognitive Theorie der Metapher, die George Lakoff und Mark Johnson mit *Metaphors We Live By* im Jahr 1980 für die neue Kognitionswissenschaft vorlegten. Ihre Schrift wird zur meistbeachteten Theorie in einem interdisziplinären Interesse an der Metapher und zieht eine Vielzahl von weiteren Metapherntheorien in der Kognitionswissenschaft nach sich.[50] Im Folgenden sollen die wesentlichen Aspekte ihrer Metapherntheorie, die damit moti-

---

47 Vgl. Ricoeur 1975, 228.
48 Vgl. ebd., 230-232. Er schließt hier Blacks Imaginationsbegriff an seine Ausführungen zur philosophischen Imagination an, die er extrapoliert um zu einem Ähnlichkeitsprinzip im Denken zu gelangen. Auch hierin ist eine Betonung der kognitiven Dimension der Metapher zu sehen, vgl. ebd., 188.
49 Ebd., 234.
50 Katrin Kohl bezeichnet die *Cognitive Metaphor Theory* deshalb auch als »wohl bedeutendsten Paradigmenwechsel in der Metaphernforschung«. Hiermit folgt sie vor allem der Eigenstilisierung von Lakoff und Johnson. Vgl. Kohl 2007, 119.

vierte Neubestimmung der Philosophie und die Erweiterungen durch andere Autoren vorgestellt und im Anschluss vor der bisher analysierten Theoriebildung zur Metapher eingeordnet und kritisch hinterfragt werden.

COGNITIVE METAPHOR THEORY (LAKOFF/JOHNSON)

Lakoffs und Johnsons grundlegende Annahme ist, dass nicht nur jede Sprache metaphorisch ist, sondern bereits unser alltägliches Konzeptsystem, nach dem wir denken und handeln. Diese kognitiven Metaphern, in denen wir leben, seien aber zumeist nicht bewusst. Sie wählen daher einen indirekten Zugang, da kein direkter zur Verfügung stehe: Weil unsere sprachlichen Metaphern in systematischer Weise an jene metaphorischen Konzepte gebunden seien, können diese über die Ausdrucksmetaphern analysiert werden. Die Oberfläche gebe also Aufschluss über eine nicht unmittelbar erreichbare Tiefe. Sie gehen aber noch einen Schritt weiter, indem sie nicht nur die sprachlichen Metaphern auf jene verborgene Metaphorik zurückführen, sondern das gesamte System der Sprache, wesentliche Teile der Grammatik und der logischen Kategorien wie auch eine Vielzahl von Begriffen. Metaphorische Ausdrücke aber eben auch die Systematik der Sprache seien möglich, weil das ihnen zugrundeliegende Konzeptsystem eine metaphorische Systematik aufweise. Um diesem weiten Konzept der Metapher gerecht zu werden, geben sie eine ebenso weit gefasste, allgemeine Definition der Metapher: »*The essence of metaphor is understanding and experiencing one kind of thing in terms of another.*«[51] Trotz dieser auf einem allgemeinen Verständnisprozess basierenden Definition, darf nicht außer Acht gelassen werden, dass die Sprache ihr wesentlicher Zugang zum Denken und zur Erfahrung ist: »We are concerned primarily with how people understand their experiences. We view language as providing data that can lead to general principles of understanding.«[52] Ihre Analyse konzentriert sich ebenso auf kreative wie konventionelle Ausdrucksmetaphern, sofern sie in Verbindung zu metaphorischen Konzepten mit systematischer Funktion gebracht werden können. Isolierte Vorkommnisse derartiger Konzepte seien eher marginal für ihre Theorie, weil sie kaum Interaktion mit anderen Konzepten aufweisen und daher auch keine wesentliche Rolle für eine Alltagsheuristik haben würden. Ihre Unterscheidung steht quer zur gängigen Trennung zwischen lebendigen und toten Metaphern. Eine konventionelle Metapher

---

51 Lakoff/Johnson 1980, 5. Ich greife im Folgenden allein auf das englische Original zurück, da die deutsche Übersetzung an einigen Stellen philosophische Unschärfen aufweist, die für die hier vorgenommene Analyse nicht unerheblich sind.
52 Ebd., 116.

könne deshalb auch lebendig sein, wenn sie unser alltägliches Konzeptsystem strukturiert.[53]

Wie lässt sich die Systematik des metaphorischen Konzeptsystems genauer analysieren? Lakoff und Johnson unterscheiden zwischen drei Arten der kognitiven Metapher, die ein kohärentes System aufbauen, metaphorisch erweitert werden können und in der Sprache durch entsprechende Metaphern Ausdruck finden können. Um die kognitiven Metaphern von den sprachlichen absetzen zu können, verwenden sie eine Formalisierung in Kapitälchen, wie etwas an ihrem einleitenden Beispiel ARGUMENTIEREN IST KRIEG. Unser Verständnis des Konzepts ARGUMENTIEREN werde durch eine Metapher partiell als KRIEG strukturiert. Diese Fokusbildung trage zum Verständnis des Konzepts bei, hebe einige Aspekte hervor, blende andere aber wiederum aus. Diese Metapher bezeichnen sie als Strukturmetapher, weil sie ein System von kohärenten Metaphern hervorbringt, wie etwa EINEN STANDPUNKT EINNEHMEN und EINE POSITION VERTEIDIGEN.[54]

Neben diesen führen sie zum einen ontologische Metaphern an, die Ereignisse und mentale Inhalte als Objekte oder sogar Substanzen verstehen lassen. Eine derartige ›Verdinglichung‹ sei nötig, um mit Erfahrungen rational umgehen, sie bezeichnen und kategorisieren zu können. Zum anderen unterscheiden sie noch Orientierungsmetaphern, die Konzepten eine räumliche Orientierung geben, die ihre Basis in der physischen und ferner auch der kulturellen Erfahrung hat.[55] Diese beiden Metaphernarten dienen allgemein dazu, abstrakte mentale Dispositionen konkreter zu fassen. Unsere Sprache über das Denken sei nur möglich, weil wir in der Lage sind, derartige Metaphern zu bilden. Zwei zentrale Beispiele führen sie für die drei Metaphernarten an, die in ihren Schriften noch weiterhin als Referenz zur Ausarbeitung ihrer kognitiven Semantik dienen: die Röhren-Metapher (*conduit*) und die

---

53 Vgl. ebd., 55 u. 139. Ihre Beispiele kreativer und imaginativer Metaphern, die ein neues Verständnis unserer Erfahrungen geben können, sind konzeptuelle Metaphern, deren Innovation nur im Hinblick auf das Konzeptsystem verstanden wird. Ihre Kontextualisierung findet daher auch nur dort statt und nicht in einem bestimmten situativen Kontext einer Textstelle oder konkreten Erfahrung.
54 Vgl. ebd., 9-13. Später merken sie an, dass diese Formalisierung auch irreführend sein kann. Die interne Logik der Metapher sei weniger sequentiell als parallel arbeitend, vgl. Lakoff/Johnson 1999, 62.
55 Vgl. Lakoff/Johnson 1980, 14-26. Die Unterscheidung der drei Metaphernarten ist allerdings eine analytische, da konzeptuelle Metaphern zumeist zwei oder gar allen drei Arten entsprechen würden, vgl. 264.

Container-Metapher.[56] Während die Röhren-Metapher unser Verständnis der Kommunikation steuere, etabliere die Container-Metapher eine grundsätzliche Innen-Außen-Orientierung, die wir von unserem eigenen Körper auf andere Körper, aber auch auf unser Denken projizieren können.

Anhand dieser Arten von Metaphern lässt sich die Systematik des metaphorischen Konzeptsystems eingehender untersuchen. Unterschiedliche Metaphern weisen dabei eine Kohärenz auf, weil sie Erweiterungen oder sprachliche Ausdrücke von metaphorischen Konzepten seien. Lakoff und Johnson gelingt es zudem, Kohärenz zwischen sich scheinbar widersprechenden Metaphern nachzuweisen. Die Konzepte ZEIT IST EIN BEWEGLICHES OBJEKT und ZEIT IST STATISCH UND WIR BEWEGEN UNS DURCH SIE HINDURCH lassen sich als Teilkonzepte von ZEIT VERGEHT verstehen. Beide Teilkonzepte seien zusammen nicht konsistent, weil sie kein »single image« formen, aber in Hinblick auf die Hauptkategorie.[57] Diese Begründung lässt ihre Ausführungen aber nicht zu einer Bildtheorie der Metapher werden. Sie versuchen hierdurch vielmehr eine ›Zwischenebene‹ zu bestimmen, die zwischen unseren körperlichen Erfahrung und dem metaphorischen Konzeptsystem vermittelt, die Konzepte also als Verkörperungen aufzufassen. Konzepte wie OBJEKT, SUBSTANZ, CONTAINER und die Orientierungen OBEN-UNTEN und VORNE-HINTEN seien direkt emergent, weil sie aus der körperlichen Erfahrung direkt hervorgehen würden.[58] So können wir beispielsweise der Zeit eine VORNE-HINTEN-Orientierung zuweisen und sagen, dass wir uns auf die Zukunft zubewegen, ihr entgegenblicken. Derart grundlegende Konzepte bezeichnen Lakoff und Johnson als »experiential gestalt«[59], die als ein Cluster von Komponenten gesehen werden könne. Dieser habe Gestaltcharakter, wenn er als Ganzes aufgefasst wird, das wir für grundlegender halten als seine Teile. Erfahrungsgestalten werden durch die kohärente Struktur der Erfahrung gebildet, wie etwa die Gestalt KRIEG, die durch ein metaphorisches Verständnis auf das Konzept ARGUMENTIEREN projiziert werde. Kohärenz ergebe sich dann innerhalb einer Metapher durch Gestalten und zwischen Metaphern durch gemeinsame Hauptkategorien und metaphorische Erweiterungen.[60]

Diese theoretische Grundlegung der kognitiven Metapher, ihrer strukturbildenden Funktion im Konzeptsystem und dem in der Erfahrung verorteten Gestaltcharakter der metaphorischen Konzepte habe weitreichende Auswirkungen für das

---

56 Die *conduit metaphor* geht auf Michael J. Reddys metapherntheoretische Analyse des Vorjahres zurück, an der sich Lakoff und Johnson stark orientieren. Vgl. Ortony 1979, 284-324.
57 Vgl. Lakoff/Johnson 1980, 41-44.
58 Vgl. ebd., 58.
59 Ebd., 70.
60 Vgl. ebd., 81 u. 87-97.

Verständnis von Erkenntnis, Sprache und Denken. Die Ausbildung von Kategorien erfolge nicht nach inhärenten, sondern interaktiven Eigenschaften, die jene Gestalten durch ihre Erfahrungsgrundlage einbeziehen. Lakoff und Johnson greifen wesentlich auf Eleanor Roschs Prototypentheorie und Ludwig Wittgensteins Konzept der Familienähnlichkeit zurück: Konzepte werden durch Prototypen und Relationen zu diesen bestimmt. Die Regularien der sprachlichen Form seien daher auch nicht durch formale Begriffe, sondern konzeptuelle Metaphern erklärbar, die diese Form räumlich konzeptualisieren.[61] Der Metapher sprechen sie eine realitätsbildende und Ähnlichkeiten hervorbringende Kraft zu. Ähnlichkeiten werden also nicht vorgefunden, die Metapher baut nicht auf die bestehenden Kategorien auf, sondern ist wesentliches Mittel ihrer Erzeugung.[62] Im Zuge dessen formulieren sie auch den Wahrheitsbegriff neu, der sich nicht mehr bloß auf die Falsifikation stützen könne, sondern die pragmatische Bedeutung und Alltagsheuristik der kognitiven Metaphern einschließen müsse. Wahrheit existiere nur in Relation zum Konzeptsystem, das grundsätzlich metaphorisch ist – eine These, die Goodmans Konzept der Richtigkeit im Abhängigkeit eines Bezugsrahmens übernimmt, aber dennoch am Wahrheitsbegriff festhält.[63]

Ihre Einsichten in die kognitive Funktion der Metapher und ihren weitreichenden Einfluss auf die Systematik unseres Konzeptsystems und unserer Sprache schließen Lakoff und Johnson mit einer holzschnittartigen Wissenschaftsrhetorik ab, nach der die traditionelle Philosophie in einem polaren Verhältnis aufgeteilt werden könne. So ließen sich alle Theorien zur Metapher, Sprache und Erkenntnis den Extremen eines reinen Objektivismus oder Subjektivismus zuordnen, die in gegenseitiger Abhängigkeit zueinander stehen würden.[64] Den Objektivismus lassen sie durch Gottlob Freges *disembodiment* und die Folgen, Rudolf Carnaps Ausschluss des menschlichen Verstehens und Noam Chomskys, Lakoffs Lehrer, von Bedeutung und Verstehen unabhängigen Behandlung der Syntax an Konturen gewinnen. Ein radikaler Subjektivismus im Sinne der romantischen Tradition und deren Theo-

---

61 Vgl. ebd., 121-125 u. 136-138.
62 Vgl. ebd., 145-147. Diese Einsicht gehe gegen die meisten traditionellen Sichten der Metapher. Die Erzeugung von Ähnlichkeiten ist aber eine direkte Übernahme der Einsicht Richards' und Blacks und ferner auch Ricoeurs.
63 Vgl. ebd., 156-160. Ihren Wahrheitsbegriff führen sie folgendermaßen aus: »Thus an understanding of truth in terms of metaphorical projection is not essentially different from an understanding of truth in terms of nonmetaphorical projection. The only difference is that metaphorical projection involves understanding one kind of thing in terms of another kind of thing. That is, metaphorical projection involves two different kinds of things, while nonmetaphorical projection involves only one kind.«, 171.
64 Vgl. ebd., 185-189.

rie der Einbildungskraft sei die einzige bisherige Alternative zum Objektivismus.[65] Ihre Metapherntheorie als »Experientialist Synthesis« stelle nun den Mittelweg als Ausweg dar. Die Metapher vereine Vernunft (*reason*) und Einbildungskraft (*imagination*), sie sei folglich »*imaginative rationality*« – ein Ausdruck, der stark an Giambattista Vicos poetische Logik erinnert.[66]

Lakoff und Johnson arbeiteten die Grundlagen ihrer auf der kognitiven Metapher aufbauenden Theorie des verkörperten Verstehens jeweils in Folgeschriften im Jahr 1987 mit unterschiedlicher Schwerpunktsetzung aber einheitlicher Fluchtlinie aus, um sie dann 1999 in einer erneut gemeinsamen und umfassenden Philosophie zusammenzuführen.

Mark Johnson knüpft an den bisher nicht hinreichend ausgearbeiteten Gestaltbegriff an, um ihn mit einer Theorie der Imagination zu verbinden. Zentrale Einsicht des Buches ist, dass kohärente und einheitliche Erfahrung und Verständnis nur durch Einbildungskraft möglich ist. Diese versteht er im Wesentlichen im Sinne Immanuel Kants. Zwar treffe die Definition nach notwendigen und hinreichenden Eigenschaften auf einige Kategorisierungen zu, doch würden sich die meisten unterscheiden, weil sie auf imaginative Strukturen des Verstehens zurückgreifen. Unter diesen fasst er Schemata, Metaphern, Metonymien und mentale Bilder zusammen. Ihre Struktur beruhe auf der Natur des menschlichen Körpers, der Wahrnehmung und der Motorik. Sie werden daher durch kognitive Modelle geformt, die imaginativ strukturiert sind.[67]

Johnsons Theorie der Imagination folgt der Orientierung seiner mit Lakoff entworfenen Metapherntheorie an der Systematik des alltäglichen Konzeptsystems. Der Einbildungskraft kommt daher eine fundamentale und integrale Funktion im Denken und im Aufbau der Sprache zu, doch wird sie weitgehend auf die Organisation und Synthese von mentalen Repräsentationen reduziert: »Imagination is our capacity to organize mental representations (especially percepts, images, and image schemata) into meaningful, coherent unities.«[68] Zwei Schritte unterscheidet er im Fortgang von der körperlichen Erfahrung zum Konzeptsystem: Bildschemata (*image schemata*) und metaphorische Projektionen. Das Bildschema sei ein wieder-

---

65 Vgl. ebd., 199-209 u. 185.
66 Vgl. ebd., 192. Der wissenschaftlichen Objektivität komme allerdings noch die Rolle der Tilgung der Effekte individueller Illusionen und Fehler zu, 194.
67 Vgl. Johnson 1987, XI u. 157. Sein Modellbegriff schließt allerdings nicht an die wissenschaftstheoretischen Ansätze von Black und Hesse an.
68 Ebd., 140. Er ergänzt, dass es bis zur Aufklärung keine Theorie der Einbildungskraft gegeben habe. Zwar habe es Einflüsse von Platon und Aristoteles gegeben, doch erst Kant habe Wahrnehmung und Verstand verbunden, 141-144. Baumgartens Ästhetik wird nicht erwähnt.

kehrendes, dynamisches Muster (*pattern*) der perzeptuellen Interaktion und Motorik, das der Erfahrung Kohärenz und Struktur verleihe. Hierbei handele es sich nicht um ein mentales Bild, weil es schematisch sei und daher nur abstrakte Strukturen von Bildern besitze. Mit dieser Bestimmung fasst Johnson das zuvor ausgearbeitete Konzept der Erfahrungsgestalt genauer, um es in seine Theorie der Imagination einzufügen. Bildschemata seien Gestaltstrukturen, wie etwa das abstrakte Vertikalitätsschema.[69]

Johnson greift hier wesentlich auf Kants Unterscheidung zwischen der reproduktiven und produktiven Einbildungskraft und den damit einhergehenden Schemabegriff zurück, die er in seiner *Kritik der Urteilskraft* vornahm. Die reproduktive Einbildungskraft sei eine Synthese, die mentale Repräsentationen verbindet und durch ein Allgemeineres ordnet.[70] Die produktive Einbildungskraft ermögliche hingegen die objektive Struktur der transzendentalen Einheit des Bewusstseins, durch die erst objektive Erfahrung möglich sei. Wie Kant beschreibt Johnson den Übergang von der Erfahrung zur mentalen Einheit, die er als metaphorisches Konzeptsystem auffasst: »As productive, imagination gives us the very structure of objectivity. As reproductive, it supplies all of the connections by means of which we achieve coherent, unified, and meaningful experience and understanding.«[71] Ebenso wie Kant bestimmt Johnson das Schema als halb abstrakt und intelligibel, halb sinnlich.[72] Kants freie Einbildungskraft deutet er schließlich sehr stark im Rahmen seines eigenen Metaphernverständnisses: wie zuvor Hans Blumenberg sieht auch er in Kants Ausführungen zum Analogieschluss zur Verbindung reiner Vernunftbegriffe mit Anschauungen die Metapher. Kant habe allerdings diese metaphertheoretische Implikation der freien Einbildungskraft nicht weiter ausgearbeitet, da sie seinen Theorierahmen der Transzendentalphilosophie überstiegen hätte. Johnson übernimmt Kants Konzept der Einbildungskraft, löst aber seine duale Struktur der metaphysischen Trennung zwischen Sinnlichkeit und Vernunft auf, um anhand der Bildschemata und metaphorischen Projektionen eine Kontinuum mit Polen zu beschreiben. Diese Pole sind die physische Erfahrung und das Konzeptsystem, der Übergang zwischen ihnen fließend.[73]

Der Metapher kommt dann eine Schlüsselfunktion zwischen Bildschema und Konzeptsystem zu, indem sie das abstrakte Schema figurativ erweitert. So bauen beide Formen der Einbildungskraft aufeinander auf: »*The first is their apparently*

---

69 Vgl. ebd., XIV u. XIX.
70 Vgl. Kant 1781, A77 u. A120, Johnson 1987, 148f.
71 Johnson 1987, 151.
72 Vgl. Kant 1781, A138-142, Johnson 1987, 155.
73 Vgl. Johnson 1987, 157-166. Kant ordnet er wegen dessen unüberbrückbarer Trennung zwischen Körper und Verstand ebenfalls einem Objektivismus zu, XXVI u. XXIX.

nonpropositional, analog nature. The second is their figurative character, as structures of embodied imagination.«[74] Auf diese Weise lasse sich die Erfahrung durch die Einbildungskraft und metaphorische Projektionen ordnen. Die Bildschemata seien zwar propositional, aber in einem besonderen Sinne, weil sie nicht finit seien. Dennoch argumentiert Johnson, dass unser Verstehen viele vorkonzeptuelle und nichtpropositionale Strukturen wie etwa Bildschemata einschließe, die erst durch metaphorische Projektionen propositional ausgearbeitet werden.[75] Die Bildlichkeit, die hier eine Rolle spielt, ist also lediglich diejenige der Bildschemata, die zur Kategorisierung und Ausbildung des Konzeptsystems führe. Daher eignet sich die Theorie Johnsons auch nicht für ein Verständnis visuellen Denkens als Grundlage für visuelle Metaphorik, denn hierbei muss Bildlichkeit anders als jene prototypische der Bildschemata bestimmt werden. Für ihn ist aber entscheidend, dass über die imaginativen Projektionen der Körper als physische Erfahrung seinen Weg in das Denken und die mentalen Operationen findet.[76]

Durch schematische Strukturen wie etwa CONTAINER und INNEN-AUSSEN, die verkörperte Schemata sind und Gestaltstruktur besitzen, werde Bedeutung hervorgebracht, aber zugleich auch beschränkt.[77] Da die metaphorische Projektion auf die Bildschemata zurückgreife, sieht Johnson die nicht-propositionale Dimension der Metapher erklärt. Problematisch wird diese Einsicht, wenn er Richards und Black ihre Missachtung und Searle und Davidson, gegen die sich ihre Metapherntheorie von 1980 wesentlich richtete, ihre Kenntnisnahme aber fehlende Ausführung attestiert. Lediglich die kognitive Funktion in der Strukturierung der Erfahrung haben Nietzsche, Richards und Ricoeur erkannt.[78] Diese Diagnose ist vor dem Hintergrund der vorangehenden Kapitel nicht haltbar. Zur weiteren Begründung seiner Theorie wendet sich Johnson dem BALANCE-Schema als imaginative Achse für das Gleichgewicht zu. Das Beispiel erlaube es, die Wirkung metaphorischer Bildschemata auch für die Wahrnehmung von Bildern, also externen materiellen Bildern, zu untersuchen. Johnson orientiert sich hierfür an Rudolf Arnheims Gestaltpsychologie, in der dieser ausführt, dass es verborgene Strukturen der Spannung und Kraft wie auch des Gleichgewichts gibt. Diese gehen, so Johnsons Interpretation im Licht seiner Theorie, nicht auf die physikalischen Kräfte zurück, sondern seien rein

---

74 Ebd., XX.
75 Vgl. ebd., 3f. u. XVI. Diese scheinbare Widersprüchlichkeit ließe sich mit Verweis auf den Doppelcharakter als teils imaginativ und teils propositional, wie Kant ihn für das Schema ausformuliert, entschärfen. Vgl. 21-24.
76 Vgl. ebd., XXXVIf. Er bezeichnet diesen Ansatz als deskriptive oder empirische Phänomenologie.
77 Vgl. ebd., 19 u. 41.
78 Vgl. ebd., 65f. u. 220n18.

perzeptuell. Sie seien daher bereits metaphorische Interpretationen, die auf eine metaphorische Strukturierung der Erfahrung zurückgehen.[79]

Durch die Grundlegung des Konzeptsystems und der Kategorienbildung in der Imagination und Metapher, sieht Johnson die sprachliche Bedeutung als Teil eines umfassenderen Verständnisses von Bedeutung. Er bleibt aber nicht bei dieser Neuformulierung stehen, sondern will ebenso das Modell der Schlussfolgerung (*inference pattern*) weiter fassen, um die Metapher in den Begründungsprozess (*reasoning process*) einzuschließen: »*propositional content is possible only by virtue of a complex web of nonpropositional schematic structures that emerge from our bodily experience.*«[80] Die logische Beweisführung habe eine metaphorische Basis, weil sie sich im Beweis entlang einer Linie bewege, die ein Bildschema darstelle.[81] Dennoch schließt Johnson Apriori-Strukturen der Rationalität nicht aus, er weist lediglich darauf hin, dass man weit gehen kann, um die Logik durch Eigenschaften bestimmter Bildschemata zu verstehen. So schließt er: »My central theme thus has been that a theory of meaning rests on a theory of understanding, which is a theory of cognitive models – of their structure, extensions, transformations, and relations.«[82]

George Lakoff geht in seiner Schrift von 1987 ebenfalls auf kognitive Modelle ein, begründet sie durch die Einbildungskraft und die Metapher, legt den Fokus seiner Analyse aber stärker auf die Kategorisierung. Um unserer Erfahrung Sinn zu verleihen, würden wir Kategorien anhand imaginativer Mechanismen wie Metapher, Metonymie und Bildlichkeit (*imagery*) bilden, die sie in Gestalteigenschaften und nicht auf atomistische *building blocks* nach allgemeinen Regeln gründen lassen. Weil ein Großteil der Kategorien hierunter falle, sei die Vernunft verkörpert und imaginativ. Lakoff nennt dies einen experimentellen Realismus, kurz *experientalism*.[83] Seine Grundlegung der Kategorisierung in der Erfahrung und Einbildungskraft baut auf Eleanor Roschs Prototypentheorie auf, nach der ein Prototyp im Zentrum einer jeden Kategorie steht, sie maßgeblich reguliert und eine graduelle Zugehörigkeit erwirkt. Diese prototypenbasierten Kategorien sieht Lakoff durch kognitive Modelle definiert. Als verkörperte Strukturen erwirken sie die Skalierung der Kategorien. Zwischen den Modellen sei eine Familienähnlichkeit gegeben, wie er im Rückgriff auf Wittgenstein bestimmt.[84]

---

79 Vgl. ebd., 76-80. Zu Arnheim noch genauer in Kapitel 19.
80 Ebd., 5.
81 Vgl. ebd., 38. Hieran ließe sich Vicos Konzept der Metapher als Schnittpunkt zweier Linien anstelle einer einzigen dünnen Linie der logischen Beweisführung anknüpfen.
82 Ebd., 193.
83 Vgl. Lakoff 1987, XII-XV.
84 Vgl ebd., 8-13. Er erwähnt auch Mary Hesse, die in seinen Augen aber lediglich eine Kritik der traditionellen Theorien hervorbrachte, 10.

Um das von kognitiven Modellen strukturierte Denken noch stärker in seinem alltäglichen Zusammenhang zu erfassen, führt Lakoff den Aspekt der *basic-level concepts* ein. Sie bilden Kategorien aus, die ›in der Mitte‹ einer Hierarchie liegen. In Bezug auf psychologische Kriterien stelle etwa ›Stuhl‹ eine solche Kategorie dar, weil sie zwischen ›Einrichtung‹ und ›Liegestuhl‹ steht. Diese Ebene ist für seine Theorie besonders wichtig, da den Kategorien abstrakte Bildschemata entsprechen würden. Daher sei auf dieser Ebene ein Großteil des Wissens organisiert. Kognitive Modelle führen zu diesen *basic-level categorizations*, weil sie auf die menschliche Erfahrung und Einbildungskraft zurückgreifen.[85] Hier äußert sich abermals die Zuspitzung der kognitionswissenschaftlichen Metapherntheorie: Sie konzentriert sich auf jene kognitiven Modelle, die in unserem alltäglichen Leben eine starke Rolle spielen und über die eine Systematik des konzeptuellen Denkens erforscht werden kann. Individuelle und kreative konzeptuelle Metaphern stehen außerhalb des Interesses.

Wie auch Johnson räumt Lakoff ein, dass es dennoch Kategorisierung gibt, auf die ihre Theorie der Verkörperung nicht zutrifft. Mit den *basic-level concepts* lassen sich jene verkörperten Kategorien aber genauer abgrenzen. Doch Lakoff bleibt dabei nicht stehen. Das Vermögen einer basalen Gestaltwahrnehmung nehme keine einfachen und eindeutigen Unterscheidungen bei verschiedenen Arten einer Art vor. Hierdurch werde eine vorkonzeptuelle Struktur etabliert, die den *basic-level concepts* korrespondiere. Daher sind die *basic-level categories* auch nicht einfach nur eine andere Art der Kategorien in unserem Konzeptsystem. Ihnen kommt eine Schlüsselrolle als Vermittler zu: »The basic level is an intermediate level; it is neither the highest nor the lowest level of conceptual organization.«[86] Lakoff spricht daher von einer basalen Logik, die auf bedeutsame Strukturen zurückgreife, die wiederum sinnvoll sind, weil sie in der körperlichen Erfahrung gründen. *Basic-level categories* und *basic logic* machen zusammen auch verständlich, warum Lakoff und Johnson ohne Bedenken mit Formalisierungen arbeiten: »What I called the ›basic logic‹ of a schema would be represented in formal logic by meaning postulates.«[87] Die formale Begriffssprache der Wissenschaft steht nicht in Konflikt mit den Einsichten in das Wesen der kognitiven Metapher, weil sie direkt aus der basalen Logik der verkörperten Schemata hervorgeht.

Der Metapher kommt bei Lakoff – ähnlich wie bei Johnson – im Fortgang von der Erfahrung zum Konzeptsystem eine entscheidende Mittlerrolle zu. Sie verbinde die unmittelbar bedeutsamen *basic-level* und *image-schematic concepts*. Als Vermögen zur Ausbildung von Konzepten (*conceptualizing capacity*) sei die Metapher

---

85 Vgl. ebd., 56 u. 13.
86 Ebd., 269f.
87 Ebd., 272.

also jenes Prinzip, das die duale Gründung des Konzeptsystems überwindet und eine einheitliche Systematik ermöglicht. Sie ist die »ability to form complex concepts and general categories using image schemas as structuring devices.«[88] Neben dieser, auf der Einbildungskraft aufbauenden Funktion der Metapher, kommt ihr eine weitere Funktion zu, die in Lakoffs Theorie eine komplementäre Position einnimmt, ohne dass er dies ausarbeitet noch erkennt. Durch die Metapher sei die Möglichkeit gegeben, auch jene Bereiche der Erfahrung zu Verstehen, die keine vorkonzeptuale bzw. vorbegriffliche (*preconceptual*) Struktur haben. Er spricht hiermit implizit jene Begriffe an, die Kant als durch Analogie mit Anschauung verbundene reine Vernunftbegriffe und Blumenberg im Anschluss daran als absolute Metaphern bezeichnet. Diese enorm wichtige Funktion der Metapher bildet bei Lakoff nicht mehr als eine Marginalie, weil sie nicht in den Rahmen seiner Theorie des verkörperten Denkens gehört. Diese komplementäre Funktion der Metapher auszuarbeiten, hätte allerdings Aussagen wie jene, dass »much of imagination consists of metaphorical reasoning«[89], weit mehr erhellt und Einbildungskraft und Metapher stärker wechselseitig aufeinander bezogen. Ebenso unausgeführt bleibt der Umstand, dass er den Aufbau von Schemata durch eben solche Schemata erklärt, durch die er das Schema selbst bestimmt. So habe das PART-WHOLE Schema als Strukturelemente das Ganze, die Teile und dazugehörig eine Konfiguration. In der Alltagserfahrung sei das Schema durch den Körper als Ganzes mit Teilen begründet. Als Beispielmetapher zur Erweiterung und Elaborierung nennt er die Familie.[90] Die Beziehung zwischen Teil und Ganzem beschreibt Lakoff als ein nicht weiter reduzierbares Schema. Dieses habe aber, so seine Begründung des Schemabegriffs, eine irreduzible Struktur, weil es Gestaltcharakter habe und damit das Ganze mehr sei als die Summe der Teile.

Ihre parallel und in gegenseitiger Kenntnis ausgeführte Erweiterung der Metapherntheorie durch eine Theorie der Einbildungskraft und Kategorisierung führten Lakoff und Johnson 1999 in *Philosophy in the Flesh* zusammen. Diese integrale Theorie verbindet ihre bisherige Forschung mit anderen kognitionswissenschaftlichen Metapherntheorien und einer neurowissenschaftlichen Perspektive. Ihre gesamte Theorie kondensieren sie in drei wesentliche Einsichten, die sie als radikale Herausforderung der Philosophie sehen: »The mind is inherently embodied.

---

88 Ebd., 281.
89 Ebd., 303.
90 Vgl. ebd., 273. Eine ähnliche Problematik ergibt sich, wenn Lakoff das Konzept der *mental spaces* von Gilles Fauconnier übernimmt und die mentalen Räume als Medium für die Konzeptualisierung und das Denken bestimmt. Durch die Metapher werde der physische Raum auf das Denken projiziert, der metaphorischen Konzeptualisierung also wieder die Metapher zugrunde gelegt, 281f. Dazu im Folgenden noch ausführlicher.

Thought is mostly unconscious. Abstract concepts are largely metaphorical.«[91] Die erste These ist nun radikaler gefasst als zuvor: Weil unser Denken neuronal begründet sei, weil wir »neural beings«[92] seien, gehe auch die Metapher auf neuronale Aktivitäten zurück. Durch ständige Wiederholung werden konzeptuelle Metaphern nicht nur Teil unseres alltäglichen Konzeptsystems, sondern es bilden sich feste neuronale Verbindungen. Die Metaphern werden materiell.[93]

Ihre Erforschung des Denkens konzentriert sich im Wesentlichen auf das kognitiv Unbewusste, das einen Großteil des Denkens ausmache, dabei aber einer direkten Introspektion prinzipiell unzugänglich sei. Ihr Begriff der Kognition ist daher auch sehr weit gefasst und schließt Aspekte des sensomotorischen Systems ein, das dazu beitrage, dass wir Konzepte ausbilden und schlussfolgern können.[94] Was in dieser erneuten Darstellung ihrer bereits 1980 ausgearbeiteten Annahmen hinzukommt, ist eine sehr dominante und veranschaulichende Metaphorik, die den Gegenstand ihrer Forschung sowie ihre Grundthesen konkreter fassen soll. Die Kognition bezeichnen sie generell als Eisberg, als ein enormes Missverhältnis zwischen unbewusstem und bewusstem Denken. Ergänzend sehen sie in jenem unter der Oberfläche des durch Introspektion zugänglichen Denkens eine im Verborgenen wirkende Hand: »The Hidden Hand That Shapes Concious Thought«.[95] Diese Hand forme die Art und Weise, wie wir Aspekte unserer Erfahrung konzeptualisieren. Einziger Ausweg aus einer falschen Introspektion, die diesem verborgenen Agens ›in die Hand spielt‹, sei eine Philosophie, die der Empirie Rechnung trägt, genauer gesagt eine *Philosophy in the Flesh*.

Unser Konzeptsystem sei zutiefst menschlich und nicht universal, weil es durch die Natur unseres Körpers auf dem Wege der verkörperten Konzepte geformt werde.[96] Die Verkörperung des Verstandes (*Embodied Mind*) weisen sie erneut am CONTAINER-Schema nach, durch das auch ersichtlich werde, wie die rationale Lo-

---

91 Lakoff/Johnson 1999, 3. Sie setzen auch hier wieder ihre Argumentation gegen einen Objektivismus fort, dessen Strenge keinen theoretischen Konsens darstellen kann, gegen den sich ihre Theorie richten will. An dieser Stelle äußern sie aber gezieltere Kritik an der analytischen und besonders der poststrukturalistischen Philosophie, denen sie einerseits eine Introspektion und anderseits ein dezentralisiertes Subjekt vorwerfen. Ihre Theorie gründe in der Annahme eines zentrales Selbst, das aber nicht monolithisch ist, 5-7.
92 Ebd., 18.
93 Vgl. ebd., 59.
94 Ebd., 12f.
95 Ebd., Überschrift, 12. Für beide Metaphern lässt sich nur schwer eine Oberkategorie finden, die sie beide konsistent werden lässt. Eine solche ist lediglich in ihrer gesamten Theorie zu finden.
96 Vgl. ebd., 19.

gik funktioniere und wo ihre Grenzen liegen: »Conceptualizing categories as containers hides a great deal of category structure. It hides conceptual prototypes, the graded structures of categories, and the fuzziness of category boundaries.«[97] Durch das CONTAINER-Schema nehmen sie erneut Gilles Fauconniers Theorie der *mental spaces* auf, passen es aber ihrer eigenen Argumentation genauer an, indem sie die räumlichen Metaphern als *spatial-relation concepts* zusammen mit den *basic-level concepts* zu jenen verkörperten Konzepten zählen, auf denen die Ausbildung eines komplexen Konzeptsystems aufbaue. Die räumlichen Relationen, wie sie etwa im CONTAINER-Schema zum Tragen kommen, seien Verkörperungen, weil sie intern durch ein Bildschema strukturiert seien. Lakoff und Johnson sprechen daher auch von »bulit-in spatial logics«.[98] Eine relativ kleine Menge einfacher Bildschemata strukturiere das System der räumlichen Relationen in den Sprachen der Welt.[99]

Der Metapher kommt erneut eine zentrale weil verbindende Funktion in der Ausbildung des Konzeptsystems zu. Diese können Lakoff und Johnson weiter differenzieren, indem sie auf die kognitionswissenschaftliche Forschung zurückgreifen, die infolge ihrer Metapherntheorie von 1980 getätigt wurde. Sie verbinden die unterschiedlichen Ansätze zu einer integralen *Cognitive Metaphor Theory (CMT)*. Entwicklungspsychologisch gesehen, gehe die Metapher aus einer Verschmelzung (*conflation*) in der Frühphase hervor, deren Auflösung konzeptuelle Metaphern ermögliche (nach Christopher Johnson). Primäre Metaphern (*primary metaphors*, nach Joe Grady) bilden die Grundlage für die Ausbildung komplexer Metaphern aufgrund konzeptueller Mischungen (*conceptual blends*, nach Gilles Fauconnier und Mark Turner).[100] Die primären Metaphern seien jene unbewussten, unserem Konzeptsystem zugrundeliegenden Metaphern, denen neuronale Verbindungen entsprechen. Komplexe Metaphern werden aus diesen und dem alltäglichen wie auch kulturellen Wissen gebildet. Als Beispiel führen sie die bereits 1980 gründlich ausgeführte Metapher LIFE IS A JOURNEY an, die sie erneut vor dem Hintergrund der Systematik des Konzeptsystems und unter Vernachlässigung einer historischen Semantik analysieren.[101]

Die Theorie der Einbildungskraft passen sie dem Fokus auf die konventionellen Metaphern des Konzeptsystems an. Die mentalen Bilder werden dabei selbst konventionell, variieren sogar nicht sonderlich von Person zu Person, so ihr Befund.

---

97 Ebd., 20. Diese Argumentation wurde vor allem von Earl MacCormac kritisiert, wie im Folgenden noch ausgeführt wird.
98 Ebd., 31.
99 Vgl. ebd., 36.
100 Vgl. ebd., 46f. Die neurowissenschaftlichen Grundlagen übernehmen sie von Srinivas Narayanan.
101 Vgl. ebd., 60-62.

Dies trifft zwar auf die Bildschemata zu, doch sprechen Lakoff und Johnson generell von mentalen Bildern. Die Redensart ›Spinning one's wheels‹ (sich vergeblich anstrengen) erklären sie mit der konzeptuellen und konventionellen Metapher LIFE IS A JOURNEY. Die Reifen beschreiben sie unmittelbar als Autoreifen, die Fortbewegung steht dabei ganz im Lichte der Vorstellung von der Liebe als Reise, durch die das Wissen über ein konventionelles Bild auf das Wissen über eine Liebesbeziehung projiziert (*maps*) werde.[102] Sie berücksichtigen die mentalen Bilder hierbei nicht in ihrer ästhetischen Dimension und führen Beschreibungen an, deren Verbindung zu den Vorstellungsbildern nicht weiter bedacht wird. Warum müssen die Reifen in der Redewendung zu Autoreifen und warum diese direkt im Kontext einer Reise als Metapher einer Liebesbeziehung verstanden werden? Die Rolle der Bilder endet im metaphorischen Prozess mit der Bereitstellung des Wissens für den Übertragungsvorgang. Die hier thematisierte Bildlichkeit ist jene ›gewöhnliche‹ sprachliche, die allen Wörtern mit entsprechendem schematischen oder konkreten Anschauungsinhalt zukommt. Ob es eine reiche, individuelle Vorstellung wie etwa ein Erinnerungsbild im metaphorischen Prozess gibt, bleibt unthematisiert. Die Metapher arbeite zwar in ihrer Theorie mit mentalen Bildern, doch werden diese vom Prozess des *mappings* getrennt und als bloße Lieferanten von Eigenschaften an den Anfang gestellt:

»The words evoke an image; the image comes with knowledge; conventional metaphors map appropriate parts of that knowledge onto the target domain; the result is the meaning of the idiom. Thus, a metaphorical idiom is not just a linguistic expression of a metaphorical mapping. It is the linguistic expression of an image plus knowledge about the image plus one or more metaphorical mappings.«[103]

HISTORISCHE UND KOGNITIVE SEMANTIK: DIE EISBERGE DER METAPHERNTHEORIE (MACCORMAC, KITTAY, INDURKHYA, HASKELL)

Die Theorie der kognitive Metapher kognitionswissenschaftlicher Provenienz wurde von George Lakoff in seinem ergänzenden Beitrag zur Neuauflage des einflussreichen Bandes *Metaphor and Thought* von Andrew Ortony im Jahr 1993 titelgebend als »Contemporary Theory of Metaphor« bezeichnet. Diese Provokation gegenüber anderen namhaften Protagonisten der metapherntheoretischen Forschung wie auch die holzschnittartige Rhetorik der Polemik gegenüber den Mythen des

---

102 Vgl. ebd., 68.
103 Ebd., 69.

Subjektivismus und Objektivismus, der sich als roten Faden durch die Schriften von George Lakoff und Mark Johnson zieht, erschweren einen produktiven Austausch zwischen der kognitionswissenschaftlichen, sprachanalytischen, poststrukturalistischen wie auch texthermeneutischen Metaphernforschung.[104] Der Diskurs wechselt von einer allgemeinen Missachtung der von Lakoff als ›modern‹ bezeichneten Theoriebildung gegenüber jener vermeidlich ›zeitgenössischen‹, die im Gegenzug die Referenzen zu ihren Vordenkern ausblendet, zu punktuell versuchten Gegenüberstellungen und wechselseitigen Bezügen. Diese sollen im Folgenden weiter ausgearbeitet werden. Grundlage hierfür bilden jüngere Ansätze zur kognitiven Metapher, die nicht ihren Ausgang in der Kognitionswissenschaft nehmen. Genereller Fluchtpunkt der vergleichenden Diskussion ist der Widerstreit zwischen historischer und kognitiver Semantik, zwischen Metaphern im Alltagsleben und in der Ideengeschichte, die als Polaritäten der Metaphernforschung gesehen werden können. Am Leitfaden der von mehreren Theoretikern aus unterschiedlichen Denkschulen aufgegriffenen Eisberg-Metapher lässt sich die Theoriebildung zur kognitiven Metapher mit dem Diskurs um die Metaphorik der Metapher verbinden.

Der bereits für die Einteilung der unterschiedlichen Ebenen der Kognition angeführte Earl R. MacCormac entwarf 1985 eine kognitive Theorie der Metapher, in der er im Kontrast zu Lakoff und Johnson keine Verkörperung des Konzeptsystems nachweist, sondern die Metaphorik des Denkens rational rekonstruiert. Die Tiefenstruktur des menschlichen Verstandes, aus der heraus sich die Sprache bilde und die wesentlich metaphorisch sei, setze sich aus einer rein kognitiven und einer semantischen und syntaktischen Ebene zusammen.[105] Der Metapher räumt er nicht nur eine die Sprache strukturierende Funktion ein, sondern hält sie ebenfalls für bedeutsam in der kulturellen wie auch biologischen Evolution, weil sie die Sprache verändere und diese sich wiederum auf das Verhalten auswirke. Durch die Annahme einer Tiefenstruktur der Metapher im Denken sieht er sich direkt mit zwei möglichen theoretischen Verstrickungen konfrontiert. Die erste Zirkularität ergebe sich aus der Selbstbezüglichkeit der kognitiven Funktion der Metapher, der Tatsache, dass sie sowohl Gegenstand als auch wesentliches Darstellungsmittel der Organisation der verschiedenen kognitiven Ebenen sei. Seine Methode ist eine Trennung der wörtlichen und metaphorischen Sprache, um einen allgemeinen objektiven Standpunkt zu gewinnen und so die Bedeutung und Wahrheit der Metapher untersuchen zu kön-

---

104 Ihre Theorie habe einen enormen Einfluss auf die kognitionswissenschaftliche und psychologische Forschung gehabt. Gerade wegen ihrer massiven Kritik philosophischer Position falle ihr Einfluss auf die Philosophie eher gering aus, vgl. Stern 2008, 214.
105 Vgl. MacCormac 1985, 1f. Er identifiziert beide Ebenen absichtlich nicht genauer, weil er so eine nichtsprachliche kognitive Funktion nicht ausschließe. Auf eine derartige geht er aber nicht weiter ein.

nen. Er räumt allerdings direkt ein, dass auf diesem Wege der Zirkularität nicht gänzlich zu entkommen sei. Als zweite Verstrickung führt er die unausweichliche Voraussetzung einer Basismetapher (*basic metaphor*) an, die als fundamentale theoretische Annahme über das Wesen der Metapher die weitere Analyse leite. Diese Einsicht, so wendet er richtigerweise ein, führe nicht zwangsläufig zu der Annahme, dass alle Sprache metaphorisch sei, nur, dass eine Theorie der Metapher selbst metaphorisch ist.[106]

Bemerkenswert ist, dass er bereits die Trennung zwischen wörtlicher und metaphorischer Sprache auf eine Basismetapher zurückführt. Im Sinne seiner Konzeption der Kognition bedeute dies: »a ›literal‹ description of the literal is impossible because description of *what is* always involves cognitive mediation.«[107] Eine Basismetapher folge dabei einer Intuition und nicht einer Erklärung. MacCormac erkennt die drohenden theoretischen Verstrickungen. Generell hält er allerdings eine rein wörtliche Sprache für möglich, weshalb sein Interesse auch besonders der *computational metaphor* gilt, die für die vielfach vorgenommenen Überschneidungen von Metapherntheorie und KI-Forschung steht. Die metaphorische Tiefenstruktur des Denkens könne am besten durch Abstraktionen repräsentiert werden, so seine Folgerung.[108] Sein Standpunkt ist aber nicht der einer formalen Logik, sondern eher ein naturalistisch-kognitiver Ansatz der Metapher, wie er es selbst fasst. Deswegen akzeptiert er auch die Verstrickung der Metapher. Seine letztendliche Begründung ist daher keine logische, sondern eine metaphorische. Er zitiert hierfür Willard Van Orman Quine, dessen Ausführung er als Analogon zu seiner Metapherntheorie versteht: »I see philosophy and science as in the same boat – a boat which, to revert to Neurath's figure as I so often do, we can rebuild only at sea while staying afloat in it. There is no external vantage point, no first philosophy.«[109] Diese Metaphorik weist in vielen Punkten wie etwa der Bewegung und der fehlenden Distanzleistung Kohärenz zu Derridas Heliotrop- und Fahrzeug-Metapher und Blumenbergs Schiffbruch-Metapher in der Interpretation von Stoellger auf. Auch wenn sich MacCormac mit seiner Bestimmung der Basismetapher bei den Theoretikern des letzten Kapitels einreiht, hat er damit noch nicht die Metapher als Metapher ausgewiesen. Ob er diesen grundsätzlichen Entzug mit etwa Derrida teilt, bleibt unklar.

Den entscheidenden Schritt von den metaphorischen Vorannahmen zur Metapher *als* Metapher verfehlt auch Bernhard Debatin, wenn er für die grundlegende

---

106 Vgl. ebd., 3 u. 56. Das Konzept der Basismetapher entwickelt er in Anschluss an Colin Turbayne.
107 Ebd., 55.
108 Vgl. ebd., 4f.
109 Quine, »Natural kinds«, 1977, zitiert nach ebd., 57.

Metaphorzität des Denkens Blumenbergs absolute Metapher und ferner auch Derridas Ausführungen zur Lichtmetaphorik anführt. Über das Konzept der Hintergrundmetaphorik versucht er, eine untergründige, basale Schicht der Differenzierungen herauszuarbeiten, die die Logik des nichtmetaphorischen Diskurses steuere.[110] Hier schließt er MacCormacs Basismetapher an Blumenbergs Hintergrundmetaphorik an. Seine kognitive Perspektive auf die Metapher richtet sich an einer »epistemisch-metaphysischen Tiefenmetaphorik« aus, der gegenüber die sprachlichen Ausdrucksmetaphern zur »Oberflächenmetaphorik« werden.[111] Sein Ansatz zielt damit weniger auf die Unhintergehbarkeit der Metaphorik der Metapher als vielmehr auf konstitutive Vorannahmen, die die Theoriebildung leiten. Dazu gehöre eine »*differenzbildende Schutzschicht*«, die der rationale Diskurs durch die Unterscheidung zwischen wörtlicher und metaphorischer Sprache aufbaue und durch den ständig weitergeführten Kampf um Erhaltung der Trennung die Schutzschicht weiter festige und absichere. Der Metapherntheorie attestiert er dann eine rituelle Wiederholung dieser Differenz.[112] Einen Ausweg sieht Debatin in der Paradoxiereflexion als reflexive Metaphorisierung. Hierbei konzentriert er sich jedoch abermals auf die absolute Metapher und ihre Tiefendimension.

Aufschlussreich für den Diskurs um die kognitive Metapher ist MacCormacs Kritik an der Methodik Lakoffs und Johnsons. Diese würden zwar die gängige Unterscheidung zwischen toten und lebendigen Metaphern neuformulieren und nicht zwischen wörtlicher und nichtwörtlicher Sprache, sondern vielmehr zwischen metaphorischen und nichtmetaphorischen Konzepten trennen. Mit der Annahme, dass nichtmetaphorische Konzepte direkt Erfahrungen einschließen, würden sie sich aber nicht vor der metapherntheoretischen Verstrickung retten. Grundlegend nehmen sie eine semantische Anomalie an und damit auch eine Trennung zwischen wörtlicher und nichtwörtlicher Sprache, die in MacCormacs Sinne eine Basismetapher ist.[113] Zwei weitere Kritikpunkte äußert er, die jeweils ins Herz der Methodik der *Cognitive Metaphor Theory* zielen. Einerseits hält er die Objektivationen des Objektivismus für nicht tragbar, weil der Prototypentheorie der Kategorisierung beispielsweise eine Theorie des semantischen Wandels zur Seite gestellt werden kann, nach der Kategorien nicht rein statisch und invariant sind.[114] Andererseits hinterfragt er die Annahme einer direkten Emergenz von Konzepten und fragt daher: »On what basis can one be sure that spatial concepts emerge *directly* rather than emerge as *media-*

---

110 Vgl. Debatin 1995, 219.
111 Ebd., 219.
112 Vgl. ebd., 218 u. 220.
113 Vgl. MacCormac 1985, 59f. Zur Lakoff-MacCormac-Debatte vgl. auch Indurkhya 1992, Kapt. 8.2.4.
114 Vgl. MacCormac 1985, 61. Für die weitere und genauere Kritik vgl. 63-65 u. 73.

ted metaphorical concepts?«[115] Auf den direkt emergenten Konzepten bauen die metaphorischen Konzeptualisierungen erst auf, so Lakoff und Johnson. Aufgrund des kulturellen Wandels räumlicher, direkt emergenter Konzepte, müssen diese aber als medial vermittelt, indirekt emergent und damit metaphorisch bezeichnet werden. Die Emergenz ist, so MacCormacs Fazit, eine Basismetapher, um das Nichtmetaphorische beschreiben zu können.

Die kognitive Metapherntheorie von Eva Feder Kittay verortet die Metapher ebenfalls stärker zwischen Denken und Sprache. Die Metapher zeichne sich dabei durch ihre kognitive Kraft und ihre linguistische Struktur aus. Kittay baut ihre Position auf einen Perspektivbegriff auf, der einen nicht weiter ausgeführten Visualismus einschließt und mit MacCormac als einflussreiche Basismetapher bezeichnet werden kann. Die Metapher bekomme ihren kognitiven Gehalt durch eine perspektivische Bewegung, die eine Neuordnung eines Bereiches in Relation zu einem anderen semantischen Feld darstelle, so ihre Verbindung der kognitiven und semantisch-syntaktischen Funktion der Metapher.[116] Um diese Einsicht in die Wirkung der Metapher gewinnen zu können, sei ein Verständnis des Denkens nötig, nachdem es aktiv und kreativ an der Formung von Wahrnehmungsinhalten (*percepts*) und Konzepten und der Vereinigung der Verschiedenheit der Dinge (*diversity of the given*) mitwirke.[117]

Kittays Ansatz zeichnet sich durch eine sehr weit ausgeführte Metapher der Metapher aus, die den aktiven Eingriff in das bestehende Konzeptsystem und die Lebenswelt anstelle einer passiven und unbewussten Kontrolle – wie etwa durch Lakoffs und Johnsons *hidden hand* – betont. Bemerkenswert ist, dass sie durch die allegorische Ausarbeitung der Metapher statt der Fokussierung eines wesentlichen Moments des Metaphorischen eine Vielzahl von Aspekten einschließt. Die Metapher ist eine Umgestaltung der Einrichtung unseres Verstandes, so Kittays kreative Bestimmung.[118] Zur Ausführung der Metapher zählen unter anderem die Konventionen der Einrichtung und Regeln der Handhabung und des Umstellens, die Bedeutung fester und beweglicher Elemente des Raumes, der soziale Einfluss durch Besucher sowie die störende Neuplatzierung (*disruptive displacement*). Der Raum

---

115 Ebd., 67. Diese Kritik nimmt Indurkhya auf wie im Folgenden noch ausgeführt wird.
116 Vgl. Kittay 1987, 4 u. 301. Zentrale Einsichten, die sie der Möglichkeit ihrer kognitiven Theorie voraussetzt, sind der Sprachursprung in der Metapher nach Rousseau, die Rolle der Einbildungskraft im Denken nach Coleridge und das Verhältnis von Modell und Metapher in der Wissenschaft nach Hesse.
117 Vgl. ebd., 5.
118 Ebd., 316. »Metaphor as Rearranging the Furniture of the Mind«, so die Betitelung des Teilkapitels. Sie greift John Lockes Metapher des Bewusstseins als Raum, der bei der Geburt leer sei und nach und nach mit Ideen (als Einrichtung) gefüllt werde, auf.

stelle den festen Rahmen unser Weltsicht und des damit verbundenen Konzeptsystems dar, dessen Einrichtung sich aktiv, kreativ aber doch nicht frei von Regeln neuarrangieren lasse:

»Working through the analogy we can say that the room, with the walls, windows, and doors intact, as well as the material of which the furniture is composed is the world we humans encounter, prior to our activity of structuring and creating our environment. The furniture, the relation the pieces bear to one another, and the rules we follow for placing and using the furnishings represent our creation and arrangement of the world we inhabit.«[119]

Wahrheit versteht sie dabei abhängig von der bestehenden Ordnung, die durch bevorzugte oder privilegierte Konzeptschemata aufgebaut ist. Störungen durch Neuplatzierungen, aber keine radikalen Neubesetzungen seien möglich. Ein Stuhl könne beispielsweise umgestellt aber nicht in etwas anderes verwandelt werden. Kittay versucht, durch die ursprüngliche und erhalten gebliebene Funktion der Einrichtungsgegenstände in ihrer neuen Verwendung und Platzierung Semantik und Pragmatik der Metapher zu verbinden. Eine kognitive Reorganisation finde schließlich statt, wenn ein Konflikt bei Teilen der Verortung eines allgemeinen Schemas auftaucht, der zu einer teilweisen Neuordnung führt, in deren Folge die Kohärenz mit dem Schema wieder hergestellt werde. Eine Konventionalisierung erfolgte letztendlich durch die Annahme, die Einrichtung sei schon immer so gewesen.[120] Kittays Metaphorik leitet eine generelle Verräumlichung und Verdinglichung des Denkens, die der grundlegenden Notwendigkeit der metaphorischen Beschreibung kognitiver Prozesse entspricht. In der Ausführung ihrer Metapher setzt sie allerdings die jeweilige Funktion und den angemessenen Platz eines Einrichtungsgegenstandes voraus. Diese Vorannahme entspricht ihrem linguistischen Ausgangspunkt, den sie selbst als »first order meaning«[121] bestimmt.

Bipin Indurkhya stellte 1992 einen integrativen Ansatz zur kognitiven Metapher vor, der vor allem den bislang vernachlässigten Metaphern geschuldet ist, die eine Ähnlichkeit erstmals erzeugen. Er weist strukturelle Gemeinplätze zwischen Blacks Interaktionstheorie und der kognitionswissenschaftlichen Metapherntheorie aus, um sie dann in den Rahmen einer Erkenntistheorie einzufügen, die den Außenweltbezug der Metaphernbildung erklären soll.[122] Blacks Theorie erweitert Indurkhya zur

---

119 Ebd., 317.
120 Vgl. ebd., 320f.
121 Ebd., 323.
122 Sobald eine ähnlichkeitserzeugende Metapher erkannt worden sei, werde sie – besonders in der kognitionswissenschaftlichen Forschung – als ähnlichkeitsbasierte Metapher analysiert, vgl. Indurkhya 1992, 40. Ansätze zu einer Theorie der ähnlichkeitserzeugen-

Interaktion zwischen einem kognitiven Agenten und der Außenwelt.[123] Hierdurch will er den bereits bei Kittay an- aber nicht weiter ausgeführten Aspekt einer aktiven und kreativen, aber nicht gänzlichen freien Erzeugung von Ähnlichkeit theoretisch fundieren. Die Erzeugung der Ähnlichkeit ist weit davon entfernt arbiträr zu sein, so seine zentrale These: »our concepts do not reflect some pre-existing structure in the environment, they *create* the structure. Yet, this conceptual organization cannot be arbitrary, and is somehow constrained by reality.«[124] Den Außenweltbezug der kreativen Metaphernbildung versucht er mit Goodmans Welterzeugung philosophisch, mit Jean Piagets Konstruktivismus entwicklungspsychologisch und mit Lakoffs und Johnsons erfahrungstheoretischem Ansatz linguistisch herzuleiten.[125] Die Kohärenz betrifft in seiner Theorie daher nicht die interne Systematik eines konventionellen Konzeptsystems, sondern die Beziehung zwischen dem kognitiven Agenten und der Außenwelt. Gerade diese Verbindung sieht Indurkhya in der CMT unterbestimmt, wenn sie sich auf direkt emergente Konzepte stütze. Um direkt emergent zu sein, müsse der Zielbereich eine unabhängige Struktur aufweisen, die arbiträren Verknüpfungen widersteht. Dann wäre aber nicht verständlich, warum einige Konzepte metaphorisch und andere direkt emergent seien. Um ihre Position aufrechtzuerhalten, müssen sie darüber schweigen, warum nur bestimmte Quellbereiche einen Zielbereich strukturieren können. Gerade hierdurch würde die Hervorbringung kreativer Metaphern aber ein Mysterium bleiben.[126]

Indurkhya stützt sich in seinem Nachweis eines nicht beliebigen Außenweltbezugs im Wesentlichen auf Piagets handlungsorientierten Konstruktivismus: Der kognitive Agent projiziere Konzeptnetzwerke (*concept networks*) auf die Welt, deren Struktur aber von der Realität bestimmt wird, denn nicht alle Konzeptnetzwerke lassen sich der Wirklichkeit anpassen.[127] Folglich erklärt Indurkhya die Hervorbringung neuer Ähnlichkeiten durch die Metapher, indem er die Interaktionstheorie zu einem generell Konstruktivismus erweitert. Für die Grundlegung einer Theorie der visuellen Metapher und ihrer ähnlichkeitserzeugenden Funktion eignet sich sein Ansatz dennoch nicht uneingeschränkt, denn er bestimmt die Metapher maßgeblich mit Ricoeurs Argument einer Neu*beschreibung*. In diesem Zuge wird jede Meta-

---

den Metapher findet er bei Richards, Black, Wheelwright, MacCormac, Kittay, Hausman und Ricoeur, vgl. 4.
123 Vgl. ebd., 6f.
124 Ebd., 93.
125 Vgl. ebd., Kapt. 4.3 u. 4.4. Cassirer wird in dieser Darstellung allerdings auf eine Vorläuferposition Goodmans reduziert. Zudem blendet er die metapherntheoretischen Ausführungen beider aus.
126 Vgl. ebd., 78f.
127 Vgl. ebd., 131-134 u. 245.

pher zur unkonventionellen sprachlichen Interpretation. Dennoch versucht er, durch den kognitiven Ausgangspunkt seiner Theorie auch alle nonverbalen Metaphern einzubeziehen. Wörter und Bilder fasst er als komplexe Symbole auf, die alle auf unkonventionelle Weise gedeutet werden können.[128] Seine Ausführungen zu Werken Paul Klees und Piet Mondrians verdeutlichen, dass er sich nur auf die Interpretation der Werke stützt. Diese sei metaphorisch, wenn sich die Bildgegenstände nicht auf konventionelle Weise interpretieren lassen. Eine nicht-metaphorische Interpertation wäre demnach die eindeutige Referentialität eines Objekts, eine realistische Repräsentation. Visuelles ist nach Indurkhya metaphorisch, wenn es durch eine sprachliche Neubeschreibung metaphorisch interpretiert werden kann. Besonders seine Revision der Interaktionstheorie Blacks verdeutlicht seinen Zugang zum Bildlichen. Er nutzt Blacks Beispiel des Davidsterns, um das Konzept der Neuinterpretation auf Formen zu übertragen. Hierbei geht er allerdings ähnlich wie bei der Sprache von einem bestehenden geometrischen Symbolsystem aus. Der Davidstern ließe sich auf unterschiedliche Weise aus Parallelogrammen zusammengesetzt interpretieren.[129]

Indurkhya spricht hiermit ein generelles Problem der sprachlichen Bestimmung visueller Elemente an, ohne es aber als solches in seiner Tragweite zu erkennen. Seine Beispiele zeigen nur geometrische Formen als eindeutig fixier- bzw. benennbare Bildelemente. Aufgrund dieser Auswahl fasst er Bildzeichen und Sprachzeichen unter einem einheitlichen Symbolbegriff zusammen. Weil sich konventionelle Bildzeichen genau benennen, aber unterschiedlich interpretieren lassen, zieht er folgenden Schluss: »Thus, the problem of creation of similarity collapses into the problem of redescription.«[130] Es ist allerdings nicht ersichtlich, warum die Beschreibung des Davidsterns als zusammengesetzte Parallelogramme eine Neubeschreibung im Sinne Ricoeurs sein muss. Vielmehr handelt es sich um unterschiedliche Beschreibungen einer geometrischen Form. Die Verbindung einer allgemeinen Symbol- und mit einer Kognitionstheorie zur integralen Bestimmung der Metapher in Sprache, Bild und Geste erfordert einen wahrnehmungs- und bildtheoretischen Ansatz, der der Eigenheit des Visuellen Rechnung trägt.[131]

John Michael Krois hat auf diesen Sachverhalt hingewiesen, indem er in Hinblick auf die Metapher zwischen Wortschatz und »Formschatz« als einer Art Bildschatz trennt. Anhand plastischer Bewegungsdarstellungen Umberto Boccionis verdeutlicht er, dass sie metaphorisch Bewegungen zeigen, weil sie auf Bewegungs-

---

128 Vgl. ebd., 21.
129 Vgl. ebd., 71f.
130 Ebd., 54.
131 Dieser Ansatz wird in Teil 3 vorgestellt. Kapitel 13 zeigt, dass bereits Goodman dieser Problematik begegnete und sie weitaus differenzierter behandelt.

formen zurückgehen, die wir alle Teilen.[132] Krois entwirft im Rückgriff auf Cassirers Symbolphilosophie und Verkörperungstheorie ein Konzept des Körperschemas, das grundsätzlich in der Wahrnehmung wirkt. Gegenüber dem Bildschema der kognitionswissenschaftlichen Metapherntheorie ist seine Innovation, dass er das Körperschema jeder aktuellen Wahrnehmung zugrunde legt, statt es nur für die Ausbildung eines konventionellen Konzeptsytems zu bestimmen.[133] Während der CMT diese kreative Dimension fehlt, vernachlässigt Indurkhya gerade in eben dieser Bestimmung den Körper und reduziert die Hervorbringung einer Metapher auf eine Interaktion eines rein kognitiven Agenten mit der Außenwelt.

Um zwischen der kognitionswissenschaftlichen und anderen Theorien der kognitiven Metapher wie etwa Black, Turbayne, Wheelwright, Hesse, MacCormac, Kittay und implizit auch Blumenberg zu vermitteln, zeigt die Kritik an der Metapherntheorie Lakoffs und Johnsons neuralgische Punkte auf. So attestiert Petra Gehring deren Theorie einen schlichten Realismus, einen naiven Außenweltrealismus, der die kulturhistorische Wirklichkeit und die sprachliche Dimension des Sinns nicht hinreichend berücksichtige.[134] Auch ihr Verständnis von Konzeptsystemen sei unterkomplex, weil es mit anthropologischen Generalisierungen arbeite. Gehrings Kritik zielt auf die Marginalisierung kreativer und die wesentliche Orientierung an konventioneller Metaphorik ab. So folgert sie auch, dass die kognitive Metapherntheorie im Anschluss an Lakoff und Johnson für die Analyse anspruchsvoller literarischer wie auch wissenschaftlicher Metaphern nicht geeignet ist.[135] Darüberhinaus liege ihrer Theorie ein klarer Dualismus zwischen dem Bildhaften und Wörtlichen zugrunde, den sie vor allem auf die Methode der Formalisierung zurückführt, denn die Vorstellung vom Sprachbild lebe von einer zu engen Bindung an die Untersuchungseinheit des Wortes.[136]

Die *Cognitive Metaphor Theory* thematisiert also nicht die ganze Ästhetik der Metapher, sondern nur den ästhetischen Ursprung der konzeptuellen Metapher, den sie in verkörperten Bildschemata und metaphorischen Konzepten sehen. Die Ästhe-

---

132 Vgl. Krois 2011, 263f.
133 Vgl. ebd., 257 u. 264f. Er zeigt zudem, inwieweit Cassirers und Lakoffs und Johnsons Verkörperungstheorien sich überschneiden, aber auch welche grundlegenden Differenzen berücksichtigt werden müssen.
134 Vgl. Gehring 2009, 83f., Gehring 2013, 15. Den sprachlichen Aspekt der Metapher sieht auch Katrin Kohl von der kognitiven Linguistik »in besonders krasser Form« vernachlässigt. Vgl. Kohl 2007, 46.
135 Vgl. Gehring 2013, 15. Eine ähnliche Kritik äußerte bereits Eli Rozik, indem er auf den Punkt bringt: »The main problem of Lakoff's theory is that ›creative metaphor‹ is explained in terms of ›conventional metaphor.‹«, Rozik 2007, 745.
136 Vgl. Gehring 2009, 83 u. 86.

tik neuer, kreativer Metaphern, also das Verhältnis von bestehenden Konzepten zu mentalen Bildern und Begriffen, sei dabei nicht von Bedeutung. Dies ist der Ausrichtung auf die Alltagssprache und einer Grundlegung in prototypische Kategorisierungen geschuldet, deren *basic-level* sie einen Vorrang geben. Mentale Bildlichkeit spielt bei ihnen daher nur eine Rolle bei der Ausbildung kognitiver Konzepte, die unserer Alltagssprache zugrunde liegen. Dies verdeutlicht ihre Eisberg-Metapher. Ihr Konzept der Bildschemata setzt am verborgenen Bereich des Eisberges an. Durch Bildschemata, die den konzeptuellen Metaphern zugrunde liegen, werde unbewusst unser Verstand geformt. Jenes visuelle Denken, das bewusst stattfindet, ist also gar nicht mit ihrer Theorie gemeint, weil sie die mentalen Bilder von den Bildschemata abgrenzen, dann aber nicht weiter berücksichtigen. Sie sind als Lieferanten von Eigenschaften lediglich Ausgangspunkt des Übertragungsprozesses. Hiermit ist aber kein alternatives, anschauliches Denken gemeint, sondern eine Grundlegung im Visuellen, die ihrer Theorie einen nicht weiter reflektierten Visualismus einhandelt. Die unterbestimmte Ästhetik der kreativen Metapher ist bei Lakoff und Johnson des Weiteren auch ihrem affirmativen Verhältnis zur Sprache geschuldet. Zwar räumen sie ein, dass unser Konzeptsystem prinzipiell nur mittelbar zugänglich ist, doch wird durch ihren Zugriff auf jene kognitiven Konzepte über ihren sprachlichen Ausdruck, das Denken implizit versprachlicht. Im gleichen Zuge werde aber die Sprache zum bloßen »Beweismaterial« und »Fenster ins Gehirn« degradiert, so Katrin Kohl.[137] Raymond Gibbs und Gerard Steen unterscheiden für die kognitive Linguistik daher auch zwei grundlegende methodische Zugänge: einerseits jenen von Lakoff und Johnson, bei dem aufgrund der Systematik der sprachlichen Ausdrucksmetaphern auf die Existenz und Systematik konzeptueller Metaphern geschlossen werde, aus denen wiederum jene sprachlichen hervorgehen würden; andererseits der gegenläufige Weg, der konzeptuelle Metaphern im Denken annimmt und ihre verschiedenen Ausdrucksweisen in der Sprache analysiert. Zwei wesentliche Verpflichtungen attestieren sie beiden methodischen Ansätzen. Einem *generalization commitment* zufolge werden generelle Prinzipien angenommen, die alle Aspekte der Sprache betreffen, und einem *cognitive commitment* zufolge wird die Darstellung der Sprache mit Einsichten in die Kognition abgeglichen.[138]

Wesentlicher Dissens besteht in der Metaphernforschung allerdings im Hinblick auf Lakoffs und Johnsons Übernahme anderer Theorien und die Frage nach legitimen ›Vorläufern‹ einer Theorie der konzeptuellen Metapher im Denken. Etwas überspitzt ließe sich sagen, dass Lakoff und Johnson Blacks Interaktionstheorie der Metapher neu formulieren, indem sie ihr Kants Schemabegriff und Arnheims Ge-

---

137 Kohl 2007, 123.
138 Vgl. Gibbs/Steen 1999, 1f.

staltpsychologie zugrunde legen und diese in den Kontext einer Verkörperungstheorie direkter Emergenz stellen. Den Aufbau des Begriffssystems erklären sie dann genauer in Rekurs auf Roschs Prototypentheorie und Wittgensteins Familienähnlichkeit. Doch diese verkürzte Darstellung verfehlt ihre weiten Übernahmen einer metaphernaffinen Philosophietradition, die die Metapher zwischen Sprache, Anschauung und Denken verortet und dabei ihre rhetorische, ästhetische, erkenntnistheoretische sowie anthropologische Dimension ausarbeitet. Gemeint ist jene im ersten Teil analysierte Tradition ausgehend von Vico über Herder, Müller und Nietzsche bis hin zu Cassirer, Blumenberg und ergänzend auch Humboldt und Gadamer. Diese fehlt am stärksten in Fauconniers und Turners Ausführungen zu Theorien des Sprachursprungs, die sich wesentlich nur auf Noam Chomsky und die aktuelle Neuroanthropologie nach Stephen Mithen beziehen. Letztem zufolge sei eine völlig neue Kapazität der »cognitive fluidity« im Entwicklungsprozess für einen Wissensaustausch zwischen verschiedenen Verhaltensbereichen verantwortlich. Hierdurch ließe sich erklären, wie drei der größten Singularitäten – gemeint sind Kunst, Religion und Wissenschaft – etwa zur gleichen prähistorischen Zeit auftauchen konnten.[139] Was sie im Zuge dessen als Unschärfen und Lücken in der Theoriebildung beklagen, hat Ernst Cassirer bereits vor fast einhundert Jahren in einer Kulturphilosophie als Verbindung von Erkenntnis- und Sprachphilosophie, empirische Sprachforschung und Anthropologie ausgearbeitet. Mit Cassirers Philosophie der symbolischen Formen ließe sich auch Fauconniers und Turners Annahme, die »double-scope integration at the conceptual level«[140], also ihre Umformulierung der kognitiven Metapher, sei die Bedingung der Sprache, in den Kontext eines Entwicklungsprozesses stellen, der Denken und Sprache in ihrer wechselseitigen Ausbildung berücksichtigt. Ebenso muss ihr Befund des zentralen Problems der Sprache, dass die Welt der menschlichen Bedeutung unvergleichbar reicher als die sprachliche Form sei, in die lange Tradition der Ästhetik seit ihrer Begründung im Barock gestellt werden.[141]

Für die Kognitionswissenschaft arbeitete Olaf Jäkel erstmals eine Liste dieser Vordenker aus, die seit über dreihundert Jahren zentrale Grundsätze und Einsichten der kognitiven Theorie der Metapher antizipiert haben. Am Beispiel von Kant, Blumenberg und Weinrich verdeutlicht er, dass ihre Geltung weit über eine bloße Vordenkerrolle hinausgeht. Ihre Beiträge zu einer differenzierten Methodenarbeit und einer epistemologischen Rahmung des Forschungsfeldes sollten von der kognitionswissenschaftlichen Theoriebildung nicht unberücksichtigt bleiben, so sein

---

139 Vgl. Fauconnier/Turner 2002, 172-174.
140 Ebd., 183.
141 Ebd., 178.

Appell.[142] Anzumerken ist allerdings, dass Jäkel die Metapherntheorie im Anschluss an Lakoff und Johnson stark in jene Vordenker ›hineinliest‹. So wird Kant mit seinem §59 der *Kritik der Urteilskraft* zum wesentlichen Vordenker der konzeptuellen Metapher, weil er die Erfahrungsgrundlage des Denkens ausarbeite, die über die Analogie zu den Konzepten führe. Diese sinnliche Intuition übernehme dann Cassirer, um die Konstitution des Wissens auf eine räumliche Intuition zurückzuführen und damit den Körper als zentralen Ausgangspunkt des Weltverhältnisses zu sehen. Cassirers wechselseitige Durchdringung von Geist und Materie wie auch der Funktionsbegriff werden hiermit auf eine Verkörperungstheorie reduziert. Auf gleiche Weise verbindet Jäkel dann Blumenbergs Hintergrundmetaphorik mit den konzeptuellen Metaphern, weil sie im Wesentlichen äquivalente Konzepte seien. Die Diskrepanz von historischer und kognitiver Semantik wird hierdurch nivelliert. Blumenberg zielt nicht auf eine Systematik der alltäglichen Konzeptstruktur, sondern auf den historischen Wandel theoretischen Denkens ab. Seine Metaphorologie und Theorie der Unbegrifflichkeit sind nicht deckungsgleich, noch mit der kognitiven Metapherntheorie vereinbar. Die Unterschiede zwischen einer ideengeschichtlichen Tiefenhermeneutik und einer prototypischen Analyse konventioneller Konzepte im Denken werden damit heruntergespielt. Gleiches gilt in abgeschwächter Weise für Weinrichs Theorie der Bildfelder.[143]

Diese Einebnung wichtiger Differenzen zum Preis einer starken Antizipation mag auch ein Grund der vehementen Kritik an der Innovationskritik sein. Katrin Kohl bezeichnet die Ausarbeitung der Vorläufer als »Standardtopos« vor allem der deutschsprachigen Metaphernforschung.[144] Derartige Rückprojektionen sieht sie eher als problematisch, weil unterschiedliche Voraussetzungen heruntergespielt werden würden. Diese sieht sie besonders in der Interaktion zwischen Körper, Phantasie und Denken in entwicklungspsychologischer Hinsicht sowie der Kritik am Rationalismus. Die Analysen im ersten Teil haben allerdings gezeigt, dass bereits seit der Grundlegung des Rationalismus durch Descartes die Kritik einen roten Faden in der Philosophie bildet, angefangen bei Vico und prominent weitergeführt

---

142 Vgl. Jäkel 1999, 9 u. 23. Gibbs und Steen sehen als Herausgeber in diesem Beitrag eine Ermahnung der Theoretiker der kognitiven Metapher, die lange Tradition des Denkens über ihre Themen zu berücksichtigen. Vgl. Gibbs/Steen 1999, 6f.
143 Vgl. Jäkel 1999, 12-17. Auch gleicht er Weinrichs Theorie an Blumenbergs Metaphorologie an. Hierbei wird der Unterschied zwischen einer dezidierten Bildtheorie der Metapher und einem bloß unreflektiert mitlaufenden Bildbegriff der Metapher ausgeblendet.
144 Vgl. Kohl 2007, 117. Sie nennt u.a. Coenen. Ergänzen ließe sich hier bspw. Jürg Haeflinger, der in seinem Vergleich die Unterschiede zwischen Blumenberg und Lakoff und Johnson nicht hinreichend bedenkt. Vgl. Haeflinger 1996, 79-86.

noch bei Blumenberg, den Kohl leider auf seine Paradigmen zur Metaphorologie reduziert.[145] Die Verbindung von Körper, Phantasie und Denken unter Einbezug einer entwicklungspsychologischen Perspektive findet sich vor allem bei Cassirer. Auch die Radikalität der zentralen These von Lakoff und Johnson, dass wir in Metaphern leben, muss historisch relativiert werden, denn bereits Vico arbeitete die Ubiquität der Metapher noch grundlegender aus, indem er sie anthropologisch begründete.[146]

In besonderem Maße macht Robert E. Haskell die Position Vicos für die Metapherntheorie der kognitiven Psychologie anschlussfähig. Während Richards der moderne Vorläufer der kognitiven Theorie der Metapher sei, habe Vico sie bereits im 17. Jahrhundert entdeckt.[147] In völlig neuer Weise verbinde Vico durch die Metapher die Psyche mit dem Körper und der Wahrnehmung und weise ihr eine zentrale Funktion in Sprache und Denken zu: »a primary psycho-somato-sensory process of cognition generating the entire edifice of language and thought.«[148] Hierbei konzentriert er sich nicht auf eine Systematik der kognitiven Funktion der Metapher, sondern auf die historische Evolution struktureller, sich wandelnder Beziehungen zwischen Affekt, Vorstellungsvermögen und Sprache. Zwar verorte Vico die Metapher in einer historischen Zeit vor der Erfindung von Logik und Philosophie, doch sei sie aufgrund einer zyklischen Rekapitulation auch in der Gegenwart präsent, wie Haskell in Rekurs auf Vicos Geschichtsphilosophie unterstreicht.[149] Auch methodisch nehme er die kognitive Metapherntheorie vorweg, indem er von der Metaphorik der Sprache auf tieferliegende Strukturen, auf psychologische Funktionen schließe.[150] Diese Methodik ergänze er aber durch eine metaphernreflexive Theoriesprache, die – so ließe sich anmerken – den metapherntheoretischen Perspektivismus Nietzsches und Dekonstruktivismus Derridas im Ansatz vorwegnimmt.

Aufbauend auf seine Vico-Lektüre verbindet Haskell einen kognitionspsychologischen Ansatz, der die kognitive Metapher mit ihrer Modellfunktion in der Theoriebildung zusammendenkt, mit einer metaphernreflexiven Theoriesprache, die den Entzug der Metapher mit einer phänomenologischen Selbstreflexion der Sprache verknüpft. An den Schriften Jacques Lacans und Gedichten Archibald MacLeishs

---

145 Vgl. Kohl 2007, 117f.
146 Philip Stoellger bringt dies im Anschluss an Ernesto Grassi mit dem Ausdruck »*Leben ist Metaphorizität*« auf den Punkt. Stoellger 2000b, 108.
147 Vgl. Haskell 1987a, 67.
148 Ebd., 68.
149 Vgl. ebd., 70f.
150 Vgl. ebd., 68.

weist Haskell eine ähnliche performative Zeigefunktion der Sprache nach.[151] Viele assoziativ verbundene Metaphern ließen sich auf eine Strukturmetapher zurückführen. In diesem Sinne sei auch Vicos *Neue Wissenschaft* eine Strukturmetapher ihrer eigenen Theorie.[152] Haskell verbindet in seinen Aufsätzen das sprachanalytische, strukturalistische, hermeneutische und kognitionswissenschaftliche Paradigma der Metapher. Seine eigene Position bleibt dabei aber stets unklar. Er schwächt den generellen Entzug der Metapher zu einer moderaten Version ab, indem er die Strukturmetapher als eine Art der Kommunikation bestimmt: »structural metaphor is a mode of communication where the form or structure of a message is isomorphic with the content of the message.«[153] In der phänomenologischen und performativen Erweiterung seiner Theorie wechselt er zu einer metaphernreichen Sprache, die ähnlich wie bei Nietzsche ein Netz von sich steigernden Metaphern enthält: Von den neuen Horizonten über die technische Schau des Inneren bis zur Visualisierung der atomaren Teilchen.[154] Sein integraler Ansatz bleibt aber eine kritische Abwägung der Paradigmen und ihrer teils unüberwindbaren Gegensätze schuldig.

Um die kognitionswissenschaftliche Theorie mit anderen Theorien der Metapher zusammendenken zu können, gilt es vor allem, die Kluft zwischen historischer und kognitiver Semantik zu berücksichtigen. Diese wurde bereits in der Kritik an der *Cognitive Metaphor Theory (CMT)* zur Sprache gebracht. So sieht Eli Rozik in jener Theorie ein Problem zwischen einer synchronen und diachronen Perspektive. Von einem synchronen Standpunkt aus unterscheide sich eine konventionelle Metapher nicht von wörtlich zu verstehenden Wörtern. Der diachrone Prozess sei dabei in dem ergänzenden Wandel der Bedeutung zu sehen.[155] Die Formalisierungen der kognitionswissenschaftlichen Metapherntheorien tragen zu diesem Verständnis ei-

---

151 Vgl. Haskell 1987b. Auch wenn Haskell nicht explizit auf Wittgenstein Bezug nimmt, hat sein Ansatz deutliche Ähnlichkeit mit dessen Bildbegriff als Zeige-Funktion der Sprache.
152 Vgl. Haskell 1987a, 79.
153 Haskell 1987b, 253.
154 Vgl. Haskell 1987c. Besonders seine Metaphorik der Horizonte kommt der Position Blumenbergs und ihrer deskriptiven Methode der Paradigmen und der Phänomenologie der Lebenswelten nahe.
155 Vgl. Rozik 2007, 745. Er führt als Argument Black an, der die kreative Metapher für ein weitaus komplexes Phänomen hält als die konventionelle. Beide Metaphern, so Roziks integratives Verständnis, seien auf ihre eigene Weise lebendig: »Whereas both are ›alive,‹ their vitality is different: conventional metaphor is a devise for creating new categories of thought, which enable the verbal articulation of a target domain, whereas creative metaphor reflects a *sui generis* kind of predication that is inherently nonverbal.«, 747.

ner Reduktion historischer Semantik auf den Wortsinn bei. Daher merkt Petra Gehring auch an: »Eine Etymologie des Fokusworts liefert keine Geschichte einer Metapher«.[156] Dieser Zugriff ist für die CMT aber entscheidend, denn nur anhand erfahrungsbedingt-kollektiver Metaphern können sie die Systematik metaphorischer Konzepte im Denken analysieren. Individuell-kontextgebundene Metaphern, wie sie Gehring als seismische Erschütterungen in Texten einer Hermeneutik überantwortet, spielen in ihr keine Rolle. Dennoch soll die CMT auch diese Spielart der Metapher einschließen können, weshalb George Lakoff und Mark Turner sie 1989 nutzten, um poetische Metaphern zu analysieren. Hierbei führen sie die kreativen Metaphern in Gedichten auf konzeptuelle Metaphern im Denken zurück, die Netze kreativer Metaphern im poetischen Ausdruck auf Kohärenz zwischen kognitiven Strukturmetaphern.[157]

Lakoff und Johnson versuchen, die historische Semantik in ihre Theorie einzuschließen, meinen damit aber nur den Begriffswandel im Hinblick auf den Wandel prototypischer konzeptueller Metaphern. Beide führen die Untersuchungen von Eve Sweetser zum möglichen Wandel der Wortbedeutung im Laufe der Geschichte an.[158] Als Beispiel greifen sie das Konzept KNOWING IS SEEING heraus. Hier kommt das Fehlen einer historischen Perspektive auf das Konzept besonders deutlich zur Geltung, das sich nicht einfach durch eine etymologische Kontextualisierung in seinem Wandel verstehen lässt, sondern vor dem Hintergrund einer langen Tradition des abendländischen Philosophie- wie Kunstverständnisses, also eines komplexen Ineinandergreifen von Ideen-, Begriffs- und Kunstgeschichte sowie Metaphorologie erst an Kontur gewinnt.[159] Dieses Problem taucht allerdings erst in der Erweiterung ihrer Theorie auf kreative Metaphern in Dichtung und Malerei auf. Die CMT verfolgt grundsätzlich ein anderes Ziel als etwa historische Semantiken wie die Ikonologie oder Metaphorologie. Soll ihre Theorie des Denkens in Metaphern allerdings für eine Theorie der visuellen Metapher – besonders in den Künsten – genutzt werden, tauchen diese Probleme erneut und sogar verstärkt auf.

---

156 Gehring 2009, 95.
157 Vgl. Lakoff/Turner 1989. Auch hier wiederholen sie den Vorwurf, die westliche Tradition habe die Metapher in die Dichtung verbannt. Ihr Ansatz ist daher auch der Nachweis, dass poetische Metaphern in Verbindung zum alltäglichen metaphorischen Konzeptsystem stehen.
158 Vgl. Johnson 1987, XII u. 107-109; Lakoff/Johnson 1999, 85.
159 Ebenso verhält es sich bei den Beispielanalysen der Bildschemata PATH und CYCLE, deren Bedeutung nicht ohne den historischen Wandel der Kosmologie, Eschatologie und Geschichtsphilosophie erklärt werden kann – und dies auch besonders im Hinblick auf ein Verständnis unseres alltäglichen Konzeptsystems. Vgl. Johnson 1987, 114-126.

Ernst Cassirer verbindet eine genealogische Perspektive mit einer synchronen Erfassung kognitiv-sprachlicher Konzeptsysteme. Grundlage ist ihm die Einsicht des sprachphilosophischen Humanismus, dass Sprache etwas Gewordenes und stets im Wandel begriffener dynamischer Prozess ist. Denken wie Sprache stellt Cassirer in wechselseitige Abhängigkeit im Fortgang der Ausbildung verschiedener symbolischer Formen wie Mythos, Religion, Wissenschaft und Kunst. In ausführlichen Analysen legt er die sich aus räumlichen und damit auch körperlichen Erfahrungen ausbildende Systematik der Sprache, ihrer Semantik wie Syntax, dar. Indem er im Vorfeld seiner Philosophie der symbolischen Formen bereits den Substanzbegriff zugunsten des Funktionsbegriffs überwunden hat, gelingt es ihm in seinem Hauptwerk, die Objekt- und Subjektvorstellungen wie auch das Kausalgesetz in ihrer Entstehung zwischen Sprache und Denken zu verorten. Implizit entwirft Cassirer eine Theorie der kognitiven konzeptuellen Metapher wie sie bei Wheelwright erstmals explizit wird.[160] Fluchtlinie ist ihm stets sein philosophisches Grundverständnis der wechselseitigen Durchdringung von Geist und Materie in der Ausbildung der symbolischen Formen. Die kognitive Semantik der Kognitionswissenschaft formuliert jene von Cassirer nur implizit ausgeführten Einsichten schließlich explizit aus und legt damit erstmals eine detaillierte Theorie der Systematik metaphorischen Denkens vor. Dabei greift sie methodisch allerdings in einer rein systematischen Perspektive auf eine Tiefendiagnose der Sprache anhand der ihr zugrundeliegenden Bildschemata zurück. Lakoff und Johnson sparen eine Begründung aus, warum dieser Prozess der Ausbildung von Konzeptsystem wie auch Sprache gerade in diese Richtung verlaufen ist. Sie liefern keine Forschungsgrundlagen, die etwa zeigen wie sich in alten Sprachen die sprachlichen Konzepte zum physischen Weltverständnis verhalten. Die implizite Annahme, dass, wenn unsere Sprache aus Körpererfahrungen hervorgeht und strukturiert wird, Differenzen im konzeptuellen Aufbau der Sprachen auf Differenzen der Körpererfahrungen zurückgehen, versuchen sie durch einen nicht mehr als benannten Einfluss kultureller Differenzen zu entgehen.

Gerade an diesem Aspekt setzt die Forschung im Anschluss an Ernst Cassirer und der Rezeption bei John Michael Krois an. Sie stellt einen Ansatz dar, der Verkörperungs-, Bild- und allgemeine Wahrnehmungstheorie verbindet, um symbolische Artikulationen genauer zu bestimmen. In Rekurs auf Vico, Herder und Hum-

---

160 Die für die Verkörperungstheorie von Lakoff und Johnson entscheidenden Konzepte wie Objekt, Substanz, Oben-Unten und Kausalität nimmt Cassirer damit vorweg und stellt sie zudem in einen weiteren Kontext der historischen Semantik. Seine Phänomenologie des Geistes in Anschluss an Hegel unterscheidet ihn dabei aber wesentlich von kognitionswissenschaftlichen Positionen. Die zahlreichen Referenzen zur empirischen und vergleichenden Sprachforschung bewahren ihn aber vor einer rein rationalistischen und idealistischen Introspektion.

boldt wird die Verkörperungstheorie in den Rahmen einer genetischen Sprachauffassung gestellt, die mit Aby Warburg und Edgar Wind auch die Kunstgeschichte und mit Maurice Merleau-Ponty die Leiblichkeit systematisch einbezieht. Einerseits arbeitet diese Forschung die philosophischen Wurzeln der Verkörperungstheorie aus, andererseits deckt sie aber auch Defizite der Kognitionswissenschaft auf: »While on the one hand there is no longer such a thing as pure thinking, on the other hand the analysis of symbolic means of cognition is concerned with linguistic ones alone.«[161] Zwar spielt die Metapher in der Forschung zur symbolischen Artikulation keine nennenswerte Rolle, doch zeigt sie, dass die Verkörperungstheorie weder erst durch die Kognitionswissenschaft aufkam noch von ihr hinreichend erfasst wurde.[162] Gerade dem Defizit einer Bildtheorie und historischen Semantik versucht diese Forschung entgegenzuwirken.

Lakoffs und Johnsons Ausarbeitung des metaphorischen Konzeptsystems und ihr methodischer Zugriff darauf wurden mehrfach in Analogie zu Hans Blumenbergs Hintergrundmetaphorik und der Metaphorologie gesehen. Die Parallelen der Ansätze liegen auf der Hand: Beide wenden sich der Sprache, ihrer Systematik und ihren Ausdrucksmetaphern zu, um an eine verborgene aber einflussreiche Schicht untergründiger Metaphorik zu gelangen. Diese Latenz der Metapher lässt sich am besten durch die Metapher des Eisberges erfassen.[163] Sie eint beide Ansätze, lässt aber auch ihre Disparitäten in der Charakterisierung des Verborgenen hervortreten. Gegenüber stehen sich hierbei die Metakinetik geschichtlicher Sinnhorizonte und Sichtweisen und »our day-to-day functioning«[164], ersteres als implizit in Texten ausgedrückt, letzteres als weitgehend unbewusst, aber über das bewusste Denken analysierbar. Die Eisberg-Metapher hat bereits eine – wenn auch junge – Tradition in der Theoriebildung zur kognitiven Metapher. Bereits Max Black sah in der Metapher die Spitze eines untergetauchten Modells.[165] Über die impliziten weil weitgehend in der Theoriesprache verborgenen Modelle will Black die Metaphorik des Denkens und ihren enormen Einfluss auf wissenschaftliche Theorien nachweisen.

In den kognitionswissenschaftlichen Theorien zur Metapher wird der Eisberg schließlich wiederholt zur Veranschaulichung genutzt. Gilles Fauconnier greift erstmals auf diese Metapher zurück, um den Gegenstandsbereich der seit Lakoff und Johnson 1980 begründeten neueren Metaphernforschung zu bestimmen: »A recurrent finding has been that visible language is only the tip of the iceberg of in-

---

161 Marienberg 2017, 32.
162 Vgl. auch Trabant 2017, bes. 55-57.
163 Für eine erste Gegenüberstellung von historischer und kognitiver Semantik als Methoden der Metaphernforschung anhand der Eisberg-Metapher siehe Huss 2017.
164 Lakoff/Johnson 1980, 118.
165 Vgl. Black 1962, 239, u. Debatin 1996, 86.

visible meaning construction that goes on as we think and talk. This hidden, backstage cognition defines our mental and social life.«[166] Zwar passen Eisberg- und Bühnen-Metapher nicht direkt zusammen, doch erhellt ihre Verbindung das Verständnis der CMT. Jener verborgene Teil des Eisbergs ist das Theater der Kognition, auf dessen Bühne unser bewusstes Denken stattfindet. Diesem liege aber ein unbewusstes Denken zugrunde, das sich im doppelt verborgenen hinter den Vorhängen des Bewusstseins abspiele. Der Backstage-Bereich, jener Raum mit limitiertem Zutritt, ist dabei für das gesamte Schauspiel auf der ›sichtbaren‹ Bühne des Denkens verantwortlich. Fauconniers Theorie des *mapping*, der *mental spaces* und des *cognitive blending*, die er bereits 1985 entwarf und 1997 dann elaborierte, entwickelte er 2002 schließlich zusammen mit Mark Turner weiter – abermals unter Einbezug der Eisberg-Metapher.[167] Es seien größtenteils unsichtbare Operationen, die alle verschiedenen ›Arten‹ des Denkens eine, dabei aber im Hintergrund verborgen und dadurch schneller und besser arbeite. Ihre weiteren Ausführungen stellen Fauconnier und Turner unter die Überschrift »The Tip of the Iceberg«[168], geben ihrer Theorie damit eine Anschaulichkeit, ein leitendes und einflussreiches Modell, ohne es aber weiter auszuführen.

Lakoff und Johnson griffen 1999 in ihrem integralen Ansatz die Eisberg-Metapher auf, um sie erneut mit einer weiteren Metapher zu verbinden:

»Conscious thought is the tip of an enormous iceberg. It is the rule of thumb among cognitive scientists that unconscious thought is 95 percent of all thought – and that may be a serious underestimate. Moreover, the 95 percent below the surface of conscious awareness shapes

---

166 Fauconnier 1997, 1f. Die implizit mitgedachte Bühnen-Metapher steht in einer langen Tradition des abendländischen Denkens, die hier nur erwähnt sein soll. Ihr liegt eine eigene Metakinetik zugrunde.

167 Das Konzept der *mental spaces* wurde von Lakoff und Johnson wiederum aufgegriffen. Besonders die *blending theory* führte zu zahlreichen Weiterentwicklung in der Kognitionswissenschaft. Das Mischen stellt die konzeptuelle Metapher dabei in einen erweiterten Rahmen der konzeptuellen Integration, die Sinneinheiten bzw. Aussagen eigene mentale Räume zuweist, die unser Verständnis von Kausalität, Modalität und Temporalität leiten und durch Mischung Integration erlauben. Die *blending theory* ist in der Lage sehr komplexe Projektionsprozesse zu analysieren, die darin stattfindenden selektiven Übertragungen zu plausibilieren und die Polarität der Metapher zu einer Multidimensionalität zu erweitern. Vgl. hier ergänzend und zusammenfassend Grady/Oakley/Coulson 1999.

168 Fauconnier/Turner 2002, 17.

and structures all conscious thought. If the cognitive unconscious were not there doing this shaping, there could be no conscious thought.«[169]

Dieser Eisberg unterscheidet sich aber wesentlich von den bisherigen nach Black und Fauconnier und Turner: Seine Spitze ist nicht mehr die Ausdruckssprache, sondern das bewusste Denken. Lakoff und Johnson ersetzen damit den ›Gegenstand‹ der Bühnen-Metapher bei Fauconnier durch einen weiteren Eisberg – im Eisberg als Metapher für das Verhältnis von Sprache und Kognition befindet sich also ein weiterer Eisberg als Metapher für das Verhältnis von bewusstem und unbewusstem Denken. Da die Eisberg-Metapher immer für eine Verhältnissetzung als eindeutiges Missverhältnis – normalerweise der Größe 1:7 – steht, wird somit das bewusste Denken als schwindend kleiner Teil ausgewiesen, dominiert von der Übermacht unbewusster kognitiver Modelle und Bildschemata. Die Backstage-Aktivitäten nehmen Überhand. Sie werden zum verborgenen, personifizierten Agens, wenn Lakoff und Johnson ihre zweite Metaphorik ergänzen: »The Hidden Hand That Shapes Conscious Thought«.[170] Das unbewusste Konzeptsystem funktioniere wie eine verborgene Hand, die gestalte, auf welche Art und Weise wir alle Aspekte der Erfahrung konzeptualisieren.

Hans Blumenberg widmete der Eisberg-Metapher in den 1970er Jahren eine eigene metaphorologische Studie, die erst posthum 2014 aus dem Nachlass veröffentlicht wurde. Wie im ersten Teil bereits ausgeführt wurde, steht der Eisberg nach Blumenberg einerseits für ein Missverhältnis, andererseits aber auch für eine neue Art der Sichtbarkeit: Was zuvor prinzipiell unzugänglich war, ist durch die Metapher nunmehr lediglich verborgen und kann durch eine Nautik erreicht werden. Blumenbergs Analyse der Hintergrundmetaphorik als Ausarbeitung der Metakinetik theoretischen Denkens kann, so die These im ersten Teil, als eine solche Nautik am Leitfaden der Eisberg-Metapher verstanden werden. Texthermeneutische Metaphorologie ist Sichtbarmachung des verborgenen Teils. Fauconniers Eisberg kann ebenfalls durch eine nautische Methodik erreicht werden, gibt dann aber lediglich das Schauspiel auf der Bühne des Bewusstseins Preis. Lakoffs und Johnsons Eisberg wird durch eine Nautik überhaupt erst begreif- bzw. benennbar. Erst durch den Rückschluss von sprachlichen Ausdrücken auf das Denken wird jener rein kognitive Eisberg erfahrbar. Jenes alltägliche, metaphorische Konzeptsystem, nach dem wir Leben, versucht Bumenberg ebenfalls anzugehen, allerdings motiviert durch seine Metaphorologie in einer Phänomenologie lebensweltlicher Horizonte. Diese stehen für eine Unbegrifflichkeit jenseits der rationalen Sprache. Sie lassen sich als absolute Metaphern und auf unsere Lebenswelten bezogen als Daseinsmetaphern

---

169 Lakoff/Johnson 1999, 13.
170 Ebd., Überschrift, 12.

beschreiben, stehen damit also wieder im Kontext einer historischen Semantik von Metaphern, die als Frage in unserem Daseinsgrund gestellt vorzufinden sind und sich ebenfalls in der Geschichte des theoretischen (und literarischen) Denkens äußern.

Während Blumenberg anhand singulärer Ausdrücke jene Hintergrundmetaphorik ausweist, deren Bewegung als Metakinetik er nachzeichnet, ohne sie dabei durch Formalisierungen zu fixieren, schließen Lakoff und Johnson durch konventionelle und fixierbare konzeptuelle Metaphern auf eine Systematik der Konzepte unseres alltäglichen Handelns. Historische und kognitive Semantik können in dieser Weise und im Hinblick auf ihre Arbeit an den Eisbergen als komplementäre Vorhaben verstanden werden, deren Methoden deutlich divergieren, deren gemeinsamer Fluchtpunkt aber ein Verständnis der Kognition ist.

Wenn Blumenberg seine Metaphorologie in einzelnen Analysen vorführt und keine gesonderte Metapherntheorie entwirft, nimmt er eine reflektierte Skepsis gegenüber der Definition der Metapher ein. Auch sieht er eine Annäherung an die Verfasstheit der Welten, in denen wir leben, nicht in der Ausarbeitung der Systematik metaphorischen Denkens, sondern als eine Phänomenologie historischer wie aktueller Lebenswelten. Blumenberg zeigt implizit aber unmissverständlich eine Einsicht in die Metaphorik der Metapherntheorie. Eine Einsicht, die Lakoff und Johnson teilen, wenn sie zu Metaphern einwenden, dass »one can see beyond them only by using other metaphors«[171], daraus aber keine weiteren Konsequenzen für ihre Theoriesprache ziehen. Ihre Ubiquitätsthese bezieht sich nur auf die unausweichliche technische Metaphorik der Metapher, was ihrer Grundannahme entspricht, dass alle mentalen Operationen und Prozesse durch Erfahrungen, vor allem körperliche, metaphorisch konzeptualisiert werden müssen. Einen fundamentalen Entzug der Metapher thematisieren sie allerdings nicht, weichen einer letztendlichen Metaphysik der Metapher durch ihre Rückführung unseres Denkens auf direkte sinnliche und körperliche Emergenz und damit die physische Welt aus. Ihre weitgehend unscharfe, fast synonyme Verwendung der Ausdrücke *metaphor*, *projection* und *mapping*, die sich vor allem in der Doppelung der *metaphorical projection* äußert,[172] differenzieren sie erst im Nachwort der Neuauflage ihrer Initialschrift *Metaphors We Live By* im Jahre 2003. *Mapping* bezeichnen sie darin als sehr präzise erste Me-

---

171 Lakoff/Johnson 1980, 118. Diese Einsicht führen sie später als »Metaphorical Pluralism« weiter aus. Für ein Konzept gebe es immer eine Mehrzahl an Metaphern. Theoretiker würden dann eine einzige als »richtige« ausweisen und sie als wörtliche Bedeutung des Konzepts verwenden. Vgl. Lakoff/Johnson 1999, 71.

172 Eine Vermischung der Ausdrücke lässt sich ebenfalls bei Fauconnier finden, der dann zwischen *projection mappings* und *metaphorical mappings* unterscheidet und das *mapping* damit als Oberbegriff bestimmt. Vgl. Fauconnier 1997, 9-11.

tapher für die konzeptuelle Metapher, die sie der Mathematik entlehnt haben. Sie beinhalte die exakte und systematische Korrespondenz, blende aber aus, dass einige konzeptuelle Metaphern ihre Zielbereiche erst erzeugen würden.[173] Die Projektions-Metapher würde ihren theoretischen Annahmen schließlich deutlich stärker entsprechen:

»We accordingly adopted the Projection Metaphor, based on the image of an overhead projector. We saw a target domain as an initial slide on the projector and metaphorical projection as the process of laying another slide on top of the first one, adding the structure of the source to that of the target. This metaphor for metaphor allowed us to conceptualize the idea that metaphors add extra entities and relations to the target domain.«[174]

Den Ausdruck ›Metapher‹ verstehen sie nicht als Metapher. Dies wird vor allem deutlich, wenn Johnson die kognitivistische Erweiterung des sprachlichen Metaphernbegriffs als metaphorisch versteht. Die sprachliche Metapher sieht er explizit als propositionale Verbindung zwischen Erfahrungsbereichen und als wörtliche Verwendung bzw. als Begriff.[175] Der Metapherntheorie Lakoffs und Johnsons lässt sich indirekt entnehmen, dass für sie eine Verstrickung in der Definition der Metapher nicht in Frage kommt. Beispielsweise geht Lakoff so weit, dass »metaphorical mapping themselves can also be understood in terms of image schemas«[176], etwa durch das SOURCE-PATH-GOAL-Schema, das zwar teils direkt emergent sei, wir also das Konzept des Weges unserer physischen Erfahrung entnehmen können, doch geht er nicht darauf ein, dass eine derartige metaphorische Konzeptualisierung der Metapher das grundlegende Verständnis des metaphorischen Prozesses vorbestimmt.

Seit den Schriften aus dem Jahre 1987 liegt der CMT ein räumliches Modell der Kognition und damit auch des metaphorischen Prozesses zugrunde, das vor allem an Fauconniers Theorie der *mental spaces* Kontur gewonnen hat. Kognitive Modelle, so Lakoff, gehen aus bildschematischen Konzepten hervor, nutzen die Struktur dieser Bildschemata, um einen mentalen Raum zu erzeugen und zu strukturieren. Mentale Räume sind dann ein Medium für Konzeptualisierungen und Denken im Allgemeinen. Dieser räumliche Aufbau des Denkens verfestigt sich in der Theorie, wenn Kategorien durch das CONTAINER-Schema, relationale Strukturen durch das

---

173 Vgl. Lakoff/Johnson 2003, 252. Fauconnier führte seine Wahl der *mapping*-Metapher ebenfalls unter Berücksichtigung ihrer Herkunft aus. Vgl. Fauconnier 1997, 1.
174 Lakoff/Johnson 2003, 253. Gegenüber des *mappings* habe die Projektion allerdings keinen partiellen Charakter.
175 Vgl. Johnson 1987, 104.
176 Lakoff 1987, 283.

LINK- und radiale Strukturen durch das ZENTRUM-PERIPHERIE-Schema verstanden werden. Diese direkt emergenten Bildschemata geben der kognitiven Räumlichkeit einerseits eine Systematik, andererseits naturalisieren sie die metaphorische Auffassung des Denkens. Lakoff bezeichnet dies selbst als »spatialization of form«, dem ein metaphorisches *mapping* vom physischen auf den konzeptuellen Raum zugrunde liege.[177] Gilles Fauconnier stellt zwar die kritische Frage, ob Sprache und Denken Instrumente ihrer eigenen Analyse sein können, geht dieser aber nicht weiter nach. Stattdessen entwickelt er ein Konzept der mentalen Räume, das zwar ein sehr elaboriertes Werkzeug zur Analyse von Aussagen und komplexen mentalen Vorgängen darstellt, dabei aber selbst hochgradig metaphorisch ist. Dies erwähnt er, arbeitet aber nicht die Folgen einer derartig starken metaphorischen Rahmung aus.[178] Die mentalen Räume sind eine spezifische Art der metaphorischen Konzeptualisierung, die Fauconnier und Lakoff in Verbindung mit den kognitiven Modellen allen weiteren komplexeren Konzeptualisierungen zugrunde legen. Fauconnier geht soweit, in seiner Theorie des *conceptual blending* ein ganzes System auf diese Räume aufzubauen: Gegeben seien ein Basisraum (*base space*), eine Perspektive (*viewpoint*) und ein Fokus. Auf den Basisraum aufbauend finde zwischen zwei *input mental spaces* ein *mapping* statt, aus dem eine Mischung, ein *blend*, als emergente Struktur hervorgehe.[179]

Mentale Räume, so ließe sich bereits in Anschluss an Ernst Cassirer sagen, sind ein notwendiges Hilfsmittel, um unser Denken zu strukturieren und komplexen Vorgängen Sinn zu verliehen. Unser gesamtes Denken ist uns in der Introspektion nur über räumliche Vorstellungen und körperliche Aktivitäten zugänglich. Gerade diese Verräumlichung des Mentalen birgt aber Fallen. Eine solche äußert sich besonders in der Übertragung des festen Standes und sicheren Grundes auf das Denken. Im vorangegangenen Kapitel wurde gezeigt, dass sich verschiedene Theoretiker einer Annahme eines absoluten Grundes verwehren wollten, indem sie zu einer Vorstellung der Bewegung übergingen. Beide Konzepte, Grund und Bewegung, können mit MacCormac als Basismetaphern oder etwa mit Black als Archetypen bezeichnet werden. Lakoff und Johnson erkennen den Grund und ebenso die direkte Emergenz nicht als derartige fundamentale Metaphern, auf der ihre Theorie ›grün-

---

177 Vgl. ebd., 181-283.
178 Vgl. Fauconnier 1997, 3 u. 38. So schreibt er etwa: »Metaphorically speaking, the discourse participants move through the space lattice; their viewpoint and their focus shift as they go from one space to the next.«
179 Vgl. ebd., 49 u. 149. Für eine genaue Ausarbeitung der Theorie an einem einfachen und anschaulichen Beispiel vgl. Fauconnier/Turner 2002, 39-52. Die Perspektive ist hier nur eine schwache technische Metapher der Metapher und hat keine schwerwiegende theoretische Bedeutung wie etwas in der Perspektivtheorie von Kittay.

det‹. Grundannahmen in Form von Basismetaphern können weder ausgeschaltet noch umgangen werden. So liegt auch der Handhabung der unausweichlichen Metaphorik der Metapher das metaphorische Konzept einer räumlichen Bewegung zugrunde, nach der alles Definitorische statisch, alles sich davon Lösende und Reflexiv-Metaphorische bewegt ist.

Der große Vorzug der *Cognitive Metaphor Theory* im Anschluss an Lakoff und Johnson ist ihre Bereitstellung sinnvoller und verständlicher Instrumente, um Strukturmetaphern im Denken zu analysieren, ihre Kohärenz zu untersuchen und ihre Bedeutung für das alltägliche Denken und Handeln herauszustellen. Zum Verstehen und Herausarbeiten singulärer, kreativen Metaphern eignet sich diese Theorie allerdings weniger, weil sie auf Konvention und den Wert für eine Systematik des Konzeptsystems abzielt. Dabei gerät vor allem die Kontextgebundenheit solcher Metaphern aus dem Blick. Um diese hinreichend zu berücksichtigen muss eine systematische Perspektive auf die konzeptuellen kognitiven Metaphern durch eine semantische Perspektive ergänzt werden, die den Kontext einer kreativen Metapher als Konstituens aus kulturellen und situativen Aspekten heraus versteht. Dies kann bei einer sprachlichen Ausdrucksmetapher über eine elaborierte Texthermeneutik erfolgen, wie sie besonders Hans Blumenberg als Metaphorologie für die Analyse jener Leitvorstellungen des Denkens, jener Hintergrundmetaphorik der Philosophie, vorgelegt hat. Zur Analyse von Kunstwerken und den in ihnen oder durch sie zum Ausdruck gebrachten metaphorischen Konzepten eignet sich diese Methode aber ebenso wenig. Gesucht wird daher eine Methode, systematische Aspekte der kognitionswissenschaftlichen Metapherntheorie mit historischen und situativen Kontextualisierungen einer Hermeneutik zu verbinden, um sie in angemessener Weise auf die Kunstproduktion wie -rezeption anwenden zu können. Während die sprachlichen Metapherntheorien den medialen Besonderheiten der Sprache Rechnung tragen, muss für die Erarbeitung visueller Metaphern zwangsläufig eine differenzierte bild- und wahrnehmungstheoretische Position einbezogen werden, um visuellen Medien in ihrer spezifischen Zeige-Funktion nachzukommen. Die bisher vorgestellten Theorien haben sich neben sprachlichen Ausdrucksmetaphern und der kognitiven Metapher nur wenig um ein Verständnis nichtsprachlicher Ausdrucksmetaphern und einer ihnen angemessenen kognitiven Dimension bemüht. Die künstlerische Hervorbringung von Metaphern wie auch ihren Nachvollzug berücksichtigten schließlich kunstphilosophische Positionen vor allem der zweiten Hälfte des 20. Jahrhunderts. Diese sollen im Folgenden vorgestellt werden.

13 Kunstphilosophie der Metapher

Seit der Begründung der Disziplin durch Alexander Gottlieb Baumgarten steht die Metapher im Interesse der Ästhetik, sei es als Marginalie oder als wesentliches Argument für die Verbindung des Sinnlichen und Intelligiblen. In der Kunstphilosophie wurde sie erst von Georg Wilhelm Friedrich Hegel explizit aufgegriffen. In jener Traditionslinie des sprachphilosophischen Humanismus erhob sie Alfred Biese in seiner Philosophie der Metapher zum Daseinsprinzip des Menschen und zum Wesen der Kunst. Erst seit der Neubegründung der Metapherntheorie durch Ivor Armstrong Richards rückte der metaphorische Prozess als Funktionsprinzip der Sprache über Kunst und die Struktur der Kunst selbst in den Fokus der philosophischen Ästhetik. Nelson Goodman und im Anschluss auch Arthur Coleman Danto nahmen die Metapher als wesentliches Argument einer Reformulierung des künstlerischen Ausdrucks in ihre Theorien auf. Ebenso verband Carl Hausman in den 1990ern eine differenzierte Analyse und Erweiterung der sprachlichen Metapherntheorien auf die nichtsprachlichen Künste mit einer dezidierten Kunstphilosophie der Metapher.

Ein gesteigertes Interesse an der Metapher zeigt die philosophische Ästhetik erst seit Mitte des 20. Jahrhunderts. Eine bedeutende Rolle kommt dabei Nelson Goodman zu, denn seine Theorie der Symbolsysteme der Kunst hat die Metapher vor allem für die sprachanalytische Philosophie zugänglich gemacht. Diese berücksichtigt die Metapher aber zumeist nur im Hinblick auf ihre grundlegende Funktion in der Sprache *über* Kunst. Im Fokus steht die Frage nach den ästhetischen Eigenschaften, aus der heraus eine Kontroverse entstanden ist. Sind Eigenschaften, die auf eine metaphorische Beschreibung zurückgehen, wirklich ästhetische Eigenschaften und wenn ja, sind sie Eigenschaften der Objekte ästhetischer Erfahrung oder verweisen sie nur auf eine Interpretation und damit eine sprachliche Zuschreibung? Während Realisten wie Monroe Beardsley und Frank Sibley davon ausgehen, dass Metaphern sich auf ästhetische Eigenschaften der Dinge beziehen, verneinen Pragmatiker wie Roger Scruton, Richard Moran und Nick Zangwill diese Möglichkeit, denn es gehe nur um eine Verwendungsweise statt einer neuen Bedeutung.[1] Berrys Gaut versucht, beide Positionen durch die Verbindung von Einbildungskraft und Logik zusammenzudenken. Es gäbe zwei Arten des Sehen-als, eine Imaginative, durch die wir ästhetische Eigenschaften suchen, die eine Beschreibung angemessen werden lassen, und eine Doxastische, durch die die Meinung auf kognitiver Ebene formalisiert wird.[2] Auf diesem Wege macht er allerdings die Wahrnehmungsurteile vom Wahrheitswert der Sprache abhängig und reduziert zudem die Kognition auf logische Operationen.

Im Zuge der Debatte um den ontologischen Status ästhetischer Eigenschaften, haben sich Philosophinnen und Philosophen zudem mit der Frage nach der Rolle der Metapher für die Kunstbeschreibung bzw. -kritik beschäftigt. Bereits Roger Scruton hat angemerkt, dass ästhetische Beschreibungen einen normativen Charakter haben.[3] Metaphern weisen nicht nur auf einen Wahrnehmungsinhalt hin, sie konstituieren diesen ebenso, indem sie vorgeben, wie etwas gesehen und verstanden werden soll. Hierin liegt auch der Wert der Metapher für die Kunstkritik begründet, dessen Einsicht aber gerade die Debatte zur Ontologie ästhetischer Eigenschaften verstellt hat, wie James Grant anmerkt: »Anti-realism about art-critical metaphors, widespread as it is in aesthetics, is an obstacle to understanding why critics frequently use metaphor.«[4] Entgegen der Meinung Ted Cohens geht die Rolle der Metapher weit über eine Verlegenheitslösung hinaus. Cohen sieht die Metapher in der Interpretation von Kunst vor allem aufgerufen, wenn diese vordergründig so wenig Anlass für eine Interpretation biete, dass die Betrachterin oder besser gesagt: Leserin, denn Cohen konzentriert sich auf literarische Werke, veranlasst sei, nach einer weiteren Sinnebene zu suchen.[5] Die Metapher steht damit irgendwo zwischen der Hermeneutik eines latenten Sinns und der metaphorischen Bedeutungskonstruktion als Verlegenheitslösung.

---

1 Vgl. Beardsley 1958, Sibley 1959, Scruton 1974, Moran 1989 und Zangwill 1991. Scruton, Moran und Zangwill berufen sich auf Donald Davidsons Metapherntheorie, nach der es keine metaphorische, sondern nur eine wörtliche Bedeutung gibt, die nur unterschiedlich verwendet wird.
2 Vgl. Gaut 1997, 234-237.
3 Vgl. Scruton 1974, 47.
4 Grant 2011, 244.
5 Vgl. Cohen 2003, 370f. Er geht zudem auf die Annahme der Bildlichkeit der Metapher ein, die er aber nicht weiter kritisiert oder relativiert, sondern als mögliches und gängiges Verständnis lediglich anführt: »Since it is commonly thought that a picture is somehow more compelling, more insistent than a sentence, it is, then, natural to think that a metaphor is more intrusive, and harder to resist, than a literal expression.«, 374.

Gaut betont hingegen, dass Metaphern die ästhetische Erfahrung beeinflussen. Kritiker seien auch eine Art Künstler, wenn sie originelle Metaphern verwenden und sie durch verwandte Metaphern noch erweitern würden. Auch das Kunstverstehen als ästhetische Erfahrung am Leitfaden dieser Metaphern bezeichnet er als künstlerische Leistung.[6] Als Beispiel führt er die metaphorische Beschreibung einer Bewegung in Werken Wassily Kandinskys an: »Here the use of the metaphor of aliveness is not at a superficial level, which might be characterised as a mere thought about the painting; the metaphor generates a whole network of interrelated and dependent metaphors which cannot be stripped away without altering our experience of the painting.«[7] Die metaphorische Bedeutung der Bewegung gilt es allerdings historisch zu kontextualisieren und philosophisch zu relativieren. In den Avantgarden zu Beginn des 20. Jahrhunderts avancierte die Musik zur Leitvorstellung wegen ihrer Immaterialität und Prozessualität. Im Zuge dessen wurden vor allem Begriffe auf die bildende Kunst übertragen, die zeitliche Aspekte betonen.[8] In diesem Sinne kam der Musik eine Modellfunktion zu, aus der eine Vielzahl von Metaphern entstanden ist. Die Wahrnehmung einer Bewegung im Bild muss darüber hinaus zur physischen Wahrnehmung in Bezug gesetzt werden. Besonders John Michael Krois hat hervorgehoben, inwieweit Bildschema und Körperschema zusammenhängen.[9]

Um die Rolle der Metapher in der Kunstbeschreibung genauer zu bestimmen, gilt es zudem, zwischen Metaphern zu unterschieden, die notwendig sind, um ästhetische Eigenschaften überhaupt vermitteln zu können, und solchen, die bewusst zu einer bestimmten ästhetischen Erfahrung auffordern. Erstere bezeichnet Zangwill als essentielle Metaphern: »there are some *thoughts* about the world which cannot be inguistically expressed without metaphor«. Daher zieht er auch eine Parallele zu jenen Metaphern, durch die abstrakte mentale Vorgänge beschrieben werden: »It is no accident that aesthetic descriptions and descriptions of the phenomenology of inner experience both manifest the same phenomenon of essential metaphoricality.«[10] Gaut verspielt allerdings die Einsicht, dass die Metapher in einen weiteren erkenntnistheoretischen Kontext gestellt werden muss. Philosophische Metaphern wären daher ersetzbar, angemessene kunstkritische Metaphern jedoch noch.[11] Noël Carroll hingegen hält im Anschluss an Goodman die Metapher für notwendig zur Versprachlichung des ästhetischen Ausdrucks, zweifelt aber die Aufrechterhaltung

---

6 Vgl. Gaut 1997, 240f.
7 Ebd., 231.
8 Von Mauer, 1985.
9 Vgl. Krois 2011.
10 Beide Zitate: Zangwill 1991, 60.
11 Vgl. Gaut 1997, 224.

ihrer Lebendigkeit an. Vielmehr würde sie in das Wörtliche übergehen.[12] Eine vermittelte Position bietet Frank Sibley, der die metaphorische Zuschreibung von Eigenschaften an ästhetische Gegenstände als *quasi-metaphorical* fasst, womit er an William Empsons bzw. Max Blacks Bestimmung des ›Zwischenstadiums‹ der schlafenden (*dormant*) Metapher anknüpft.[13]

Metaphern weisen nicht bloß auf die ästhetischen Eigenschaften hin, die auf anderem Wege nicht benannt werden können. Sie leiten zudem die ästhetische Erfahrung an, sie strukturieren jedes weitere Verständnis eines Kunstwerkes. Eben deshalb sind sie für die Kunstkritik von enormer Bedeutung. Die konstitutive Funktion der Metapher in der Kunstbeschreibung wird am Ende des siebzehnten Kapitels erneut aufgegriffen, um am Beispiel der abstrakten Malerei Jackson Pollocks zu zeigen, in welcher Weise Metaphern auf Eigenschaften der Gemälde Bezug nehmen und die weitere Rezeption leiten.

Inwiefern die Metapher in der philosophischen Ästhetik und im Besonderen in der Kunstphilosophie über eine Funktion des angemessenen Sprechens über ästhetische Objekte weit hinausgeht, haben schließlich Goodman und Danto unter Beweis gestellt, wie im Folgenden genauer ausgeführt wird. Diese Positionen ebneten in entscheidender Weise durch eine Verbindung von Metapherntheorie, philosophischer Ästhetik, Erkenntnistheorie und schließlich Kunstphilosophie den Weg für eine theoretische Ausarbeitung bildlicher und allgemein visueller Metaphorik. In besonderem Maße greifen sie auch das Spannungsverhältnis zwischen Ausdruck und Referenz auf, das bereits Abraham Kaplan für die kunstphilosophische Bestimmung der Metapher anführte.[14]

Um die folgenden Theorien auf die Anschlussfähigkeit für eine Theorie der visuellen Metapher hin zu analysieren, sollen folgende Fragen leitend sein: Wo ist die Metapher? Ist sie mögliche Ausdrucksform der Kunst? Ist Kunst generell metaphorisch oder nur die Sprache über Kunst?

---

12 Vgl. Carroll 1999, 101f. Diese Notwendigkeit betont ebenso Hausman, vgl. Hausman 1991, 7 u. 119f.
13 Vgl. Sibley 1959 und ergänzend Aldrich 1963, 87 und Budd 2006.
14 Vgl. Kaplan 1954, 471. Während Goodman und Danto vor allem die Möglichkeit metaphorischen Ausdrucks analysieren, spricht Dominic Lopes der Metapher eine eindeutig referenzielle Funktion zu, vgl. Lopes 1996, 93-98.

SINNLICHER AUSDRUCK DES GEISTES UND SEELENLEBENS (HEGEL, BIESE)

In den Vorlesungen über die Ästhetik des Jahres 1842 nimmt Hegel die Metapher in seine Analyse der bewussten Symbolik der vergleichenden Kunstform mit auf und stellt sie an die Seite des Rätsels und der Allegorie. Ganz im Sinne des deutschen Idealismus des 19. Jahrhunderts und seiner eigenen Theorie ist ihm die Metapher Bild. Die Kunst und damit die Metapher als Form der Symbolik stellt Hegel in den Dienst seiner Philosophie des Geistes. Seine Kunstphilosophie ist eine Theorie des Schönen im Sinne der platonischen Ideen. Das Kunstschöne sei demnach Darstellung des Geistes und nicht des Naturschönen. Die Metapher nimmt dabei eine wichtige Vermittlerrolle ein, die sie einerseits als sinnlichen-bildhaften Ausdruck abwertet, andererseits aber als notwendige Gestaltungsform des Geistigen aufwertet. Hegels Verständnis der Metapher wird von Quintilians Konzept der verkürzten Vergleichung und der seit 1800 zunehmend synonymen Verwendung mit dem Bildbegriff geleitet. Die Metapher drücke ihre Bedeutung klar und in konkreter sinnlicher Form aus. Die Trennung von Sinn und Bild der Vergleichung sei in ihr aber noch nicht gesetzt: »Der metaphorische Ausdruck nämlich nennt nur die *eine* Seite, das Bild; in dem Zusammenhang aber, in welchem das Bild gebraucht wird, liegt die eigentliche Bedeutung, welche gemeint ist, so nah, daß sie gleichsam ohne direkte Abtrennung vom Bilde unmittelbar zugleich gegeben ist.«[15] Das Potential der Metapher sei daher, eine nicht ausdrücklich gegebene Bedeutung aus dem Zusammenhang und im Bild deutlich erkennen zu geben.

Dennoch degradiert Hegel die Metapher in seiner Kunstphilosophie, eben weil sie kontextabhängig und bildhaft, damit also sinnlich und nicht intelligibel ist. Als sinnlicher Schein der Idee ist die Metapher bei Hegel aber ein notwendiges Mittel der geistigen Gestaltung in sinnlicher Gestalt. Und die sinnliche Gestalt sei kein trügerischer Schein, weil sie jenem Geistig-Ideellen eine ästhetische Form gebe. Notwendig sei die Metapher auch deshalb – und hiermit begründet Hegel sie auch jenseits der Kunstphilosophie –, weil Geistiges nur auf dem Wege der Vergleichung mit dem Sinnlichen erfassbar sei: »»*Fassen, begreifen*‹, überhaupt viele Wörter, die sich auf das Wissen beziehen, haben in Rücksicht auf ihre eigentliche Bedeutung einen ganz sinnlichen Inhalt«.[16] Hegel legt hier implizit und ohne weiter darauf einzugehen den Grundstein für das Verständnis der kognitiven Dimension der Metapher. Die Formel ›Geistiges durch Sinnliches‹ weist nicht nur auf die grundsätzliche Metaphorik der Sprache, sondern ebenso auf die notwendige Metaphorik unseres Zugangs zum Denken hin. Durch ständigen Gebrauch geraten diese Metaphern in

---

15 Hegel 1842, 390.
16 Ebd., 391.

Vergessenheit, werden vom uneigentlichen zum eigentlichen Ausdruck, in dem sich Bild und Bedeutung nicht mehr unterscheiden würden. Was Hegel noch mit normativem Anspruch des Sublimen für die poetische Metapher formuliert, dass sie höherstehende Bilder zur Darstellung des Niederen, das Organische für das Unorganische nutzen solle, ist ein in seine Kunstphilosophie eingeschriebene Ästhetik der Metapher: »Das Lebhafte besteht in der Anschaulichkeit als bestimmter Vorstellbarkeit, welche das immer allgemeine Wort seiner bloßen Unbestimmtheit enthebt und durch Bildlichkeit versinnlicht.«[17] Es ist das Bedürfnis und die Macht des Geistes, sich über Metaphern sinnlich auszudrücken. Gerade weil die Metapher aber Bild sei, sieht Hegel ihre Verstärkung und Veranschaulichung vornehmlich als Zerstreuung und Hinüberziehen der eigentlichen Bedeutung ins bloß Verwandte oder gar Fremdartige.[18] Das enorme ästhetische und auch erkenntnistheoretische Potential, das er implizit ausarbeitet, muss im Rahmen seiner idealistischen Philosophie des Geistes aufgehen und wird daher letztendlich negativ als sinnliche Form gewertet.

Eine ebenso metaphysische Wendung, aber deutliche Aufwertung erfährt die Metapher bei Alfred Biese. In seiner Philosophie von 1893 erklärte er sie zum Daseinsgrund des Menschen und Prinzip seines Weltverhältnisses, weil sie die menschliche Doppelnatur von Leib und Seele, Körper und Geist wiederspiegele. Zwar totalisiert er sie und lässt sie zur Metaphysik werden, doch räumt er damit auch dem Denken und allen nichtsprachlichen Ausdrucksweisen das Potential des Metaphorischen ein. Biese führt eine Vielzahl der großen Denker seit Beginn der Neuzeit an, wie etwa Vico, Herder, Locke, Hegel, Schelling, Schopenhauer, Nietzsche, aber auch Humboldt, Müller, Jean Paul, Goethe und Schiller, und attestiert ihnen, zwar ein schillerndes Bild der Metapher entworfen zu haben, in dem sich ihr Wurzelhaftes wiederspiegele, doch mit den Konsequenzen nicht recht ernst gemacht zu haben.[19] Er selbst stellt die Metapher in den Dienst eines grundlegenden Anthropomorphismus, durch den der Mensch seine »physisch-psychische Einheit« zum »Weltprinzip« werden lässt. Aus diesem Prinzip geht eine starke Analogisierung von Kunst und Sprache hervor. Beide seien »nur Mittel, um das geheimnisvolle Seelenleben in sinnliche Gestalt umzuwandeln«.[20] Hierdurch reduziert er die Metaphorik der Sprache auf einen Ausdruck des inneren Seelenlebens. Die Metapher, ob in der Sprache oder anderen Ausdrucksformen, ist nach Biese immer anthropomorph. Sie wird zur fundamentalen Form der Anschauung, zur Metaphysik der All-

---

17 Ebd., 393.
18 Vgl. ebd., 395.
19 Vgl. Biese 1893, 13-27.
20 Ebd., 57.

beseelung.[21] Der metaphorische Prozess, das Fremde und Neue am Leitfaden der menschlichen Verbindung von Psychischem und Physischem vertraut zu machen, durchdringe alles Kunstschaffen. Kunst sei immer Ausdruck des Inneren, denn

»der Künstler stellt Bilder vor die Seele, Bilder, welche Verkörperungen des geistigen Erlebens sind, Bilder, in die er sein Denken und Empfinden, seine äußere und innere Erfahrung hineingesenkt hat. Die Kunst bietet Bilder menschlichen Seelenlebens in Stein oder Erz, in Ton oder Wort dar; und diese Übertragung der Empfindung, des Geistigen auf das Stoffliche ist das Metaphorische in der Kunst.«[22]

Biese greift Hegels Kunstphilosophie des Ausdrucks des Geistigen in der Kunst auf, reduziert das Absolute aber auf das Subjektiv-Innerliche des Künstlers: »Das Schöne ist nichts anderes als die harmonische Durchgeistigung des Stoffes. Darin liegt die metaphorische Bedeutung des künstlerischen Schaffens; und darin liegt die beseligende Kraft des Schönen, denn was stimmt den Menschen glücklicher und froher als der Einklang seines Inneren mit der Welt?«[23] Aus der Kunstphilosophie des absoluten Geistes wird eine des subjektiven Ausdrucks. Die Harmonie des Werkes als »Ineinsbildung von Geist und Natur« wiederspiegele dabei das menschliche Wesen in seiner Doppelnatur. Biese lehnt daher auch die aufkommende Fotografie als Kunstform streng ab, denn »die Kunst kann immer nur durch die Seele hindurchgegangene Natur sein«.[24] Gegen Ende des 19. Jahrhunderts lässt er damit das romantische Ideal des Naturschönen anklingen. Die philosophische Einsicht in das metaphorische Wesen der Sprache und der deutsche Idealismus der Kunstphilosophie kulminieren in einer totalisierenden Metaphysik der Metapher, die alles Erhabene aber auf die menschliche Doublette von Leib und Seele zurückführt.

AUSDRUCK ALS METAPHORISCHE EXEMPLIFIKATION (GOODMAN)

In seiner einflussreichen Schrift *Languages of Art: An Approach to a Theory of Symbols* von 1968 wendet sich Nelson Goodman den Funktionsweisen und dem Erkenntnispotential unterschiedlicher ›Symbolsysteme‹ zu, wie es im Titel ursprünglich hätte heißen sollen. Der Buchtitel trifft aber dennoch voll und ganz zu, denn Goodman begründet in Bezug auf den Ausdruck bildlicher Symbolsysteme

---

21 Vgl. Schöffel 1987, 100.
22 Biese 1893, 57.
23 Ebd., 58.
24 Ebd., 61.

mit der Metapher vor allem den sprachlichen Zugriff, die angemessene prädikative Bezeichnung. Die Sprache der Kunst ist in diesem Sinne ihre sprachliche Einholbarkeit. Goodman führt hierfür das Konzept der metaphorischen Exemplifikation ein, nach dem Kunstwerken Eigenschaften wie etwa *Traurigkeit* zukommen, indem sie diese metaphorisch besitzen und durch sie bezeichnet werden. Neben dieser Form der Prädikation stellt er aber noch die Sonderform der Repräsentation-als vor, die ebenso Ausdrucksqualität hat und mit der er – implizit – die Metapher auch als Bildmetapher ausarbeitet. Goodmans in seine Symboltheorie integrierte Kunstphilosophie nimmt ihren Ausgang in einer Werk- und Rezeptionsästhetik und rückt die sprachliche Einholbarkeit des Sinnlichen ins Zentrum. Hierbei, und das ist einer der großen Erträge seiner Theorie, stellt er das sonst der Ästhetik zugeordnete Thema der dem Bildlichen angemessenen Sprache in den weiteren Zusammenhang einer Symbol- und Erkenntnistheorie.

Goodman nutzt einen sehr allgemeinen Symbolbegriff der neben Buchstaben, Wörtern und Texten auch Bilder, Diagramme, Karten und Modelle einschließt. Unter Systemen fasst er zusammen, was Ernst Cassirer als symbolische Formen bezeichnete. Hierbei ist er allerdings feiner in der Unterteilung. So sind Kunst und Wissenschaft nicht jeweils ein System, sondern weiter in eine Vielzahl von Systemen einteilbar, wie etwa die malerische Darstellung und dabei noch die perspektivische Darstellung. In seinen weiteren Schriften spricht er dann von Welten, ihren verschiedenen Versionen und den Weisen, in denen sie erzeugt werden, wie bereits im vorherigen Kapitel ausgeführt wurde. Goodman übernimmt wesentliche theoretische Einsichten von Cassirer, was er oftmals auch explizit kenntlich macht. Dennoch ist sein Zugriff auf unterschiedliche Formen bzw. Systeme des Symbolischen ein Anderer, da er eher ihre Funktionsweisen und Systematik analysiert als ihre Genealogie nachzuweisen und ihren Ursprung zu ergründen.[25] Verkürzt lässt sich sagen: Goodman tritt Cassirers Erbe einer leider ausgebliebenen Schrift zur symbolischen Form der Kunst an, überführt die Thematik dann aber in sein eigenes philosophisches Gerüst. Dennoch ist er derjenige Philosoph, der am nahesten an Cassirers Philosophie herangekommen ist und dessen zentrale Thesen der zeitgenössischen philosophischen Diskussion zur Verfügung gestellt hat, wie John Michael Krois anmerkt.[26]

---

25 So analysiert Cassirer den Übergang von der reinen Ausdrucksfunktion über die Darstellungs- hin zur reinen Bedeutungsfunktion. Goodman nimmt dagegen eine systematische Trennung von Repräsentation und Ausdruck vor.
26 Vgl. Krois 1987, 12 u. 140. Als wesentlichen Unterschied nennt er die Grundlegung jener Welten: »Where Goodman is only ready to admit that each ›world‹ is made from another, Cassirer seeks to show that this process of emerging worlds is not arbitrary.«, 140.

Was Goodman als symbolische Beziehung der Bezugnahme vorstellt, analysiert er anhand zwei getrennter Formen: einerseits der Denotation bei Repräsentationen und Beschreibungen und andererseits der Exemplifikation als Ausdruck. Repräsentationen und Beschreibungen versteht er damit analog im Hinblick auf die Möglichkeit, Gegenstände wie auch Bilder mit Etiketten zu klassifizieren. Zwar betont er die Eigenart des Bildlichen, stellt sie aber unter ein semiotisches Paradigma: »Um zu repräsentieren, muß ein Bild als ein pikturales Symbol funktionieren; das heißt: in einem System in der Weise funktionieren, daß das, was denotiert wird, allein von den pikturalen Eigenschaften des Symbols abhängt.«[27] Indem er beide Formen der wiedererzeugten Wirklichkeit als Denotation zeichentheoretisch zusammenfasst, schafft er eine gemeinsame Grundlage beider Systeme. Ein Bild oder auch eine Beschreibung könne einen Gegenstand repräsentieren, wenn es ein Symbol für ihn sei. Diese symbolische Bezugnahme, die von der Repräsentation zum Symbol verläuft, nennt Goodman Denotation. Er will hierdurch vor allem ein naives Ähnlichkeitskonzept überwindet. Die Denotation könne Ähnlichkeit auch einschließen, weil sie aber unabhängig von ihr sei, ebenso auch Klassen und fiktive Dinge.[28] Dies stellt ebenso eine Überwindung der Abbildtheorie dar, mit der er explizit an Ernst Gombrichs Kritik einer Nachahmung durch ein unschuldiges Auge und implizit durch die Verbindung von Erfassen und Erzeugen an Cassirers Kulturphilosophie anknüpft.[29]

Bereits in diesen Ausführungen zur Repräsentation ist Goodmans Kritik an der Erkenntnistheorie begründet. Da die Repräsentation vielmehr Klassifizierung als bloße Nachahmung sei, erzeuge sie Verknüpfungen und organisiere die Welt statt nur passiv zu berichten.[30] Dies hat eine Neuverhandlung des Realismusbegriffs zur Folge: »Realismus ist relativ; er wird durch das Repräsentationssystem festgelegt, das für eine gegebene Kultur oder Person zu einer gegebenen Zeit die Norm ist.«[31] Dieser Relativität werde durch Gewohnheit entgegengewirkt, die zur Konvention führe – ein Prozess, den Goodman ebenso bei Bildern sieht und der dort beispielsweise zur Hartnäckigkeit des Ähnlichkeitsarguments geführt habe. Durch diese

---

27 Goodman 1968, 49. Vgl. auch 39f.
28 Vgl. ebd., 31.
29 Vgl. ebd., 19f. Zu Gombrich ausführlicher in Teil 3. Die Perspektive ist Goodman ein Symbolsystem, weil sie auf einer Konvention beruhe. Der Guckkasten beispielsweise schließe die relative Bewegung des Auges aus: »Das fixierte Auge ist fast so blind wie das unschuldige.«, 24. Goodman weist hiermit auf jene einflussreichen medialen Metaphern hin, die sowohl Erkenntnistheorie, Ästhetik, Kunstgeschichte wie Kunstproduktion leiteten. Dazu mehr in Kapitel 18.
30 Vgl. ebd., 40f.
31 Ebd., 45.

Weisen der Realitäts- oder auch Welterzeugung seien Repräsentationen und Beschreibungen eine produktive Erkenntniskraft.

Während die Repräsentation Gegenstände und Ereignisse durch Denotation wiedergebe, nehme der Ausdruck auf Gefühle und andere Eigenschaften symbolisch Bezug. Die von Goodman als Exemplifikation bezeichnete Bezugnahme könne auf zwei Weisen erfolgen: zum einen als buchstäbliche, wenn etwa einem Bild eine Farbe zugesprochen werde, und zum anderen als metaphorische, wenn ein Bild Traurigkeit ausdrücke. Dieser figürliche Besitz sei zwar direkter aber dafür weniger buchstäblich als die Repräsentation. Die zum Ausdruck gebrachte Eigenschaft gehöre aber dem Symbol an, weshalb es das Bild auch denotiere und dieses die Eigenschaft nur symbolisch besitze.[32] Ein entsprechendes Beispiel aus der bildenden Kunst ergänzt Cathrine Elgin. Constantin Brâncușis Bronzeskulptur *Vogel im Raum* von 1927 sei wörtlich massiv, exemplifiziere aber »wahrhaft, weil metaphorisch, Flüssigkeit«.[33] Dieser Ausdruck und die metaphorische Zuschreibung des Prädikats sind auf die geschwungene Form zurückzuführen, deren Charakteristik des kurvenartigen Verlaufs eher einer Flüssigkeit zukomme als einem statischen und massiven Körper. Der ausschlaggebende Unterschied zwischen Repräsentation und Ausdruck liege in der Richtung der Bezugnahme. Die Exemplifikation verlaufe anders herum von der Denotation zum Bild: »Das Bild *denotiert nicht* die Farbe Grau, sondern *wird von* dem Prädikat ›grau‹ *denotiert*.«[34] Wenn das Bild auf diese Weise denotiert wird, nehme es auf das Prädikat Bezug und besitze die Eigenschaft entweder buchstäblich, wie etwa *Grau*, oder metaphorisch, wie *traurig*. Was Goodman damit vorlegt, ist eine Theorie der Versprachlichung der Bilder. Die Zeichen des bildlichen, nonverbalen Systems können dadurch präzise an das verbale System angeschlossen werden – buchstäblich oder eben metaphorisch.[35]

Als Sonderform erwähnt Goodman die Repräsentation-als, die eher dem Ausdruck als der Denotation zugeordnet werden müsse. Einerseits könne ein Erwachsener – ob im Bild oder in einer Beschreibung – als Kind wiedergegeben werden, einer rein zeitlichen Verschiebung folgend. Andererseits könne diese Repräsentati-

---

32 Ebd., 58 u. 88. Pikturale Eigenschaften wie Farben besitze das Bild allerdings buchstäblich.
33 Elgin 2005, 44.
34 Goodman 1968, 58.
35 Vgl. bes. ebd., 54. Am Beispiel gibt er die Verbindung von Bild und Sprache wie folgt wieder: »Damit etwa ein Wort rote Dinge denotiert, ist nichts weiter erforderlich, als daß man es auf sie Bezug nehmen läßt; damit aber mein grüner Pullover ein Prädikat exemplifiziert, reicht es nicht aus, daß ich den Pullover auf dieses Prädikat Bezug nehmen lasse. Der Pullover muß auch von diesem Prädikat denotiert werden; das heißt, ich muß das Prädikat auch auf den Pullover Bezug nehmen lassen.«, 65.

on aber auch qualitativ anders erfolgen, wenn etwa Winston Churchill, so sein Beispiel, nicht als Kind Churchill sondern als der erwachsene Churchill als Kind repräsentiert wird.[36] Diese Darstellungsweise ist eine bildliche Metapher, denn durch die Art der Repräsentation wird der erwachsene Churchill als Kind verstanden und in diesem Kontext negativ besetzte, kindische Eigenschaften wie etwa Ungeduld, Verspieltheit oder fehlende Reife werden auf Churchill übertragen. Die Analyse einer bildlichen Darstellung dieses Beispiels würde zudem rein visuelle Aspekte dieser Übertragung wie etwa Haltung, Mimik und Gestik in den Übertragungsprozess mit einbeziehen können. Goodman führt diese Möglichkeit bildlicher Metaphorik aber nicht weiter aus, noch liefert er für seine Beispiele entsprechende Abbildungen. Seine Analyse des Bildlichen richtet sich also nicht auf wirkliche Bilder sondern lediglich an unser Vermögen, durch Vorstellungskraft aus seinen sprachlichen Zuschreibungen bzw. Prädikationen und Typisierungen die Beispiele selbst zu konstruieren – ein Umstand der nicht unwesentlich ist.

Bemerkenswert an Goodmans Ausarbeitung der metaphorischen Exemplifikation und des zugrundeliegenden Metaphernverständnisses ist seine kreative Metaphorik der Metapher. Diese bewegt sich zwischen Territorium, Expedition und neuer Liebe. Bindendes Element seiner verschiedenen Konzeptualisierungen der Metapher ist die Sehnsucht und Verlockung des Neuen. Die wesentliche Eigenschaft der Metapher sieht er in ihrer Spannung zwischen Anziehung und Widerstand, die verlangt das Neue an das Alte anzupassen und damit zugleich das Alte durch das Neue zu reorganisieren. So schreibt er: »Eine Metapher, so scheint es, muß einem alten Wort neue Tricks beibringen – muß ein altes Etikett auf neue Weise anwenden können. [...] Kurz, eine Metapher ist eine Affäre zwischen einem Prädikat mit Vergangenheit und einem Gegenstand, der sich unter Protest hingibt.« Die Anziehung müsse den Widerstand überwinden – Goodmans kreative Metapher der Metapher ist ein Plädoyer für den folgenschweren Seitensprung. Die Überwindung habe dabei allerdings ihren Preis, denn »[w]o es Metaphern gibt, gibt es Konflikte.«[37] Gemeint ist hier natürlich nicht der Ehepartner, sondern das Buchstäbliche. Dieses unterscheidet er zwar vom Metaphorischen, fasst beides aber zusammen als das Tatsächliche. Goodman argumentiert mit der Konventionalisierung von Metaphern, denn dadurch werde nicht ihre Wahrheit eingebüßt sondern lediglich ihre Lebendigkeit. Eine erstarrte Metapher komme der buchstäblichen Wahrheit sogar näher.[38] Mit

---

36 Vgl. ebd., 37 u. 71.
37 Beide Zitate: ebd., 74.
38 Vgl. ebd., 73. Die Metapher ist zwar nicht buchstäblich wahr, doch sei sie damit nicht direkt falsch, vgl. 58. Zudem hält Goodman die Sprache für grundsätzlich metaphorisch. Dies entspreche einem Bedürfnis nach Ökonomie, da sonst das Vokabular zu groß wäre, vgl. 83f.

seinen Metaphern der Metapher vermeide Goodman nicht nur eine wortwörtliche Definition, vielmehr führe er seine eigene Theorie vor, so Cathrine Elgin, indem die Metapher die beschriebenen Merkmale exemplifiziert. Er trägt daher seine Argumente nicht nur vor, sondern verdeutlicht sie im Vollzug: »Seine Behauptung erfüllt eine doppelte Aufgabe, indem sie das Wechselspiel von Anziehung und Widerstand, das die Metapher braucht, sowohl beschreibt als auch zur Schau stellt. [...] Indem Goodman das praktiziert, was er predigt, argumentiert er für die Vertretbarkeit seiner Ausführungen und illustriert sie zugleich.«[39]

Seine zweite zentrale Metapher der Metapher hebt die metaphorische Wahrheit hervor, die nicht eine Falschheit aufgrund einer Fehlzuweisung, sondern eine neue Erkenntnis aufgrund einer Neuzuweisung sei.[40] Diese Neuzuweisung formuliert er alternativ zur Kategorienbildung als Übertragung eines gesamten Schemas. Gemeint ist also die Art von Metapher, die konzeptuelle Verschiebungen bei Sphären vornimmt. Eine Sphäre nennt er die Gesamtheit der Extensionsbereiche von Etiketten in einem Schema. Das Prädikat *rot* umfasst beispielsweise den Bereich der roten Dinge, die Sphäre hingegen alle farbigen Dinge. Prädikate, die metaphorisch auf ein Bild angewendet werden, stehen im Zusammenhang eines ganzen Begriffssystems, weil durch die Metapher eine Neuorientierung eines Netzwerks von Etiketten erfolge, wenn mit dem einzelnen Prädikat auch die gesamte Sphäre wechselt.[41] Goodman fasst dies anschaulicher zusammen, indem er die bereits elaborierte Liebesmetaphorik mit der Reise verbindet:

»Die bei der Metapher vorkommenden Verschiebungen im Bereich laufen also gewöhnlich nicht auf eine bloße Verteilung des Familienbesitzes, sondern auf eine Expedition in fremde Länder hinaus. Eine ganze Menge alternativer Etiketten, ein ganzer Organisationsapparat übernimmt ein neues Territorium. Hier vollzieht sich ein Transfer eines Schemas, eine Migration von Begriffen, eine Entfremdung von Kategorien. In der Tat könnte man eine Metapher als eine kalkulierte Kategorienverwechselung ansehen – oder vielmehr als eine glückliche und belebende, wenn auch bigamistische zweite Ehe.«[42]

Der Verlockung und dem Nachgehen der neuen Liebe, folgen Ehebruch und Familiendrama, denn in der Erweiterung der ursprünglichen Metaphorik werden aus den übertragenen Etiketten der Metapher die Kinder der zerbrochenen Ehe, aus der

---

39 Elgin 2005, 46.
40 Vgl. Goodman 1968, 75. Er bezieht sich hierbei auf Richards und Black. Weil die Metapher von so »flüchtigen Faktoren wie Neuheit und Interesse« abhänge, sei ihre Sterblichkeit auch verständlich, vgl. 83.
41 Vgl. ebd., 76f.
42 Ebd., 77.

Sphäre ihrer Extensionsbereiche das neue Zuhause in der zwar glücklichen aber bigamistischen neuen Ehe. Das Familiendrama fasst dabei die beiden abstrakten Aspekte der Migration und Entfremdung durch einen doch sehr lebensweltlichen Erfahrungskomplex konkreter zusammen. Goodman treibt diese Metaphorik aber noch weiter, um die Systematik des sprachlichen Zugriffs weiter auszuarbeiten:

»Ein Schema läßt sich fast überallhin transportieren. Die Wahl des Territoriums für eine Invasion ist beliebig; aber das Operieren innerhalb dieses Territoriums ist fast nie vollkommen frei. [...] Selbst dort, wo einer höchst merkwürdigen und fremdartigen Sphäre ein Schema aufgezwungen wird, dirigiert vorausgegangene Praxis die Anwendung der Etiketten.«[43]

Versteht man diese allegorische Ausgestaltung weiterhin durch die ursprüngliche konzeptuelle Metapher, so meinte Goodman, dass die Kinder aus dem ersten Haushalt zwar in den neuen mitgenommen werden können, die Regeln des Haushalt aber nicht zurückgelassen werden können. Es herrscht keine völlige Freiheit im neuen Heim, sondern ebenso eine strikte Ordnung.

Ergänzend räumt Goodman ein, dass ebenso wie sprachliche auch nichtsprachliche Etiketten metaphorisch angewendet werden können. Erneut meint er jene Form der Repräsentation-als und führt kurz einige Beispiele der Karikatur an wie beispielsweise einen als Drachen dargestellten Despoten. Auch hier verzichtet Goodman auf eine Abbildung als Beispiel.[44] Diese pikturalen Metaphern, wie er sie nennt, sind allerdings vom Ausdruck bzw. von der Exemplifikation zu trennen. Sie gehen vielmehr auf das zurück, wodurch das Bild exemplifiziere, also auf die pikturalen Eigenschaften und nicht die sprachlichen Prädikate. Seine Theorie konzentriert sich aber im Wesentlichen auf den sprachlichen Zugriff auf Bilder. Zwar räumt er ein, dass Bilder und Sprache gleichermaßen die Welt erzeugen, Bilder dabei aber nicht gegen die formende Macht der Sprache immun sind.[45] Er verdeutlicht, dass die Analyse bildlichen Ausdrucks nur über sprachliche Benennung, über Prädikation erfolgen kann. Hierbei macht er aber auch auf deren enormen Einfluss

---

43 Ebd., 78. In ähnlicher Weise wie auch Kittay spricht er hiermit bestehende Regeln des Sprachsystems an.
44 Josef Stern übt daher auch Kritik an Goodmans Beispielen der Repräsentation-als aus, denn er erkläre nicht genauer, wie eine rein bildliche Metapher funktioniere, vgl. Stern 1997, 281-285. Er hält in seiner Kritik aber zu sehr am Konzept der Replik eines Vorkommnisses fest, das für die metaphorische Übertragung notwendig sei. Daher schließt er in Hinblick auf Goodmans Repräsentation-als auch die Möglichkeit bildlicher Metaphern aus. Sterns Kritik kann in Kapitel 17 aber außer Acht gelassen werden, wenn von Goodmans linguistischem Konzept der Übertragung von Etiketten Abstand genommen wird.
45 Vgl. Goodman 1968, 87 u. 91.

auf die metaphorischen Verknüpfungen selbst aufmerksam. Die metaphorische Sprache über Bilder, so ließe sich Goodmans zeichentheoretische Vereinnahmung der Bilder positiv verstehen, ist nicht willkürlich, sondern folgt einer Systematik, die dem bildlichen Ausdruck entspricht. Zugleich formt sie ihren ästhetischen Gegenstand aber gemäß ihrer metaphorischen Prädikation.

Die Gemeinsamkeiten und Unterschiede der verschiedenen Symbolsysteme der Kunst arbeitet Goodman in seiner Schrift vor allem auch anhand seiner Trennung von autographischen und allographischen, also individuellen und sekundärtransitorischen Künsten, wie etwa literarischen Werken, Theaterstücken oder Partituren, aus. Leitend dabei ist der mögliche Nachweis einer Fälschung – ein Interesse, das auf Goodmans langjährige Erfahrung als Kunsthändler zurückgehen mag. Diese Ausführungen sind auch für das Verhältnis von Sprache und Bild aufschlussreich, weil Goodman an dieser Stelle seine Theorie der Notation ausarbeitet. Jedes Symbolsystem – Partitur, Musik, Skizze, Malerei, Skript, literarisches Werk sowie Tanz und Architekturpläne – sei ein Notationssystem, das aus unterschiedlichen Marken bestehe.[46] Das Unterscheidungskriterium des Bildes sei demnach nicht seine Unteilbarkeit als Ganzes, sondern die Beziehung eines Symbols zu anderen in einem denotativen System. Goodman subsumiert das Bild zwar einer allgemeinen Zeichentheorie, will seine Besonderheit aber hervorheben, indem er eine genuine Art der Zeichenverknüpfung ausarbeitet. Sein Beispiel ist eine Schlangenlinie, die einerseits ein Elektrokardiogramm, andererseits eine Zeichnung von Hokusai sei. Mit diesem Beispiel begibt er sich in bemerkenswerte Nähe zu Cassirer und dessen Linienbeispiel, das ebenfalls für eine Ausdeutung nach verschiedenen symbolischen Formen offen sei. Er unterscheidet die beiden Lesarten der Zeichnung dann im Hinblick auf die Schemata, nach denen die einzelnen Marken verbunden werden. Für das Diagramm sei eine Binnendifferenzierung nicht in gleicher Weise entscheidend wie für das Kunstwerk, dort sei sie unendlich, da jedes kleine Detail Teil des Werkes sei.[47] Dies geht nur auf, solange man lediglich schematische Zeichnungen zum Vergleich heranzieht. Hier können die pikturalen Elemente klar fixiert und versprachlicht werden. In der Malerei, besonders der abstrakten und informellen, ist diese Bestimmung weitaus schwieriger oder im strengen Sinne gar nicht möglich. Worauf Goodman hinaus will, ist eine Aufwertung nichtsprachlicher Symbolsysteme, indem er allen möglichen Symbolsystemen die gleiche allgemeine Struktur der Notation zugrunde legt, die nur je unterschiedlich differenziert ist. Unterschiede gehen daher auf Konventionalität durch Differenzierung und nicht auf eine generelle Artifizialität zurück.[48]

---

46 Vgl. ebd., 128f. und zu den jeweiligen Systemen 169-207.
47 Vgl. ebd., 212-214. Goodman verzichtet aber erneut auf eine grafische Darstellung.
48 Vgl. ebd., 213f.

Goodman unternimmt zwar wie Cassirer den Versuch, eine Symboltheorie zu entwickeln, die die Sprache neben andere, gleichberechtigte Systeme bzw. Formen stellt. Sein wesentlicher Ausgangspunkt ist allerdings die Sprache. Seine Theorie lässt sich also weniger heranziehen, um die Eigenart und Funktionsweise visueller Metaphern zu ergründen, als vielmehr um die problematische Bruchstelle zwischen Sprache und Bild genauer zu fassen. Durch eine wesentliche Unterteilung erhellt er den Zugang zur Verbindung von Metapher und Bildlichkeit: einerseits können bildliche Prozesse analysierte werden, die aufgrund ihrer Funktion als metaphorisch ausgewiesen werden können, andererseits lässt sich unsere sprachliche Fixierung von Bildlichkeit im Hinblick auf metaphorische Zuschreibungen untersuchen, die natürlich nicht beliebig sind, sondern selbst auf die ›Eigenschaften‹ der Bilder zurückgehen. So unterscheidet Goodman zwischen Sagen und Zeigen wie folgt:

»Wenn man Sehen, welche Eigenschaften ein Bild exemplifiziert oder zum Ausdruck bringt, mit der Verwendung eines skalenlosen Meßgerätes vergleichen kann, dann ist *Sagen*, was das Bild exemplifiziert, eine Frage des Einpassens der richtigen Wörter aus einer syntaktisch unbegrenzten und semantisch dichten Sprache. [...] Sagen, was ein Bild exemplifiziert, ist wie Messen ohne Angabe von Toleranzbereichen.«[49]

Aus diesen Einsichten lässt Goodman eine Neuformulierung des Erkenntnisbegriffs folgen, die Rationalität und Ästhetik als lediglich verschiedene Formen der Wahrheit ausweist. Ästhetische und wissenschaftliche Erfahrung seien in gleicher Weise als grundlegend kognitiv anzusehen. Hiermit versucht er, jenseits der traditionellen Gegenüberstellung von Erkennen und Fühlen, von Kognition und Emotion zu denken. Emotionen fasst er dann als wesentliches Hilfsmittel der ästhetischen Erfahrung, um zu bestimmen, welche Eigenschaften ein Werk ausdrückt. Sie stehen damit aber der Kognition nicht entgegen: »Kognitiver Gebrauch besteht darin, sie zu unterscheiden und in Beziehung zu setzen, um das Werk beurteilen und begreifen und es in unsere übrige Erfahrung und die Welt integrieren zu können.«[50] Emotionen sind, so Goodmans These, ein Erkenntniselement. Eine Theorie der notwendigen und hinreichenden Kriterien weicht in seinem Ansatz der Bestimmung von Symptomen des Ästhetischen, die konjunktiv hinreichend und disjunktiv notwendig sind. Mit ihrer Hilfe löse sich die strenge Gegenüberstellung von Ästhetischem und Nichtästhetischem in ein Verhältnis der graduellen Unterschiede auf: »Dichte, Fülle und Exemplifikation sind also Erkennungszeichen für das Ästhetische; Artikuliertheit, Abschwächung und Denotation sind Erkennungszeichen für das Nichtästhetische. Eine vage und doch strenge Dichotomie der Erfahrungen weicht dem Sortie-

---

49 Ebd., 217.
50 Ebd., 229.

ren von Merkmalen, Elementen und Prozessen.«[51] Weil Goodman ebenso den Wahrheitsbegriff umwertet und einem Passen als kontextuelle oder theoriegebundene Angemessenheit versteht, ist die Erweiterung des Erkenntnisbegriffs auf die ästhetische Erfahrung nicht mehr als ihre Ausformulierung unter anderem Namen.[52]

Diese Erweiterung der Erkenntnistheorie bildet auch in Goodmans Folgeschriften den wesentlichen Ausgangspunkt. In *Ways of Worldmaking* von 1978, jener Schrift in der er sich der Erzeugung von Welten und verschiedenen Versionen statt Symbolsystemen zuwendet, formuliert er die philosophische Aufwertung der Ästhetik nochmals schärfer aus, wenn seine Hauptthese besagt,

»daß die Künste als Modi der Entdeckung, Erschaffung und Erweiterung des Wissens – im umfassenden Sinne des Verstehensfortschritts – ebenso ernst genommen werden müssen wie die Wissenschaft und daß die Philosophie der Kunst mithin als wesentlicher Bestandteil der Metaphysik und Erkenntnistheorie betrachtet werden sollte.«[53]

Die Metapher befördert in seiner Theorie die Erkenntnis des Ästhetischen, denn sie ist weniger eine einmalige, kreative Übertragung einer einzelnen Vorstellung als vielmehr die neue Anwendung eines Schemas oder gar einer ganzen damit verbundenen Sphäre. Sie ist somit immer systematisch.[54] Ergänzend zur erneuten Ausarbeitung der Exemplifikation als häufige und wichtigste Funktion von Kunstwerken, nimmt er schließlich auch den Stilbegriff auf. Jeder Künstler, so ließe sich daraus folgern, kann seine eigene Version der Welt erzeugen, die sich als sein Stil bezeichnen lässt. Hier nimmt Goodman bereits in groben Zügen vorweg, was Arthur Danto wenige Jahre später in einer am Künstlersubjekt und seinen Intentionen ausgerichteten Kunstphilosophie unter Stil versteht: »Stilerkennung ist ein wesentlicher Aspekt des Verstehens von Kunstwerken und den Welten, die sie präsentieren.«[55]

---

51 Ebd., 234. Die Metapher nimmt Goodman nicht in die Liste der Symptome auf, weil sie ebenso in der Sprache allgegenwärtig sei und sich daher nicht als Unterscheidungskriterium eigne. Vgl. Goodman 1984, 195.
52 Vgl. Goodman 1968, 242.
53 Goodman 1978, 127.
54 Vgl. Carroll 1999, 91. Carroll kritisiert Goodmans limitiertes Metaphernkonzept, indem er es mit der einmaligen Metapher (*one-off metaphor*) konfrontiert, die weniger systematisch aber dennoch eine expressive Eigenschaft bezeichnen kann, vgl. 99.
55 Goodman 1978, 58.

KUNST ALS TRANSFIGURATION (DANTO)

Mit *The Transfiguration of the Commonplace*[56] legte Arthur Coleman Danto 1981 eine Kunstphilosophie vor, nach der ein Gegenstand durch eine Transfiguration zu einem Kunstwerke werde. Er unterscheidet verschiedene Formen dieser Verklärung und legt ihnen allen eine metaphorische Funktion zugrunde. Seine Initialzündung der Theorie ist neben Marcel Duchamps Readymades besonders Andy Warhols *Brillo Boxes*, die den archimedischen Punkt seiner Schrift bilden. An der an den Boxen gewonnenen Einsicht, dass eine Kunstdefinition nicht mehr anhand sichtbarer Merkmalen möglich ist, entfaltet sich seine Philosophie:

»Ich neige zu der Ansicht, daß mit den Brillo-Schachten die Möglichkeiten tatsächlich abgeschlossen sind und daß die Geschichte der Kunst in gewisser Weise an ein Ende gelangt ist. Sie ist zwar nicht *zum Stillstand gekommen*, ist aber in dem Sinne an einem Ende angelangt, daß sie zu einer Art von Bewußtsein ihrer selbst übergegangen und wiederum in gewisser Weise zu ihrer eigenen Philosophie geworden ist.«[57]

Einerseits kritisiert er hiermit Goodmans Symptome des Ästhetischen, denn diese beziehen sich nur auf sichtbare Eigenschaften der Werke. Nehme man allerdings jenes entscheidende Moment der Künstlerintention hinzu, werde aus einer heterogenen Familienähnlichkeit eine homogene Klasse.[58] Dantos Philosophie bezieht also gerade das mit ein, was Goodman in seiner werk- und rezeptionsästhetischen Ausarbeitung so vehement ausklammerte: die Intention und damit eine produktionsästhetische Perspektive. Andererseits nimmt Danto in dem Zitat Hegels Geschichtsphilosphie auf. Wie nach Hegel der Geist dazu bestimmt sei, sich seiner selbst bewusst zu werden, so ergehe es auch der Kunst, die ein Selbstbewusstsein über ihren Status als Kunst erlangt habe und sich von innen her selbst definiere. Damit halte sie auch dem Vergleich mit der Philosophie stand.[59]

---

56 Vgl. Danto 1981. In der deutschen Ausgabe von 1984 wird sein zentraler Begriff der Transfiguration mit *Verklärung* übersetzt. Die theologische Konnotation wird damit zwar beibehalten, die Figur und damit die Metapher aber als Kern des Ausdrucks und Konzepts getilgt. Danto arbeitete die Grundzüge dieses Konzepts bereits in einem Aufsatz mit dem gleichen Titel von 1974 aus. Vgl. Danto 1974.
57 Danto 1981, 13.
58 Vgl. ebd., 103. Goodman attestiert er die implizite Annahme, alle ästhetischen Unterschiede seien Wahrnehmungsunterschiede, vgl. 77.
59 Vgl. ebd., 94f. Dantos Kunstphilosophie ist damit auch eine Philosophie der Kunstgeschichte, so Carroll. Er sieht darin aber einen Widerstreit zwischen historischem und essentialistisch-ausdruckstheoretischem Argument, der nur durch die Annahme lösbar sei,

Zur Argumentation konstruiert Danto stets Beispiele von ästhetisch ununterscheidbaren Gegenständen, die aber unterschiedliche Entstehungsgeschichten haben und daher auch einmal ein Kunstwerk und einmal nur ein bloßer Gegenstand sein können. Er will hiermit eine zusätzliche, semantische Komponente ausarbeiten, die er als Bezogenheit (*aboutnes*) fasst.[60] Danto lässt sich in der Begründung von seinen bisherigen Studien zur Handlungstheorie leiten: Um eine Handlung zu identifizieren, müsse der Kontext ihres Vollzugs verstanden werden. Eine genaue Unterscheidung sei durch die Art der mentalen Verursachung möglich. Was die Intention einer Handlung, ist der Ausdruck eines Kunstwerks, so seine Analogie.[61] Mit der Bezogenheit gelingt es Danto, den Darstellungsbegriff genauer zu bestimmen, um dann auch den Ausdruck und damit zusammenhängend die Transfiguration analysieren zu können. Bezogenheit sei keine Ähnlichkeitsbeziehung bei Nachahmungen, sogar nicht einmal notwendig eine Beziehung. Darstellungen können demnach Dinge bezeichnen, zum Ausdruck bringen, ohne sie abzubilden.[62] Sein historisches Argument führt ihn schließlich auch zur Ursprungsfrage der Darstellungsbeziehung und damit zur Mythentheorie vor allem im Anschluss an Cassirer. Ein ursprünglich magisches Verständnis der Identitätsbeziehung habe es ebenso bei Bildern wie bei der Sprache gegeben. Erst mit der Philosophie sei eine semantische Beziehung möglich gewesen: »Meines Erachtens entstand die Kunst als etwas der Realität Widerstreitendes zusammen mit der Philosophie«[63] durch einen Realitätsbegriff als Distanzleistung. Hieran schließt er seine metaphysische Grundannahme an. Kunstwerke stehen wie die Wörter in einem philosophischen Abstand zur Realität, sie sind zwar Bestandteil der Welt aber zugleich außerhalb dieser, weil sie über etwas in der Welt sind.[64] Prüfstein seiner Theorie sind Jasper Johns *flag paintings*, die diese metaphyische Trennung reflektieren: Sie sind einerseits gemalte Bilder von Flaggen, andererseits aber selbst solche, also die Bezugnahme und der Gegenstand der Bezugnahme zugleich.

Seine metaphysische These erlaubt es Danto, die Transfiguration eines Gegenstandes zum Kunstwerk genauer auszuarbeiten. Das Kunstwerk besitze durch diese

---

dass eine essentialistische Kunsttheorie nach dem Ende der Kunst möglich sei, vgl. Carroll 1993, 79, 89 u. 98.

60 Vgl. Danto 1981, 20. Hierin sieht Carroll das notwendige Kunstkriterium einer essentialistischen Theorie. Vgl. Carroll 1993, 83.

61 Vgl. Danto 1981, 21-25.

62 Vgl. ebd., 111-122. Dies formuliert Danto explizit als Kritik an Goodman, dem zufolge Darstellen nur ein Bezeichnen sei. Er führt hier ferner auch den Begriff der Intention ein, der anhand der Metapher noch genauer ausgearbeitet wird.

63 Ebd., 125.

64 Vgl ebd., 127 u. 131.

Verklärung des Gewöhnlichen Eigenschaften, die seinem sonst identischen Gegenstück nicht zukommen. Anhand dreier Beispiele arbeitet er dieses Konzept aus. Sie alle meinen aber unterschiedliche Formen der Transfiguration. Pablo Picasso habe in mehreren Arbeiten gewöhnliche Gegenstände zu Körperteilen verklärt, etwa ein Kinderspielzeug zum Kopf eines Schimpansen, einen Weidenkorb zum Brustkorb einer Ziege und Fahrradteile zum Stierkopf.[65] Diese Art der Transfiguration meint im Grunde, ein metaphorisches Sehen-als, bei dem gewöhnliche Gegenstände als Körper und damit als Lebewesen repräsentiert werden. Danto verbindet Wittgensteins Sehen-als und Goodmans Repräsentation-als. Seine Beispiele, Picassos Werke, sind visuelle Metaphern, wie sie im dritten Teil noch eingehender analysiert werden. Die zweite Form der Transfiguration geht aus seinem Beispiel des abstraktexpressionistischen Malers hervor. Dieser trage die Farbe extra dick auf die Leinwand auf, um ihre Verklärung zu einem Sujet zu vermeiden – »Substanz und Sujet waren eins«[66], wie Danto es fasst. Diese Art der Transfiguration meinte die Differenz zwischen der Materialität der farbigen Leinwandoberfläche und dem Tiefenraum der malerischen Darstellung als Sujet, jene Differenz, die Gottfried Boehm später als Ikonische bestimmt und ihr im Anschluss an Danto die Metapher als Struktur zugrundelegt.[67] Als drittes Beispiel nimmt er die Pinselstriche von Roy Lichtenstein. Die grafisch reduzierte und nüchterne Wiedergabe von gestischen Pinselstrichen sei die Selbstreflexivität der Malerei als Philosophiewerdung der Kunst.[68] Die Beispiele meinen also drei verschiedenen Arten der metaphorischen Spannung: zwischen zwei konkurrierenden Sehweisen eines Gebildes, zwischen Material und Darstellung eines Bildes und zwischen Darstellung und dem Stil ihres Darstellens. Sie sind als Arten der Darstellung eng miteinander verbunden: Repräsentation-als, ikonische Differenz und Bezogenheit sind Formen der Transfiguration nach dem Prinzip der Metapher als Gegenstandsverklärung.

Einen Gegenstand als Kunstwerk zu sehen, bedeute bereits ihn zu interpretieren. Interpretation und Identifikation bilden wesentliche Momente der Transfiguration zur Kunst. Erstere sei die Bestimmung der Beziehung zwischen Kunstwerk und materiellem Gegenstück, letztere die künstlerische Identifikation eines Elements, die weitere Identifaktionen und eine Bewegung des Ganzen mit sich bringe. Eine Interpretation sei daher begründbar, wenn sie aus den Identifikationen hervorgehe.[69] Mit ihr vollziehe sich die Transfiguration, durch sie konstituiere sich das Werk. Um die-

---

65 Vgl. ebd., 81.
66 Ebd., 167.
67 Dazu ausführlicher in Kapitel 16.
68 Vgl. ebd., 170-172.
69 Vgl. ebd., 176 u. 184. Der Titel sei ebenso eine einflussreiche Identifikation, eine »Richtungsangabe« für die Interpretation.

sen Wandlungsprozess in seiner ganzen Auswirkung zum Ausdruck zu bringen, vergleicht ihn Danto einerseits mit der kopernikanischen Wende in der Wissenschaft, nach der der Himmel zwar der gleiche bleibe, aber völlig anders angesehen werde, und andererseits mit verschiedenen Formen der Identifikation, wie der magischen bei Voodoopuppen, der mythischen bei Götterbeschreibungen, der religiösen bei der Hostie und schließlich der metaphorischen, wenn Shakespeare Romeo seine Julia als Sonne bezeichnen lässt.[70] Der Gegenstand bleibe stets derselbe, nur unsere Sicht auf ihn verändere sich. Die Kunstwerdung durch Transfiguration des Gewöhnlichen ist nach Danto immer ein metaphorischer Akt. Grenzen sei dieser Verklärung auf zweifache gesetzt: zum einen durch die Grenzen der Einbildungskraft – Danto verweist hier auf Ernst Gombrichs Beobachtungen am Steckenpferd –, zum anderen durch die Künstlerintention.[71]

Mit zwei medialen Metaphern fasst Danto im Wesentlichen zusammen, was er als Transfiguration versteht: Glasscheibe und Spiegel. Beide haben in der Kunstphilosophie wie auch der Ästhetik und Kunstgeschichte eine lange Vorgeschichte. Danto verwendet sie also auch für eine bewusste Neuinterpretation und Überwindung alter Theorien. Die Glasschreibe ist eine Metapher für die auf Ähnlichkeit basierende Nachahmung. Wenn die Scheibe transparent bleibt, richtet sich das Augenmerk auf das Dargestellte und blendet zugunstes des *Was* das *Wie* aus. Wird sie opak, so kann die Art der Darstellung als Ausdruck, als Stil und Transfiguration erkannt werden. Die Sprache über Kunstwerke sei analog dazu zu verstehen. Sie treffe nicht »ohne weiteres«, also wortwörtlich zu. Die Logik dieser metaphorischen Sprache zu durchdringen, würde auch Einsichten in die »Anatomie von Kunstwerken« gewähren. »Diese Wörter sind die Währung der Kunstwelt«[72] und ihre Anwendungsregeln durch Praxis elaboriert. Die Opazität jener metaphorischen Glasscheibe werde, so Danto, durch Stil, Ausdruck und Metapher gebildet – in den Kunstwerken wie auch der Sprache über sie.[73] Die Bezogenheit, jenes essentialisti-

---

70 Vgl. ebd., 192-194. Er selbst nutzt die Metapher der kopernikanischen Revolution. Im Anschluss an Blumenbergs metaphorologische Studie zu dieser weit verbreiteten und einflussreichen Metapher bezeichne ich sie als Wende. Durch seine Analogien will Danto die ursprüngliche Identität der ›ist‹-Form zum Ausdruck bringen, die in der Transfiguration noch nachwirke. Hiermit rückt er sein Verständnis der Kunstwerdung in die Nähe des sprachphilosophischen Konzepts des Übergangs der Metapher von der ursprünglichen Identität zur uns heute bekannten sprachlichen Metapher.
71 Vgl. ebd., 198f. Zu Gombrich ausführlicher in Kapitel 17. Mit dem Intentionalismus will Danto vor allem das bereits bei Leonardo da Vinci erwähnte Gesichtersehen in Wolken bzw. Steinformationen ausklammern.
72 Alle drei Zitate: Ebd., 237.
73 Vgl. ebd., 247.

sche und immaterielle Merkmal der Kunst, ist die opake Glasscheibe, die erst selbst gesehen werden kann, wenn die eigentlich metaphorische Transfiguration erkannt wird. Die Metapher der Glasscheibe leitet nun zwei verschiedene Arten der Metapher in der Kunst ein. Einerseits kann sich durch eine »Färbung« der Darstellung das Künstlerbewusstsein selbst entäußern und andererseits kann sich der Betrachter vom Werk selbst transfigurieren lassen, wenn es zum Spiegel wird.

Um Dantos Konzept der Transfiguration im Hinblick auf die Metapher genauer verstehen zu können, gilt es, verschiedene Arten des Transfigurierens zu unterscheiden. Eine derartige Differenzierung wurde bisher nur in Ansätzen, etwa durch Noël Carroll, und durch Danto selbst nicht explizit genug vorgenommen.[74] Die entscheidende Bedingung hierfür gibt Danto selbst an: »Das Bild einer Metapher braucht kein metaphorisches Bild zu sein und wird es auch fast mit Sicherheit nicht sein. Gerade deshalb oder mindestens zum Teil deshalb ist es entscheidend, die Form einer Darstellung vom Inhalt der Darstellung zu unterscheiden.«[75] So können metaphorische Prozesse einerseits Transfigurationen der Form durch den Stil des Künstler und andererseits des Inhalts durch die Form sein. Das Bild einer Metapher ist demnach die Transfiguration seines Inhaltes durch bildliche Metaphern wie etwa der Repräsentation-als. Wenn Napoleon in den Kleidern eines römischen Kaisers dargestellt wird, lässt sich diese Darstellung erst als Metapher verstehen, wenn nach der Form gefragt wird. Während das *Was* nur klärt, dass Napoleon die Kleidung römischer Kaiser trägt, wird anhand des *Wie* ersichtlich, dass er in dieser Weise dargestellt ist, damit die Attribute römischer Kaiser auf ihn übertragen, er gemäß diesen gesehen wird. Von dieser spezielleren Form der Metapher im Bild, kann die Metaphorik *des* Bildes als generelle Transfiguration unterschieden werden. Als Beispiel führt Danto Cézannes *Porträt von Mme. Cézanne* als Diagramm an. Es sei eine Transfiguration des Porträts, die es uns erlaubt, den Künstler als jemanden zu sehen, der die Welt in schematischer Struktur sehe.[76] Er vergleicht diese Art des Transfigurierens mit jener der Napoleon-Darstellung, spielt hiermit aber den wichtigen Unterschied herunter, dass dort nicht generell der Stil der Darstellung gemeint ist, sondern eine sondere Art der Darstellung des Inhalts, die zu einem Übertragungsprozess zwischen Bildinhalten führe. Repräsentation-als wie im Falle der Skulpturen von Picasso und des Porträts Napoleons lassen sich auch ohne Dantos kunstphilosophische Position der Transfiguration von gewöhnlichen Gegenständen in Kunstwerke als Metaphern auffassen. Diese Trennung ermöglicht es, sie in einer kunst- und bildtheoretischen Analyse genauer auszuarbeiten, wie im dritten Teil schließlich vorgenommen werden soll. Von dieser Art der visuellen Metapher müs-

---

74 Vgl. Carroll 1993, bes. 85.
75 Danto 1981, 261f.
76 Vgl. ebd., 261f.

sen jene zwei Formen der Transfiguration, die allgemeine der Kunstwerdung wie auch die künstlerische des Stils unterschieden werden.

Stil in Dantos Sinne ist eine existentialistische Auffassung der Künstlerintention und eine Externalisierung der Subjektivität, wie Carroll pointiert zusammenfasst.[77] Stil ist die Entäußerung im Werk.[78] Die Form der Darstellung drücke in doppelter Weise den Künstler aus, einerseits den Inhalt als eine subjektive Weltsicht des Künstlers, andererseits durch den Stil im ursprünglichen Wortsinn als Stilus, als Schreibwerkzeug in einer nahezu unmittelbaren Weise den Künstler selbst: »Es ist so, als ob das Darstellungswerkzeug zusätzlich zur jeweiligen Darstellung beim Akt des Darstellens etwas von seinem eigenen Charakter mitteilte und aufprägte, so daß das geübte Auge nicht nur erkennt, wovon die Darstellung ist, sondern auch, wie sie gemacht wurde.«[79] Der Stil sei der Künstler selbst. Diese Ausführungen machen aber deutlich, dass sich Dantos kunstphilosophische Thesen im Wesentlichen auf darstellende Kunst, noch genauer nur auf Darstellungen von Personen, beziehen. So formuliert er für diese auch allgemein: »Das Kunstwerk verstehen, heißt die Metapher erfassen, die immer da ist, wie ich denke.«[80] Die Struktur des Kunstwerkes sei die Struktur der Metapher.[81]

Wie bestimmt Danto aber die Struktur der Metapher, wenn er Kunstwerke durch sie verstehen will? Seine technischen Metaphern der Metapher geben einen wesentlichen Hinweis, denn sie konzipieren den metaphorischen Prozess nicht aus einer Übertragungsbewegung, aus einem Ortswechsel hinaus. Er spricht neben dem ›Färben‹ wiederholt davon, den Gegenstand ›in ein neues Licht zu rücken‹. Der Lichtwechsel bei statischen, unbewegten Objekten passt einerseits besser zur Metapher der kopernikanischen Wende und der Künstlerperspektive, weil sie nur den Wandel eines Sehens suggerieren. Andererseits liegt in der Abkehr vom Transportieren auch das Konzept des Transfigurierens begründet. In der metaphorischen Transfiguration wird die Identität des Sujets durchgängig aufrechterhalten und als solches wiedererkannt. Danto entwirft – ähnlich wie zuvor Vico mit der Metapher der sich kreuzenden Linien – ein Modell der Metapher, das nicht der namengebenden Meta-

---

77 Vgl. Carroll 1993, 87.
78 Vgl. Paetzold 1990, 196.
79 Danto 1981, 299. Er bezieht seinen Stilbegriff vor allem auf den Ausdruck als Gesamteigenschaft nach Meyer Schapiro und den Ausdruck als metaphorische Exemplifikation nach Goodman, vgl. 287f.
80 Ebd., 262.
81 Vgl. ebd., 264. Metaphern sieht er daher als kleine Kunstwerke, da sie einen Teil ihrer Struktur verkörpern, vgl. 287. Hiermit stellt er Vicos Einsicht, dass jede (sprachliche) Metapher ein kleiner Mythos sei, die visuelle Entsprechung zur Seite, vgl. Vico 1744, §404.

phorik der Übertragung entspricht. Dieses Verständnis einer Veränderung des Statischen entspricht in besonderen Maße einer Form der visuellen Metapher, die auf einer Mischform gründet, wie etwa jenes im Anschluss an Wittgenstein ausgearbeitete Konzept des metaphorischen Sehen-als und weitere Formen, die im dritten Teil noch genauer vorgestellt werden. Zu diesen gehört die Repräsentation-als. Daher wählt Danto auch die »Trans*figur*ation« statt der »Trans*form*ation«, denn es handele sich um eine »Veränderung der äußeren Erscheinung oder Verklärung, nicht Umwandlung oder Formwandel«.[82] Als Gegenbeispiel ließe sich etwa die künstlerische Position von Cindy Sherman anführen, zu der Danto selbst auch Katalogbeiträge verfasste. Sherman fotografiert sich stets selbst, ist dabei aber eine derartige Meisterin der Verwandlung, dass sie immer hinter ihren Verkleidungen und Maskeraden verschwindet. Im Sinne Dantos transfiguriere sie sich nicht, da ihre eigene Identität nicht aufrecht erhalten bleibt. Shermans Porträts sind keine visuellen Metaphern, weil sie selbst nicht im Lichte ihrer Repräsentationen gesehen werden kann.

Dantos Verständnis der Metapher geht auf die antike Rhetorik zurück. Entsprechend seiner intentionalistischen Kunsttheorie ist die Metapher ein Hilfsmittel zur Gemütsbewegung. Sie solle eine Frage an den Hören bzw. Betrachter richten, deren Antwort eine offenkundige Wahrheit, eine Banalität sei. Hiermit knüpft er auch an das ebenfalls antike Verständnis der Metapher als Rätsel an.[83] Neben dem praktischen und theoretischen Syllogismus bestimmt er die Metapher als pathetischen Syllogismus. Sie sei genauer ein Enthymem, eine verkürzte Schlussfolgerung, der eine Prämisse oder Konklusion fehle. Der Nachvollzug einer Metapher wird damit zur Konstruktion eines *tertium* als Lückenfüller eines logischen Schlusses.

Die in seiner Kunstphilosophie bereits angelegte Einsicht in die kognitive Dimension der Metapher arbeitete Danto in einem Aufsatz von 1992 zu Metapher und Erkenntnis weiter aus. Hierin geht er zwar ebenfalls von der antiken, aristotelischen Metaphertheorie aus, will damit aber einen »Keil zwischen Metapher und Sprachkompetenz« treiben. Danto nimmt wesentliche methodische Ansprüche vorweg, die eine Theorie der visuellen Metapher erst ermöglichen:

»Die Metapher muß auf einer Ebene funktionieren, die den beiden uns zur Verfügung stehenden Hauptdarstellungsweisen (Bildern und Wörtern) und darüber hinaus noch vielen zweit-

---

82 Danto 1981, 256. Er knüpft implizit an Wittgensteins Konzept des Aspektwechsels als neue Wahrnehmung und zugleich unveränderte Wahrnehmung an. Die Repräsentation-als ist damit eine Neuformulierung des Wittgenstein'schen Sehen-als.

83 Vgl. ebd., 258-261; Danto 1992, 94.

rangigen, wie Kleidung und Architektur, gemeinsam ist; und es wäre falsch, sie lediglich als ein Symbolsystem der Sprache zu konstruieren.«[84]

Eine gute Theorie der sprachlichen zu haben, müsse nicht heißen eine gute Theorie der Metapher zu haben, wie er zugespitzt formuliert. Seine Beispiele visueller Metaphern sieht er daher auch als direkte Herausforderung der nur sprachlichen Metapherntheorie. Im Anschluss stellt er Fragen nach der Grammatik oder Syntax von Bildern und einer der sprachlichen Abweichung analogen Form bildlicher Metaphern wie auch nach einem Konzept ihrer Konventionalisierung. Als Antwort gibt Danto das Beispiel eines Comics, in dem ein Mann mit Sternen über dem Kopf dargestellt ist. Dieses gehöre einerseits zur gängigen Ausdrucksform des Medium, könne aber sowohl als Metapher für eine mentale Disposition des Mannes also auch lediglich als Sterne am Himmel gesehen werden. Einen Syntaxbruch gebe es in der Form nicht in bildlichen Darstellung, so folgert Danto.[85]

Der Darstellungskontext sowie der historisch-kulturelle Rahmen sind für Metaphern, ob sprachliche oder visuelle, entscheidend. Als gemeinsames Merkmal aller Ausdrucksarten der Metapher sieht Danto den intensionalen Kontext. Es sei demnach kontextbedingt und je individuell zu entscheiden, welche Eigenschaften im metaphorischen Prozess übertragen werden. Dies sei nicht bloß Sache der visuellen Elemente oder Wörter und ihrer Extensionen. In der metaphorischen Verwendung würden Wörter demnach nicht auf gewöhnliche Weise Bezug nehmen, sondern vielmehr die Art der Darstellung bezeichnen.[86] In seinen Analysen arbeitet er zwar nur beiden Darstellungsweisen analoge Funktionsweisen der Metapher heraus, stellt aber dennoch in Aussicht, dass die eigentliche gemeinsame Grundlage im Denken liegt: »Metaphern waren Gegenstand rhetorischer Studien, und die Rhetorik existiert aufgrund des tropologischen Charakters des Denkens.«[87] Er dringt sogar weiter zu jener Merkmalssetzung von Eigenschaften vor, die Herder und Cassirer als *Pars pro toto* der Sprachbildung als metaphorischen Prozess unterlegten. Hierin sieht er eine mögliche kognitive Dimension metaphorischer Repräsentation, weil es bei der Erkenntnis um Wesentlichkeiten und Reduktionen gehe. Die letztendlichen metaphern- und erkenntnistheoretischen Konsequenzen zieht Danto aber nicht, da er einem antiken Rhetorikverständnis verhaftet bleibt. Die Metapher vermittele nichts Neues, sei Mittel der Einflussnahme und habe keinen Platz in der Wissenschaft.[88]

---

84 Danto 1992, 94.
85 Vgl. Danto 1981, 268-270.
86 Vgl. ebd., 272-276.
87 Danto 1992, 99.
88 Vgl. ebd., 105-109.

Der metaphorischen Transfiguration durch die künstlerische Identifikation, den Ausdruck des Stils muss jedoch noch eine weitere Form der Kunst als Metapher beigefügt werden, die Danto am Ende seiner Schrift ausarbeitet. Ebenso wie das Werk durch den Künstler so könne auch der Betrachter durch das Werk transfiguriert werden, wenn er oder sie sich mit den Attributen einer dargestellten Figur identifiziere. Er hält diese Art der Metapher sogar für die größte der Kunst, weil durch sie das Kunstwerk zur Metapher des Lebens werde und das Leben selbst verkläre.[89] Und an dieser Stelle greift nun die Spiegel-Metapher des Bildes. Während die opake Glasscheibe den Künstler selbst ins Werk setze, finde sich der Betrachter durch den Spiegel im Werk wieder. Danto greift die Spiegel-Metapher der antiken Abbildtheorie des Bildes als Nachahmung auf und macht aus ihr eine metaphorische Einfühlung als große Leistung der Kunst. Das Kunstwerk spiegelt einen Teil vom Betrachter selbst wieder, er oder sie sieht sich im neuen Lichte. Das Werk ist der Quellbereich, das Vehikel der Metapher, während der Betrachter zum Zielbereich, zum Tenor wird. Es ist »praktisch der Vollzug einer metaphorischen Umwandlung mit sich selbst als Sujet [...]: man ist das, worüber das Werk im Grund ist«.[90] Sein Insistieren auf der Nachempfindung und die Unmöglichkeit einer Paraphrase erhalten hier besonderen Nachdruck. Es lässt sich auch als ein Plädoyer für die ästhetische Erfahrung lesen und damit bewusst der Position Goodmans gegenüberstellen. Die einfache metaphorische Exemplifikation Goodmans kontrastiert er mit der Komplexität der direkten sinnlichen Erfahrung. Eine einfache Prädikation wie etwa *rot* als Denotation einer Farbqualität greife zu kurz. Die Erfahrung von Kunst sei eine kognitive Reaktion mit einem komplexen Verstehensakt, eine Art antwortendes Verstehen.[91] Inwieweit Danto Goodmans Position widerspricht oder sie erweitert, fasst er selbst pointiert zusammen:

»Ich habe den Vorschlag der metaphorischen Exemplifikation hinterlistig in den Gedanken verwandelt, daß das, was das Werk ausdrückt, das ist, wofür es eine Metapher ist – doch Goodmans Verdienst besteht gerade darin, daß er den gesamten Ausdrucksbegriff dadurch zu entpsychologisieren suchte, daß er ihn auf zwei im wesentlichen semantische Begriffe, Exemplifikation und Verkörperung [*instantiation*], reduzierte.«[92]

In diesem Sinne interpretiert er Goodmans Weisen der Welterzeugung um zu den Weisen der Weltsicht.

---

89 Vgl. Danto 1981, 263.
90 Ebd., 264. Danto fügt an, das dies doch sehr »erhabene Reflexionen« sind.
91 Vgl. ebd., 266.
92 Ebd., 294.

ZWISCHEN METAPHERNTHEORIE UND KUNSTPHILOSOPHIE (HAUSMAN)

Eine wichtige Einsicht in die kognitive Dimension der Metapher als Ausgangspunkt verbaler und nonverbaler Metaphern gelang Carl Hausman in seiner Kunstphilosophie der Metapher von 1991. Diese stützt sich auf ein differenziertes Verständnis neuerer Metapherntheorien, gründet aber im Wesentlichen auf einer Erweiterung der Interaktionstheorie nach Max Black. Einleitend weist Hausman auf eine »form of an identity statement« als allgemeines Prinzip des Metaphorischen hin. Dieses schließe Ähnlichkeit und Differenz in einer spannungsvollen Wechselbeziehung ein: »Divergence and convergence can be regarded as an internal order in which there is an interaction between or among components in the metaphorical expression.«[93] Hiermit gibt er eine allgemeine Struktur metaphorischen Ausdrucks. Er fällt im Fortgang der Schrift leider hinter diese zentrale Einsicht zurück, wenn er Aspekte nonverbaler Metaphern analog zur sprachlichen Ausdrucksmetapher ausarbeitet. Ebenso leidet seine Analyse genuin visueller Metaphorik an einem strengen kunstphilosophischen Rahmen, der einerseits ein Differenzkriterium künstlerisch-ästhetischer Erscheinungen vorgibt und andererseits der verbalen allgemein die nonverbale Metapher gegenüberstellt. Hiermit lösen sich Einsichten in bildliche Formen der Metapher in allgemeinen Aussagen über nonverbale Metaphern auf, die stets medieninvariant vorgetragen werden. Dennoch lassen sich gewinnbringende Erkenntnis über die Form und Funktionsweise nichtsprachlicher Metaphern aus Hausmans Kunstphilosophie ziehen, wie im Folgenden vorgenommen werden soll.

Hausmans Neuformulierung der Interaktionstheorie der Metapher beruht auf der missverständlichen Annahme der Bidirektionalität der Metapher: »Insofar as the expression asserts an identity, the divergent concepts are made to converge, and the meanings relate to one another bidirectionally. [...] the terms cooperate and direct divergent meanings toward a new significance.«[94] Jene grundlegende Form der Identität, die Ähnlichkeit und Differenz verbindet, fasst Hausman als symmetrisch. Sein theoretischer Kurzschluss besteht allerdings darin, diese Identität bereits als Metapher zu sehen und ihr daher auch eine bidirektionale, interaktive Struktur zuzusprechen. Seine Position ließe sich dahingehend korrigieren – und dies führt zu einer zentralen Einsicht in die Grundlagen einer Theorie der bildlichen Metapher wie sie im dritten Teil genauer ausgearbeitet wird –, dass jene Spannung in der anfänglichen Identitätsstiftung eine Form der Simultaneität ist. Simultaneität meint in diesem Kontext die Einheit des Disparaten als spannungsvolle Verbindung und bidirektionale Sinnbeziehung, aus der erst eine direktionale und asymmetrische in

---

93 Beide Zitate: Hausman 1991, 7.
94 Ebd., 7.

Form der Metapher hervorgeht.[95] Durch die Metapher wird dann die grundlegende Spannung mit einem Prozess verbunden, der eine Vorstellung durch eine andere konkreter verstehen lässt. Die Bidirektionalität ist im Falle bildlicher Metaphorik die Offenheit der Kombinationsmöglichkeiten einzelner bildlicher Elemente oder Bereiche. Hausman kritisiert Blacks Modell der Metapher als Wahrnehmung durch einen Filter. In diesem sieht er ein Sehen-als begründet, das der Bidirektionalität widerspreche. Zwar ist diese Kritik Hausmans zurückzuweisen, doch seine Reformulierung des Sehen-als stellt eine wichtige Präzision dar: »A metaphor does not say, ›See this *as* that‹ but, rather, ›See that this is what it is not.‹ [...] this is that which is not that and is this which is new.«[96] Hiermit verbindet er das Konzept des Sehen-als mit der Spannung und der Hervorbringung einer neuen Ähnlichkeit.

Die nonverbale Entsprechung des sprachlichen Syntaxbruchs begründet Hausman im Anschluss durch eine dezidiert kunstphilosophische Argumentation. Zu dieser Begründung zwingt er sich selbst, wenn er die Medienspezifik der Kunstformen außer Acht lässt. Die Spannung, die er neben der Interaktion zweier Bereiche als wesentliches Moment der Metapher bestimmt, muss daher allgemein ästhetisch begründet werden. Er unterscheidet dafür fünf verschiedene Grade der Wahrnehmung, deren oberstes Level nur Kunstwerken vorbehalten ist: (1.) die physische Präsenz, (2.) das perzeptuelle Ding, (3.) die Repräsentation bzw. das Symbol, (4.) das formal-expressive Ding und (5.) das ästhetische Objekt.[97] Die nonverbale Spannung entstehe dann zwischen den ersten vier Graden und der Wahrnehmung des Objekts als ein Ästhetisches, als ein Kunstwerk. Was Hausman hier unter kunstphilosophischen Vorzeichen ausarbeitet, ist eine allgemeine ästhetische Spannung zwischen den einzelnen Elementen und dem ästhetischen Objekt als Ganzes. Bezogen auf das Medium Bild kann diese Spannung in den Worten Gottfried Boehms als Grundkontrast aufgefasst werden, als ikonische Differenz. Die Interaktion der Teile im Hinblick auf ihre Funktion als Ganzes ergibt allerdings noch keine metaphorische Interaktion. Die Simultaneität als Spannung zwischen Einheit und Differenz der Teile ist nicht zwangsläufig eine metaphorische. Hausman ergänzt daher die Integration zur Synthese als notwendiges Moment der Metapher.[98] Hiermit geht er zwar über die allgemeine visuelle Spannung hinaus, seine wenigen Beispiele bieten aber keine nachvollziehbaren Erklärungen der visuellen Integration zu einer metaphorischen Bedeutungsstiftung.

---

95 In ähnlicher Weise hat Coenen von einer symmetrischen Relation auf kognitiver Ebene gesprochen, die erst durch prädikative Zuschreibung zur Metapher werde. Zur Definition der Simultaneität als Einheit des Disparaten vgl. Hubmann/Huss 2013 und Huss 2018.
96 Hausman 1991, 72.
97 Vgl. ebd., 137.
98 Vgl. ebd., 150.

An Jan Vermeers *Junge Frau mit Wasserkanne am Fenster* von 1662 (Abb. 6) versucht Hausman seine Theorie der nonverbalen Metapher zu erläutern. Als Bereiche, zwischen denen eine visuelle Spannung entstehe, weist er einerseits das Bild der jungen Frau aus und andererseits den lichtdurchfluteten Raum, der selbst schon eine Metapher sei: Raum als Licht oder Licht als Raum. Beide Bereiche sollen nun aufgrund der Spannung in eine metaphorische Interaktion treten, deren Ergebnis er wie folgt beschreibt: »the interaction is internal so that the aesthetically presented woman-image is the image of light and space and the aesthetically presented light-and-space-image is the woman-image.«[99] Auf welche Weise aber eine *metaphorische* Interaktion im Sinne einer Integration und Bedeutungsgenerierung stattfinden soll, führt Hausman nicht weiter aus. Wird die Frauenfigur als Lichtgestalt gesehen oder Raum und Licht auf irgendeine Weise vielleicht femininer? Raum und Licht erzeugen eine bestimmte Atmosphäre der Ruhe und Anmut, die die einfache Tätigkeit der Frau erfassen. Sie wird dadurch als erhabener dargestellt, als wenn ein Spot auf einer Bühne ein besonderes Geschehen herausgreift. Diese durchaus metaphorische Übertragung der durch Raum und Licht erzeugten Atmosphäre auf die Handlung lässt sich aber nicht als Interaktion in Hausmans Sinne verstehen. Sie ist nicht bidirektional, denn Raum und Licht werden durch den metaphorischen Prozess nicht ebenfalls anders verstanden. Sein Beispiel der metaphorischen Interaktion in nichtdarstellenden Bildern, meint schließlich nur noch eine allgemeine visuelle Spannung, die durch eine Integration nicht zu einer metaphorischen Bedeutung, sondern lediglich zu einer Ausbalancierung der Komposition führt: »The intergration, then, is found in the equilibrium that pervades the composition without extinguishing the shapes' power to act with the tensions of imbalance, balance, and counterbalance.«[100] Gemeint ist die Leinwandarbeit *Komposition in Grau und Schwarz* von Piet Mondrian aus dem Jahre 1925.

Hausman trennt zwei Arten, nach denen ein Gemälde metaphorisch sein kann: einerseits kann es aufgrund seiner inneren Eigenschaften und der daraus erzeugten Spannung durch Integration eine Metapher hervorbringen, andererseits kann es auch durch eine Referenz auf etwas ihm äußeres eine Metapher erzeugen. Letzteres soll vor allem die Frage mit beantworten, wie ein Kunstwerk quasi-autonom sein und dennoch eine über es selbst hinausgehende Bedeutung haben kann, die auf die Welt Bezug nimmt bzw. zu ihr eine Verbindung herstellt. Wesentliche funktionale Unterscheidung nimmt er anhand der bei der Interaktion involvierten Teile vor, bei

---

99 Ebd., 153.
100 Ebd., 155.

letzterer Form finde sie zwischen dem Werk und dessen Referenz statt.[101] Hausmans Analyse nonverbaler Metaphern stehen im Kontext seiner generellen kunstwissenschaftlichen wie auch philosophischen Motivation, zu zeigen, wie man Kunst interpretieren könne und wie sich anhand derartiger Metaphern die Auffassungen von Sinn (*meaning*) und Bedeutsamkeit (*significance*) neu formulieren lassen und letztendlich auch nichtsprachliche Erfahrung intelligibel sein können.[102] Diese auch erkenntnistheoretische Fluchtlinie seiner Schrift eint ihn mit Goodman und Danto. Seine Grundlagen sind dabei weniger philosophisch und symboltheoretisch als vielmehr metapherntheoretisch.

Abbildung 6: Jan Vermeer, Junge Frau mit Wasserkanne am Fenster, 1664-65, Öl auf Leinwand, 45,7 x 40,6 cm, Metropolitan Museum of Art, New York.

In seiner Befragung der Kunst nach ihrem Status in der Postmoderne skizziert Heinz Paetzold eine Ästhetik der Metapher, indem er die Theorien von Goodman und Danto durch diejenige Paul Ricoeurs ergänzt und darauf aufbauend seine eigene Position formuliert. Der Ausarbeitung der strukturellen Entsprechung zwischen Kunst und ihrer Versprachlichung durch Goodman und der metaphorischen Verkörperung von Künstler und auch Betrachter in künstlerischen Darstellungen durch

---

101 Vgl. ebd., Kapitel 4, 136-157, Kapitel 5, 158-181. Hausmans weitere Einsichten in genuin bildliche metaphorische Prozesse werden in Kapitel 17 losgelöst von seinen kunstphilosophischen Annahmen wieder aufgegriffen.
102 Vgl. ebd., 120f.

Danto, fügt Paetzold eine metapherntheoretische Perspektive auf die künstlerischen Konzeptionen hinzu. Seine These lautet,

»daß die Metapher eher die Struktur der ästhetischen Erfahrung erhellt, nicht aber schon die Kunst im ganzen. Zum Verständnis der Kunst bedarf es einer Reflexion auf den konzeptionellen Ansatzpunkt der Werke. Die Konzeption umgrenzt den Spielraum des metaphorischen Prozesses. Ohne ein Verständnis der Konzeption bleibt die Metaphorik der Werke vage und beliebig.«[103]

Ricoeurs Theorie der lebendigen Metapher liest er als eine ästhetische Grundierung des metaphorischen Prozesses mit Kants Schematismus, die sich durch die Übernahme von Wittgensteins Sehen-als im Rahmen der Sprache bewege. Zwar geht er von einer Wechselbeziehung und einem Entsprechungsverhältnis von philosophischer und ästhetischer Erfahrung aus, doch attestiert er der Metapher, einen prinzipiellen Hiatus zwischen beiden Formen aufzuzeigen.[104] Aus dieser Perspektive heraus sieht er Goodmans Position als Rekonstruktion der Künste mit dem analytischen Instrumentarium einer Symboltheorie, die zur Sprengung der Philosophie als Sprachbetrachtung führe. Danto habe hingegen die theoretischen Analysen der Metapher erstmals in eine Kunstphilosophie überführt, in der der metaphorische Prozess für die genuine Wirklichkeit der Kunstwerke einstehe.[105]

Paetzold plädiert für eine Kunstanalyse, die erst eine konzeptionelle Erörterung ausarbeitet, um sich dann der spezifischen Metaphorik der Werke zuzuwenden. Die Wirklichkeit zeitgenössischer Kunst sei nur vor dem Hintergrund der ausformulierten Weltentwürfe der Künstler zu begreifen, wie sie etwa in Künstlerästhetiken verfügbar sind. Diese würden den Rahmen der jeweiligen Metaphorik abstecken und ihre genaue Ausarbeitung erst befördern. Die Konzeption, wie Paetzold sie fasst, sei »das Terrain, auf dem sich das metaphorische Spiel vollzieht«.[106] Er öffnet damit die theoretischen Überlegungen zur visuellen Metapher in der Kunst einer Perspektive auf das konzeptuelle Denken und die damit verbundenen Strategien und darauf aufbauenden Welten. Eine Einsicht, die Danto in der Betonung der kognitiven Dimension der Metapher bereits antizipierte, ohne sie aber weiter zu verfolgen. Wenn die Weltentwürfe – oder im Sinne Dantos die Weltsichten – der Künstler den über das einzelne Werk hinausgehenden Rahmen der ins Werk gesetzten Metaphern bilden, dann muss das konzeptuelle Denken der Künstlerinnen und Künstler als Ursprung der visuellen Metaphern als Ausdruck gesehen werden. Und um noch einen

---

103 Paetzold 1990, 181.
104 Vgl. ebd., 189, 191 u. 197.
105 Vgl. ebd., 181.
106 Ebd., 198.

entscheidenden, nötigen Schritt weiter zu gehen: Das konzeptuelle Denken von Künstlerinnen und Künstlern ist selbst metaphorisch. Metaphorische Konzepte als künstlerische Strategien, so ließen sich die Einsichten der Theorien der kognitiven konzeptuellen Metapher des vorangangenen Kapitels auf die Kunst übertragen, steuern die Produktion visueller Metaphorik.[107]

107 Den metaphorischen Konzepten widmet sich das Kapitel 20.

14 Resümee: Die Metapher als Form der sinnlichen Erkenntnis

Die sprachlichen Metaphern sind nur ein Teil dessen, was als Metapher unser Denken, unsere Wahrnehmung, unser Handeln, unsere Kommunikation, unsere gesamte Kultur, kurzum: unser In-der-Welt-Sein ausmacht. Die Ästhetik der Metapher vor allem auch in der Sprache selbst herauszuarbeiten, kann erst gelingen, wenn die Metapher zwischen Sprache, Anschauung und Denken neu verortet wird, sie nicht als das Andere der Sprache, als ihr bidlhafter Ausbruch verstanden wird. Für eine derartige Neuverhandlung der Metapher lassen sich seit dem Barock in der Philosophie zahlreiche Ansätze finden. Die Metapher ist seit der Begründung der Ästhetik durch Baumgarten ein Mittel zum Nachweis der Eigengesetzlichkeit des Sinnlichen, sei es, um es an die höheren Erkenntnisvermögen anzuschließen und zugleich auch von diesen als grundsätzlich verschieden stärker abzusetzen (Vico, Baumgarten, Herder). Mit Nachdruck konnte die ästhetische wie auch erkenntnistheoretische Aufwertung der Metapher allerdings erst im 20. Jahrhundert erfolgen. Gründe hierfür sind einerseits die genealogische Verbindung von Anschauung und Begriffssprache und andererseits die Bestimmung der dualen Struktur des metaphorischen Prozesses und ihres kognitiven Nachvollzugs.

Seit der Loslösung der Metapher aus der Rhetorik und ihrer damit verbundenen philosophischen Neubestimmung zu Beginn des 20. Jahrhunderts wurde die Metapher in der sprachanalytischen, hermeneutischen, poststrukturalistischen und später auch der kognitivistischen Forschung in ihrer Funktion in der Sprache und im Denken und ihrer Bedeutung für die Ästhetik und Erkenntnistheorie befragt. Im Hinblick auf eine philosophische Grundlage für eine Theorie der visuellen Metapher lassen sich die zentralen Einsichten in folgenden Thesen wiedergeben:

(1.) *Die Metapher ist eine Verbindung zweier Vorstellungen, mit der durch das Erkennen oder Erzeugen von Ähnlichkeiten trotz bestehender Differenzen eine kognitive Spannung entsteht. Aus dieser Verbindung geht ein metaphorischer Verständnisprozess hervor, wenn eine Vorstellung durch die andere verstanden wird.* Die metaphorische Verbindung zweier Vorstellungen kann aufgrund anschaulicher oder rein struktureller Ähnlichkeiten, also Analogien erfolgen (Richards, Black). Die vorbegriffliche Ähnlichkeit ist eine Ähnlichkeit trotz Differenz (Richards, Ricoeur). Sie kann in der logischen Sprache nur durch eine Paradoxie wiedergegeben werden. Der Kategorienfehler ist eine Strategie der Sprache, um die kognitive Spannung der Metapher darzustellen. In der Ausbildung der sprachlichen Kategorien wurden die Differenzen zugunsten von Ähnlichkeiten ausgeblendet. Dieser Prozess kann im Sinne der selektiven Merkmalssetzung als *Pars pro toto* und Form der metaphorischen Identitätsstiftung verstanden werden (Herder, Cassirer). Die Metapher ist in diesem Sinne eine Metapher *zur* Sprache. Neuere Theorien der Prototypenkategorisierung und des semantischen Wandels haben dieser Abstraktionsleistung von sprachtheoretischer Seite her Rechnung getragen. Die Offenlegung der dualen Struktur der Metapher ermöglicht es, die Bildlichkeit der Metapher genauer zuzuordnen.

(2.) *Die Metapher ist kein Sprachbild. Ihre Ästhetik ist als Spektrum zwischen den Polen der Sinnlichkeit und begrifflichen Abstraktion zu verstehen.* Aus einer zunehmenden Vergleichung von Bild und Metapher im historischen Wettstreit der Künste wurde gegen 1800 eine Gleichsetzung der Begriffe (Frazer, Asmuth). Hierdurch konnten regelrechte Bildtheorien der Metapher entstehen und ihre ästhetische Dimension auf das Sehen eines Bildes reduziert werden. Der Bildbegriff, der ursprünglich metonymisch für den Gesichtssinn einstand (Frazer, Ricoeur, Willer, Kohl), wurde verstärkt mit dem simultanen Aufscheinen externer, materieller Bilder gleichgesetzt. Die Metapher ist ein Sehen-als, wenn im metaphorischen Prozess zwei anschauliche Vorstellungen derart verbunden werden, dass sich eine als die jeweils andere sehen lässt (Hester, Ricoeur). Hierbei ist allerdings zu ergänzen, dass Wittgensteins Beispiel des Hase-Ente-Kopfes keine Metapher ist, denn die Darstellung ist eine multistabile Figur, deren wesentliches Moment ein Entweder-Oder ist. Die Metapher hingegen erhält stets die Identität beider im Sinnprozess involvierter Vorstellungen aufrecht (Danto) – ist also eine stabile Figur. Sie kann etwas Abstraktes, Absolutes (Blumenberg) und nicht unmittelbar Darstellbares (bspw. Welt, Zeit, Gott) durch konkrete Vorstellungen erfahrbar machen. Die im metaphorischen Prozess involvierten Vorstellungen können (a) mentale Bilder (bspw. Erinnerungsbilder), (b) Begriffen korrespondierende Bildschemata oder (c) rein struktureller Art sein. Sie sind nicht statisch sondern dynamische mentale Ereignisse, oftmals multimodal und entsprechen daher eher einem Erfahren-als.

(3.) *Die Metapher ist nur durch Metaphern beschreibbar.* Die Ausdrücke zur Beschreibung der Metapher und ihrer Funktion sind selbst metaphorisch und präfigurieren bereits die Grundannahmen der Theorien. Mentale Vorgänge lassen sich nicht anders als durch Metaphern beschreiben. Die Metapher ist selbst eine Metapher. Sie bestimmt den kognitiven Prozess oder sprachlichen Ausdruck als Übertragung (*metaphorà*). Keine reine Begriffssprache kann sie zum Gegenstand machen. Es gibt daher keine Metasprache zur Analyse und Definition der Metapher (Derrida, de Man). Technische Metaphern der Metapher charakterisieren den metaphorischen Prozess genauer, bspw. als Übertragung, Projektion, Perspektivwechsel, Filter, Sehen-als oder *mapping*. Sie können das Phänomen auf kreative Weise und in einer Art allegorischen Erweiterung neu fassen oder als scheinbar begriffliche Ausdrücke ganze Theorien präfigurieren. Ad-hoc-Definitionen bieten einen ersten Zugang zur Metapher. Ein reflexiver Metapherngebrauch bewahrt davor, dem jeweiligen Fokus einzelner Metaphern zu erliegen (Turbayne). Die Metapher kann nicht vollständig theoretisch beschrieben, sondern muss ebenfalls im Vollzug gezeigt, also performativ hervorgebracht werden (Nietzsche, Blumenberg, Derrida, Haskell). Der Ort der Metapher ist die Grenze der Sprache, die in ihr selbst liegt als ihr Aufriss (Derrida), als Weise des Zeigens statt Sagens (Wittgenstein) oder als Grat zwischen Sprache und Anschauung (Kant).

(4.) *Es gibt kognitive Metaphern, die unser Denken strukturieren. Ihnen müssen nicht zwangsläufig Ausdrucksmetaphern in Texten oder Bildern entsprechen.* Verschiedene Typen der kognitiven Metapher lassen sich voneinander abgrenzen: Basismetaphern, die als intuitive Vorannahme am Beginn jeder Theoriebildung stehen (Turbayne, MacCormac); Wurzelmetaphern, durch die sich verschiedene Denkschulen grundsätzlich unterscheiden (Pepper); implizite Modelle (Black) oder Netzmetaphern (Ricoeur), die Theorien wie auch Vorstellungskomplexe strukturieren; Leitvorstellung bzw. Hintergrundmetaphorik als Metakinetik geschichtlicher Sinnhorizonte (Blumenberg); kognitive Modelle als konzeptuelle Metaphern und Bildschemata als Erfahrungsgestalten, die direkt aus unserem Körper und seiner Motorik hervorgehen (Lakoff/Johnson) sowie konzeptuelle Integration und Mischung (*blending*) als multidimensionale Operationen (Fauconnier/Turner). Unser Denken folgt einem Konzeptsystems, das einzelne Metaphern zu kohärenten Netzen ausbildet und zu metaphorischen Erweiterungen führen kann (Lakoff/Johnson). Es ist zudem räumlich strukturiert, da es aus unserer körperlichen Erfahrung hervorgeht, mit der wir alle mentalen Operationen sowie unsere Vorstellungen über Zeit und Kausalität aufbauen (Cassirer, Wheelwright, Lakoff/Johnson). Der Körper und die Sinne sind wesentlicher Ausgangspunkt unserer Sprache und unseres Weltverhältnisses. Denken ist verkörpert.

(5.) *Die kognitive Metapher kann in ihrer systematischen Funktion für unser alltägliches Konzeptsystem oder in ihrem historischen Wandeln analysiert werden.* Zwei komplementäre methodische Zugriffe auf Metaphern lassen sich hieraus ableiten: Die kognitive Semantik untersucht anhand konventioneller Ausdrucksmetaphern die Metaphorik und Systematik unseres alltäglichen Konzeptsystems (Lakoff/Johnson), während die historische Semantik durch texthermeneutische Analysen den Wandel metaphorischer Leitvorstellungen untersucht (Blumenberg). Der genetische Grund der Sprache liegt einerseits in metaphorischen Modellen und verkörperten Bildschemata und andererseits in einer sich jenseits der Begriffssprache befindenden Unbegrifflichkeit, zu der auch die Vorbegrifflichkeit gehört, begründet. Hierdurch wird die Metapher einerseits empirisch-psychologisch und andererseits anthropologisch bestimmt.

(6.) *Die Metapher kann eine neue Ähnlichkeitbeziehung erzeugen und ist daher ein schöpferisches Mittel.* Ihre Kreativität kann weder anhand konventioneller Metaphern noch bestehender Ähnlichkeiten analysiert werden (Indurkhya). Dem Körperschema kommt nicht nur in der Ausbildung eines konventionellen Konzeptsystems eine zentrale Funktion zu. Es ist in unserer unbewussten wie bewussten Wahrnehmung stets aktiv (Krois). Die Einbildungskraft übernimmt eine fundamentale Rolle im Denken. Wesentliche Grundlage für diese Einsicht in der neueren Metapherntheorie bieten Kants Bestimmungen der produktiven Einbildungskraft und vor allem der reproduktiven des Schematismus. Erstere ermöglicht durch eine Syntheseleistung die Hervorbringung neuer Ähnlichkeiten, Letztere bildet schematische Vorstellungen aus, die unseren Kategorien zugrunde liegen. Diese ursprüngliche Form der Synthese wurde in der Metapherntheorie mehrfach und in unterschiedlicher Bestimmung als kognitiver Ausgangspunkt des Metaphorischen ausgewiesen: als Ingenium (Vico), als Besonnenheit bzw. Reflexionsvermögen der Seele (Herder), als Gestaltwissen (Black) und als symmetrische Relationen (Coenen, Hausman). Oftmals wurde diese Erkenntnisfunktion als Analogiebildung beschrieben, die als Formel für ein vorsprachliches oder grundsätzlich nichtsprachliches Denken vom Analogieschluss als logisch-wissenschaftliche Form der Metapher, als rationaler Analogismus, unterschieden werden muss.

(7.) *Der Metapher kommt eine grundlegende Funktion in der Beschreibung mentaler wie ästhetischer Inhalte zu. Die Metapher ist eine Form des künstlerischen Ausdrucks.* Die Metapher ist eine notwendige Vermittlungsform zwischen der Sprache und dem Sinnlichen (Baumgarten, Herder, Kant, Hegel, Goodman, Danto). Es handelt sich um essentielle Metaphern, wenn ästhetische Eigenschaften nicht auf anderem Wege beschrieben werden können (Zangwill). Darüber hinaus haben Metaphern in der Kunstbeschreibung eine normative Funktion, weil sie die Wahrnehmung von Werken beeinflussen und anleiten können (Scruton, Gaut). In der Kunstphilosophie wurde die Metapher als wesentliches Mittel des Ausdrucks bestimmt (Goodman, Danto). Neben Eigenschaften können Kunstwerke ebenso einen Stil und die Künstlerin oder den Künstler selbst ausdrücken (Danto).

(8.) *Die Einsicht in die kognitive Funktion der Metapher und die Möglichkeit nichtsprachlichen metaphorischen Ausdrucks verlangen nach einer Neubestimmung des Erkenntnisbegriffs.* Drei grundlegende erkenntnistheoretische Momente der Metapher lassen sich unterscheiden: (a) erstmalige Konzeptualisierung wird durch sie ermöglicht, indem rein abstrakte Vorstellungen und Prozesse durch konkretere oder anschauliche Erfahrungen verstanden werden; (b) bestehende konkrete Vorstellungen oder auch Theorien können auf neue und konkretere Weise konzeptualisiert werden, wodurch neue Einsichten gewonnen oder ein tieferes Verständnis ermöglicht werden kann; (c) durch eine Spannung zwischen Ähnlichkeit und Differenz kann eine neue Ähnlichkeitsbeziehung gestiftet werden, die vor den oder jenseits der sprachlichen Kategorien liegt. Die durch Metaphern erzeugten Ähnlichkeiten sind keine arbiträren Setzungen, sondern bilden sich in einer Interaktion mit der Welt aus, in der den Möglichkeiten neuer Sinnstiftung Grenzen auferlegt werden (Indurkhya). Der Wahrheitsbegriff wurde daher neu formuliert: als kontextbasierte Richtigkeit (Black), als Angemessenheit aufgrund empirischer Akzeptanz (Hesse), als Richtigkeit und Realismus relativ zu einem Bezugsrahmen, als kontextgebundene Angemessenheit bzw. Passen (Goodman), als Wahrheit in Relation zum Konzeptsystem (Lakoff/Johnson, Kittay), als Bedeutung und Verstehen vor dem Hintergrund kognitiver Modelle und ihrer Systematik (Lakoff/Johnson) und ergänzend als ästhetische Wahrheit, die der besonderen Hervorbringung der Metapher in der Kunst geschuldet ist (Hester, Danto, Hausman). Rationalität und Ästhetik sind unterschiedliche Erkenntnisformen, die als ergänzend und nur graduell verschieden verstanden werden müssen – eben das hat die Einsicht in die kognitive und ästhetische Funktion der Metapher gezeigt.

Die sichtbare Metapher

Die Theorie der Metapher zur visuellen Metapher hin zu erweitern, folgt nicht lediglich einem Wunsch kunst- und bildwissenschaftlicher Forschung, sondern liegt bereits in den Metaphertheorien des 20. Jahrhunderts begründet. Diese haben stets die Möglichkeit und das Potential nichtsprachlicher Metaphorik in Aussicht gestellt, ohne aber weiter darauf einzugehen. Dies mag daran liegen, dass derartige Metaphern nicht im Fokus der jeweiligen Theorien lagen, die erkenntnistheoretischen Grundlagen dieser gesprengt hätten oder ihnen schlichtweg das entsprechende methodische Rüstzeug zur Analyse fehlte.

Das interdisziplinäre Interesse an nichtsprachlichen Formen der Metapher ist hingegen groß. Es zeichnet sich aber nicht nur durch einen Facettenreichtum der Anwendungsarten metapherntheoretischer Analysen aus, sondern zumeist durch einen punktuellen Zugriff auf Theorien der Metaphern, einen Methodenpluralismus wie auch das Ausbleiben einer allgemeinen erkenntnistheoretischen oder auch kritischen sprachphilosophischen Rahmung. Sieht man über diese Problemfelder einmal hinweg, lässt sich die Frage stellen, warum in Disziplinen wie der Kunst- oder Bildwissenschaft der Metapher nicht bereits ein fester, oder zumindest überhaupt ein Platz im Begriffskanon zukommt. Wie lässt sich die Metapher etwa mit dem Symbol in der Ikonologie vereinbaren? Welche Rolle spielt sie in den Formulierungen der bildlichen bzw. ikonischen Wende gegen Ende des 20. Jahrhunderts? Diesen beiden zentralen Fragen widmen sich die ersten beiden Kapitel. Sie bestellen sozusagen den Boden, auf dem die bislang weitgehend philosophische Ausarbeitung Anschluss an die kunst- und bildwissenschaftliche Forschung zur Metapher nehmen kann.

Aus dieser Grundlegung heraus werden schließlich verschiedene Formen bildlicher Metaphern vor dem Hintergrund der bislang erfolgten, weit verstreuten und vielschichtigen Ansätze zur anschaulichen Metapher analysiert. Von Metaphern in Bildern sollen jene unterschieden werden, die nicht einen bildlichen Prozess meinen, sondern ein ganzes Medium einschließen. Als mediale Metaphern werden dagegen Modelle des Bildlichen oder des Sehens, der Darstellung und des Zeigens überhaupt abgegrenzt. Diese sind eine besondere Form visueller Metaphorik, weil sie sich nicht nur an den Sehsinn richten, sondern zugleich auch einflussreiche Sichtweisen der Wahrnehmung oder Optik mit vermitteln. Zusammen mit genuin visuellen Metaphern der Metapher stellen sie das anschauliche Analogon zur bereits analysierten Metaphorik der sprachlichen Metapher dar. Sie zu erschließen, bedeutet nicht nur, bestimmte Dispositive im ästhetischen Diskurs aufzudecken, sondern ebenso der bisher rein durch die Sprache bestimmte Metapher eine rein visuelle Entsprechung entgegenzustellen.

Ein wesentlicher Schritt in der Ausarbeitung einer Theorie der visuellen Metapher ist schließlich, die Einsicht in die kognitive Dimension der Metapher auch für das Visuelle auszuarbeiten. Wenn wir uns in der Sprache, in Bildern, in Gesten und vielen weiteren Formen metaphorisch ausdrücken können, dann muss es auch ein Denken in Metaphern geben, das nicht sprachlich verfährt. Ist diese Form der kognitiven visuellen Metapher einmal konturiert, ermöglicht sie einen tieferen Einblick in die Metaphorik künstlerischer Konzepte. Abschließend werden dann allgemein visuelle Metaphern analysiert, die entweder multimodal bzw. -medial oder rein konzeptuell sind und einzelnen Werken, künstlerischen Positionen oder gar Ausstellungsarrangements zugrunde liegen.

15 Metapher und Symbolgenese
(Panofsky, Gombrich)

Wahrnehmen ist Interpretieren. Das ist längst ein Gemeinplatz der Kunstwissenschaft. Das ›unschuldige Auge‹ wurde nicht erst in der philosophischen Ästhetik kritisiert, sondern steht bereits seit langer Zeit sowohl in der kunstwissenschaftlichen Forschung wie auch in der künstlerischen Auseinandersetzung in Misskredit. Die Moderne ist der große Schauplatz dieser Kritik. Mit erneutem Nachdruck erfolgte sie in der kunstwissenschaftlichen Grundlagendiskussion der ersten Hälfte des 20. Jahrhunderts und der daran anschließenden Kritik an Erwin Panofskys ikonologischem Interpretationsmodell, das für die Neubestimmung der Kunstwissenschaft damals wegweisend gewesen war. Und gerade in dieser theoretischen Auseinandersetzung gewinnt auch die kunstwissenschaftliche Analyse der Möglichkeit bildlicher Metaphorik an Kontur. Wie im Folgenden gezeigt wird, lässt sich vor dem Hintergrund dieser Reformulierung der Ikonologie die Metapher als Fach-›terminus‹ in das disziplinäre Methodenspektrum aufnehmen. Wesentliches Argument hierfür ist die Berücksichtigung der Symbolgenese als historischer Prozess. Metapher und Symbol, so die These, sind keine sich einander ausschließende Konzepte, denn sie lassen sich in genealogischer Perspektive miteinander verbinden. Während im dritten Kapitel genauer analysiert wird, inwieweit ein Metaphernbegriff für semantische Prozesse im Bild und verschiedene Arten der Mischgestalten entwickelt werden kann, wird hier eine Diagnose vorgenommen, die klären soll, ob das Konzept der Metapher einen sinnvollen und sogar notwendigen Platz in der kunstwissenschaftlichen Terminologie und Methodik finden kann.

Zwei verschiedene Modelle einer über die Beschreibungskunst von Kunstwerken hinausgehende Interpretation einer historischen Semantik – im Falle der Kunstwissenschaft einer Ikonologie – lieferten Aby Warburg und Erwin Panofsky. Mit ihren beiden Konzepten des Symbolbegriffs stellen sie die beiden Hauptrichtungen der neueren kunstwissenschaftlichen Symboltheorie dar.[1] Warburg greift auf Georg Wilhelm Friedrich Hegels und Friedrich Theodor Vischers Symbolbegriff zurück, während Panofsky wesentliche Einsichten aus Ernst Cassirers Philosophie der symbolischen Formen übernimmt. Im 19. Jahrhundert einte die vielschichtigen und teils divergierenden Konzepte des Symbols die Trennung des Bildhaften, Materiellen und daher sinnlich Zugänglichen von einem dahinter oder darüber liegenden Unergründlichen und Allgemeinen.[2] Die metaphysische Spaltung von Symbol und Gehalt als absolute Wahrheit zeichnete bereits die Kunstphilosophie Hegels aus, wurde von Vischer aufgegriffen und gelangte so in die Ikonologie Warburgs. Cassirers sehr allgemein gehaltenes Konzept des Symbols überbrückt diese metaphysische Kluft zwischen Sinnlichem und Geistigem, indem sich beides im Symbolprozess wechselseitig durchdringt. Panofsky gleicht in seiner Übernahme des kulturphilosophischen Konzepts aber den Symbolbegriff einer erneuten metaphysischen Trennung an, indem er die Bedeutung des materiellen Charakters weitgehend ausblendet.

In zwei Texten der 1930er Jahre stellt Panofsky ein 3-Stufen-Modell zur Interpretation von Kunstwerken vor, das sich im Wesentlichen am Sujet, am Bildgegenstand im Gegensatz zur Form ausrichtet. Hiermit wendet er sich gegen die Formanalyse von Heinrich Wölfflin bzw. will über diese hinausgehen, indem er sie lediglich auf der ersten Ebene des Phänomensinns verortet, die die Aufgabe einer ikonografischen Beschreibung ist.[3] Mit dieser arbeite man das tatsachenhafte und ausdruckshafte Sujet aus, über das der Bedeutungssinn des Dargestellten erschlossen werden kann. Gehen Phänomen- und Bedeutungssinn eine feste Verknüpfung ein, so spricht Panofsky von einem Typus, der sich auf der zweiten Stufe seines Interpretationsmodells als konventionelle und intellektuell vermittelte Bedeutung, als sekundäres Sujet analysieren lasse. Auf der nächsthöheren Stufe sei dann die ikonologische Interpretation angesiedelt, die sich der eigentlichen Bedeutung der Darstellung, ihrem Gehalt zuwendet, das nur über die Einordnung des Sujets und der Typen in den Kontext der Überlieferungsgeschichte zu verstehen sei. Diese Perspektive einer historischen Semantik greift auf alle Ebenen des Modells zurück – als Gestaltgeschichte, Typengeschichte und schließlich auf der letzten Stufe als allgemeine Geistesgeschichte.[4]

Entscheidend sind für die Frage nach der Möglichkeit eines Metaphernkonzepts für die Ikonologie neben der weitgehenden Ausblendung der formal-komposito-

---

1 Vgl. Dittmann 1967b, 329.
2 Vgl. Dittmann 1967a, 87.
3 Vgl. Panofsky 1939, 207 u. 210f.
4 Vgl. Panofsky 1932, 188-203 und Panofsky 1939, 210f. Im zweiten Text entfaltet er sein Modell zunächst an der kulturellen Geste des Hutziehens, vgl. 207-209.

rischen Dimension der Darstellung – Panofsky will die Bedeutung des Sujets im Wesentlichen auf den Abgleich mit humanistischen und religiösen Quellen reduzieren – die Beispiele, die er für die jeweiligen Sinnebenen anführt. Zur näheren Erläuterung der Stufe des konventionalen Sujet, also jener Ebene der durch Tradition gebildeten und überlieferten Typen, wählt er einerseits das Abendmahl als eine in bestimmter Anordnung und bestimmten Posen versammelte Personengruppe an einer Speisetafel, andererseits zwei Formen der Personifikation. Indem er diese Beispiele in einem einzigen Satz auflistet und nicht weiter ausführt, nivelliert er dabei die Unterschiede in der Art und Weise des Darstellens. Während das Erkennen des Abendmahls nur eine schlichte Identifikation der Szene anhand von Textquellen als biblische Szene des neuen Testaments erfordert, liegt dem Erkennen der Personifikationen, einer weiblichen Gestalt mit Pfirsich in der Hand als Wahrhaftigkeit und das Miteinander zweier Gestalten als Kampf von Laster und Tugend, ein komplexer symbolischer Prozess zugrunde. Diese Personifikationen sind zwar traditionelle Darstellungsformen – Typen nach Panofsky –, doch geht diese Konvention aus einer bildlichen Übertragungsleistung hervor, die ursprünglich einmal dazu führte, dass etwas so Abstraktes wie die Wahrhaftigkeit durch eine Person dargestellt werden konnte. Durch diese Übertragung wird das der unmittelbaren Erfahrung entzogene Konzept konkreter und sogar anschaulich gefasst. Diese Leistung, als Konvention dem Symbol zuzuschreiben, ist ursprünglich eine metaphorische. Panofsky geht es hier natürlich weniger um die Genese dieser Typen als um ihr Wiedererkennen und Benennen. Ein derartiges Bestimmen ist aber nur durch ein Abgleichen mit Quellen möglich, wenn die Darstellungsweise zu einer Konvention in Form eines Symbols geworden ist.[5]

Wie bestimmt Panofsky den Symbolbegriff genauer? Ebenso wie sein ikonologisches Interpretationsmodell ist er an Cassirers Philosophie der symbolischen Formen orientiert. Die Ikonologie baut auf einer Fortschrittslogik, einem geschichtlichen Progress auf, den er in Cassirers Kulturphilosophie hineingelesen hat. Cassirers Trennung von Ausdruck, Darstellung und Bedeutung in der Ausbildung der einzelnen symbolischen Formen versteht Panofsky als lineare Steigerung, deren Ziel die reine Bedeutung, das den Dingen zugrundeliegende Prinzip sei. Anhand der Überlieferungsgeschichte könne die ikonologische Interpretation zu diesem Allgemeinen im Besonderen vordringen.[6] Den Symbolbegriff Cassirers, der die wechsel-

---

5   Vgl. Panofsky 1939, 210.
6   Vgl. ebd., 211. Wie aus der Analyse in Kapitel 5 unter Einbezug der neueren Forschung hervorgeht, ist Cassirers Philosophie nicht bloß als linearer Progress zu verstehen. Die symbolischen Formen ordnet er besonders durch das Konzept der radikalen Metapher eher topologisch an und die drei Bedeutungsebenen von Ausdruck, Darstellung und reiner Bedeutung trotz ihres stufenartigen Aufbaus nicht als Ablösung des Vorherigen.

seitige Durchdringung von Geist und Materie meint, beraubt Panofsky seines »ästhetischen Wertcharakters«, wie Lorenz Dittmann ausarbeitet: »Nicht die Bedeutung also greift er auf, womit ›Symbol‹ die Entsprechung und Übereinstimmung von Bild und Sinn meint, die in der Kunst zu ihrer Erfüllung gelangt, sondern jene, die die Nicht-Übereinstimmung, die Unangemessenheit von Bild und Sinn anzeigt.«[7] Cassirers Konzept der materiellen Formgebung im Prozess der Symbolbildung, das gerade in seiner Bestimmung der symbolischen Prägnanz zum Ausdruck kommt, fällt hiermit weg. Ebenso findet sein Begriff der radikalen Metapher, der deutliche Parallelen zur symbolischen Prägnanz aufweist, keinen Anschluss in Panofskys metaphysischer Reformulierung des Symbolbegriffs. Das 3-Stufen-Modell der Ikonologie baut zwar auf Cassirers Philosophie auf, blendet aber die wechselseitige Durchdringung von Sinn und Form als symbolische Prägnanz aus. Das Symbol erhält die metaphysische Zweiteilung des 19. Jahrhunderts zurück. Der eigentliche symbolische Wert manifestiert sich in der Kunst und erhält dadurch sein sinnliches Gegenstück.[8]

Ebenso folgenschwer für einen möglichen Einzug des Metaphernbegriffs in die Kunstwissenschaft ist der Symbolbegriff Vischers, der – ganz im Sinne Hegels – nur eine »äußerliche Verknüpfung von Bild und Inhalt durch einen Vergleichspunkt«[9] meint. Der Metaphernbegriff gerät bei Vischer in Misskredit, weil jene vom materiellen Bild verschiedene Bedeutung durch sie nicht erreichbar ist, sei sie doch ein sprachliches Mittel, das ein Bild für etwas einführe, das bereits bekannt ist. Er reduziert das Verhältnis von Symbol und Metapher auf die Richtungsweisen einer Beziehung zwischen Bild und Gemeintem. Kein metaphorischer Sinnprozess, nicht einmal eine richtige Übertragungsleistung, sondern nur schlichte Ersetzung kommt folglich der Metapher zu. Sein Grundverständnis ist dasjenige der Substitutionstheorie bzw. noch genauer der Vergleichstheorie, nach der sich die Metapher problemlos paraphrasieren lässt. Die synonyme Verwendung von Metapher und Bild verwehrt jede Einsicht in die Erkenntnisleistung des metaphorischen Prozesses mit dualer Struktur. All jene Übertragungsleistungen, die der Metapher zugesprochen werden könnten, schreibt er schließlich dem Symbol zu:

»in diesem stellt sich ein Bild vor unsere Sinne – sagen wir zunächst: Augen, ob das Gehör in Geltung kommt, bleibe noch dahingestellt – ein Bild, das zu sagen scheint: hier ist ein Baum,

---

7   Dittmann 1967b, 342. Auch Dittmann sieht in Cassirers Kulturphilosophie die Geschichte des menschlichen Bewusstseins als Prozess der Selbstbefreiung. Zwar greift Cassirer Hegels Phänomenologie des Geistes und dessen Geschichtsmodell auf, lässt den Symbolbegriff aber nicht aus Hegels metaphysischer Trennung hervorgehen.
8   Vgl. Panofsky 1939, 212.
9   Vischer 1887, 200.

eine Lotosblume, ein Stern, ein Schiff, ein Bündel Pfeile, ein Schwert, ein Adler, ein Löwe, aber ohne erklärende Nachhilfe vielmehr anzeigen will: Urkraft des Naturdaseins, Weltwerdung, aufgehendes Glück, christliche Kirche, Einigkeit, Gewalt und Scheidung, kühnes Aufstreben, Mut oder Großmut.«[10]

Ebenso greift Vischer den Gedanken Hegels auf, dass es kein Wort ohne ursprünglich sinnliche Bedeutung gebe, zugleich aber auch alles Sinnliche dem Geiste nach beseelt werde. Mit seinen Ausführungen wiederholt er das Anthropomorphismus- und Physiomorphismusprinzip der Metapher unter den Vorzeichen des Symbolbegriffs.[11]

In diesen kurzen Ausführungen zum Symbolbegriff in der Ikonologie der ersten Hälfte des 20. Jahrhunderts zeigt sich bereits, welche Hindernisse einem kunstwissenschaftlichen Metaphernbegriff in den Weg gestellt wurden. Einerseits wiederholt sich die problematische Gleichsetzung von Metapher und Bild auch auf diesem Felde und macht die Metapher als Verbindung von materieller Form und geistigem Gehalt ungeeignet, andererseits werden semantische Prozesse der Übertragung im Wesentlichen dem Symbol zugesprochen, ohne dass die Funktionsweise dieses Prozesses genauer erklärt wird. Die Kritiken an der von Panofsky ausformulierten Ikonologie in den folgenden Jahrzehnten versuchen, die wechselseitige Durchdringung von Form und Inhalt zu rehabilitieren und ermöglichen dabei auch Zugangspunkte für einen kunstwissenschaftlichen Metaphernbegriff.

Die Beiträge von Rudolf Wittkower und Erik Forssman zur Ikonologie heben den Konventionalisierungsprozess und den Symbolwandel der von Panofsky als Typen ausgewiesenen Darstellungsinhalte hervor. Wittkower merkt an, dass es keine feste Zeichenbedeutung in der Kunst gibt, wie etwa bei sprachlichen Zeichen. Symbole müssen seit der Renaissance anhand von persönlichen Bekenntnissen und allgemeinen Konventionen – wie sie etwa in der *Iconologia*[12] von Cesare Ripa festgehalten sind – gedeutet und in ihrem Wandel berücksichtigt werden. Dieser Wandel zeichne sich durch Wiederbelebung konventioneller Symbole, Neubesetzungen oder auch Entleerungen aus. Zudem können durch Modifizierung und Umformung neue Symbole entstehen.[13] Forssman geht in diesem Punkte weiter. Er kritisiert Panofskys Konzept des Typus, das die Bedeutung als Formel fixiere und damit einem Wandel unzugänglich mache. Die Verknüpfung von Motiv und Bedeutung werde nicht traditionelle Formel, sondern halte sich variabel und lebendig.[14] Gerade hier

---

10 Ebd., 201.
11 Vgl. ebd., 210.
12 Vgl. Ripa 1603.
13 Vgl. Wittkower 1955.
14 Vgl. Forrsman 1966, 287.

kann ein Metaphernkonzept der Bedeutungsgenerierung hilfreich sein, mit dem das Symbol – sofern es durch eine ursprüngliche Übertragungsleistung gebildet wurde – als eine konventionalisierte Metapher bestimmt wird. Es würde damit einen metaphorischen Kern, einen dynamischen Prozess der Sinnübertragung enthalten, der durch Wiederholung zwar fixiert werden, aber stets wiederbelebt und verändert werden kann.

Die dem Symbol oder der Allegorie zugrunde liegende Funktion nennt Otto Pächt ein bildliches, figuratives Sprechen, das seiner Diagnose nach die meisten Kunsthistoriker als Form der Versinnbildlichung verborgenen Darstellungssinns verstehen würden.[15] Er listet hierbei ebenso die Metapher auf, ohne aber weiter auf sie einzugehen. Die Auffassung der über das Dargestellte hinausgehenden Bedeutungsgenerierung hängt seiner Meinung nach wesentlich vom Begriff des Bedeutungsträgers ab. Zwei Bestimmungen unterscheidet er hierbei: einerseits eine rein äußerlich-mechanische Kopplung eines Tragens vom Produzenten zum Rezipienten, andererseits eine wahre und restlose Integration von Bedeutung als Verkörperung eines geistigen Gehalts. Für die erstere führt er Ernst Gombrichs Metapher des Umschlags zum Transport verbaler Aussagen an (*wrappings of verbal statements*). Der Rezipient müsse die Botschaften dann aus dem Umschlag herausholen.[16] Pächt wiederholt hiermit eine Metapher der künstlerischen Symbolisierung, die wohl ganz im Sinne Panofskys ein Rückgang zu den Quellen, zur sprachlich notierten ursprünglichen Bedeutung ist. Dass Gombrichs Position aber über ein schlichtes Kommunikationsmodell hinausgeht, wird im Folgenden noch ausgearbeitet. Vielmehr kann in dieser veranschaulichenden Metaphorik der aktive Einbezug des Betrachters in der Entfaltung der Bedeutung verstanden werden. Dass Pächt aber selbst kein Vertreter eines einfachen Kommunikationsmodells der Kunst ist, wird deutlich, wenn er annimmt, dass es Strukturgesetze künstlerischer Gestaltung geben müsse, die der allegorischen Erfindung entsprechen würden.[17]

Pächt wendet sich ebenfalls der Konventionalisierung von Symbolen zu. Er unterscheidet dabei aber zwischen einem Absterben, wenn etwa die sekundäre, nicht unmittelbar sichtbare Bedeutung nur noch den Eingeweihten vorbehalten ist, und einer Konventionalisierung, wenn die Bedeutung eines Symbols zum festen Bestandteil des lebendigen Besitzes anschaulicher Vorstellungen einer Kulturgemeinschaft wird. Was ein Symbol befähigt, die jeweilige Richtung ihres Fortlebens ein-

---

15 Vgl. Pächt 1977, 354f.
16 Vgl. ebd., 355f. Die kommunikative Ökonomie die Pächt hier anspricht, kommt einer traditionellen Auffassung der Metapher als verkürzte Vergleichung sehr entgegen.
17 Vgl. ebd., 362. Ein einfaches Kommunikationsmodell der Kunst ist die Annahme der Kunstrezeption als direkter Nachvollzug einer vom Künstler durch das Kunstwerk mitgeteilten Aussage.

zuschlagen, sei noch wenig ergründet. Im Zuge dessen wirft er der Forschung die Annahme einer rein willkürlichen Setzung von Zeichen vor. Es gilt hingegen, so seine These, nach einem intrinsischen Zusammenhang zwischen bildlicher Form und Zeichen zu fragen.[18] Als Beispiel führt er die divergierenden Bedeutungen von Schwarz und Weiß als Farben der Trauer an. Prädestiniert wären die Farben als Symbolzeichen wegen des ihnen innewohnenden physiognomischen Charakters. Pächt versucht hier, eine natürliche Erklärung für die zugewiesene Bedeutung zu finden, obwohl ein metaphorisches Verständnis doch auf der Hand liegt. Im übertragenen Sinne kommt Schwarz und Weiß etwa Schlichtheit, Zurückhaltung oder auch Reinheit zu. Diese Eigenschaften drücken die Farben weder unmittelbar aus, noch stellen sie diese dar. Vielmehr projizieren wir sie auf die Farben und haben sie aufgrund einer langen Tradition als natürlich, als konventionell angenommen. Derartige Bedeutungszuweisung kann aber nur genauer analysiert werden, wenn der eigenen Ausdrucks- und Darstellungsweise der bildenden Kunst Rechnung getragen wird. In dieser Hinsicht wirft Pächt der Kunstwissenschaft vor, im Sinne Panofskys zu sehr an den Quellen zu hängen und jeder Bedeutung im Bild eine ursprünglich textliche Fassung einzuräumen.

Ebendiese Kritik der bloßen Rekonstruktion eines Programms trägt auch Ernst Gombrich vor. Symbole seien »keine Art von Kode mit einer Eins-zu-eins-Beziehung zwischen Zeichen und Bedeutung«[19], wie etwa bei Symbolen, die auf biblische oder humanistische Texte zurückgehen. Genauso wenig wie Wörter ohne ihren Zusammenhang im Satz zu verstehen seien, würde man bildlichen Symbolen keine eindeutigen Assoziationen zuschreiben können. Dies habe auch Ripa in seiner *Iconologia* von 1593 nicht getan:

»Ripa stellt ganz ausdrücklich fest, daß diejenigen Symbole, die er als Attribute benutzt, bildliche Metaphern sind. Metaphern sind irreversibel. Hase und Sperling können je nach Kontext wegen ihrer Assoziation mit Einsamkeit benutzt sein, dennoch haben sie auch andere Qualitäten, so kann der Hase z.B. auch mit Feigheit assoziiert werden.«[20]

Die Fixierung erfolge bei Ripa nur durch die Namengebung der unterstützenden Sprache. Gombrich führt hier die Metapher als semantisches Kontextphänomen an und löst damit genau jene Annahme Pächts eines intrinsischen Zusammenhangs zwischen Bedeutungsträger und eigentlichem Gehalt ein. Indem er zur antiken Philosophie zurückgeht, gelingt ihm eine wichtige Unterscheidung zwischen einer nicht weiter ergründbaren Symbolsetzung und einer Symbolik als konventionali-

---

18 Vgl. ebd., 368f.
19 Gombrich 1972, 405.
20 Ebd., 405. Gemeint ist eine Malerei von Caro, die sich an einem Psalm orientiert.

sierte Metaphorik. Ersteres sei die Tradition der neuplatonischen und mystischen Symbolinterpretation, die auf Platons Ideenlehre und deren metaphysischen Trennung zurückgeht. Symbole sind in dieser Sicht die geheimnisvolle Sprache des Göttlichen. Gerade dieser Sicht des mystisch-göttlichen Sprachursprung stellt sich auch der sprachphilosophische Humanismus von Vico und Herder entgegen. Letzteres meine dagegen die auf der Theorie der Metapher beruhende aristotelische Tradition. Nach dieser Sicht seien Symbole bildliche Definitionen, die Gombrich explizit aus unserem Denken hervorgehen lässt: »Wir lernen etwas über die Einsamkeit, wenn wir uns mit den dazugehörigen Gedankenverbindungen beschäftigen.«[21]

Die Waage der Gerechtigkeit, die Fackel der Freiheitsgöttin – all diese Symbole versteht Gombrich nicht bloß als konventionelle Erkennungszeichen, sondern sieht ihre Genese analog zur Metapher: »Sie verdanken ihre Verwendung in dieser Bedeutung der gleichen psychologischen Tendenz der Verbildlichung, auf der die Metaphorik der Sprache ruht.«[22] Er führt hiermit erstmals die koventionellen Symbole auf einen möglichen metaphorischen Ursprung zurück. Die Metapher als sinnstiftender Übertragungsprozess schließt eine willkürliche Setzung oder Ersetzung der Vorstellungen aus. Dies klingt bereits bei Gombrich an, wenn er zur Darstellung des Lamm Gottes im Genter Altar, den rituellen Entstehungskontext der konventionell gewordenen Metapher hervorhebt: »Letzten Endes« ist ja auch das zentrale Symbol in der Anbetung des Lammes ursprünglich eine Metapher, die nur eine Kultur prägen konnte, die tagtäglich erlebte, wie verschieden sich ein Lamm und ein Zicklein betrug, das zum Opferaltar gebracht wurde.«[23]

Gombrich gibt zudem Beispiele für bildliche Metaphern, die verdeutlichen, dass er die Metapher weder als Bild der Sprache noch als eine reine Leistung verschiedener Ausdrucksformen versteht. Vielmehr bestimmt er sie als kognitives Phänomen, das sich auf ganz unterschiedliche Weise äußern kann und auch mit dem traditionellen Symbolbegriff der Kunstwissenschaft vereinbar ist. Diese metapherntheoretischen Aspekte der psychologisch orientierten Kunsttheorie Gombrichs hat Marius Rimmele jüngst herausgearbeitet und darauf hingewiesen, dass es ihm wesentlich um die Gemeinsamkeiten bildlicher und sprachlicher Metaphern und die unterhalb ihrer Grenze angesiedelten kognitiven Aspekte geht.[24] Gombrich wendet sich mit der Einführung der Metapher auch gegen Panofskys Auffassung der verschiedenen Bedeutungsebenen. Die Metapher erhalte ihren besonderen Sinn erst aus einem mitgegebenen Zusammenhang, also aus dem Gesamtgefüge, der Komposition des Bildes und seiner Elemente. Er gibt der Metapher in der Bildinterpretation klar

---

21 Ebd., 406.
22 Gombrich 1966, 12.
23 Ebd., 16.
24 Vgl. Rimmele 2011, 16.

den Vorzug, denn sie sei gegenüber dem fixen Symbol eine offene Form, »die mit solcher Leichtigkeit und je nach Neigung verschiedene Sinngebungen erlaubte«.[25] Diese offene Form ist aber auch ein wesentlicher Unterschied zur sprachlichen Metapher. Die bildliche Metapher widersetzt sich demnach nicht in gleicher Weise wie die sprachliche durch einen Syntaxbruch, durch eine falsche Prädikation:

»Beim Betrachten eines Kunstwerks werden wir immer eine zusätzliche Bedeutung seiner Ausdrucksstruktur zuordnen, die nicht unmittelbar in dieser Struktur angelegt ist. Wir müssen das sogar tun, damit das Werk für uns lebendig wird. Der Halbschatten des Unbestimmten, die ›Offenheit‹ des Symbols gehört wesentlich zu jedem echten Kunstwerk.«[26]

Hiermit verlagert er aber die Bedeutung des Bildes nicht durch eine symbolische Verweisfunktion auf eine mysteriöse, hinter dem Bild liegende Ebene, sondern betont lediglich, dass sie als metaphorischer Prozess im Bild schwerer zu bestimmen ist und nicht unmittelbar anschaulich evident ist, aber dennoch aus dem Bild, aus seiner Ausdrucksstruktur selbst hervorgeht.[27]

Im Fokus steht daher die Möglichkeit einer formästhetischen Bedeutungstheorie. Indem Gombrich die Formeigenschaften von einer je spezifischen bildlichen Darstellung löst, schafft er die Grundlage für eine genetische Verbindung von individueller, kreativer Metapher und konventioneller Symbolik: »Solange gewisse Struktureigenschaften invariant bleiben, kann die Form unendlich abgewandelt werden.«[28] In dieser Hinsicht kann eine kontextgebundene Metapher als nur singuläre Erscheinung immer weiter von ihrem Kontext gelöst werden, indem ihre wesentlichen Struktureigenschaften wiederholt werden. Dieser Prozess ist die Symbolgenese als Konventionalisierung.

Eine ähnliche Betonung der Kontextabhängigkeit von Symbolen nimmt David Mannings vor, indem er den Bedeutungswandel von Bildelementen in Abhängigkeit zur Bildkomposition und den umliegenden Darstellungselementen analysiert. Bedeutung sieht er dabei als »eine Funktion der formalen Möglichkeiten«[29], verzichtet dabei aber auf die Metapher, obwohl jene gemeinten Prozesse genau ihrer Übertragungsleistung entsprechen. Den Symbolbegriff bestimmt er hingegen als einen funktionalen, denn die Lebendigkeit eines Symbols hänge nicht von seiner schlich-

---

25 Gombrich 1972, 422.
26 Ebd., 419.
27 Gombrichs metapherntheoretische Position und Beispiele werden in Kapitel 17 genauer besprochen. Hier wird lediglich sein Argument für einen kunstwissenschaftlichen Metaphernbegriff in Ergänzung zum Symbolbegriff angeführt.
28 Gombrich 1966, 17.
29 Mannings 1973, 457.

ten Neuheit ab, sondern von der Kraft, die ihm in einem bestimmten Kontext zukomme. Am Beispiel *Der heilige Hieronymus in der Wüste* von Giovanni Antonio Bazzi (Sodoma) (Abb. 7) führt er aus, dass der Totenschädel zwar ein konventionelles Symbol für Sterblichkeit ist, im Bildkontext aber durch die Positionierung eine visuelle Alliteration erzeuge und dem Schädel des Hieronymus ähnlich sehe. Hierdurch würde das Symbol durch die konkrete Rahmung im Bild einen noch größere Bedeutungstiefe erhalten.[30]

Abbildung 7: Giovanni Antonio Bazzi (Sodoma), Der Heilige Hieronymus in der Wüste, Mond Collection, London

Die bloße Identifikation von Bildzeichen geriet besonders gegen Ende der 1970er durch Gottfried Boehm und Oskar Bätschmann in Kritik. Beide Kunsthistoriker legten im Jahr 1978 ein Plädoyer für eine Hermeneutik des Bildes vor. Diese habe es, so Boehm, maßgeblich mit einer Übersetzung zwischen den Medien Bild und Sprache zu tun, weil das verbale Reflexionsmedium in der Kunstwissenschaft zu sehr ihr Gegenstandsmedium aus hermeneutischer Sicht vernachlässigt habe.[31] Während Ripa in seiner *Iconologia* lediglich ein Verweissystem für Bildinhalte und deren Identifikation entwickelt habe – hier argumentiert Boehm anders als Gombrich – und Panofsky den Vergleich der beiden Medien auf ihre Inhalte reduziere, gilt es

---

30 Vgl. ebd., 448.
31 Vgl. Boehm 1978, 444.

ihm, »die Sprache des Bildes mit der des Wortes auf die Grundform ihrer Ähnlichkeit hin zu befragen und damit Umfang und Schranke ihrer wechselweisen Übersetzbarkeit zu überprüfen.«[32] Die Frage nach einer Hermeneutik des Bildes habe sich allerdings in besonderem Maße erst gegen Ende des 19. Jahrhunderts gestellt als die Übersetzung zwischen den Medien weiter in den Fokus der Kunst und ihrer Theorie rückte – Boehms Gewährsmänner sind hier Wassily Kandinsky und Konrad Fiedler.

Die Ähnlichkeit zwischen Bild und Sprache nimmt Boehm über den Zugang beider Medien zur ›Bildlichkeit‹ in Angriff. So wiederhole sich in der Frage nach der Übersetzbarkeit der poetischen Sprache in eine metaphernfreie Beschreibung das Problem einer Hermeneutik des Bildes, des materiellen Bildes. ›Bildlichkeit‹ lässt sich hier als allgemeinere Form verstehen, die das Sprachbild und das materielle Bild zusammenfasst. Boehm greift also den seit dem frühen 19. Jahrhundert bestehenden Topos von der Metapher als Bild auf – allerdings unter Vorbehalt, wenn er die Metapher nicht direkt mit dem externen Bild gleichsetzt. Bildlichkeit als *tertium* von Sprache und Bild wird damit zum Brückenschlag zwischen den Medien: »Bildlichkeit fällt *vor* die metaphysische Unterscheidung von Zeichen und Bezeichnetem, Innen und Außen, Sinnlichkeit und Begriff, Form und Inhalt.«[33] Hierdurch wird das ästhetische Moment der Metapher aber unterbestimmt, indem ihr komplexer Einbezug von Erinnerungs-, freien Vorstellungsbildern und an Begriffe gebundenen schematischen Bildern auf eine allgemeine Bildlichkeit reduziert wird, die alle Differenzen auf ein Wahrnehmungsmoment nivelliert. Die Bildlichkeit charakterisiert er durch zwei zentrale Eigenschaften: eine genuin bildliche Ontologie der Ununterscheidbarkeit von Sein und Erscheinung und damit verbunden einen Darstellungsprozess. Bilder stellen das Sein in analoger Weise zum Logos dar, aber zeigen es, statt es in prädikativer Form zu sagen.[34]

Während Panofsky diese besondere Erscheinungsweise von Bildern als Abbilder der Realität um- und damit abwerte, soll die Bildhermeneutik »die Metaphorizität des Bildes selbst [...] bestimmen«.[35] Boehm nutzt hierbei die Einsicht in die Kontextgebundenheit der Metapher und ihre Unersetzbarkeit, um das Bild gegen eine einfache sprachliche Substitution zu verteidigen. Die Metaphorizität widersetze sich in der Sprache der Logizität, weil sie mit den materiellen Bildern die Form der Bildlichkeit teile. Das Bild widersetze sich wiederum der Logizität, weil es grundsätzlich metaphorisch sei. Metapher und Bild sollen sich also gegenseitig erhellen und gegen den Logos verteidigen. Was Boehm hier noch wenig konturiert als

---

32 Ebd., 445.
33 Ebd., 449.
34 Vgl. ebd., 450f.
35 Ebd., 453.

Metaphorizität ausweist, fasst er später als Kontrastleistung und bestimmt das Wechselverhältnis von Metapher und Bild genauer.[36] An dieser Stelle führt er aber an, dass dennoch ein wichtiger Unterschied zwischen der sprachlichen Metapher und dem Bild bestehe, über den letztendlich auch die Differenz beider in der Übersetzung der sprachlichen Beschreibung im positiven Sinne erfahrbar werde: »Die geglückte Übertragung [...] deckt einen gemeinsamen Grund der Bildlichkeit auf, in dem sich die eigene Logik des Bildes im Kontrast zur Metaphorik der Sprache zu behaupten vermag.«[37]

Die durch die bloße Identifikation von Bildzeichen verdeckten semantischen Prozesse im Bild sind Oskar Bätschmann schließlich auch Anlass seiner kunstgeschichtlichen Hermeneutik. Die Leistung einer Hermeneutik des Bildes sei, das Verhältnis von Darstellung und Dargestelltem, das im zeichentheoretischen Zugriff Panofskys als invariabel vorausgesetzt werde, in den Fokus der Analyse zu rücken. Diese Überwindung des bloßen Zeichenstatus könne erfolgen, wenn die Relationen der Bildelemente und ihrer Produktivität zum Ausgangspunkt der Bedeutungsanalyse werden.[38] Bätschmann untersucht in diesem Zuge auch die Metaphorik als semantischen Prozess in Bildern und lässt auf seine Diagnose, dass es keinen kunstwissenschaftlichen Metaphernbegriff gibt, die Aussicht folgen, dass gerade in diesem ein enormes Potential in der genaueren Bestimmung von Bildprozessen zu finden sei.[39] Während Boehm Einsichten in die Metapher zur Bestimmung *des* Bildes im Allgemeinen nutzt, versucht Bätschmann mit diesen Einsichten dezidiert metaphorische Prozesse *im* Bild zu untersuchen. Visuelle Metaphorik gilt ihm daher nicht als Form der Substitution, sondern als semantischer Prozess, der durch Wiederholung von Dispositionen, Angleichung und Entgegensetzung und durch Zuordnung über gegenständliche und räumliche Grenzen erreicht werde.[40] Die Metapher wird in Bätschmanns hermeneutischem Appell zum Schlüssel, um jene Prozesse im Bild zu erforschen, was seiner Diagnose im Jahr 1982 nach bislang wenig getan wurde. Grund hierfür sei die zeichentheoretische Vereinnahmung des Symbols: »Die Erkenntnis dieser Funktion der Darstellung ist behindert von der verbreiteten

---

36 Vgl. Boehm 1994. Dazu genauer im folgenden Kapitel.
37 Boehm 1978, 456.
38 Vgl. Bätschmann 1978.
39 Vgl. Bätschmann 1984, 150-152. Bätschmanns Beispiele möglicher metaphorischer Prozesse im Bild werden ebenfalls in Kapitel 17 genauer vorgestellt.
40 Vgl. Bätschmann 1982, 21f. Bei Boehm betont er den Aspekt des Darstellungsprozesses, den Sprache und Bild teilen, aber auf unterschiedliche Weise hervorbringen. Vgl. Bätschmann 1984, 55f.

Auffassung, im Bild sei ein vor der Darstellung existierender und außerhalb sich befindender Sinn durch Zeichen oder Symbole oder dergleichen repräsentiert.«[41]

Bemerkenswert an Boehms und Bätschmanns hermeneutischen Bildtheorien ist, dass sie neben dem Bild auch die Metapher als semantischen Prozess auffassen. Erst durch diese Einsicht der Theorien der Metapher des 20. Jahrhunderts, namentlich von Richards und Black und deren Folgen, kann das traditionelle Verständnis der Metapher als Ersetzung eines Wortes überwunden werden. Denn als Substitution bietet die Metapher kaum differenziertere Einsichten in Prozesse der Sinnkonstruktion als das Symbol. Wird sie jedoch selbst als prozesshafte Form der Bedeutungsgenerierung zwischen zwei Elementen aufgefasst, kann sie als produktives ›Werkzeug‹ den Symbolbegriff in der Kunstwissenschaft ergänzen. Bätschmann hat dieses Potential bereits erkannt und für die weitere Forschung in Aussicht gestellt:

»Vielleicht wäre es möglich, durch weitgehende Erforschung der Metaphorik als semantischen Prozeß vieles in den produktiven Vorgang hereinzuholen, was heute unter Begriffen wie Symbolik stillgelegt ist; vielleicht könnte man durch klare Unterscheidung auch wieder dazu kommen zu sagen, was man unter Symbol verstehen könnte.«[42]

Die Metapher soll den Symbolbegriff der Kunstwissenschaft differenzieren, nicht seinen Gegenstandsbereich aufteilen und schlicht einen Teil dessen als eigentlich der Metapher zugehörig ausweisen. Die Konventionalisierung eines Symbols bietet hier den entscheidenden Zugang, denn was sich im Laufe der Nutzung und Wiederholung als Konvention eingeschliffen hat und auf eine einfache Verweisstruktur reduziert wurde, kann ursprünglich eine innovative und individuelle Metapher gewesen sein – genauso verhält es sich ja auch bei sprachlichen Metaphern. Metapher und Symbol müssen also auch in diachroner Hinsicht verglichen werden, um eine bloße Aufteilung des Gegenstandsbereichs zu vermeiden.

Neben den bereits erwähnten Kunsthistorikern haben auch Kunstphilosophen auf den Aspekt der Koventionalisierung von Symbolen und Metaphern hingewiesen. So hob Arthur C. Danto hervor: »Ob Metaphern tot oder lebendig sind hängt von den Sujets ab, die ihrerseits für diejenigen, die diese Metaphern wahrnehmen, tot oder lebendig sind.«[43] Zwar verbindet er hierbei nicht Metapher und Symbol im Hinblick auf das Absterben eines vitalen Bedeutungsprozesses, doch liefert er Gründe, warum eben dieser Vorgang überhaupt stattfindet. Sein Beispiel ist das

---

41 Bätschmann 1982, 22. Die Diagnose einer bislang ausbleibenden Erforschung dieser Art semantischer Prozesse im Bild wiederholt er 1984 mit Nachdruck. Vgl Bätschmann 1984, 150.
42 Bätschmann 1984, 152.
43 Danto 1992, 99.

Gemälde *Agnus Dei* (Lamm Gottes) des spanischen Künstlers Francisco de Zurbarán aus dem Jahre 1635-1640 (Abb. 8), in dem das Lamm Christus metaphorisch darstelle. Als Kontextphänomen geht diese metaphorische Bedeutung des Lammes auch aus der gesamten Darstellung hervor bzw. wirkt auf diese zurück. Danto sieht daher den dunklen, barocken Hintergrund als metaphysische Finsternis. Hierdurch verdeutlicht er, wie die Bestimmung einer bildlichen Metapher das Verständnis des Übrigen beeinflussen kann. Die Metapher des Lammes als Christus wird zur Leitvorstellung, um das ganze Bild zu interpretieren. Sie strukturiert gewissermaßen die Bildinterpretation. Danto sieht in den Stillleben jener Epoche eine Mystik der alltäglichen Dinge, die fast alles metaphorisch aufladen konnte. Diese Kraft der Sinnerzeugung habe ein ganzes System von Bedeutungen hervorgebracht, das nur einer bestimmten Gemeinschaft in einer bestimmten Zeit unmittelbar zugänglich war.[44] Individuelle Metaphorik kann somit zur Konvention und zum festen Bestand der künstlerischen, symbolischen Ausdrucksweise werden oder eben ganz absterben und nur durch Einbezug historischer Quellen genauer erschlossen werden. Um den ursprünglich semantischen und komplexen Bildprozess eines zum konventionellen Symbol erstarrten Bildelements zu analysieren, muss es als Metapher neu oder erneut verstanden werden.

Abbildung 8: Francisco de Zurbarán, Agnus Die, 1635-1640, Öl auf Leinwand, 38 x 62 cm, Museo del Prado, Madrid

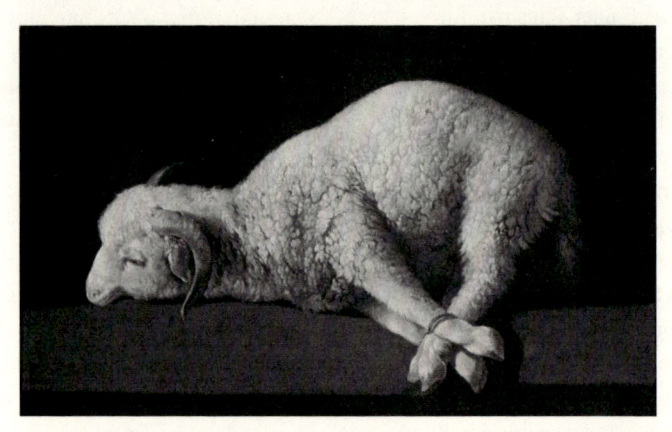

Das Beispiel des Lamm Gottes griff bereits Abraham Kaplan 1954 auf, um zwischen bildlichen Metaphern (*iconic metaphors*) und Symbolen zu unterscheiden. Indirekt spricht er den Prozess der Symbolgenese an, doch seine Ausführungen ge-

---

44 Vgl. ebd., 98f.

hen nicht über eine disziplinäre Zuweisung hinaus: »When such symbols have become stylized, they are the subject-matter of iconology; but interpretation of representational metaphor is part of a great deal of critical analysis of painting.«[45] Ralph Berry griff diesen Aspekt 1967 wieder auf und betont dabei stärker den diachronen Aspekt in der Unterscheidung zwischen Metapher und Symbol. Während das Symbol zum Allgemeinen tendiere, verbinde die Metapher das Besondere mit dem Besonderen. Symbole würden eher über lange Zeiträume hervortreten, Metaphern hingegen hätten einen Geburtstag bzw. eine Geburtssekunde.[46] Diese Bestimmung würde eine genealogische Verbindung beider erlauben. Berry folgert daraus allerdings eine systematische Trennung und lagert die diachrone Verbindung auf das Zeichen aus, in das Symbol und Metapher durch Konventionalisierung übergehen: »we may regard metaphor as a new, active attempt to grapple with reality, symbol a more passive acceptance of a provisional codification of reality. They are vital, complementary aspects of the perceptive act; their common death is to become signs.«[47]

In seiner Kunstphilosophie der Metapher geht Carl Hausman ebenfalls auf das Verhältnis von Metapher und Symbol ein und bestimmt es in genealogischer Hinsicht. Ein Bildelement oder auch ein ganzes Bild ist in seiner Sicht ein Symbol, wenn es (1.) einer konventionellen Interpretation zugänglich ist, (2.) ersetzbar ist, (3.) fest und abgeschlossen und (4.) ungebunden ist.[48] Metaphern können zwar auch wiederholt werden wie Symbole, sterben dabei aber wahrscheinlich ab. Trotz dieser Einsicht verbindet Hausman hier nicht das Sterben der Metapher mit dem Symbol, obwohl er dann später ergänzt: »I suspect that his tensive symbols are what I would call frozen metaphors.« »It may be that all symbols arise from metaphorical creations.«[49] Hausman formuliert die genealogische Verbindung zwischen Symbol und Metapher noch sehr vorsichtig und argumentiert weitgehend aus der Perspektive der Metapherntheorie, führt für diese Einsicht daher keine kunstwissenschaftlichen Autoren an, sondern u.a. Mary Hesse als Wissenschaftstheoretikerin.

Den Anspruch eines kunstwissenschaftlichen Metaphernbegriffs und den Aspekt der Symbolgenese verbindet Christoph Wagner in seiner Studie über Licht- und Farbmetaphorik bei Raffael erstmals dezidiert miteinander. »Für eine solche komplexe Übertragungsleistung und Bildgestaltung, die die Deutung immer aus der Anschauung des gesamten Werkes entwickelt, ist der Begriff der Metapher viel angemessener als derjenige des Symbols«, wie er aus seinen Bildanalysen schließt.

---

45 Kaplan 1954, 469.
46 Vgl. Berry 1967, 82.
47 Ebd., 83.
48 Vgl. Hausman 1991, 13-16.
49 Ebd., 15 u. 16. Er bezieht sich hier auf Philip Wheelwright.

Der komplexe metaphorische Prozess lasse sich nicht einfach als fester Zeichenbestand katalogisieren, »sondern beruht auf einer individuellen Bedeutungsübertragung aus der Synopse der anschaulichen Zusammenhänge und Analogien.«[50]

Die Bildzusammenhänge sind für Wagners Zugriff auf bildliche Metaphern besonders entscheidend, weil gerade Farbe und Licht den ästhetischen Grund bilden, aus dem sich alle Beziehungen im Bild ergeben. Er ist dabei aber weniger an einer systematischen Theorie der Metapher im Bild interessiert, sondern vielmehr am Nachweis einer lebendigen Metaphorik in den Gemälden Raffaels, die zu jener Zeit ein absolutes Novum in der malerischen Gestaltung von Farbe und Licht gewesen sei. Entscheidend sind für ihn jedoch die Formen der Konventionalisierung dieser innovativen Bildmetaphorik in kunsthistorischer Hinsicht. So arbeitet er zwei Tendenzen aus, die die Lebendigkeit der metaphorischen Prozesse gefährden: »Einerseits können Teile der Sichtbarkeitsmetaphorik einer bestimmten visuellen Kultur in Vergessenheit geraten, so daß deren anschauliche Vorstellungen dem Betrachter nicht mehr verfügbar sind« – etwa durch den Wandel der Farbharmonie, des Lichts, und der Wahrnehmung. »Andererseits können Bildmetaphern [...] durch ihre ausgedehnte Benutzung zu klischeehaften Formeln werden, so daß sie ironischerweise durch ihren eigenen Erfolg wieder zu einem konventionalisierten Symbol erstarren.«[51] Dieser Erstarrungsprozess könne sowohl von der Rezeption anderer Künstler als auch vom Künstler selbst durch Wiederholung oder »Rhetorisierung« eingeleitet werden. Gegenüber der Konventionalisierung der sprachlichen Metapher zeichnet sich die visuelle Metapher also durch eine weitere Art des Absterbens aus, nach der sie ganz verschwinden kann, weil sie als Bedeutungselement eigener Art im Bildgefüge nicht mehr hervortritt. Sobald die lebendige Metaphorik zur bloßen Symbolik erstarrt, ziele sie nur noch auf das Erinnerungs- statt auf das Anschauungsvermögen. Aus dem kognitiven Prozess der Übertragung – so ließe sich im Anschluss an Wagner sagen – wird ein bloßer Abruf. Für Raffaels Malerei formuliert er ein nahezu tragisches Schicksal der lebendigen Metaphorik: Ihr innovativer Charakter erlag in der Rezeption seinem eigenen Erfolg. Die Metapher ist, gerade wenn sie besonders wirkt, sich selbst ein Wolf.

Während die Metapher in der Rhetorik wie auch der Philosophie immer wieder zu anderen Konzepten in Beziehung gesetzt wurde, ist ihr Verhältnis zum Symbol weniger deutlich historisch als auch systematisch konturiert. Die Allegorie etwa wurde schon von Quintilian als *continua metaphora* ausgewiesen – eine Definition

---

50 Beide Zitate: Wagner 1999, 13. Als Referenzen für eine Theorie visueller Metaphern führt er Gombrich, Bätschmann, Hausman, Aldrich, Goodman und Wollheim an, die bis auf die ersten beiden keine historische Perspektive einnehmen würden.

51 Ebd., 54.

die sich wie ein roter Faden durch die Theoriebildung zur Metapher zieht.[52] Der Symbolbegriff wurde hingegen stets divergierend behandelt, entweder speziell als materielles Zeichen oder sehr allgemein als Verweisfunktion, gehört nicht zu den rhetorischen Tropen und steht daher auch in keiner systematischen oder begriffsgeschichtlichen Beziehung zu ihnen.[53] Besonders die kognitionswissenschaftliche Metaphernforschung hat den materiellen Aspekt des Symbols aufgegriffen. So verstehen George Lakoff und Mark Johnson kulturelle und religiöse Symbole wie etwa die Taube, die eine konventionelle Darstellung des heiligen Geistes ist, als eine bloß metonymische Verknüpfung. Hierdurch bestimmen sie den Symbolbegriff zwar näher als nicht arbiträr, weil sich diese Verbindung aufgrund inhaltlicher Entsprechungen wie etwa dem Himmel als Reich der Taube und des heiligen Geistes zustande gekommen ist. Doch verstehen sie das Symbol nicht als Metapher – trotz dieser offensichtlichen Bedeutungsübertragung, die aus der Spannung zwischen Ähnlichkeiten und Differenzen hervorgeht. Symbole stünden lediglich mit dem metaphorischen Konzeptsystem in Verbindung: »Symbolic metonymies are critical links between everyday experience and the coherent metaphorical systems that characterize religions and cultures.«[54]

Auch wenn in der Kunstwissenschaft das Potential der Metapher zur bildlichen Sinnerzeugung unter dem Deckmantel eines zeichentheoretischen Symbolbegriffs weitgehend unerkannt blieb, hat sich die Disziplin im Hinblick auf die Kunstbeschreibung der Metapher zugewandt. Der Ausdruck Ekphrasis meint ursprünglich sowohl die anschauliche Beschreibung als auch die Beschreibung der Bilder im Besonderen. Der Werdegang dieser sprachlichen Kunst zeichnet sich vor dem historischen Wettstreit der Künste und somit auch der Rolle der Metapher innerhalb der Sprache ab. Wie bereits im zweiten Teil ausgearbeitet, wurde aus der traditionellen Vergleichung im Sinne von Horaz' Ausspruch ›Ut pictura poesis‹ und Lessings Gegenüberstellung von sprachlicher Sukzessionen und bildlicher Simultaneität zunehmend die Gleichsetzung von Metapher und Bild. Der Metapher kommt demnach eine besondere Funktion der Bildbeschreibung zu, weil sie die Bedeutung in gleicher Weise wie ihr Gegenstand bildhaft aufscheinen lassen kann. Anja Schürmann sieht in dieser synthetisierenden Funktion der Metapher in der Bildbeschreibung den aktiven Einbezug des Lesers, denn dieser müsse die verkürzte sprachliche Darstellung selbst wieder erweitern. Hierdurch werde seine oder ihre Imagination ange-

---

52 Vgl. Willer 2010, 95; Haverkamp 2007, 23f. und ausführlich zur Allegorie Haverkamp/Menke 2000. Zu Metapher, Symbol und Allegorie vgl. allgemein Kurz 1982.
53 Vgl. Kohl 2007, 99f.
54 Lakoff/Johnson 1980, 40. Hier äußert sich erneut der rein systematische Zugang der kognitiven Semantik.

regt und er oder sie enger an das Bild gebunden.[55] In dieser Sicht transportiert die Metapher in der Beschreibungssprache die ästhetische Erfahrung der Bildbetrachtung. Hiermit wird eine bereits in der Antike vorformulierte Auffassung der Sprache erneuert. Grundlage der antiken Rhetorik und Poetik war es, Bilder zu evozieren, wie in Aristoteles' *enargeia* als Anschaulichkeit und Vergegenwärtigung oder dem Vor-Augen-stellen deutlich wird. Boehm verweist daher auf die Deixis, das Zeigen, an der sowohl Bild als auch Sprache teilhaben würden.[56]

Zudem muss die Sprache selbst auf Metaphern zurückgreifen um das Ästhetische in Worte fassen zu können. Bereits Erik Forssman merkt in seiner Kritik an den stilgeschichtlichen Charakterisierungsbegriffen Wölfflins an, dass Ausdrücke wie etwa *malerisch* in den rein deskriptiven Sprachgebrauch übergegangen sind.[57] Er stellt allgemein die Angemessenheit und Form der Sprache in den Fokus seiner Revision der ikonografischen Methode. Ebenso rückt David Mannings die Besonderheit der Beschreibungssprache in die Nähe der Metapher, wenn er der sprachlichen Zuweisung des Prädikats ›verlegen‹ für eine im Bild dargestellte Pose auf ein Sehen-als im Anschluss an Richard Wollheim zurückführt. Dieses sei im Gegensatz zu Panofskys Identifizierung von Bildinhalten ein darstellendes Sehen, das »eine Grund- oder Zentralbedeutung in der allgemeinen Körpersprache«[58] auf dem Wege der Metapher auf eine reine Form anwendet.

Für die Kunstwissenschaft hat jüngst Marius Rimmele mehrfach auf das Potential der Metapher zur Analyse semantischer Prozesse hingewiesen. Er führt dabei zahlreiche Einzeluntersuchungen zur bildlichen Metapher aus verschiedenen Disziplinen wie der Semiotik, Philosophie, Bild- und Kunstwissenschaft an, die aber alle keinen Einfluss auf die Etablierung der Metapher als Fachterminus gehabt haben.[59] Neben einer ersten ›Bestandsaufnahme‹ der bisherigen Theoriebildung zur Metapher im Bild und dem Nachweis der Heterogenität der Ansätze, stellt er aber auch die kritische Frage, ob es in Anbetracht der medialen Differenzen überhaupt möglich sei, das Konzept der sprachlichen Metapher auf das Bild zu ›übertragen‹. Müsse die Metapher zu stark ihrem neuen Gegenstandbereich angeglichen werden, würde sie selbst nur *Metapher als Metapher* sein.[60] Rimmele meint hiermit nicht die

---

55 Vgl. Schürmann 2010, 181. Allgemein zur Thematik: Boehm/Pfotenhauer 1995 und Baxandall 1979.
56 Vgl. Boehm 1995, 38. Er führt hier auch Ernst Cassirers Analyse zur deiktischen Wurzel der Wörter an.
57 Vgl. Forssman 1966, 257 u. 260.
58 Mannings 1973, 438.
59 Vgl. Rimmele 2011, 1.
60 Vgl. ebd., 2.

im zweiten Teil angeführte Eigenmetaphorik des Ausdrucks ›Metapher‹, sondern die metaphorische Anwendung des Konzepts der sprachlichen Trope auf Bilder. Mehrere Problemfelder für die Ausarbeitung eines Konzepts der bildlichen Metapher lassen sich im Anschluss an Rimmele ausweisen. Der nur punktuelle Rückgriff auf Theorien der sprachlichen Metapher oder die Verbindung mehrerer Positionen zum Preis der Nivellierung von Differenzen führen zu einem unscharfen oder wenig anschlussfähigem Konzept. Oftmals bleiben die Positionen einer Substitutionstheorie verhaftet.[61] Metaphorische Prozesse im Bild lassen sich schwerer bestimmen, weil sie sich anders als die sprachliche Metapher in die Darstellung einfügen und daher oftmals unauffällig sind.[62] Die allgemeine Adressierung anschaulicher Metaphern setzt sich über die verschiedenen Erscheinungsweisen hinweg und verfehlt eine medienspezifische Präzisierung.[63] Trotz dieser methodologischen Hürden sieht Rimmele in Anbetracht der komplexen semantischen Prozesse, die etwa Bätschmann und Wagner versuchen auszuarbeiten, den Anspruch, die Metapher als Fachterminus zu etablieren: »Nach wie vor besteht in der Kunstwissenschaft ein dringender Bedarf, solche im Prozess der Anschauung nachvollziehbaren Bedeutungsdimensionen zu benennen, ohne sie jeweils umschweifig beschreiben zu müssen.«[64] Dieser könne aber nur aus systematischen Gründen gewählt werden, weil er keine Vorgeschichte in historischen Bildtheorien habe. Das Ausbleiben einer angemessenen Terminologie zur Beschreibung der komplexen Wechselbeziehungen zwischen der inhaltlichen Ebene und den Darstellungsmitteln, also dem *Was* und dem *Wie* eines Bildes, kann im Sinne Rimmeles als Argument für eine bildtheoretische bzw. kunstwissenschaftliche Metaphernforschung gesehen werden. Der problematischen Übertragung der sprachlichen Metapher auf das Bild kann in sinnvoller Weise entgegengewirkt werden, wenn die kognitive Dimension der Metapher als wesentlicher Ausgangspunkt genutzt wird[65], von dem aus sich die sprachlichen und bildlichen Metaphern als je spezifische Ausdrucksformen verstehen lassen.

---

61 Vgl. Rimmele 2013, 73.
62 Vgl. Rimmele 2011, 6 und 2013, 73.
63 Vgl. Rimmele 2013, 74. Er führt hier ebenso die bereits oben ausgearbeitete Abgrenzung von anderen Begriffen wie Symbol und Allegorie an.
64 Rimmele 2011, 10.
65 In seinem Aufsatz von 2011 weist Rimmele bereits auf diesen Zugang hin und rückt ihn in den Texten von 2013 und 2017 ins Zentrum seiner Methodik.

16 Kritik des Metaphernbegriffs (Boehm, Mitchell)

In den 1990ern wurde die Metapher schließlich zum zentralen Argument zur Formulierung einer bildlichen Wende. William John Thomas Mitchell nutzte sie 1992 für den *Pictorial Turn*, Gottfried Boehm dann 1994 für den *Iconic Turn*.[1] Ihr strategisches Interesse lag in einer Engführung der Metapher auf ihre Bildlichkeit, um eine wissenschaftliche und erkenntnistheoretische Wende zum Bild als Revision und Ergänzung des *Linguistic Turn* von Richard Rorty aus dem Jahre 1967 vorzunehmen. Während Mitchell die Metapher als sprachliches Bild in die Familie der Bilder aufnimmt und damit eine allgemeine Theorie der systematischen Differenzierung aber auch der historischen Verwendungen vornimmt, nutzt Boehm die Metapher, um strukturelle Einsichten in die Erscheinungsweise von Bilder zu gewinnen. Die Metapher ist beiden ein besonders starkes Argument für den Geltungsanspruch einer bildlichen Wende, weil sie als Bildlichkeit in der Sprache nicht zu tilgen sei – ein Anspruch, der die Position Rortys gerade auszeichnet. Die bildliche Wende kann in ihren jeweiligen Konturierungen daher als komplementäre und notwendige Ergänzung der sprachlichen Wende verstanden werden. Die Metapher ist der Schlüssel dieser wechselseitigen Abhängigkeit.

In seinem Plädoyer für eine Bildhermeneutik von 1978 formulierte Boehm seine zentralen Argumente der ikonischen Wende im Wesentlichen vor, wie bereits im vorherigen Kapitel ausgeführt wurde. Boehm geht es hierbei um die Verbindung

---

1   Ebenso wurde sie in den ›Turns‹ bedacht, die sich als Ausdruck nicht im gleichen Maße durchsetzen konnten: Ferdinand Fellmann sprach 1991 im Zuge der neu entfachten *imagery debate* um die mentale Bildlichkeit und die Metapher von einem *imagic turn*. Klaus Sachs-Hombach schlug 1993 den Ausdruck *visualistic turn* vor. Theorien der Metapher diskutierte er schließlich in einem Seminar mit Studierenden der Westfälischen Wilhelm-Universität in Münster im Jahre 2007, aus dem auch das Forschungsinteresse dieser Arbeit hervorgeht.

von Sprache und Bild. Diese sei nicht einfach in der Gleichsetzung von Metapher und Bild zu finden, sondern in der Form einer Bildlichkeit, die Sprache und Bild teilen. Sie zeichne sich durch einen Darstellungsprozess und eine besondere Ontologie aus, in der Sein und Erscheinung zusammenfallen. Boehm rückt die Bildlichkeit grundsätzlich in die Nähe der Metapher, weil Metaphorizität als Kontextgebundenheit sowohl Wörter in der Sprache als auch einzelne Elemente in Bildern betreffe. Beide Medien verbinde die Bildlichkeit als gemeinsamer Grund, der nur je verschieden realisiert sei. Boehm lagert hiermit auf geschickte Weise das Problem der Andersartigkeit, das die Medien im jeweils anderen finden, in ein *tertium* aus. Zwar ist die Metapher nicht das Bild in der Sprache, doch greift sie wesentlich auf eine Bildlichkeit zurück, die der Sprache gegenüber als absolut gilt, weil sie sich nicht diskursiv einholen lasse.[2]

Der Grund des Bildes ist nach Boehm nicht ein metaphysischer, sondern eine ikonische Dichte, welche »die Einheitsform aller bildlichen Sinnrichtungen und Einzelelemente darstellt«.[3] Eine gelungene Übersetzung zwischen Sprache und Bild würde diese Bildlichkeit mit übersetzen. Dies gelinge durch eine Art der Übertragung, also die Metapher, die sowohl Gleichheit als auch Differenz einschließe. Die Gleichheit lasse den Vergleich zu, während die Differenz der Übersetzung bedürfe. In der Bildlichkeit liege der Übergang zwischen beiden begründet. Boehm bestimmt jenes *tertium* zwischen Sprache und Bild also wesentlich über Eigenschaften, welche die Theoriebildung des 20. Jahrhunderts der Metapher zugesprochen hat: Ähnlichkeit trotz Differenz, Kontextabhängigkeit und Unmöglichkeit der Substitution, ein Hervorbringen anstelle eines Abbildens. Diese metaphertheoretische Ausformulierung des Grundes als »Differenz und [...] Konvergenz der Medien«[4] bindet Boehm noch stärker an die Metapher, wenn er später von einem Grundkontrast spricht. Ebenso knüpft er das im Beitrag von 1978 nur angerissene Konzept der Simultaneität dann an die Metaphorizität der Bildlichkeit. Simultaneität führte er vorerst nur als Prozess des Erscheinens des Bildes, seiner Räumlichkeit und Zeitlichkeit an, um sie von Lessings Bestimmung als fruchtbarer Augenblick der bildenden Künste abzugrenzen, der sowohl das Geschehene mitdarstelle als auch das Zukünftige bereits erahnen lasse.

Die Sprache habe Zugang zum Bild, indem sie Grenzlinien zieht, um einzelne Elemente benennen und begrifflich fixieren zu können. Dieser setze sich aber über die Prozesse permanenter Sinngenerierung und ihrer Übergänge hinweg. Die Grenzlinien müssen folglich beweglich sein. Was das Bild auszeichnet, sei seine ikonische Dichte, die prinzipielle Unausgefülltheit der Zwischenräume. Und gerade

---

2   Vgl. Boehm 1978, 454 u. 470n7.
3   Ebd., 454.
4   Ebd., 457.

diese sind für die Sprache das »Leerste am Bilde«. »In der Unbestimmtheit des Kontrastes zwischen Grenzen hat sowohl die unsubstituierbare Sinnlichkeit ihren Ort, wie, gleichzeitig, jene ›Logik‹ von Korrespondenzen, aus deren Komplexität sich die phänomenale Gegebenheit eines bestimmten Bildes ergibt.«[5] Dieser Kontrast der Grenze zeigt sich im Bild; in der Sprache liegt er aber unter der Last der Kategorien begraben, denn ihre Grenzen gehen nicht stets aufs Neue aus der Spannung der Grenzziehung hervor. Wenn die sprachliche Metapher diese Spannung als Syntaxbruch oder als Paradoxie wieder erfahrbar macht, gewinnt die bildliche Metapher als semantischer Prozess gerade die ihr eigene Spannung, indem sie die bereits sichtbaren Kontraste der Grenzen aufnimmt und entweder steigert oder abschwächt, um Sinnübertragungen zuzulassen. So ließe sich Boehms Argumentation der Bildlichkeit als Metaphorizität mit einer Position der Metapher im Bild gewinnbringend verbinden.

Mit der Simultaneität betont Boehm abermals die Neugewichtung des Bildes vom Sein auf das Erscheinen als einen aktiven Vorgang. Hiermit hebt er gegenüber dem Sosein die kognitiv-sinnliche Erfahrung des Bildes hervor. Was er als Bildlichkeit mit der Metapher genauer fassen will, lässt sich daher vor dem Hintergrund neuerer Positionen der Metapherntheorie verstehen, die anstelle des sprachlichen Ausdrucks den kognitiven Nachvollzug stark machen. Die bereits von Ivor Armstrong Richards und Max Black herausarbeitete kognitive Spannung kann Boehms Charakterisierung des *tertium* von Bild und Sprache stärker an den metaphertheoretischen Diskurs anschließen. Demnach ist die kognitiv-semantische Spannung sowohl jene der Metapher – also zwischen Elementen, die rein sprachlich aber auch anschaulich sein können – als auch jene des Bildes – zwischen rein visuellen Elementen – zu verstehen. Die Simultaneität ist beiden Konzepten gemein, der kognitiven Metapher und der Bildlichkeit im Sinne Boehms. Um aber aus ihrer Einheit des Disparaten, ihrem Zugleich von Ähnlichkeit und Differenz einem semantischen Prozess der Sinnübertragung werden zu lassen, ist ein weiteres Kriterium nötig: Das eine Element des Spannungsverhältnisses muss sich durch das andere auf neue Weise verstehen lassen können.

Boehm geht es aber weniger um die Möglichkeit bildlicher Metaphern als um die Gemeinsamkeiten zwischen Sprache und Bild. Wendet er sich also dezidiert der Metapher zu, so findet er sie in der Sprache über Bilder: »›Vor‹, ›Durch‹, ›Zurück‹ sind dabei metaphorische Zwänge der Sprache, die ins Bild eine Räumlichkeit hineintragen, die es von sich her nicht nahelegt.«[6] Dies bedeutet aber nicht, dass der Bildraum, die Darstellung in einer Konfiguration aus Farbe und Form auf einer Fläche per se Metapher ist. Die Konventionen der bildlichen Darstellung bieten einen

---

5 Beide Zitate: ebd., 463.
6 Ebd., 468.

Bezugsrahmen, innerhalb dessen man – im Sinne Nelson Goodmans – von Richtigkeit oder Angemessenheit sprechen kann. Doch es gilt, diesen Bezugsrahmen ständig zu vergegenwärtigen, um die Sprache über Bilder nicht zu naturalisieren, ihre Metaphern gänzlich absterben zu lassen und ihrer Wirkkraft zu erliegen. In dieser metaphernreflexiven Bildpraxis ist auch ein neuer Zugang zum Potential des Bildes selbst zu sehen: »Die Hermeneutik des Bildes gleicht somit in diesem Aspekt einer systematischen Archäologie unserer Begriffssprache, auf der Suche nach dem von ihr Verdeckten.«[7] So gesehen lässt die Hermeneutik Bild und Sprache sich ›auf Augenhöhe begegnen‹ und ermöglicht eine Vermittlung jenseits des Ringens um Unter- oder Überordnung.[8]

Die Metaphernpflichtigkeit der Sprache, wie sie Hans Blumenberg mehrfach betont und verdeutlicht hat, nimmt Boehm zum Anlass, um 1994 aus dem *Linguistic Turn* heraus die allgemeine Bedeutung und Erkenntnisfunktion des Bildes und damit sein Konzept der ikonischen Wende zu formulieren. Diese Wende zum Bild, das für ihn sowohl Einbildungskraft, unbewusste Imagination wie auch Metapher einschließt, führt er auf zahlreiche Wegbereiter wie Immanuel Kant, Søren Kierkegaard, Friedrich Nietzsche, Siegmund Freud, Ludwig Wittgenstein, Edmund Husserl, Martin Heidegger, Hans-Georg Gadamer und weitere zurück.[9] Neben der Metapher soll auch die Aufwertung des Bildes als Einbildungskraft und Bild in der Sprache die ikonische Wende legitimieren. Was im Grunde allgemein der Ästhetik und ihrem Einschluss erkenntnistheoretischer Aspekte zufällt, adressiert Boehm explizit einer Auseinandersetzung mit dem Bild. Damit zieht er die Ästhetik auf eines ihrer – wenn auch wesentlichen – Themen zusammen, was natürlich stark damit zusammenhängt, dass er die Metapher, in deren theoretischer Einholung sich ja gerade das Verhältnis von Erkenntnis und Sprache zum Sinnlichen äußert, auf das Bild reduziert. Durch diese Engführung gelingt es Boehm, zentrale Aspekte des Widerstreits zwischen Sprache und Anschauung durch das Brennglas der Bildlichkeit zu thematisieren, zu fixieren und einer folgenschweren Kritik zu unterziehen. Die Engführung muss allerdings für eine Theorie der visuellen Metapher wieder aufgelöst werden, um die Ästhetik der Metapher nicht erneut mit ihrer Bildhaftigkeit gleichzusetzen. Die erkenntnistheoretische Aufwertung des Bildes und die Paradigmatik ihrer historischen Rehabilitierung gelingt Boehm durch einen Sammelbegriff des

---

7 Ebd., 469.
8 Vgl. Bätschmann 1984, 55f. Er betont zudem Boehms Verbindung von systematischer und historischer Erforschung des Verhältnisses von Bild und Sprache. Historisch wurde dies aus der Sicht der Sprache als Kritik ihres Bildbegriffs bereits in Kapitel 10 vorgenommen. Hier gilt es nun, das Verhältnis von der anderen Seite her als Kritik des Metaphernbegriffs der Bildtheorie zu denken.
9 Vgl. Boehm 1994, 12.

Bildes, der die Einbildungskraft sowie sprachliche und materielle Bilder einschließt. Kern dieser Verbindung ist die seit Beginn des 18. Jahrhunderts synonyme Verwendung von Metapher und Bild. Die Wende zum Bild ist eine Wende zu allem, was der Bildbegriff metonymisch zusammenfasst. Sie lässt sich daher auch als seit dem neuzeitlichen Siegeszug des Rationalismus versuchte Rehabilitierung der Ästhetik begreifen und reicht damit in der ihr zugrunde liegenden Motivation zu Giambattista Vico, Alexander Baumgarten und Johann Gottfried Herder zurück.

Im Zentrum der »Rückkehr der Bilder«, wie Boehm diese Wende auch bezeichnet, steht die philosophische Rehabilitierung der Metapher. Die ikonische Wende leistet also das, wozu die sprachliche Wende im Sinne Rortys nicht in der Lage war: Die Metapher als allgegenwärtig in der Sprache und als Erkenntnisinstrument eigener Art anzuerkennen.[10] Wittgenstein, der bereits Kronzeuge der sprachlichen Wende war, nimmt auch bei Boehm eine zentrale Rolle in der Argumentation ein. Sein Konzept der Familienähnlichkeit stellt der logischen Identität die »Einheit [...] im Modus des Plausiblen«[11] zur Seite und dient Boehm als Paradigma des Erscheinens des Bildes. Neben den theoretischen Positionen betont Boehm aber ebenso die Bedeutung der Kunst des späten 19. Jahrhunderts, die – auch durch den Einfluss Nietzsches und seiner Metaphysikkritik der Metapher – das Paradigma des Abbilds entkräftet hat, um eine Perspektive auf genuine und produktive Leistungen des Bildes zu eröffnen.[12]

In welcher Weise dient die Metapher aber als Modell der Bildlichkeit in der ikonischen Wende? Boehm listet einige Argumente auf, die in wissenschaftsge-

---

10 Parallel dazu, aber nicht von Rorty bedacht, sind die Theorien der Metapher von Richards, Black und auch Mary Hesse als philosophische Rehabilitierung der Metapher zu verstehen. Diese wurde in verschiedener Weise von Roman Jakobson, Paul Ricoeur, Lakoff und Johnson wie auch weiteren aufgegriffen und weitergeführt.

11 Ebd., 14. Er merkt aber an, dass Wittgensteins Ähnlichkeit nicht direkt als bildliche zu verstehen ist und seine Leitkategorien metaphorische sind, wie bereits in Kapitel 10 ausgeführt wurde. Dennoch habe Wittgenstein der Bildpotenz der Sprache Nachdruck verschafft.

12 Vgl. ebd., 16. Sein Verdienst ist ebenso die Versammlung zentraler Positionen zur Beantwortung der Frage, was ein Bild ist: Theorien des Sehens und des Blickes, die eine aktive und selbstbestimmte Tätigkeit (Konrad Fiedler), die bildreflexive Wahrnehmung und Intentionalität (Edmund Husserl), die Rolle des Körpers und der Selbstwahrnehmung (Maurice Merleau-Ponty) und die Kreuzung der Blicke (Lacan) einschließen. Vgl. ebd., 17-25. Ergänzend weist er auf Ansätze zur Syntax der Bilder hin (Kandinsky, Klee, Marin, Eco, Thürlemann, Goodman und Scholz) und ebenso auf verschiedene Metaphern des Sehens, die den Blick auf das Bild nachhaltig erschwert haben. Hierzu ausführlicher in Kapitel 18.

schichtlicher Hinsicht von enormer Bedeutung für das Verhältnis von Sprache und Ästhetik sind und damit auch die Rolle des Bildes und seine Erkenntnisfunktion wesentlich aufwerten. Die Metapher galt lange Zeit wegen ihrer schillernden Vieldeutigkeit als Gefahr für die Rationalität. Ihre affektiven Wirkungen blieben daher der Theorie nicht zugänglich. Lediglich zur Erhellung der dichterischen Praxis konnte sie dienen. Darüber hinaus sei sie aber ein bildschaffender Grundzug der Sprache und die logische und begriffliche Konsistenz von Aussagen nur ein abgeleitetes Phänomen.[13] Mit Nietzsche und Blumenberg weist Boehm auch auf die grundsätzliche Metaphorik in der Konventionalisierung von Kategorien und Begriffen hin. Mit Arthur C. Danto wurde die Metapher schließlich sogar zum Paradigma des Ästhetischen und zur Struktur der Kunstwerke.

Allerdings dient die Metapher als Modell für die Bildlichkeit, so Boehm, weil sie für ein »Bilder sehen« und damit für »visuelle Wechselwirkungen und überraschende Synthesen«[14] stehe. Aus dieser Syntheseleistung und der perzeptiven Dimension der Metapher entwickelt er schließlich sein Konzept des Kontrastes: »Was immer sich im sprachlichen Bild fügt, seine innere Differenz wird doch als eine einzige Sinngröße erfahrbar: etwas wird *als* etwas sichtbar und plausibel.«[15] Die Qualität der Metapher geht nach Boehm aus dem Kontrast hervor, den sie setzt. Der Kontrast ist, was er zuvor unter dem Aspekt der Bildlichkeit als *tertium* zwischen Sprache und Bild fasste: Er ermögliche das Simultane, das Überschaubare, das letztendlich das Bild sei. Die Metapher kann aber in dieser Weise nur das Paradigma der Bildlichkeit abgeben, wenn sie im Sinne eines Sehen-als im Anschluss an Wittgenstein verstanden wird. Wie im vorherigen Teil ausgearbeitet wurde, bringt eine Metapher nur eine Art Bild als kontrastive Verbindung zweier Vorstellungen hervor, wenn diese beiden im metaphorischen Prozess verbundenen Elemente auch selbst bildliche Vorstellungen sind. Boehms Konzept des Kontrastes lässt sich allgemeiner als kognitive Spannung verstehen, die nicht zwangsläufig anschaulich verfasst sein muss und daher der Metapher auch in ihrer rein analogischen, also nicht auf anschaulicher Ähnlichkeit beruhenden Funktion gerecht wird. Auch ließe sich das Konzept der Simultaneität in dieser Weise als Einheit des Disparaten und damit nicht zwangsläufig als visuell beschreiben.[16]

---

13 Vgl. ebd., 27. Er verweist hierfür auf Hamann und somit auf die Tradition des sprachphilosophischen Humanismus, ohne aber Vico oder Herder anzuführen. Auch spricht er das Denken als verblichene Mythologie als Einsicht Schelling zu.

14 Ebd., 28.

15 Ebd., 29.

16 In dieser Hinsicht kann auch Dimitri Liebsch verstanden werden, wenn er Boehms Kontrastbegriff mit Blacks Interaktion der Metapher vergleicht. Ebenso ließe sich Carl Hausmans Theorie der bildlichen Interaktion mit Boehms Kontrastbegriff für eine Bild-

Diesen Kontrastbegriff verbindet Boehm mit dem bereits 1978 ausgearbeiteten Konzept des Grundes als Bildlichkeit. Der Grundkontrast zwischen dem Ganzen und seinen Teilen sei die Bedingung des Mediums selbst. Das Bild nehmen wir als Sinneinheit wahr, weil der Grundkontrast sowohl die überschaubare Gesamtfläche als auch die einzelnen Prozesse im Bild sei, die in der Anschauung hervortreten.[17] Hierin liegt schließlich auch begründet, was Boehm als ikonische Differenz im Anschluss an Heideggers ontologische Differenz fasst, um die Seinsweise des Bildes noch genauer zu fassen. Wenn der metaphorische Kontrast das Modell des ikonischen Kontrastes ist, so ist die ontologische Differenz das Modell der ikonischen Differenz. Wie die Metapher gehe das Bild aus einem Kontrast hervor und sei ontologisch gesehen ein Erscheinen als Entfaltung eines Potentiellen, eines Möglichen.

W.J.T. Mitchell bezeichnet das neue Interesse am Bild und den langen Prozess seiner theoretischen Rehabilitierung ebenfalls als Vorgeschichte einer Wende zum Bild, eines *Pictorial Turn*. Auch für ihn ist Wittgenstein eine Leitfigur in der Ausformulierung dieses weitreichenden wissenschaftlichen und sozio-kulturellen Wandels. Sein methodischer Zugriff ist daher auch die Analyse des Bildes in den Sprachspielen, den jeweiligen institutionellen Diskursen und in seinen unterschiedlichen historischen Lebensformen.[18] Endscheidend wird dabei in synchroner wie diachroner Hinsicht der kulturelle Kontext der Bildpraxis, weshalb sein Vorhaben auch den *Visual Culture Studies* und weniger der Kunstwissenschaft im Besonderen zuzurechnen ist. Da Mitchell die ganze »Familie der Bilder«, wie er sie bezeichnet, in seine Analysen einschließen will, konzentriert er sich bereits 1984 auch auf die Metapher als sprachliches Bild. Sie dient ihm als wesentliches Argument, in der Ausarbeitung der historischen Sprachspiele die Geltung einer bildlichen Wende zu begründen. Ebenso wie auch Boehm geht es ihm in seiner Bildtheorie um eine Neuformulierung der Frage nach der Verbindung von Sprache und Bild. Er fasst Wort und Bild daher nicht als durch eine Kluft getrennt, sondern in einer Dialektik verbunden auf, die mit dem Ausdruck »Wort/Bild« annähernd wiedergegeben werden soll. Was Mitchells methodischen Zugang zum Phänomen des Bildes auszeichnet, sind die Herausarbeitung und Einordnung von Modellen für das Denken über Bilder und die Beschreibung eines selbstreflexiven Vermögens bestimmter Bilder. Diese bestimmt er als Hyperikon bzw. Metabilder – wie im Folgenden noch genauer ausgearbeitet wird.

---

theorie fruchtbar machen und vor einer zu starken Verallgemeinerung der Metapher retten. Vgl. Liebsch 2012 und Hausman 1991. Zur Definition der Simultaneität als Einheit des Disparaten vgl. Hubmann/Huss 2013 und Huss 2018.
17 Vgl. Boehm 1994, 29f.
18 Vgl. Mitchell 1984, 19.

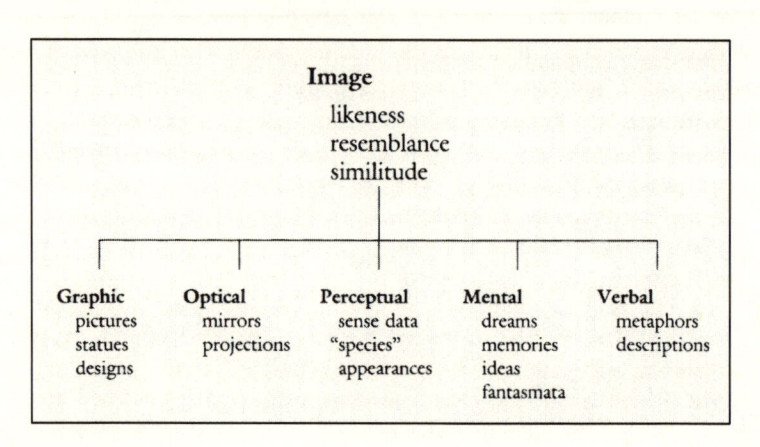

Abbildung 9: W. J. T. Mitchell, Family of Images, Diagramm

```
                          Image
                          likeness
                          resemblance
                          similitude
        ┌───────────┬──────────┼──────────┬───────────┐
    Graphic      Optical    Perceptual   Mental      Verbal
    pictures    mirrors     sense data   dreams      metaphors
    statues     projections "species"    memories    descriptions
    designs                 appearances  ideas
                                         fantasmata
```

In Anlehnung an Wittgensteins Konzept der Familienähnlichkeit entwirft Mitchell einen »Familienstammbaum« der Bilder (Abb. 9), der verschiedene Typen in genealogischer Sicht verbindet und nicht direkt auf eine Gemeinsamkeit aufgrund der einheitlichen Bezeichnung schließt:

»Vielleicht ist es also besser, wenn man sich die Bilder als eine weitverzweigte Familie vorstellt, die sich zeitlich und räumlich auseinandergelebt und in diesem Prozeß grundlegende Veränderungen durchgemacht hat. [...] Wenn Bilder eine Familie darstellen, dann müßte es jedoch in gewisser Hinsicht möglich sein, so etwas wie ihre Genealogie zu konstruieren. Wenn wir nicht damit beginnen, eine universelle Definition des Begriffs zu suchen, sondern unser Augenmerk auf jene Stellen richten, an denen sich Bilder auf der Basis institutioneller Diskursabgrenzungen voneinander differenziert haben, dann können wir einen Familienstammbaum wie den folgenden aufstellen.«[19]

Mit dem Diagramm will Mitchell weniger eine klare Systematik der Bildtypen entwerfen als vielmehr auf eine Begriffsverwendung hinweisen. Während jenen Typen der graphischen und auch der optischen Phänomenen auf der linken Seite auf völlig unproblematische Weise der Ausdruck *Bild* zugesprochen wird, vollzieht sich nach rechts hin eine Bewegung der immer stärker werdenden problematischen Verwendung. Diese Bewegung ist durchaus nachzuvollziehen, nur unterstellt sie, dass sprachliche Bilder wie Metaphern und Beschreibungen eine andere Art von Bildern

---

19 Ebd., 20.

sind als mentale. Wie unterscheidet sich eine sprachliche Bildlichkeit von den Erinnerungsbildern, Schemata und der Einbildungskraft unseres Denkens? Die Bildtheorie des ausgehenden 20. Jahrhunderts setzt sich – so verdeutlicht Mitchells Interesse an der mentalen und sprachlichen Bildlichkeit – mit jener schwierigen Bestimmung der Vorstellungsbilder auseinander, die bereits die neuzeitliche Philosophie prägte und sich schließlich als Topos des Sprachbildes in der Rhetorik, Poetik und schließlich auch der neueren Metapherntheorie fortschrieb.

Die Frage nach den Bildern im Geiste steht auch im Mittelpunkt von Mitchells Aufsatz aus dem Jahre 1984, weil ihn besonders die Grenzen zwischen den einzelnen Bildtypen interessieren, die er gezielt durch eine Kritik der Annahmen, die verschiedene Disziplinen über das Bild in benachbarten Gebieten machten, bestimmen will. Den historischen Theorien des geistigen Bildes attestiert er dabei einen Abbildbegriff aufgrund einer limitierten Vertrautheit mit materiellen Bildern.[20] Die Rede von geistigen und sprachlichen Bildern sei daher eine ziemlich unklare und metaphorische, denn sie seien nicht gleichermaßen stabil und dauerhaft wie reale, würden von Person zu Person variieren und müssten auch nicht ausschließlich visuell sein. Zu berücksichtigen ist, dass Mitchell klar zwischen materiellen (*pictures*) und immateriellen (*images*) Bildern und ferner Bildlichkeit (*imagery*) trennt, wie aus dem Diagramm in englischer Sprache hervorgeht. Dennoch stellt sich eine Spannung in seiner Bildtheorie ein, weil er »Bildlichkeit« als zutreffenden Sammelbegriff, als einheitliche Idee (*The Idea of Imagery*) ausweisen will. Daher hält er auch bei jenen Fällen der Metapher an ihrer Bildlichkeit fest, die überhaupt keine sinnliche Komponente haben wie etwa die abstrakte Idee der Gerechtigkeit. Um diese sich auftuende Kluft zwischen den Bildtypen zu vermeiden, führt er an, dass ebenso die realen, eigentlichen Bilder weder stabil noch statisch und dauerhaft sein müssen, mit den geistigen Bildern also viele Eigenschaften teilen.[21]

Mitchells Anliegen ist eine Rehabilitation des mentalen Bildes. Hierfür greift er jene metaphorischen Vorstellungen der Wahrnehmung wie die fotografische Abbildtheorie oder auch Platons Metapher der Wachstafel des Bewusstseins auf. Er will mit seinem Vergleich zwischen immateriellen und materiellen Bildern nicht die Grenzen zwischen ihnen einebnen, sondern der Auffassung des mentalen Bildes jenen metaphysischen und okkulten Charakter nehmen, den historische Modelle der Bildlichkeit produziert und stets wiederholt haben. In gewisser Weise löst er dennoch die Grenzen zwischen den Bildtypen auf, indem er innere Bilder aufgrund ihrer Äußerung in Texten und Sprechakten als öffentlichen Ausdruck und Wittgen-

---

20 Vgl. ebd., 23f. Er stützt seine Ausführungen auch auf Furbank.
21 Vgl. ebd., 25f.

steins Bildbegriff dezidiert als nicht metaphorische bezeichnet.[22] Die Spannung in Mitchells Konzept der Bildlichkeit setzt sich fort, wenn er die Einsicht in die Metaphorik des Bildbegriffs nachstellt: »Die Wendung ›sprachliche Bildlichkeit‹ scheint eine Metapher für die Metapher selbst zu sein!«[23] Sein Verständnis der sprachlichen Bildlichkeit steht daher irgendwo zwischen einer vom Wörtlichen abweichenden Äußerung, Wittgensteins Bildbegriff als Zeigen der Sprache und einer dynamischen mentalen Vorstellung.

Seine weiteren Ausführungen zeigen, dass er zwar das Konzept des sprachlichen Bildes und damit die Rolle der Metapher in der Bildtheorie verunklärt, sein eigentliches Anliegen, dem mentalen Bild das Metaphysische und Okkulte zu nehmen, aber einlöst. Mitchell verstellt sich selbst den Zugang zur Ästhetik der Metapher, indem er keine weiteren Konsequenzen aus der Einsicht in die Metaphorik des Ausdrucks *Sprachbild* zieht und die Metapher weiterhin implizit als Form der Bildlichkeit fasst, um sie nicht aus seiner Familie der Bilder verbannen zu müssen. In historischer Sicht mag dies von Vorteil sein – wie im Folgenden gezeigt wird –, aber nicht in systematischer Sicht. Mitchells historisches Argument ist der Werdegang der Rhetorik seit dem 17. Jahrhundert. Der Misskredit, unter den die traditionelle Rhetorik geriet, brachte zwei Reaktionen hervor. Einerseits wurden die rhetorischen Figuren in das vorrationale und vorwissenschaftliche Zeitalter verbannt, andererseits wurden sie als sprachliche Bilder neu definiert.[24] Dieser Prozess lässt sich als Doppelbewegung der Aufwertung des Bildes im Sinne des logischen Positivismus als naturalistische Abbildung und der Abwertung der Metapher als rhetorische Figur beschreiben. Für Mitchell sind zwei Effekte dieser historischen Entwicklung entscheidend: zum einen die Vergeistigung und Mystifizierung der Bildlichkeit in der Romantik, zum anderen ihre Wendung ins Abstrakte mit Kants Schematismus und ferner auch Coleridges Symbolbegriff.[25]

Um das Zusammenspiel von Sprache und Bild weiter zu analysieren, nimmt Mitchell einen Perspektivwechsel vor und versucht das Verhältnis zwischen Wörtern und Anschauung von der Sprache, dem Denken und den immateriellen Bildern aus zu bestimmen. Bildlichkeit wird in dieser Sicht zum Paradigma der Ähnlichkeit und durch das Schema zum Erklärungsmechanismus der Kategorienbildung.[26] Das Bild sei demnach auch als »Liste von Prädikaten« und als »Modell« und ferner

---

22 Vgl. ebd., 30-34 u. 36f. Seine Kritik geht auch gezielt gegen Humes Abwertung des mentalen Bildes als unvollkommene Nachbildung der wirklichen Dinge.
23 ebd., 38.
24 Vgl. ebd., 42. Vgl. hierzu auch ausführlicher den Beginn von Kapitel 10.
25 Vgl. ebd., 42-44. Hier können ebenfalls die Symbolkonzepte von Hegel und Vischer ergänzt werden.
26 Vgl. ebd., 53 u. 57.

»Definition« zu verstehen.[27] Mitchell rückt die schematische Reduktion der sinnlichen Fülle auf bildhafte Merkmale in gefährliche Nähe zur sprachlichen Abstraktion der prädikativen Zuschreibung von Merkmalen. Bildschemata im Sinne Kants sind aber keine definierten Einheiten einer Prädikatenlogik. Zudem verkennt er erneut den analogischen Charakter der Metapher, wenn er mentale und sprachliche Bildlichkeit der Ähnlichkeit unterordnet.[28]

Mitchell bezeichnet die Rehabilitierung des Bildes erstmals 1992 in einem Aufsatz für das *ARTFORUM* als *Pictorial Turn*. Als Vordenker dieser Wende nennt er Charles Sander Peirce und Nelson Goodman, die beide die Analyse von Bedeutung nicht der Vormacht der Sprache unterstellten.[29] Wie auch Boehm zwei Jahre später versteht er die Wende zur Bildlichkeit als notwendige Reaktion auf und Ergänzung des *Linguistic Turn* Rortys, was er auch explizit im Hinblick auf dessen Absicht, die Metaphorik aus der Sprache zu verbannen, ausführt: »Diese Angst, dieses Bedürfnis, ›unsere Sprache‹ gegenüber ›dem Visuellen‹ zu verteidigen, ist – so scheint es mir – sicheres Zeichen dafür, daß tatsächlich ein Pictorial Turn stattfindet.«[30] Die bildliche Wende sei allerdings falsch verstanden, wenn man erwarte, sie würde klare Antworten und schlüssige Erklärungen von visuellen Repräsentationen bieten. Vielmehr soll das Bild wiederentdeckt werden »als komplexes Wechselspiel von Visualität, Apparat, Institutionen, Diskurs, Körper und Figurativität«.[31] Wenn die Formen des Betrachtens in ihrer erkenntnistheoretischen Funktion jenen des Lesens zur Seite gestellt werden, würden sich erst die richtigen Fragen nach der Bildlichkeit stellen lassen.

In Mitchells Fokus stehen verstärkt visuelle Modelle, wie sie etwa von Panofsky in der Perspektive als symbolische Form oder von Jonathan Crary als technische

---

27 Ebd., 57f. Sein Erkenntnisbegriff geht im Wesentlichen auf Nelson Goodmans Relativismus und der Rede von Weltversionen als Bezugssysteme einer Angemessenheit und Richtigkeit zurück. Vgl. 65-69. An späterer Stelle übernimmt er auch Goodmans Symboltheorie und reformuliert sie als Codes, als Regelsysteme der Darstellungs- und Repräsentationsweisen. Vgl. Mitchell 1990, 83f.

28 Er weist erneut auf die historische Gleichsetzung von Bild und Metapher, also die Metaphorik des Bildbegriffs hin, diskutiert die Metapher aber weiterhin als Gegenstand der Bildtheorie. Vgl. Mitchell 1984, 59.

29 Vgl. Mitchell 1992, 102. In Europa sieht er Spuren dieser Wende in der Phänomenologie, der Frankfurter Schule und auch Jacques Derridas und Michel Foucaults Schriften. Kronzeuge der Entwicklung ist weiterhin natürlich Wittgenstein.

30 Ebd., 103.
31 Ebd., 108.

Modelle der Wahrnehmung herausgearbeitet wurden.[32] Diese ergänzt er durch Metabilder, also Bilder, die sich selbst repräsentieren und als Bilder über Bilder zu verstehen sind. Derartige Bilder ermöglichen, so Mitchell, eine neue, postmoderne Ikonologie, die anders als jene nach Panofsky die Bilder nicht dem Logos unterordne, sondern selbst zum sprechen bringe – als »Widerstand des Ikons gegen den Logos«.[33] Dieser theoretische Zugang zur Frage der Bildlichkeit ist für eine Ästhetik der Metapher von wesentlicher Bedeutung, weil er einerseits die Frage nach der angemessenen Sprache über Bilder und ihrer notwendigen Metaphorik umgeht[34] und andererseits das Kippbild und so auch Wittgensteins Hase-Ente-Kopf, der für das Sehen-als der Metapher von entscheidender Bedeutung ist, in neuer Weise thematisiert.

Den Hase-Ente-Kopf bezeichnet Mitchell als Metabild mit diskursiver oder kontextueller Selbstreferenz.[35] Was Wittgenstein selbst als Aspektsehen aufgrund eines Aspektwechsels beschrieb, fasst Mitchell – ebenfalls in seiner Prozesshaftigkeit – als endloses Spiel des Schaukelns, als »see-saw«.[36] Zudem sieht er das Kippbild nicht als Modell des Geistes oder Sehens, sondern vielmehr als Herausforderung und Verlockung, »weil es nichts erklären kann (immer bleibt es zu erklären), und wenn es eine ›Lehre‹ oder Botschaft hat, dann lediglich als Emblem des Widerstands gegen eine stabile Interpretation, des Widerstands dagegen, mit einem Blick erfaßt werden zu können.«[37] Indem er das Kippbild als psychologischen Trick und Erschütterung einer zu unterkomplexen Vorstellung mentaler Bildlichkeit ausweist, rückt es eigentlich im positiven Sinne davon ab, vorschnell als Paradigma der anschaulich verfahrenden Metapher vereinnahmt zu werden. Er bleibt jedoch nicht bei dieser Einsicht stehen und sieht in der »Multistabilität« derartiger Metabilder ebenfalls einen Wesenszug des Metaphorischen: »Beim Entenkaninchen geht es um Unterschied und Ähnlichkeit, um die Verschiebung von Namen und Identitäten – also um Metaphorik – im Feld des Sehens«.[38] Wenn eine Metapher zwei anschauliche Vorstellungen in einer Spannung aus Ähnlichkeit und Differenz zu einer Mischgestalt verbindet, dann kann allerdings nur ein Übertragungsprozess und damit ein neues Verstehen in Form eines Sehen-als eingeleitet werden, sofern beide

---

32 Vgl. ebd., 110-120. Derartige Modelle werden im Kapitel 18 als mediale Metaphern noch eingehender untersucht.
33 Vgl. ebd., 120f u. 127.
34 Mitchell spricht diese Thematik an und argumentiert im Wesentlichen mit Goodman. Vgl. Mitchell 1994a, 154.
35 Vgl. Mitchell 1994b, 199.
36 Ebd., 186.
37 Ebd., 192.
38 Ebd., 186 u. 197.

Vorstellungen ihre Identität aufrechterhalten. Die Multistabilität und das Phänomen des Kippens meint aber ein Entweder-Oder. Hase und Ente lassen sich nicht wechselseitig durch die andere Figur verstehen – ein Aspekt, den Mitchell sogar durch seinen Ausdruck »wechselseitige Camouflage«[39] benennt.

Bild und Sprache lassen sich zusammendenken, weisen Punkte der Konvergenz aber auch der Divergenz auf. Betrachtet man die Sprache als einen Prozess, der wesentlich auch einen ästhetischen Grund und eine metaphorische Dimension einschließt, wird die polare Entgegensetzung beider bereits aufgelöst. Diese Sicht hat besonders der erste Teil herausgearbeitet. Die Bildtheorien von Boehm und Mitchell folgen der Auflösung der rationalistischen Grenzziehungen, um das Bild als Form der Erkenntnis und als Teil der Sprache zu rehabilitieren. Als entscheidendes Argument dieser Zusammenführung dient beiden die Metapher. Beide bildlichen Wenden stellen eine notwendige und gewinnbringende Fortschreibung der sprachlichen Wende dar, sofern ihre Programme im Sinne einer Aufwertung der Ästhetik der Sprache und im Besonderen der Ästhetik der Metapher verstanden werden. Eine schlichte Gleichsetzung von Metapher und Bild ist keiner der beiden Theorien zu entnehmen und würde auch weit hinter ihren angestrebten erkenntnistheoretischen Ertrag zurückfallen.

Metaphorik hat sich grundlegend eingeschrieben in das, was mit anschaulichen Vorstellungen gemeint ist. In einer metaphorologischen Analyse, also einer metaphernreflexiven historischen Semantik, lässt sich grundlegend in Zweifel ziehen, ob es neben jenen materiellen, äußeren Bildern auch innere Bilder gibt. Versuchen wir mithilfe des Bildbegriffs etwas sehr Komplexes und nur schwer durch Introspektion in Worte zu Fassendes konkreter zu verstehen? Wird der Bildbegriff rein metaphorisch gebraucht, um jene kognitive Leistung, die zwischen Wahrnehmung und Sprache vermittelt, überhaupt einer Theorie zugänglich zu machen? Die Theorien einer bildlichen Wende haben den Blick für die Metaphorik des Bildbegriffs geschärft, im gleichen Zuge die Metapher aber auch zum Gegenstand einer Bildtheorie gemacht. Gegenüber Theorien der sprachlichen Metapher haben sie aber zusätzlich auch visuelle Metaphern, Darstellungen die metaphorische Modelle des Sehens oder der Metapher vermitteln, in ihre Analyse des Bildbegriffs eingeschlossen. Dennoch ist den Theorien einer erkenntnistheoretischen Wende zum Bild ein ambivalentes Verhältnis zur Metapher eingeschrieben. Sie können das Paradigma des Bildbegriffs der Metapher nur als selbst metaphorisch aufdecken, aber nicht vollständig überwinden, weil sich die Metapher sonst als ihr bildtheoretischer Gegenstand entziehen würde. Boehm wendet diese Problematik ins Positive, indem er die Gemeinsamkeit von Metapher und materiellem Bild in einer geteilten Struktur des Kontrastes sucht. Die Erscheinungsweise der Bilder kann er damit differenzierter

---

39 Ebd., 197n26.

beschreiben, doch an der Metapher wird damit nur einer ihrer wesentlichen Aspekte, die Erzeugung einer syntaktischen oder rein kognitiven Spannung, hervorgehoben. Was synchron betrachtet als falsche Gleichsetzung abgetan werden muss, entfaltet in diachroner Hinsicht eine ganze Ideengeschichte des abendländischen Denkens – eine Metakinetik geschichtlicher Horizonte, wie Hans Blumenberg es beschrieb.

Die Problematik eines ambivalenten Zugangs zur Metapher in den Bildtheorien von Boehm und Mitchell zeigt sich besonders stark in der Rezeption.[40] Ruben Zimmermann etwa greift auf Boehms Position zurück, um Sprache und Bild wechselseitig aufeinander zu beziehen. An einer kurzen Redewendung, die eine ganze metaphorologische und etymologische Problemgeschichte radikal verkürzt, will er beide für eine Theorie vereinen: »Sprache bildet sich – Bilder sprechen an.«[41] Er nimmt Boehms strategischen Zug der Bildlichkeit als gemeine Struktur zu wörtlich und lässt zudem die entscheidende historische Semantik außer Acht, wie sie Mitchell seiner Aufstellung der ›Familie der Bildlichkeit‹ zugrunde legt. Anders geht Bernhard Taureck vor.[42] Er entwirft eine kritische Ikonologie der Philosophie, welche die Bilder der Theorie untersuchen soll. Im Unterschied zu Hans Blumenberg, der einen nicht weiter bestimmten Bildbegriff in seiner Metaphorologie mitlaufen lässt, ihm aber auch keine große Aufmerksamkeit beimisst, wird bei Taureck der Bildbegriff zum dezidierten Thema einer neuen Art der historischen Semantik. Umso gravierender treten die Auswirkungen der wörtlich genommenen Metapher des Bildes in der Sprache hervor. Er weist zwar auf die Metaphorik des Bildbegriffs hin, versucht diese Problematik jedoch zu umgehen, indem er sie auf den Anschauungsbegriff verlagert und lediglich das Adjektiv »anschaulich« als Fehlattribution ausweist. Dimitri Liebsch hingegen übernimmt sowohl die metaphernkritische wie auch die historische Perspektive der Bildtheorie Mitchells.[43] In einer wissenschaftstheoretischen Analyse geht er auf die historische Bildsemantik und auch Bildmetaphorik ein, um die ikonische und die bildliche Wende einer kritischen Revision zu unterziehen.

---

40 Vgl. Müller 1997, Zimmermann 2000, Taureck 2004, Bilstein 2011.
41 Zimmermann 2000, 14. In jedem Satzteile werde ein Element »uneigentlich« werdet: einmal »bildet« und einmal »sprechen«.
42 Vgl. Taureck 2004, bes. 41.
43 Vgl. Liebsch 2012.

17 Bild und Metapher

PERSPEKTIVEN EINES KOGNITIVEN AUSGANGSPUNKTES
(GOMBRICH, FORCEVILLE, RIMMELE)

Die Metapher hat längst das Interesse kunst- und bildwissenschaftlicher Theoriebildung auf sich gezogen. Hierfür stehen die Kritik am traditionellen Symbolbegriff der Ikonologie und auch die Positionen zur Begründung des nachmodernen Einflusses der Bilder in Wissenschaft und Kultur ein. Der Metapher wird einerseits attestiert, semantische Prozesse in Bildern genauer bestimmen zu können, andererseits ein Strukturmodell für Bildlichkeit im Allgemeinen abzugeben. Diese Spannung der unterschiedlichen Rückgriffe auf das Konzept der Metapher wiederholt sich auch in einzelnen Positionen, die anhand konkreter Beispiele die Metapher für die Bildinterpretation fruchtbar machen wollen. Hinzu kommen generelle methodische Schwierigkeiten der Anwendung des – ursprünglich sprachlichen – Konzepts auf einen neuen Gegenstandbereich. Auch unterscheiden sich die meisten Positionen zur Bildmetapher in ihren jeweiligen metapherntheoretischen Referenzen. Die anscheinend nicht vereinbaren Unterschiede der theoretischen Ansätze wurden im ersten Kapitel dieses Teils weitgehend ausgeblendet, werden nun aber ins Zentrum der weiteren Analyse gerückt, um verschiedene Spielarten der Metapher in Bildern und als Bilder zu unterscheiden und zu systematisieren.

Wesentlicher Leitgedanke einer theoretischen Grundlegung der bildlichen Metapher ist ein kognitiver Ausgangspunkt. Die vorangegangenen Teile haben schrittweise ausgearbeitet, dass bereits seit der Neuzeit immer wieder ein Denken in Metaphern und eine der sprachlichen Metapher zugrunde liegende kognitive Funktion der Analogiebildung oder einer allgemeinen Syntheseleistung in Aussicht gestellt wurde. Die Theorien zur Metapher im 20. Jahrhunderts haben diesen Aspekt aufgegriffen, den metaphorischen Prozess als kognitiven Nachvollzug beschrieben und der Metapher eine wesentliche Funktion im Denken und in der Ausbildung eines Konzeptsystems zugeschrieben. Die Metapher findet ihren Ausgangspunkt in einer kognitiven Spannung zwischen zwei Vorstellungen. Ergibt sich aus dieser Spannung ein Verständnisprozess, indem eine der Vorstellungen durch die andere konkreter begriffen wird, kann von einer Metapher gesprochen werden. Diese kann als konzeptuelle rein gedanklich verbleiben oder sich in verschiedenen Medien und deren Materialitäten ausdrücken, wie etwa der Sprache, Bildern, Gesten, Musik und weiteren Spielarten. Mit diesem kognitiven Ansatz lassen sich die sprachliche und die visuelle Metapher durch ihren Bezug auf ein grundlegendes kognitives Prinzip wechselseitig aufeinander beziehen. Dieser methodische Zugang wurde bereits auf zwei unterschiedliche Arten versucht. Einerseits nutzt Charles Forceville die *Cognitive Metaphor Theory (CMT)* von George Lakoff und Mark Johnson, um – auch in Kritik und Erweiterung ihrer Position – eine Theorie multimodaler Metaphern zu skizzieren. Metaphern seien in erster Linie ein kognitives Phänomen, das sich in verschiedenen Modalitäten ausdrücken könne.[1] Andererseits greift Marius Rimmele für die Analyse künstlerischer darstellender Bilder auf verschiedene Theorien zur kognitiven Metapher zurück. Die CMT ergänzt er durch eine kunstwissenschaftliche Hermeneutik in Anschluss an Bätschmann und den metapherntheoretischen Ansatz Ernst Gombrichs. Beide methodischen Zugriffe werden im Folgenden genauer vorgestellt, um eine Grundlage für die Systematisierung der einzelnen Positionen zur bildlichen Metapher auszuarbeiten.

Marius Rimmele fasste seine Diagnose und Kritik der Theoriebildung zur bildlichen Metapher im Jahr 2011 mit dem Ausdruck »›Metapher‹ als Metapher«[2] pointiert zusammen. Die Übertragung von Kriterien der sprachlichen Metapher auf das Bild würde an den medialen Differenzen scheitern, zu einer Selektion führen und die ›Metapher‹ schließlich nur als ein übertragenes Konzept auf Bilder anwenden können. Aus dieser Einsicht und der Wende der neueren Metapherntheorie zur kognitiven Verortung des Phänomens formuliert Rimmele den Anspruch, eine Theorie der bildlichen Metapher müsse kognitive Prozesse der Übertragung in das Zentrum eines Metaphernkonzepts stellen.[3] Der Besonderheit des Bildlichen sei dennoch Rechnung zu tragen: »Das Bildspezifische dabei offenbart sich nicht durch die Festschreibung einer genuin visuellen Metaphorik, sondern durch eine detaillierte Beschreibung derjenigen Art und Weise(n), wie das Bild den Betrachter auf bestimmte gedankliche Merkmalsübertragungen verpflichtet bzw. diesen eine Lizenz

---

1 Vgl. Forceville 2009.
2 Rimmele 2011, Aufsatztitel. In ähnlicher Weise attestiert John M. Kennedy dem Ausdruck ›Metaphoric Pictures‹, nur eine Metapher zu sein: »The claim that pictures are metaphoric is metaphoric, it seems, having only a metaphoric truth.« Bilder seien keine logischen Quantoren und daher auch nicht der prädikativen Form ›A ist B‹ fähig, Kennedy 2008, 460.
3 Vgl. Rimmele 2013, 73 u. 79.

erteilt.«[4] Rimmeles Interesse gilt dabei Prozessen im Bild, für die sich das Konzept der Metapher und ihrer Übertragungsleistung zwischen zwei Elementen weitaus besser eignet als der traditionelle Symbolbegriff. Er greift Bätschmanns bildhermeneutische Position auf, sieht im Nachvollzug der Bildprozesse aber dezidiert eine kognitive Leistung. Metaphorik im Bild ist daher weniger als eine klar erkennbare Figur einer visuellen Anomalie, sondern vielmehr als »hermeneutischer Appell«[5] zu verstehen.

Rimmele versucht zwei verschiedene Arten der Bestimmung bildlicher Metaphorik zu verbinden. Zum einen werde die Metapher in Abgrenzung zum Symbol als hermeneutischer Prozess verstanden, zum anderen als eine kognitive Übertragungsleistung einer metaphorischen Prädikation, eine Art Sehen-als. Beide Ansätze würden in ihrer Engführung wichtige Einsichten des jeweils anderen aus dem Blick verlieren.[6] Eine besondere Herausforderung bei Bildern stellt die Bestimmung der beiden an der Metapher beteiligten Elemente dar. Bilder lassen sich nicht mithilfe einer präzisen Grammatik aufgrund distinkter Zeichen handhaben. Die für die sprachliche Metapher immer wieder angeführte Struktur ›A ist B‹ – ihre prädikative Form einer Identitätsaussage – lässt sich nicht ohne Weiteres auf Bilder anwenden. Viele Positionen zur visuellen Metapher haben deshalb versucht, eine entsprechende visuelle Form der Prädikation als Regelverstoß oder Konventionsbruch herauszuarbeiten. Diese Engführung der Metapher auf ihr syntaktisches Identitätspostulat, ihre paradoxe Verfasstheit in der Sprache, blendet dynamische Sinnprozesse durch Allusionen, Parallelisierungen und weitere Formen der ›Verbindung auf Distanz‹ weitgehend aus.

Derartige Prozesse lassen sich in Bildern deutlich schwieriger ausmachen. An dieser Stelle muss jedoch hervorgehoben werden, dass die sprachliche Metapher sich oftmals nicht in der einfachen Form ›A ist B‹ äußert. Bereits Petra Gehring wies daraufhin hin, dass die Theorien der Metapher mit zu einfachen Beispielen arbeiten und die Bedeutung und Abhängigkeit der Metapher vom Kontext damit herunterspielen.[7] Formen der Repräsentation-als und Mischgestalt in Bildern entsprechen dieser sprachtheoretischen Fixierung auf die metaphorische Prädikation, während jene metaphorischen Bildprozesse eher in Analogie zu komplexen, kontextabhängigen Metaphern in der Sprache gesehen werden können. Dabei muss aber berücksichtigt werden, dass keine Metapher völlig unabhängig vom Kontext zu verstehen ist und zwischen sprachlichen und bildlichen Metaphern, die enormen medialen Differenzen ihres Äußerungscharakters beachtet werden müssen. Rimmele

---

4 Ebd., 93.
5 Rimmele 2017a, 11.
6 Vgl. Rimmele 2011, 17 und 2013, 81.
7 Vgl. hierzu ausführlicher Kapitel 10.

folgt einem Credo, um diesen Umständen gerecht zu werden: »Man kann vieles nicht endgültig abstrakt klassifizieren, der Status der Phänomene verschiebt sich mit den verschiedenen angelegten Bedeutungsnuancen und Relationen, aber man gewinnt ein tieferes Verständnis, wenn man auf der Basis sinnvoller Konzepte genau zu analysieren versucht.«[8] Kognitionstheoretische Positionen zur Metapher vernachlässigen zumeist die diachrone Dimension, was sie für kunstwissenschaftliche Analysen wenig brauchbar macht.[9] Dieses Defizit sieht Rimmele in den metapherntheoretischen Ausführungen Gombrichs behoben und arbeitet erstmals dessen über Jahrzehnte und in verschiedenen Aufsätzen verteilte Aspekte einer impliziten Theorie der Metapher heraus.

Ernst Gombrich wendet sich der visuellen Metapher durch die Frage der Werturteile über Kunstwerke zu. Die Sprache über Kunst greife auf visuelle Metaphern für geistige Werte zurück. Sein Verständnis der Metapher gewinnt durch Abgrenzung an Kontur. Die aristotelische Unterscheidung zwischen Metapher und Vergleich gehe bei Bildern verloren. Sie könne aber vom Symbol abgegrenzt werden, das eher auf einem Chiffre-Kode eines traditionellen Systems von Erkennungszeichen beruhe. Der Löwe sei beispielsweise ein Symbol für Tapferkeit, aber aufgrund der vielschichtigen Anwendungsmöglichkeiten ließe sich besser das Konzept der Metapher anwenden, das den sehr unterschiedlichen Ideen je nach Zusammenhang Rechnung tragen könne.[10] Gombrich geht über ein schlichtes Aufspüren von metaphorischen Elementen im Bild hinaus, indem er auch den Ausdruck einer Tradition oder eines Stils, des inneren Erlebens des Künstlers, durch die Metapher erklärt: »Die Vermutung, es handle sich in allen Fällen um Metaphern, die auf ein einziges Zentrum hinweisen, liegt nahe.«[11] Neben derartigen Formen des Bildes oder Stils, sieht er auch in der Allegorie und ihren Personifikationen das Wirken von Metaphern. Diese vielschichtigen Funktionsweisen versteht Rimmele allgemein als eine symbolisierende Leistung einer kognitiven Operation.[12] Als wesentlichen Beleg für

---

8 Rimmele 2013, 93.
9 Rimmele betont die Bedeutung einer historischen Bildsemantik und verdeutlicht an einer mittelalterlichen Darstellung, wie eine bestimmte konventionelle christliche Symbolik dezidiertes Vorwissen voraussetzt, durch dieses aber auch als ursprünglich metaphorisch beschrieben werden kann und seinen Sinn erst vor dem Hintergrund eines historischen Kontextes entfaltet. Vgl. ebd., 87.
10 Vgl. Gombrich 1954, 34-36. Aufgrund traditioneller Zuschreibungen kann die Metapher zur Konvention werden – so legen seine weiteren Ausführungen nahe. Ebenso können Wertmetaphern Absterben und potentiell wiederbelebt werden. Vgl. 60f.
11 Ebd., 58. Diese Spielart der Kunst als Ausdrucksmetapher bezeichnet Danto später als metaphorische Transfiguration. Vgl. Kapitel 13.
12 Rimmele 2017b, 114.

eine kognitive Verortung der Metapher führt er Gombrichs zentralen Passus über das Denken an:

»Die Möglichkeit metaphorischer Ausdrucksweise entspringt der unbegrenzten Plastizität des menschlichen Geistes, seiner Fähigkeit, neue Erlebnisse als Modifikationen von vorhergegangenen wahrzunehmen und zu assimilieren, und seiner Eigenschaft, in den verschiedenartigsten Phänomenen Parallelen zu sehen und sie untereinander zu vertauschen. Ohne diesen ständigen Prozeß der Substitution gäbe es weder Sprache noch Kunst noch überhaupt Kultur.«[13]

In diesen wenigen Zeilen – aber leider auch ohne weitere Erklärung – weist Gombrich die Metapher als wesentliches Werkzeug unser Kultur und unserer Aneignung und Gestaltung der Welt aus. Er verweist auf das alltägliche und an anderer Stelle bereits ausgeführte Beispiel des Steckenpferdes, bei dem ein gewöhnlicher Gegenstand als Lebewesen aufgefasst und als solches behandelt wird.

Das kreative, schöpferische Potential der Metapher, das im Steckenpferd bereits anklingt, führt Gombrich an anderer Stelle in produktionsästhetischer und kognitionstheoretischer Hinsicht weiter aus. Ein Gesellschaftsspiel, nach dem man Personen anhand von Eigenschaften errät, die durch Blumen, Tiere oder Musikinstrumente wiedergegeben werden, verdeutliche das Finden bzw. Erfinden passender Sinnbilder und Attribute. Gombrich geht aber noch einen Schritt weiter und stellt in Aussicht, dass sich aus diesen Metaphern eine Art Karte ihrer Felder und Relationen entwerfen lasse.[14] Dieser Gedanke verbindet eine räumliche Vorstellung mit der kognitiven Systematik der Konzepte und ihrer möglichen Ähnlichkeitsbeziehungen. Auch wenn nur skizzenhaft so geht er doch vor der kognitionswissenschaftlichen Metaphernforschung von den Ausdrucksmetaphern zum kognitiven Konzeptsystem über, behält dabei aber die Erzeugung kreativer Metaphern im Blick. Indem er zudem die Wechselwirkung von Form und Bedeutung berücksichtigt, gelingt es ihm, die kognitive Dimension der Metapher nicht unabhängig von der Medialität und Materialität zu denken, in der eine visuelle Metapher in Erscheinung tritt.[15] Eine Bedeutung, so ließe sich in Anschluss an Gombrich formulieren, wird nicht immer an das Material herangetragen, sondern entsteht oftmals erst in der Auseinandersetzung mit ihm. Auch metaphorische Konzepte können sich als visuelle Metaphern

---

13 Gombrich 1954, 37.
14 Vgl. Gombrich 1966, 13f. Er greift den Gedanken der Matrix der Kategorien von dem Psychologen Charles E. Osgood auf, erweitert dessen Vorstellung aber zu einem multidimensionalen Raum der Metaphern.
15 In dieser Weise geht Gombrich weit über Indurkhyas Ansatz zur kreativen Metapher, wie er in Kapitel 12 dargestellt wurde, hinaus.

äußern, werden dabei aber durch das Material erst geformt. Die Differenz zwischen der kognitiven und der Ausdrucksmetapher kommt in einem kreativen Verständnisprozess zum tragen, in dem eine Bedeutung eine mediale Form erhält oder aus ihr gelesen wird. Im Hinblick auf die Produktion und Rezeption geht es also um die Diskrepanz zwischen Mentalem, Modalem und Materiellem.

In einen allgemein erkenntnistheoretischen Kontext stellt Gombrich auch die Wertmetaphern der Sprache über Kunst. Redeweisen, wie etwa eine Farbe als warm oder ein Beispiel als leuchtend zu bezeichnen, gehen auf eine Funktion der Metapher zurück, die Gombrich im Anschluss an einen Text von Stanfort aus dem Jahre 1936 als Synästhesie bezeichnet.[16] Hierdurch weist er die seit dem sprachphilosophischen Humanismus mit der Metapher verbundene Leistung, abstrakte, mentale Dinge durch konkrete Erfahrungen zu verstehen, als Übertragung zwischen den Sinnen aus. Das wesentliche Potential der Metapher als anthropomorphe Weltsicht und physiomorphe Introspektion schneidet er an, indem er höhere Mächte und das Göttliche als durch die Metapher vermittelt beschreibt. Glanz und Kostbarkeit wie auch Höhe und Tiefe, Schönheit und Hässlichkeit, Licht und Finsternis finden als Metaphern und Koordinaten Ausdruck in der Kunst und im Leben. Mit diesen Ausführungen nimmt Gombrich wesentliche Einsichten der kognitiven Metapherntheorie vorweg, die etwa seit 1980 bei Lakoff und Johnson als verkörperte Konzepte und Systematik des alltäglichen Konzeptsystems auftauchen.[17] Seine Verortung der Metapher im Denken zeichnet eine Verbindung einer skizzenhaften kognitiven Semantik mit einer elaborierten historischen Semantik als kulturgeschichtliche Differenzierung einzelner Metaphern aus.[18]

Rimmele versteht Gombrichs Position zur Metapher als einen Vorläufer der kognitionswissenschaftlichen Metapherntheorie, die er komplementär ergänze und den Fokus erweitere. Dies gelinge ihm, weil er als »Denker der Spezifität des Visuellen«[19] das bildliche Potential in seiner Eigenheit berücksichtige und neben einer synchronen auch eine diachrone Perspektive in der Analyse einzelner Metaphern

---

16 Vgl. Gombrich 1954, 38. Zur Synästhesie und physiognomischen Wahrnehmung vgl. auch Marks 1996. Er stützt sich u. a. auf Vico, Haskell und Kennedy aber nicht auf Gombrich. Synästhesie beschreibt er als perzeptuelle Metapher.

17 Vgl. Rimmele 2017b, 104 u. 106. Er weist Gombrich in seinem kognitiven Ansatz zudem auch als psychologischer als Black aus. Was Rimmele als eine »eigenartige Schwebesituation personifizierter Abstraktionen zwischen Begriffen und Göttern« eines mythologischen Denkens bezeichnet (109), kann vor dem Hintergrund der Analysen im ersten Teil in einen erweiterten, schlüssigen anthropologischen Kontext eines humanistischen Ursprungsdenkens gestellt werden.

18 Vgl. Gombrich 1954, 42.

19 Rimmele 2017b, 111. Vgl. auch 105f.

einnehme: »Beides miteinander im Blick behalten zu haben, macht bis heute den Sonderstatus von Gombrichs Pionierarbeiten aus.«[20] Sein Fokus bilde eine psychologische Perspektive auf die evidenzstiftendenden Funktionen eines kaum bewussten metaphorischen Denkens.[21] Gombrichs Verständnis der grundlegenden Funktion der Metapher im Denken geht auf Karl Bühlers Sprachtheorie von 1934 zurück. Bühler betont die physiognomischen Zusammenhänge der Verwendungsweisen von Prädikaten wie etwa *süß* und stellt die Metapher in Zusammenhang mit einem physiognomischen Blick, auf den sich Gombrich dann beruft.[22] Gombrich legt allerdings keine eigene Metapherntheorie vor noch gibt er kohärente Referenzen auf andere Theorien.[23] Rimmeles Analyse stellt daher eine erste Ausarbeitung seiner Einsichten in die kognitive Dimension der Metapher unter Berücksichtigung ihres spezifischen visuellen Ausdrucks dar, um sie für den metapherntheoretischen Diskurs anschlussfähig zu machen.

Eine andere Perspektive auf Formen nichtsprachlicher Metaphorik unter Einbezug der kognitiven Dimension der Metapher bietet Charles Forceville. Seit den frühen 1990er Jahren untersucht er bildliche Metaphern in der Werbung und hält durch seine zahlreichen Beispiele und Kritiken an bisherigen Ansätzen zur bildlichen Metapher die bislang elaborierteste Forschung zum Thema bereit. Sein Fokus unterscheidet sich aber wesentlich von Gombrichs kognitivem Ansatz und Rimmeles Weiterentwicklung. Zum einen konzentriert er sich auf Werbebilder anstelle künstlerischer Darstellungen. Zum anderen ist die *Cognitive Metaphor Theory (CMT)* von Lakoff und Johnson wesentlicher Ausgangspunkt seiner Theorie. Bereits in seiner Schrift *Pictorial Metaphor in Advertising* von 1996 wendete er sich von

---

20 Ebd., 126. Bspw. arbeite Gombrich bei der Architekturmetaphorik die kulturelle Vergangenheit heraus, um die Effizienz der Metapher zu verdeutlichen. Vgl. 110.
21 Vgl. ebd., 105.
22 Vgl. ebd., 111f. u. 120. Inwieweit sich die physiognomische Wahrnehmung als natürliche Metaphorik verstehen lässt, ist allerdings anzuzweifeln. Die Zuschreibung von *böse* zu einem Gesichtsausdruck einer gezeichneten Figur ist nicht metaphorisch, denn es wird nicht eine Sache durch eine andere verstanden. Dies würde eine Trennung von innerer Emotion und körperlichem Ausdruck bedeuten, nach welcher der mimische Ausdruck metaphorisch für die innere emotionale Disposition stehe. Es handelt sich vielmehr um eine natürliche Entsprechung und keine kognitive Spannung zwischen Ähnlichkeit und Differenz. Anders verhält es sich aber bei den Farbmetaphern. Hier bietet Gombrich eine Gegenposition zu Nelson Goodmans Theorie der Explikation von Ausdruckswerten, die von Bildern lediglich hervorgebracht werden können, wenn die sprachlichen Etiketten sie auch denotieren würden. Vgl. ausführlicher Kapitel 13.
23 Vgl. ebd., 110f. Zudem arbeitet er eine Typisierung verschiedener Metaphernspielarten bei Gombrich aus.

künstlerischen Beispielen ab, weil sie aufgrund der Eigenarten der Künstlerintentionen weniger geeignet wären, um eine Theorie der bildlichen Metapher zu entwerfen. Werbeanzeigen hingegen folgen einem kommerziellen Interesse, zielen auf einen direkten Nachvollzug und würden durch das Produkt bereits einen wichtigen Teil des Kontextes unmittelbar zur Verfügung stellen.[24]

Im Jahr 2009 stellte er schließlich eine Agenda für die Forschung zur nichtsprachlichen und multimodalen Metapher auf. Diese sei eine Weiterentwicklung und dezidiert auch eine Herausforderung der CMT, weil sie der sprachlichen Metapher weitere Formen zur Seite stelle, die Verbindungen verschiedener Metaphernarten untersuche und dem Anliegen der CMT, die Kognition auf ihre Metaphernpflichtigkeit zu untersuchen, stärker nachkomme. Der Anspruch, die metaphorische Natur des Denkens durch Formalisierungen als sprachliche Wiedergabe nicht zwangsläufig sprachlicher Konzepte wiederzugeben, könne nur aufrechterhalten werden, wenn auch andere Ausdrucksformen der Metapher untersucht werden.[25] Lakoff und Johnson würden hingegen das Zeichensystem spezifizieren, in dem die metaphorische Verbindung stattfindet, und nicht-sprachliche Metaphern weitgehend ignorieren.[26] Um die CMT auf individuelle und kreative Metaphern anwenden zu können, versucht Forceville Mängel der Theorie zu beheben, die aus ihren zentralen philosophischen Ansprüchen hervorgehen: (1.) können Metaphern neben abstrakten auch konkrete Vorstellungen durch konkrete verstehen lassen, (2.) gehen nicht alle Ausdrucksmetaphern auf Strukturmetaphern des kognitiven Konzeptsystems zurück und (3.) werden nicht alle Metaphern durch den Körper motiviert, sondern können auch rein kulturelle Aspekte übertragen.[27] Hierdurch weist Forceville aber mehr als nur die Limitierungen der CMT auf. Vielmehr formuliert er ihre grundlegende Ausrichtung um, damit die Methode der Formalisierung konzeptueller Metaphern auch auf nichtsprachliche und nichtsystematische Metaphern angewendet werden kann.[28]

Die Innovation der Metapherntheorie von Forceville ist der Einschluss der neueren Multimodalitätsforschung. Anhand von Modalitäten lassen sich Metapherntypen durch zwei Differenzierungsschritte voneinander trennen: zuerst nach ihrem *mode* – also nach einem Sinn – in akustische, visuelle, olfaktorische usw.; weil durch diesen ersten Schritt aber geschriebene Sprache, Bild und Gestik unter das

---

24 Vgl. Forceville 1996, 64f.
25 Vgl. Forceville/Urios-Aparisi 2009, 4; Forceville 2009, 21.
26 Vgl. Forceville 2008, 462f.
27 Vgl. Forceville 2009, 26-29.
28 Zwar weist Forceville auf die Analysen kreativer, poetischer Metaphern von Lakoff und Turner hin, doch stellen diese nur einen Versuch dar, die Theorie des metaphorischen alltäglichen Konzeptsystems auf individuelle Metapher zu erweitern, poetische Metaphern also einer allgemeinen Systematik zu unterwerfen. Vgl. ausführlicher Kapitel 12.

Visuelle zusammenfallen, sei noch eine weitere Trennung nach Art der Produktion nötig.[29] Forceville geht allerdings nicht weiter auf die verschiedenen Formen des Bildlichen ein, obwohl eine Unterscheidung zwischen Gemälden, Zeichnungen, Comics, Piktogrammen oder Diagrammen von wesentlicher Bedeutung ist. Neben dieser Unschärfe zeigt sich vor allem in der fehlenden historischen Perspektive, dass sein Theorierahmen für die Analyse kreativer künstlerischer Metaphern – in der Malerei oder anderen sichtbaren Kunstformen – wenig erfolgversprechend ist. Die Komplexität des Kontextes – in synchroner wie auch in diachroner Hinsicht – reduziert er auf den Einfluss des Genres der jeweiligen Modalität.[30] An anderer Stelle betont er jedoch, neben der Modalität auch gerade die medienspezifischen Ausdrucksformen der Metapher zu berücksichtigen: »Multimodality is a complex concept, a mature theory of which needs to take into account sign systems, sensory perception, and the material carriers bridging the two.«[31] Seine Beispiele, wie diejenigen der anderen Autoren der Anthologie von 2009, haben aber programmatischen Status: sie stammen aus Werbeanzeigen, Comics und Filmen. Der spezifische Kontext künstlerischer Metaphern in Malerei, Skulptur, Video, Installation, Performance oder Konzeptkunst wird dabei ausgeblendet.

Aufschlussreich für künstlerische Metaphern ist allerdings seine Unterscheidung zwischen multimodalen und monomodalen Metaphern. Während Erstere ihren Quell- und Zielbereich in jeweils verschiedenen Modalitäten haben – etwa Schrift, Bild, Ton – gehen Letztere auf nur eine Modalität zurück. Hierdurch gelingt es Forceville, die sprachliche Metapher als ›lediglich‹ eine Form der monomodalen Metapher auszuweisen, auch wenn sie ihr prototypischer Fall sei. Sie könne aber nicht mehr mit der Metapher als Ganzes identifiziert werden.[32] Bei allen nichtsprachlichen Metaphern stellt sich auf je unterschiedliche Weise die Frage nach ihrer Erkennbarkeit und ihrer Versprachlichung. Forceville nimmt an, in den meisten Fällen wären sie auf die formale Struktur ›A ist B‹ rückführbar, auch wenn eine Versprachlichung niemals neutral, sondern nur adäquat sein könne.[33] Diese grundlegende Differenz fasst Forceville in der begrifflichen Trennung von erfahrbar (*experienceable*) und beschreibbar (*discussable*) prägnant zusammen.[34] Weil nur die sprachliche Metapher durch einen Kategorienfehler oder Syntaxbruch direkt auf

---

29 Vgl. ebd., 22f.
30 Vgl. ebd., 32f.
31 Forceville 2008, 469.
32 Vgl. Forceville 2009, 23.
33 Vgl. ebd., 30.
34 Vgl. Forceville 2008, 464. Zur sprachlichen Mediation visueller Metaphern vgl. auch Marks 1996, 54-59. Er fragt nach einem allgemeinen, amodalen Mechanismus, auf den er aber nicht weiter eingeht.

sich aufmerksam machen kann, müssen sich nichtsprachliche Metaphern durch stilistische Mittel zu verstehen geben. Forceville listet einige zentrale Möglichkeiten der Isolation und Kombination als derartige Mittel auf. Bildliche Metaphern würden sich durch wahrnehmbare Ähnlichkeiten derselben Größe, Farbe, Position, Pose, Textur oder Materialität zu erkennen geben. Die Ähnlichkeit müsse nicht zwangsläufig auf der Sachebene gegeben sein, sondern könne ebenso durch die Art der Repräsentation Ausdruck finden.[35] Forcevilles Konzept der Multimodalität richtet sich aber im Wesentlichen auf den Nachvollzug durch bestimmte Sinne. Hierdurch werden die produktionsästhetische Perspektive und ebenso mediale Differenzen weitgehend ausgeblendet. Die multimodale und monomodale Metapher müssen daher durch die multimediale und ferner auch monomediale Metapher ergänzt werden.[36]

Für eine Theorie der bildlichen Metapher sind beide vorgestellten Ansätze als divergente kognitive Ausgangspunkte auszuweisen. Ihr jeweiliger Vorzug muss an Beispielen konkret entschieden werden. Während künstlerische Darstellungen in ihrer bildlichen Differenziertheit und ihrer kunsthistorischen wie auch allgemein kulturgeschichtlichen Rahmung durch den Ansatz Forcevilles nicht hinreichend erschlossen werden können, bietet er hingegen bei Werbeanzeigen, Comicstrips und weiteren Bild-Text-Kombinationen einen aufschlussreichen und pointierten Methodenapparat. In seiner allgemeinen Unterscheidung der Modalität geraten jedoch besonders mediale Differenzen aus dem Blick. Zur Berücksichtigung der Medienspezifik bildlicher Darstellungen rücken somit wieder elaborierte Bildtheorien in den Fokus.

Eine theoretische Bestimmung bildlicher Metaphorik muss allerdings den Ausgang in einer Vorortung der Metapher im Denken finden, weil der Nachvollzug – und wie in den folgenden Kapiteln auch gezeigt werden soll: die Hervorbringung – von Metaphern ein kognitiver Prozess ist und die Annahme einer kognitiven Spannung als Auslöser einer Sinnübertragung vor falschen oder zu verlustreichen Umformulierungen der Theorien sprachlicher Metaphern bewahrt. Werden sprachliche und visuelle Metaphorik im Hinblick auf ihren gemeinsamen Ausgangspunkt im Denken hin untersucht, kann ihre theoretische Erschließung von beiderseitigem Gewinn sein. Werden beide hingegen nur auf der Ausdrucksebene verglichen, um eine Theorie der visuellen Metapher zu entwickeln, läuft die Analyse Gefahr, sich nicht nur auf *eine* Spielart visueller Metaphorik zu fixieren, sondern im gleichen Zuge auch das Konzept der sprachlichen Metapher zu verunklären. Im Folgenden

---

35 Vgl. Forceville 2009, 31. Forcevilles Unterscheidung verschiedener Typen der bildlichen Metapher wird im folgenden Kapitel genauer ausgeführt.

36 Kapitel 20 eröffnet erstmals eine produktionsästhetische Perspektive auf visuelle Metaphern, die mit verschiedenen Medien arbeiten.

werden einige Positionen zur bildlichen Metapher vorgestellt, die nicht der Kunstwissenschaft entstammen, für die im Anschluss folgende Analyse der Formen künstlerischer Bildmetaphern daher weniger geeignet sind. Dennoch halten sie zahlreiche gewinnbringende Einsichten bereit.

INTERDISZIPLINÄRE POSITIONEN
(KENNEDY, ROZIK, SONESSON, FORCEVILLE)

In der zweiten Hälfte des 20. Jahrhunderts wurde die bildliche Metapher vermehrt zum Gegenstand einzelner Untersuchungen in der Semiotik, Wahrnehmungspsychologie, Kommunikationstheorie und der aufkommenden allgemeinen Bildtheorie. Die im Folgenden angeführten Positionen bewegen sich zwischen der Orientierung an der sprachlichen Syntax, einem kommunikations- oder zeichentheoretischen Grundverständnis und der vage in Aussicht gestellten kognitiven Dimension der Metapher und greifen dabei zumeist auf isolierte bildliche Darstellungen in Form von Comics oder schematischen Zeichnungen zurück.[37]

John M. Kennedy unterscheidet zwischen wörtlichen und metaphorischen Bildern. Letztere entsprechen der allgemeineren Gruppe der sprachlichen Metaphern, mit denen sie viele Eigenschaften teilen würden. Ausnahme seien bildliche Metaphern, die ein Gegenüberstellen (*juxtaposition*) von bekannten Objekten oder eine indirekte Referenz nutzen.[38] Kennedy orientiert sich stark an der Charakteristik der sprachlichen Metapher und versucht, in einer breit angelegten Typisierung alle bekannten sprachlichen Figuren einzelnen bildlichen Ausdrucksformen zuzuordnen. Der Wunsch alle rhetorischen Mittel auch im Bildlichen unterzubringen, verhindert eine sinnvolle Trennung der verschiedenen Typen.[39] Das metaphorische Bild, das er *pars pro toto* für alle nicht wörtlichen nimmt, könne nicht in gleicher Weise wie die sprachliche Metapher eine Regelverletzung produzieren. Es müsse daher das »widespread set of standard canons«[40] absichtlich verletzten. Die aus der Regelverlet-

---

37 Neben den hier vorgestellten Ansätzen sind ferner noch Johns 1984 und Durand 1987 zu erwähnen, die beide eine semiotische Position vertreten. Vgl. dazu auch Forceville 1996, 56-59.

38 Vgl. Kennedy 1982, 589. Er bezieht sich auf Steinberg, Gombrich, Arnheim und Richards.

39 Vgl. ebd., 593-560. Eine andere Typisierung der rhetorischen Figuren im Bild nimmt Durand vor. Der Vergleich beider zeigt, wie unterschiedlich und mitunter beliebig die sprachlichen Tropen übertragen und die bildlichen Phänomene bzw. Prozesse im Bild unterschiedlich betitelt werden. Vgl. hierzu auch Forceville 1996, 57f.

40 Kennedy 1982, 590. In ähnlicher Weise auch Kennedy 2008, 448.

zung hervorgehende Anomalie könne dann als Fehler oder eben als Hervorbringung einer neuen Bedeutung (*to make a point*) verstanden werden. Für eine – auch kunstwissenschaftlich versierte – Theorie der bildlichen Metapher eignet sich Kennedys Position nicht, denn neben der Generalisierung, die Metapher prototypisch für alle Tropen zu nehmen, steht zudem das Bild stellvertretend für allerart Kunstobjekte.[41] Darüber hinaus unterscheidet er weder zwischen Metaphern im Bild und dem Bild als Metapher noch genauer zwischen Metapher und Symbol, was eine sinnvolle diachrone wie synchrone Unterscheidung verschiedener Formen der Metapher verhindert.[42]

Aufschlussreich sind allerdings Kennedys Analysen schematischer Zeichnungen, die auf genuin visuelle Ausdrucksformen durch Einsatz von Linien und Formveränderungen zurückgreifen. Eine besondere Darstellungsfunktion der Linie in Comics nennt er bildliche Rune (*pictorial rune*). Sie werde genutzt um Bewegung, Gerüche und Ausrufe darzustellen. Diese tauchen außerhalb der Bilder zwar nicht in dieser Form auf, seien aber auf die Natur und die eigene Physik rückführbar.[43] Bildliche Runen verdeutlichen auf konventionelle Weise Aspekte, die in statischen Darstellungen auf anderem Wege nicht zum Ausdruck kommen können.[44] In einem späteren Artikel arbeitet Kennedy zusammen mit Christopher Green und John Vervaeke in groben Zügen auch eine historische Perspektive auf metaphorische Linien aus. Ihr Gebrauch reiche ins 19. Jahrhundert zurück, doch erst zwischen 1890 und 1910 haben sie sich als konventionelles Darstellungsmittel durchgesetzt.[45] Die Autoren weisen auch aus, dass die Bewegungsdarstellung der Fotografie von Bedeutung war, sich das unabhängige Aufkommen zahlreicher Darstellungsarten metaphorischer Linien damit aber nicht erklären lasse. Deshalb formulieren sie auch den Anspruch einer psychologischen Theorie gegenüber einer rein historischen.[46] Ein weiteres genuin bildliches Mittel sei nach Kennedy der Formwandel (*shape change*). Ein Rad mit gebogenen Speichen sei in der Sprache keine Standardmetapher

---

41 Vgl. Kennedy 2008, 447 u. 449.

42 Vgl. ebd., 450-454.

43 Vgl. Kennedy 1982, 600-602.

44 Ein weiteres Beispiel ist die Sprechblase, die als konventionelles Mittel den Figuren in einem normalerweise stummen Bild die Möglichkeit gibt, sich in geschriebener Form mitzuteilen. An diese Konvention knüpft auch das Bildbeispiel in der Einleitung an.

45 Vgl. Kennedy/Green/Vervaeke 1993, 244-249.

46 Vgl. ebd., 249. Sie greifen daher auch auf Gombrichs psychologisch-kunsthistorische Forschung zurück (243). Kennedys Ansatz unterscheidet sich von Forcevilles Position generell in der warnehmungspsychologischen Schwerpunktsetzung. Beide Positionen stellen in der kognitionswissenschaftlichen Forschung die wesentlichen Referenzen zur visuellen Metapher dar, vgl. Gibbs 2008.

für Bewegung, in Bildern hingegen schon: »Shape being a sine qua non for depiction, it is important to consider how shape might be deployed in metaphoric ways that may not have immediate parallels in language, and where the study of rhetoric may not provide, ready made, an adequate set of distinctions.«[47] Als weitere genuin bildliche metaphorische Ausdrucksformen listet Kennedy die physische Manipulation zur Darstellung psychischer Zustände und im Rückgriff auf Arnheim und Gombrich auch Farbe und Perspektive.

Ambivalent bleibt in seinem Aufsatz von 1982 allerdings sein Verständnis einer kognitiven Dimension der Metapher. Einerseits kritisiert er Aldrich und Rothenberg, ihre Beispiele seien zu weit gefasst und würden vielmehr visuelle Vergleiche meinen, andererseits betont er aber das Potential eines kognitiven Ansatzes: »The fact is that a mentalist approach is as vital in studying pictorial elements and configurations as it is in studying metaphor.«[48] In seinem Aufsatz von 1990 konkretisiert er diesen Gedanken und formuliert den Anspruch einer intellektuellen Basis der Metapher, weil die Existenz metaphorischer Bilder nach einem breiter angelegten Ansatz als einen sprachtheoretischen verlange.[49] Wie auch im Aufsatz mit Green und Vervaeke wenige Jahre später betont er ein Denken in Metaphern und sogar ein nicht-sprachliches Denken.[50] Dies revidiert er später, indem er das Denken als sprachlich bestimmt und aufgrund der Tatsache, dass Bilder keine sprachliche Struktur aufweisen, ihnen eine kognitive Funktion abspricht: »pictures can stimulate thought, but they are not capable of being the actual engines of thought.«[51]

Kennedy gibt keine allgemeine Bestimmung der Metapher, erarbeitet bildliche Formen am Leitfaden der sprachlichen Tropen und greift oftmals auf sprachliche Ausführungen möglicher visueller Metaphern zurück.[52] In seinen Ausführungen zu *metaphoric line pictures* und den konventionellen Darstellungsformen metaphorischer Linien kann ein erster Ansatz gesehen werden, eine Vielzahl von visuellen Formen der Merkmalssetzung historisch wie auch systematisch zu analysieren. Inwieweit diese Merkmalssetzungen ebenfalls anhand einer metaphorischen Übertragung analog zum *Pars-pro-toto* der sprachlichen Merkmalssetzung funktionieren, verlangt weiterer Forschung. Es handelt sich um die Metapher *zum* Bild statt der Metapher *im* Bild oder *als* Bild. Kennedy fehlt aber der theoretische Rahmen, um die verschiedenen Arten der Metapher zu differenzieren und zusammenzudenken.

---

47 Kennedy 1982, 602.
48 Ebd., 603.
49 Vgl. Kennedy 1990, 115.
50 Vgl. Ebd., 118f., Kennedy/Green/Vervaeke 1993, 243f.
51 Kennedy 2008, 459.
52 Vgl. Kennedy/Green/Vervaeke 1993, 252.

Eli Rozik stellt mit der Annahme einer einheitlichen Tiefenstruktur (*single deep structure*) ebenfalls einen kognitiven Ursprung der Metapher in allen Kommunikationssystemen in Aussicht. Diese Struktur bestimmt er jedoch am Leitfaden der Sprache: »Such deep structure should be viewed as a basic way of categorising the world, similar, but alternative, to literal description.«[53] Bildliche Metaphern können daher, so Rozik, durch die Sprache ersetzt werden, sind somit problemlos substituierbar. Weil alle Kommunikationssysteme der sprachlich strukturierten Tiefenstruktur entsprechen würden, fragt er nachfolgend nicht, *ob* Bilder eine Subjekt-Prädikat-Struktur haben, sondern lediglich *wie*: »a mind conditioned by natural language cannot but distinguish two such components, whether in a description or in the state of affairs itself.«[54] Die prädikative Struktur kann er nur annähernd argumentativ rechtfertigen, weil er sich lediglich auf Cartoons (*single frame pictorial joke*) und deren weitgehend schematische Darstellungsform stützt, die näher an der Sprache steht als etwa Gemälde oder Fotografien, die deutlich mehr Binnendifferenzierungen aufweisen. Dennoch wiederspricht seine Theorie jeder Annahme einer nicht restlos sprachlich formalisierbaren Bildlichkeit. Die sprachliche Benennung der bildlichen Metaphern seiner Beispiele verdeutlicht, dass die Identifikation der Bildelemente für Teile der Metapher mitunter sehr verschieden geschehen und daher auch verschiedene Metaphern hervorbringen kann. Wenn Rozik aus der Darstellung eines Fernsehers mit eingebauter Toilettenspülung die Metapher ›tv is shit‹ ableitet,[55] kann genauso gut die sprachliche Metapher ›Zappen ist Abspülen‹ auf das Bild angewendet werden. Seine Theorie bietet daher nicht einmal bei Cartoons eine verlässliche Methode zur Analyse der bildlichen Metapher.[56]

Eine ähnliche Position vertritt Sonia Sedivy, indem sie die Spezifik der Bilder dem Paradigma der Sprache unterstellt. Bilder würden einen propositionalen Gehalt haben. Restbestand der Eigenart der Bilder ist nach Sedivy ihre Vieldeutigkeit, die sich nicht durch eine einzige Beschreibung fixieren lasse. Daher greift sie auf die pragmatische Theorie der Metapher von Donald Davidson zurück und überantwortet einer allgemeinen Bildkompetenz, metaphorische Verwendung von Bildern je nach Kontext zu entscheiden.[57] Gegenüber Rozik räumt sie ein, dass Bilder sich

---

53 Rozik 1994, 204.
54 Ebd., 209.
55 Vgl. Ebd., 212.
56 Bereits 1989 stellte Rozik erstmals einen Ansatz zur Bestimmung und Analyse von gestischen Metapher vor, die er als *stage metaphor* zusammenfasst. Dieser Versuch ist aber ebenso eine semiotische Vereinnahmung von Körperbewegungen durch ein syntaktisches, der sprachlichen Prädikation analoges Zeichensystem. Vgl. Rozik 1989.
57 Vgl. Sedivy 1997, 96. Sie spricht semantischen Theorien die Berücksichtigung des Kontextes ab, missversteht damit aber bekannte Positionen wie etwa diejenige Blacks.

nicht paraphrasieren lassen, meint damit aber lediglich die Übersetzung in einzelne Sätze. Bilder seien vielmehr ein ganzer Text oder ein Gedicht.[58] Damit vertritt sie die Position einer kontextsensitiven Substitution.

Göran Sonesson richtet seine Analyse bildlicher Metaphern ebenfalls an einer strengen Semiotik aus, nach der Abbildungen wie auch Wörter Zeichen sind, die auf verschiedene Inhalte verweisen. Die Metapher sei ein Zeichen für ein anderes Zeichen und im Anschluss an Charles Sander Peirces Ikonbegriff als sekundäre Ikonisierung zu verstehen.[59] Neben Peirces Zeichentheorie greift Sonesson auch die These der kognitiven Dimension der Metapher von Lakoff und Johnson auf. Er führt aus, »dass Metaphern auf kognitiven Strukturen und nicht auf sprachlichen beruhen; daher können in Abbildungen sowie in anderen visuellen Zeichen sogar dieselben Metaphern auftreten wie in Texten.«[60] Unterscheiden würden sich beide Spielarten der Metapher im Hinblick auf ihre Zeichenfunktion. Bei der bildlichen Metapher müssen auf der Ausdrucksebene Merkmale beider Teile der Metapher vorhanden sein. Als Beispiel führt er eine Kippfigur an, die in derselben Weise funktioniert wie Wittgensteins Hase-Ente-Kopf. Die geschlossene Form einer schematischen Zeichnung ist entweder als Katze oder als Kaffeekanne zu erkennen. Sonesson bezeichnet den Charakter der Darstellung als dialektisch wie schon Mitchell vor ihm.[61] Mit diesem Beispiel reduziert er diese bildliche Mischgestalt als annähernde Entsprechung des sprachlichen Identitätspostulats der Metapher auf das Entweder-Oder der Kippfigur.

Der Einbezug der kognitiven Metapherntheorie erlaubt es Sonesson, über diese direkte Entsprechung von sprachlicher und bildlicher Metapher auf der Ausdrucksebene hinauszugehen. Mit der Unterscheidung zwischen rhetorischen Figuren *in praesentia* und *in absentia* bestimmt er einzelne Typen der bildlichen Metapher.[62] Wenn beide Teile der Metapher verbunden sind, könne man zwischen einer vollständigen Ersetzung oder einer »Interpenetration«, also zwischen Anwesenheit und Absenz unterscheiden. Sind die Teile unverbunden, handele es sich entweder um Variation und Paarung oder um eine projizierte Trope. Während die Interpenetration und Paarung eine klare Opposition zeige, sei die projizierte Trope auf »kulturspezifische Abduktionen« angewiesen, die er im Sinne Jakob Johann von Uexkülls als »Syntax der Dinge« auffasst.[63] Weil Sonesson Abbildungen und Wörter gleich-

---

58 Vgl. ebd., 102.
59 Vgl. Sonesson 2003, 25f. Abbildung hingegen seien im Sinne Peirce primär ikonisch.
60 Ebd., 26.
61 Vgl. ebd., 28.
62 Vgl. ebd., 29f. Er übernimmt die Ausdrücke von der Gruppe µ. Die Unterscheidung geht allerdings auf Paul Ricoeurs Theorie der lebendigen Metapher zurück.
63 Vgl. ebd., 31f.

ermaßen als Zeichen bestimmt, fragt er von der bildlichen Interpenetration ausgehend, ob es in der Sprache eine ähnliche Ausdrucksform der Zeichen gebe. Das sprachliche Gegenstück findet er im Portmanteauwort. In Ausdrücken wie *Brunch* oder *Brexit* werden zwei Begriffe in einem einzigen zusammengeführt – im Falle der Beispiele einerseits *Breakfast* und *Lunch*, andererseits *Britain* und *Exit*. Diese Form ist allerdings eher selten, weil es in der Sprache ungewöhnlich sei, dass zwei Inhalte auch auf der Ausdrucksebene der Zeichen genügend Ähnlichkeit hätten, und weil durch die Verschmelzung die Erkennung der Ausdrücke gefährdet sei.[64] Indirekt weist Sonesson hier aus, welche enorme Bedeutung die sichtbare Form für die Erzeugung bildlicher Metaphorik hat. Dieser Aspekt unterscheidet die Ausdrucksmöglichkeiten visueller Metaphorik grundlegend von sprachlichen Metaphern. Um ihre Spielarten in Bildern und anderen visuellen Gebilden genauer zu ergründen, gilt es gerade das Potential formaler Mittel ins Zentrum der Analyse zu rücken.

Charles Forceville wendete sich im Jahre 1996 erstmals in einer breit angelegten Studie verschiedenen Arten bildlicher Metaphorik zu. Wie bereits erwähnt, konzentriert er sich dabei auf Beispiele der Werbung, bei denen beide Teile der Metapher einfacher zu bestimmen seien. Seine Analysen stützen sich auf eine differenzierte theoretische Grundlage, welche die kognitive Dimension der Metapher mit der Interaktionstheorie Blacks und der Kommunikationstheorie Sperbers und Wilsons verbindet.[65] Weil die Metapher primär eine Angelegenheit des Denkens sei – wie er Lakoff und Johnsons *Cognitive Metaphor Theory* aufgreift –, müsse sie auch in anderen Medien als der Sprache erforscht werden. Diese Forschung habe wiederum eine Rückwirkung auf das Verständnis der kognitiven Metapher im Allgemeinen.[66] Die konzeptuellen Metaphern des Denkens würden allerdings ausnahmslos die Form ›A ist B‹ annehmen. Forceville besteht hiermit aber nicht auf einer streng prädikativen Form der kognitiven Metapher, sondern orientiert sich eher an Ricoeurs Konzept der Verbindung von Ähnlichkeit und Differenz.[67] Ein wesentlicher Kritikpunkt, den Forceville an einigen Theorien äußert, ist die falsche Annahme einer Reversibilität, einer Umkehrbarkeit der Übertragungsrichtung der Metapher. Diese These vertreten etwa Hausman und Carroll, in Forcevilles Sicht aber auch Richards und Black. Die Interaktionstheorie der Letzteren versteht er aller-

---

64 Vgl. ebd., 32.
65 Vgl. Forceville 1996, bes. 2. Allgemein zur Metapher stützt er sich ferner auf Jakobson und Ricoeur und zur bildlichen Metapher auf Wollheim, Hausman, Kennedy, Johns, Durand, Whittock und Carroll, die er erstmals vergleichend analysiert.
66 Vgl. Forceville 1996, 1 u. 33f.
67 Vgl. ebd., 34.

dings fälschlicherweise als Annahme der Reversibilität, weil er Lakoff und Johnsons Fehlinterpretation übernimmt.[68]

Der kognitive Ausgangspunkt der Metapherntheorie erlaubt es Forceville, den Unterschied zwischen Metapher und Vergleich als nicht fundamental, sondern nur graduell zu verstehen[69] und darauf aufbauend verschiedene Typen bildlicher Metapher zu bestimmen, die nicht zwangsläufig eine bildliche Form des sprachlichen Syntaxbruches produzieren müssen, um als Metaphern ausgewiesen zu werden. Um eine Operation in einem Bild als Metapher bestimmen zu können, müsse sie eine Anomalie in Form einer beabsichtigten Verletzung der Darstellung produzieren, zwei Aspekte als Quell- und Zielbereich des Übertragungsprozessen aufweisen und verschiedene Kontextebenen adressieren.[70] Seien diese notwendigen aber nicht hinreichenden Kriterien erfüllt, lassen sich drei Arten der bildlichen Metapher unterscheiden, zu denen Forceville noch den bildlichen Vergleich hinzufügt, der auf eine kognitive Metapher zurückgehen könne. Unterscheidungskriterium ist ihm die Art und Weise, wie beide Elemente des metaphorischen Prozesses im Bild präsent sind und die Form ihrer Kombination sind.

Eine bildliche Metapher könne nur eines der beiden Elemente präsentieren (*MP1: Metaphors with one pictorially present term*), wenn aus dem Kontext eindeutig hervorgehe, was das zweite Element sei.[71] In der Werbung sei das abgebildete Element in der Regel auch das Produkt. Durch die Platzierung im Kontext werde ersichtlich, in welcher Weise es neu verstanden werden soll. Wenn die Kontextfunktion in der Markierung des zweiten Elements von einer sprachlichen Ergänzung in Form eines Satzes oder eines Werbeslogans ersetzt wird, lasse sich von einer sprachlich-bildlichen Metapher sprechen (*VPM: Verbo-pictorial metaphors*).[72] In Form eines *hybrid* oder einer *single gestalt* könne eine bildliche Darstellung beide Elemente der Metapher zugleich zeigen (*MP2: Metaphors with two pictorially present terms*).[73] Sind beide sichtbaren Elemente aber nicht direkt verbunden,

---

68 Vgl. ebd., 36. In Teil 2 wurde bereits darauf hingewiesen, dass noch andere Theoretiker diese Fehlinterpretation übernehmen, wie etwa Kohl.
69 Vgl. ebd., 34f. Um den Kontext der Metapher zu berücksichtigen, verbindet Forceville ferner die Semantik mit der Pragmatik, muss wegen der kognitiven Grundlegung die Metapher allerdings nicht gänzlich als pragmatisches Phänomen einer Kontextverwendung bestimmen.
70 Vgl. ebd., 64f.
71 Vgl. ebd., 109-121. Als Gegenbeispiel weist Forceville auf die Kunst hin, in welcher der Zielbereich nicht wie in der Werbung das Produkt ist, sondern oftmals absolute Dinge. Vgl. 122f.
72 Vgl. ebd., 153-159.
73 Vgl. ebd., 126 u. 163.

spricht Forceville von einem bildlichen Vergleich als schwächere Ausdrucksform der ihm korrespondierenden Metapher.[74] Die entsprechende kognitive Metapher habe immer die Form ›A ist B‹. Die Schlussfolgerung dieser notwendigen prädikativen Struktur der kognitiven Metapher ist, dass nur in sprachlichen Metaphern gedacht wird, weil ein Identitätspostulat nicht anders vorgenommen werden kann. Dies bedeutet aber ebenso, dass bildliche Metaphern nur die Übersetzung kognitivsprachlicher Metaphern in den anschaulichen Ausdruck und den damit verbundenen medialen Besonderheiten ist. Da Forceville in dem Hybrid und der Mischgestalt jedoch eine adäquate Entsprechung des sprachlichen Identitätspostulats sieht, muss daraus geschlossen werden, dass er ein visuelles Denken in dieser Form ausschließt.

Der kognitive Ausgangspunkt ermöglicht es Forceville, diejenigen Typen bildlicher Metaphern unter ein einheitliches Prinzip zu stellen, die andere Theoretiker zumeist durch Ausschluss voneinander trennen. Geht man von der sprachlichen Ausdrucksmetapher als paradigmatischen Fall der Metapher aus, können semantische Prozesse der Form- und Farbkorrespondenzen nicht gleichermaßen bedacht werden. Konzentriert man sich hingegen explizit auf solche semantischen Prozesse, werden Hybride und Mischgestalten als kontextunabhängige Sonderformen marginalisiert. Im Folgenden werden Spielarten beider Formen bildlicher Metaphorik vorgestellt und ihre graduellen Übergänge erarbeitet. Hier gilt es vor allem, von einer zu starken sprachtheoretischen und semiotischen Vereinnahmung des Bildlichen abzusehen und das Augenmerk auf jene produktiven Leistungen der Bilder selbst zu richten. Eine feingliedrige Typisierung nach dem Modell der rhetorischen Tropen ist wenig aufschlussreich und würde nur dazu führen, dass das eigentlich zur Disposition stehende Phänomen der bildlichen Metapher aus dem Blick gerät. Eine Verortung zwischen den Polen der direkten Verbindung bildlicher Elemente zu einheitlichen Gestalten und allgemeinen Prozessen im Bild eröffnet hingegen ein produktives Spannungsfeld.

Verschiedene Typen bildlicher Metaphorik zu unterscheiden, ist noch kein Indiz dafür, dass so etwas wie die bildliche oder allgemein visuelle Metapher nur schwer zu bestimmen ist. Auch die sprachliche Metapher ist nicht einfach auf ihre prädikative Form zu reduzieren, ohne enorme Einbußen in Kauf zu nehmen. So lassen sich für die Sprache ebenfalls prädikative, attributive und präpositionale Metaphern unterscheiden, zu denen noch jene Metaphernetze hinzukommen, die sich nur aus einem ganzen Komplex von Aussagen oder Beschreibungen bestimmen lassen. Der Umfang der bildlichen Metapher von der Verbindung einzelner Bildelemente bis hin zur Metaphorik des Bildes als Ganzes kann ebenso variieren wie in der Sprache, deren Metaphern von einfachen Prädikationen und Wörtern bis hin zu ganzen Sät-

---

74 Vgl. ebd., 137-142.

zen, Passagen oder auch Texten reichen. Wie die bisherige Analyse gezeigt und bereits Rimmele betont hat, haben sich verschiedene Bestimmungen teils auf verschiedene Aspekte des Metaphorischen bezogen, sich von einer spezifischen kunsthistorischen oder metapherntheoretischen Fragestellung leiten lassen oder ihren Gegenstandsbereich deutlich eingegrenzt.[75] Im Folgenden gilt es daher, diese Differenzen stets im Blick zu behalten, wenn verschiedene Arten der bildlichen Metapher zusammengefasst werden.

DIE METAPHER IM BILD: MISCHGESTALT UND SEHEN-ALS (ALDRICH, DANTO, CARROLL)

Virgil Aldrich wies bereits 1968 die Frage nach der Verkörperung von sichtbaren Metaphern in Kunstwerken als Forschungsdefizit aus.[76] Er versucht das theoretische Neuland mithilfe von Wittgensteins Konzept des Sehen-als und dessen Interpretation als metaphorisches Sehen durch Marcus Hester in Angriff zu nehmen.[77] Ausgangspunkt seiner Theorie ist das bildhauerische Werk Pablo Picassos, denn es lassen sich in den Skulpturen des Künstlers nicht nur Metaphern ausmachen, er selbst hat sie sogar als solche beschrieben: »Meine Skulpturen sind plastische Metaphern. Es ist dasselbe Prinzip wie in der Malerei.«[78]

Aldrich konzentriert sich auf Picassos Skulptur *Die Ziege* von 1950. Indem der Künstler den Brustkorb des Tieres mit einem Weidenkorb statt Gips gestalte, erzeuge er eine visuelle, eine »zusammengesetzte Metapher mit doppelter Blickrichtung«.[79] Die Metapher sei in zwei Richtungen zu verstehen: einerseits könne der Weidenkorb als Brustkorb gesehen werden, andererseits der Brustkorb als Weidenkorb. Der Gegenstand ersetzt aufgrund seiner formalen Ähnlichkeit einen Teil des Körpers. Durch die entsprechende Platzierung innerhalb der Figur, kann er als Brustkorb der Ziege verstanden werden. Beide von Aldrich vorgeschlagenen Lesarten lassen sich an der Skulptur überprüfen, jedoch geht daraus nicht hervor, dass die

---

75 Vgl. Rimmele 2017a, 11.
76 Vgl. Aldrich 1968, 142.
77 Die metapherntheoretische Interpretation des Sehen-als bei Hester und Ricoeur wurde in Kapitel 10 genauer ausgearbeitet. Aldrich versucht einleitend auch das Konzept der visuellen Metapher durch eine Abgrenzung zum Symbolbegriff genauer zu konturieren. Ein Symbol verliere seine Bedeutung im Prozess der erfolgreichen Symbolisierung zunehmend. In dieser Weise versteht auch Ricoeur die Assimilationsbewegung als Auflösung der Metapher im Symbol.
78 Picasso, zitiert nach ebd., 144.
79 Ebd., 145.

Metapher bidirektional ist. Die Bewegung einer metaphorischen Übertragung verläuft nur in eine Richtung. Die kontrastierende Positionierung des Weidenkorbs erzeugt eine wahrnehmbare Spannung zwischen der Ziegenskulptur und dem in sie eingearbeiteten Korb, die in zwei verschiedene Richtungen hin aufgelöst werden kann und damit auch zwei unterschiedliche Metaphern erzeugt. Aldrich weist darauf hin, dass in der ästhetischen Wahrnehmung eine Metapher besser »sichtbar« sei, wenn sie zwei Dinge verbinde, die ihre eigene Identität und ihren eigenen Namen haben. In der Komposition erhalten beide Dinge ihre Identität aufrecht, um ein Sehen des einen Gegenstands durch den anderen zu ermöglichen. Hinter Picassos visueller Metapher steht aber auch ein Sprachspiel mit der sprachlichen Metapher des Brustkorbes, wie der Künstler selbst äußert: »Ich gehe den Weg zurück zum Korb zum Brustkorb: von der Metapher zur Realität. Ich mache die Realität sichtbar, weil ich die Metapher gebrauche.«[80]

Aldrich versucht, die besondere Art des metaphorischen Sehens als ein Sehenals von anderen Formen abzugrenzen. Als Gegenbeispiel schildert er eine Begebung zweier Personen, die zu einer Verwechselung führt: ›M‹ wird für ›A‹ gehalten. Dieser Fall setze eine dyadische Beziehung voraus, in der die Gleichheit durch Ähnlichkeit erzeugt werde. Das Sehen-als hingegen setze eine triadische Beziehung voraus. In diesem Fall komme ein dritter Faktor (›B‹) hinzu, der beide, also A und M, transfiguriere als Vorstellungsbild von A durch M.[81] Im Hinblick auf die Kunst sei M der Stoff, A der Gegenstand und B der Gehalt als Vorstellungsbild. Anstelle einer bloßen Verwechselung leitet das Sehen-als ein neues Verständnis ein. Aldrich begreift den Prozess des Sehen-als als kognitive Leistung, als »›ästhetisches‹ Denken«. Er bezieht diese besondere, kognitive Verarbeitung der Wahrnehmung jedoch auf alle Fälle, in denen etwas als etwas anderes gesehen wird. In einer Zeichnung eine Figur zu sehen, sei ebenso eine Form des Sehen-als. Im Versuch, das Sehen-als genauer zu bestimmen, entzieht es sich als Prinzip der visuellen Metapher. Alles wird zum metaphorischen Sehen-als, das eine Materialkonfiguration zu einer Darstellung von etwas macht. Die transfigurierende Wahrnehmung der ästhetischen Erfahrung erzeugt den Gehalt, der nicht vom Werk selbst ausgedrückt werde. Der Künstler erfasse den Gehalt intuitiv als Potential einer Umwandlung von Stoff und Material.[82] Der Gehalt als der Ausdruck einer Bearbeitung von Stoff und Material wird in dieser Formulierung zum allgemeinen Ausdruck von Kunstwerken – eine über die bloße materielle Beschaffenheit hinausgehende ästhetische Qualität, die vom Künstler bereits intendiert war. Sehen-als heißt dann lediglich, das Kunstwerk

---

80 Picasso, zitiert nach Ebd., 145.
81 Vgl. ebd., 147. Er nennt diesen Prozess auch »expressiv darstellen« (*expressively portrayed*) oder »gegenseitige Beseelung« (*interanimation*).
82 Vgl. ebd., 158.

als einen ästhetischen Ausdruck nachzuvollziehen. Aldrich hält dennoch an Wittgensteins Konzept des Sehen-als fest und setzt den Gehalt des Kunstwerks mit dem Aspekt gleich, den das Sehen-als laut Wittgenstein aufscheinen lasse.[83]

Die anfangs in Picassos Skulpturen beschriebenen visuellen Metaphern als spannungsvolle Kombinationen verschiedener Gegenstände und Materialien versucht Aldrich, mit dem Konzept des Sehen-als zu erklären, löst dieses als sinnvolles Analysemittel von Metaphern jedoch in einer allgemeinen kunstphilosophischen Ausdruckstheorie auf. Aus diesem Grund wundert sich Noël Carroll auch, warum Aldrich für diesen Prozess der Interaktion zwischen Material und Bedeutung das Konzept der Metapher wählt, wenn der Ausdrucksbegriff doch völlig gereicht hätte.[84]

Richard Wollheim griff ebenfalls im Jahr 1968 in seiner kunstphilosophischen Schrift *Art and Its Objects* Wittgensteins Konzept des Sehen-als auf und bestimmte es als repräsentationales Sehen. Diese Definition revidierte er in einem Aufsatz von 1980, indem er das Konzept des Sehen-In einführte. Eine Repräsentation könne nur angemessen betrachtet werden, wenn die Künstlerintention hinreichend rekonstruiert werde. In einer Darstellung müsse also gesehen werden, was der Produzent auch selbst darin sieht bzw. sah. Hiermit versucht Wollheim solche Fälle auszugrenzen, in denen sinnvollerweise etwas in einer Darstellung gesehen wird, das ihrer Entstehungsgeschichte aber nicht entspricht. Wenn er den Schauspieler Charles Laughton in Hans Holbeins Porträt Henry des VIII. sieht, so sein Beispiel, handelt es sich nicht um eine Form des Sehen-In und ist der Repräsentation auch nicht angemessen.[85]

Die feine präpositionale Unterscheidung wird in Rekurs auf Wittgenstein verständlich. Ein Sehen-als, wie er es am Beispiel der Kippfigur des Hase-Ente-Kopfes verdeutlicht, sei der Aspektwechsel in der Wahrnehmung. Durch diesen Wechsel werde die Hasenfigur als Entenfigur wahrgenommen. Der Wechsel steht aber für ein strenges Entweder-Oder. Zwar sei man sich nach der Wahrnehmung der zweiten Figur beider Sichtweisen bewusst, doch können nicht beide gleichzeitig gesehen werden. Diesen Wechsel der Aufmerksamkeit übernimmt auch Wollheim und grenzt deshalb das repräsentationale Sehen als Sehen-In vom dialektischen Sehen-Als ab.[86] Sein Interesse an der Kunsttheorie ist ein psychologisches. Daher unterscheidet er Formen der Wahrnehmung. Wie auch Wittgenstein will er die visuelle

---

83 Vgl. ebd., 158f.
84 Vgl. Carroll 1994, 207.
85 Vgl. Wollheim 1980, 205-209. Hierdurch kann ebenfalls das Sehen von Figuren in Wolken und Gesichtern in Steinformationen – wie es Leonardo da Vinci beschrieb – ausgeschlossen werden. Vgl. 218.
86 Vgl. ebd., 212f.

Erfahrung allerdings nicht auf ein bloßes Wahrnehmen reduzieren. Sie sei ebenso bereits ein Denken, ein »blending of concept and perception«.[87] Diese besondere Leistung zeichne das Sehen-als aus, sei subjektiv und lasse sich auf alle Dinge anwenden. So könne beispielsweise der Teil eines Berges als nackter Frauenkörper und eine Reihe von Bäumen als Piratengruppe gesehen werden.[88]

Wollheim gelingt es mit dieser Unterscheidung der Wahrnehmungsweisen, das Sehen-als vor einer zu weiten Bestimmung zu retten. Sofern es eine metaphorische Wahrnehmungsleistung ist, indem eine Sache durch eine andere gesehen wird und deshalb auch durch sie verstanden werden kann, muss sie von der allgemeinen Bildwahrnehmung unterschieden werden, um nicht jede Darstellung eine Metapher werden zu lassen. Wollheim nimmt diese Differenzierung zwar nicht im Hinblick auf die Metapher vor, bietet aber eine Möglichkeit, Aldrichs metaphorisches Sehen-als vor einer zu ausufernden Definition zu retten. Problematisch bleibt allerdings weiterhin der Bezug des Sehen-als zu Wittgensteins Grundlegung und seinem Beispiel des Kippbildes. Soll das Sehen-als als metaphorische Leistung der Wahrnehmung verstanden werden, kann es nicht auf den Hase-Ente-Kopf zurückgeführt werden. Ein metaphorischer Prozess der Sinnbildung kann nur stattfinden, wenn beide Vorstellungen für die Übertragungsleistung präsent sind, ihre Identität durchgehend aufrechterhalten und sich nicht wechselseitig ausschließen.[89] Wird das Sehen-als vom Entweder-Oder des Kippbildes gelöst, kann es als Grundlage eines kognitiven Prozesses bestimmt werden, der ein Ding, einen realen Gegenstand oder eine bildliche Vorstellung, als etwas anderes sehen lässt.[90]

Wittgensteins Konzept des Sehen-als wird schließlich in den Kunsttheorien von Nelson Goodman und Arthur C. Danto auf Formen der bildlichen Metapher ange-

---

87 Ebd., 220.
88 Vgl. ebd., 221f.
89 Diese Leistung der simultanen Schau hebt auch James A. W. Heffernan hervor und grenzt sie von der Kippfigur Wittgensteins ab, vgl. Heffernan 1985, 176f. Francisca Pérez-Carreño hingegen schließt gerade ein simultanes Wahrnehmen aus, weil die Elemente noch unabhängig voneinander erfahren werden können, vgl. Pérez-Carreño 2000, 377. Dass sich beide Aspekte nicht gegenseitig ausschließen, wird im Folgenden noch ausgeführt.
90 Hierdurch werden die Metapherntheorien von Marcus Hester und Paul Ricoeur für eine Theorie der visuellen Metapher anschlussfähig. Vgl. hierzu ausführlicher Kapitel 10. Wollheim geht es weniger um eine theoretische Grundlage bildlicher Metaphern. Implizit bietet er mit seiner wahrnehmungstheoretischen Unterscheidung einen Ansatz zu einer Theorie metaphorischen Denkens jenseits der Sprache. Dies wird in Kapitel 19 genauer ausgeführt.

wendet.[91] Danto greift das Konzept der Repräsentation-als von Goodman auf und fügt es in seine Theorie der Transfiguration ein. Ein Modell in einem Gemälde als die Justitia zu repräsentieren, wäre nach Danto keine Transfiguration des Modells, weil die Identität der Person in der Darstellung verloren gehe. Bei der Justitia handelt es sich aber dennoch um eine metaphorische Repräsentation-als, denn die abstrakte Vorstellung eines gerechten Urteils wird personifiziert. Ein Sonderfall sei, so Danto, Saskia in den Bildern Rembrandts: Manchmal ist sie in eigener Identität dargestellt, manchmal als Metapher, bspw. als Blumengöttin.[92]

Für die Metapher ist entscheidend, dass die beiden Elemente, zwischen denen eine Übertragung stattfindet, ihre Identität auch aufrechterhalten. Durch die Repräsentation Napoleons als römischer Kaiser können Attribute eines antiken Imperators auf den französischen Regenten übertragen werden; durch die Repräsentation des gerechten Urteils als Justitia können die Attribute der Waagschale und der verbundenen Augen auf die abstrakte Vorstellung angewendet werden. Beide Beispiele verdeutlichen sehr unterschiedliche Aspekte bildlicher Metaphorik. Napoleon als römischen Kaiser darzustellen, ist eine individuelle und kreative bildliche Metapher. Sie äußert sich aber nicht in gleicher Weise wie die sprachliche Metapher durch einen offensichtlichen Syntaxbruch. Ihre Signalstruktur ist vielmehr der Bruch mit kulturellen Konventionen und der Historie als offensichtlicher Anachronismus. Um die Darstellung als Metapher zu verstehen, muss die Betrachterin auf Hintergrundwissen zurückgreifen. Nur aufgrund dieses Wissens kann die Darstellung als Repräsentation-als erkannt werden und die Kleidung der Person als Anomalie verstanden werden, die zwei Vorstellungen auf neue Weise zusammenbringt. Die bildliche Metapher der Justitia funktioniert einerseits auf ähnliche Weise, weil sie ebenfalls keine offenkundige Falschheit präsentiert, sondern lediglich Attribute zu einer Figurendarstellung hinzufügt, die einen metaphorischen Verständnisprozess ermöglichen sollen. Andererseits unterscheidet sich die Repräsentation der Justitia deutlich vom Gemälde Napoleons, weil sie zum einen nicht zwei konkrete Vorstellungen präsentiert und zum anderen eine konventionelle Personifikation ist. In beiden Beispielen sind Darstellungsinhalte derart kombiniert, dass sich bei entsprechender Kenntnis der Hintergründe bzw. des Kontextes ein Inhalt durch den anderen neu verstehen lässt.

Danto gibt ein weiteres Beispiel der Repräsentation-als, das wesentliche Aspekte des Metaphorischen ergänzt. In einer Karikatur aus dem Jahre 1831 (Abb. 10) wird Louis Philippe in vier Phasen schrittweise in eine Birne transformiert: »Man hat den Eindruck, als habe Philipon die Birne in Louis' Kopf förmlich gesehen und

---

91 Vgl. hierzu die detaillierten Analysen in Kapitel 13.
92 Vgl. Danto 1981, 256.

uns diese Wahrnehmung stufenweise nahegebracht«.[93] Danto gibt den wichtigen Hinweis, dass die Birne in den Darstellungen nur durch ihre Form zur Reduzierung von Louis beiträgt, nicht aber durch andere Eigenschaften wie etwa Farbe oder Geschmack. Während bei sprachlichen Metaphern zwei Vorstellungskomplexe durch syntaktische Mittel und unabhängig der Eigenschaften miteinander verknüpft werden können, muss die bildliche Metapher auf formale Mittel zurückgreifen – im Falle von Zeichnungen sind diese auf Entsprechungen der Form reduziert. Die Karikatur stellt ein paradigmatisches, geradezu didaktisches Beispiel einer Theorie der bildlichen Metapher dar, weil sie schrittweise verdeutlicht, inwiefern die Sinnfälligkeit einer Verbindung zweier Figuren von deren Mischverhältnis, vom Grad ihrer wechselseitigen Durchdringung abhängig ist. Dominiert eine der beiden Figuren zu stark, ist die zweite nicht mehr in der Lage, ihre Identität aufrecht zu erhalten und wird nicht mehr wahrgenommen. Gegenüber den anderen Beispielen der Repräsentation-als handelt es sich bei der Karikatur um keine lockere Attribution, sondern um eine wirkliche Mischgestalt, die zwei Figuren derartig überblendet, dass die Anomalie der Metapher explizit zum Ausdruck kommt.

Abbildung 10: Charles Philipon / Honoré Daumier, Louis Philippe, 1931, Karikatur für die Satire-Zeitschrift Le Charivari, Paris

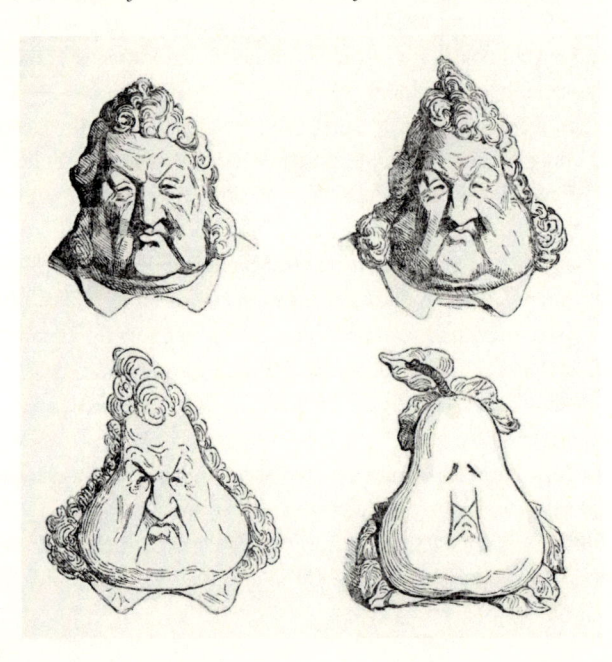

---

93 Danto 1992, 95.

Die visuelle Verbindung der Vorstellung ermöglicht einen metaphorischen Verständnisprozess. Louis Philippe kann auf sinnvolle Weise als Birne verstanden werden, weil die formale Verbindung zulässt, »daß [...] ebendiese Form, ihr ausladendes Unterteil und ihre gedrungene Spitze fette Hängebacken und ein winziges Hirn implizieren, also jemanden, der dumm und gefräßig zugleich ist.«[94] Danto weist darauf hin, den ganzen Körper als Birne darzustellen. Die entsprechende sprachliche Formalisierung ›Louis Philippe ist eine Birne‹ betrifft die ganze Person und weniger offenkundig eine Entsprechung der Form zwischen Kopf und Birne. Die bildliche Metapher kann im Grunde nur durch eine Beschreibung annähernd erfasst werden und verwehrt sich einer einfachen Formalisierung. Der vorgeschlagene sprachliche Ausdruck stellt zwar eine Metapher dar, doch ist sie wenig aufschlussreich, macht eigentlich keinen Sinn. Danto ordnet die Karikatur in den historischen Kontext ihrer Entstehungszeit ein. Sie wurde mehrfach aufgegriffen – unter anderen von Honoré Daumier – und mit der Zeit zur konventionellen Darstellung Louis Philippes, »[so]daß sie zu einem bloßen Symbol oder Emblem der Julimonarchie degenerierte«.[95] Die Birne wurde quasi zum Symbol des Königs. Danto führt verschiedene Beispiele der Repräsentation-als an, die je unterschiedliche Aspekte bildlicher Metapher zum Ausdruck bringen. Was sie eint, ist die Figur als wesentlicher Inhalt der Darstellung. Sein Konzept der Trans*figur*ation meint die Figur daher im doppelten Sinne: als Inhalt und als Mittel der Darstellung.

Noël Carroll führt hingegen zahlreiche Beispiele nichtfigürlicher Mischfiguren an. Er konzentriert sich in seinen Analysen visueller Metapher auf jene »core cases«[96], die der sprachlichen Metapher in ihrer Funktion und Identifikation am stärksten entsprechen würden. Die Suggestion einer Identität sei ein notwendiges Kriterium visueller Metaphern, denn nur so könne das Konzept der sprachlichen Metapher auf sinnvolle Weise auf den Bereich des Visuellen angewendet werden.[97] Für ihn kommen daher auch nur Mischgestalten in Frage, die zur Erzeugung einer Identität zweier Elemente auf eine homogene Räumlichkeit (*homospatiality*) zurückgreifen.[98] Am Beispiel einer Skulptur Picassos, die zwei Gegenstände zu einem

---

94 Ebd., 95f.
95 Ebd., 96.
96 Carroll 1994, 215.
97 Vgl. ebd., 190. Nur auf diese Weise können zwei Kategorien derart verbunden werden, dass eine für die Metapher notwendige Falsifikation möglich sei, die zu einer Korrekturleistung auffordere. Vgl. 198.
98 Carroll übernimmt Albert Rothenbergs Konzept der *homospatiality*, reduziert es allerdings auf die Ausdrucksebene. Rothenberg versteht es hingegen in einem umfassenderen, kognitiven Sinne als »homospatial thinking«, vgl. ebd., 215n3. Rothenbergs psychologischer Ansatz wird in Kapitel 19 genauer ausgeführt.

Komposit zusammenfügt, erläutert Carroll sein Konzept genauer: »the discrete elements that compose it co-exist in the same space – they are *homospatial* – insofar as they are integral features of a single entity, parts of a unified whole which co-exist within the unbroken contour, or perimeter, or boundary of a single unified entity.«[99]

Carroll konzentriert sich im Wesentlichen auf den Nachweis einer visuellen Anomalie in Form einer Mischgestalt und verliert dabei den metaphorischen Prozess als Hervorbringung neuer Einsichten aufgrund einer Spannung zwischen Ähnlichkeit und Differenz aus den Augen. Nur wenige seiner Beispiele können auf sinnvolle Weise als Metaphern verstanden werden, weil sie zwar zwei Elemente durch die Suggestion ihrer Identität verbinden, aber das eine nicht durch das andere verstehen lassen. Auch bei paradoxen Prädikationen der Sprache reicht das Identitätspostulat nicht aus, um eine Metapher zu erzeugen. Vielmehr muss von Fall zu Fall entschieden werden, ob sich eine Vorstellung auf sinnvolle Weise durch die jeweils andere verstehen lässt. ›Der Mensch ist eine Schreibtischlampe‹ erfüllt zwar formal gesehen die Kriterien einer Metapher, leitet aber keinen sinnvollen Verständnisprozess ein. Als eindeutigen Fall einer visuellen Metapher führt Carroll Claes Oldenburgs *Typewriter-pie* (Abb. 11) an: »As a linguistic metaphor, I submit, it is very obscure, if not completely inert. The visualization, however, is absolutely clear.«[100] Auf welche Weise die Schreibmaschine als Kuchen oder der Kuchen als Schreibmaschine – Carroll hält die Metapher für umkehrbar[101] – verstanden werden kann, lässt er allerdings offen. Das Beispiel hält er aufgrund der eindeutigen Formentsprechung für angemessen. Für eine Theorie bildlicher Metaphern sind seine Ausführungen zum *Typewriter-pie* aber dennoch aufschlussreich, denn er grenzt die Mischgestalt klar von Wittgensteins Sehen-als ab. Der Aspektwechsel der Wahrnehmung eines Kippbildes wie des Hase-Ente-Kopfes beruhe auf einem sukzessiven Ausblenden einer der beiden Figuren, während die Kompositfigur eine »visually stable figure« sei.[102]

Mit Man Rays *Violon d'Ingre* von 1924 (Abb. 12) liefert Carroll hingegen ein eindeutiges Beispiel einer Metapher im Bild. In der Fotomontage legt Man Ray zwei f-Löcher über den Rücken der von Ingres gemalten Frau. Weil die beiden ge-

---

99 Ebd., 191f.
100 Ebd., 202.
101 Josef Stern kritiert dieses Reversibilitätspostulat. Entgegen einer symmetrischen Ähnlichkeitsbeziehung argumentiert er für zwei verschiedene metaphorische Beschreibungen: »this is really to treat the picture as expressing two unrelated pictorial metaphors rather than one metaphor with alternative, symmetrical interpretations.«, Stern 1997, 265.
102 Carroll 1994, 193. Diese Ausführungen entsprechen Mitchells Bezeichnung des Kippbildes als »multistability«.

schwungenen Formen an der gleichen Stelle auf dem entblößten Frauenrücken positioniert, an dem sie normalerweise auch als Öffnungen auf einer Violine platziert sind, lässt sich der Frauenkörper als Violine verstehen. Die Metapher setzt die Körperrundungen der Frau mit dem geschwungenen Klangkörper des Musikinstruments gleich. Die hohe kulturelle Stellung des Instruments und sein wundervoller Klang, der aus der Konstruktion des Klangkörpers hervorgeht, können auf den Frauenkörper übertragen werden. Ebenso lässt die metaphorische Verbindung der beiden Körper erotische Anspielungen zu. Carroll deutet die visuelle Metapher auf Jean-Auguste-Dominique Ingres bezogen aus. Der Maler hätte sein Modell wie ein Cello wiedergegeben, die Odaliske als Violine dargestellt.[103]

Abbildung 11: Claes Oldenburg, Typewriter-Pie, Zeichnung, aus: Oldenburg, Notes in Hand, New York 1970
Abbildung 12: Man Ray, Le Violon d'Ingres, 1924, Silbergelatine, Papier, 31 x 24,7 cm, Centre Pompidou, Musée National d'Art Moderne, Paris

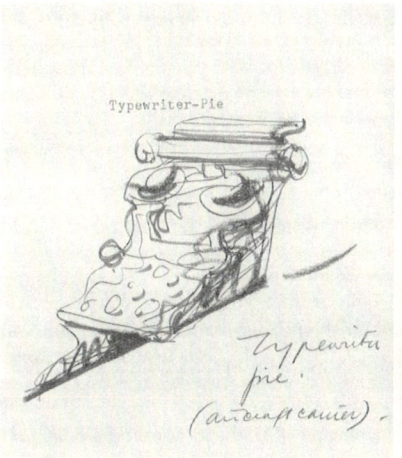

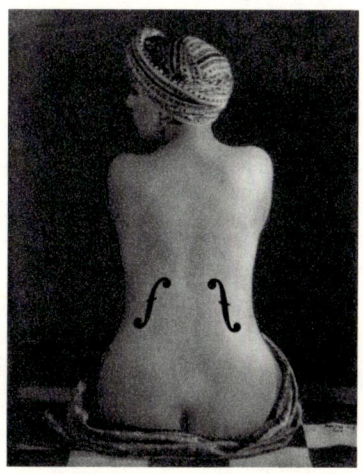

Im Anschluss an die Beispielanalysen fügt Carroll noch weitere wichtige Kriterien für eine sinnvolle Analyse visueller Metaphern an. So sei einerseits der Äußerungskontext entscheidend, damit eine Überblendung zweier Elemente als physikalisch inkompatibel (*physically incompossible*) und nicht nur als fiktional möglich erkannt werde. Bei Filmen kläre beispielsweise der Kontext, ob es sich bei der Mischfigur um eine Metapher oder nur eine ausgedachte Kreatur in einem Horrorfilm handle. Andererseits sei der Glaube an eine intendierte metaphorische Bedeutung notwen-

---

103 Vgl. ebd., 192.

dig, um einen Verstoß gegen die Regeln des physikalisch Möglichen (*norms of physical possibility*) als bewusste Aufforderung zur Sinnprojektion aufzufassen.[104]

Carroll befasst sich streng mit einer visuellen Entsprechung der sprachlichen Metapher auf der Ausdrucksebene, schließt dabei aber die kognitive Dimension nicht aus. Seine Ausführungen bleiben allerdings andeutend und auch ambivalent. Einerseits übernimmt er Rothenbergs Konzept der *homospatiality*, blendet dabei aber die kognitive Funktion dieses Aspekts aus, andererseits räumt er aber ein, dass Metaphern vor allem konzeptuell und kategorial sind als nur exklusiv sprachlich.[105] Seine Position ließe sich in der Weise verstehen, dass er die produktionsästhetische Perspektive etwa der psychologischen Position Rothenbergs ausklammert, die rezeptionsästhetische Perspektive des kognitiven Nachvollzugs aber betont, wenn er Donald Davidsons pragmatische Theorie als der visuellen Metapher angemessen ausweist und mit Kants Konzept der ästhetischen Idee schließt:

»Visual metaphors are of the nature of what Kant called an aesthetic idea – a representation of the imagination which occasions much thought, without however being reduced to any *definitive* thought. That is, with visual metaphors, the image-maker proposes food for thought without stating any determinate proposition. It is the task for the viewer to use the image for insight.«[106]

Eine intentionalistische Position zur visuellen Metapher lässt sich aber nur schwer aufrechterhalten, wenn die produktionsästhetische Erschließung metaphorischen Denkens nicht berücksichtigt wird. Die Konstruktion visueller Metaphern verbleibt damit in der *blackbox* künstlerischer Schöpfung.

Formen der Überblendung von Dingen werden in der Theoriebildung zur visuellen Metapher zumeist als isolierte Erscheinungen betrachtet, ohne sie im Bild, im Schaffen des Künstlers oder in der Entstehungszeit hinreichend zu kontextualisieren. Dieser punktuelle Zugriff wird dem Äußerungscharakter und der Bedeutungsstiftung visueller Metaphern oftmals nicht gerecht. Die Fotomontage *Der Konstrukteur* von El Lissitzky aus dem Jahre 1924 (Abb. 13) ist beispielsweise nur im Kontext des avantgardistischen Kunstverständnisses sinnvoll als Metapher zu interpretieren.[107] Das Selbstporträt zeigt den Künstler nahezu en face. Sein Blick geht am

---

104 Vgl. ebd., 209-211.
105 Vgl. ebd., 205.
106 Ebd., 212.
107 Briony Fer argumentiert für eine grundlegende Metaphorik des Konstruktivismus, weil etwa durch das Lineal und die geometrische Linienführung eine wissenschaftliche Praxis auf die Kunst übertragen wurde, vgl. Fer 1989, 24f. Die allgemeine konzeptuelle Metapher würde demnach lauten: Kunst als Wissenschaft. Fer geht es allerdings nicht

Betrachter vorbei – er schweift in die Ferne oder fixiert einen Gegenstand. Über die linke Gesichtshälfte ist eine offene Hand durch eine Doppelbelichtung geblendet. Die offene Handfläche ist derart platziert, dass in ihr das Auge des Künstlers sichtbar wird. Zwischen den ausgestreckten Fingern hält die Hand einen Zirkel der einen spitzen aber noch weit geöffneten Winkel beschreibt. Den Hintergrund bildet ein Millimeterpapier, auf dem ein dünner Kreis gezogen wurde und der Name des Künstlers sowie sein Kürzel *el* und die Letter *XYZ* stehen, unterlegt von breiten Streifen, welche die Fläche strukurieren.

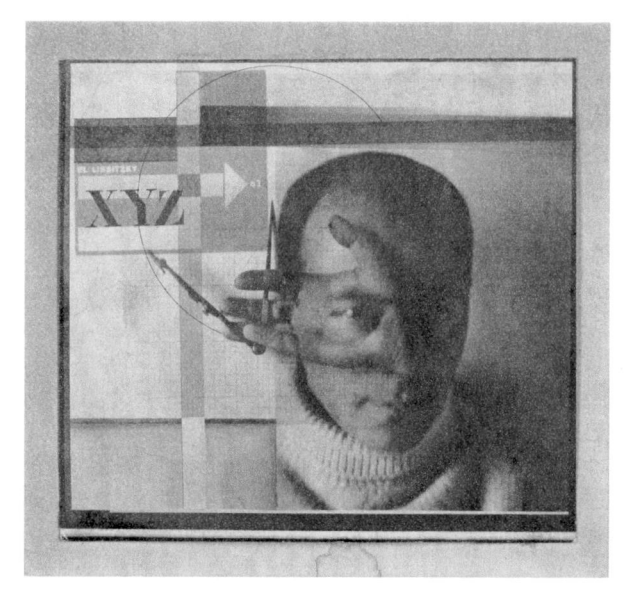

Abbildung 13: El Lissitzky, Der Konstrukteur, 1924, Fotomontage, 11,3 x 12,5 cm, Stedelijk Van Abbemuseum, Eindhoven

Hand und Auge sind im Sinne Carrolls in einer Weise verbunden, die physikalisch unmöglich ist. Die Kompositfigur erfüllt folglich sein Kriterium, ein geeigneter Kandidat für eine visuelle Metapher zu sein. Ob sich das Konzept aber in sinnvoller Weise für das Verständnis des Bildes motivieren lässt, ist zu prüfen. Die Überblendung löst eine kognitive Spannung aus, denn die sonst physisch nur mittelbar durch den Körper verbundenen, aber erfahrungsmäßig unmittelbar aufeinander bezogenen Sinnesvermögen sind direkt übereinandergelegt. Beabsichtigte Lissitzky hierdurch,

---

um bildliche Metaphern – sie hält sie nur für metaphorisch möglich. Im Sinne Blacks versteht sie die Wissenschafts-Metapher der Kunst als Modell.

die Verbundenheit von Auge und Hand noch deutlicher zum Ausdruck zu bringen oder wollte er den einen Sinn tatsächlich durch den anderen verstanden wissen? Allein in letzterer Sicht können verschiedene metaphorische Deutungen auf das Bild angewendet werden. Einerseits ließe sich das Auge des modernen Künstlers als präzises Messgerät verstehen. Die Arbeit des bildenden Künstlers wird in dieser Sicht einer auf objektiven Messungen und rationalen Methoden aufbauenden handwerklichen Tätigkeit etwa eines Architekten oder Städteplaners angenähert. Diese Deutung würde der Biografie Lissitzkys Rechnung tragen, der von der Praxis des Ingenieurs zur Kunst kam. Andererseits ließe sich die Überblendung auch als Metapher für die technische Sinneserweiterung des Menschen verstehen. Künstler und Ingenieur können auf verschiedenste technische Hilfsmittel zurückgreifen, um sich nicht auf das Augenmaß verlassen zu müssen. Vor dem Hintergrund der Technikemphase und dem Wunsch vieler Künstler wie beispielsweise dem Bauhauslehrer Lásló Moholy-Nagy, Mensch und Maschine, Kunst und Leben nicht als Gegensätze aufzufassen, entspricht diese Metapher dem Zeitgeist der Avantgarden.[108] Sie widerspricht allerdings der ersten, denn sie suggeriert eine Kompensationsleistung der technischen Medien und hebt die subjektive Sinneswahrnehmung des Künstlers nicht auf die objektive Ebene und präzise Verfahrensweise der Technik.

Betont man hingegen die Funktion der Hand anstelle des Zirkels, kann die Fotomontage in zweifacher Weise in den historischen Kontext der Avantgarden eingeordnet werden. Andreas Haus stellt dem Selbstporträt Lissitzkys eine Fotomontage Moholy-Nagys gegenüber, in der in der Mitte einer ebenfalls geöffneten Hand anstelle eines Auges die Linse eines Fotoapparats zu sehen ist (Abb. 14). Moholy-Nagy ersetzte das menschliche Auge durch das »›automatische‹ Fotoauge«[109] – eine gängige Metaphorik für die Technik der Fotografie, wie sie etwa auch Dziga Vertov in seinem Film *Der Mann mit der Kamera* von 1929 nutzte. Im Kontrast dazu betont Lissitzky bewusst das menschliche Auge und will es als ebenfalls präzises Instrument verstanden wissen. Eine andere Lesart der Überblendung ermöglicht Daniela Stöppels Interpretation. Sie versteht die Verbindung von Zirkel, Hand und Auge als Ausdruck des kartografischen Blicks und den Planzeichner als neues künstlerisches Leitbild. Pinsel und Staffelei werden durch Zirkel und Reißbrett ersetzt.[110] Hand und Auge sieht sie stellvertretend für taktilen und visuellen Sinn. Weil die Hand vom restlichen Körper abgetrennt und freischwebend platziert ist, habe Lissitzky die Sinne als zwei getrennte Bereiche dargestellt. Stöppel ergänzt kontrastierend eine für die damalige Zeit typische Darstellung der natürlichen Ver-

---

108 Vgl. Moholy-Nagy, 1927.
109 Vgl. Haus 1978, 26.
110 Stöppel 2014, 370.

bundenheit von Auge und Hand beim Zeichnen.[111] Die aus der Überblendung hervorgehende Spannung der direkten Verbindung beider Elemente geht in dieser Deutung aber verloren. Die Mischgestalt als Metapher zu lesen, ermöglicht es, Auge und Hand wechselseitig aufeinander zu beziehen, eine Interaktion zwischen beiden Körperteilen, beiden Sinnen stattfinden zu lassen, mit deren Hilfe ein Sinn durch den jeweils anderen verstanden werden kann. Dass Lissitzky diese metaphorische Sinnstiftung beabsichtigt haben mag, untermauert seine Collage *Tatlin* von 1921-22 (Abb. 15), in der er das verbindende Element der Hand weggelassen und den Zirkel direkt an der Stelle des Auges platziert hat. Blickwinkel und Zirkelmaß fallen direkt zusammen.

Abbildung 14: László Moholy-Nagy, Covergestaltung der Zeitschrift foto-Qualität, DIN A4, 1931
Abbildung 15: El Lissitzky, Tatlin, Working on the Monument, 1921-22, Kollage, 29,2 x 22,9 cm, Sammlung Estoric

Das Selbstporträt Lisstzkys verdeutlicht, dass es einerseits durchaus schwer sein kann, aus einer Mischfigur überhaupt in sinnvoller und dem Werk angemessener Weise eine visuelle Metapher zu formulieren, und andererseits nicht einer seit der Moderne rein subjektiven Ikonografie zu überantwortet ist, welche Bedeutungen

---

111 Vgl. ebd., 371. Zudem ergänzt sie zahlreiche Abbildungen, die eine eigene Ikonografie der Hand zur Zeit der künstlerischen Avantgarden zum Ausdruck bringt.

einzelne Bildelemente mit sich tragen. Die Darstellungsweise kann aus einem sehr speziellen historischen Kontext heraus verstanden werden, der sowohl die Hand als auch die Überblendung in eine zeitgenössische Bildrhetorik einordnet. In dieser Weise wird die Mischgestalt zu einem komplexen Kontextphänomen, das sich nicht unabhängig von der übrigen Darstellung interpretieren lässt.

Stefan Majetschak greift das von Goodman und Danto entwickelte Konzept der Repräsentation-als auf, um es in einem weiteren bildphilosophischen Kontext zu verstehen.[112] Grundlage seines Verständnisses der produktiven Leistungen des Bildes ist Boehms Konzept der ikonischen Differenz und der Verbindung von Metapher und Bild durch die geteilte Struktur des Kontrastes. Bildprozesse versteht er demnach nicht aus der ikonischen Simultaneität, der Spannung zwischen den einzelnen Bildelementen und dem Bild als Ganzes heraus, sondern ebenfalls mit der metaphorischen Spannung, die heterogenes zu einer überschaubaren Einheit verschmelze.[113] Die Metapher äußere sich nach Majetschak generell in der Erscheinungsweise der Bilder, es gäbe allerdings auch Metaphern in Bildern.

Sein Zugang zur Repräsentation-als ist ein kognitiver, der auf einer innovativen Verständnisleistung beruht. Daher fragt er: »Gibt es, konkreter gefragt, in Bildern Momente ihrer Sinnkonstitution, die dem vergleichbar sind, worin das kognitive Potential sprachlicher Metaphern gründet: dass nämlich ein Denk- und Sagbarkeitsmöglichkeiten eröffnendes Ordnungsschema in innovativer Weise auf einen neuen Bereich übertragen wird?«[114] Der kognitive Ausgangspunkt erlaubt es ihm, neben jenen Mischgestalten, die der Anomalie als Äußerungscharakter der sprachlichen Metapher noch am ehesten entsprechen, auch semantische Prozesse im Bild als metaphorische Repräsentationen-als auszuweisen. Er geht dabei über Dantos Bestimmung hinaus, indem er nicht nur Transfigurationen von Personen einschließt. Von einer semantischen Form, nach der beispielsweise eine Person mit bestimmten ikonografischen Merkmalen versehen und als etwas anderes ausgezeichnet werde, unterscheidet er eine syntaktische Form, die formale Entsprechung in der

---

112 An anderer Stelle greift er Dantos These der grundsätzlichen Metaphorik der Kunst auf. Unsere ästhetische Erfahrung bei Kunstwerken sei von einer Erwartungshaltung geleitet, aufgrund derer wir alle Beziehungsgefüge der sichtbaren Elemente als »bedeutungskonstitutiv« auffassen. Wir interpretieren Kunstbilder immer als »metaphorische Bilder«, weil ihnen eine zusätzliche *aboutness* im Sinne Dantos zukomme. Vgl. Majetschak 2005b, 180-186. Denn Danto habe bereits statt der metaphorischen Struktur von Kunstwerken eigentlich diejenige der Kunstinterpretation herausgearbeitet, da es sie nur als »Interpretationskonstrukte« gebe. Vgl. Majetschak 2014, 120.
113 Vgl. Majetschak 2005a, 239f. u. 245.
114 Ebd., 245.

Komposition meine.[115] Beide Formen lassen sich aber nicht getrennt behandeln, denn es sind »stets die konsonanten, kontrapunktischen oder kontrastiven Beziehungen der semantischen und syntaktischen Bildelemente zueinander, die unterschiedliche Modi solcher *Repräsentation-als* konstituieren und so auf metaphorische Weise ikonischen Sinn erzeugen.«[116] Zwar weist Majetschak darauf hin, dass der Hase-Ente-Kopf Wittgensteins keine Repräsentation-als ist, weil er »gehaltleer« bleibe, führt aber als Gegenbeispiel ein Gemälde Picassos an, dem zwar auf sinnvolle Weise eine über die Darstellung hinausgehende Bedeutung zugesprochen werden kann, die aber nicht auf einer metaphorischen Übertragung beruht.[117]

Repräsentation-als ist weiter gefasst als die bildliche Metaphorik einer Mischgestalt, denn sie schließt ebenso semantische Prozesse ein, die den Ausdruck des Bildes und – im Sinne Dantos – sogar den Stil einer künstlerischen Position und ferner auch den Künstler selbst betreffen können. Diese allgemeine Metaphorik der Kunst als Transfiguration des Künstlers und seiner Arbeitsweise wird im Folgenden ausgeklammert, wenn es um semantische Prozesse im Bild geht.

METAPHORISCHE PROZESSE IM BILD
(BÄTSCHMANN, WAGNER)

Der Versuch, die Metapher im Bild unabhängig von Überblendungen einzelner Elemente in Form einer Mischgestalt auszumachen, läuft Gefahr, generelle Spannungen zwischen Bildelementen als Metaphorik auszuweisen.[118] Dies liegt in erster Linie daran, dass das Konzept der Metapher weiter gefasst werden muss als es der Syntaxbruch der sprachlichen Metapher erlaubt. Fehlt eine elaborierte metapherntheoretische Position als Grundlage zur Analyse bildlicher Prozesse als Metaphorik, kann ein zu vager Hinweis auf die von der Metapher erzeugte Spannung als hinreichendes Kriterium durchgehen. Wie bereits aus der Analyse der Theorien zur kognitiven Metapher hervorging, lässt sich die Metapher zwar allgemein als eine kognitive Spannung zwischen disparaten Elementen bestimmen, doch muss darauf aufbauend noch ein Verständnisprozess hinzukommen, in dem eines der Elemente durch das andere verstanden wird. Simultaneität meint die Einheit des Disparaten

---

115 Vgl. ebd., 247.
116 Ebd., 247.
117 Vgl. ebd., 248f. Rimmele hat bereits auf diese Problematik hingewiesen, daher wird hier auf eine genauere Ausarbeitung verzichtet. Vgl. Rimmele 2011, 12.
118 Vgl. Aldrich 1968 u. Hausman 1991. Ferner auch Bätschmann, wie im Folgenden gezeigt wird. Boehms Bildtheorie kann in dieser Weise missverstanden werden. Vgl. exemplarisch Müller 1997.

und damit auch eine kognitive Spannung. Doch erst die aus der Einheit von Ähnlichkeit und Differenz hervorgehende Übertragungsleistung ist die Metapher.

In der Ausarbeitung einer Hermeneutik des Bildes wandte sich Oskar Bätschmann wiederholt metaphorischen Prozessen im Bild zu. Dabei reduziert er die Metapher oftmals zu schnell auf den semantischen Prozess einer Interaktion visueller Elemente und verliert den Charakter der metaphorischen Sinnstiftung aus dem Blick. Dennoch arbeitet er vielfältige Möglichkeiten der visuellen Interaktion aus, die für eine Theorie der bildlichen Metaphorik eine wesentliche Grundlage bilden. In einem Aufsatz von 1982 analysiert er anhand einiger Gemälde von Nicolas Poussin das Potential architektonischer Bildelemente zur Konstitution metaphorischen Sinns. In der Malerei *Die heilige Familie im Tempel* (Abb. 16) würden die Säulen die Figurengruppen wiederholen. Diese formale Entsprechung, die weder eine visuelle Anomalie noch eine direkte Verknüpfung zweier Bildelemente darstellt, weist Bätschmann als Metaphorik aus: »Die formale Ähnlichkeit im Gemälde stellt die durch die Wiederholung geschaffene Beziehung als Zuordnung sicher. Diese Zuordnung, die Angleichung und Unterscheidung einschließt, möchte ich als visuelle Metaphorik bezeichnen.«[119] Er deutet die Interaktion zwischen Personen und Architektur auf zweierlei Weise: zum einen lasse sich Joseph als Architekt interpretieren, zum anderen könne der Tempel stärker als heiliger Ort verstanden werden, weil er durch die formalen Korrespondenzen in seiner Charakteristik der Heiligen Familie angeglichen werde.[120] Der Tempel lässt sich in diesem Sinne als Ort der Verkörperung der Heiligen Familie verstehen. Das Göttliche ist hier tatsächlich anwesend, legt man der formalen Anspielung das Identitätspostulat der Metapher zugrunde.

Bätschmann weist auf weitere metaphorische Prozesse in den Werken Poussins hin, die er beispielsweise auf die Funktion von Säulen zurückführt, die Hierarchien und Überlegenheit auszudrücken. In den angeführten Gemälden wie etwa *Der bethlehemitische Kindermord* finden aber keine metaphorische Übertragung zwischen den Personen und der Architektur statt.[121] Der semantische Prozess ist hier vielmehr eine Verstärkung der normalen, auch nichtmetaphorischen Bedeutung. Es geht also weniger um metaphorische Prozesse als um solche Bildprozesse, deren bedeutungssteigernde Funktion auf metaphorische Modelle eines konzeptuellen Denkens zurückgeht. Eine untergestellte Position verbinden wir eher mit Unterlegenheit oder gar Hilflosigkeit und Ohnmacht. Das Oben-Unten-Verhältnis ist stark durch ein Dominanzverhältnis und eine vertikale Hierarchie geprägt, die beide tief in unserer individuellen und allgemein soziokulturellen Erfahrungswelt verankert sind. Dies kommt im Bild aber nicht auf metaphorische Weise zum Einsatz, in dem Sinne,

---

119 Bätschmann 1982, 21.
120 Vgl. ebd., 21.
121 Vgl. ebd., 23.

dass sich durch eine Übertragungsleistung eine neue Bedeutung finden lässt. Nicht jede Form von indirekter Bedeutung ist eine metaphorische. Auch sind gewaltige Säulen nicht gleich eine Metapher für Gewalt, wenn sie in der Bildszene hinter oder neben den Aggressoren platziert sind. In der Realität haben derartige Säulen eine unmittelbar körperliche und Macht einflößende Wirkung auf uns, die wir nur schwerlich als metaphorisch bezeichnen würden.

Abbildung 16: Nicolas Poussin, Die Heilige Familie im Tempel, Chantilly, Musée Condé

Für semantische Prozesse im Bild gibt es keine Beweise in Form direkter syntaktischer Verbindungen wie etwa in der Sprache, sondern nur Indizien aufgrund von Form- oder Farbkorrespondenzen und deren rhythmischer Anordnung oder kompositorischer Engführung. Angleichung statt Identität – so ließe sich dieser Unterschied auf eine Formel bringen. Dass sich durch die Verbindungen auf Distanz keine Spannung auf kognitiver Ebene ergeben kann, folgt allerdings nicht daraus. Das Konzept der Metapher kann hier fruchtbar sein, weil es durch den metaphorischen Prozess der Übertragungs- oder Projektionsleistung eine spezifischere Beschreibung semantischer Prozesse erlaubt, die in einer einfachen Symbolzuweisung nicht als Form der Interaktion und Projektion beschrieben werden können.

Entscheidend ist, dass Bätschmann die Metapher im Bild als eine prozesshafte Metaphorik verständlich macht. Dieser Zugang zur genuin bildlichen Metaphorik wird möglich, sofern jene »bildliche[n] Prozesse [untersucht werden], die allein durch die Anschauung zu erschließen sind.« In diesem Sinne ist die Metapher »der

Zugang zu der spezifischen Produktivität der bildlichen Darstellung.«[122] Marius Rimmele weist im Anschluss an Bätschmann auf die Schwierigkeit hin, semantische Prozesse im Bild als Metaphorik präzise zu beschreiben. Die Bildelemente lassen sich für die Metapher nicht einfach isolieren. Der Kontext trage in nicht geringer Weise zur Konstitution metaphorischer Prozesse bei und Bilder würden eine erhebliche Menge dieses Kontextes mit sich transportieren.[123] Metaphorische Sinnstiftungen in Bildern haben keine Signalstruktur, um sich erkennen zu geben, wie etwa Formen der Mischgestalt, die offenkundig gegen ›Gesetze der Wirklichkeit‹ verstoßen. Suggestive Engführungen tragen vielmehr zur Steigerung der Komplexität bildlicher Darstellung bei, wie Rimmele für die Interpretation bildlicher Metaphorik herausarbeitet:

»Visuelle Metaphern sind nicht selten infektiös [...]. Im Bild tendiert jede Metapher zur Allegorie im Sinne Quintilians, wird fortgesetzte Metapher, indem sie potenziell alles Gezeigte unter Doppelsinnverdacht stellt und so eine Vielzahl weiterer paralleler oder untergeordneter metaphorischer Kopplungen produziert. Umgekehrt wird die konkrete metaphorische Aussage, über deren exakte Form in aller Regel spekuliert werden muss, von Bilddetails mit geformt. Die Interpretation wird sich im beständigen Abgleich zwischen beigezogenen Begriffen und deren Implikationen und den gegenständlichen wie formalen Details des Bildes, einschließlich der intuitiv wahrgenommenen Ausdrucksqualitäten z. B. der Farbe, vorwärts tasten, was ihr besondere Intensität und Nachhaltigkeit verleiht.«[124]

In dieser Sicht ist die bildliche Metapher als Prozess ein expansives Mittel, das sich nur aus dem Bild als Ganzes verstehen lässt. Die Interpretation muss daher notwendigerweise auch prozessual verfahren. Theorien, die sich auf einzelne Gebilde wie etwa Comicdetails, Piktogramme oder schematische Figuren konzentrieren, sind daher wenig aufschlussreich für eine Analyse metaphorischer Prozesse in Bildern. Ähnliches gilt aber auch für die Sprache, wie besonders Petra Gehring in einem Plädoyer für ein hermeneutisches Verständnis der Metapher zum Ausdruck gebracht hat. Sprachliche Metaphern lassen sich nur selten auf einzelne Wörter reduzieren, schließen zumeist als Kontext einen Satz oder auch den gesamten Text mit ein. Gehring schlägt daher vor, die Metapher anhand eines seismischen Modells oder des Gestaltschemas ›Figur-vor-Grund‹ zu verstehen, um ihrer Kontextabhän-

---

122 Beide Zitate: Bätschmann 1984, 129. An dieser Stelle geht er ausführlich auf das Bildbeispiel *Lot und seine Töchter* ein. Die von Bätschmann herausgearbeitet Metaphorik wird von Rimmele detailliert kritisiert. Vgl. Rimmele 2011, 8 u. 2013, 76.
123 Vgl. Rimmele 2011, 8f.
124 Vgl. Rimmele 2017a, 13.

gigkeit entsprechend nachzukommen.[125] Bereits 1984 wies Bethany Johns auf diese konzentrische Kraft metaphorischer Bildprozesse hin, die von einzelnen Zentren ausgeht und sich über das ganze Bild erstrecken kann: »Studying the device of visual metaphor, the configuration constructed, and the presentation of it within a context creates a concentric effect, each aspect englobing the preceding ones and pushing the edges outward from a central energy.«[126] Ist einmal ein metaphorischer Prozess im Bild entdeckt, wird die Suche nach weiteren Indizien befeuert. In der Quantität ist allerdings kein qualitativer Beweis zu finden, wie Francisca Pérez-Carreño pointiert anmerkt: »Everything contributes to, but nothing garantees the sucess of metaphor.«[127]

Ein kognitiver Ansatz ist zur Analyse komplexer metaphorischer Bildprozesse besonders aufschlussreich, weil sich konzeptuelle Metaphern *ad hoc* formulieren lassen, die das Verständnis derartiger Prozesse leiten, ohne aber direkt im Bild zum Ausdruck zu kommen. Rimmele plädiert dafür, den Ausdruck *Metaphorik* der *Metapher* vorzuziehen, um das Prozesshafte zu betonen – eine Unterscheidung, die auch im Sinne Hans Blumenbergs ist, der jene Leitvorstellungen im Denken auch als Hintergrund*metaphorik* bezeichnet, um sie von den Ausdrucksmetaphern abzugrenzen.[128] Formale Korrespondenzen lassen sich mit dem Konzept der Metapher zumeist auch ohne den Rückgriff auf Vorwissen und Außerbildliches als zusätzlicher Sinn verstehen.[129] Dieses Potential der Metapher verspricht abermals, den kunstwissenschaftlichen Symbolbegriff in gewinnbringender Weise zu ergänzen.

Die Theoriebildung zur visuellen Metapher weist durch jeweilige Gewichtung des Forschungsinteresses einzelner Ansätze Defizite auf. So bieten kunstwissenschaftliche Positionen wie etwa diejenige Bätschmanns eine Fülle von Beispielen, verlieren in der Analyse bildlicher Form- und Farbkorrespondenzen und Allusionen

---

125 Vgl. hierzu ausführlicher Kapitel 10. Zum Gestaltschema vgl. Gehring 2011, 29 und ebenso Lakoff/Johnson 1999, 149.

126 Johns 1984, 332. Sie stützt sich maßgeblich auf Beispiele des Dada, der Kollage und Montage. Allerdings bestimmt sie die Metapher im Rekurs auf Noam Chomskys Sprachtheorie als Reklassifikation von Informationen, um sprachliche und bildliche Metapher in einen integralen Rahmen eines semiotischen Kommunikationsmodells einzufügen.

127 Pérez-Carreño 2000, 376.

128 Vgl. Rimmele 2011, 9. Zu Blumenberg vgl. ausführlicher Kapitel 6.

129 Vgl. ebd., 10 und Heffernan 1985, 177f. Heffernan führt aus, dass ein realistisches Objekt in einem Bild auch zusätzlich mit etwas anderen identifiziert werden kann, ohne dabei an einen außerbildlichen ikonographischen Kode gebunden sein zu müssen. Als Beispiel führt er ein Gemälde Constables an, in dem die Wolken wie Wellen gemalt sind. Hierdurch wird der Himmel zum Ozean, die Wolken zur Brandung.

aber den metaphorischen Übertragungsprozess außer Augen.[130] Theoretiker, die sich stärker mit der Formulierung eines Konzepts visueller Metaphern befassen, greifen mitunter auf nur wenige Beispiele zurück, die sich nicht selten durch mehrere Beiträge auch verschiedener Autoren ziehen.[131] So arbeitet Carl Hausman beispielsweise die notwendigen Merkmale der Metapher – die Anwesenheit zweier Subjekte, die Spannung zwischen ihnen und die daraus folgende Integration[132] – aus, konzentriert sich in seiner Studie allerdings auf nicht mehr als eine Handvoll Beispiele, die oftmals nur eine Interaktion visueller Elemente aber keinen genuin metaphorischen Verständnisprozess aufweisen. Sofern es Hausman gelingt annähernd eine metaphorische Bedeutung herauszuarbeiten, kann diese im Sinne von Dantos Theorie der metaphorischen Transfiguration der Kunst als Ausdruck des Stils oder des Künstlers gesehen werden. Wenn er beispielsweise in einem Gemälde von Oskar Kokoschka durch ähnliche malerische Behandlung von Haus und Berg, den Berg als Architektur verstehen will, ließe sich diese Art der Gegenstandsverklärung – um es mit Danto auszudrücken – als metaphorischer Stilausdruck lesen, der alle Elemente der Darstellung betrifft.[133]

Christoph Wagner ergänzt Oskar Bätschmanns Ausarbeitung der Metaphorik als semantischer Bildprozess durch eine detaillierte Studie zu Raffaels Farb- und Lichtmetaphorik. Die zentrale These seiner Untersuchung lautet: »Gegenüber der ›optischen‹ Erkundung von Farbe und Licht und der Farbsymbolik im 15. Jahrhundert hat das 16. Jahrhundert auf neue Weise die *poetische* Dimension der Farbe akzentuiert, und zwar auf dem Weg einer *metaphorischen* Deutung ihrer sinnlichen Erscheinung.«[134] Sein Interesse gilt dabei weniger einer Theorie der bildlichen Metapher als vielmehr einer Methodik zur differenzierteren Analyse der Bildprozesse in den Malereien Raffaels. Der kunstwissenschaftliche Symbolbegriff reicht ihm hierbei nicht aus, weil er auf konventionalisierte Bedeutungszuordnungen festgelegt sei und zur Analyse der anschaulichen Beziehungen nicht ausreiche. Rimmele be-

---

130 Eine ähnliche Kritik äußert Rimmele an den Positionen Bätschmanns und Wagners. Vgl. Rimmele 2011, 15.

131 Majetschak greift auf Beispiele Dantos und Müllers zurück, Carroll und Hausman wieder auf diejenigen Rothenbergs und Aldrichs.

132 Vgl. hierzu ausführlicher Kapitel 13. Die bisherige Analyse hat aber verdeutlicht, dass nicht beide Teile der bildlichen Metapher auch zwangsläufig sichtbar sein müssen.

133 Vgl. Hausman 1991, 149. Analog dazu lässt sich auch Hausmans Interpretation eines Gemälde Cézannes verstehen, vgl. 148. Hausman versucht diesen metaphorischen Ausdruck des Stils als extra-ästhetische Referenz zu bestimmen. Vgl. hierzu auch die Kritik in Forceville 1996, 50-53.

134 Wagner 1999, 9. Zur Begründung stützt er sich auch auf einen umfassenden Bestand von Textquellen der damaligen Zeit zur Farb- und Lichtmetaphorik.

tont diese Einsicht in Wagners Analyse eines historischen Epochenumbruchs, denn er weise damit auf »eine Art blinden Fleck [hin], der sich einstellt, wenn man mit einem zeitlosen und proteischen Begriff wie ›Symbol‹ historische Umbrüche in der Bildsemantik erfassen will.«[135] Im Sinne einer Ikonologie, die den historischen Wandel von Symbolen untersucht, betont Wagner auch die der visuellen Metaphorik zugrunde liegende, eigene historische Dynamik.[136] Raffael gilt ihm als exemplarischer Fall dieser historischen Semantik der Metapher, weil an seinen Gemälden ersichtlich werde,

»daß er die Farbe im Kontext der visuellen Kultur seiner Zeit auf neue Weise thematisch gedeutet hat, indem er auf dem Wege metaphorischer Übertragungen aus der Anschaulichkeit seiner malerischen Gestaltung und der innerbildlichen Zusammenhänge Perspektiven auf das thematisch Unanschauliche, Geistige, Transzendentale seiner Darstellungsgegenstände eröffnet hat.«[137]

Neben der Einführung einer neuen Licht- und Farbmetaphorik habe Raffael zudem auch die konventionelle Symbolik remetaphorisiert. Dies gelang ihm, indem er die bekannten Symbole auf neue Weise im Bild zum Ausdruck gebracht und ihnen dadurch ihre anschauliche Bildkraft zurückgegeben habe.[138] Jene von Bätschmann beschriebenen Formkorrespondenzen durch architektonische Bildelemente ergänzt Wagner durch Farbkorrespondenzen, die auf analoge Weise metaphorische Bedeutungsprozesse einleiten können.[139]

Wagner zielt besonders darauf ab, die Darstellung abstrakter Dinge und des Undarstellbaren mithilfe der Metapher genauer erklären zu können. Im Anschluss an Hans Blumenbergs Konzept der absoluten Metapher, die bei jenen Vorstellungen einspringt, die sich auf keinem anderen Wege als einem metaphorischen begreifen lassen, unterscheidet er zwischen drei Typen: Inkarnatfarbigkeit als Metapher der Inkarnation, Himmelsfarbigkeit als Metapher der Region des Metaphysischen und Licht als Metapher des Transzendenten.[140] In der Porträtmalerei habe Raffael die Farbe benutzt, um das Innere der Person darzustellen, was Wagner in den allgemei-

---

135 Rimmele 2011, 13.
136 Vgl. Wagner 1999, 10.
137 Ebd., 13.
138 Vgl. ebd., 16.
139 In einem Gemälde sei der Hl. Silvanus farblich derart an Hieronymus angeglichen, dass man ihn metaphorisch als einen zweiten Hieronymus verstehe. Vgl. ebd., 16.
140 Vgl. ebd., 167. Letzteres steht in einem ideengeschichtlichen und metaphorologischen Kontext, der bis in die Antike zurückreicht. Vgl. dazu Blumenberg in Kapitel 6 und allgemein 3.4.

nen Kontext der Vergegenwärtigung und Erkundung des Inneren in der damaligen Zeit stellt.[141] Im *Porträt der Emilia Pia da Montefeltro* von 1505 habe Raffael beispielsweise über den Grauschimmer der Haut versucht, die Trauer der Person zum Ausdruck zu bringen, gemäß der Farbassoziation der damals gängigen Metapher der erloschenen Kohlen als Trauer.[142]

Ernst Gombrich wies in seiner Analyse der Wertmetaphern in der Kunst bereits auf das Potential der Farbmetaphorik in: »Ein einfaches Beispiel dessen, was ich eine visuelle Metapher nennen möchte, ist der symbolische Gebrauch der roten Farbe in den verschiedensten kulturellen Zusammenhängen. Rot ist die Farbe des Blutes und die Farbe des Feuers und als solche eine geeignete Metapher für alles, was heftig, schreiend und gewaltsam ist.«[143] Diesen schreienden und gewaltsamen Charakter von Rot als Farbe des Blutes nutzte der irische Dokumentarkünstler Richard Mosse in seinen Projekten *Out Come (1966)* und *Infra* von 2011. Der Titel greift auch die Technik der Fotoserie auf: Mosse verwendet die von Kodak im Jahr 2009 eingestellte Technologie des 16mm Infra Films, die in den 1940ern vom US Militär zum Aufspüren von Camouflage entwickelt wurde. Diese besondere Art des Films ist in der Lage, vom Menschen nicht wahrnehmbares Infrarotlicht aufzunehmen und als intensive Farbtöne zwischen Rosa, Purpur und Rot wiederzugeben.

Abbildung 17: Come Out (1966) II, 2011, Fotografie aus der Serie Infra, digital c-print, 122 x 152 cm

---

141 Vgl. ebd., 138.
142 Vgl. ebd., 257f.
143 Gombrich 1954, 37.

*Abbildung 18: Of Lillies & Remains (Busurungi & Hombo), 2012,
Fotografie aus der Serie Infra, digital c-print, 182,9 x 228,6 cm*

Während die militärische Fototechnik ursprünglich durch die spezielle Farbgebung den Feind sichtbar machen sollte, lässt sie in Mosses Fotografien die Gräueltaten im Bild metaphorisch zur Anschauung kommen. Er fotografierte Schauplätze brutaler Auseinandersetzungen und Vertreibungen während der Kriegszeit in der Demokratischen Republik Kongo zwischen 1996 und 2002 (Abb. 17).[144] Die Vegetation ist durch den Farbeffekt des Films in intensive Rottöne getaucht. Metaphorisch soll diese unwirkliche Verschiebung des Ausdrucks die Gewalttaten, das Blutvergießen der damaligen Zeit sichtbar machen. »It made sense to me metaphorically. This war is a hidden tragedy, and in that sense it's invisible«, wie Mosse erklärt. »Making the conflict visible for ordinary people to see is at the heart of this project.«[145] Er geht in seinen Fotografien über eine einfache Verwendung der Technologie hinaus, indem er sie auf ein konzeptuelles Niveau hebt. Zwar dient sie ihm wie auch in der ursprünglichen Bedeutung zur Sichtbarmachung, doch in seinem Fall ist das Verborgene ein per se nicht mehr Wahrnehmbares. Die blutigen Konflikte der Kriegszeit werden nicht durch eine chemische Reaktion auf dem Film sichtbar wie etwa die Camouflage-Kleidung der Soldaten. Vielmehr heben sie intensive Rottöne hervor, die faktisch auf das Chlorophyll in den Blättern der Pflanzen zurückgehen, im metaphorischen Sinne aber für das Blutvergießen der Vergangenheit stehen. Wie Gombrich bereits betonte ist Rot die Farbe des Blutes und dadurch eine geeignete

---

144 Er lichtete auch die Rebellengruppen in Camouflage ab, um die eigentliche Funktion der Technik in seine künstlerische Arbeit aufzunehmen.
145 Mosse zitiert nach: Martyn-Hemphill 2013.

Metapher für alle Grausamkeiten. Während die Aufnahmen verlassener Hütten dies nur andeutungsweise zum Ausdruck bringen, weisen Fotografien aus der Serie *The Enclave* von 2013 direkter auf die semantische Verknüpfung von Farbe und Bedeutung hin, indem sie etwa einen menschlichen Totenschädel als Indiz für diese Sinnübertragung abbilden (Abb. 18).

DAS BILD ALS METAPHER (WOLLHEIM)

Metaphorik als semantischen Prozess im Bild zu verstehen, bedeutet, das Bild als Ganzes in die Interpretation der Metaphorik einzubeziehen. Geht Metaphorik auf visuelle Wechselwirkung zwischen Bildelementen, Form- und Farbkorrespondenzen hervor, kann ihre Bedeutungsübertragung das ganze Bild ›anstecken‹. Das Bild *als* Metapher zu bezeichnen, stellt allerdings mehr als nur eine Ausweitung der metaphorischen Bedeutung eines Bildprozesses dar. Im Falle des Bildes als Metapher ist das Medium oder das Bild als Gegenstand und nicht bloß seine Darstellung gemeint und daher mehr einbezogen als die Ganzheit der innerbildlichen Prozesse. Christoph Wagners Ausführungen zur Sichtbarkeitsmetaphorik beziehen sich einerseits auf einzelne Aspekte des Bildes wie etwa Figuren, Farben oder das Licht, andererseits aber generell auf das Bild als Medium der Sichtbarkeit.[146] Wenn die absolute Metapher in der Sprache Unbegriffliches und per se Abstraktes zugänglich macht, wird in ihrem visuellen Analogon, der Sichtbarkeitsmetaphorik, im Falle Gottes eine Offenbarung, denn das rein Abstrakte wird auf metaphorische Weise zur Anschauung und Präsenz gebracht. Diese Spannung zwischen Metaphorik und leiblicher Gegenwärtigkeit zeichnet auch die spätmittelalterliche Ikone aus.

Neben Wagner arbeiten aber auch Virgil Aldrich, Carl Hausman und vor allem Arthur C. Danto den Übergang von der bildlichen Metapher zum Bild als Metapher aus. Das Bild drückt ihnen zurfolge den Stil und den Künstler, seine Weltsicht, auf metaphorische Weise aus. Eine besondere metaphorische Bedeutung spricht aber Richard Wollheim[147] dem Medium des Bildes zu: Körperlichkeit (*corporeality*) werde nicht nur im Bild metaphorisch dargestellt; Malerei sei als Bild zumeist auch

---

146 Vgl. Wagner 1999. Für die Skulptur vertritt Alex Müller im Anschluss an Boehms ikonische Differenz eine Sichtbarkeitsmetaphorik als göttliche Offenbarung, wie er an der Heiligen Theresa von Bernini verdeutlicht. Sein Metaphernkonzept bewegt sich aber unscharf zwischen der ikonischen Differenz als Sichtbarmachung und Lessings Theorie des fruchtbaren Augenblicks. Vgl. Müller 1997, 30-47.

147 Wollheim beruft sich im Wesentlichen auf Davidsons Metapherntheorie. Warum er sich derart auf dessen Pragmatismus stützt, führt Pérez-Carreño detailliert aus, vgl. Pérez-Carreño 2000, bes. 375.

im Ganzen eine Metapher des Körpers. Wollheim arbeitet die Sonderform einer medialen Metapher aus, die er in seinen Beispielanalysen an der Malerei festmacht: »Metaphorical meaning is a case of primary meaning: that is to say, it accrues to a painting through the making of it, but not through what the making of it means to the artist.«[148] Der Ausdruck der Körperlichkeit in der Malerei ist für ihn aber nicht nur eine Spielart der Metapher, sondern vielmehr die grundsätzliche Metaphorik des Bildes: »that the fundamental cases of pictorial metaphor are those where a corporeal thing is metaphorized: the painting becomes a metaphor for the body, or (at any rate) for some part of the body, or for something assimilated to the body.«[149] Eine metaphorische Interpretation ist daher nur als allgemeine Antwort möglich.[150]

Wollheim verbindet in seiner Position zur bildlichen Metapher einen psychologisch-kognitiven Ansatz mit einer Affekttheorie. Der Nachvollzug der Metaphorik von Gemälden als Ausdruck von Körperlichkeit findet wesentlich auch durch eine affektive Erfahrung statt. Diese unmittelbare Kunsterfahrung sei verbunden mit jener besonderen Art des repräsentationalen Sehens, das er bereits in seinen vorhergehenden Schriften ausgearbeitet hat. Weil er die bildliche Metapher im Wesentlichen über die Körperlichkeit des Bildes bestimmt, grenzt er sie auch von der sprachlichen Metapher ab. Diese beleuchte das Metaphorisierte durch etwas anderes, während bei der bildlichen Metapher in der Malerei jenes Andere das Bild selbst sei.[151] Er räumt dennoch ein, dass es ebenso Metaphern in Bildern gäbe. Seine Beispiele meinen jedoch lediglich Fälle, in denen die Darstellung als Metapher für einen außer ihr liegenden Sachverhalt oder eine Erfahrung verstanden werden kann, wie etwa eine Landschaftsmalerei mit einem Boot auf einen Fluss eine Metapher für das Leben sei.[152] Sein Konzept der Malerei als Metapher des Körpers begründet Wollheim ausführlich an Werken von Tizian, Bellini, der Architekturdarstellung und schließlich De Koonings.

---

148 Wollheim 1987, 305. Während er in seiner Unterscheidung zwischen Sehen-als und Sehen-in die Intention mit der Wahrnehmung von Kunst, also eine Produktions- mit einer Rezeptionsästhetik verband, konzentriert er sich hier deutlich stärker auf den Inhalt und Ausdruck einzelner Gemälde, also die Werkästhetik. Dennoch vertritt er weiterhin einen starken Intentionalismus, vgl. 305f.
149 Ebd., 305.
150 Vgl. Pérez-Carreño 2000, 376.
151 Vgl. Wollheim 1987, 306f. Als Gemeinsamkeiten beider Arten der Metapher sieht er die Aufrechterhaltung der normalen Bedeutung, sowie die mögliche Hervorbringung einer neuartigen Verbindung. Zur Beschreibung des metaphorischen Prozesses greift er zumeist auf die Lichtmetaphorik der Metapher als ›in einem neuen Licht sehen‹ zurück.
152 Vgl. ebd., 308.

Tizian drücke in seinen Gemälden durch die menschliche Vitalität physische Sinnlichkeit und Sterblichkeit aus. Während andere Theoretiker wie etwa Goodman oder Danto das Sehen-als auf die anschauliche Verbindung zweier Aspekte der Darstellung bzw. der Art ihres Ausdrucks anwendeten, versteht es Wollheim als simultanes Erfassen des Bildes und des abwesenden Körpers, der vom Bild metaphorisch ausgedrückt werde. Er formuliert das Konzept der Repräsenation-als um zur medialen Form der Bildmetaphorik. Die Doppelung (*twofoldness*) meint bei Wollheim die Verbindung zweier verschiedener Dinge, des Bildes und des abwesenden menschlichen Körpers.[153] Die mediale Metaphorik der Malerei bestimmt er bei Tizian anhand von vier Aspekten: (1.) Äquivalenzen zwischen den dargestellten Körpern und der Natur wie beispielsweise zwischen Fleisch und Stein, Haar und Laub oder Haut und Himmel, (2.) die Anonymität der Personen, (3.) der abgewendete Blick und (4.) die Vernachlässigung der Perspektive.[154] Diese Faktoren würden die Körperlichkeit nicht direkt, sondern medial unterstützen. Im Spätwerk setze Tizian zudem auch stärker die Haut ein, um die Oberfläche des Gemäldes metaphorisch als Haut verstehen zu lassen: »The paint skin becomes just that: it becomes a skin.«[155]

Am Beispiel der *Taufe Christi* von Giovanni Bellini von 1500-1502 (Abb. 19) führt Wollheim aus, dass die Malerei den menschlichen Körper in Einklang mit der Natur metaphorisiere. Zu den vier bereits ausgeführten Faktoren komme im Falle Bellinis noch der Einsatz der Farbe, den er als »cross-colouring« im Sinne eines semantischen Bildprozesses versteht, und die Kompression des Raumes, welche die Darstellung auf wenige flache Scheiben (*shallow slices*) reduziere, hinzu. Bellini erzeuge diese Bildeffekte, ohne dabei die Klarheit des dargestellten Raumes zu verletzen.[156] Seiner intentionalistischen Kunsttheorie gemäß, hat Bellini diese metaphorischen Prozesse im Bild angelegt, um metaphorisch auf die Körperlichkeit der Malerei als solche hinzuweisen. Entgegen dieses Verständnisses ließe sich seine Interpretation aber auch als Anwendung einer konzeptuellen Metapher verstehen. Indem Wollheim die Malereien bedeutender Künstler als Ausdruck der Körperlichkeit des Medium versteht, ist er in der Lage, die Elemente der Darstellung, die zwischen ihnen stattfindenden interaktiven Prozesse sowie den malerischen Ausdruck als Indizien dieser Metapher aufzufassen. Indem er seiner Bildinterpretation die konzeptuelle Metapher der Körperlichkeit zugrundelegt, lassen sich zahlreiche Aspekte des Bildes als Ausdrucksmetaphern dieser kognitiven Metapher sehen.

---

153 Vgl. ebd., 310 und 1991, 28.
154 Vgl. ebd., 312.
155 Vgl. ebd., 318. Die Haut als mediale Metapher wird im nächsten Kapitel nochmals aufgegriffen.
156 Vgl. ebd., 332f.

Wollheims Beschreibungen von Architekturdarstellungen im Hinblick auf die Metaphorik der Körperlichkeit bringen diese Lesart der konzeptuellen Metapher noch stärker zum Ausdruck. Anhand einiger Gemälde von Bernardo Bellotto und Thomas Jones aus dem 18. Jahrhundert versucht er, herauszuarbeiten, dass die dargestellten Gebäude den Körper sozusagen *in absentia* metaphorisieren. Die Angemessenheit dieser Lesart begründet er durch die gängige, konventionelle Metapher der Architektur als Körper.[157] Drei Aspekte würden sich als Indizien dieser Metaphorik in den Gemälden auffinden lassen: (1.) die Gebäude strahlen Masse aus, ohne massiv zu sein, (2.) die Fenster und Türen als Öffnungen der Bauwerke seien Augen, Lippen und Körperöffnungen – »Bellotto attends with anatomical care to the varities of fenestration«[158] – und (3.) die Oberfläche der Bauten seien in ihrer Materialität wie der Marmor einer Skulptur behandelt.

Abbildung 19: Giovanni Bellini, Die Taufe Christi, 1500-02, 440 x 263 cm, Vicenza, S. Corona

---

157 Vgl. ebd., 338.
158 Ebd., 340.

Die Metaphorisierung eines abwesenden Körpers sieht Wollheim ebenso in der – eigentlich – ungegenständlichen Malerei. Willem de Kooning habe in seinen abstrakten Malereien die Körperlichkeit durch die Sinnlichkeit der Aktivität, der Bewegung der Glieder und Muskeln zum Ausdruck gebracht. Besonders aber die früheste Einstellung zum Körper und der frühesten Körpererfahrung wie jene infantilen Erfahrungen des Saugens, Beißens und Schluckens habe der Maler in seinen Werken umgesetzt.[159] Wollheims Sprache wird in der Beschreibung der Metaphorik zunehmend selbst metaphorisch, wenn er von der »Rebellion der Farbe«, dem »Sieg des Bildes, als ein Ganzes, über seine überreichen Einzelheiten« und die »frühesten Triumphe des Selbst« schreibt.[160] Das quadratische Format vieler Malereien De Koonings setzt Wollheim mit der Erfahrung des Selbst gleich. Die Formen würden in dem Bild als Behälter entstehen, aber auch gegen dessen Rand arbeiten.[161]

Wollheims Ausführungen sind der Beleg für ein konzeptuelles Denken in Metaphern, das nicht nur auf die Künstlerintention und ihren Ausdruck im Bild zurückzuführen, sondern ebenso Teil der Kunstinterpretation ist. Er begreift die Leinwand und damit die Malerei auf ihr als Körper. Das hängt vor allem mit der körperlichen Konfrontation und dem Vermögen, eine bestimmte Leinwandgröße mit der eigenen Geste bearbeiten zu können, zusammen. So haben die von Wollheim angeführten Gemälde De Koonings durchgängig ein anthropomorphes Format zwischen 180 und 220 cm in der Höhe sowie der Breite.[162] Das Selbst mag in den Malereien in der Weise ausgedrückt seien, wie sie Danto als metaphorische Transfiguration des Künstlers im Werk beschrieb. Der Körper hingegen ist in De Koonings abstraktexpressiven Gemälden direkt und nicht metaphorisch durch das Format und die Größe und Gestik der Pinselstriche ausgedrückt, die der Motorik des Körpers geschuldet sind. Inwiefern abstrakte Malerei über den generellen Ausdruck hinaus metaphorisch sein kann, ist weitaus schwieriger zu überprüfen als bei darstellenden Bildern. Wollheims Interpretation der Werke de Koonings kann beispielsweise Dantos Verständnis gegenübergestellt werden:

»De Koonings Beitrag mag zum Teil der gewesen sein, daß selbst diese ungestüm anarchistischen Striche, die nicht in eine Darstellungsstruktur integrierbar zu sein schienen, sich tatsächlich so führen ließen, daß sie – ausgerechnet – zu Bildern von Frauen wurden. Keine Ve-

---

159 Vgl. ebd., 348f. u. 1991, 30.
160 Wollheim 1991, 31.
161 Vgl. Wollheim 1987, 349 u. 1991, 30.
162 Der Anthropomorphismus in der Kunstwahrnehmung spielte vor allem in der Minimal Art eine bedeutende Rolle. Hierzu ausführlicher in Kapitel 20.

nusgöttinnen, keine Madonnen oder Renoir-Frauen, sondern Farbfrauen von beinahe grausamem Charakter, die darüber wütend zu sein scheinen, daß sie ins Leben gerufen wurden.«[163]

Dass eine Interpretation des metaphorischen Gehalts abstrakter Malerei aber nicht einer reinen subjektiven Beliebigkeit überantwortet werden muss, verdeutlicht im Folgenden die vergleichende Analyse der Interpretationen von Werken Jackson Pollocks.

JACKSON POLLOCK: ABSTRAKTE MALEREI UND METAPHER

Zur Beschreibung der abstrakten Malerei Jackson Pollocks griffen die Autoren, Kunstkritiker wie auch -theoretiker, oftmals auf Metaphern zurück, um die ungegenständlichen Form- und Farbkonfigurationen durch konkretere Erfahrungen besser beschreiben zu können. Michael Leja wandte sich in seiner Studie zum Abstrakten Expressionismus der 1940er Jahre der Geltung und den Grenzen der metaphorischen Beschreibung von Pollocks Malerei zu und verbindet dabei die metaphorischen Ausführungen der Kunstkritik mit einer Analyse der aus den Bildstrukturen hervorgehenden Metaphern, verzichtet dabei aber auf den Einbezug elaborierter Theorien der Metapher. Ihm gelingt der Nachweis, dass die Metaphern für Pollocks Malerei konventionell geworden sind, ohne dabei aber direkt verständlich zu sein. Seine Analyse soll diese wichtige, aber vernachlässigte Verbindung von metaphorischer Beschreibung und Werk nachholen und die Angemessenheit der Metaphern unter Beweis stellen:

»Web, labyrinth, maze, vortex: these are among the metaphors most commonly invoked by the critics, curators, and historians writing about Pollock's poured paintings. What is meant by the terms is in no sense obvious: in some contexts they are meant to suggest that the space of the pictures is shallow; at other times, deep. Over time the ubiquitousness of these tropes in the Pollock literature has rendered them transparent; they now seem neutral, obvious choices, convenient when efforts at fresh description flounder or grow tedious. My argument in this section will be that these metaphors are not transparent, neutral, or innocent at all. They carry considerable weight in the story of Pollock's reception and interpretation, and they are indispensable to an understanding of the cultural force that his painting acquired in 1940s U.S. culture, these metaphors document the linkage between Pollock's art and Modern Man discourse.«[164]

---

163 Danto 1981, 168.
164 Leja 1993, 308.

Leja liest die gängigen Metaphern in den Beschreibungen der Werke Pollocks als Zeugnisse der 1940er Jahre und des speziellen sozio-kulturellen Kontextes der Zeit. Für die Deutung der abstrakten Malerei sei zudem Pollocks Frühwerk entscheidend, das sich zwischen Formalismus und Surrealismus, zwischen Kontrolle und chaotischer Unkontrolliertheit bewege.[165]

Das Bild *The Key* von 1946 (Abb. 20) sei »[t]he image of man struggling to exert control over the powerful forces within and without him«[166] – eine Bedeutung, die Leja retrospektiv aus dem Diskurs des modernen Mannes und der damit kohärenten Netz- und Labyrinth-Metaphorik der späteren *Dripping*-Malereien ableitet. Ob hier in gewinnbringender Weise von Metaphorik gesprochen werden kann, steht in Frage. Zwar führt Leja die Argumente für das Bild des modernen Mannes genau auf die bildnerischen Operationen, also auf die Struktur des visuell Gegebenen zurück, doch verweisen diese nur auf eine Polarität, die in einem weiteren Schritt erst im historischen Kontext das Narrativ des modernen Mannes entfalten wird. Dennoch ist die Metapher mehr als nur eine lose interpretative Vereinnahmung. Mit ihr lassen sich Pollocks bildnerische Operationen als malerische Verkörperungen des modernen Mannes lesen.

Noch im selben Jahr, in dem auch *The Key* entstand, lösen sich die figurativen Darstellungen immer weiter auf bis hin zu den berühmten *Drippings*. Leja sieht die Figuren allerdings noch immer vorhanden in den abstrakten *Action Paintings* und spricht von einer geisterhaften Anwesenheit (*ghostly presence*).[167] Netz, Verstrickung (*entrapment*), Umgarnung (*ensnaring*) – jene Bildstrukturen, aus denen zuvor noch die Figur hervorging, würden sie nun gefangen halten. Leja bestimmt die Figur in den abstrakten Malereien als eine Präsenz im Entzug. Er weist aber ebenso auf die Lesart der abstrakten Netzstrukturen als Metaphern für das Bewusstsein und seine Operationen hin.[168] Diese Interpretation folgt Dantos Verständnis der Kunst als Transfiguration des Künstlers und lässt in den verwobenen Linien das geniale aber chaotische Denken eines Künstlers aufleben.

Die collagierte Ölmalerei *Cut Out Figure* von 1948 (Abb. 21) liest Leja gemäß der Interpretationsfolie des Diskurses des modernen Mannes als Dialektik von Innen und Außen: »By comparison, the linear network within the collaged figure becomes striking for the absence of an organizing principle structuring it; the dia-

---

165 Vgl. ebd., 277.
166 Ebd., 283.
167 Vgl. ebd., 286. Ein Argument für diese Anwesenheit sei, dass Pollock die meisten abstrakten Bilder figurativ, mit Körperteilen oder dergleichen begann, vgl. 288.
168 Vgl. ebd., 289.

lectic of control and uncontrol becomes superimposed on a dialectic of interior and exterior – another mark of congruence with Modern Man discourse.«[169]

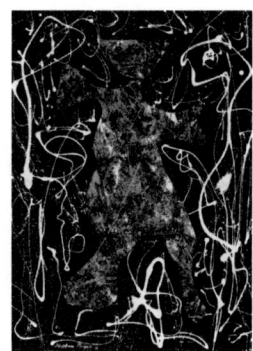

Abbildung 20: Jackson Pollock, The Key, 1946, Öl auf Leinwand, 149,8 x 213,3 cm, Chicago, The Art Institute of Chicago
Abbildung 21: Jackson Pollock, Untitled (Cut Out Figure), 1948, Emaille, Aluminum, Öl, Glas und Nägel auf Karton und Papier, montiert auf Faserplatte, 78,8 x 57,5 cm, Kanada, Privatsammlung

Was der konturierten Figur im Netz der Bildstruktur passiert, soll auf den Menschen übertragen werden. Die abstrakten Bildstrukturen werden metaphorisch zu abstrakten, physischen wie psychischen Kräften umgedeutet. Die Komplexität der Einflüsse und Widerstände, unter denen der moderne Mann steht, wird nicht im Detail veranschaulicht, sondern ebenfalls als Komplexität konkreter erfahrbar. Der klare Schnitt der Kontur trennt wie eine Membrane diese äußere von einer ebenso vorhandenen inneren Komplexität der wirkenden Kräfte und widerstreitenden Impulse. Diese Lesart lässt sich am Bild schlüssig entfalten, sofern man über jenen konzeptuellen Schlüssel verfügt, mit dem die Bildinhalte und ihre Darstellungsweise in eine bestimmte Perspektive, jener der Befindlichkeit des modernen Mannes, gerückt werden. Diese Beschreibung des metaphorischen Potentials des Bildes ist selbst nicht frei von Metaphern, greift sogar in besonderem Maße auf sie zurück, ist auf sie angewiesen. Oder wie Leja dies selbst fasst: »Sometimes the most resolutely formalist of that criticism is the most thoroughly laced with metaphorical language of web, tangle, labyrinth, and so on.«[170]

---

169 Vgl. ebd., 300.
170 Ebd., 305. So schreibt etwa Clement Greenberg, Pollocks Emotionen würde eine natürliche Bildstruktur besitzen, vgl. 277.

An dieser Stelle können die Metaphern der Werkbeschreibung allerdings auf gewinnbringende Weise weiter differenziert werden. Wie bereits in Kapitel 13 ausgeführt wurde, hat Nick Zangwill essentielle Metaphern als einen besonderen Typ unersetzbarer Ausdrücke bestimmt.[171] Sie würden solche Eigenschaften benennen, die auf anderem Wege nicht beschreibbar sind. Von eben diesen Metaphern sprechen Claude Cernuschi und Andrzej Herczynski, wenn sie den Einfluss des Körpers und der Gravitation auf die Action Paintings analysieren. Die Stärke der Linien auf der Leinwand gebe Aufschluss darüber, wie schnell und in welchem Abstand Pollock die Farbe auf den gespannten Stoff tropfen ließ. Hieran schließe ein Sehen an, das die Linien auf der Oberfläche verfolge und als *trajectory tracking* bekannt ist. Aus dieser Wahrnehmung lassen sich auch jene Metaphern ableiten, die Zangwill als essentiell bezeichnet:

»Projecting a particular orientation on any specific line, therefore, proves not just provisional but reversible, and as soon as that orientation is reversed, the line's visual impact may alter in a decisive way. Contingent on the direction the viewer happens to select, the skeins may alternatively look ›leaden,‹ ›sinking,‹ ›drooping‹ or, conversely, ›buoyant,‹ ›floating,‹ and ›soaring.‹ No matter how subjective, or descriptive of mental states rather than actual conditions, all of these metaphorical projections are nonetheless extrapolated from our physical experiences with gravity: in deed, these epithets describe gravitational phenomena par excellence.«[172]

Während diese Metaphern auf die Bildstrukturen zurückgehen, ist in Lejas Verknüpfung der Werke mit dem Diskurs des modernen Mannes eher eine erweiterte Interpretation zu sehen, die er aber direkt auf die Werke beziehen kann, weil sie auf den konventionellen Metaphern ebenso fußt wie diese auf den Bildstrukturen selbst.

Wie verhalten sich die verschiedenen konventionellen Metaphern aber zueinander? Leja weist sie in dem Sinne als kohärent aus, als dass sie alle Arrangements von Elementen oder Kräften sind, deren wesentlicher Effekt die Verschlingung und Verstrickung ist.[173] Sie arbeitet somit die komplexe Kohärenz der Metaphern aus, indem sie allgemeine metaphorische Konzepte findet, die durch die jeweiligen Metaphern von Netz und Labyrinth erweitert werden und sie damit zu einer kohärenten Sprechweise über die Werke Pollocks macht. Wie sie anhand einzelner Autoren nachweist, können die jeweiligen Metaphern zudem in der Beschreibung der Werke noch individuell elaboriert werden. Die Netz-Metapher sei in der Literatur zu Pollock besonders angemessen und verbreitet, weil sie eine Verbindung von delikater

---

171 Vgl. Zangwill 1991.
172 Cernuschi/Herczynski 2008, 634.
173 Vgl. Leja 1993, 317.

Schönheit und Gefahr ermögliche.[174] Die Labyrinth-Metapher wurde mitunter sehr verschieden ausgedeutet. Dore Ashton bezieht sie beispielsweise sehr stark auf die Rezeption der Bilder. Der Betrachter würde sich in den Irrgarten des Netzes (*maze of the web*) als Bildraum begeben und den einzelnen Linien der *Drippings* folgen. Parker Tyler hingegen konzentriere sich eher auf die antike Mythologie von Theseus und dem Minotaur im Labyrinth. Die narrative Entfaltung der Metapher deute er im Hinblick auf die Arbeit des Verstandes. Nur der Schöpfer habe, so Tyler, den Schlüssel zum Labyrinth.[175]

In der Analyse der einzelnen Ausdeutungen der gängigen Metaphern zu Pollocks Malerei verdeutlicht Leja, dass sich einige Autoren der Metaphorik und ihrer Tragweite in der Beschreibung durchaus bewusst waren. Trotz der unterschiedlichen Ausdeutungen griffen viele Autoren auf dieselben Metaphern zurück, wie Leja resümierend festhält: »Whatever disagreements there may have been about how the metaphors were to be applied, there was a high level of agreement about which metaphors were relevant.«[176] Der Vergleich zeigt, in welcher Weise über Metaphern bestimmte Lesarten nicht nur entfaltet, sondern sogar bestärkt werden können. Die Labyrinth-Metapher etwa überführt die paradoxe Zusammenschau von Ordnung und Unordnung in eine sinnstiftende: Das Labyrinth erscheint als Unordnung, weil sein Verlauf, seine Systematik nicht durchdrungen werden kann; der Schöpfer hingegen kennt die eigentliche Ordnung. Jackson Pollock war allerdings eindeutig gegen eine referenzielle Lesart seiner abstrakten Bilder, habe aber, wie Leja in Rekurs am T.J. Clark anmerkt, mehrere Metaphern benutzt, um eine einfache Konnotation zu blockieren.[177]

Dass Pollock seine eigenen, mitunter metaphorischen Beschreibungen seiner Werke nicht auf eine bereits vorher gegebene Intention zurückführt, die Äußerungen des Künstlers also selbst teils rezeptionsästhetischer Art sind, verdeutlicht, dass seine Arbeitsweise ein Wechsel aus Malen und Beobachten ist: »When I am in my painting, I am not aware of what I am doing. It is only after a sort of ›get acquainted‹ period that I see what I have been about.«[178] Pollock verwehrt sich jeder Illusion und Repräsentation, spricht aber dennoch von einem abstraken Ausdruck

---

174 Vgl. ebd., 311.
175 Vgl. ebd., 313f.
176 Ebd., 317.
177 Vgl. ebd., 324. Dennoch hat Pollock den Werken in seiner ersten Ausstellung der dripping-Malereien Titel gegeben, die den Bedeutungsfeldern von Himmel und See entstammen und die Bilder zumindest mit einer starken räumlichen Tiefe verbindet. Vgl. 308.
178 Zitiert nach Cernuschi/Herczynski 2008, 633.

als eine Art ›Äquivalenz‹.[179] Die Äquivalenz sah er im Ausdruck einer Dynamik der Natur. Claude Cernuschi nutzt die kognitionswissenschaftliche Metapherntheorie, um diese Entsprechung zwischen Werk und Welt genauer zu analysieren, und kommt zum Ergebnis, dass die Äquivalenz der Abstrakten Expressionisten der Metapher in der kognitiven Lingustik entspricht.[180]

Während Leja nachweist, inwieweit die Metaphern der Rezeption strukturelle Analogien aufweisen, zeigen Cernuschi und Herczynski genauer, welche Bildelemente und Wahrnehmungsleistungen diesen Metaphern zugrunde liegen und sie alles andere als beliebige Interpretationen erscheinen lassen. Auch lässt sich die Metaphorik der Werke nicht einfach durch die Hoheit einer Künstlerintention rechtfertigen, ohne die Rezeptionsästhetik dabei unterzubestimmen. Hinzu kommt, dass, wie James Grant es formulierte, die Metaphern der Kunstbeschreibung auch zum Nachvollzug anregen sollen: Ähnlichkeiten hervorbringende Eigenschaften müssen erneut gesehen werden, um zu entscheiden, ob eine Metapher passt oder nicht.[181] In diesem Punkt kommen die philosophisch-ästhetische Bestimmung der metaphorischen Beschreibung und die kunstwissenschaftliche Ekphrasis zur Deckung. Die Metapher in der Kunstbeschreibung und die Metapher im Bild zu unterscheiden, ermöglicht es allererst die visuelle Metapher genauer zu bestimmen: »speaking metaphorically about the work does not necessarily imply that a metaphor is in fact the content of it.«[182]

---

179 Vgl. ebd., 632f. Mark Rothko nutzte ebenso diesen Ausdruck, Robert Motherwell hingegen sprach von der Metapher. Robert Smithson attestierte Pollock sogar »a physical metaphor without realism or naturalism«, 633. Die Metapher war nahezu ein Reizwort, wenn es um die Bedeutungsdimension künstlerischer Werke ging. Die Skulpturen jener Zeit haben sich – so könnte man überspitzt sagen – ex negativo zur Metapher entwickelt. Vgl. hierzu ausführlicher Kapitel 20.
180 Vgl. Cernuschi 1997 und Cernuschi/Herczynski 2008, 632. Eine Verbindung zwischen Körper, Wahrnehmung und essentiellen Metaphern nahm ebenfalls John Michael Krois in seiner Theorie des Körperschemas vor: »Unsere Wahrnehmung von Bildern ist [...] vom Körperschema geleitet. Unsere Reaktion auf Skulpturen und erst recht auf Tanz, aber auch auf abstrakte Kunst wird durch metaphorische Gewichtsverteilungen geleitet. Noch die abstraktesten Kunstwerke erscheinen als ›balanciert‹, nach oben strebend, ruhig, usw.«, Krois 2011, 266.
181 Vgl. Grant 2011, 254f.
182 Pérez-Carreño 2000, 373.

18 Mediale Metaphern und visuelle Metaphern der Metapher (Alberti, Crary, Stoichita, Kruse)

Unsere Sprache über das Denken ist zwangsläufig metaphorisch, denn wir müssen die abstrakten kognitiven Vorgänge durch konkrete Erfahrung verstehen. In den ersten beiden Teilen wurde diese Leistung der Metapher bereits ausführlich analysiert, allerdings nur im Hinblick auf die sprachliche Metapher. Ebenso sind die Sprache und die Theorie über das Denken aber auch von visuellen Metaphern geprägt. Diese Metaphern reichen bis in die antike Philosophie zurück. Schon Platon schrieb im Dialog *Theaitetos* von der Wachstafel des Gedächtnisses. Im Bewusstsein würden sich Erinnerungsbilder wie auf einer Tabula rasa einschreiben. Dieses Verständnis einer Abbildtheorie der inneren Bilder hielt sich bis weit in die Moderne hinein. Anhand derartiger metaphorischer Modelle für die Arbeit der Wahrnehmung und des Verstandes laßen sich wesentliche Momente der abendländischen Philosophie zusammenfassen.

Mitchell wies im Zuge der Ausarbeitung der bildlichen Wende ausführlich auf den Einfluss aber auch den Umgang mit visuellen Modellen – in seinem Sinne Hyperikon oder Metabild – hin: »Wenn wir anfangen, so zu reden, als ob der Geist eine Tabula rasa sei oder eine Camera obscura, dann wird es nicht lange dauern, und die leere Seite und die Kamera beginnen jeweils ihren eigenen Geist zu haben und zu einem selbständigen Sitz des Bewußtseins zu werden.«[1] Dies seien »Möglichkeiten des Geistes [...], sich ein Bild von sich selbst zu machen.«[2] Derartige Metaphern ließen sich als sprachliche Metaphern oder als visuelle Metaphern der Sprache – wie Max Black sie genauer beschreibt – fassen, weil sie sich wie eben in diesem Text als Wörter in Sätzen äußern. Doch wäre damit ein wesentlicher Teil ihres Wesens verfehlt. Gerade die Metapher der Camera Obscura hat ihren Weg in die neuzeitliche Philosophie über eine konkrete Darstellung gefunden. Die erkenntnistheo-

---

1 Mitchell 1984, 32f.
2 Ebd., 33.

retische Grundlage der Neuzeit für die theoretische Erschließung der Bildlichkeit der Metapher ist ein Nährboden für Metaphern.³

Richard Rorty versuchte durch eine systematische Kritik der Spiegel-Metapher die Abbildtheorie des Bewusstseins und der Sprache zu verabschieden. Die Metapher gilt ihm allerdings nicht als Erkenntniselement, das durch eine metaphernreflexive Philosophie zum Positiven gewendet werden kann. In Martin Heidegger und Ludwig Wittgenstein sieht er Vordenker seines Vorhabens die »visuelle Metaphorik – insbesondere die der Widerspiegelung – vollständig aus der Sprache [zu] verbannen«.⁴ Ebenso wendet sich Arthur C. Danto gegen Theorien der Nachahmung und Abbildung, die aus Metaphern wie derjenigen des Spiegels hervorgehen: »Spiegel und, verallgemeinernd gesagt, Kunstwerke, geben uns nicht wieder, was wir auch ohne ihre Hilfe erkennen können, sondern sie dienen vielmehr als Werkzeug der Selbstenthüllung. Darin ist eine komplexe Erkenntnistheorie enthalten«.⁵ Die Spiegelmetapher steht besonders seiner Theorie des Ausdrucks und der metaphorischen Transfiguration im Weg. Mit der Selbstenthüllung wendet er sich allerdings einer anderen visuellen Metapher der Sprache wie auch der Kunst zu. Fenster, Spiegel, Verhüllung und Enthüllung, aber auch Haut sind in der Kunstwissenschaft wiederholt ikonographischen und ikonologischen Analysen unterzogen worden, in denen mitunter die Metaphorik und Modellfunktion hervorgehoben wird. Diese Ansätze einer impliziten Metapherntheorie der Malerei gilt es, im Folgenden für eine systematische Theorie der visuellen Metapher anschlussfähig zu machen. Die Geschichte optischer Medien und malerischer Mittel der Selbstreflexion bietet den roten Faden, anhand dessen sich Ikonologie, Erkenntnistheorie und Metaphorologie verbinden lassen.

Unter Hyperikon versteht Mitchell ein Bild, »das eine ganze Episteme, eine Theorie des Wissens, in sich enthält.«⁶ Mitchell führt neben der Camera Obscura, der Tabula Rasa und Platons Höhle auch Diego Velázquez' Gemälde *Las Meninas*

---

3 Gottfried Boehm weist in seiner Darlegung der ikonischen Wende ebenfalls auf die Metaphorik des Sehens hin. Metaphern wie diejenige des photographischen Abbildungsprozesses oder des Bildes als Fenster würden den Blick auf wichtige Einsichten verstellen. Vgl. Boehm 1994, 17f.

4 Rorty 1981, 402. Er versteht Derridas Schriften auch als Meditationen darüber, wie diese Metaphern vermieden werden können. Hiermit spielt er aber die These der Unhintergehbarkeit der Metapher herunter. Derrida führt vielmehr aus, dass sich die Metapher eben nicht vermeiden, dafür aber reflexiv handhaben lässt. Vgl. hierzu ausführlicher Kapitel 11.

5 Danto 1981, 28.

6 Mitchell 1994b, 190.

von 1656 und Werke René Magrittes an.[7] Derartige Bilder würden uns gestatten, den Beobachter zu beobachten. Seinen Ausführungen zu Jastrows und Wittgensteins Hase-Ente-Kopf fügt er eine Illustration Saul Steinbergs an, die diese Beobachterfunktion auf die Spitze treibt: Ein Hase sitzt im Kopf eines Menschen und sieht durch eine kleine Öffnung anstelle der Augen. Wer den Hasen sieht, hat nicht das Bild des Hasen, sondern den Hasen selbst im Kopf, wie Mitchell den parodistischen Kommentar der Zeichnung zusammenfasst.[8] Ebenso nimmt Steinberg aber auch die lange Tradition der metaphorischen Modelle für die theoretische Begründung der inneren Bilder auf. Metaphorisch sind Modelle wie etwa die Camera Obscura, weil ihre Erklärung natürlicher optischer Funktionen auf die mentalen Operationen übertragen wird. Das materielle Bild wird mithilfe der Metapher zum Paradigma des inneren, mentalen Bildes.

Jonathan Crary wandte sich in *Techniques of the Observer* von 1990 eingehend der Übertragung technischer Modelle des Abbildens auf die Wahrnehmung zu. Im Zentrum seiner Ausführungen steht Anthanasius Kirchers berühmte Darstellung der Camera Obscura von 1646 (Abb. 23):

»Seit Ende des 16. Jahrhunderts beginnt die Metapher der Camera obscura allmählich eine herausragende Bedeutung anzunehmen, um die Beziehungen zwischen Betrachter und Welt zu definieren und abzustecken. Im Verlaufe nur weniger Jahrzehnte gilt die Camera obscura nicht mehr nur als einer unter vielen Apparaten oder eine Möglichkeit des Betrachtens, sondern als *die* obligatorische Stätte, von der her das Sehen begriffen und dargestellt werden kann.«[9]

Der Camera Obscura kam in vielen Theorien ein Modellstatus zu: in Johannes Keplers Ausführungen zum Netzhautbild und in Isaac Newtons und John Lockes Positionen zur empirischen Beobachtung und Introspektion.[10] Die Camera Obscura wurde wohl auch deshalb gerade von Theoretikern des logischen Empirismus auf-

---

7 Las Meninas bezeichnet er sogar als Meta-Metabild. Vgl. ebd., 201-209. Vgl. auch Foucault 1971, 31-45 und explizit zur Metapher Cocchetti 1994.
8 Mitchell 1994b, 194.
9 Crary 1990, 48f. Die Modellfunktion der Metapher der Camera Obscura arbeitete bereits Colin Murray Turbayne in seiner Schrift von 1962 aus wie in Kapitel 12 ausgeführt wurde. Crary allerdings kritisiert Turbaynes Position als weitgehend ahistorisch, vgl. Crary 1990, 29n2.
10 Vgl. ebd., 48-50 und zu Crarys Ausführungen auch Mitchell 1992, 113 und 1994b, 190. Mitchell erwähnt auch das stereoskopische Sehen. Das Thaumatrop als visuelles Modell des stereoskopischen Sehens fand Einzug in die Theorie der Metapher, um die Bildlichkeit des metaphorischen Prozesses zu erklären. Vgl. dazu ausführlich Kapitel 10.

gegriffen, weil sich mit ihr als naturalisierende Metapher die objektive Gültigkeit der Empirie untermauern und anschaulich zum Ausdruck bringen ließ. Die Sinneseindrücke gelangen auf mechanischem Wege in das Bewusstsein, wie die Darstellung des technischen Gerätes vermitteln soll. Weil der Betrachter sich in ihr wie in einem freien Raum bewegen kann – wie es in begehbaren Versionen der Camera Obscura auch in der Tat möglich ist –, sei sie zudem ein neues Modell der Subjektivität: »Sie ist sowohl eine Metapher für ein nominell freies, souveränes Individuum als auch für ein privatisiertes Subjekt, das abgeschnitten von der Öffentlichkeit, der Außenwelt, in einem quasi-domestischen Raum steht.«[11]

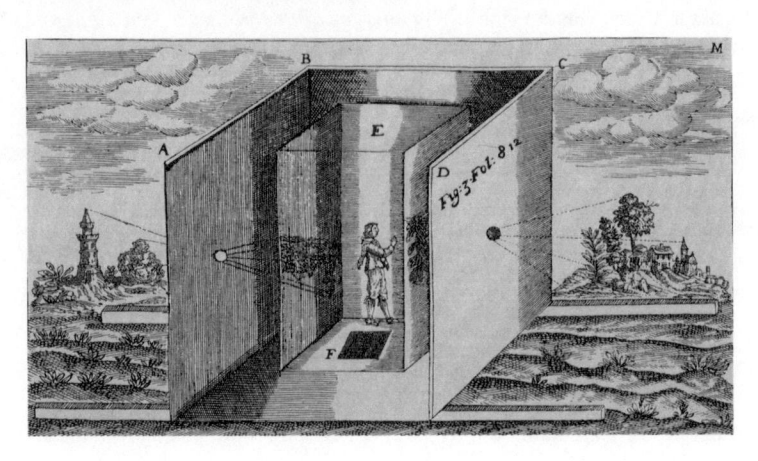

Abbildung 22: Athanasius Kircher, Camera Obscura, 1646, Staats- und Stadtbibliothek, Augsburg

Die bereits in Kapitel 12 ausgeführte Raum-Metaphorik des Denkens bekommt durch das Modell der Camera Obscura eine neue Wendung und anschauliche Form. Die »Konzeption des menschlichen Geistes als eines inneren Raumes«[12], wie Crary im Anschluss an Rorty ausführt, sei in der Philosophie von René Descartes und John Locke eine Neuheit gewesen. Ergänzen ließe sich David Humes Metapher des Verstandes als Zimmer. Eva Federer Kittays lange Ausführungen zur Metapher als Neuordnung der Einrichtung des Denkens können in diese Denktradition eingeordnet werden und verleihen ihrer metapherntheoretischen Position noch mehr Ausdruck: Die mechanische und in diesem Sinne objektive weil abbildende Beziehung

---

11 Crary 1990, 49. Ebenso werde durch die Übertragung der Camera Obscura auf die Wahrnehmung das Sehen entkörperlicht.
12 Ebd., 53.

des mentalen Raumes zur Außenwelt wird in ihrer Theorie als grundsätzlich metaphorisches Arrangement ausgewiesen.[13] In Kinofilmen wird diese metaphorische Vorstellung des Bewusstseins immer wieder sehr anschaulich ausgeführt. In *Dreamcatcher* (2003) von Regisseur Lawrence Kasdan und nach der Romanvorlage von Stephen King wird aus dem Zimmer des Bewusstseins eine historische Bibliothek. Einer der Protagonisten wird im Laufe des Films von einem Alien besessen. Während die außerirdische Kreatur die Kontrolle übernimmt und seinen Körper lenkt, ist der Mensch in seinem Bewusstsein eingeschlossen. Sein Rückzugsort ist eine alte Bibliothek, durch deren Fenster er ähnlich einer begehbaren Camera Obscura nach außen sehen kann. Die unzähligen Bücher verkörpern seine über Jahrzehnte angesammelten Erinnerungen. Weil er der fremden Macht einige wichtige Informationen aus der Vergangenheit vorenthalten will, schafft er die entsprechenden Bücher in einen kleinen, verschließbaren Raum innerhalb der Bibliothek. Die Vorstellung des kleinen Mannes im Bewusstsein bzw. des inneren Auges wird in *Dreamcatcher* wörtlich genommen.

Michel Gondry griff in seinem Film *Eternal Sunshine of the Spotless Mind* von 2004 ebenfalls die räumliche Vorstellung des Bewusstseins auf, interpretierte den Umgang mit Erinnerung aber auf innovative Weise neu. Der unglückliche Hauptprotagonist des Films, Joel Barish, will mithilfe einer neuen, experimentellen Technik seine Erinnerungen an die verflossene Liebe löschen lassen. Der Film führt in das Bewusstsein des Patienten während der Behandlung: Barish durchlebt seine Erinnerungen als immersive Umgebungen, die sich nach und nach auflösen, während er sich in ihnen befindet. Die Philosophie wie auch die Kinofilme verdeutlichen den anthropologischen Grundzug der notwendigen Verräumlichung des Geistigen, dem die Camera Obscura ein mechanisches und elaboriertes Modell zur Verfügung gestellt hat.

Die Kamerawahrnehmung stellt eine besondere Metaphorik, eine eigene Ikonografie der Avantgarden zu Beginn des 20. Jahrhunderts dar. Wie bereits erwähnt, nutzte Láslό Moholy-Nagy 1931 zur Gestaltung des Covers der Zeischrift *foto-Qualität* die Überblendung von Hand und Fotoapparat (siehe Abb. 14). Als Konstruktivist unter den Lehrern am Bauhaus wollte er einen subjektiven und objektiv-technischen Zugang zur Welt vereinen und der expressionistischen Sicht gegenüberstellen. Die Montage verdeutlicht diese Ambition, indem sie Mensch und Technik als Einheit versteht.[14] Diese Spannung der Gleichsetzung, die Verknüpfung von Ähnlichkeit und Differenz, leitet ein metaphorisches Verständnis der überblendeten Elemente ein. Die Kamera ist eine natürliche Erweiterung des künstlerischen Ausdrucks des Menschen, wie auch die praktische Tätigkeit der nüchternen Prä-

---

13 Vgl. hierzu ausführlicher Kapitel 12 und Kittay 1987, 316-324.
14 Vgl. bes. Moholy-Nagy, 1927. Vgl. hierzu auch die Ausführungen in Kapitel 17.

zision der Maschine gleichkommen soll. Die Kamera ermöglicht dem Künstler die Erprobung eines neuen Sehens und steht dadurch exemplarisch für einen folgenschweren Wandel in der Auffassung und Abbildung der Wirklichkeit: »Camera Vision as Modernist Metaphor«[15], wie es Eleanor Hight auf den Punkt bringt.

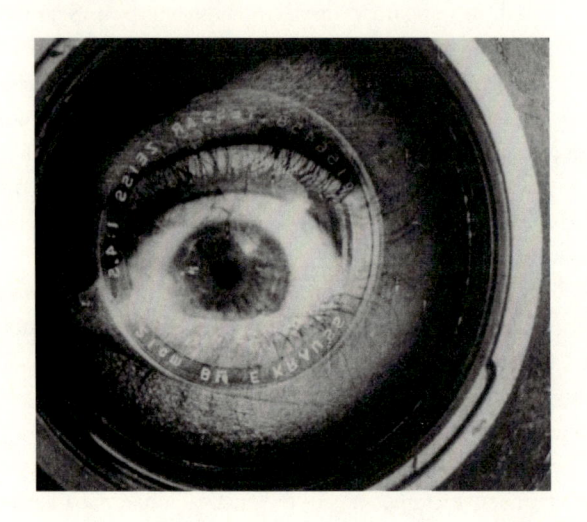

Abbildung 23: Dziga Vertov, Film-Still, aus:
Der Mann mit der Kamera, 1929

Die direkte Verbindung von menschlicher Wahrnehmung und Kamerasicht gelang bereits Dziga Vertov in seinem Film *Der Mann mit der Kamera* (*Tschelowek s kinoapparatom*) von 1929, indem er – ebenfalls mit der neuen Technik der Überblendung ein weit aufgerissenes menschliches Auge in die Mitte der Kameralinse setzte (Abb. 23). Die Kamera wird durch diese Metapher zum neuen menschlichen Auge. Ebenso wird dadurch – im Sinne der Rückprojektion der metaphorischen Interaktion – das menschliche Auge als Kamera verstanden. Oder um es noch stärker zu formulieren: Die Überblendung beider Bilder lässt genauso gut die Metapher des Auges als Kamera zu. In diesem Sinne ist die neue Technik nicht eine Erweiterung der menschlichen Wahrnehmung, sondern lässt die Optik des Auges unter der Optik der Kameralinse verstehen. Für Vertov war diese Metapher weitaus mehr als nur eine innovative Überblendung im Film. Vielmehr ist sie der visuelle Ausdruck seines konzeptuellen Denkens als Filmregisseur: Die Kamera ist sein Auge, sein Auge eine Kamera. Eine paradigmatische Funktion weist Christian Quendler der »Camera-Eye Metaphor« zu, wie sie Vertov exemplarisch zum Ausdruck brachte. Vor

---

15 Hight 1995, Kapitel 5.

dem Hintergrund der *Conceptual Metaphor Theory* von George Lakoff und Mark Johnson versteht er die Metapher vorrangig als konzeptuell. Sie ermögliche daher Einsicht in das Denken und sei auch »the metaphor cinema lives by«.[16]

Derartige visuelle Modelle sind mediale Metaphern, denn sie bieten eine Möglichkeit, abstrakte Medien konkreter oder überhaupt erst erfahrbar zu machen. Mediale Metaphern des Sehens, Denkens und des Bildes durchziehen die Erkenntnistheorie wie auch die Kunstwissenschaft. Sie äußern sich mitunter in ganzen Metaphernnetzen aus individuellen Ausdrucksmetaphern, die auf eine allgemeine Leitvorstellung verweisen und an denen eine historische Semantik dieser leitenden Idee erarbeitet werden kann.[17] Eine Vielzahl von Bildmetaphern für das Sehen fasst Franziska Kümmerling zusammen und verdeutlicht, welchen enormen Einfluss auch metaphorische Vorstellungen des Sehens auf den Bildbegriff gehabt haben. Neben jenen historischen Positionen stellt sie auch neuere Theorien vor, denen sie mitunter den Zirkelschluss nahelegt, »dass das Bild vom Sehen her und das Sehen vom Bild her beschrieben wird. Ihre Chance liegt jedoch in einer ›Arbeit‹ am Bildbegriff, die die Feinheiten (historischer) ›bildhafter‹ Modelle visuellen Wahrnehmens enthüllt.«[18] Diese Arbeit am Bildbegriff erhob Mitchell in den 1990ern zum wesentlichen Programm einer bildlichen Wende. Das Hyperikon bzw. Metabild gibt Auskunft über sich selbst, weil es mithilfe der Metapher auf seine eigene Medialität Bezug nimmt. Im Folgenden werden ergänzend zu den Metaphern des Sehens solche des Bildes vorgestellt. Sie sind mediale Metapher im engeren Sinne, weil sie die Eigenarten oder je besondere Aspekte des Bildlichen hervorheben oder allererst konstituieren.

Viktor I. Stoichita arbeitet für die Kunstgeschichte der Malerei heraus, inwieweit Bildelemente auf das Bild als Ganzes, auf seine Medialität bezogen werden können. Eine derartige Bildpraxis nennt er Metamalerei, denn sie sei durch einen pikturalen Intertext in der Lage ein Bewusstsein von sich selbst zu erlangen.[19]

---

16 Vgl. Quendler 2016. Dieser Ausdruck ist eine Anspielung auf den Buchtitel »Metaphors We Live By« der viel beachteten Metapherntheorie Lakoffs und Johnsons.

17 Herbert Molderings erarbeitete eine solche historische Semantik anhand einiger Werke Odilon Redons, deren körperlose Augen er als antiimpressionistische Metapher bestimmt. Exemplarisch bringt er dabei den Übergang von einer Remetaphorisierung konventioneller Symbole zur freien, subjektiven Metaphernbildung der Moderne zum Ausdruck. Vgl. Molderings 2005.

18 Kümmerling 2014, 38.

19 Vgl. Stoichita 1993. Diese Art der Visualisierung biete einen Kode, ein topologisches Schema, um das Bild lesen zu können, vgl. ebd. 196. Er spricht mehrmals auch von Metapher, nutzt sie allerdings nicht als zentrales Mittel der Analye und greift auf den kunst-

Durch die Darstellung von Gemälden, also Bildern im Bild, Karten, Fenstern, Türen und Spiegeln sei es der Malerei möglich, sich selbst als Malerei zu thematisieren. Anhand zahlreicher Beispiele arbeitet Stoichita heraus, inwieweit derartige Bildelemente in Wechselbeziehungen untereinander und zum Rahmen des gesamten Gemäldes treten können und sich ihre innerbildlichen Bezüge in der Malereitradition gewandelt haben. Seine Ausführungen konzentrieren sich einerseits auf Fenster, Gemälde und Karten, anhand derer sich ein Abstraktionsprozess beschreiben lasse, der von der Überführung des Raumes in die gerahmte Fläche zur Projektion am Leitfaden von Text (Legende) und Zahl (Maßstab) reicht, und andererseits auf Spiegel, die in der Kultur der Ähnlichkeit sogar zur »Schlüsselmetapher« des Bildes avancieren.[20] Diese Kultur sieht Stoichita seit der Renaissance aufleben. Es ist daher auch kein Zufall, dass gerade die großen Metaphern der Ursprungsmythen der Malerei in jener Zeit neu formuliert oder geschöpft werden: Spiegel, Fenster und Verkörperung.

Die wohl einflussreichste Metapher des Bildes geht auf Leon Battista Albertis Schrift *Über die Malkunst* (*De Pictura*) von 1435/36 zurück.[21] Alberti beschrieb das Gemälde als *finestra aperta*, als geöffnetes Fenster, und legte damit den neuzeitlichen Grundstein für eine Naturalisierung des perspektivischen Bildes. Die Kunst wie auch die Kunsttheorie der Moderne zogen dieses metaphorische Modell des Bildes schließlich in Kritik, um sich seiner paradigmatischen und auch dogmatischen Funktion zu entledigen. In seinem Aufsatz *Die Perspektive als symbolische Form*[22] von 1927 weist Erwin Panofsky in einer ausführlichen Analyse die Eigengesetzlichkeit der perspektivischen Darstellung aus. Die Metapher des geöffneten Fensters steht in Albertis Malereitraktat aber nicht allein. Er greift ebenso die Geschichte von Narziss aus den *Metamorphosen* Ovids auf. In der antiken Erzählung blickt der junge Narziss auf die Wasseroberfläche einer Quelle, erblickt sein Spiegelbild, ohne es zu erkennen, und verliebt sich. Diese allegorische Erweiterung der

---

wissenschaftlichen Begriff des Emblems als kontextvariantes und polysemisches Zeichen zurück, vgl. 186f.

20 Vgl. ebd., Kapt. 7. Ein Spezialfall der Spiegelmetaphorik ist die Uneindeutigkeit, ob es sich bei der dargestellten Fläche um ein Gemälde oder ein Spiegel handeln soll. In dieser Ambiguität, wie Stoichita die Offenheit nennt, ist ein Übergang der bildlichen Metapher von der Mischgestalt als Überblendung zweier Elemente zur freien Allusion zu sehen, vgl. 216f. Für eine genauere Analyse der formalen Funktionsweise des Spiegels als mediale Metapher vgl. auch Yiu 2005.

21 Vgl. Alberti 1436.

22 Vgl. Panofskys 1927. Etwa zur selben Zeit legte El Lissitzky mit dem Aufsatz »K. und Pangeometrie« neben seinen künstlerischen Arbeiten auch eine theoretische Kritik an der Perspektive vor. Vgl. Lissitzky 1925.

Spiegel-Metapher nutzt Alberti, um aus ihr den Ursprungsmythos der Malerei zu formulieren: »Was nämlich ist das Malen anderes, als durch die Kunst jene Oberfläche der Quelle zu umarmen?«[23] Diese suggestive Frage ist höchst metaphorisch, denn sie überhöht die bestehende Metapher des Spiegels nochmals. Wegen dieser Verbindung von Transparenz und Druchlässigkeit sieht Christiane Kruse in Albertis Ausführungen auch eine Verbindung von Illusionsbildung und intendierter Medienreflexion: »Die Oberfläche jener Quelle, die Narziß umarmt, entspricht dem flächigen Querschnitt durch die Sehpyramide und dem geöffneten Fenster. Quellspiegel und geöffnetes Fenster sind folglich Metaphern für den Bildträger, die sich nicht zufällig durch ein äußerstes Maß an Transparenz auszeichnen.«[24]

Zeitgleich zu Albertis einflussreicher Schrift verfasste Cennino Cennini ein Handbuch zur Malerei, *Libro dell'Arte*, in dem er den Ursprungsmythos ebenfalls auf einer Metapher aufbaut. Cennini greift nicht auf die antike Mythologie, sondern die christliche Imago-Lehre zurück: Ebenso wie Christus die Inkarnation, das fleischgewordene Abbild Gottes ist, so ist die Malerei eine Inkarnation (*incarnazione*), eine Form der Verkörperung.[25] Christina Kruse arbeitet heraus, dass diese Metapher es ermöglicht, die Malerei als schöpferischen Akt zu bestimmen, der Einbildungskraft und Handwerk verbindet. Cennini beziehe das Mysterium der Menschwerdung Gottes in der Person Christi auf den Malakt.[26] Am Beispiel der Freskomalerei führt er detailliert aus, wie die Verkörperung im Farbauftrag stattfinden solle und aus dem Fleisch-Malen eine Fleischwerdung werde. Die Fleischfarbe, das Inkarnat, werde aus drei Farbtönen angemischt. Der Farbe Rot kommt hierbei eine zentrale weil metaphorische Bedeutung zu. Sie steht für das Blut und damit das Leben in der Haut bzw. im Fleisch: »Das rote Pigment ist der Stoff, aus dem der Maler das Leben macht.«[27]

Richard Wollheim arbeitete bereits an den Werken Tizians und Bellinis aus, inwieweit Elemente der Darstellung die Eigenarten der Malerei und der Leinwand metaphorisch bestimmen können. Diese Art der medialen Metaphorik stellt einen Übergang von der Metapher im Bild zum Bild als Metapher dar, weil ein Bereich der Metapher zur Darstellung gehört, während der andere das Bild selbst ist. An

---

23 Übersetzung von Kruse 1999, 99. (Quid est enim aliud pingere quam arte superficiem illam fontis amplecti?)
24 Ebd., 105. Auf Albertis *finestra aperta* geht auch Gerd Blum ein, der die Metapher zu Lukrez' Schriften und der Bedeutung architektonischer Ausblicke in Bezug setzt, vgl. Blum 2015, bes. 166-168 u. 176-178.
25 Vgl. Cennini 1437 und Kruse 2000.
26 Vgl. Kruse 2000, 309 u. 315. Sie bezeichnet die Inkarnation als »metapikturale Metapher, die das Malen als medialen Prozess der Verkörperung umschreibt«, 323.
27 Ebd., 325.

Wollheims Konzept der Körperlichkeit als zentrale Metaphorik der Malerei und an Cenninis Inkarnation knüpft Marianne Koos methodisch wie ideengeschichtlich an, indem sie die Haut als mediale Metapher in den Werken Caravaggios bestimmt. Sie verdeutlicht, inwiefern in den Gemälden des Künstlers die gemalte Haut mit der Farbhaut der Leinwand in ein metaphorisches Spannungsverhältnis tritt. Die Farbe sei derart glatt aufgetragen, dass die Struktur der Leinwand durchscheine. An derselben Stelle trete einerseits die plastische Illusion der gemalten Körper hervor, anderseits aber auch die Struktur der Maloberfläche, die dadurch wie die Poren der gemalten Haut wirke (Abb. 24).[28] Einen besonderen, bildreflexiven Umgang mit der Thematik sieht Koos in der Signatur, denn es falle auf, »dass Caravaggio diese Bildoberfläche explizit als solche thematisiert, wenn er vorgibt, seinen Finger in das Blut aus der Halswunde des Täufers getaucht und seinen Namen ›f michel Ang.‹ – gleich einem unmittelbar am Geschehen teilhaftig gewordenen Zeugen – auf den Boden geschrieben zu haben.«[29] Die Signatur wird zur Anomalie der Metaphorik, zum Hinweis auf eine metaphorische Bedeutung der Haut, indem sie zwar mit dem Blut des Dargestellten gemalt wurde, sich aber nicht perspektivisch in das Bild einfügt, sondern auf der Leinwandoberfläche sitzt. Im Folgenden nimmt Koos die erarbeitete Haut-Metapher der Malerei als Leitvorstellung, also gewissermaßen als konzeptuelle Metapher, um das Gemälde weiter zu interpretieren: Die Haut Christi sei über die Knochen gezogen als sei sie eine über einen Keilrahmen gespannte Leinwand.[30] Die Haut-Metapher begünstigt in ihrer Analyse die Rückprojektion auf das Verständnis des Dargestellten.

Die Ursprungsmythen der Malerei bauen in derselben Weise wie schon die im ersten Teil analysierten Ursprungsmythen der Sprache auf Metaphern auf. Dem Blitz bei Vico und dem blökenden Schaf bei Herder können daher der Spiegel, das Fenster und die Verkörperung in Fleisch, Haut und Blut als ikonische Geschwister zur Seite gestellt werden. Ihre Bedeutung kann nicht überschätzt werden, denn als Modelle der Malerei und auch des Bildes haben sie paradigmatische Funktion in der kunstgeschichtlichen und ebenso erkenntnistheoretischen Tradition. Darüber hinaus lässt sich die Malereitradition auch als Arbeit an diesen Metaphern verstehen. Mediale Metaphern sind mitunter Remetaphorisierungen dieser Ursprungsmetaphern.

---

28 Vgl. Koos 2007, 68f.
29 Ebd., 71. Auf die Metapher des In-Blut-Schreibens bei Caravaggio geht David M. Stone genauer ein und ordnet sie ideengeschichtlich genauer ein. Die Signatur sei eine Metapher des künstlerischen Genius, die ihn als Schöpfer und Zerstörer, Henker und Zeuge zugleich ausweise, vgl. Stone 2012. Zwar bezieht Stone die Metaphorik im Wesentlichen auf den Künstler, doch ist sie dadurch nicht weniger als mediale Metaphorik zu verstehen, denn sie charakterisiert die Malerei ebenso als Verewigung und Mortifizierung.
30 Vgl. ebd., 73.

Abbildung 24: Caravaggio, Opferung des Isaak (Detail), Streiflichtaufnahme der linken Hand des Abraham, 1597-1598, Öl auf Leinwand, 116 x 173 cm, Sammlung Barbara Piasecka Johnson, Princeton (New Jersey)

Drei Künstler setzten sich zu Beginn des 20. Jahrhunderts durch eine Remetaphorisierung mit der Fenster-Metapher des Bildes auseinander. Im Jahr 1912 fertigte Robert Delaunay eine Reihe von *Fenster-Bildern* an. Die Gemälde zeigten rhythmisch gesetzte, geometrische Farbflecken, die in abstrahierter Form den Ausblick aus einem Fenster wiedergaben. Delaunay wollte weniger eine perspektivische Sicht seiner Aussicht auf Paris wiedergeben als das Licht selbst und die Simultankontraste der Farben einfangen. Hierfür schloss er gewissermaßen das Fenster Albertis, um anhand der Licht-, Form- und Farbrhythmik des Fensterglases, die Malerei auch auf ihre Flächigkeit zurückzuführen. Delaunay entledigte sich der Metapher des geöffneten Fensters, um über die Eigenschaften des Mediums *Glas* die Eigenschaften des Mediums *Bild* zu reflektieren.[31] René Magritte versuchte ebenfalls das offene Fenster als Metapher des Bildes sichtbar zu machen, indem er etwa das gemalte Bild auf einer Staffelei in das gemalte Fenster übergehen ließ (Abb. 25), beide Bildelemente also derart kombinierte, dass er ihnen bewusst eine Identität zuschrieb. Axel Müller führte in einem Aufsatz über den Gestaltwandel der ikonischen Metapher Albertis zu den Bildern Magrittes aus, er habe »die Fenstermetapher bildreflexiv weiter entwickelt. In zahlreichen Variationen erforschte er die Metapher, prüfte ihre Tragfähigkeit hinsichtlich neuer Bildgedanken. Dabei trieb er sie an die eigene, ikonoklastische Grenze.«[32] Eine ebenso innovative aber weniger offensichtliche Remetapho-

---

31 Vgl. Blümle/Huss/Windgätter 2017, bes. 250.
32 Müller 1998, 179.

risierung gelang Pablo Picasso in einigen Gemälden seines Frühwerks.[33] Indem er die dargestellten Fensterrahmen in seinen Interieurs wie die Rückseite von Leinwänden wiedergab, das Mittelkreuz des Fensters als Mittelkreuz des Keilrahmens malte und ebenso kleine Keile in den Ecken andeutete, setzt er das Fenster mit dem Gemälde gleich (Abb. 26). Doch noch mehr: Er drehte Albertis Metapher des Bildes als Fenster um, indem er das Fenster als Bild auswies.

Abbildung 25: René Magritte, Die Beschaffenheit des Menschen (La Condition humaine), 1933, Öl auf Leinwand, 100 x 81 cm, Washington, National Gallery
Abbildung 26: Picasso Pablo, Interieur mit verschneiter Landschaft (Detail), 1899, Öl auf Leinwand, 50 x 32 cm, Museu Picasso, Barcelona

Die Augenblicks-Metapher beleuchtet einen anderen Aspekt des Bildes – die Zeitlichkeit. Sie geht wiederum auf die Metaphorik des Ausdrucks *Augenblick* zurück, der die Gegenwart mit einem Blick gleichsetzt. Die Augenblicks-Metapher ist eng mit der Fenster-Metapher des Bildes und dem Paradigma des perspektivischen Darstellungsraumes verbunden. Gotthold Ephraim Lessing erhob sie in seiner Schrift *Laokoon oder über die Grenzen der Mahlerey und Poesie* von 1766 zur Medienspezifik der bildenden Kunst: Weil Malerei und Skulptur nicht der Sukzession der Schrift folgen, müssen sie einen fruchtbaren Augenblick darstellen, der das Vergangene und das Zukünftige in sich aufnimmt. Erst als die künstlerische Moderne mit der Zentralperspektive brach, gelang es ihr auch, sich des Dogmas des Augen-

---

33 Diese Entdeckung machte jüngst Esther Horn und nutzte das Konzept der Metapher, um Picassos Bild im Bild zu erhellen, vgl. Horn 2016.

blicks als Zeitlichkeit des Bildes zu entledigen.[34] Mit seiner Arbeit *Object to be destroyed* von 1932 gibt Man Ray der Metapher ihre ursprüngliche Vitalität zurück (Abb. 27). Die am Pendel eines Metronoms befestigte Fotografie eines Auges, schlägt im Takt hin und her. Die metaphorische Gleichsetzung vom Liedschlag des Auges und dem Moment als Gegenwart überführt er in eine absurde Verknüpfung. Derartige künstlerische Remetaphorisierungen sind zwar enorm aufschlussreich für die Wirkkraft der Metapher in theoretischer wie auch praktischer Hinsicht, doch eignen sie sich weniger als paradigmatische Beispiele für eine Theorie der visuellen Metapher: Sie verhandeln auf äußerst komplexe Weise das Wechselspiel zwischen visueller Metapher, medialer Metapher und der Vitalisierung einer Konvention. Es handelt sich eher um einen Sonderfall visueller Metaphorik, weil sie bereits in einem spezifischen metaphorologischen Kontext steht, aus dem heraus sie ihre Wirkung erzielt. Gerade in Man Rays »Augen-Blick« ist eine ganze Philosophie der Wahrnehmung und des Bildes kondensiert.[35]

Abbildung 27: Ray Man, Object to be destroyed [Fotografie, Objekt zerstört], 1932, Metronom, Photographie des Auges von Lee Miller

Die Schleier-Metapher, die bereits Alberti in seinen Ausführungen zum Spiegel und Fenster ergänzte, bildet einen Schnittpunkt vieler Erkenntnisbereiche. Zum einen ist sie eine traditionelle Metapher des Bildes und des Sehens, zum anderen steht sie

---

34 Vgl. hierzu besonders Boehm 1987.
35 Zu den kunsttheoretischen Implikationen der Arbeit vgl. Müller 1997, 229-248.

auch für die Sinnlichkeit im Allgemeinen als eine Form der Verschleierung, der die Wahrheit als enthüllte Nacktheit, als *nuda veritas* gegenüber gestellt wird.[36] Die exponierte Bedeutung der Schleier-Metapher arbeitete Uwe C. Steiner aus, indem er sie aufgrund der Bildlichkeit der Metapher auch als eine Art Metametapher auswies: »Als Metapher der Medialität reflektiert der Schleier nicht nur die Medialität der Metapher, sondern der Erfahrung von Welt überhaupt.«[37] Entgegen der Sichtbarkeits-Metapher des Bildes, wie sie Christoph Wagner an den Werken Raffael ausarbeitete, kommt dem Schleier eine ambivalente Doppelfunktion zu: Er verbirgt ebenso wie er sichtbar macht. Elke Anna Werner veranschaulicht diese Zweischneidigkeit des Schleiers, den sie explizit als visuelle Metapher versteht, an den Gemälden Lucas Cranachs des Älteren: »Entsprechend der Metaphorik vom Verhüllen und Aufdecken kann auf der Ebene des realen Bildes der Schleier als visuelle Metapher verstanden werden, die als Teil eines komplexen Systems von sinnlicher Wahrnehmung und intellektuellem Verständnis den Zugang zu den unterschiedlichen Bedeutungsschichten eines Bildes eröffnet.«[38] Ebenso wie der Schleier ist auch der Vorhang mehr als nur eine stilisierte Metapher im Bild. Während der Schleier eher die Flächigkeit des Bildes und als Verschleierung in negativer Weise auch das Bild als geringer als die Wirklichkeit ausweist, ist der Vorhang eine Metapher für das Zeigen des Bildes selbst.[39] Beide Metaphern sind daher keine Metaphern im Bild wie etwa Mischgestalten oder metaphorische Prozesse zwischen Bildelementen, sondern Teile der Darstellung, die auf das Bild als Ganzes verweisen. Das Bild wird durch einen Teil dessen, was es zeigt, als Medium konkreter bestimmt. Schleier und Vorhang sind folglich die Quellbereiche und das Bild als solches der Zielbereich der Metapher.

Die Metabildlichkeit ist oftmals eine Form der medialen Metapher, denn die Beziehung zwischen den Bildelementen und dem Bild als Ganzes geht auf eine metaphorische Interaktion zurück. Zwar wird in der entsprechenden kunsthistorischen Literatur zumeist der Begriff der Metapher verwendet und auf differenzierte Weise als Mittel der Bildanalyse genutzt, doch wird er in der Regel nicht systematisch

---

36 Zur Schleier-Metapher allgemein Steiner 2006. Eine metaphorologische Studie der *nuda veritas* legte Hans Blumenberg vor, vgl. Blumenberg 1981. Bereits Alberti nutzte in *De pictura* den Schleier als mediale Metapher des Bildes, denn er überführe das Dreidimensionale der Realität in das Zweidimensionale des Bildes. Vgl. Werner 2007. Zum Zusammenhang von Metapher und dem Durchscheinen der Wahrheit im Sinne der Schleier-Metapher vgl. Willer 2010, 106.
37 Steiner 2006, 27f. Er vertritt dabei aber implizit eine Bildtheorie der Metapher, reduziert die Metapher auf ihre Bildlichkeit und stellt sie der Sprache gegenüber.
38 Werner 2007.
39 Zum Vorhang vgl. besonders Blümle/Wismer 2016.

zum Symbol oder Modell in Bezug gesetzt. Es ist aber geradezu symptomatisch, dass, wenn immer es um Modelle der Malerei geht, eher von Metapher als von Symbol die Rede ist. Gerade deshalb ist die Metapher in der ikonologischen Analyse der Metabildlichkeit ein gewinnbringendes methodisches Konzept, weil über die metapherntheoretische Forschung eine strukturelle und differenzierte Verbindung von Metapher und Modell und ihre paradigmatische Rolle in der Ideengeschichte für die Ikonologie anschlussfähig gemacht werden kann.

Auf zwei Weisen können mit dem Bild verbundene konventionelle Metaphern reflexiv behandelt und der Theorie zugänglich gemacht werden. Zum einen kann die Bildtheorie selbst durch eine metaphorologische Analyse oder eine Remetaphorisierung ihre eigenen metaphorischen Modelle aufdecken, zum anderen können reflexive Zugänge und Remetaphorisierungen aber auch in Bildern selbst erfolgen – wie Mitchell an den Metabildern und Stoichita an der Metamalerei verdeutlichen. Dieser doppelte Zugang ist auch im Hinblick auf die Metaphern der Metapher möglich. Im zweiten Teil wurde die Metapher bereits *als* Metapher ausgewiesen. Während technische Metaphern der Metapher den metaphorischen Prozess allererst zugänglich und beschreibbar machen, indem sie ihn als Übertragung, Projektion, Übersetzung, In-ein-neues-Licht-Stellen oder *mapping* bestimmen, ermöglichen kreative Metaphern der Metapher eine bewusste Neubeschreibung des gesamten Phänomens. So beschreibt Nelson Goodman die Metapher als eine Affäre zwischen einem Prädikat mit Vergangenheit und einem Gegenstand, der sich unter Protest hingibt; Eva Feder Kittay hingegen fasst den Einfluss von Metaphern auf unser Konzeptsystem als Neuarrangement der Einrichtung unseres Verstandes auf. Beide übertragen auf innovative Weise einen bekannten Erfahrungskomplex auf das abstrakte Phänomen der Metapher.[40]

Ebenso kann die Metapher aber auch durch das Visuelle selbst als Metapher zum Ausdruck gebracht werden – muss es geradezu, weil sonst die visuelle Metapher der sprachlichen Reflexivität untergeordnet und die erkenntnistheoretische und selbstreflexive Leistung vor allem des Bildes verkannt wird. Visuelle Metaphern der Metapher ermöglichen einen genuinen Zugang zum Phänomen der Metapher. Für jene technischen Metaphern der Metapher wird es allerdings schwierig bis unmöglich, ein Äquivalent im Visuellen zu finden, weil solche Metaphern in der Sprache auf Begriffe zurückgehen. Es soll im nächsten Kapitel aber gezeigt werden, dass ein visuelles metaphorisches Denken seiner eigenen sprachlichen Metaphern bedarf, durch diese erst theoretisch erschlossen werden kann.

---

40 Vgl. zu Kittay Kapitel 12 und zu Goodman Kapitel 13.

*Abbildung 28: Henk Visch, The Metaphor, 1994, Bronze, 115 cm,
rechts: Shanghai Worldexpo, Dutch Pavilion, 2010*

Die Bronzeskulptur *The Metaphor* von Henk Visch aus dem Jahre 1994 (Abb. 28) ist eine Figur, die einen massiven Quader über ihrem Kopf trägt. Sie geht über in einen blauen Boden als würde sie in einem Fluss waten und mit ihrem Kleid bis etwa zu den Knien im Wasser stehen. Der Titel der Arbeit lässt die Verbindung von Figur und blauem Grund als Darstellung der dem griechischen Ausdruck *metapherein* zugrunde liegende Bedeutung des Hinübertragens verstehen. Die Skulptur ist allerdings mehr als nur eine schlichte Illustration des rhetorischen Mittels. Sie führt die Metapher in doppelter Weise auf ihre eigentliche Bedeutung und Etymologie zurück, indem sie einerseits die rhetorische Figur als Figur darstellt und andererseits die im Wort enthalte Bedeutung der Übertragung auch wörtlich nimmt als Ortswechsel eines Dinges. Der geometrische, abstrakte Körper, den die Figur von einer Stelle zur anderen trägt, dient als Behälter für alle Art Vorstellungen, die auf dem Wege der metaphorischen Übertragung eine räumliche Verschiebung erfahren sollen. Visch behandelt die Metapher in diesem Sinne gerade nicht als Metapher, weil er die notwendig metaphorische Konzeptualisierung einer kognitiven Operation absichtlich wörtlich nimmt. *The Metaphor* ist daher eine kreative Remetaphorisierung mit den Mitteln der Sichtbarmachung. Die Banalisierung der Veranschaulichung des Konzepts ist in Wahrheit eine subtile Ironisierung der und Reflexion über die Metapher *als* Metapher.[41]

Eine ähnliche Remetaphorisierung der Metapher gelingt Anselm Haverkamp, indem er Alexander Gottlieb Baumgartens Konzept der Metapher als *figura crypti-*

---

41 Henk Visch bezieht sogar explizit Position zur Metapher, indem er den Anspruch formuliert: »Die Metapher muss in der Hand des Künstlers bleiben.«, Visch 2016. Hiermit betont er die Poetik der Metapher anstelle ihrer Rhetorik. Sie sei daher auch nicht das Instrument der Politiker, sondern gehöre der Kunst.

ca wörtlich nimmt und ihr eine anschauliche Entsprechung in Form eines antiken Figurenfragments gibt (siehe Abb. 5). Als rhetorische Trope sei die Metapher kryptisch, weil sie die Figur zum Preis des Fragments einschließe, so Haverkamp in Anschluss an Baumgarten. Der Leser müsse den metaphorischen Sinn, also die verborgene Figur, sozusagen aus der Kryptik der Trope entfalten.[42] Während Visch die Figur zum Transporteur und damit zum Akteur des metaphorischen Prozesses macht, legt Haverkamp sie als archäologisches Fundstück und damit als passiven Gegenstand der Metapher zugrunde.

Abbildung 29: Alicja Kwade, Lucy, 2004/2006, gepresste Steinkohle, 8,25 Karat, 14 x 14 x 18 cm, Unikat aus einer Serie von drei

Ein anderer Aspekt der Metapher lässt sich mithilfe des Kunstwerks *Lucy* von Alicja Kwade aus dem Jahre 2004 verdeutlichen (Abb. 29). Die Künstlerin bearbeitete ein Stück Kohle derart, dass es die Form und die glatte Oberfläche eines Diamanten annimmt. Material und Form stehen in dieser Weise im scheinbaren Widerspruch. Kwades künstlerischer Ausgangspunkt ist das Staunen. Sie befragt die Dinge unter anderem auch nach ihrer Herkunft und schafft Irritationen, die an eine bewusste Wahrnehmung der Dinge appellieren: »Man sieht, was man sieht, auch

---

42 Vgl. zu Baumgarten Kapitel 8 und zu Haverkamp Kapitel 11.

wenn es nicht dem entspricht, was man erwartet oder von den Dingen weiß.«[43] Diese Irritationen sollen eher dazu anregen, über die Eigenart von Gegenständen und Materialien nachzudenken, als eine metaphorische Bedeutung zu induzieren. Mit *Lucy* stellt sie die Entstehungsgeschichte von Diamanten zur Schau, indem sie zwei Aspekte einer langen geologischen Entwicklung zusammenzieht: die Ablagerung von Kohle durch die Ausbildung von Sedimentschichten und den Schliff von Diamanten, die das zumeist kubische Entprodukt einer über Jahrmillionen langen Härtung von Kohlenstoff ist. Kwade macht mit ihrer Arbeit sichtbar, was am Anfang der geometrischen Perfektion des Diamanten steht. In diesem Sinne kann *Lucy* als Metapher für die sprachliche Begriffsbildung verstanden werden: In einem langen Prozess der Härtung und des Schliffes bilden sich abstrakte und fixe Begriffe aus. Diesen liegt aber eine ursprüngliche ästhetische Fülle und nicht selten auch eine ursprünglich metaphorische Bedeutung zugrunde. *Lucy* kann daher als visuelle Metapher für die Konventionalisierung der Metapher gesehen werden.[44] Der Diamantschliff eines Kohlestücks ist vor diesem Hintergrund eine Wiederbelebung der ursprünglich vitalen Metaphorik von Begriffen. Kwade stellt das kalte Gegenstück zu Nietzsches in Hitze geborener Sprache dar: »Nur durch das Vergessen jener primitiven Metaphernwelt, nur durch das Hart- und Starr-Werden einer ursprünglich in hitziger Flüssigkeit aus dem Urvermögen menschlicher Phantasie hervorströmenden Bildermasse«[45] gelang der Siegeszug der sprachlichen Abstraktion.

Abbildung 30: Silvie & Cherif Defraoui, Autoportrait, 1973, Fotomontage

---

43 Görner 2010.
44 Ein Aspekt der nicht zu weit von der Künstlerintention wegführt, da Kwade ihre Arbeiten auch als Infragestellung allgemeiner Übereinkünfte versteht. Vgl. Bell 2010. Ebenso ließen sich ihre *Berliner Bordsteinjuwelen* von 2007, zu Diamanten geschliffene Steine von den Straßen Berlins, im Sinne des Sprachprozesses verstehen. Wir greifen aus der Fülle der visuellen Erscheinungen einzelne Elemente heraus und bringen sie in die der Sprache angemessene Form, indem wir sie polieren.
45 Nietzsche 1873, 377. Vgl. auch Kapitel 4.

Es ist der bildliche Aspekt scheinbar terminologischer Bestimmungen der Metapher, den visuelle Metaphern der Metapher direkt zur Anschauung bringen und durch eine Remetaphorisierung als Metapher entlarven. Eine solche Zurschaustellung der Metaphorik kann auch in dem *Autoportrait* von Silvie und Chérif Defraoui von 1973 gesehen werden (Abb. 30). Besonders durch Max Black ist die Metapher ›Der Mensch ist ein Wolf‹ zum paradigmatischen Beispiel der Theorie geworden. Während Black sich zur Beschreibung des metaphorischen Prozesses auf die Eigenschaften aus einem Implikationskomplex konzentriert, berufen sich andere Theoretiker auf eine Wahrnehmungsleistung, weil sie die Metapher als Bild auffassen oder ihr eine bildliche Funktion zuweisen. Wie ist dieses ›Sehen‹ als Übertragungsleistung aber zu verstehen? Das Künstlerporträt ist ein parodistischer Kommentar zum metaphorischen Sehen: Es blendet in der Fotomontage beide Vorstellungen übereinander, um den Menschen mit dem Hund gleichzusetzen. Oder wie ließe sich ein Sehen-als im Sinne der Metapher anders verstehen? Würde eher der Menschenkopf durch denjenigen des Tieres ersetzt werden oder besser anders herum, der Menschenkopf auf den Körper des Hundes gesetzt werden? Liest man die Darstellung als Bildwerdung der Metapher, führt sie vor, wie absurd es wäre, jede Metapher durch eine Art Sehen erklären zu wollen.

Abbildung 31: Tizian, Allegorie der von der Vernunft regierten Zeit, 1565, Öl auf Leinwand, 75,6 x 68,6 cm, National Gallery, London

Das Portrait von Silvie und Chérif Defraoui lässt natürlich noch andere Lesarten zu. In ihrer Kunst setzt sich das Paar bewusst mit der Mehrdeutigkeit von Bildern und unterschiedlichen Ikonografien auseinander.[46] Als kunsthistorische Referenz kann Tizians *Allegorie der von der Vernunft regierten Zeit* von 1565 gesehen werden (Abb. 31). Im Gemälde werden die drei Lebensalter durch Tierköpfe ergänzt, um in der attributiven Zuordnung eine moralische Botschaft formulieren zu können. So handele der Mann im mittleren Lebensalter mit der Klugheit eines Löwen, der Alte verschlinge wie ein Wolf die Vergangenheit und der Jüngling wende sich wohlwollend und einschmeichelnd wie ein Hund der Zukunft zu. Die allegorische Darstellung ist in zweierlei Hinsicht metaphorisch: Einerseits fordert sie zur Übertragung von Eigenschaften der Tiere auf den Menschen auf, andererseits vermittelt sie aber auch eine grundsätzliche Metaphorik der Zeit, aufgrund derer die metaphorische Beziehung von Mensch und Tier erst verstanden werden kann. Die konventionelle westliche Leserichtung verläuft gemäß den Zeilen eines Textes von links nach rechts. Im Bild ist dieses Prinzip im Hinblick auf die Verbindung von linearer Zeit und Blickrichtung umgesetzt. Die Vergangenheit liegt links, die Zukunft rechts. Ist diese, der Metaphorik des Zeitpfeils angepasste Leserichtung verstanden, ist der Bedeutungskontext für die metaphorische Beziehung zwischen den Figuren gegeben. Gemäß der Hintergrundmetaphorik der linearen Zeit können Attribute der Tiere auf den Menschen in seinen verschiedenen Lebensaltern übertragen werden.[47] Das *Autoportrait* von Silvie und Chérif Defraoui nimmt diese allegorische Beziehung des historischen Gemäldes auf, überführt die durch formale Mittel nahegelegte metaphorische Verbindung der Figuren allerdings in ihre visuelle Gleichsetzung. In dieser Lesart bringt die Fotomontage die Möglichkeit der metaphorischen Identitätsstiftung des Bildes zum Ausdruck.

Eine Reflexion auf den metaphorischen Prozess und seine ästhetische Dimension stellt ebenfalls die von Arthur C. Danto analysierte Karikatur Louis Philippes dar (siehe Abb. 10). Sie verdeutlicht schrittweise, dass das metaphorische Sehen nicht zwangsläufig eine einmalige Überblendung zweier Vorstellungen ist, sondern auch als Prozess erfolgen kann. Gerade der wiederholte Rekurs der Metapherntheorie auf das Kippbild als Paradigma des metaphorischen Sehens, verhindert die Einsicht in die prozesshafte Dynamik von Vorstellungsbildern und reduziert sie auf ein statisches Bild. Mit diesem Gedanken ist aber bereits ein weiterer Aspekt einer Theorie der visuellen Metapher angeschnitten, der in der Theoriebildung weitgehend ausgeblendet wird: die produktionsästhetische Seite eines visuellen Denkens in Metaphern.

---

46 Vgl. Bitterli 2004.
47 Vgl. Pochat 1999, 48f. Pochat geht allerdings nicht auf die Metapher ein. Zur Verknüpfung der Kunstwerke vgl. Gnehm 2004, 118.

19 Die visuelle kognitive Metapher
(Arnheim, Rothenberg)

Eine Vorstellung von etwas haben, heißt nicht zwangsläufig, einen Begriff von etwas zu haben. Ein Denken jenseits der sprachlichen Fixierung zu erschließen, stellt sich allerdings als äußerst schwieriges Unterfangen dar. Auch ist unklar, wie genau ein solches Denken bezeichnet werden soll. Ist es ein Denken in Bildern? Ein analogisches Denken? Der Begriff der Analogie wird immer wieder motiviert, um sich nonverbalen kognitiven Prozessen anzunähern. Er wird einerseits in der Wissenschaftstheorie für eine Begründung der erkenntnistheoretischen Funktion der Metapher genutzt, anderseits jedoch auch in der Sprachphilosophie und Ästhetik als vorsprachliche Syntheseleistung bestimmt.[1]

Keith J. Holyoak und Paul Thagard versuchen beispielsweise der *Cognitive Metaphor Theory* von George Lakoff und Mark Johnson ein Denken jenseits der Sprache zu ergänzen, indem sie eine Analogiebildung an den Anfang jeder kognitiven Metapher setzen.[2] Ihre Theorie hält aber keine neuen Einsichten in ein Denken in Metaphern bereit. Dennoch gelingt es ihnen, in der Analyse mentaler Sprünge (*mental leaps*) vor allem kreative Sprünge (*creative leaps*) einzuschließen und der Ausrichtung der kognitionswissenschaftlichen Metapherntheorie auf konventionelle metaphorische Konzepte zu entgehen. Ursula Brandstätter nutzt ebenfalls den Analogiebegriff und stellt ein nichtkausales Denken für die ästhetische Theorie zur Disposition.[3] Dieses stützt sie im Wesentlichen auf die Metapher als Denkfigur. Ein Erfassen von Ähnlichkeiten sei von zentraler Bedeutung für unser Denken und unsere Erkenntnis, die Metapher daher eine grundlegende Funktion der Wahrnehmung der Welt und im Besonderen der Kunst. Beide Positionen betonen die kognitive nicht-

---

1 Vgl. einerseits Kapitel 12 und Hesse 1966 und Leatherdale 1974, anderseits Kapitel 1 und 2 sowie Vico 1744 und Herder 1772.
2 Vgl. Holyoak / Thagard, 1995.
3 Vgl. Brandstätter 2008, bes. 14-38.

sprachliche Funktion der Metapher, ohne ihr Wesen dabei aber genauer zu ergründen. Dennoch lenken sie das Augenmerk auf eine Perspektive, die zumeist vernachlässigt wird: die Produktionsästhetik. Die CMT umgeht die Schwierigkeit, das Denken in Aktion zu analysieren, indem sie sich auf die Sprache, ihre Systematik und latente Metaphorik konzentriert, um auf diesem Wege einen Zugang zur kognitiven Konzeptstruktur zu erhalten.[4] Auch wenn sie dabei grundlegend von der Verkörperung abstrakter Konzepte und basalen Bildschemata ausgeht, bleibt die Frage nach einem visuellen Denken in Metaphern nicht nur unbeantwortet, sondern auch nicht gestellt.[5] Die kognitive Dimension der Metapher wird zumeist auf den kognitiven *Nachvollzug* beschränkt. Von der Rezeption auf die Produktion zu schließen wäre allerdings eine gefährliche Übertragung der Einsichten und würde zu einem naiven Intentionalismus führen.

In Bezug auf die Kunst lässt sich diese Diagnose wiederholen. Die meisten Theorien der visuellen oder bildlichen Metapher nehmen entweder eine werkästhetische oder dezidiert rezeptionsästhetische Perspektive ein. Die Frage nach der Produktion visueller Metaphern versuchen Autoren wie Richard Wollheim oder auch Arthur C. Danto durch das Argument der Künstlerintention und deren Nachvollzug zu beantworten oder zumindest auszuklammern. Seit der ersten Hälfte des 20. Jahrhunderts wird die Hervorbringung von Ähnlichkeiten durch die Metapher immer wieder betont. Untersucht werden allerdings erst die Ergebnisse, also konkrete Ausdrucksmetaphern – zumeist in der Sprache. Jene kognitiven Prozesse zu analysieren, die im Vorfeld der Ausbildung einer Metapher stehen, führt zu den subjektiven kognitiven Leistungen ihrer ›Schöpfer‹. Die bildende Kunst – besonders seit der Mitte des 20. Jahrhunderts – bietet einen wichtigen Zugang, weil Künstlerinnen und Künstler ihre Überlegungen zur Ausarbeitung von Konzepten oftmals sehr bewusst reflektieren, mitteilen oder gar als *artist statement* veröffentlichen oder durch Skizzen und Produktionszeichnungen zum Ausdruck bringen. Wie bereits Heinz Paetzold betont, gilt es, diesen enorm wichtigen Kontext künstlerischer Metaphern in ihrer Analyse zu berücksichtigen. Über metaphorische Konzepte einzelner

---

4   Ebenso ist die Metaphorologie Hans Blumenbergs als eine Texthermeneutik zu verstehen, ergründet die Bewegung des Denkens folglich nur anhand des schriftsprachlichen Ausdrucks.

5   Ihr wiederholtes Anmerken, dass es auch konzeptuelle Metaphern jenseits der Sprache gebe, bleibt nicht mehr als ein Hinweis auf ein Forschungsfeld, dass außerhalb ihres Theorierahmens liegt: »It is also important to stress that not all conceptual metaphors are manifested in the words of a language. Some are manifested in grammar, others in gesture, art, or ritual. These nonlinguistic metaphors may, however, be secondarily expressed through language and other symbolic means.« Lakoff/Johnson 1999, 57.

Künstler lässt sich die Hervorbringung von Ähnlichkeiten und Analogien und die Möglichkeit ihrer rein visuellen Dimension genauer untersuchen.

Der zweite Teil hat besonders Aufschluss darüber gegeben, inwiefern die kognitive Dimension der Metapher auch ein ästhetisches Moment hat. Löst man sich vom traditionellen Topos der Metapher als Bild in der Sprache und begreift sie als primär kognitiven Verständnisprozess, der eine Interaktion zwischen zwei verschiedenen Vorstellungen einschließt, kann die Ästhetik der Metapher genauer beschrieben werden: Sie stellt ein Spektrum dar, das von einer Verbindung zweier anschaulicher Vorstellungen bis zu einer rein strukturellen Analogiebildung reicht. Die Metapher kann als Bild begriffen werden, wenn der kognitive Prozess die Überblendung oder Mischung zweier anschaulicher Vorstellungen ist. In diesem Falle ließe sich eine Sache als eine andere sehen. Der Bildbegriff steht allerdings metonymisch für alle Sinne ein. Die Metapher greift daher – sofern beide Bereiche oder zumindest einer auch eine sinnliche Vorstellung ist – auf ein mentales Ereignis zurück, das multisensorisch und dynamisch sein kann. Das Sehen-als ist daher eher als ein Spezialfall eines Erfahren-als zu bezeichnen. Dennoch stellt sich grundlegend die Frage, ob ein Denken in Metaphern auch rein visuell erfolgen kann oder lediglich sprachlicher Art ist, dabei aber mit anschaulichen Vorstellungen bzw. mentalen Ereignissen arbeitet. Zwei psychologische Positionen bieten zu ihrer Beantwortung wesentliche Einsichten in die kreative und anschauliche Leistung des Denkens: Einerseits Rudolf Arnheim und andererseits Albert Rothenberg, auf deren Positionen bereits verwiesen wurde, ohne weiter auf sie einzugehen. Dies wird nun nachgeholt.

Rudolf Arnheim wandte sich bereits in einem Aufsatz von 1948 der Metapher zu und behandelte sie als kontextabhängiges Phänomen mit zwei Komponenten.[6] Den metaphorischen Prozess betrachtet er als eine visuelle Leistung, die sich zwischen dem Erfassen der physiognomischen Qualitäten der Komponenten und ihrer zunehmenden Abstraktion bewegt. Die strukturelle Einheit zweier Vorstellungen könne durch geteilte physiognomische Eigenschaften hergestellt werden. Zwar werde der Realitätscharakter dabei weitgehend ausgeblendet, die sinnlichen Eigenschaften aber hervorgehoben. In ihrer Verbindung werden sie schließlich zunehmend abstrakter: »Thus, by their combination, the components are driven to become more abstract; but the abstracted qualities continue to draw life blood from the reality contexts in which they are presented – subdued as these contexts may be.«[7] Trotz ihrer Disparität in der Realität können die Vorstellungen aufgrund ihrer anschaulichen Gemeinsamkeiten verbunden werden. Arnheims Ausführungen zielen auf die Grade der metaphorischen Abstraktion. Je loser die Verbindung der Vorstel-

---

6 Vgl. Arnheim 1948, 279. Hiermit setzt er wenige Jahre nach Richards und noch vor Black die duale Struktur der Metapher voraus.
7 Ebd., 279.

lung in der Metapher sei, desto weniger müssen sie abstrahiert werden. Je stärker sie anschaulich verbunden werden können, desto eher sei eine Abstraktionsleistung nötig: »When [...] the grammatical construction merges the segments of reality into a strongly unified whole, these segments must lose concreteness. Otherwise, the construction would either split up into incompatible elements or give birth, on the reality level, to a Surrealistic monster.«[8]

Arnheim überbetont die formale gegenüber der semantischen Ähnlichkeit bei der Konstruktion von Metaphern. In dieser Gewichtung liegt bereits seine Theorie des anschaulichen Denkens begründet, die er schließlich 1969 als Hauptwerk vorlegte. Zentrale These seiner Schrift ist, dass Bild und Begriff eine Einheit bilden, weil sie beide an einer Abstraktionsbewegung Teil haben, durch welche die Wahrnehmung bereits ein Denken und die sprachliche Verallgemeinerung nicht ihr Gegenpol ist. Die Begriffsbildung nehme ihren Anfang bereits in der Formwahrnehmung. Das sinnliche Erfassen einer Form sei ein Erfassen allgemeiner Struktureigenschaften. Aus diesen werden »Anschauungsbegriffe oder Wahrnehmungskategorien«[9] gebildet, anhand derer die Wahrnehmungsinhalte wie nach Schablonen angepasst werden können. Hinter der Wahrnehmung visueller Figuren steckt also mehr also nur ein Sehen von Ähnlichkeiten. Sie erfordere eine Intelligenz, sei ein anschauliches Denken.[10] Inwieweit Figuren in einer Beziehung zueinander stehen, entscheide maßgeblich die »Hierarchie einer Kompositionsordnung«.[11] Picasso hat die Korrespondenzen zwischen den Formen mit der synästhetischen Metapher der »Gleichklänge« gefasst.[12]

Arnheim führt hierzu das vergleichende Sehen zweier Gemälde an und formuliert seine 1948 veröffentlichten Ausführungen zur sprachlichen Metapher für das anschauliche Denken neu: »Dort« – also im psychologischen Mechanismus hinter der sprachlichen Metapher –

»hebt das Zusammenstellen zweier Vorstellungen die ihnen gemeinsamen Eigenschaften in den Vordergrund und erzielt dadurch eine anschauliche Abstraktion, ohne aber den Zusammenhang mit den beiden Situationen aufzugeben, die jene herausgesonderte Eigenschaft sozusagen am Leben halten.«[13]

---

8   Ebd., 279.
9   Arnheim 1969, 37.
10 Vgl. ebd., 62.
11 Ebd., 64.
12 Vgl. ebd., 62.
13 Ebd., 68.

Das metaphorische Denken ist ihm ein wesentliches Argument für die Einheit von Bild und Begriff in einer allgemeinen Abstraktionsleistung. Anhand der Metapher des Umblätterns einer Buchseite als Schlagen einer Welle geht er genauer auf den metaphorischen Prozess ein.[14] Zwei Vorstellungen werden hierbei miteinander konfrontiert. Weil sie sich nicht zu einem einheitlichen Bild zusammenschließen lassen würden, erfordere das Einwirken des Drucks ihrer Verbindung eine Abstraktionsleistung. Das rhythmische Wenden komme »in abstrahiert-gereinigter Form nach vorn«.[15] Die Seiten würden hierdurch den Beiklang elementarer Naturkraft und die Meereswellen eine Art Leserlichkeit erhalten. Arnheim entwickelt am Beispiel implizit eine Interaktionstheorie der Metapher.

Indem er die Beziehung zwischen Dingen grundsätzlich auf Anpassung und Gegensatz zurückführt, arbeitet er auch die kognitive Spannung zwischen den Vorstellungen aus.[16] In dieser Abstraktionsleistung des vergleichenden Sehens zweier Vorstellungen aufgrund ihrer Spannung von Ähnlichkeit und Differenz, liegt eine wesentliche Leistung des anschaulichen Denkens begründet. Ebenso wie die Sprache in der Ausbildung von Begriffen greife die Anschauung auf Ähnlichkeiten durch Selektion zurück. Die entscheidende Eigenschaft werde herausgegriffen und von den Unwesentlichen abgesehen.[17] Arnheim arbeitet zentrale Momente der Metapher als typische und elementare Wahrnehmungsleistungen heraus. In diesem Sinne beschrieben schon Herder und Cassirer die sprachliche Abstraktion als Metapher.[18] Ebenso ließe sich hiermit Nietzsches Zweischritt der Metapher vom Nervenreiz zum Bild und vom Bild zum Begriff als einheitliche metaphorische Abstraktionsleistung des Denkens zwischen Anschauung und Sprache begreifen.[19]

Arnheim gelingt es, mit der Intelligenz der Wahrnehmung ein wesentliches Argument für ein nichtsprachliches Denken zu liefern: Um einen Gegenstand wiederzuerkennen, müsse die Wahrnehmung bereits einen Anschauungsbegriff geformt haben. Dieser sei allerdings nicht im Sinne eines sprachlichen Begriffs zu verstehen, sondern als allgemeine Formgebung durch Rückführung auf wesentliche dy-

---

14 Vgl. ebd., 68. Die entsprechende Gedichtpassage stammt von Denise Levertov und lautet: »and as you read / the sea is turning its dark pages, / turning / its dark pages«.
15 Ebd., 68.
16 Vgl. ebd., 71.
17 Vgl. ebd., 76.
18 Gegenüber Arnheim bestimmte Herder das Verhältnis von Sinnlichkeit und begrifflicher Abstraktion jedoch als antiproportional und nicht als einheitliche Abstraktionsbewegung.
19 Arnheim schreibt von Vereinfachung und Ausprägung durch Kräfte, welche die Wahrnehmung mit dem Gedächtnis verbinden und dabei charakteristische Eigenschaften bewahren und verschärfen. Vgl. ebd., 85-88.

namische Faktoren.[20] Unser Denken, so lässt sich an Arnheim anschließen, verfügt über eine Stufe der Abstraktion, die nicht bereits die Auflösung der Anschauung im Begriff ist. Formen dynamischer Faktoren sind Operatoren kognitiver, nichtsprachlicher Funktionen. Arnheim stellt diesen Teil des Denkens aber nicht der Sprache gegenüber, sondern versteht das Verhältnis zwischen dynamischer Wahrnehmungsform und sprachlichem Begriff als eines des Übergangs anhand einer einheitlichen, fortschreitenden Abstraktionsleistung.

Was in diesem Fortgang von der Wahrnehmung zur Ausbildung der Sprache ebenfalls mitwirkt, ist die metaphorische Ausgestaltung unseres Konzeptsystems – eine Einsicht, die zwar erst George Lakoff und Mark Johnson im Anschluss an Rudolf Arnheim explizit ausformulierten, die aber in in der wahrnehmungspsychologischen Theorie des anschaulichen Denkens bereits implizit enthalten ist. Arnheim betont die Möglichkeit, das konzeptuelle Denken anhand von motorischen und allgemein ästhetischen Erfahrungen auf metaphorischem Wege konkreter zu fassen:

»Man kann mit Gebärden den Gang einer Auseinandersetzung darstellen, als wäre sie ein Boxkampf: das Abwägen der Angriffsmöglichkeiten, das Hin- und Herspringen, den geschickten Seitenangriff, den niederschmetternden Knockout. Diese spontane Verwendung von Metaphern beweist nicht nur, daß die Menschen sich überall der strukturellen Ähnlichkeit bewußt sind, die physische und nichtphysische Dinge verbindet. Darüber hinaus zeigt die Gebärdensprache, daß die Anschauungsqualitäten von Form und Bewegung in den Denkvorgängen selber enthalten sind, die sich in den Gebärden abbilden, ja daß diese Qualitäten selber das Medium sind, in dem sich das Denken abspielt. Natürlich handelt es sich hier nicht immer nur um visuelle Eigenschaften. Die Muskelempfindungen beim Stoßen, Ziehen, Vordringen und Widerstandleisten sind ein wesentlicher Bestandteil des Gebärdenspiels.«[21]

Weil die Wahrnehmung nicht einfach Einzelmerkmale herausgreift, sondern bereits Struktureigenschaften, lassen sich Wahrnehmen und Denken auch als Einheit im Hinblick auf einen homogenen Prozess der Abstraktion verstehen. Die Erkenntnis kommt hierdurch nicht erst der Begriffssprache zu, sondern äußere sich auf jeder

---

20 Vgl. ebd., 93 u. 109.
21 Ebd., 117f. Er reduziert den Einfluss der Wahrnehmung und des Körpers nicht nur auf die Ausbildung derartiger Konzepte. Ebenso seien aber-Sätze dynamische Ausdrücke, weil sie eine Bremswirkung auf positive Aussagen hätten. Vgl. 112, und zu Bildvorstellungen logischer Bindeglieder 226-228. Die dynamischen Faktoren der Anschauungsbegriffe beschränken sich daher nicht nur auf rein visuelle Eigenschaften der Dinge.

Stufe der Abstraktionen.[22] Diese Einsicht steht in Einklang mit seinem Konzept der Metapher – bestärkt es sogar. Begriffe seien Höhepunkte und würden Bergspitzen gleichkommen: »Wörter sind wie Zeiger, die am laufenden Umriß eines Gebirgsprofils die hervorragende Bergspitze aussondern helfen.«[23] In diesem Sinne stellen Begriffe lediglich die Spitze einer bereits in der Wahrnehmung begonnenen Abstraktion dar. Arnheim unterscheidet nicht wesentlich zwischen Begriff und Anschauung, sondern zwischen dynamischen und statischen Begriffen. Erstere seien eher als Phasen prägnanter Struktur zu verstehen, Letztere als »aus einem Kontinuum von Umformungen abstrahiert[e]«[24] einfache Formen.[25] Ein produktives Denken – wie etwa ein Denken in Metapher – muss daher mit dynamischen Begriffen arbeiten, weil sie den ganzen Berg miteinschließen und nicht bloß die Spitze vom restlichen Teil abstrahieren. Im Hinblick auf die Metapher ist der Berg der gesamte Kontext eines Begriffs, den Black als Implikationssystem beschreibt.

Die Abstraktion wird in Arnheims Theorie das wesentliche Merkmal der Einheit von Wahrnehmung und Denken. Dies bringt er vor allem in einer Variation von Kants berühmter Formel zum Ausdruck: »Anschauung ohne Abstraktion ist blind; Abstraktion ohne Anschauung ist leer.«[26] Das Denken ist zu einem wesentlichen Teil anschaulich, die Worte lediglich Hilfsmittel zur Bewahrung und Festigung der Erkenntnis, neigen aber im Sinne von statischen Begriffen zur Verfestigung.[27]

Arnheim führt im Zuge seiner Theorie des anschaulichen Denkens zwei Arten der visuellen Metapher an, die beide der Intelligenz der Wahrnehmung geschuldet sind: einerseits die bildliche Metapher, andererseits die visuelle kognitive Metapher. Die Kugelform ist ihm ein exemplarischer Fall eines Denkens, das Unanschauliches in eine anschauliche Form überführt: »Man benutzt die runde Form

---

22 Ebd., 150. Er kritisiert die traditionelle Auffassung der begrifflichen Verallgemeinerung daher auch stark. Diese setze eine Abstraktion voraus, die bereits in der Wahrnehmung stattfinde, v.gl. 153-155.
23 Ebd., 223. Die Berg-Metapher ist hier ebenso wie die Eisberg-Metapher in der Metapherntheorie ein Homogeneitätspostulat.
24 Ebd., 175.
25 Dennoch gibt es zahlreiche Begriffe, die nicht aus Anschauungsbegriffen hervorgehen und daher auch keine ästhetische Grundlage haben. Nur unter dieser Einschränkung ist Arnheims Theorie mit den Einsichten der vorangegangenen Kapitel vereinbar.
26 Ebd., 181.
27 Vgl. ebd., 219 u. 229. Er formuliert in seiner Theorie des anschaulichen Denkens bereits eine radikale Position der Sprachkritik, die Lakoff und Johnson übernehmen. An Ausdrücken wie ›Geistestiefe‹ versucht Arnheim, zu verdeutlichen, dass sich das Denken nicht über jene Formen hinausbewegen kann, welche die Sinne ihm liefert. Bildliche Ausdrücke seien oftmals die einzige Weise, um das Denken zu fassen, vgl. 219f.

spontan und überall in der Welt, um etwas darzustellen, was keine Form oder keine bestimmte Form oder alle Formen hat.«[28] Die Kugel nimmt in dieser Weise sogar eine Sonderstellung im metaphorischen Denken ein, weil sie für zahlreiche Eigenschaften in unterschiedlichen Kontexten einstehen soll. Neben der Kugel als allumfassender Gott mit dem Menschen als kleinen Mittelpunkt bei Thomas von Aquin und der Kugel als Ganzheit und Vollständigkeit der Welt bei Parmenides nennt Arnheim auch Keplers Theorie der Bewegungskräfte im Sonnensystem anhand der Kugelvorstellung. Die Kugel ist das Sinnbild der Ganzheit, des Zyklischen, des Kosmos – das ist die visuelle Entsprechung zu Thales Weltmodell des Wassers. Die Kugel ist eine visuelle, geometrische Wurzel- oder Basismetapher, der Grund und das Wurzelwerk eines ganzen Weltmodells. An ihre kosmologische und religiöse Deutung lässt sich ebenso Hans Blumenbergs Konzept der Sprengmetaphorik anschließen, nach der die Unendlichkeit Gottes in der Unbegreiflichkeit eines Kreises mit unendlichem Umfang in eine absolute Metapher gefasst wird. Die Mitte ist überall, der Umfang nirgendwo.[29] Das anschauliche Denken mit geometrischen Formen benötigt keine Begriffe, ist im Wesentlichen gar nicht auf den Begriff zu bringen. Dennoch ist es metaphorisch, weil es abstrakte Vorstellungen durch visuelle Kräfte oder einfache visuelle Formen konkreter erfahrbar macht.

Diese visuellen Kräfte sieht Arnheim auch in Bildern am Werk, wie er an dem Gemälde *Das Gastmahl in Emmaus* von Rembrandt aus dem Jahre 1648 verdeutlicht (Abb. 32). In seiner Analyse der Darstellung bringt er komplexe theologische Inhalte mit der Bildkomposition zusammen und lässt sie anschaulich aus dieser hervortreten. Einerseits ist Christus im Bild genau ins Zentrum der Personengruppe wie auch der architektonischen Öffnung im Hintergrund gesetzt, andererseits ist er jedoch im Hinblick auf das gesamte Bild leicht dezentriert. Hinzu komme, dass der Jüngling auf der rechten Seite mit seinem Kopf die Personengruppe überrage. Er habe eine kompositorische Spitzenstellung, sein Kopf sei aber in Demut geneigt. Arnheim schließt aus diesem Ineinander kompositorischer Kräfte: »Man darf wohl sagen, daß Rembrandt in dieser Grundstruktur seines Bildes die protestantische Auffassung des Neuen Testaments veranschaulicht.«[30] Das Grundschema der Komposition sei nicht nur ein formales Arrangement, sondern versinnbildliche den Grundgedanken des Werkes. Visuelle Kräfte drücken demnach einen Sinn aus. Arnheim benutzt an dieser Stelle jedoch nicht das Konzept der Metapher. Dennoch lassen sich die beschriebenen Sinnprozesse eindeutig als metaphorische ausweisen.

---

28   Ebd., 263.
29   Vgl. ebd., 270. Er nennt in diesem Zusammenhang Cusanus' Theorie des unendlichen Kreises. Eine zeitgenössische Wiederbelebung dieser geometrischen Metaphorik bietet Matthew Barney wie im folgenden Kapitel noch genauer ausgeführt wird.
30   Ebd., 252.

Der komplexe religiöse Gehalt wird durch die Komposition in eine anschauliche Form überführt.

Abbildung 32: Rembrandt Harmensz van Rijn, Das Gastmahl in Emmaus, 1648, Öl auf Leinwand, 68 x 65 cm, Paris, Musée du Louvre

Diesem Gemälde kommt eine entscheidende Bedeutung zu, weil George Lakoff es in einem Aufsatz über die Neurowissenschaft der Form in der Kunst von 2006 als einleitendes Beispiel wieder aufgreift. Er versucht, die bereits in seinen Schriften der vergangenen Jahrzehnte von Arnheim übernommenen Einsichten noch konkreter an einem Bild auszuarbeiten und die konzeptuelle Metapherntheorie auf die Analyse von Kunstwerken zu erweitern. Die Ausführungen des Wahrnehmungspsychologen rückt er dabei in das Licht der konzeptuellen Metapher und der Bildschemata:

»Arnheim did not have the whole theory of conceptual metaphor by a long shot. He did not have systematic conceptual mappings that preserve inferential structure, nor did he have image schemas and the neural system that defines them. But he did have a basic understanding of metaphor as conceptual, not merely linguistic, and of the conceptual as based on the perceptual. [...] What is most remarkable to me in retrospect is that Arnheim did have the idea that structures like image schemas give form to art, and that metaphors apply to image schemas in paintings, to give meaning to paintings.«[31]

Lakoff sieht wesentliche Einsichten der CMT durch Arnheim bereits antizipiert, jedoch nicht ausgeführt. Entscheidend ist aber, dass Arnheims Konzept der Anschauungsbegriffe als dynamische Formen und visuelle Kräfte – neben Immanuel Kants Schematismus – zwar die Grundlage der Bildschemata von Lakoff und Johnson bildet, es in der Theorie des anschaulichen Denkens aber nicht vollständig der unbewussten Kognition überantwortet wird. Wie seine Ausführungen der Kugel-Metapher wie auch die Analyse des Gemäldes Rembrandts verdeutlichen, geht Arnheim von einem bewussten und kreativen Denken mit Anschauungsbegriffen aus.

Lakoff übersetzt die Ausführungen der Bildanalyse in die Sprache der kognitiven Linguistik und formalisiert alle Einsichten in metaphorische Bildkonzepte als Prädikationen mit dualer Struktur. Wesentliche (kunst-)historische und theologische Konzepte überträgt er damit in konventionelle Metaphern des alltäglichen Konzeptsystems und macht sie in gewisser Weise ahistorisch.[32] Er stützt sich in seinen Ausführungen weitgehend auf Arnheims Analyse des Bildes, also auf die bereits bestehende sprachliche Einholung des Visuellen. Diesen dezidiert nicht bildtheoretischen Zugang zur Anschauung verdeutlicht auch sein eigenes, ergänzendes Beispiel. In dem Gemälde *Derrida Queries de Man* von 1990 überführt Mark Tansey die philosophische Auseinandersetzung zwischen Jacques Derrida und Paul de Man in eine konkrete Szene. Lakoff sieht Derridas Metapher der Welt als Text im Bild konkret umgesetzt: Die Felswand, auf deren Vorsprung die beiden Denker miteinander ringen, hat eine Oberfläche aus Schriftzeichen. Bei der Bildmetaphorik handelt es sich um eine einfache Übertragung einer sprachlichen Metapher ins Anschauliche. Die Gestaltung der Felswand als Text – eine Mischgestalt, die zwei Vorstellungen überblendet – ist keine bildliche Metapher, die auf visuelle Wechselwirkungen und kompositorische Mittel zurückgreift. Lakoff sieht im Gemälde bekannte Metaphern in Form von Bildschemata zur Anwendung gebracht.[33] Hinter der sichtbaren Metapher steht also erneut das alltägliche konventionelle Konzeptsystem. Zwar wendet er die Theorie der kognitiven Metapher auf die Kunst an, sieht in der visuellen Metaphorik allerdings kein kreatives anschauliches Denken zum Ausdruck kommen. Die CMT bleibt auch in dieser Anwendung auf die visuellen Künste ungeeignet, die genuin bildlichen Mittel zur Sinnerzeugung anzuerkennen wie auch ein Denken in visuellen Metaphern zu ergründen.

---

31 Lakoff 2006, 155.
32 Vgl. ebd., 156.
33 Vgl. ebd., 167.

Marcel Danesi greift Arnheims Theorie des anschaulichen Denkens wie auch die CMT im Anschluss an Lakoff und Johnson auf, um für die visuelle Dimension des Denkens zu argumentieren. Ausgangspunkt seiner Ausführungen ist die metaphorische Formel »*Thinking is Seeing*«. Derartige visuelle Metaphern versteht er als metalinguistischen Kommentar mit dem Inhalt: »iconic thinking is a more rudimentary form of cognition.«[34] Die metaphernreflexive Analyse der Debatte um die mentale Bildlichkeit und eine Art ›inneres Sehen‹ führt Danesi zu der Einsicht, dass abstraktes Denken grundsätzlich mit dem Visuellen verbunden ist. Dennoch geht er nicht über die vorsprachliche Funktion der Bildschemata hinaus, entscheidet sich folglich für eine linguistische Position im Anschluss an die CMT und nicht für Arnheims Ansatz eines genuin visuellen Denkens. Während Arnheim den Begriffen eine Hilfsfunktion im Denken zuweist, bestimmen Positionen der Kognitionswissenschaft die Anschauung zwar als Grundlage des Denkens, die aber in der Ausbildung von Metaphern eher als Lieferant von Inhalten und dynamischen Strukturen abgetan wird. Ist ein anschauliches Denken in Metaphern überhaupt möglich? Haben Metaphern im Denken immer einen sprachlichen Charakter oder ist das metaphorische Sehen-als, wie es Hester und Ricoeur beschrieben haben, bereits ein visuelles metaphorisches Denken, das nur aus Gründen der Ökonomie und Kommunikation verbalisiert wird?

Diesen Fragen hatte sich besonders Philip Nicolas Furbank in seiner Auseinandersetzung mit der Bildlichkeit angenähert. Im zweiten Teil wurde seine Kritik am Bildbegriff der Metapher bereits vorgestellt. Furbank schließt aus, dass bei einer Metapher zwei bildliche Vorstellungen in der Weise zusammengedacht werden, dass ein einziges Bild entstehe. Im Denken sei dies unmöglich, wie er am Beispiel ›a Forst huge of Spears‹ verdeutlicht. Man könne nicht den Wald als Speere sehen.[35] Der Malerei sei es aber möglich, durch eine visuelle Analogie beide Vorstellungen zu verbinden – wie er im Falle Uccellos im Gemälde *Die Jagd* von 1470 unter Beweis stellt (Abb. 33). Die Metapher des Waldes voller Speere ließe sich in der Darstellung als metaphorischer Prozess aufgrund von Formkorrespondenzen verstehen. Furbank ergänzt weitere Beispiele, die visuelle Mischfiguren darstellen wie etwa Picassos bereits besprochene Skulpturen. Derartige visuelle Verbindungen würden aber nicht den Reichtum einer Metapher haben. Sie seien eher ein ›Wortspiel‹ (*pun*), das aufgrund einer Schocktaktik funktioniere und als wundervoller Trick genossen werde. Furbank folgert daher, dass die Metapher im strengen Sinne nur der Sprache vorbehalten sei.[36]

---

34 Danesi 1990, 226.
35 Vgl. Furbank 1970, 1 und Kapitel 10.
36 Vgl. ebd., 3f.

Abbildung 33: Paolo Uccello, Die Jagd, 1470, Tempera auf Holz, 65 x 165 cm, Ashmolean Museum, Oxford

Implizit zielt er auf eine wichtige Unterscheidung ab. Die sprachliche Metapher muss zwischen den beiden Vorstellungen nur eine semantische Verbindung durch anschauliche oder strukturelle Ähnlichkeit herstellen. Die visuelle Metapher hingegen benötigt zur Verbindung beider Vorstellungen eine Formentsprechung oder in abgeschwächter Form, die er allerdings als bloße visuelle Analogie abtut, eine Verknüpfung durch farbliche oder kompositorische Mittel. Warum im Falle des Waldes voller Speere nicht beide Vorstellungen auch anschaulich verbunden werden können, erklärt Furbank nicht. Er hält es schlicht für unmöglich. Virgil Aldrich, Noël Carroll und andere Autoren haben zumindest gezeigt, dass derartige Mischgestalten disparater, bildlicher Vorstellungen im Denken durchaus möglich sind. Aldrich nimmt dies sogar explizit an:

»Ästhetisches »Denken« heißt, sich Ideen in diesem Sinne bewußt zu sein, in diesem Sinne Ideen zu haben. Ein solches Denken setzt sich natürlich während des Prozesses der Verkörperung der Idee fort, bis sie ›realisiert‹ ist als der Gehalt (B) der Erfahrung, das angeordnete Material (M) als den Gegenstand (A) zu sehen; und die Idee wird natürlich durch die Beschaffenheit des Stoffes im Prozeß der Verkörperung modifiziert.«[37]

Inwieweit die anschauliche Mischgestalt aber bereits im Denken diese Form einer konkreten Verbindung eingegangen ist, führt er nicht weiter aus. Carroll baut seine Theorie der visuellen Metapher dezidiert auf einem kognitiven Ansatz zur visuellen Metapher auf, reduziert das visuelle Denken allerdings auf eine homogene Räumlichkeit der Darstellung. Während Albert Rothenberg dieses Konzept ursprünglich entwickelte, um vom Denken zum künstlerischen Ausdruck zu gehen, übernimmt

---

37 Aldrich 1968, 150.

Carroll es lediglich als theoretische Grundlage der visuellen Metapher, die er in strenger Analogie zur sprachlichen Metapher versteht.

Der Psychiater Albert Rothenberg stellt sich dezidiert gegen die Bestimmung des kreativen Denkens als unbewusster Prozess. Es sei vielmehr ein durchaus bewusster und intentionaler Vorgang, der auf eine spezielle Art der Konzeptualisierung und Einbildung (*imagining*) zurückgehen könne.[38] Er geht von einem grundlegenden Denken in Oppositionen aus, das er metaphorisch »janusian thinking« nennt.[39] Um das ›janusköpfige‹ Denken von anderen kognitiven Prozessen abzugrenzen, führt er es im Wesentlichen auf die Simultaneität zurück: »In janusian thinking, opposing or antithetical ideas, images, or concepts – sometimes two, but often more than two – are conceived as existing side by side and operating simultaneously.«[40] In dieser Hinsicht unterscheide es sich sowohl vom Dualismus als auch von der Dialektik, weil die Vorstellungen weder separat noch sequentiell, also sukzessive auftauchen.[41]

Ein Denken in Oppositionen sieht Rothenberg sowohl in der Wissenschaft wie auch der Kunst als Ursprung kreativer Prozesse und deren Ausdruck.[42] Er verknüpft das *janusian thinking* mit verschiedenen Arten der kognitiven Opposition und visuellen Spannung als Interaktion von Farben und Formen. Es wird damit zu einer grundlegenden Formel für eine allgemeine semantische und visuelle Disposition, aus der Sinn hervorgehen kann – allerdings nicht als einfache Synthese: »the janusian thought may consist of positing a paradox which is *intrinsically* unresolvable, unreconcilable, and susceptible to synthesis.«[43] In dieser allgemeinen Bestimmung lässt sich sein Konzept mit der kognitiven Spannung als Grundlage der Metapher und der Simultaneität als Struktur der Bildlichkeit verbinden. Das janusköpfige

---

38 Vgl. Rothenberg 1980, 17. In zahlreichen empirischen Studien und Artikeln bereitete er in den 1970er Jahren bereits seine Theorie der kreativen Kognition vor, die er 1979 in einer Schrift ausformulierte und 1980 in einem gesonderten Artikel zur visuellen Metapher forcierte.

39 Vgl. Rothenberg 1979, Kapitel 7.

40 Ebd., 139f.

41 Vgl. ebd., 139 u. 255f.

42 Neben Theoretikern wie Aristoteles, Kant, Hegel und Nietzsche haben Dichter wie Coleridge und Blake wie auch in der bildenden Kunst Surrealismus, Dadaismus und Expressionismus das *janusian thinking* genutzt. Vgl. ebd., 142-147. In der Malerei äußere es sich auch durch das Figur-Grund-Prinzip, indem Künstler der Beziehung zwischen vollem und leerem Raum besondere Aufmerksamkeit schenkten, vgl. 154. Er nennt ebenso die Farbtheorien Josef Albers, Paul Klees und Eugène Chevreul (vgl. 164) und die Harmonie des Kontrastes bei Michelangelo, Leonardo Da Vinci und Rembrandt (vgl. 167-172).

43 Ebd., 256.

Denken meint die Simultaneität, weil sie als Einheit des Disparaten die Identitäten der Teile aufrechterhält und eine vollständige Verbindung beider ausschließt. Sie ist grundlegender als die metaphorische Spannung, weil sie mehr als zwei Elemente miteinander verbinden kann und keine Richtung der Verknüpfung vorgibt. Zudem wird der Begriff auch Rothenbergs wahrnehmungspsychologischen Referenzen zu Albers und Chevreul gerecht. Simultaneität ist allgemein als ein Zusammensehen oder Zusammendenken zu verstehen, aus dem eine kognitive Spannung folgt, weil die verbundenen Elemente nicht vollständig – auch nicht durch Anpassung – vereinbar sind: »In janusian constructs, opposites retain their antithetical qualities while being simultaneously valid or operative; they thereby readily form the basis for an integrated product.«[44]

Eine kognitive Spannung, ein Konflikt zwischen den zusammengedachten Elementen konstituiere das *janusian thinking*. Aus dem Konflikt könne eine Integrationsleistung hervorgehen, welche die kognitive Dissonanz bewältige.[45] Die Integration erfolgt, indem zum oppositionellen Denken ein homogen-räumliches Denken hinzukomme, um entweder integrierte ästhetische Einheiten oder wissenschaftliche Entdeckungen und Konzepte zu produzieren. Die Integration zeichne sich dadurch aus, dass sie die Identität der beteiligten Elemente aufrechterhalte.[46] Die Produkte der Integration seien dann entweder künstlerische oder theoretische Metaphern oder in einer erweiterten Form Paradigmen und Modelle.[47] Kreative Metaphern gehen folglich aus dem Prozess des oppositionellen Denkens hervor, indem die Vorstellungen in einem einheitlichen Raum verbunden (*fused*) oder übereinander gelagert (*superimposed*) werden: »Homospatial thinking and other cognitive processes are required to render janusian constructs into apprehensible, concrete, or even comprehensible entities. [...] The homospatial process is directly responsible for the creation of all types of effective metaphors and it has a considerable and wide effect.«[48] Rothenberg nimmt hiermit in einer allgemeinen Form vorweg, was in der kognitionswissenschaftlichen Metapherntheorie später als *blended spaces* bezeichnet wird: Die kognitive Integration von disparaten Vorstellungen erfolgt durch eine Überblendung und Vereinheitlichung verschiedener, eigentlich nicht vereinbarer Räume – seien es visuelle oder rein semantische.

Rothenbergs Unterscheidung zwischen zwei kognitiven Prozessen, dem *janusian thinking* und dem *homospatial thinking*, in der Ausbildung einer Metapher hilft, die Unschärfe einiger Theorien zur visuellen Metapher zu beheben. Die grundle-

---

44 Ebd., 257.
45 Vgl. ebd., 261f.
46 Vgl. ebd., 285 u. 1980, 24.
47 Vgl. ebd., 268.
48 Ebd., 269.

gende kognitive Spannung muss nicht bereits die metaphorische Spannung zwischen zwei Elementen sein, noch eine eindeutige Richtungszuweisung enthalten. Mit dieser Einsicht lässt sich die Problematik der scheinbaren Offenheit vieler visueller Metaphern angehen. Werden zwei Elemente derart verbunden, dass sie eine räumlich-homogene Einheit bilden, ohne dabei ihre jeweilige Identität zu verlieren, ist die Grundlage geschaffen, aus der heraus ein metaphorischer Prozess erfolgen kann. Die Verbindung beider Vorstellungen kann mitunter in zwei verschiedene Richtungen gelesen werden, was nicht bedeutet, dass die erzeugte Metapher auch bidirektional ist, sondern dass zwei verschiedene Metaphern aus der räumlichen Integration erzeugt werden können.[49] Dieses Surplus der Metapher setzt Rothenberg von der räumlichen Verbindung der Elemente ab: »*Homospatial thinking consists of actively conceiving two or more discrete entities occupying the same ›space‹, a conception leading to the articulation of new identities.*«[50] Die seit der antiken ›Namensgebung‹ bestehende Metaphorik der Übertragung wird der visuellen kognitiven Metapher nicht ganz gerecht. Sie muss durch Giambattista Vicos Metaphorik der sich kreuzenden Linien ergänzt werden. Erst wenn sich die Vorstellungen kreuzen, findet eine Übertragung zwischen ihnen statt. Die einfache Vorstellung eines Transports wird der Schöpfung neuer kreativer Metaphern nicht gerecht, denn sie erklärt nicht, warum es überhaupt zum Transport kommt.

In der Anwendung seiner Kognitionstheorie auf die visuellen Künste konzentriert sich Rothenberg allerdings zu stark darauf, die Aspekte der Interaktion und homogenen Räumlichkeit auch in den Kunstwerken wiederzufinden. Die visuellen Ausdrucksmetaphern spiegeln in dieser Weise direkt den kognitiven Prozess wieder, veranschaulichen ihn sozusagen. Fälle, in denen ein *janusian* oder *homospatial thinking* zu einem künstlerischen Ausdruck führt, ohne dass die anschauliche Fusion der Vorstellungsinhalte auch sichtbar wird, führt er nicht an. In den meisten seiner Beispiele vernachlässigt er die semantische Dimension der Integration und somit den eigentlichen metaphorischen Verständnisprozess, der auf der Verbindung von Elementen erst aufbaut. Die enorme Differenzierungsleistung auf kognitiver Ebene verspielt Rothenberg in der Anwendung seiner Theorie auf die Kunst. Es mag dies der Grund sein, warum auch Hausman und Carroll hinter diese Einsichten zurückfallen, indem sie maßgeblich Rothenbergs Beispiele der Kunst aufgreifen, um eine Theorie der visuellen Metapher zu entwickeln. Zwar geht Rothenberg auch

---

49 Hausman wie auch Carroll verfehlen diesen entscheidenden Schritt. Hausman sieht daher in allen Arten visueller Wechselwirkung eine Metapher. Carroll übernimmt von Rothenberg das Konzept der homogenen Räumlichkeit, ohne einen metaphorischen Verständnisprozess daran anzuschließen.

50 Rothenberg 1980, 18. Den Raumbegriff übernimmt Rothenberg von Henri Bergson als Mittel der Differenzierung.

auf das homogen-räumliche Denken der Künstler ein, führt allerdings nur Beispiele an, die eher ein multiperspektivisches Denken der Bildhauer meinen. Wie Zitate Henry Moores in seinen Ausführungen verdeutlichen, arbeitet er die kognitive Entsprechung der Mehransichtigkeit der Skulptur aus. Der Künstler sei in der Lage, die verschiedenen Ansichten einer Figur gleichzeitig zu denken bzw. zu imaginieren. Eine imaginierte Totalansicht sei nötig, um eine ganze Darstellung zu ermöglichen. Zwar wendet sich Rothenberg hiermit dezidiert einer produktionsästhetischen Perspektive zu, doch verliert er die visuelle Metapher aus den Augen. Wenn einerseits Michelangelos mentale Projektion einer Figur auf einen Marmorblock und andererseits Leonardos Zeichnung des Vitruvmanns visuelle Metaphern sind, unterbestimmt er wie bereits Virgil Aldrich, den er auch als Referenz anführt, den metaphorischen Prozess als Erkenntnisleistung. Ebenso generalisiert er die Metapher, indem er die Interaktion der Farbe im Anschluss an Josef Albers Farblehre als visuelle Metapher ausweist. Das zuvor herausgearbeitete bewusste kreative Denken in Oppositionen fällt hiermit in die unbewusste Reaktion auf optische Impulse zurück, gegen die Rothenberg im Grunde seine Kognitionstheorie stellen will.[51]

»Metaphors, both the particular linguistic, auditory, and visual ones, and the more general type characterizing an entire work of art, exemplify the unity produced through the homospatial process.«[52] Diese Einsicht Rothenberg gilt es, mit dem Anspruch Heinz Paetzolds, zur Erarbeitung der künstlerischen Metaphern mit den Äußerungen der Künstlerinnen und Künstler selbst zu verbinden. Seine Theorie des *janusian* und *homospatial thinking* bietet eine differenzierte Position zum kreativen metaphorischen Denken, die besonders von der kognitionswissenschaftlichen Metaphernforschung nicht vorgelegt wurde. Rothenberg sieht den anschaulichen Ausdruck der visuellen kognitiven Metapher allerdings nur in einer direkten Entsprechung einer homogen-räumlichen Integration. Wie Arnheims Theorie des anschaulichen Denkens hingegen verdeutlicht hat, kann ein Denken in dynamischen und nichtsprachlichen Formen als ein konzeptuelles bestimmt werden, das sich auf ganz unterschiedliche Weise Ausdruck verschaffen kann.

Im folgenden Kapitel werden daher künstlerische Positionen vorgestellt, die für ein anschauliches Denken in metaphorischen Konzepten einstehen. Die leitenden Fragen hat Daniel Serig bereits zusammengefasst: »Is there a conceptual structure to the creation of visual metaphors by artists that closely aligns with the cognitive view of metaphoric thinking?« »How does metaphor become visual in the practice

---

51 Vgl. ebd., 21-23. Er fasst diese Erweiterung des Metaphernkonzept folgendermaßen zusammen: »the visual metaphor effect of mutual interaction«, 22. Diese allgemeine Interaktion der Farben versteht im Anschluss an Rothenberg auch Hausman als Metapher wie er an den abstrakten Malereien von Piet Mondrian verdeutlicht.
52 Rothenberg 1979, 365.

of artists? How does visual metaphor help artists create new knowledge?«[53] Serig betont ebenfalls, dass bislang keine Theorie die Produktion kreativer Metaphern hinreichend untersucht hat.[54] Er weist vor allem nach, inwieweit die Metapher bereits seit einigen Jahrzehnten in der Kunstdidaktik diskutiert wird – ein Forschungsfeld, das der metapherntheoretische Diskurs kaum berücksichtigt hat. In einer empirischen Studie mit einer Künstlergruppe versuchte Serig, die Metapher in der künstlerischen Praxis genauer zu untersuchen. Zwar greift er auf eine breite theoretische Grundlage zurück, die neben philosophischen und linguistischen Metapherntheorien auch die CMT und ebenso zahlreiche Positionen zur visuellen Metapher wie etwa Rothenberg einschließt. In seiner Auswertung überbetont er allerdings den Aspekt der Verkörperung und des künstlerischen Ausdrucks und lässt die Künstler generell zu Metaphorikern (*metaphorists*) werden: »The artworks are the visual metaphors in as much as they are the visual results of a metaphoric practice.«[55]

---

53 Serig 2008, 9.
54 Vgl. ebd., 16.
55 Ebd., 124.

20 Wahrnehmung und Metapher

JOHANNES BRUS: AUSSTELLUNGSMETAPHORIK

Von September 2007 bis September 2008 zeigte das Arp Museum Bahnhof Rolandseck im – zu dieser Zeit noch nicht fertiggestellten – Neubau eine Einzelausstellung des Bildhauers Johannes Brus. Die Besonderheit war, dass neben fertigen Skulpturen auch Regale mit Gussformen, Steinplatten und unfertigen Arbeiten ausgestellt wurden (Abb. 34). Brus versuchte hierdurch, seine Ateliersituation im ehemaligen Wasserwerk der Firma Krupp in Essen nachzustellen (Abb. 35). Die Rekonstruktion fand unter den Bedingungen einer Ausstellungsinszenierung statt: Verdichtungen wurden erzeugt, Freizonen geschaffen und Blickachsen ermöglicht. Dennoch unterbrach der Künstler eine museale Anordnung immer wieder; viele der Werkgruppen präsentierte er weder chronologisch, noch ließ er eindeutige Bezüge in der Anordnung ausmachen. Die Exponate wurden vielmehr ab- denn ausgestellt – auf dem Boden wie auch in mehreren Regalen. Die ungewöhnliche Zurschaustellung evoziert die Frage nach dem Präsentationskonzept. Hierbei dient der Ausstellungtitel als programmatischer Verständnisrahmen: *Der ganze Eisberg*.

Die Metapher des Eisberges, nach der nur ein kleiner Teil sichtbar ist, der viel größere Teil aber unsichtbar unter der Oberfläche verschwindet, ist keine Neuschöpfung des Bildhauers, sondern wird bereits seit Mitte des 20. Jahrhunderts zur Veranschaulichung eines Missverhältnisses genutzt.[1] Diese Konventionalität, welche die Metapher ihrem häufigen Gebrauch verdankt, erleichtert ihre Anwendung im Ausstellungskontext: Wenn Johannes Brus mit ›dem ganzen Eisberg‹ die Inszenierung seines Ateliers meint, dann sind die fertigen Arbeiten als Spitze dessen zu verstehen. Die Metapher verbindet also die Konventionen der Ausstellungspraxis mit der Herstellung von Skulpturen, das Museum als Ausstellungsort mit dem

---

1 Zur historischen Semantik der Eisberg-Metapher vgl. die Ausführungen zu Blumenbergs metaphorologischen Beobachtungen in Kapitel 6.

Abbildung 34: Johannes Brus, Ansicht der Ausstellung Der ganze Eisberg im Arp Museum Bahnhof Rolandseck, 2007

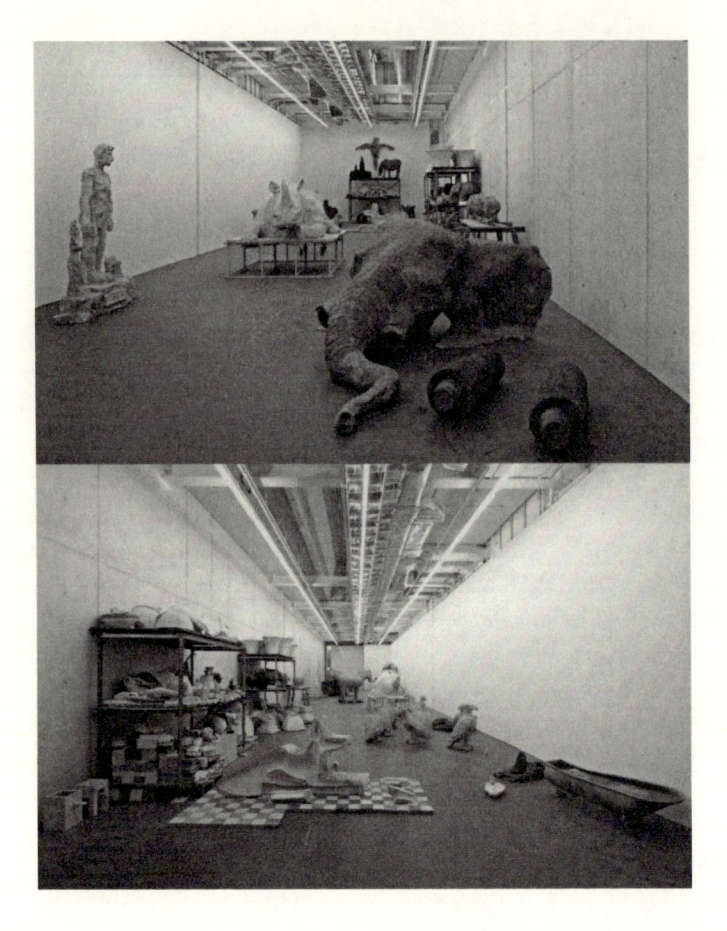

Atelier als Produktionsort.[2] Die Wahl der Eisberg-Metapher ermöglicht es, den Zusammenhang von musealer Ausstellung und künstlerischer Produktion in ein anschauliches Verhältnis zu fassen: Jener sichtbare Teil der ausgestellten Skulpturen steht in einem deutlichen Missverhältnis zur künstlerischen Produktion, die üblicherweise in latenter Unsichtbarkeit verbleibt. Brus' konzeptuelle Geste ist

---

2 *Konventionen* meint hier die Präsentation abgeschlossener bzw. vermeintlich fertiger Arbeiten und zielt auf ein Verständnis der Herstellung von Skulpturen, etwa durch Güsse, das Brus' bildhauerischer Arbeit entspricht.

*Abbildung 35: Johannes Brus, Atelieransicht im ehemaligen
Wasserwerk der Firma Krupp in Essen, 2007*

demnach die Sichtbarmachung des sonst verborgenen Teils seiner Kunst. Der ganze Eisberg meint hierbei nicht das Oeuvre des Künstlers, sondern – wie die Ausstellungsinszenierung erkennen lässt – sein Atelier als Ort, an dem er Materialien sammelt, seine Skulpturen konzipiert und gießt und schließlich auch lagert. Das Atelier ist für Brus ein Ort des Prozesses. So überführt er dieses Verständnis auch in den Neubau des Arp Museums: Während der verhältnismäßig langen Ausstellungszeit von einem Jahr konnte sich die Ausstellungsanordnung stets verändern; wenn einzelne Skulpturen oder ganze Werkgruppen für eine andere Ausstellung benötigt wurden, entfernte der Künstler sie aus der Präsentation und ersetzte sie gegebenenfalls durch andere. Diese Prozessualität der Ausstellung spiegelt ein wesentliches Moment des Ateliers als Arbeitsraum und seiner ständigen Veränderungen wider.

Die Eisberg-Metapher ist für Brus nicht einfach nur ein sprachliches Etikett, eine nachträgliche Benennung. Sie ist konstitutiver Teil der gesamten Ausstellungskonzeption. Sie ist eine Leitvorstellung, an der sich das ganze Präsentationskonzept ausrichtet. Brus denkt in der Konzeption der Ausstellung mit der Metapher – denkt *in* der Metapher, *durch* sie hindurch. Daher ist sie in produktionsästhetischer Sicht von enormer Bedeutung.[3] Die Eisberg-Metapher hat hierbei eine Besonderheit: Sie gibt nicht nur eine Sache durch eine andere konkretere und anschaulichere Sache wieder. Darüber hinaus ist sie eine Metapher der Sichtbarkeit selbst, indem sie das Sichtbare in ein Verhältnis, genauer: in ein Missverhältnis zum Unsichtbaren setzt.[4] Für die gesamte Anlage der Ausstellung wirkt sie strukturgebend, sofern sie der Art der Präsentation und der Auf- und Verteilung der Exponate bereits von Anfang an eingeschrieben ist.

Auf welche Weise wird die Metaphorik aber in der Ausstellung im Museum sichtbar und überhaupt nachvollziehbar? In der Umsetzung baut die Eisberg-Metapher auf eine weitere, grundlegendere Metapher auf, die den ganzen Eisberg für Brus erst ›sichtbar‹ macht: Diese lässt sich *ad hoc* mit der sprachlichen Formalisierung ›Der Ausstellungsraum ist das Atelier‹ verstehen. Sie ist im Sinne Lakoffs und Johnsons eine Strukturmetapher. Die Ausstellung aufgrund ihres Titels *Der ganze Eisberg* auf eine einzige Metapher zurückzuführen, mit der das Unsichtbare des Eisbergs und die präsentierte Ateliersituation zusammengefasst werden bzw. zusammenfallen, mag im ersten Moment sinnvoll und ausreichend erscheinen. Doch wird spätestens in der Analyse der in den Katalogtexten ergänzten Metaphern deutlich, dass es sich lohnt, zwischen der strukturierenden Metapher des Atelierraums und der metaphorischen Leitvorstellung des Eisberges zu differenzieren. Die Leitvorstellung ist der strukturgebenden Metapher untergeordnet. Wird zur Interpretation der Ausstellungsinszenierung eine Metapher motiviert, die nicht mit der Eisberg-Metapher konsistent ist, kann sie dennoch mit ihr kohärent sein, wenn beide auf dieselbe Strukturmetapher zurückgehen.

Die metaphorische Konzeptualisierung des Raumes erlaubt es dem Künstler erst, seine die Ausstellung generierende Leitvorstellung des Eisberges umzusetzen. Voraussetzung für die sinnstiftende Anwendung der Eisberg-Metapher ist die Erkenntnis, dass Johannes Brus seine Ateliersituation wiederholt, sozusagen rekonstruiert. Die unkonventionelle Präsentation von Werkgruppen, Gussformen, zerstör-

---

3   Die Produktionsästhetik schließt neben der Produktion von Werken auch die durch den Künstler angeleitete konzeptuelle Präsentation ein. Letzteres ist bei Brus diejenige produktionsästhetische Dimension, in der die Metapher des Eisberges wirksam ist.

4   Vgl. hierzu ebenfalls Kapitel 6.

ten und unfertigen Arbeiten sowie unbearbeiteten Steinplatten in Regalen – also allem, was sonst beim Ausstellungsabtransport im Atelier verbleibt – gibt hierauf eindeutig Hinweis. Die prozessuale Anlage der sich über die gesamte Laufzeit der Ausstellung verändernden Präsentation unterstützt das Verständnis der Ateliersituation: Die Veränderungen unterliegen keinem vorgeschriebenen Ablauf, sondern folgen strikt dem Gebrauch. Hinzu kommt, dass die Räume in ihrem zum Zeitpunkt der Ausstellung noch unfertigen Zustand eher eine Assoziation mit einem Arbeitsraum anstelle eines musealen *white cube* begünstigen. Die Transfer- oder Projektionsleistung, unter welcher der Ausstellungsraum als Atelier verstanden wird, kann somit direkt aus der räumlichen sowie zeitlichen Inszenierung hervorgehen. Ist dieser Schritt einmal vollzogen, kann die metaphorische Bedeutung des Ausstellungstitels die Motivation des Künstlers und den weiteren Sinnzusammenhang eröffnen.

Die Eisberg-Metapher geht allerdings nicht mit der gleichen anschaulichen Evidenz aus der Ausstellung hervor wie das übertragene Verständnis des musealen Raumes als Atelier. Im ersten Fall dient ein Konventionsbruch als Signalstruktur bzw. Auslöser der Metaphorik, denn die Konventionen einer musealen Präsentation von Gussskulpturen werden außer Kraft gesetzt. Mit diesem Bruch wird die Suche nach einer neuen Lesart der Präsentation ermöglicht, sogar evoziert.[5] Ist diese neue Lesart eine Rekonzeptualisierung der alten in dem Sinne, dass eine neue Vorstellung die Erfahrung leitet, kann von einer Metapher gesprochen werden. Der weiteren Ausstellungserfahrung liegt nun die Einsicht zugrunde, dass die gezeigten Objekte gemäß der Ateliersituation präsentiert werden. Jeder Eindruck des Arrangements kann und sollte sogar mit der Vorstellung, man betrete ein Künstleratelier, abgeglichen werden. Streng genommen ist ein Eindruck dem Ausstellungskonzept nur angemessen, wenn er gemäß der Atelier-Metapher den Museumsraum in einem übertragenen Verständnis als Atelier konzeptualisiert, also anhand der Metapher des Ateliers strukturiert. Das Ausgestellte und dessen Anordnung müssen daher vor dem Hintergrund der verwendeten Metaphorik anders bewertet werden.

Die Eisberg-Metapher nutzt schließlich diesen Konventionsbruch und das durch sie ermöglichte Verständnis der Ausstellung als Inszenierung eines Künstleratelier. Ihre Angemessenheit gewinnt sie durch ein Missverhältnis von einzeln präsentierten Skulpturen bzw. Werkgruppen und dem Nebeneinander von fertigen und unfertigen Arbeiten und aller Art Atelierinventar. Spiegelt dieses ausgestellte Missverhältnis die Relation von sichtbarem und unsichtbarem Teil eines Eisberges wider, hätte die Metapher eine anschauliche Entsprechung, in der ihre Evidenz eines Na-

---

5 Der Katalog gibt auf dieses metaphorische Grundverständnis der Ausstellungskonzeption viel eindeutigere Hinweise: Auf den Doppelseiten werden immer wieder Fotografien des Ateliers und der Ausstellung gegenübergestellt, um Analogien in der Präsentations- bzw. Lagerungsweise zum Ausdruck zu bringen. Vgl. Gallwitz 2007.

turgesetzes wirkt. Michael Schwarz beschreibt im entsprechenden Katalogtext dieses Verhältnis als antithetische Anlage der Ausstellung und bestätigt somit die Analogie: »konventionelle Präsentation im vorderen Teil, inszenierte Ateliersituation im hinteren«.[6] Die konventionell ausgestellten Exponate können nun als Spitze des Eisberges gesehen werden, während die Zurschaustellung des Atelierinventars die Sichtbarmachung des verborgenen Teils ist. Der ganze Eisberg, auf den der Ausstellungstitel hinweist, ist Johannes Brus' gesamtes Atelier, das sowohl die fertigen Werke und deren zeitweilige An- oder Abwesenheit als auch den impliziten Prozess ihrer Entstehung und Auswahl einschließt. Über die Ausstellung sind Rückschlüsse auf die Arbeitsweise und den Werkbegriff des Künstlers möglich[7] – Einsichten, die nur am Leitfaden der Metapher gewonnen werden können.

In der Ausstellung wird die Metapher aber nur in struktureller Analogie wiedergegeben, nicht direkt in der Form ihrer anschaulichen Veranlagung. Das heißt, dass zwar das Missverhältnis der Teile eingehalten wird, nicht aber die konkrete Form des Eisberges, denn sonst würden im länglichen Museumsbau an der ›Spitze‹ mehrere Einzelskulpturen einer im übrigen Teil inszenierten Ateliersituation gegenüberstehen.[8] Die Regale am Eingang sind aber ein eindeutiges Indiz dafür, dass die konkrete Form des Eisberges nicht auf den Ausstellungsraum projiziert werden kann (Abb. 34). Eine konkrete Umsetzung der Leitvorstellung des Eisberges wäre etwa die strenge räumliche Aufteilung im Hinblick auf die Spitze und den verborgenen Teil, also fertige Arbeiten und die Arbeitssituation im Atelier. Möglich wäre auch eine vertikale Anlage über mehrere Ebenen bzw. Etagen des Museums; hierdurch könnte zwar die konkrete Ausrichtung des Eisberges, ein Teil *über* und ein anderer *unter* dem Wasserspiegel, realisiert werden. Die Folge wäre aber einerseits eine sehr anschauliche und damit vielleicht zu didaktische Darstellung des ›ganzen Eisbergs‹ und andererseits auch die Preisgabe der Assoziation des Ateliers als einziger großer Raum. Die strukturgebende Metapher ›Der Ausstellungsraum ist das Atelier‹ trägt hierbei dem Anspruch des Künstlers Rechnung, Einblick in seine Produktion und deren räumliche Verhältnisse zu geben, und gibt vor, welche weiteren Metaphern, wie etwa diejenige des Eisberges, angewandt werden können, ohne zu Inkonsistenzen innerhalb der metaphorischen Bedeutungskonstitution zu führen.

Die Analyse der Ausstellungskonzeption von Johannes Brus hat gezeigt, in welcher Weise Metaphern das künstlerische Denken leiten und die Präsentation der Arbeiten beeinflussen können. Brus' konzeptuelle Metaphorik betrifft allerdings nicht seine einzelnen Arbeiten in ihrer Konstitution. Im Folgenden werden daher

---

6 Schwarz 2007, 79.
7 Vgl. ebd., 79.
8 Ein Verständnis, das Schwarz' zitierte Beschreibung zwar nahelegt, das aber nicht in aller Strenge eingehalten wird.

Künstler vorgestellt, die in der Anfertigung einzelnen Arbeiten oder auch Werkgruppen auf metaphorische Konzepte zurückgreifen, sich von ihnen in der Ausformulierung einer künstlerischen Position leiten lassen. Besonders im Hinblick auf die Kunst seit den 1960er Jahren lässt sich zeigen, in welchem Spannungsfeld die Metapher in der künstlerischen Produktion zwischen einer Bejahung als genuines Mittel der Bedeutungsgenerierung und einer ikonoklastischen Verneinung als nicht zu tilgende Referenzialität steht.

FÉLIX GONZÁLEZ-TORRES: METAPHORISCHE KONZEPTE

Zu Beginn der 1990er Jahre realisierte Félix González-Torres eine Reihe skulpturaler Kunstwerke, die als *candy spills* bezeichnet werden. Sie alle sind Umsetzungen eines künstlerischen Konzepts, den Körper in einer abstrakten aber doch auch konkreten Form wiederzugeben. Das Konzept ermöglicht diese Umsetzung des Körpers mithilfe der Metapher. Die Arbeit *Untitled (Lover Boys)* von 1991 ist eine mit Bonbons aufgefüllte Ecke des Ausstellungsraumes. Ihr ist eine wesentlich partizipatorische Dimension eigen: Die Rezipientin soll keine passive Betrachterin sein, sondern sich ein Bonbon nehmen und die Skulptur somit langsam ›abtragen‹. Das Kunstwerk verschwindet im Laufe der Ausstellung aber nicht, sondern kann jederzeit wieder aufgefüllt werden. Es besteht aus einem Zertifikat, das die Realisation der Arbeit in einer Ausstellung vorgibt. So bestimmt das Zertifikat, welche Bonbons verwendet werden dürfen und – was das Wichtigste ist – welches Gewicht der Haufen haben muss. Im Falle von *Untitled (Lover Boys)* gibt das Schriftstücke 161 kg vor. Zudem ist mit »endless supply« angemerkt, dass die Bonbons immer wieder aufgefüllt werden sollen.[9]

In dieser Weise nimmt González-Torres eine radikale Neuformulierung des Werkbegriffs vor. Die künstlerische Strategie hinter den *candy spills* geht aber über diesen relationalen Werkcharakter weit hinaus. Verbunden mit dem anhaltenden Abtragen der Arbeit durch die Ausstellungsbesucher ist eine körperliche wie auch biografische Dimension, die der Künstler selbst mit der Metapher erklärt:

»There was no other consideration involved except that I wanted to make art work that could disappear, that never existed, and it was a metaphor for when Ross was dying. So it was a metaphor that I would abandon this work before this work abandoned me. I'm going to destroy it before it destroys me. That was my little amount of power when it came to this work. I didn't want it to last, because then it couldn't hurt me. From the very beginning it was not even there

---

9 Vgl. Elger 1997a, 68.

– I made something that doesn't exist. I control the pain. That's really what it is. That's one of the parts of this work.«[10]

Im Falle von *Untitled (Loverboy)* gibt die Angabe des Gewichts Aufschluss über die metaphorische Strategie des Künstlers: 161 kg entspricht dem genauen Gewicht von González-Torres und seinem Partner Ross, der im Zuge der AIDS Krise der 1980er Jahre an der Autoimmunerkrankung starb. Er setzt den Verlust seines Geliebten ins Werk, indem das Gewicht der Skulptur für den Körper des Partners – und im Falle von *Untitled (Loverboy)* auch seines eigenen – einsteht. Am Anfang dieser konzeptuellen Metaphorik steht also eine Ähnlichkeit zwischen Körper und Bonbonecke im Hinblick auf das Gewicht. Während etwa bildliche Metaphern die beiden beteiligen Vorstellungen durch formale Mittel wie Farbe und Form verbinden können, geht die Verknüpfung von menschlichem Körper und Skulptur auf eine Eigenschaft des Körperlichen zurück: das Gewicht.

Es handelt sich hierbei nur scheinbar um eine paradoxe Strategie, die so konkrete Erfahrung des Verlustes des Partners und den Kampf gegen die Krankheit in eine abstrakte, minimalistische Form zu transformieren. Es gilt zu berücksichtigen, dass diese Erfahrungen zwar sehr konkret sind, mitunter aber auch sehr komplex und nur bedingt in ihrer Intensität vermittelbar und nachvollziehbar. Die *candy spills* stellen hingegen eine unmittelbare Aktivität und eine doch sehr konkrete Gestalt dar, die eine nur schwer zugängliche Erfahrung in eine ästhetische Formsprache übertragen. In diesem Sinne folgen González-Torres' Arbeiten der Bewegung der Metapher, eine Sache durch eine andere konkreter darzustellen.

Dietmar Elger schreibt in diesem Zusammenhang vom Abstrahieren der eigenen Situation, um die privaten Erfahrungen mit dem Anspruch auf allgemeine Gültigkeit zu formulieren.[11] Dies greift aber nur einen Aspekt der metaphorischen Formgebung der Erfahrung auf. Im Hinblick auf die Liebesbeziehung und die Homosexualität versteht Nancy Spector die *candy spills* als geschlechterunspezifisch durch »deemphasizing the figurative«.[12] In diesem Sinne ist die künstlerische Strategie auch eine ikonoklastische, um die gängigen Bilder der AIDS-Kranken auszulöschen und mit der Metapher eine Projektionsstruktur anzubieten, um im individuellen Nachvollzug eine Vorstellung der (körperlichen) Liebe entstehen zu lassen.

Die Transfiguration des menschlichen Körpers durch das Kunstwerk ist die metaphorische Leitvorstellung zur Produktion wie auch zur Rezeption der *candy spills*.

---

10 González-Torres 1995. Diese Aussage bezieht sich auf die Arbeit *Untitled (Placebo)* von 1991, die den Ausstellungsraum mit einem ganzen Feld aus Bonbons bedeckt und ein Gewicht von 454-544 kg hat. Vgl. Elger 1997a, 72.
11 Vgl. Elger 1997b, 72.
12 Spector 1995, 144.

Alle inhaltlichen Ausdeutungen der Arbeiten gehen auf die Einsicht zurück, dass die Ansammlungen von Bonbons auf metaphorischem Wege den Körper ausdrücken.[13] Den Bonbons kommt vor dem Hintergrund des metaphorischen Konzeptes eine wesentliche Bedeutung zu, denn sie lassen unterschiedliche Interpretationen zu, die sich aus dem Kontext der Homosexualität und der AIDS-Erkrankung plausibel ableiten lassen. Einerseits kann das Lutschen der Bonbons als sexuelle Handlung zwischen zwei Männern verstanden werden. Das Bonbonpapier wird in dieser Deutung zur präservativen Verhüllung. Andererseits kann es aber auch auf die Einnahme von Medikamenten bezogen werden. Diese Interpretation wird vom Titel *Untitled (Placebo)*, einer weiteren Arbeit der Serie, unterstützt. Die Medikamente versprechen letztendlich keine Heilung.

Eine weiteres *candy piece*, *Untitled (A Corner of Baci)* von 1990, evoziert zudem einen religiösen Kontext, weil auf dem Bonbonpapier ›This Is My Body‹ steht. González-Torres leitet hiermit in gewisser Weise die Körper-Metapher der Werkserie ein, indem er das Identitätspostulat der Metapher mit dem religiösen Identitätsdogma verbindet. Wie auch die Sprachphilosophie das Identitätskonzept der Metapher als Möglichkeit aus der mythischen und religiösen faktischen Identität zwischen Wort und Phänomen, Zeichen und Bezeichnetem, hervorgehen lässt, nähert der Künstler das metaphorische Verständnis an die religiöse Entsprechung an. Gemeint ist die Hostie im christlichen Ritus, die nach dem katholischen Glauben nicht nur den Leib Christi symbolisiert, sondern dieser tatsächlich ist. Heike-Karin Föll weist in diesem Zusammenhang nicht nur auf die verschiedenen Lesarten der Bonbons hin, sondern auf den grundlegenden Sachverhalt, dass ihnen keine feste ikonografische Bedeutung zukommt:

»Das Bonbon nimmt als Werkelement eine zentrale Rolle ein, da es eine einfache metaphorische Übertragung begünstigt, obschon es weder ikonographisch fixiert ist noch als ästhetisches Objekt im Kunstkontext eine nennenswerte Vorgeschichte aufweisen kann. Es ist vor allem als Metapher für den Nachvollzug basaler »Körperlichkeit« hervorgehoben worden.«[14]

Dieses allgemeine Verständnis der Bonbons als Körper-Metaphern folgt der Intention des Künstlers sowie seinen eigenen Aussagen: »I'm giving you this sugary thing, you put it in your mouth and you suck on someone else's body. And in this way, my work becomes part of so many other people's bodies.«[15] Die Offenheit der

---

13 *Untitled (Ross)* von 1991 bezieht sich mit einem Gewicht von 79,4 kg und der Referenz im Titel direkt auf den Körper von González-Torres' verstorbenem Partner. Vgl. Elger 1997a, 77.
14 Föll 2006, 108.
15 Gonzálz-Torres, zit. nach Spector 1995, 147.

Bonbons im Hinblick auf eine ikonografische Einordnung, die Föll hervorhebt, verweist auf eine allgemeine Problematik im Umgang mit Metaphern in der bildenden Kunst seit dem 20. Jahrhundert. Bedeutungsstiftungen in künstlerischen Erzeugnissen sind nicht mehr anhand eines festen Symbolkanons interpretierbar. Gerade deshalb kommt den Aussagen der Künstlerinnen eine enorme Bedeutung zu. González-Torres liefert daher ein paradigmatisches Beispiel für die konzeptuelle Verwendung der Metapher als künstlerische Strategie, weil er wiederholt in seinen Aussagen über seine Arbeit auf die Metapher eingeht.[16] Es gilt daher auch, die Metaphorik seiner Werke nicht als Anspielungen oder metaphorische Aufladungen zu verstehen, sondern als Ausdruck einer konzeptuellen Strategie des künstlerischen Denkens.

Liebe, Verlust und Tod sind ebenfalls Thema anderer Werkgruppen von González-Torres. Als er 1990 in der Andrea Rosen Gallery in New York einige seiner *stack pieces* – Papierstapel, welche die minimalistische Ästhetik der Kuben in die relationale Ästhetik seiner Partizipationskunst überführen – ausstellte, hieß es in der Pressemitteilung der Galerie: »Es geht aber genauso um Vergänglichkeit, um das jederzeit mögliche Ausgelöscht werden und Verschwinden und auch um die Poetik von Raum, Präsenz und Wunder des Zufalls. Desselben Zufalls, der Liebe erst möglich macht. Es geht um Leben und dessen radikalste Definition oder Demarkation: Tod.«[17]

González-Torres setzt sich in seinen Werken bewusst mit der minimalistischen Formsprache auseinander, überführt ihr Dogma der reinen Form aber in eine bewusste Auflagung mit Bedeutung.[18] Föll versteht seine künstlerische Auseinandersetzung mit dem Erbe des Minimalismus daher als »Semantisierbarkeit des Materials«. Mit der Diagnose Hal Fosters zur Rückkehr des Realen in der Kunst am Ende des 20. Jahrhunderts, versucht sie González-Torres' Arbeiten und ihre Metaphorik in den Kontext der minimalistischen Skulptur einzuordnen: »Vor dem Hintergrund von Fosters Diagnose ist der Modus, in dem das ›Reale‹ in den ›candies‹ zurückkehren kann, gerade in der Evokation eines semantischen Gehalts zu finden, der sich allerdings auf repräsentationaler Ebene nicht eindeutig bestimmen lässt.«[19]

---

16 Darüberhinaus versteht er sich auch selbst als Metapher, als Virus, der den ideologischen Apparat der Institutionen unterwandert und sich mit ihnen dann reproduziert statt bloß eine Opposition zu bilden. Vgl. González-Torres/Kosuth 1994, 76. Dies stellt abermals unter Beweis, dass sein Denken zutiefst metaphorisch ist.

17 Zit. nach Elger 1997b, 62.

18 Vgl. ebd., 63. Elger betitelt seinen Aufsatz zwar mit »Minimalismus und Metapher«, geht allerdings nur auf die Metaphorik González-Torres' im Kontrast zur beanspruchten Referenzlosigkeit der Minimal Art ein.

19 Beide Zitate: Föll 2006, 115.

Diese Rückkehr des Realen sieht sie im Körper als Metapher eingelöst. González-Torres hielt es selbst für unmöglich, etwas lediglich zu sehen, ohne dass es bereits in Bedeutungsstrukturen eingebettet ist.[20] In diesem Sinne entlarvt er den Anspruch einer nicht-anthropomorphen Skulptur als unmöglich und versucht, die rezeptionsästhetische Dimension als nicht zu tilgenden Referentialität bewusst ins Werk zu setzen. Es ist dies eine Rehabilitierung der Metaphorik der (vermeintlich) reinen Form.

NON-ANTHROPOMORPHIC UND *THE METAPHOR PROBLEM*: ABLEHNUNG UND SKEPSIS

Donald Judd plädiert explizit für eine Vermeidung des traditionellen Anthropomorphismus mithilfe einer Form ohne Struktur – »an object, a single thing«, so sein Anspruch. Die Qualität des Objekts als Ganzes bewahre sie davor, ein naturalistisches und anthropomorphes Bild zu formen. Die Aufdringlichkeit des Objekts habe die Idee der natürlichen Präsenz der menschlichen Qualitäten in allen Dingen unterminiert.[21] Rosalind Krauss fasst diesen Anspruch Judds als Charakterisierung der Kunst als »intentionally blank and empty« und führt aus: »Thus object-art would seem to proscribe both allusion and illusion: any reference to experiences or ideas beyond the work's brute physical presence is excluded, as is any manipulation (through the prescribed oberservation of that presence) of apparent as opposed to literal space.«[22] Die potentielle Metaphorik derartiger Werke muss auf einer noch grundlegenderen Ebene ansetzen als diejenige der Allusion und allgemeinen Referentialität. Und sie kann im Anthropomorphismus gefunden werden, gegen den sich die Künstler der Minimal Art vehement wehrten.

Der Anthropomorphismus ist seit der Tradition des sprachphilosophischen Humanismus mit der epistemologischen Funktion der Metapher verbunden. Er weist die Metapher als anthropologisches Weltverhältnis aus, weil alles Fremde am Leitfaden des Menschen verstanden wird – die unbelebten Dinge der Natur durch metaphorische Übertragungen beseelt werden. Die Künstlerinnen und Künstler der Minimal Art und Conceptual Art waren sich dieser metaphorischen Dimension des Anthropomorphismus bewusst. Joseph Kosuth organisierte zusammen mit anderen jungen Künstlern 1967 eine Ausstellungsreihe in der Lannis Gallery in New York unter dem Titel *Non-Anthropomorphic*.[23] In dem zur Ausstellungsreihe erschiene-

---

20 Vgl. González-Torres in Föll 2006, 116.
21 Vgl. Judd 1965.
22 Krauss 1966, 24.
23 Vgl. Alberro 2003, 27f.

nen kleinen Katalog heißt es: »The four artists included in this exhibition have one desire (if none other) in common: to exclude a projection of either themselves or the image, attributes, or qualities of man into their works of art.«[24] Alexander Alberro sieht in diesem Statement einen Anspruch auf nichtmetaphorische Operationen in der künstlerischen Produktion. Ein Kunstwerk dürfe laut Kosuth keine metaphorische Funktion besitzen noch einen Ausdruck oder eine transzendentale Erfahrung kommunizieren.[25]

Noch im selben Jahr erschien der einflussreiche Essay *Art and Objecthood* von Michael Fried in *ARTFORUM*. Fried wies die minimalistische Kunst als unheilbar theatralisch aus, weil sie »the hiddeness of its anthropomorphism« nicht beseitigen könne. Die minimalistische Skulptur sei theatralisch, weil sie eine »stage presence« habe, die auf ihre Relation zum menschlichen Körper, die Idee der Einheit und Ganzheit als normalerweise andere Person und die Hohlheit (*hollowness*) als Qualität eines Inneren, zurückgehe. Sein Urteil lautet daher, »that a kind of latent or hidden naturalism, indeed anthropomorphism, lies at the core of literalist theory and practice.«[26] Die Minimal Art kann den Anthropomorphismus nicht besiegen, ihn aber kritisieren, indem sie den menschlichen Körper thematisiert.[27]

Judds Anspruch des »one thing« als Ganzheit ohne relationale Teile hindert die Metapher nicht. Zwar geht keine metaphorische Bedeutung aus einer Struktur des Kunstwerks hervor, doch kann das Kunstwerk auch als spezifisches Objekt als Ausdruck einer an das Werk herangetragenen metaphorischen Bedeutung gelesen werden, wie gerade in der viel zitierten Definition der Metapher von Lakoff und Johnson deutlich wird: »*understanding and experiencing one kind of thing in terms of another.*«[28] Frank Stella betont ebenfalls, dass es ihm wie Judd um die reine Präsenz eines Objektes gehe und fasst diese Position in der Tautologie »What you see

---

24 Zit. nach ebd., 28.
25 Vgl. ebd., 28.
26 Fried 1967. Er schlägt daher auch den Ausdruck *theatrical art* vor. Allerdings setzt sich der Ausdruck *minimal art* von Richard Wollheim durch. Juliane Rebentisch versteht unter der Latenz eine Doppelpräsenz als Ding und als Zeichen. Einerseits handle es sich um ein reines Objekt, andererseits um einen subversiven Anthropomorphismus. Vgl. Rebentisch 2003, 55.
27 Derart argumentiert Fried gegen Krauss, wie James Meyer ausführt. Meyer attestiert dem künstlerischen Diskurs jener Zeit zudem eine synonyme Verwendung der Ausdrücke anthropomorph und anthropozentrisch, vgl. Meyer 2012. Gerade in ihrer Trennung liegt aber der Zugang zur erkenntnistheoretischen Funktion der anthropomorphen Metaphern. Die Dinge durch den menschlichen Körper zu begreifen und auch zu vitalisieren, bedeutet noch nicht, sie als für den Menschen geschaffen zu verstehen.
28 Jakoff/Johnson 1980, 5.

is what you see« pointiert zusammen. Georges Didi-Hubermans Ausspruch »Was wir sehen blickt uns an« konfrontiert ebendieses Plädoyer der Referenzlosigkeit mit dem unausweichlichen Anthropomorphismus. Frieds Erschauern angesichts der Theatralität der minimalistischen Skulptur führt er auf ein Schweigen zurück. Dieses sei auf zwei Weisen in den geometrischen Skulpturen umgesetzt: einerseits als Statur, andererseits als Grab.[29] Tony Smiths Arbeit *Die* von 1962, ein massiver dunkler Kubus, habe mit sechs Fuß genau das menschliche Maß und würde die Rezipientin bewusst mit ihrer eigenen Statur konfrontieren.[30] In seinen Ausführungen bringt Didi-Huberman den Anthropomorphismus der Skulpturen bewusst zum Ausdruck, indem er ihnen durch den Blick und die Stummheit noch expliziter Leben einhaucht. Letztendlich rückt er die anthropomorphe Seite der Minimal Art in einen grundlegend anthropologischen Kontext, indem er die Unähnlichkeit mit Mallarmés Urähnlichkeit verbindet.[31] Den Skulpturen sei eine »*Humanität im Modus des Fehlens*« eigen.[32]

Die von den minimalistischen Skulpturen ausgelöste kognitive Spannung ist ein Widerspruch zwischen Beseelung und reiner Präsenz, der in den exakten geometrischen Körpern auf die Spitze getrieben wird. Es handelt sich hierbei nicht um eine Metaphorik des Werks, sondern um eine anthropologische Ausgangssituation – um die Metapher, die wir in einer Konfrontation mit einem Werk mit annähernd unseren Maßen immer an das Objekt tragen: unser eigener Körper und damit der Mensch, der *Anthropos*.[33] Die Minimal Art hat in ihrer Abneigung gegenüber dem Anthropomorphismus auch die Metapher als Mittel der Bedeutungsstiftung in Misskredit gezogen. Diese Haltung ist symptomatisch für eine Zeit, die sich eines vorgeschriebenen Symbolkanons entledigt hat, die Metapher aber nicht unabhängig vom traditionellen Symbolbegriff versteht. Eine Künstlerfreundschaft steht exemp-

---

29 Didi-Huberman 1992, 108. Er bezieht sich hiermit auf die Skulpturen von Tony Smith.
30 So entspreche auch das Formatlose der Bilder Ad Reinhardts genau dem menschlichen Format, vgl. ebd., 113. In dieser Hinsicht lassen sich auch Richard Wollheims Ausführungen zum Körper als mediale Metapher der Malerei Willem de Koonings verstehen. Indem durch die malerischen Gesten die Physis des Künstlers und durch das Format der Leinwände das menschliche Maß Teil des Werkes sind, bringt es immer den Körper zum Ausdruck.
31 Vgl. ebd., 113.
32 Ebd., 131.
33 In diesen weiteren, anthropologischen Kontext stellt auch John Michael Krois seine Theorie des Körperschemas: »Der menschlichen Fähigkeit, sich in andere hineinzuversetzen, ist keine Grenze gesetzt, weil sie im Körperschema automatisch und unbewusst abläuft. Daher werden auch in unbelebten Objekten dynamische Verhältnisse als lebendige Kräfte wahrgenommen.«, Krois 2011, 266.

larisch für das ambivalente Verhältnis der bildenden Kunst zur Metapher ein: John Baldessari und Laurence Weiner.

Im Jahr 1999 trafen sich die langjährigen Künstlerfreunde Baldessari und Weiner im Hotel Castell in der schweizer Gemeinde Zuoz für eine Kollaboration. Gemeinsam diskutierten sie über das »Metaphernproblem« und arbeiteten das Künstlerbuch *The Metaphor Problem Again* aus, das als ein Bild/Text-Essay mit eigener visueller Rhythmik einen ersten Versuch darstellt, die Metapher zu vermeiden.[34] Im Anschluss an dieses Projekt fand an einem Art Weekend erstmals eine Podiumsdiskussion zwischen Baldessari, Weiner und Liam Gillick sowie Beatrix Ruf als Moderatorin zum Thema der Metapher statt. Im Jahr 2005 kam die Gruppe abermals zusammen – diesmal in New York –, um erneut über die metaphorische Bedeutung und Verwendung von Kunst zu diskutieren.[35] Das Gespräch wurde 2007 als Buch mit einem Cover von Gillick veröffentlicht.

Im Gespräch wird die Metapher in der Kunst sehr ambivalent verhandelt. Einerseits wird sie sehr negative mitunter als Gefahr gesehen, weil sie ein Wertesystem vorgebe, andererseits wird sie durchaus positiv verstanden, weil sie letztendlich nicht zu vermeiden sei und aufgrund ihrer Vielschichtigkeit ein interessantes künstlerisches Instrument darstelle.[36] Das Metaphernverständnis der Künstler bewegt sich auf nicht unproblematische Weise zwischen rhetorischer Macht der Überzeugung, zeichenhafter Verweisung und grundsätzlicher Ambiguität des Sinns. Im Hinblick auf die Kunst steht die Funktion der Metapher zudem im Spannungsfeld zwischen Künstler, Rezipient und Vermittler. Hieraus ergibt sich auch im Wesentlichen das Metaphernproblem: Weil sie sowohl in produktions- und rezeptionsästhetischer Perspektive wie auch in der sprachlichen Vermittlung der Kunst von enormer Bedeutung ist, stellt sich die Frage nach einem angemessenen Gebrauch der Metapher.

Die metaphorische Sprache über Kunst sehen Baldessari und Weiner besonders kritisch. Die Kunst benötige keinen Vermittler, weil dieser die Metapher gebrauche und sie dadurch in ein Wertesystem setze. Weiner plädiert daher für eine ästhetische Erfahrung der Kunst, die neben der Vermittlung auch die vom Künstler intendierte metaphorische Bedeutung ausschließt.[37] Die Qualität der Kunst hänge nicht von ihrer Metaphorik ab, weil »Kunst, die in ihrer eigenen Zeit, an ihrem eigenen Ort erfolgreich ist, nicht metaphorisch ist.« Der Metapher attestieren sie eine Vieldeutigkeit. So sagt Baldessari: »Metapher ist ein etwas glitschiges Wort, aber es ist genau das, was mir an der Sprache in der Kunst im Allgemeinen gefällt. Ein Wort

---

34 Baldessari/Weiner 1999.
35 Vgl. Bechtler 2007, 6f. u. Baldessari/Gillick/Weiner/Ruf 2007, 58.
36 Vgl. bes. Bechtler 2007, 7f.
37 Vgl. Baldessari/Gillick/Weiner/Ruf 2007, 14f.

kann alles bedeuten und nichts; ein Bild kann alles bedeuten und nichts, das hat mit Metaphorik zu tun.«[38] In ihrem Rekurs auf die rein ästhetische Wirkung und die Vieldeutigkeit der Zeichen wiederholen sie für die Konzeptkunst einerseits den minimalistischen Anspruch einer Referenzlosigkeit und andererseits einen Symbolbegriff als Verweisung auf eine transzendentale Bedeutungsschicht, die über oder hinter dem Kunstwerk liegen würde.

Inwieweit sie dieses negative Verständnis der Metapher allerdings überwinden, verdeutlicht besonders ein Beispiel, das Baldessari anführt. Um die Frage nach Bedeutungsverschiebungen besser beantworten zu können, verweist er auf die Tapete im New Yorker Hotel. Sie zeigt herumspazierende Steinberg-Vögel, die eindeutig metaphorisch zu verstehen seien: »Und ich nehme an, dass sie wohl, metaphorisch gesehen, in New York herumspazierende Menschen darstellen. Oder sollen es einfach nur Vögel sein? Ich weiss es nicht. Aber im Kontext von New York verweisen sie metaphorisch auf Menschen.«[39] Baldessari überführt die Beliebigkeit der Zeichen in eine kontextbasierte Metaphorik. In diesem Sinne ließe sich seine wie auch Weiners negative Sicht der Metapher ins Positive wenden: Metaphern haben nie eine festgelegte Bedeutung, erst wenn sie durch langen Gebrauch konventionell werden. Als lebendige Metaphern allerdings sind sie stark kontextabhängig und erfordern den individuellen Nachvollzug durch die Rezipientin. Metaphorik hat folglich nicht den Ausschluss der Rezipienten und ihrer ästhetischen Erfahrung zur Folge.

Entscheidend für die metaphorische Lesart der Kunst sei im Besonderen der Kunstkontext. Baldessari führt das absichtlich banale Beispiel einer Kühlschranktür als Kunstwerk an, zu dem Weiner im Hinblick auf die Ausstellungsbesucher anmerkt:

»Sie kommen dahin und bringen die Bedürfnisse mit, die sie eben haben, und fabrizieren daraus eine Metapher. Denn tatsächlich, da hast du Recht, bleibt es eine Kühlschranktür, doch in diesem Moment könnte es ihren Bedürfnissen entsprechen, daraus eine Metapher zu fabrizieren. Das ist von hohem Nutzen. Wenn jemand seinen Platz an der Sonne findet, ist das von Nutzen. Doch wenn wir als Künstler eine Metapher daran knüpfen, eine zeitliche Metapher, die auf unsere Wünsche, unsere Bedürfnisse, unsere Sehnsüchte zurückgeht, dann wird die Kunst in ein Wertesystem gesperrt, das die Bedeutungen, die wir daraus schöpfen können,

---

38 Beide Zitate: Ebd., 16. Weiner und Baldessari halten Wort und Bild für auswechselbar, wie sie besonders im Hinblick auf *The Metaphor Problem Again* äußern. Im Künstlerbuch hätten sie visuelle und sprachliche Bilder gleich behandelt. Vgl. 12f. Baldessari ist besonders durch den Strukturalismus und Wittgensteins Philosophie beeinflusst und betreibt ein Spiel der kalkulierten Beliebigkeit ästhetischer, solzialer und politischer Codes.
39 Ebd., 17.

einschränkt. Die Leute können sie nicht nutzen, ohne die Werte zu übernehmen, die der Künstler ihr beimisst.«[40]

Weiner sieht einen Widerstreit zwischen der ästhetischen Erfahrung des Betrachters und der vom Künstler intendierten Metapher. Diese Sicht wird zwar der neueren Bestimmung der Metapher als dynamischer Prozess, der einen kognitiven Nachvollzug als aktive Mitgestaltung des Sinnes einschließt, nicht gerecht, doch schließt er einen neuen Aspekt der Kunst seit der 2. Hälfte des 20. Jahrhunderts ein: In der Konzeptkunst erhält die Metapher ein neues Gewicht. Sie kann die gesamte ästhetische Erfahrung eines Werkes anleiten, wenn sie ihr als Konzeptuelle zugrunde gelegt wird.

Neben der produktions- und rezeptionsästhetischen Dimension der Metapher gehen sie ebenso auf die Rolle der Vermittlung der Kunst ein, indem sie die traditionelle Ekphrasis als Beschreibungskunst in den weiteren Kontext der institutionellen Rahmung durch Museen, Galerien und Kuratoren stellen. Gerade dieser Kontext stelle ein Wertesystem, das der Metapher in der Vermittlung in den Augen der drei diskutierenden Künstler einen so negativen Beigeschmack gebe. Baldessari sieht die Lebendigkeit der Kunst und damit ihren Wert für die ästhetische Erfahrung durch die sprachliche Einholung bedroht: »Sobald man etwas beschreibt, ist es tot und vorbei. Ich glaube, was wir zu tun versuchen, ist, Dinge zu tun, die sich nicht wirklich beschreiben lassen, die nicht erfasst werden können.«[41] Weiner merkt an, dass dies sogar zutreffe, wenn es sich um Worte handle: »Wir sprechen über das ganze Konzept von Metapher und Vermittlung, weil die Metapher gewöhnlich ein Trick der Vermittler ist.«[42] Weil Kunst immer eine Präsentation sei, müsse sie als Inszenierung (*mise-en-scène*) und daher auch als Atomsphäre (*ambience*) verstanden werden.[43]

Wenn die Metapher in der Kunst derart problematisch ist, wie – so fragt Beatrix Ruf – lasse sie sich vermeiden? Weiner ist sich nicht sicher, ob er die metaphorische Vereinnahmung seiner Werke verhindern kann. Zumindest versuche er aber, etwas zu präsentieren, dass nicht bereits eine Metapher mit sich bringe.[44] Das Gespräch zwischen den Künstlern ist generell von Humor und Wortspiel gezeichnet. So wendet etwa Baldessari ein: »Ein Metapherntilgungshonorar?« Worauf Weiner antwortet »Pommes, mit oder ohne? Und da ist nur von Mayonnaise die Rede.«[45]

---

40 Ebd., 26.
41 Ebd., 46.
42 Ebd., 130.
43 Vgl. ebd., 48.
44 Vgl. ebd., 62.
45 Ebd., 77.

Ihre Wortbeiträge sind selbst voller Metaphern und Sprachspiele. Wie sie im Gespräch Metaphern verwenden, deutet darauf hin, dass in ihrem Denken Metaphern zur Konzeptualisierung eines Sachverhaltes eine enorme Rolle spielen. Sie kommen mehrmals auf die Idee eines Handbuchs zur Vermeidung von Metapher zu sprechen – »Metaphern für Dummies« wie es heißen könnte –, bezeichnen es dann sogar selbst als Metapher. Weiner korrigiert: »Vielleicht ist es nicht der richtige Ausdruck, aber es ist ein Konzept.«[46] Hier kommt abermals zum Ausdruck, dass sie die Metapher implizit auf einer konzeptuellen Ebene verorten. Weil sie der Metapher vor allem auch eine kommunikative Funktion zusprechen, verhindern sie eine positive Wertung ebenfalls durch die traditionelle Rhetorik. Gillick merkt in dieser Hinsicht an, dass die Metapher auch als Gefahr zu werten sei, weil sie politisch aufgeladen und immer wieder missbraucht werde, um zu verfälschen und zu verstecken. Derart sei die Metapher ein »destruktives politisches Werkzeug«.[47] Diese Gefahr sieht auch Henk Visch – wie bereits angeführt wurde –, wenn er beansprucht, dass die Metapher den Künstlern gehöre und nicht den Politikern. Das Metaphernproblem ist im Wesentlichen eines des Gebrauchs in spezifischen, vor allem künstlerischen Kontexten.

Eine entscheidende Diagnose zur Neuwertung der Metapher in der Gegenwartskunst gibt Klaus Kertess. Er hält die Metapher von so großer Bedeutung für das künstlerische Schaffen, dass er die Biennale des Whitney Museum of Modern Art in New York im Jahr 1995 mit *Metaphor* betitelt. Besonders die Kunst seit den späten 1970er Jahren zeichne sich durch einen positiven Rückgriff auf die Metapher aus:

»Metaphor is also stressed because artists themselves have been more openly stressing metaphor. From the mid1950s well into the 1970s, many artists sought to evacuate metaphor from the premises of their work and created neutralized surfaces that were willed into inscrutably plain factness and/or mirrors that reflected the dictates of their making. (It should not be forgotten that it takes a powerful imagination to successfully imagine away imagination.) Now many of these same artists have opened their work to a greater allusiveness and subjective resonance.«[48]

Sein in Klammern ergänzter Einschub, attestiert der Minimal Art, durch die Leugnung der Metapher implizit ein Zeugnis ihrer imaginativen Kraft zu sein. Die thematische Ausrichtung der Ausstellung an der Metapher solle das reiche Potential

---

46 Ebd., 105.
47 Ebd., 18f.
48 Kertess 1995, 19f.

des Bewusstseins feiern, das durch die Metapher zum Ausdruck komme.[49] Der Künstler – so Kertess Überzeugung – versuche, die mentalen Konzepte in eine rein sinnliche Erfahrung zu verwandeln. Gerade hierin äußere sich die Funktion der Metapher: »The centrality of metaphor to art reflects and distills the centrality of metaphor to our consciousness.«[50]

Kertess geht von der kognitiven Metapher aus, wenn er der Kunst zuschreibt, sie würde das Mentale in das Physische übertragen. Dieses Verständnis der Metapher ist an der Position des Neurowissenschaftlers Gerald Edelman geschult, der für den Katalog zur Biennale einen metapherntheoretischen Beitrag verfasste. Edelman greift die neuen Einsichten der *Cognitive Metaphor Theory* auf, indem er die neurowissenschaftliche Forschung mit der Gestaltpsychologie verbindet. Die fundamentalen Metaphern des Denkens seien mit der Struktur und der Funktionsweise des Körpers verbunden. Die Kunst verstehe eher in engem Zusammenhang mit der neuen Kognitionsforschung. Visuelle Symbole »connect the domains of value and feeling to how we move about in the world and represent events. Most significantly for understanding the wordless metaphors that are the basis of visual art, they connect the structure of mental events to the form and working of our bodies.«[51]

Zwar meint er die kognitive Metapher, doch findet er sie nicht in einem künstlerischen Denken wieder, sondern im Ausdruck. Kunst ist subjektiver Ausdruck, so Edelman. Zudem geht er im Hinblick auf das Denken in Metaphern von der Sprache aus und bestimmt die visuelle ex negativo als »silent metaphor«.[52] Die metaphorische Integration verortet er gemäß der konzeptuellen Metapher der kognitionswissenschaftlichen Forschung auf einer unterbewussten Ebene, die sich rein über den Körper und die Emotionen Ausdruck verschaffe: »A work of art is a formal expression in an object capable of calling up feelings, a silent metaphor that is ultimately connected to the embodiment of the mind.«[53] Sein Fazit lautet daher: »The silent metaphors of art should emerge from the body of the artist without the intervention of will or logic.«[54] Edelmans Einsichten in die Metapher in der Kunst fallen weit hinter die in der Biennale ausgestellten künstlerischen Positionen zurück. Zwar weist er die Metapher als wesentlich kognitives Phänomen aus, redu-

---

49 Vgl. ebd., 25.
50 Ebd., 20.
51 Edelman 1995, 33.
52 Ebd., 43.
53 Ebd., 44. Als Belege führt er einerseits Rainer Maria Rilkes Äußerungen zur Malerei Cézannes als sich selbst überlasse Farbe und andererseits eine Position an, die am ehersten mit Dantos Konzept der Metapher als Künstlerstil zu verstehen ist, allerdings auf die Intention verzichtet, vgl. 45.
54 Ebd., 46.

ziert ihre Funktion in der Kunst hingegen lediglich auf einen unbewussten Ausdruck. Kertess stützt sich maßgeblich auf Edelmans Verständnis der Metapher, geht im Hinblick auf die Künstlerinnen und Künstler der Ausstellung jedoch entscheidend darüber hinaus – muss es sogar, weil die zahlreichen gezeigten Videoarbeiten der an der Malerei orientierten Ausdruckstheorie der stillen Metapher schon der medialen Form nach nicht entsprechen können. Auch wenn sich Kertess an der Verkörperungsthese orientiert, gelingt es ihm, gerade bei Matthew Barneys Video *Cremaster 4* von 1994 die visuelle Metapher auf ein konzeptuelles Niveau zu heben: »each protagonist's body becomes an organ of a larger body compelled toward making the primal scratch. We see Barney's own body becoming a metaphor performing within and being digested by the process of the work.«[55]

MATTHEW BARNEY: METAPHORISCHES DENKEN

Matthew Barneys künstlerische Position ist ein herausragendes Beispiel für die vielschichtige Potenz, die der visuellen Metapher und dem metaphorischen Denken in der bildenden Kunst zukommt. Zudem zeigen seine detaillierten Beschreibungen des kreativen Prozesses und die zahlreichen Produktionsskizzen, auf welche Weise er schrittweise ein metaphorisches Konzeptsystem entwickelt. Aus seinen persönlichen Erfahrungen, seiner Lebensgeschichte heraus lässt er einen eigenständigen ästhetischen Kosmos entstehen, in dem er aus einigen zentralen metaphorischen Modellen komplexe Narrative mit ganz eigener Ikonografie entstehen lässt. Indem er Personen, die Architektur, den Raum, Handlungen wie auch Materialien metaphorisch einsetzt, entwirft er mit dem zwischen 1994 und 2002 entstandenen fünfteiligen *Cremaster Cycle* ein episches Modell des Körpers und seiner Sexualität, der künstlerischen Kreativität und auch der eigenen Biografie. Im Zentrum der Erzählung steht die Geschlechtsausdifferenzierung in der frühen embryonalen Phase. Diesen Prozess entfaltet Barney über die verschiedenen Teile des Zyklus anhand der Bewegung des Cremaster-Muskels, der für das Heben und Senken der Hoden zuständig ist.[56] Die Bewegung nach oben meint daher das Weibliche und diejenige nach unten das Männliche. Wesentlich im Fortgang der Ausdifferenzierung sind im Zyklus allerdings die verschiedenen Zwischenstufen – das Hybride.[57]

---

55 Kertess 1995, 22.

56 Nancy Spector bezeichnet dieses Bewegungskonzept als »Ursymbol in Barneys mothologischer Konstellation«, vgl. Spector 2002, 13.

57 Die Filme sind nicht in numerischer Reihenfolge entstanden: *Cremaster 4* (1995), *Cremaster 1* (1996), *Cremaster 5* (1997), *Cremaster 2* (1999) und *Cremaster 3* (2002). Nancy Spector merkt an, dass die Bewegung des Cremaster besonders in Teil 1 und 4

Ende der 1980er Jahre begann Matthew Barney mit der Performance-Reihe *Drawing Restraint*, in der er sich bei der Fertigung von Zeichnungen körperliche Zwänge als Widerstände auferlegte (Abb. 36). Leitend war hierbei das biochemische Prinzip der Hypertrophie, durch das sich mithilfe starker Belastung ein organischer Zuwachs in Form von Muskelwachstum erzielen lässt. Die Versuchsanordnungen zum Zeichnen orientieren sich in den ersten Performances noch stark an den Geräten in einem Fitnessraum, werden dann aber zunehmend abstrakter. Barneys eigene Biografie ist für die Entwicklung dieses Konzepts ausschlaggebend: In seiner Highschool-Zeit spielte er als Quarterback Football und nahm auch am Ringsport teil. Im Anschluss begann er ein Medizinstudium, um plastischer Chirurg zu werden, wechselte dann aber zur Kunst. Sportpraktiken, biochemische Prozesse und medizinische Materialen wie auch Kenntnisse bilden den wesentlichen Quellbereich seiner metaphorischen Konzepte, um kreative Prozesse darzustellen, aber auch die Zielbereiche der Metaphern, die Prozesse im Inneren des Körpers konkreter fassen sollen. Die Zeichnungen der *Drawing Restraint*-Serie sind beispielsweise Sichtbarmachungen der Hypertrophie, gleichzeitig bringen sie aber das daraus abgeleitete Konzept zum Ausdruck, dass eine Form nur dann Gestalt annehmen oder sich transformieren kann, wenn sie einem Widerstand ausgesetzt ist. Nancy Spector hält das Überschreiten physischer Schwellen daher für ein Grundkonzept seiner Arbeit.[58]

Aus der unmittelbaren Umsetzung eines biochemischen Prinzips in den frühen Performances entwickelt Barney die narrative Entfaltung eines grundlegend metaphorischen Konzepts wie er selbst ausführlich vorträgt:

»There was a series of pieces called *Drawing Restraint*, and those environments were about imposing resistance on the act of drawing. [...] Blocking sleds and weight training equipment became emblematic as creative tools, in spite of the fact they were designed to break down the muscles of the athlete using them. I was attracted to the physiology of the athletic body, and the way that muscles depend on resistance in order to gain strength and mass. A lot of the work around that time was focused on the metaphor that a form could not really grow without resistance. And in that way a lot of the athletic systems that I have grown up with became really useful as models, and as starting points for the story I was interested in telling.«[59]

---

zum Ausdruck kommt, im weiteren Verlauf aber zunehmend der Narration und der Darstellung verschiedener Formen des Aufstiegs des Ichs weicht. Vgl. Spector 2006, 19.
58 Vgl. Spector 2002, 4.
59 Barney in Barney/Obrist 2012a, 8.

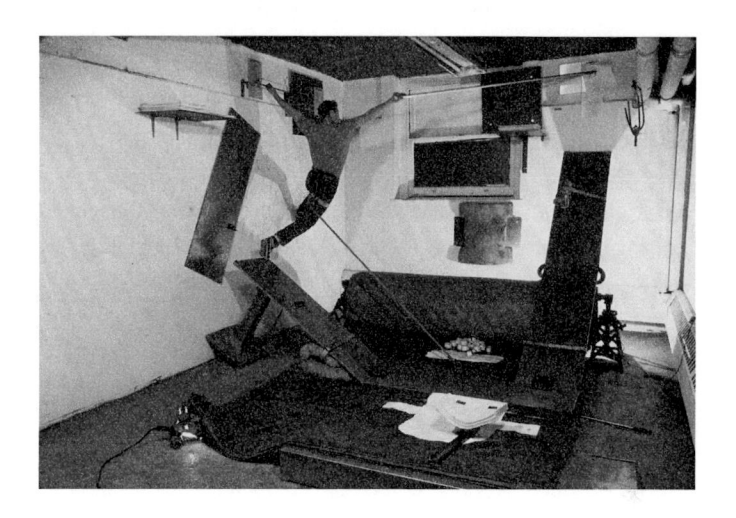

*Abbildung 36: Matthew Barney, Drawing Restraint 2, 1988,
Fotografie der Performance*

Aus der unmittelbaren Anwendung eines physischen Widerstands wird schrittweise ein zentralen Konzept der ästhetische Produktion, das Barney nicht mehr nur seinem eigenen Körper auferlegt, sondern immer abstrakter als Metapher für einen Dialektik polarer Kräfte einstehen lässt.[60] In zwei Werken bereitet er die Grundlegung des Widerstandes als metaphorische Leitvorstellung des *Cremaster Cycle* vor.

In *OTTOshaft*, Barneys Beitrag für die Documenta 9 im Jahr 1992, erweitert er das Konzept des Widerstands durch metaphorische Personifikationen. Der berühmte amerikanische Footballspieler Jim Otto und der Entfesselungskünstler Harry Houdini verkörpern zwei Seiten des dialektischen Grundprinzips. Sie personifizieren nur schwer fassbare Triebe[61] der physischen wie auch künstlerischen Hybris. Der für einen Footballspieler sehr schmächtige Otto ist in Barneys Arbeit extrovertiert und maßlos, will das kreative und physische Potential nach außen tragen. Ihm steht Houdini als introvertierter und kontrollierter Gegenspieler zur Seite. Die Polarität der Kräfte lässt sich durch Friedrich Nietzsches metaphorische Personifikationen von Apollon und Dionysos genauer verstehen, die im Frühwerk des Philosophen ebenfalls die (kreativen) Triebe des Menschen darstellen. Spector bestimmt beide Personen bei Barney als »eine Metapher des kreativen Prozesses«.[62] Otto und

---

60 Vgl. Spector 2006, 17.
61 Vgl. Spector 2002, 11.
62 Spector 2006, 28.

Houdini tauchen in *Cremaster 2* wieder auf. Im Hinblick auf die Geschlechtsausdifferenzierung sowie den kreativen Prozess stellt Houdini den positiven Widerstand gegen eine Ausdifferenzierung dar. Ihr Kräfteringen bringt einerseits die regulierende Leitvorstellung der komplexen Narration und anderseits das anhaltende Streben nach Balance im physischen wie auch kreativen Prozess zum Ausdruck. Spector hält dazu fest: »Die Figuren, zwei Mutationsformen des Willens, funktionieren wie Steuerglieder eines Systems, deren Gegenwirkung ein Gleichgewicht zwischen Implosion und Explosion aufrechterhält.«[63]

In *Drawing Restraint 7* abstrahiert Barney das Prinzip des Widerstandes weiter von seiner eigenen Biografie und greift erstmals auf mythische Figuren zurück. Die Strategie der Übernahme und Remetaphorisierung traditioneller Mythen und Symbolsysteme zeichnet im Folgenden die komplexe Narration des *Cremaster Cycle* wie auch allgemein Barneys künstlerische Sprache aus. In der Videoarbeit von 1993 ringen zwei Satyre – Mischwesen aus der griechischen Mythologie, die bereits für die hybriden Körper einstehen – auf der Rückbank einer Limousine. Sie beide ringen darum, durch das Dachfenster zu gelangen, um das Dach des Fahrzeugs mit einem Zeichen zu versehen. Auf der Vorderbank und am Steuer sitzt Barney – ebenfalls als Hybridwesen mit Ziegenbeinen und Schwanz. Während die Satyre um die Oberhand und eine Entscheidung kämpfen, versucht Barney verzweifelt seinen eigenen Schwanz zu fassen, um den eigenen Kreis des Seins zu schließen und die Indifferenz aufrecht zu halten.[64] Während in *OTTOshaft* Houdini und Otto durch den Kontext des metaphorischen Konzeptsystems Barneys als Repräsentationen abstrakter Triebe fungieren, werden die Satyre durch ebendiesen Kontext nicht (nur) im Sinne der griechischen Mythologie verstanden, sondern mit neuem Sinn belegt und zu Personifikationen hyrider Übergangszustände.

Neben dem Widerstand sind zwei metaphorische Konzepte für das Verständnis des *Cremaster Cycle* entscheidend, die Barney ebenfalls in seinen frühen Werken vorformuliert. ›The Field‹ (Abb. 37), das Feldzeichen, ist in eins sein Künstlersiegel und die schematische Darstellung des metaphorischen Konzepts des Widerstandes. Es erklärt, warum der Widerstand im physischen wie auch kreativen Prozess für Barney im Wesentlichen eine Metapher ist. Nancy Spector fasst Form und Funktion der geometrischen Darstellung pointiert zusammen: »Sein ›Feldzeichen‹ – eine Ellipse, die von einem horizontalen Streifen durchtrennt wird – schematisiert die Öffnung und deren Schließung, den hermetischen Körper, eine Arena der Möglichkeiten.«[65] Das Feldzeichen ist nicht bloß ein Symbol mit reiner Verweisstruktur. Die visuellen Kräfte, der Widerstreit zwischen Ellipse und kreuzender Linie, sind eine

---

63 Spector 2002, 12.
64 Vgl. ebd., 22.
65 Ebd., 7.

konkrete metaphorische Visualisierung der kreativen und körperlichen Kräfte in Barneys metaphorischem Konzeptsystem. Es ist gewissermaßen eine abstrahierte Leitvorstellung, aus der sich das komplexe metaphorische Netzwerk der filmischen Narration kohärent entwickelt.

Abbildung 37: Matthew Barney, TRANSEXUALIS incline (manual) C, 1991, Vinyl, Grafit und Vaseline auf Papier in Rahmen aus selbstschmierendem Kunststoff, 25,1 x 25,1 x 2,5 cm, Sammlung Norman und Norah Stone, San Francisco

Das Feldzeichen induziert eine konzeptuelle Systematik der visuellen Metaphorik. In dieser Weise kann es als kreative Neuschöpfung einer ganzen Kosmologie gesehen werden, die sich ähnlich wie die antike Kosmologie und christliche Mystik aus der Basismetapher der geometrischen Form der Kugel entwickelt, wie bereits Rudolf Arnheim und ferner auch Hans Blumenberg hervorgehoben haben. Ebenso verdeutlicht das Feldzeichen, dass Bildschemata nicht nur als verkörperte Modelle unserem kognitiven Konzeptsystem unbewusst zugrunde liegen – wie die *Cognitive Metaphor Theory* argumentiert.[66] Aus Barneys eigenen Ausführungen geht hervor,

---

66 Stephanie Syring analysierte den *Cremaster Cycle* erstmals explizit unter Einbezug der aktuellen metapherntheoretischen Forschung. Sie zeigt, dass die künstlerischen Modelle ›The Field‹ und ›The Path‹ als Konzeptmetaphern einen übergeordneten Bezugsrahmen bilden, bleibt allerdings zu sehr der kognitionswissenschaftlichen Metapherntheorie verhaftet und legt sie als Modell für die Analyse kreativer Konzepte aus. Zwar kann sie in

dass die geometrische Grundform seines metaphorischen Konzeptsystems ebenfalls ein verkörpertes Schema ist, allerdings nicht unbewusst seinem Denken zugrunde liegt, sondern eine kreative Neuschöpfung ist:

»The principle of resistance training is that you exhaust your muscles, effectively tearing them down, then resting for a period to allow them to heal. During that healing period they become stronger and larger. I always imagined it as an ascending sine curve of growth and recovery. If you chart strength that way, your strength is increasing, but in order for it to increase it has to decrease as it's recovering. So again, I think there was, at a certain point, an attempt to take this biological fact, these ways of mapping the processes within the body, as a way of describing a larger aethetic system.«[67]

Das Feldzeichen taucht bereits in Barneys frühen Performances als Metapher für das Feld des physischen wie auch kreativen Potentials auf (siehe Abb. 36). Indem er das damit verbundene Prinzip des Widerstandes zunehmend abstrakter auffasst und als Leitvorstellung der Ausbildung komplexer Narrationen zugrunde legt, gelingt es ihm die einzelnen Personifikationen und visuellen Metaphern als Transformationen kohärent zur zentralen Metaphorik des Feldzeichens auszubilden.[68]

Das Feldzeichen ergänzt Barney durch das ebenfalls aus körperlichen Prozessen abgeleitete aber zunehmend abstrakter aufgefasste Konzept ›The Path‹. Anhand dreier Schritte hilft es Barney, den Prozess zwischen Disziplin und Produktivität genauer zu konzeptualisieren. Die erste Stufe ist die *Situation* als reiner und roher Trieb und Potential. Im Hinblick auf den *Cremaster Cycle* meint sie den geschlechtsneutralen Zustand der ersten Wochen des Eymbros: »In Anlehnung an die sexuelle Anatomie des Fötus vor der geschlechtlichen Differenzierung belegt Barney die Zone des Möglichen mit der Metapher der embryonalen Entwicklung.«[69] Aus diesem Stadium der Unbestimmtheit entwickelt Barney sein ästhetisches System. In Anlehnung an die menschliche Verdauung bestimmt er die zweite Stufe als *Zustand*. Sie ist ein Kanal, der die Rohenergie des Körpers oder der Kreativität verarbeitet. Die dritte Stufe ist schließlich die *Produktion* als Externalisie-

---

ihren Ausführungen verdeutlichen, warum die Metapher weitaus geeigneter als das Symbol ist, um die komplexe Narration Barneys zu erschießen, doch blendet sie die unbewusste Dimension der Bildschemata und metaphorischen Konzepte der CMT aus. Vgl. Syring 2014, bes. 160.

67 Barney in Barney/Obrist 2012b, 38.
68 Vgl. Syring 2014, 160f. Nancy Spector weist ebenfalls auf die Ordnungsfunktion des metaphorischen Vokabulars hin und motiviert damit bereits implizit eine Lesart des Filmzyklus mit der konzeptuellen Metapher, vgl. Spector 2002, 6.
69 Spector 2002, 5.

rung und konkrete Präsenz der Energie über anale und orale Kanäle. Das dreistufige metaphorische Modell lässt körperliche und kreative Prozesse parallel laufen. Der Metabolismus wird zur Metapher der Kreativität. In seinen Performances wie auch im Filmzyklus versucht Barney, diesen dreiteiligen Prozess kurzzuschließen, indem er die *Produktion* verhindert, um die körperlichen wie auch kreativen Energien »in einem endlosen, autoerotischen Zyklus zwischen Situation und Zustand, Wunsch und Disziplin oszillieren« zu lassen.[70]

Dieses metaphorische Konzept der Kreativität bringt Barney auf vielschichtige Weise durch den Körper, Materialien wie auch architektonische Elemente zum Ausdruck. In einer frühen Performance verschloss er beispielsweise alle Körperöffnungen – Augen, Mund, Anus und Geschlechtsteil – mit Vaseline.[71] Neben der Vaseline gehört auch der Einsatz von Prothesenmaterial zu Barneys wiederkehrender Metaphorik. In der Chirurgie wird ein spezieller Kunststoff für innere wie auch äußere Prothesen eingesetzt, weil er nach Temperaturveränderungen und Verformungen in den ursprünglichen Zustand zurückkehrt. Daher setzt der Künstler ihn als Metapher für Transformationsprozesse wie auch den Drang zur Überschreitung der Körpergrenze ein. Barney erweitert mit derartigem metaphorischem Ausdruck das Feld der bisherigen metapherntheoretischen Forschung, die sich weitgehend nur auf visuelle Metaphern in bewegten und unbewegten Bildwerken konzentrierte. In seinem künstlerischen Werk nutzt er alle Mittel des Ausdrucks auch als Mittel der Metapher. Am Leitfaden seiner künstlerischen Formsprache ließe sich der Gegenstandbereich der Metapherntheorie grundlegend erweitern. Auch neuere Ansätze wie etwa die Forschung zur multimodalen Metapher greifen zu kurz, weil sie in ihrer Orientierung an der Modalität, also einzelnen Sinnen, die Medienspezifik aus dem Blick verlieren.[72] Eine Theorie der visuellen Metapher muss daher der neueren Ikonografie des Materials, wie sie sich in den letzten Jahren in der Kunstwissenschaft etabliert hat, Rechnung tragen.[73]

Barney resümiert den Entwicklungsprozess von konkreten Handlungsmodellen zu allgemeinen metaphorischen Konzepten selbst anhand des Umgangs mit seinen künstlerischen Materialien:

---

70 Ebd., 6.
71 Auch hier zeigt sich wieder, dass Barneys visuelle Metaphorik stets auf seine eigenen Erfahrungen zurückgeht: Sportler nutzen Vaseline, um ihre Mundränder bei langen Spielen vor dem Austrocknen zu wahren. Ebenso wird es in der Medizin als Konservierungsmittel verwendet. Vgl. Scheidemann 2006, 132f.
72 Vgl. bes. Forceville 2009.
73 Zur Materialikonografie vgl. Scheidemann 2006, 131.

»Es waren die Kunststoffe, die mich anzuziehen begannen, die im Körper als innere Prothesen leben und außerhalb des Körpers als prothetische Erweiterung. Damit ließ sich dieser Begriff der Beschreibung eines Narrativs formalisieren, das zwischen Innen- und Außenräumen hin und her springen kann und so eine Beziehung zum Körper hat. Ich glaube, es wurde für mich mit dem Übergang vom figurativen zum architektonischen, ja zum geologischen Maßstab wahrscheinlich befreiender und interessanter. Das geschah in der Zeit, als ich begann, mich wohlzufühlen, wenn ich meine Methode unter dem Gesichtspunkt des Geschichtenerzählens begriff. Das war irgendwann um 1992, nach *OTTOshaft*, aber bevor *Drawing Restraint 7* entstand. Ich kam nach *OTTOshaft* auf *DRAWING RESTRAINT* zurück und beschloss, ein *DRAWING RESTRAINT* zu machen, das kein buchstäblicher Zwang [*restraint*] war, sondern ein theatralischer. Es war ein großer Schritt für mich, den physischen Zwang durch einen eher metaphorischen oder projizierten, von einem Narrativ getragenen Zwang zu ersetzen.«[74]

Die Ausarbeitung der Metaphorik des Filmzyklus stellt mitunter eine Expansion der zentralen Metaphern des Körpers dar. Zur Entfaltung des Narrativs beziehen sie ebenfalls die Schauplätze und Räume des Filmes mit ein. Alles wird zum metaphorischen Ausdruck der zentralen Konzepte. Das weit ausdifferenzierte Metaphernnetzwerk des *Cremaster Cycle* lässt sich auch am Modell der Zwiebel mit übereinander gelagerten Schichten beschreiben: Drehorte sind als Körper zu verstehen wie auch die einzelnen Räume mit ihren Öffnungen, einzelne Personen verkörpern physische oder kreative Kräfte, ihre Handlungen und ihre Ausstattung sind ebenso metaphorisch. Alle Elemente zusammen meinen die allgemeine Metapher der Geschlechtsdifferenzierung und des kreativen Prozesses. Die zentralen Leitvorstellungen bieten den Schlüssel zum Verständnis der vielen sich überlagernden und vermischenden Bedeutungsschichten.

Besonders die Metaphorik des Raumes ermöglicht es Barney, von der polaren Struktur des Widerstands zum komplexen narrativen »Organismus« überzugehen, wie Nancy Spector hervorhebt: »Raumkoordinaten determinieren den Grad des zulässigen Aufstiegs und Abstiegs [des Cremaster], die Identität der Figuren und die Abfolge des Zyklus.«[75] Barney sieht die Protagonisten des Filmzyklus eher zwischen einer klaren Rolle und einer operationalen Zone und damit weniger als fixe Personifikationen.[76] Gerade hier zeigt sich, dass der Bildbegriff für die Metapher viel zu unterkomplex ist, um ihre dynamische Qualität zu erfassen. Die Schauplätze dienen einerseits zur weiteren Entfaltung der Körpermetaphorik, andererseits sind

---

74 Barney zit. nach Urbaschek 2007, 30.
75 Spector 2002, 19.
76 Vgl. Barney in ebd., 19.

sie biografische Bezugspunkt des Künstlers selbst. Sie zeichnen die Landkarte seiner persönlichen Genealogie.[77]

Abbildung 38: Matthew Barney, Cremaster 1: Goodyear Chorus, 1995, C-Print in Rahmen aus selbstschierendem Kunststoff

Im Folgenden soll anhand des ersten Teils des *Cremaster Cycle* exemplarisch verdeutlicht werden, inwieweit das Feldzeichen für Barney eine metaphorische Leitvorstellung zur Ausarbeitung der Narration darstellt. Schauplatz des Films ist das Bronco-Footballstation in Idaho, auf dessen Feld eine Gruppe von Tänzerinnen eine Choreografie aufführt. Ebenfalls auf dem Platz ist die Protagonistin *Goodyear* und führt an Bändern zwei Zeppeline (Abb. 38). Die Filmeinstellungen wechseln immer wieder zwischen dem Station und dem Inneren der Zeppeline, in denen sich Stewardessen und unter einem eingehüllten Tisch – verborgen wie im Mutterleib – erneut *Goodyear* aufhalten. Der Film zeigt den Zustand der völligen Undifferenziertheit des Geschlechts. Die beiden Zeppeline sind aufgrund ihrer Anordnung an den Bändern eine formale Analogie zu den Geschlechtsdrüsen des Embryos. Auch ihre Position hoch über dem Spielfeld steht in direkter Analogie zur Hebung des Cre-

---

77 Vgl. Spector 2006, 19. Ebenso stellt Houdini das Alter Ego Barneys dar: »Er lotet nicht nur die Spannung zwischen Stillstand und Formschöpfung, Differenzierung und Nichtdifferenzierung aus, sondern artikuliert darüber hinaus Barneys Seinswerdung in der Sprache der topografischen Metapher.«, 21.

master-Muskels. In diesem Zustand befindet er sich in der höchsten Position und damit in der stärksten Ausrichtung zum weiblichen Geschlecht hin. Die Geschlechtsausdifferenzierung von Matthew Barney befindet sich noch im Zustand des reinen Potentials.

Geschlecht wie auch Feldzeichen sind Grundlage der auf dem Spielfeld aufgeführten Choreografie. Barneys Produktionszeichnungen verdeutlichen schrittweise den Übergang von Feldzeichen zu weiblichem Uterus (Abb. 39-42). In diesem fortscheitenden Prozess kommt das metaphorische Denken des Künstlers direkt zum Ausdruck. Er verknüpft durch die Choreografie in einem langsamen, homogenen Ablauf das Feldzeichen als geometrische Metapher der Dialektik von Widerstand und reinem Potential mit einer schematischen Darstellung der Eierstöcke. In dieser Weise greift er auf das von Albert Rothenberg ausgearbeitete homogen-räumliche Denken zurück, um in einer dynamischen Bewegung beide Konzepte zu überblenden. Wie bereits Arthur C. Danto an der Karikatur Louis Phillippes zeigte, kann die visuelle Metapher als ein mehrteiliger Formprozess die Verbindung zweier Vorstellungen ermöglichen. Der weibliche Uterus stellt im Falle Barneys die größtmögliche Hebung des Cremaster und wegen der Verbindung der Vorstellungen auch das reine Potential dar, das im Fortgang der embryonalen Entwicklung durch die Bewegung des Cremaster zunehmend einen Widerstand erfährt, der zur eindeutigen Ausdifferenzierung des Geschlechts führt. Im Film werden beide Vorstellungen sogar noch stärker miteinander verbunden, indem das Feldzeichen auf dem Spielfeld abgebildet ist und der Form des Uterus direkt unterlegt ist, sobald die Choreografie sie erreicht (Abb. 43 u. 44).

Indem Barney die Konzepte der Dialektik von Potential und Widerstand und der Geschlechtsausdifferenzierung überblendet, lässt er zugleich auch die Bewegung des Cremasters als Metapher für die künstlerische Ideenfindung zu. Trotz der großen Differenzen sieht er zwischen beiden Prozessen eine deutliche Analogie in der Transformation und letztendlichen Ausbildung der Form:

»Für mich ist das eine Analogie zur Entwicklung einer Idee, die auch Zeit braucht, um klare Konturen zu gewinnen. Der ›CREMASTER‹-Muskel bestimmt die Temperatur im Hoden und beeinflusst so das zukünftige Geschlecht des Fötus. Damit ist er für mich auch eine ausgezeichnete Metapher für die Herausdifferenzierung der Idee im kreativen Prozess.«[78]

---

78 Barney zitiert nach Syring 2014, 157.

Wahrnehmung und Metapher | 419

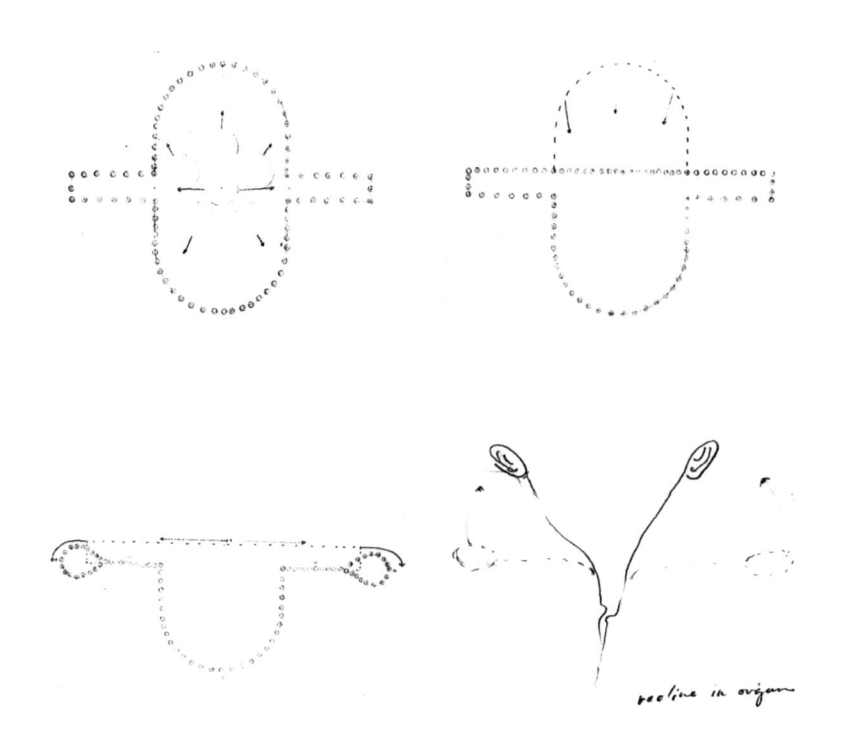

Abbildungen 39-41: Matthew Barney, Crestmaster 1: Choreografische Station von sieben zu acht, zu neun, zu zehn, 1995, Konzeptzeichnung auf Papier
Abbildungen 42: Matthew Barney, Crestmaster 1: Choreografische Station elf, 1995, Konzeptzeichnung auf Indexkarton

Abbildungen 43 u. 44: Matthew Barney, Cremaster 1: Choreogafische Stationen drei und elf, 1995, Produktions-Standfoto

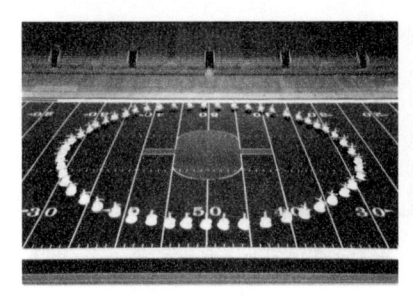

Im weiteren Verlauf des Filmzyklus greift Barney auf sein Konzept ›The Path‹ und dessen Kurzschluss zurück. Ebenso wie das kreative Potential im künstlerischen Prozess will er die Ausdifferenzierung weiter in der Schwebe halten und durch Überbrückung der letzten Stufe die Produktion als Austritt verhindern. Das Motorradrennen in *Cremaster 4* stellt in diesem Sinne den voranschreitenden Wettstreit um eindeutige Differenz dar; die Szenen in der Budapester Oper und der Sturz des Protagonisten von der Brücke in die Moldau schließlich die endgültige Senkung des Cremasters und das theatralische Ende der schöpferischen Indifferenz. Der gesamte Zyklus ist eine Metapher eines einzigen organischen Körpers, alle Räume, Öffnungen und Tunnel im Film sind Metaphern des *Zustands* als Kanäle zur Energieverarbeitung und Transformation.

Ebenso wie die Schauplätze der Filme begreift Barney auch den Ausstellungsraum als Körper und wendet sein metaphorisches System auf die Ausstellungskonzeption an. Die Rotunde des Guggenheim Museum in New York verwandelte er in *Cremaster 3* zu einem organischen Körper mit mehreren Ebenen. Aber auch in weiteren Ausstellungen, die selbst nicht Teil des Films sind, äußert sich die Körpermetaphorik. Im Jahr 2007 stellte er den *Cremaster Cycle* und weitere Arbeiten in der Sammlung Goetz in München aus. Im Zuge der Organismus-Metapher lassen sich die einzelnen Räume des Museums als Körperteile, als Organe verstehen. Dieses Denken überblendet den Ausstellungsraum mit der Vorstellung eines lebendigen Organismus – ein metaphorisches Denken, das nicht der sprachlichen Fixierung bedarf, noch von ihr eingeholt werden kann. Die ENVELOPA-Serie, Fotografien aus *Drawing Restraint 7*, jener Performance, die in der Entwicklung des *Cremaster Cycle* eine Schlüsselrolle einnimmt, setzte Barney bewusst als Bindeglieder zwischen den Räumen ein, um aus der Ausstellung ein organisches Ganzes werden zu lassen.[79] Auch diesen konzeptionellen Aspekt seiner künstlerischen Praxis erklärt Barney – implizit, aber dennoch nicht weniger eindeutig – mit der Metapher:

»Ich neige dazu, es unter organischen Gesichtspunkten zu begreifen; ich neige dazu, es als einen Körper zu begreifen. Ich glaube, bei vielen Entscheidungen, die im Hinblick auf Dauer und Gleichgewicht getroffen werden, geht es um den Versuch, einen Organismus zu beschreiben, der seine eigene Vitalität und sein eigenes Verhalten hat.«[80]

Matthew Barneys metaphorisches Konzeptsystem mag in seiner Komplexität einzigartig sein, weist in seiner Remetaphorisierung bestehender Symbolsysteme wie auch der metaphorischen Nutzung von Materialien deutliche Parallel zur Formsprache von Joseph Beuys aus, wie Nancy Spector für die Deutsche Guggenheim 2006

---

79 Vgl. Urbaschek 2007, 24.
80 Barney zitiert nach ebd., 44.

in einer Ausstellung und dazugehörigem Katalog eingehend ausarbeitete. Beuys künstlerisches Schaffen kann daher als Gegenpol jener Metaphernfeindlichkeit der Minimal Art und des reinen gestischen Ausdrucks des Abstrakten Expressionismus der Mitte des 20. Jahrhunderts gesehen werden.

Beuys eigener Schöpfungsmythos ist die Initialzündung und der Nährboden für seine plastische Sprache und die ihr zugrunde gelegte Metaphorik der künstlerischen Materialien. Im Krieg, so gibt Beuys Auskunft, sei er auf der Krim abgestürzt und von nomadischen Tataren gefunden worden. Diese hätten seinen Körper in Fett und Fils eingehüllt.[81] Beide Stoffe werden fortan fester Bestandteil seiner Kunst. Fett schmilzt unter Wärmezufuhr, ist wichtiges Nahrungsmittel und als Wärmeleiter auch wichtiges Leitmedium. Ebenso ist es formlos und formbar. Fils hingegen hält die Wärme und ist ein organischer Stoff. Beide zusammen stehen in Beuys plastischer Theorie für »die Transformation des Denkens, Sprechens und Handelns aus der absoluten Unordnung in einen Zustand der Definition und Artikulation«.[82] Ähnlich wie Barneys Konzept der Dialektik von Widerstand und reinem Potential entwickelte Beuys anhand von Fett und Fils eine Wärmetheorie, nach der in einem dialektischen Prozess aus einer Idee eine konkrete Form wird. 1964 setzt er mit der Arbeit *Lebenslauf/Werklauf* sein Leben mit der Kunst gleich. Den ersten Eintrag in seiner Künstlervita bildet die Geburt, die er mit folgendem Eintrag listet: *1921 Kleve Ausstellung einer mit Heftpflaster zusammengezogenen Wunde*. Aus diesem Konzept heraus versteht Beuys die Kunst als Heilungsprozess.[83] Das Leben wird zur Metapher für die Kunst, der eigene Schöpfungsmythos zur Metapher für eine Neufindung in der Nachkriegszeit. Anhand der Stofflichkeit konzipierte er soziale und kulturelle Prozesse als natürliche Wandlungsprozesse.

Barney und Beuys verbindet die »Metapher eines Potenzialzustands«[84], der in ein Spannungsverhältnis tritt und den Formprozess einleitet. Eine besondere Analogie beider künstlerischer Positionen ist allerdings ihr Umgang mit der Metaphorik geometrischer Formen. Barneys Feldzeichen findet sich in Beuys Kreuz wieder. In geteilter Form steht es als schematische visuelle Metapher allgemein für die Teilung von Europa und Asien, wie Beuys in seinen Eurasia-Arbeiten zum Ausdruck bringt, und im Besonderen für die deutsche Teilung in Ost und West der Nachkriegszeit.[85] Es transportiert damit Beuys Glaube an die heilende Wirkung der Kunst und die Schließung der Wunde durch das Pflaster. Beuys und Barney entwer-

---

81 Vgl. Spector 2006, 16.
82 Ebd., 24.
83 Vgl. ebd., 21.
84 Ebd., 24. Es stehen sich allerdings Konflikt und Therapie, Hypertrophie und Balance gegenüber.
85 Vgl. ebd., 28.

fen mit den Mitteln der geometrischen Metapher individuelle Modelle der künstlerischen Kreativität und der Welt, die sich anhand einer ganz eigenen Ikonografie entfalten. Diese fasst aber nicht einen festen Symbolkanon zusammen, sondern bildet ein dynamisches Netzwerk lebendiger Metaphern ab, die sich durch die geometrischen Modelle und weitere Leitvorstellungen in ein geordnetes Bedeutungssystem überführen lassen. In ihrer zentralen, kondensierenden wie auch anschaulichen Funktion rücken Kreuz und Feldzeichen in die Nähe etwa des Yin Yang als visuelle Metapher eines Kräfteprinzips als Ausgangspunkt eines Weltbildes bzw. einer Lebensphilosophie.

21 Resümee: Systematische Aspekte visueller Metaphorik

Metaphern finden in den unterschiedlichsten Formen Ausdruck: im Denken, in der Sprache als geschriebenes oder gesprochenes Wort, in Bildern wie Gemälden, Diagrammen, Piktogrammen, Werbegrafiken, schematischen Zeichnungen oder Comics, in Gesten durch Tanz und Gebärdensprache, in Musik durch Rhythmus und Töne und ebenso in der bildenden Kunst zusätzlich durch den Einsatz verschiedener Materialien. Wie kann in diesem weiten Feld der Gegenstandsbereich visueller Metaphern aber genauer eingegrenzt werden? Die kognitionstheoretische Grundlegung der Metapher ermöglicht es, die visuelle *ergänzend* zur sprachlichen Metapher und nicht rein an ihrem Leitfaden auszuarbeiten. Die zentralen Elemente einer Theorie der visuellen Metapher setzen sich aus den folgenden Punkten zusammen:

(1.) *Visuelle Metaphern gehen ebenso wie sprachliche Metaphern auf eine kognitive Spannung zwischen Ähnlichkeit und Differenz zurück.* Diese Spannung lässt sich als Simultaneität, als Einheit des Disparaten, beschreiben. Sie *ist nicht* direktional. Erst, wenn aufgrund einer metaphorischen Integration eine Vorstellung durch eine andere verstanden wird, kommt der Verbindung eine Richtung zu. Visuelle Metaphern *sind* direktional. Die anschauchlichen Elemente sind nicht bereits syntaktisch mit einer Richtungszuweisung verbunden. Aus der anschaulichen Simultaneität können verschiedene Metaphern hervorgehen, wenn aus beiden Richtungszuweisungen ein Verständnisprozess erfolgen kann. In rezeptionsästhetischer Hinsicht ist das Aufspüren und Verstehen von Metaphern ein kognitiver Nachvollzug des metaphorischen Prozesses zwischen anschaulichen Elementen (Rimmele). In produktionsästhetischer Hinsicht können visuelle Metaphern auf eine sinnliche Verbindung von Vorstellungen zurückgehen. Die kognitive Leistung, die am Anfang einer kreativen Metapher steht, muss daher nicht sprachlich konstituiert sein. Bei visuellen Metaphern können mentale Bilder in einem homogenen mentalen Raum verbunden bzw. übereinandergelegt werden (Rothenberg). Dieses anschauliche Denken kann mit dynamischen mentalen Bildern wie auch mit rein schematischen, geometrischen Vorstellungen arbeiten (Arnheim). In produktions- und rezeptionsästhetischer Hinsicht ist das Erzeugen und Verstehen von Metaphern eine kognitive Leistung, die auf alle Sinne zurückgreifen kann. Metaphern können daher multimodal sein (Forceville). In werkästhetischer Hinsicht sind Metaphern an Medien und deren Materialität und Funktionsweise gebunden. Metaphern können daher auch multimedial sein. Es gilt daher, visuelle Metaphern sowohl in ihrer modalen wie auch medialen Eigenheit zu berücksichtigen. Modal, weil sie unterschiedliche Sinne adressieren; medial, weil sie sich in unterschiedlichen Medien konstituieren.

(2.) *Die Metapher lässt sich in genealogischer Hinsicht mit dem Symbol verbinden.* Metaphern können durch Konventionalisierung zu einem Symbol erstarren. Der dynamische Verständnisprozess wird dabei in einer lexikalischen Bedeutung stillgelegt. Symbole, die auf eine innovative Übertragungsleistung zwischen zwei Vorstellungen zurückgehen, waren ursprünglich Metaphern. Ihr kreatives Potential kann durch Remetaphorisierung wiederbelebt werden. Die Metapher ist eine vielversprechende Ergänzung des Symbolbegriffs in der Kunstwissenschaft, weil mit ihrer Hilfe semantische Prozesse differenzierter analysiert werden können. (Gombrich, Dittmann, Pächt, Wittkower, Forrsman, Mannings, Bätschmann, Danto, Hausman, Kaplan, Berry)

(3.) *Die bildliche Metapher ist eine spezielle Form der visuellen Metapher.* Es ist förderlich, sie gesondert zu behandelt, weil in ihrer theoretischen Ausarbeitung wie auch Analyse auf eine elaborierte bild- und kunsttheoretische Methodiken zurückgegriffen und somit auch ihrer medialen Besonderheit Rechnung getragen werden kann.

Metaphern im Bild: In *Mischgestalten* werden zwei Bildelemente zu einer einzigen Form bzw. Figur verbunden, ohne dass die Identität der Einzelelemente aufgelöst wird (Danto, Carroll). Ihnen entspricht ein Sehen-als (Aldrich), das allerdings vom Sehen-in als generelle Wahrnehmung eines Gegenstandes in einer bildlichen Darstellung unterschieden werden muss (Wollheim). Während der Übertragungs- oder Integrationsleistung des metaphorischen Prozesses müssen beide Teile ihre jeweilige Identität aufrechterhalten (Aldrich, Danto, Carroll). Eine Mischgestalt oder Kompositfigur ist daher kein Kippbild. Mischgestalten wurden im Kontext von komplexen bildlichen Darstellungen mit keinem vorgegebenen Grad der Binnendifferenzierung (Malerei) wie auch in schematischen Darstellungen in Zeichnungen oder spezieller in Comics (Gombrich, Kennedy, Rozik, Sonesson, Sedivy) und in Werbegrafiken (Forceville), die durch ein Produkt bereits einen wesentlichen Teil des Kontextes eindeutig bestimmen und auf direkten Nachvollzug zielen, untersucht. Eine Sonderform stellt die *Repräsentation-als* (Goodman, Danto, Majetschak) dar, denn sie löst die direkte Mischung oder Überblendung der Kompositfigur in eine losere Form der Attribution auf. Dinge oder besonders Personen können als etwas oder jemand anders repräsentiert werden. Ein Bildelement kann durch seine Form einem nicht dargestellten Element ähnlich sein oder dessen Platz in einer Darstellung einnehmen (Forceville). Mischfiguren weisen oft eine klare Signalstruktur in Form einer visuellen Anomalie auf. Weil Bilder über keine prädikative Struktur in Form einer festen Syntax bzw. Grammatik verfügen, können sie nicht in gleicher Weise wie die Sprache einen Kategorienfehler, eine Lüge oder Paradoxie hervorbringen. Es wurde daher auf Regelverstöße oder Verletzungen bildlicher Darstellung hingewiesen, die sich gegen eine weit verbreitete Menge von Regeln (Kennedy), die Syntax der Dinge (Sonesson mit Uexküll), den Standard der Richtigkeit (Wollheim), wissenschaftliches Wissen (Hester), Normen des physikalisch Möglichen (Carroll), einen konventionellen Kontext in Form von Fremdheit (Hausman), visuelle Wörtlichkeit (Johnson), die normale Form der allgemein angenommenen Darstellung (Marks) oder in historischer Hinsicht gegen den konventionalisierten Formenapparat einer bestimmten Kultur und Epoche (Wittkower) richten. Diese Formen der Anomalie beziehen sich natürlich auf weitgehend realistische Darstellungen und kommen besonders bei perspektivischen und naturalistischen Bildern zum Ausdruck.

Metaphorik im Bild: Von Metaphern kann die Metaphorik im Bild unterschieden werden, die auf metaphorische Prozesse zwischen Bildelementen zurückgeht. Hierbei werden die Elemente formal – durch Form- und Farbgebung wie auch kompositorische Engführungen – aufeinander bezogen, um einen metaphorischen Verständnisprozess zwischen ihnen einzuleiten (Bätschmann, Wagner, Majetschak, Hausman). Bild-Metaphorik ist zumeist sehr stark kontextabhängig und kann sich auf die Interpretation aller Bildelemente auswirken (Johns, Rimmele).

Bild als Metapher: Ein Bild ist metaphorisch, wenn die Art der Darstellung, etwa die Malweise, oder einzelne Bildelemente das Bild als Ganzes neu verstehen lassen (Wollheim). Der Stil aber auch der Künstler bzw. die Künstlerin können von Bildern metaphorisch ausgedrückt werden (Danto, Hausman).

Metaphorizität der Bildlichkeit: In den Initialschriften der bildlichen Wende von William J. T. Mitchell und Gottfried Boehm wurde die Metapher genutzt, um Einsichten in die Eigenart des Bildes zu ermöglichen und die Kluft bzw. die Trennung zwischen Sprache und Bild zu überbrücken. Metapher und Bild eint ein Grundkontrast der Bildlichkeit, eine Simultaneität (Boehm). Beide Positionen sind keine Bildtheorie der Metapher, sondern greifen auf die Metapher als zentrales Argument zurück, um Sprache und Bild wechselseitig aufeinander zu beziehen.

Metaphern zum Bild: Konventionelle Arten der bildlichen Darstellung wie etwa Linien als Konturen von Objekten oder als Wiedergabe von Gerüchen, Geräuschen und Bewegungen sind metaphorisch (Kennedy). In ihnen kann in Analogie zur Metapher des *Pars pro toto* als sprachliche Merkmalssetzung eine Funktionsweise der Metapher in der Konstitution eines Symbolsystems gesehen werden. In ähnlicher Weise hat Erwin Panofsky die Zentralperspektive der bildlichen Darstellung als symbolische Form ausgewiesen.

(4.) *Mediale Metaphern geben die Eigenart eines Mediums auf metaphorische Weise wieder.* Hierbei heben sie einzelne Aspekte hervor, blenden andere wiederum aus, weshalb ihnen erkenntnistheoretisch auch eine enorme Bedeutung zukommt. *Sie sind eine genuine Form der Bildreflexivität.* Einzelne Bildelemente können auch zu Metaphern des Bildes als Medium werden. Fenster, Spiegel, Schleier, Vorhang und Haut wurden in der Malerei wiederholt genutzt, um die Mimesis, Flächigkeit und das Sich-Zeigen des Bildes zum Ausdruck zu bringen (Stoichita, Kruse). In diesen Metaphern hatte bereits Alberti das Bild definiert und – in ähnlicher Weise wie Vico und Herder für die Sprache – einen Ursprungsmythos der Malerei formuliert. Apparaturen wie etwa die Camera Obscura oder Techniken wie die photographische Belichtung wurden als visuelle Modelle für die Wahrnehmung und das mentale Verarbeiten von Bildern genutzt (Crary). Das Visuelle kann eine besondere Reflexionsform über das Wesen der Metapher sein. Hierbei können einerseits Ausdrücke zur Bestimmung der Metapher wörtlich genommen und als metaphorisch entlarvt werden (Visch), andererseits können anschauliche Darstellungen den metaphorischen Prozess alternativ zur Sprache auf genuin visuelle Weise erfassen.

(5.) *Ein Denken in Metaphern kann ebenso visuell wie sprachlich erfolgen.* Hieran schließt die Frage nach der semantischen oder formal-anschaulichen Verbindung der Vorstellungen an. Die formal-anschauliche Verknüpfung wird zumeist missachtet oder als allgemeine Visualität der Metapher missverstanden. Nur wenige Metaphern gehen im Denken auf eine anschauliche Verbindung zweier Vorstellungen zurück, denn die beiden Elemente des metaphorischen Prozesses müssen neben einer semantischen Ähnlichkeit auch eine anschauliche aufweisen, um verbunden werden zu können. Um die Abstraktheit des Denkens zu überbrücken, wenden wir räumliche Vorstellungen auf Denkprozesse an (Cassirer, Arnheim, Lakoff/Johnson, Fauconnier/Turner). Disparate Vorstellungen werden als räumlich getrennt oder in verschiedenen mentalen Räumen begriffen bzw. konzeptualisiert. Um diese Vorstellungen zu verbinden, können sie räumlich übereinandergelegt oder überblendet werden. Eine homogene Räumlichkeit erzeugt eine kognitive Spannung und ermöglicht eine Integrationsleistung als metaphorischen Prozess. Die im metaphorischen Denken überblendeten oder vereinheitlichten Räume können entweder visuell (Rothenberg) oder semantisch und syntaktisch sein (Fauconnier/Turner).

(6.) *Visuelle Metaphern können Medien, Materialien, Praktiken und den Körper sowie den Raum für metaphorische Sinnübertragungen nutzen.* Besonders seit der Konzeptkunst des 20. Jahrhunderts äußern sich künstlerische Metaphern neben dem sichtbaren Material ebenso im konzeptuellen Denken. Metaphorische Leitvorstellungen können die künstlerische Praxis anleiten und sich dabei auch nur indirekt – also nicht explizit als Ausdrucksmetapher – äußern (González-Torres, Beuys, Barney, Brus). Metaphorische Leitvorstellungen, konzeptuelle Modelle oder schematisch geometrische Metaphern sind Arten konzeptuellen metaphorischen Denkens. Besonders *Artist Statements* geben über die produktionsästhetische Dimension der Metapher Auskunft.

Diese Tendenz zur Metapher ist allerdings jüngeren Datums. Auf Seiten der Künstlerinnen und Künstler geht sie auf den Traditionsbruch der Avantgarden und die Zunahme individueller Künstlerikonographien zurück; auf Seiten der Theoretikerinnen und Theoretiker geht sie auf die Kritik am traditionellen Symbolbegriff und an der Bestimmung der Metaphern als Substitution zurück. Dennoch wurde seit Mitte des 20. Jahrhunderts von Künstlerinnen und Künstlern vermehrt Skepsis gegenüber der Metapher und dem Anthropomorphismus geäußert oder vehemente Ablehnung vertreten (Pollock, Kosuth, Baldessari/Weiner). Diese negative Sicht geht maßgeblich auf ein Verständnis der Metapher als Substitution, direkte Referentialität oder subjektiv-interpretative Vereinnahmung zurück. Gerade aber ihre kognitionstheoretische Grundlegung und erkenntnistheoretische, ästhetische und ebenso anthropologische Aufwertung bieten einen neuen, positiven Zugang zu ihrer Bedeutung und kreativen Funktion in der Kunst.

Nachwort

Warum wurde für die systematische Bestimmung visueller Metaphern so weit ausgeholt? Dies geschah, um den Diskurs um visuelle Metaphern mit einer sprachphilosophischen, erkenntnis- und kognitionstheoretischen Perspektive zu verbinden. Erst diese globale Einordnung des Gegenstandes ermöglichte es, ihn in seiner Tragweite und allen seinen Facetten hinreichend zu bestimmen. Die Sprache wurde nicht als gegebenes System betrachtet. Auf einer tieferen Ebene der Sprachgenese wurde der Bezug zwischen Metapher, Begriff und Bild hergestellt. Die kognitive Metapher als Verbindung zweier disparater Vorstellungen, deren Spannungsverhältnis einen Verständnisprozess einleitet, ist der Ausgangspunkt, um sprachliche und visuelle Metapher wechselseitig aufeinander zu beziehen. In einer ersten systematischen Grundlegung visueller Metaphern wurden neuralgische Punkte der Forschung aufgezeigt. Zudem wurden die aktuellen Positionen an bestehende sprachphilosophische, erkenntnistheoretische, anthropologische, ästhetische und kognitionswissenschaftliche Diskurse angeschlossen und damit ebenso ein Ausblick auf Forschungsfragen gegeben, die nach weiterer und detaillierterer Beantwortung verlangen.

Wesentlicher Ausgangspunkt der Theorie ist Max Blacks Sicht der Metapher als kognitive Interaktion. Die Bestimmung wurde vor dem Hintergrund der interdisziplinären Metaphernforschung seit den 1960er Jahren im Hinblick auf ihre Funktion als kognitive und historische Semantik kritisch befragt und mit ihrer kreativen Funktion der individuellen Hervorbringung von Ähnlichkeiten verbunden. Ein zentrales methodisches Mittel war hierbei der Nachweis der notwendigen Metaphorik des Diskurses. Die Metapher ist selbst eine Metapher und charakterisiert den Verständnisprozess als Übertragung. Die Metapher kann nur auf metaphorischem Wege beschrieben, nicht aber begrifflich definiert werden. Anstelle eines generellen Entzugs der Metapher wurde ein Perspektivismus genutzt, der verschiedene Metaphern zur Beschreibung des metaphorischen Prozesses vorstellt, sie in ihrer jeweiligen Fokusbildung berücksichtigt und keine Bestimmung absolut setzt. Die Metapher wird seit der Aristotelischen Namengebung (*metaphorà*) durch unterschiedliche

Metaphern neu bestimmt: Übertragung, Transport, Kreuzung, Mischung, Integration, Interaktion, Projektion, *mapping*, Filter, Perspektive, Sehen-als, Seismograf, Prägnanz als Schwangerschaft und Prägung als Namengebung. Hierdurch wurden mitunter gegensätzliche Aspekte hervorgehoben wie Statik und Bewegung und der Wechsel einer zugewiesen Stelle gegenüber einer neuen Sichtweise. Der reflexive Metapherngebrauch hat es vor allem ermöglicht, die Engführung der Metapher auf den Bildbegriff systematisch zu entlarven und detailliert zu kritisieren.

In ihrer stärksten erkenntnistheoretischen Ausdeutung wird die Metapher zum *missing link* in der Überbrückung der Kluft zwischen Denken, Sprache und Wahrnehmung. Gerade in ihrer doppelten Funktion des Verständnisses der Welt am Leitfaden des Menschen (Anthropormorphismus) und der Beschreibung der Geistestätigkeit anhand des menschlichen Körpers (Physiomorphismus) wurde der Schlüssel zum Verständnis der seelisch-körperlichen Doppelnatur gesehen. Die Bedeutung der Metapher für die Verkörperung des Geistes wurde im 20. Jahrhundert zunehmend verwissenschaftlicht und empirisch-psychologisch belegt. Grundlegend ist hierbei die Frage nach dem Zusammenhang von Wahrnehmung und Denken und im Besonderen dem Übergang von der Sinnlichkeit zur Begriffssprache, von der Sinnesfülle zur begrifflichen Abstraktion. Welche Kontinuen ergeben sich aus der Einsicht in die genetische Funktion der Metapher im dynamischen Prozess der Sprachbildung und -entwicklung? Die Metapher kann selbst entlang einer Linie der qualitativen Übergänge zwischen kreativ, konventionell, schlafend und tot verortet werden. Doch wie lassen sich Bild und Begriff auf einer Linie der Abstraktionsgrade verorten? Ist eine derartige Verortung überhaupt möglich?

Sieht man in der Metapher eine wesentliche Funktion der Sprache als dynamischer Prozess oder der Darstellungskonventionen von Bildern, geht es allgemein um die Übergange von einerseits der Sinnesfülle zum Begriff und andererseits der Wahrnehmung zur bildlichen Darstellung. Sofern die Metapher zur Bestimmung dieser Übergänge genutzt wird, können sie nicht fließend sein, da ihr wesentlich eine Setzung, ein Hiatus, ein Sprung eigen ist. Bereits Nietzsche beschreibt die Übergänge zwischen Nervenreiz, Bild und Laut anhand der Metapher als Springen in eine neue Sphäre. Herder und später Cassirer gründen die sprachlichen Kategorien auf eine Merkmalssetzung nach dem Prinzip des *Pars-pro-toto*. Oftmals wurde eine vermittelnde Zwischenebene angenommen: das Schema (Kant), Bildschema (Johnson), die Wahrnehmungskategorien (Arnheim), Gestaltwissen (Black), geometrische Entitäten (Wheelwright), das Ikon (Peirce), die Aspektwahrnehmung (Wittgenstein). Ist dieser Sprung bzw. ist diese Verknüpfung zwischen den Wahrnehmungsinhalten und der Sprache einmal getätigt, ermöglicht die Konventionalisierung eine Festigung und anhaltende Abstraktionsbewegung. In ähnlicher Weise lassen sich Linien als Umrisslinien von Objekten und die Zentralperspektive als konventionelles, bildliches Darstellungsmittel verstehen. Die kreativen Sprünge oder Setzungen die hierdurch vollzogen wurden, sind zu Konventionen geworden. Allgemein lässt sich daher sagen, dass Metaphern ebenso im Aufbau und in der Erweiterung eines Zeichensystems wie auch im Umgang mit einem Zeichensystem wirken. Genauso wie es Metaphern *zur* Sprache und *in* der Sprache gibt, kann von Metaphern *zum* Bild und *im* Bild gesprochen werden. Die allgemeine Verortung der Metapher in der Kognition als spannungsvolle Verbindung disparater Vorstellungen ermöglicht es, diese beiden grundsätzlichen Funktionen der Metapher in Zeichensystemen zu verbinden.

Wie kann die Metapher im Denken aber analysiert werden? Es muss kritisch hinterfragt werden, inwieweit Metaphern in bestimmten Medien wie der Sprache und materiellen Bildern überhaupt Aufschluss über das Wesen der kognitiven Dimension der Metapher geben können. Ist Metaphorik wirklich ein Eisberg aus einem homogenen Material, dessen wahrnehmbare Spitze auf einen größeren Teil unterhalb der Wasseroberfläche bzw. im Denken verweist? Nimmt man an, dass das Denken rein sprachlich verfährt, kann diese Differenz aufgrund einer strukturellen Entsprechung heruntergespielt werden. Nimmt man jedoch an, dass ebenso visuell und vor allem in Metaphern gedacht werden kann, dann stellt sich die Differenz als weitaus größeres Problem dar. Um einem naiven Analogieschluss zu entgehen, wurde der Differenz zwischen modalen und medialen Formen Rechnung getragen. Einerseits muss die besondere Medialität des metaphorischen Ausdrucks berücksichtigt werden, andererseits nehmen wir Metaphern durch unterschiedliche Sinne wahr und denken auch in verschiedenen Modalitäten. Ausdrucksmetaphern sind daher keine Abbilder kognitiver Metaphern.

Besonders im Hinblick auf die Metapher muss die strenge Dichotomie zwischen Bild und Sprache aufgelöst und in ein Denken einer prozessualen Verbindung, der sprunghaften Übergänge überführt werden. Nur auf der Grundlage dieser philosophischen Neubestimmung der Metapher, kann eine Ästhetik der Metapher formuliert werden, deren wesentlicher Teil auch eine Theorie der visuellen Metapher ist. Sechs Aspekte einer Ästhetik der Metapher können unterschieden werden:

(1.) die poetologische Dimension der Metapher, ihre Rolle und Funktion in der Dichtung [dieser Aspekt ist bereits seit der antiken Gründung der Metapherntheorie fester Bestandteil der Forschung und wurde daher vernachlässigt];
(2.) die Funktion, die der Metapher in der sprachlichen Einholbarkeit des Ästhetischen zukommt;
(3.) der Visualismus als Moment der Metapherntheorie, die visuellen Metaphern zur Beschreibung des metaphorischen Prozesses;
(4.) Kunst als metaphorischer Ausdruck;
(5.) nicht-sprachliche Metaphern [der Fokus wurde auf visuelle Metapher gelegt];
(6.) die Bedeutung und Funktion der Metapher zwischen Sprache, Anschauung und Denken und damit verbunden ihre erkenntnistheoretische Dimension [als Verbindung der ersten fünf Punkte].

Die Analysen haben mitunter gezeigt, dass zwischen der Metapher als künstlerischer Ausdruck und visuellen Metaphern oftmals nicht hinreichend unterschieden wurde. Die künstlerische Übersetzungsleistung einer mentalen, emotiven Disposition in eine erfahrbare Form als kunstphilosophische Ausdruckstheorie der Metapher von metaphorischen Prozessen in sichtbaren Gebilden zu unterscheiden, ermöglicht es, die visuelle Metapher von Wesensbestimmungen der Kunst zu lösen. Die Unterscheidung verschiedener Typen der visuellen und besonders der bildlichen Metapher hat verdeutlicht, inwieweit sich die Gegenstandsbereiche unterschiedlicher Disziplinen überschneiden. Im Anschluss an eine Grundlegung der visuellen Metapher gilt es, den Dialog zwischen den Disziplinen zu ermöglichen. Gerade im Hinblick auf die bildliche Metapher und die Modellfunktion medialer Metaphern treffen sich Ikonologie und Metaphorologie. Besonders die Ikonologie der Leitmotive der Malerei als Medium bietet, sofern sie Symbol, Metapher und Modell aufeinander bezieht, einen zentralen Ansatzpunkt für eine vergleichende Analyse der Disziplinen. Diese ist keine metapherntheoretische Vereinnahmung der Ikonologie, wenn der Metaphern- und Modellbegriff bereits in einer dem Ikonischen Rechnung tragenden Form entwickelt wurde. Ebenso ließen sich Metaphorologie, Ikonologie und Erkenntnistheorie im Hinblick auf die Modellfunktion optischer Medien in der Wissenschaftsgeschichte verbinden. Die als Texthermeneutik ausgearbeitete Metaphorologie Hans Blumenbergs darf hierbei allerdings nicht einfach auf Bilder erweitert werden. Vor dem Hintergrund einer allgemeinen historischen Semantik müssen die Disziplinen in ihrer metaphernreflexiven Methodik wechselseitig aufeinander bezogen werden. In diesem Sinne ist die Grundlegung der Ästhetik der Metapher ein Ausgangspunkt für einen interdisziplinären Dialog um die Geltung, Funktion und Bedeutung visueller Metaphern und ihrer jeweiligen disziplinären Bestimmung.

Anschlüsse der hier vorgelegten Ästhetik der Metapher an aktuelle Diskurse sind zudem möglich, indem die Metapher allgemein als Form der symbolischen Aktivität oder der symbolischen Artikulation verstanden wird. Im Hinblick auf das Bild würde dies heißen, dass sich wahrnehmbare Relationen als Symbole oder Metaphern verstehen lassen, wenn Elemente ausgemacht werden können, denen eine symbolische Bedeutung oder eine metaphorische Interaktion zugeschrieben werden kann. Hierbei muss allerdings zwischen einer allgemeinen Bestimmung des Symbols als Bedeutungselement und einer spezifischen genetischen Verbindung von Metapher und Symbol im Hinblick auf die Konventionalisierung eines Zeichengebrauchs unterschieden werden. Über die symbolische Aktivität wäre dann ein Anschluss an die aktuelle kognitionswissenschaftliche Erweiterung der Metapherntheorie etwa von Raymond Gibbs möglich, über die symbolische Artikulation an die ebenfalls stark auf Ernst Cassirer zurückgehende Verkörperungstheorie von John Michael Krois, Horst Bredekamp, Jürgen Trabant und Sabine Marienberg. Erstere Forschungstendenz würde durch die hier angelegte Theorie im Hinblick auf kreative und visuelle Metaphern differenziert und letztere an die Metapherntheorie anschlussfähig gemacht werden. Über die hier ausgearbeitete Ästhetik, ihre Traditionslinien und die Bestimmung des Anthropomorphismus in Abgrenzung zum Anthropozentrismus wäre zudem eine differenzierte und kritische Analyse der objektorientierten Ontologie von Graham Harman und Ian Bogost möglich, deren zentrales Argument eine ästhetische Grundlegung der Philosophie am Leitfaden der Metapher ist.

In der Ausarbeitung einer Theorie der visuellen Metaphern wurde der Fokus auf Beispiele der bildenden Kunst gelegt. Dies geschah vor allem, um die weitgehend in der Comic- und Werbegrafik verbleibende Forschung durch eine elaborierte kunstwissenschaftliche Position zu ergänzen. Die vorgelegten Beispiele stammen besonders aus der bildenden Kunst des 20. Jahrhunderts. Diese Schwerpunktsetzung wurde vorgenommen, um stärker auf produktionsästhetische Aspekte einzugehen, die im Falle von Félix González-Torres, Matthew Barney und Johannes Brus vor allem durch Künstler-Statements befördert werden. Für einen stärker kunst*historischen* Ansatz zu bildlichen Metaphern verweise ich auf die aktuelle Forschung von Marius Rimmele. Ausgeblendet wurden besonders Ansätze zur Metapher in der Musik, die den Rahmen einer Theorie der visuellen Metapher übersteigen. Filmtheoretische Positionen wurden zwar bedacht, die Möglichkeit metaphorischer Sinnstiftung in Bewegtbildern jedoch ebenso vernachlässigt. In beiden Feldern ist mehrfach auf nonverbale Metaphorik eingegangen worden. Während filmtheoretische Positionen wie diejenige Trevor Whittocks und Noël Carrolls in Beiträgen zur visuellen Metapher immer wieder aufgegriffen wurden, bleibt die Rezeption musikwissenschaftlicher Thesen eine Marginalie. Besonders auffällig ist, dass – trotz der Theoriebildung zur Metapher in der Werbegrafik – designwissenschaftliche Beiträge nicht bedacht werden. Seit den 1960er Jahren wird in der Designtheorie zur Etablierung differenzierter Gestaltungs- und Forschungsmethoden vermehrt auf die Rhetorik zurückgegriffen und dabei auch die Metapher als Gestaltungsmittel diskutiert. Gerade in Hinblick auf die Hervorbringung neuer Ähnlichkeiten durch Metaphern kann diese Forschung für die allgemeine Metapherntheorie von großem Ertrag sein.

Die Ästhetik der Metapher meint neben der anschaulichen Verbindung auch allgemein ein anschauliches Denken. Metaphern kommen ebenso im Verständnisprozess wie auch in der Sinnstiftung zum tragen. Mit Hilfe von Metaphern neue Ähnlichkeiten zu erzeugen, geht mitunter auf die Intelligenz der Wahrnehmung zurück, das Gesehene gemäß gebildeter dynamischer Faktoren zu abstrahieren. In diesem Sinne ist die Erkenntnisleistung der Metapher nicht eine *creatio ex nihilo*, sondern eine sinnliche wie auch sprachliche Aneignung und Umformung der Welt.

Literatur

Abel 1987: Günter Abel, »Logik und Ästhetik«, in: *Nietzsche-Studien* Band 16, Berlin/New York 1987, S. 112-148.

Adler 1990: Hans Adler, *Die Prägnanz des Dunklen. Gnoseologie, Ästhetik, Geschichtsphilosophie bei Johann Gottfried Herder*, Hamburg 1990.

Alberro 2003: Alexander Alberro, *Conceptual art and the politics of publicity*, Cambridge (Mass.) 2003.

Alberti 1436: Leon Battista Alberti, *Über die Malkunst/Della pittura*, hrsg. u. übersetzt v. Oskar Bätschmann, Darmstadt 2002 [ital. Org. 1436].

Albus 2001: Vanessa Albus, *Weltbild und Metapher. Untersuchungen zur Philosophie im 18. Jahrhundert*, Würzburg 2001.

Aldrich 1963: Virgil Charles Aldrich, *Philosophy of Art*, Englewood Cliffs 1963.

Aldrich 1968: Virgil Charles Aldrich, »Visuelle Metaphern« [engl. Org. 1968], in: Anselm Haverkamp (Hrsg.), *Theorie der Metapher*, Darmstadt 1983, S. 142-159.

Apel 1963: Karl-Otto Apel, *Die Idee der Sprache in der Tradition des Humanismus von Dante bis Vico, Archiv für Begriffsgeschichte* Band 8, Bonn 1963.

Aristoteles 1980: Aristoteles, *Rhetorik*, hrsg. u. übersetzt v. Franz G. Sieveke, München 1980.

Aristoteles 1982: Aristoteles, *Poetik*, Griechisch/Deutsch, hrsg. u. übersetzt v. Manfred Fuhrmann, Stuttgart 1982.

Arnheim 1948: Rudolf Arnheim, »Abstract Language and the Metaphor« [1948], in: Ders., *Toward a Psychology of Art. Collected Essays*, Berkeley/Los Angeles 1966, S. 266-282.

Arnheim 1969: Rudolf Arnheim, *Anschauliches Denken. Zur Einheit von Bild und Begriff*, Köln 1972 [engl. Org. 1969].

Asmuth 1991: Bernhard Asmuth, »Seit wann gilt die Metapher als Bild? Zur Geschichte der Begriffe ›Bild‹ und ›Bildlichkeit‹ und ihrer gattungspoetischen Verwendung«, in: Gert Ueding (Hrsg.), *Rhetorik zwischen den Wissenschaften*.

Geschichte, System, Praxis als Probleme des »Historischen Wörterbuchs der Rhetorik«, Tübingen 1991, S. 299-309.

Bätschmann 1978: Oskar Bätschmann, »Beiträge zu einem Übergang von der Ikonologie zu kunstgeschichtlicher Hermeneutik« [1978], in: Ekkehard Kaemmerling (Hrsg.), *Bildende Kunst als Zeichensystem 1: Ikonographie und Ikonologie. Theorien – Entwicklung – Probleme*, Köln 1979, S. 460-484.

Bätschmann 1982: Oskar Bätschmann, »Diskurs der Architektur im Bild. Architektur im Werk von Poussin«, in: Carlpeter Braegger (Hrsg.), *Architektur und Sprache. Gedenkschrift für Richard Zücher*, München 1982, S. 11-48.

Bätschmann 1984: Oskar Bätschmann, *Einführung in die kunstgeschichtliche Hermeneutik. Die Auslegung von Bildern*, 4., aktualisierte Auflage, Darmstadt 1992 [1984].

Baldessari/Weiner 1999: John Baldessari/Laurence Weiner, *The Metaphor Problem Again*, Zürich 1999.

Baldessari/Gillick/Weiner/Ruf 2007: *Again the Metaphor Problem and Other Engaged Critical Discourses about Art. A Conversation between John Baldessari, Liam Gillick and Lawrence Weiner, moderated by Beatrix Ruf*, hrsg. v. Cristina Bechtler, Wien 2007.

Barney/Obrist 2012a: »Beginnings and Endings with Jonathan Bepler, 2001«, in: *Matthew Barney/Hans Ulrich Obrist*, Köln 2012, S. 7-34.

Barney/Obrist 2012b: »Looking at *Drawing Restraint Vol.1* phone call, February 2005«, in: *Matthew Barney/Hans Ulrich Obrist*, Köln 2012, S. 37-44.

Baumgarten 1739: Alexander Gottlieb Baumgarten, »Metaphysica« [1739], in: Ders.: *Texte zur Grundlegung der Ästhetik*, hrsg. u. übersetzt v. Hans Rudolf Schweizer, Hamburg 1983, S. 1-66.

Baumgarten 1758: Alexander Gottlieb Baumgarten, *Ästhetik*, Band 2 [1758], Hamburg 2007.

Baxandall 1979: Michael Baxandall, »The Language of Art History «, in: *New Literary History*, Vol. 10, No. 3, Anniversary Issue: I (Spring, 1979), S. 453-465.

Beardsley 1958: Monroe C. Beardsley, *Aesthetics. Problems in the Philosophy of Criticism*, New York/Burlingame 1958.

Bechtler 2007: Cristina Bechtler, »Preface«, in: Baldessari/Gillick/Weiner/Ruf 2007: *Again the Metaphor Problem and Other Engaged Critical Discourses about Art. A Conversation between John Baldessari, Liam Gillick and Lawrence Weiner, moderated by Beatrix Ruf*, hrsg. v. Cristina Bechtler, Wien 2007, S. 6-9.

Bell 2010: Kirsty Bell, »Ungewöhnliche Objekte«, in: *Alicja Kwade*, Ausst.-Kat. kestnergesellschaft Hannover/Westfälischer Kunstverein Münster 2010, Berlin 2010, S. 17-20.

Berry 1967: Ralph Berry, »The Frontier of Metaphor and Symbol«, in: *The British Journal of Aesthetics*, Vol. 7, Issue 1 (1967), S. 76-83.

Biese 1890: Alfred Biese, *Das Associationsprincip und der Anthropomorphismus in der Aesthetik. Ein Beitrag zur Aesthetik des Naturschönen*, Kiel 1890.

Biese 1893: Alfred Biese, *Die Philosophie des Metaphorischen. In Grundlinien dargestellt*, Hamburg/Leipzig 1893.

Bilstein 2011: Johannes Bilstein, »Vorwort«, in: Ders. (Hrsg.), *Die Künste als Metaphern*, Oberhausen 2011, S. 7-12.

Bitterli 2004: Konrad Bitterli, »Zwischen Medien. Zu den Foto- und Videoarbeiten von Silvie und Chérif Defraoui«, in: *Defraoui. Archives du futur 1975-2004*, Ausst.-Kat. Kunstverein St. Gallen Kunstmuseum/Musée d'art moderne et contemporain Genève/Macedonian Museum of Contemporary Art Thessaloniki 2004-2005, Nürnberg 2004, S. 49-59.

Black 1954: Max Black, »Metaphor« [1954], in: Ders., *Models and Metaphors. Studies in Language and Philosophy*, Ithaca/New York 1962, S. 25-47.

Black 1962: Max Black, *Models and Metaphors. Studies in Language and Philosophy*, Ithaca/New York 1962.

Black 1964: Max Black, *A Companion to Wittgenstein's ›Tractatus‹*, Ithaca/New York 1964.

Black 1977: Max Black, »More about metaphor«, in: *Dialectica* Vol. 31, Nr. 3-4 (1977), S. 431-457.

Blümle/Huss/Windgätter 2017: Claudia Blümle/Till Julian Huss/Christof Windgätter, «Stop-and-Go: Gehen, Stehen, Sehen am Schaufenster«, in: Gabriele Brandstetter/Kai van Eikels/Anne Schuh (Hrsg.), *DE/SYNCHRONISIEREN? Leben im Plural*, Hannover 2017, S. 235-258.

Blümle/Wismer 2016: *Hinter dem Vorhang. Verhüllung und Enthüllung seit der Renaissance – von Tizian bis Christo*, hrsg. v. Claudia Blümle u. Beat Wismer, Ausst.-Kat. Museum Kunstpalast Düsseldorf 2016, München 2016.

Blum 2015: Gerd Blum, *Fenestra prospectiva. Architektonisch inszenierte Ausblicke: Alberti, Palladio, Agucchi*, Berlin/Boston 2015.

Blumenberg 1957: Hans Blumenberg, »Licht als Metapher der Wahrheit. Im Vorfeld der philosophischen Begriffsbildung« [1957], in: Ders., *Ästhetische und metaphorologische Schriften*, Frankfurt am Main 2001, S. 139-171.

Blumenberg 1960: Hans Blumenberg, *Paradigmen zu einer Metaphorologie* [1960], Frankfurt am Main 1998.

Blumenberg 1966: Hans Blumenberg, »Sprachsituation und immanente Poetik« [1966], in: Ders., *Ästhetische und metaphorologische Schriften*, Frankfurt am Main 2001, S. 120-135.

Blumenberg 1971a: Hans Blumenberg, »Wirklichkeitsbegriff und Wirkungspotential des Mythos«, in: Ders., *Ästhetische und metaphorologische Schriften*, Frankfurt am Main 2001, S. 327-405.

Blumenberg 1971b: Hans Blumenberg, »Anthropologische Annäherung an die Aktualität der Rhetorik« [1971], in: Ders., *Wirklichkeiten in denen wir leben*, Stuttgart 1986, S. 104-136.

Blumenberg 1972: Hans Blumenberg, »Beobachtungen an Metaphern«, in: *Archiv für Begriffsgeschichte* Band XV, Bonn 1972, S. 161-214.

Blumenberg 1974: Hans Blumenberg, »Ernst Cassirer gedenkend bei Entgegennahme des Kuno-Fischer-Preises der Universität Heidelberg 1974«, in: Ders., *Wirklichkeiten in denen wir leben*, Stuttgart 1986, S. 161-172.

Blumenberg 1975: Hans Blumenberg, *Theorie der Unbegrifflichkeit* [Vorlesungsskript 1975], in: Ders., *Theorie der Unbegrifflichkeit*, hrsg. v. Anselm Haverkamp, Frankfurt am Main 2007, S. 7-93.

Blumenberg 1979: Hans Blumenberg, »Ausblick auf eine Theorie der Unbegrifflichkeit«, in: Ders., *Schiffbruch mit Zuschauer. Paradigma einer Daseinsmetapher*, Frankfurt am Main 1979, S. 75-93.

Blumenberg 1981: Hans Blumenberg, *Die Lesbarkeit der Welt*, Frankfurt am Main 1981.

Blumenberg 2007: Hans Blumenberg, *Bruchstücke des »Ausblicks auf eine Theorie der Unbegrifflichkeit*, in: Ders., *Theorie der Unbegrifflichkeit*, hrsg. v. Anselm Haverkamp, Frankfurt am Main 2007, S. 95-110.

Blumenberg 2012: Hans Blumenberg, *Quelle, Ströme, Eisberge*, hrsg. v. Ulrich von Bülow u. Dorit Krusche, Berlin 2012.

Boehm 1978: Gottfried Boehm, »Zu einer Hermeneutik des Bildes«, in: Hans-Georg Gadamer/Ders. (Hrsg.), *Seminar. Die Hermeneutik und die Wissenschaft*, Frankfurt am Main 1978 , S. 444-471.

Boehm 1987: Gottfried Boehm, »Bild und Zeit«, in: Hannelore Paflik (Hrsg.), *Das Phänomen Zeit in Kunst und Wissenschaft*, Weinheim 1987, S. 1-23.

Boehm 1994: Gottfried Boehm, »Die Wiederkehr der Bilder«, in: Ders., *Was ist ein Bild?*, München 1994, S. 11-38.

Boehm 1995: Gottfried Boehm, »Bildbeschreibung. Über die Grenzen von Bild und Sprache«, in: Ders./Helmut Pfotenhauer (Hrsg.), *Beschreibungskunst – Kunstbeschreibung. Ekphrasis von der Antike bis zur Gegenwart*, München 1995, 23-40.

Boehm/Pfotenhauer 1995: Gottfried Boehm/Helmut Pfotenhauer (Hrsg.), *Beschreibungskunst – Kunstbeschreibung. Ekphrasis von der Antike bis zur Gegenwart*, München 1995.

Brandstätter 2008: Ursula Brandstätter, *Grundfragen der Ästhetik: Bild, Musik, Sprache, Körper*, Köln u.a. 2008.

Budd 2006: Malcom Budd, »The Characterization of Aesthetic Qualities by Essential Metaphors and Quasi-Metaphors«, in: *British Journal of Aesthetics* Vol. 46, No. 2 (2006), S. 133-143.

Caballero 2014: Rosario Caballero, »Thinking, drawing and writing architecture through metaphor«, in: *Ibérica* 28 (2014), S. 155-180.

Campe 2014: Rüder Campe, »Vier Tropen bei Vico und Baumgarten. Zur Inversion von Kulturwissenschaft und Ästhetik«, in: Rüdiger Campe/Anselm Haverkamp/ Christoph Menke, *Baumgarten-Studien. Zur Genealogie der Ästhetik*, Berlin 2014, S. 173-201.

Carroll 1993: Noël Carroll, »Essence, Expression, and History: Arthur Danto's Philosophy of Art«, in: Mark Rollins (Hrsg.), *Danto and his Critics*, Oxford/ Cambridge 1993, S. 79-106.

Carroll 1994: Noël Carroll, »Visual Metaphor«, in: Jaakko Hintikka (Hrsg.), *Aspects of Metaphor*, Dordrecht/Boston/London 1994, S. 189-218.

Carroll 1999: Noël Carroll, *Philosophy of art. A contemporary introduction*, New York 1999.

Cassirer 1921: Ernst Cassirer, »Goethe und die mathematische Physik«, in: Ders., *Idee und Gestalt. Goethe, Schiller, Hölderlin, Kleist* [1921], (=ECW9), Hamburg 2001.

Cassirer 1923a: Ernst Cassirer, *Philosophie der symbolischen Formen. Erster Teil: Die Sprache* [1923], (=ECW11), Hamburg 2010.

Cassirer 1923b: Ernst Cassirer: »Der Begriff der symbolischen Form im Aufbau der Geisteswissenschaften« [1923], in: Ernst Cassirer, *Gesammelte Werke. Hamburger Ausgabe*, Band ECW16, hrsg. v. Birgit Recki, Hamburg 1998-2009, S. 75-104.

Cassirer 1925a: Ernst Cassirer, *Philosophie der symbolischen Formen. Zweiter Teil: Das mythische Denken* [1925], (=ECW12), Hamburg 2010.

Cassirer 1925b: Ernst Cassirer, »Sprache und Mythos. Ein Beitrag zum Problem der Götternamen« [1925], in: Ernst Cassirer, *Gesammelte Werke. Hamburger Ausgabe*, Band ECW16, hrsg. v. Birgit Recki, Hamburg 1998-2009, S. 227-311.

Cassirer 1929: Ernst Cassirer, *Philosophie der symbolischen Formen. Dritter Teil: Phänomenologie der Erkenntnis* [1929], (=ECW13), Hamburg 2002.

Cassirer 1939: Ernst Cassirer, *Axel Hägerström. Eine Studie zur schwedischen Philosophie der Gegenwart* [1939], (=ECW21), Hamburg 2005.

Cassirer 1942: Ernst Cassirer, »Dingwahrnehmung und Ausdruckswahrnehmung« [1942], in: Ders., *Zur Logik der Kulturwissenschaften*, Darmstadt 1961, S. 34-55.

Cassirer 1944: Ernst Cassirer, Versuch über den Menschen, Hamburg 2007, [engl. Org. 1944].

Cennini 1437: Cennino Cennini, *Das Buch von der Kunst oder Tractat der Malerei*, übersetzt v. Albert Ing., Wien 1871 [ital. Org. 1437].

Cernuschi 1997: Claude Cernuschi, *»Not an Illustration but the Equivalent«: A Cognitive Approach to Abstract Expressionism*, Madison 1997.

Cernuschi/Herczynski 2008: Claude Cernuschi/Andrzej Herczynski, »The Subversion of Gravity in Jackson Pollock's Abstractions«, in: *The Art Bulletin*, Vol. 90, No. 4 (Dez. 2008), S. 616-639.
Cienki/Müller 2008: Alan Cienki/Cornelia Müller (Hrsg.), *Metaphor and Gesture*, Amsterdam/Philadelphia 2008.
Cocchetti 1994: Stefano Cocchetti, »Spiegelbild, Metapher und Konvention: Das Beispiel ›Las Meninas‹ von Velázquez«, in: Roland Posner (Hrsg.), *Zeitschrift für Semiotik*, Band 16, Heft 3-4, Tübingen 1994, S. 343-356.
Coenen 2002: Hans Georg Coenen, *Analogie und Metapher. Grundlegung einer Theorie der bildlichen Rede*, Berlin/New York 2002.
Cohen 2003: Ted Cohen, »Metaphor«, in: Jerrold Levinson (Hrsg.), *The Oxford Handbook of Aesthetics*, Oxford 2003, S. 366-376.
Crary 1990: Jonathan Crary, *Techniken des Betrachters. Sehen und Moderne im 19. Jahrhundert*, Dresden u.a. 1996 [engl. Org. 1990].
Croce 1927: Benedetto Croce, *Die Philosophie Giambattista Vicos*, Tübingen 1927.
Danesi 1990: Marcel Danesi, »Thinking is seeing: Visual metaphors and the nature of abstract thought«, in: *Semiotica* 80-3/4 (1990), S. 221-237.
Danto 1974: Arthur Coleman Danto, »The Transfiguration of the Commonplace«, in: *The Journal of Aesthetics and Art Criticism*, Vol. 33, Nr. 2 (Winter 1974), S. 139-148.
Danto 1981: Arthur Coleman Danto, *Die Verklärung des Gewöhnlichen*, Frankfurt am Main 1984 [engl. Org. 1981].
Danto 1992: Arthur Coleman Danto, »Metapher und Erkenntnis«, in: Ders., *Kunst nach dem Ende der Kunst*, München 1996, S. 92-109 [engl. Org. 1992].
De Man 1978: Paul de Man, »Epistemologie der Metapher« [engl. Org. 1978], in: Anselm Haverkamp (Hrsg.), *Theorie der Metapher*, Darmstadt 1983, S. 414-437.
Debatin 1995: Bernhard Debatin, *Die Rationalität der Metapher. Eine sprachphilosophische und kommunikationstheoretische Untersuchung*, Berlin/New York 1995.
Debatin 1996: Bernhard Debatin, »Die Modellfunktion der Metapher und das Problem der ›Metaphernkontrolle‹«, in: Hans Julius Schneider (Hrsg.), *Metapher, Kognition und Künstliche Intelligenz*, München 1996, S. 83-103.
Derrida 1972: Jaques Derrida, »Die weiße Mythologie. Die Metapher im philosophischen Text«, in: Ders., *Randgänge der Philosophie*, hrsg. v. Peter Engelmann, 2. überarbeitete Aufl., Wien 1999 [fr. Org. v. 1972], S. 229-290.
Derrida 1987: Jacques Derrida, »Der *Entzug* der Metapher« [frz. Org. 1987], in: Anselm Haverkamp (Hrsg.), *Die paradoxe Metapher*, Frankfurt am Main 1998, S. 197-234.

Descartes 1641: René Descartes, *Meditationen/Meditationes de prima philosophia* [1641], Latein/Französisch/Deutsch, übersetzt v. Andreas Schmidt, Göttingen 2004.

Didi-Huberman 1992: Georges Didi-Huberman, *Was wir sehen blickt uns an*, München 1999 [frz. Org. 1992].

Dilworth 1979: John B. Dilworth, »A Representational Approach to Metaphor«, in: *The Journal of Aesthetics and Art Criticism*, Vol. 37, No. 4 (Summer, 1979), S. 467-473.

Dittmann 1967a: Lorenz Dittmann, *Stil – Symbol – Struktur. Studien zu Kategorien der Kunstgeschichte*, München 1967.

Dittmann 1967b: Lorenz Dittmann, »Zur Kritik der kunstwissenschaftlichen Symboltheorie« [1967], in: Ekkehard Kaemmerling (Hrsg.), *Bildende Kunst als Zeichensystem 1: Ikonographie und Ikonologie. Theorien – Entwicklung – Probleme*, Köln 1979, S. 329-352.

Durand 1987: Jacques Durand, »Rhetorical figures in the advertising image«, in: J. Umiker-Sebeok (Hrsg.), *Marketing and Semiotics. New Dimensions in the Study of Signs for Sale*, Berlin 1987, S. 295-318.

Edelman 1995: Gerald M. Edelman, »The Wordless Metaphor: Visual Art and the Brain«, in: *Metaphor 1995 Biennial Exhibition*, hrsg. v. Klaus Kertess, Ausst.-Kat. Whitey Museum of American Art 1995, New York 1995, S. 32-47.

Elger 1997a: Dietmar Elger (Hrsg.), *Felix González-Torres. Catalogue Raisonné*, hrsg. v. Dietmar Elger, Bd. 2, Ostfildern-Ruit 1997.

Elger 1997b: Dietmar Elger, »Minimalismus und Metapher«, in: *Felix González-Torres. Catalogue Raisonné*, hrsg. v. Dietmar Elger, Bd. 1, Ostfildern-Ruit 1997, S. 61-72.

Elgin 2005: Catherine Z. Elgin, »Eine Neubestimmung der Ästhetik. Goodmans epistemische Wende«, in: Jakob Steinbrenner/Oliver R. Scholz/Gerhard Ernst (Hrsg.), *Symbole, Systeme, Welten. Studien zur Philosophie Nelson Goodmans*, Heidelberg 2005, S. 43-59.

Fauconnier 1997: Gilles Fauconnier, *Mappings in Thought and Language*, Cambridge (Mass.) 1997.

Fauconnier/Turner 2002: Gilles Fauconnier/Mark Turner, *The Way We Think. Conceptual Blending and the Mind's Hidden Complexities*, New York 2002.

Fellmann 1976: Ferdinand Fellmann, *Das Vico-Axiom: Der Mensch macht die Geschichte*, Freiburg/München 1976.

Fer 1989: Briony Fer, »Metaphor and Modernity: Russian Constructivism«, in: *Oxford Art Journal*, Vol. 12, No. 1 (1989), S. 14-30.

Fez-Barringten 2012: Barie Fez-Barrington, *Architecture: The Making of Metaphors*, Newcastle 2012.

Föll 2006: Heike-Karin Föll, »Form, Referenz und Kontext: Felix González-Torres' ›candies‹«, in: *Felix González-Torres*, Ausst.-Kat. NGBK Berlin 2006-2007, Berlin 2006, S. 105-122.

Forceville 1996: Charles Forceville, *Pictorial Metaphor in Advertising*, London/New York 1996.

Forceville 2008: Charles Forceville, »Metaphor in Pictures and Multimodal Representations«, in: Raymond W. Gibbs (Hrsg.), *The Cambridge Handbook of Metaphor and Thought*, Cambridge/New York 2008, S. 463-482.

Forceville 2009: Charles Forceville, »Non-verbal and multimodal metaphor in a cognitivist framework: Agendas for research«, in: Ders./Eduardo Urios-Aparisi (Hrsg.), *Multimodal Metaphor*, Berlin/New York 2009, S. 19-42.

Forceville/Urios-Aparisi 2009: Charles Forceville/Eduardo Urios-Aparisi, »Introduction«, in: Dies. (Hrsg.), *Multimodal Metaphor*, Berlin/New York 2009, S. 3-17.

Forssman 1966: Erik Forssman, »Ikonologie und allgemeine Kunstgeschichte« [1966], in: Ekkehard Kaemmerling (Hrsg.), *Bildende Kunst als Zeichensystem 1: Ikonographie und Ikonologie. Theorien – Entwicklung – Probleme*, Köln 1979, S. 257-300.

Foucault 1971: Michel Foucault, *Die Ordnung der Dinge*, Frankfurt am Main 1974 [frz. Org. 1971].

Frazer 1960: Ray Frazer, »The Origin of the Term »Image«««, in: *ELH* Vol. 27, Nr. 2 (Juni 1960), S. 149-161.

Fried 1967: Michael Fried, »Art and Objecthood«, in: *Artforum* (Sommer 1967).

Fürst 1988: Gebhard Fürst, *Sprache als metaphorischer Prozeß. Johann Gottfried Herders hermeneutische Theorie der Sprache*, Mainz 1988.

Furbank 1970: Philip Nicholas Furbank, *Reflections on the word ›image‹*, London 1970.

Gadamer 1960: Hans-George Gadamer, *Wahrheit und Methode. Grundzüge einer philosophischen Hermeneutik*, 3. erweiterte Aufl. Tübingen 1972 [1960].

Gaier 1988: Ulrich Gaier, *Herders Sprachphilosophie und Erkenntniskritik*, Stuttgart 1988.

Gallwitz 2007: Klaus Gallwitz (Hrsg.), *Johannes Brus. Der ganze Eisberg*, Ausst.-Kat. Arp Museum Bahnhof Rolandseck 2007-2008, Düsseldorf 2007.

Gaut 1997: Berys Gaut, »Metaphor and the Understanding of Art«, in: *Proceedings of the Aristotelian Society*, New Series, Vol. 97 (1997), S. 223-241.

Gebhard 1983: Walter Gebhard, *Nietzsches Totalismus. Philosophie der Natur zwischen Verklärung und Verhängnis*, Berlin/New York 1983.

Gehring 2009: Petra Gehring, »Das Bild vom Sprachbild. Die Metapher und das Visuelle«, in: Lutz Danneberg/Carlos Spoerhase/Dirk Werle (Hrsg.), *Begriffe, Metaphern und Imagination in Philosophie und Wissenschaftsgeschichte*, Wiesbaden 2009, S. 81-100.

Gehring 2011: Petra Gehring, »Metapherntheoretischer Visualismus. Ist die Metapher ›Bild‹?«, in: Matthias Kroß/Rüdiger Zill (Hrsg.), *Metapherngeschichten. Perspektiven einer Theorie der Unbegrifflichkeit*, Berlin 2011, S. 15-31.

Gehring 2013: Petra Gehring, »Die Metapher zwischen den Disziplinen. Methodenpluralismus in der Metaphernforschung«, in: Marie Lessing/Dorothee Wieser (Hrsg.), *Zugänge zu Metaphern – Übergänge durch Metaphern. Kontrastierung aktueller disziplinärer Perspektiven*, München 2013, S. 13-28.

Gehring 2014: Petra Gehring, »Metapher«, in: *Blumenberg lesen. Ein Glossar*, hrsg. v. Robert Buch und Daniel Weidner, Berlin 2014, S. 201-213.

Gerber/Patterson 2013: Andri Gerber/Brent Patterson (Hrsg.), *Metaphors in Architecture and Urbanism. An Introduction*, Bielefeld 2013.

Gerhardt 1988: Volker Gerhardt, *Pathos und Distanz. Studien zur Philosophie Friedrich Nietzsches*, Stuttgart 1988.

Gibbs 2008: Raymond W. Gibbs (Hrsg.), *The Cambridge Handbook of Metaphor and Thought*, Cambridge/New York 2008.

Gibbs/Steen 1999: Raymond W. Gibbs/Gerard J. Steen (Hrsg.), *Metaphor in Cognitive Linguistics*, Amsterdam/Philadelphia 1999.

Gnehm 2004: Michael Gnehm, »»Das Bild soll aus dem Rahmen hervorspringen‹. Kulturelle und mediale Reflexionen bei Chérif und Silvie Defraoui«, in: *Defraoui. Archives du futur 1975-2004*, Ausst.-Kat. Kunstverein St. Gallen Kunstmuseum/Musée d'art moderne et contemporain Genève/Macedonian Museum of Contemporary Art Thessaloniki 2004-2005, Nürnberg 2004, S. 117-119.

Goer 2006: Charis Goer, »Metapher/Metaphorisch«, in: Achim Trebeß (Hrsg.), *Metzler Lexikon Ästhetik. Kunst, Medien, Design und Alltag*, Stuttgart 2006, S. 261-262.

Görner 2010: Veit Görner, »Eine Phänomenologie der Wahrnehmung«, in: *Alicja Kwade*, Ausst.-Kat. kestnergesellschaft Hannover/Westfälischer Kunstverein Münster 2010, Berlin 2010, S. 1-2.

Gombrich 1954: Ernst H. Gombrich, »Wertmetaphern in der bildenden Kunst« [engl. Org. »Visual Metaphors of Value in Art«, 1954], in: Ders., *Meditationen über ein Steckenpferd. Von den Wurzeln und Grenzen der Kunst*, Frankfurt am Main 1978, S. 34-64.

Gombrich 1966: Ernst H. Gombrich, »Vom Wert der Kunstwissenschaft für die Symbolforschung«, in: *Wandlungen des Paradiesischen und Utopischen. Studien zum Bild eines Ideals*, Berlin 1966, S. 10-38.

Gombrich 1972: Ernst H. Gombrich, »Ziele und Grenzen der Ikonologie« [1972], in: Ekkehard Kaemmerling (Hrsg.), *Bildende Kunst als Zeichensystem 1: Ikonographie und Ikonologie. Theorien – Entwicklung – Probleme*, Köln 1979, S. 377-433.

González-Torres/Kosuth 1994: »Félix González-Torres und Joseph Kosuth: A Conversation (Interview)«, in: *Ad Reinhardt, Joseph Kosuth, Félix González-Torres.*

Symptoms of Interference, Conditions of Possibility, Ausst.-Kat. Camden Arts Center, London 1994.

Goodman 1968: Nelson Goodman, *Sprachen der Kunst. Entwurf einer Symboltheorie*, Frankfurt am Main 1995 [engl. Org. 1968].

Goodman 1978: Nelson Goodman, *Weisen der Welterzeugung*, Frankfurt am Main 1990 [engl. Org. 1978].

Goodman 1984: Nelson Goodman, *Vom Denken und anderen Dingen*, Frankfurt am Main 1987 [engl. Org. 1984].

Grady/Oakley/Coulson 1999: Joseph E. Grady/Todd Oakley/Seana Coulson, »Blending and Metaphor«, in: Raymond W. Gibbs/Gerard J. Steen (Hrsg.), *Metaphor in Cognitive Linguistics*, Amsterdam/Philadelphia 1999, S. 101-124.

Grant 2011: James Grant, »Metaphor and Criticism«, in: *The British Journal of Aesthetics*, Vol. 51, No. 3 (2011), S. 237-257.

Grassi 1976: Ernesto Grassi, »The Priority of Common Sense and Imagination: Vico's Philosophical Relevance Today«, in: *social research* Vol. 43 (1976), S. 553-575.

Haeflinger 1996: Jürg Haeflinger, *Imaginationssysteme. Erkenntnistheoretische, anthropologische und mentalitätshistorische Aspekte der Metaphorologie Hans Blumenbergs*, Bern u.a. 1996.

Hagberg 2001: Garry L. Hagberg, »Metaphor«, in: Berys Gaut/Dominic McIver Lopes (Hrsg.), *The Routledge Companion to Aesthetics*, London/New York 2001, S. 285-295.

Haskell 1987a: Robert E. Haskell, »Giambattista Vico and the Discovery of Metaphoric Cognition«, in: Ders. (Hrsg.), *Cognition and Symbolic Structures: The Psychology of Metaphoric Transformation*, Norwood (New Jersey) 1987, S. 67-82.

Haskell 1987b: Robert E. Haskell, »Structural Metaphor and Cognition«, in: Ders. (Hrsg.), *Cognition and Symbolic Structures: The Psychology of Metaphoric Transformation*, Norwood (New Jersey) 1987, S. 241-255.

Haskell 1987c: Robert E. Haskell, »A Phenomenology of Metaphor: A Praxis Study into Metaphor and Its Cognitive Movement through Semantic Space«, in: Ders. (Hrsg.), *Cognition and Symbolic Structures: The Psychology of Metaphoric Transformation*, Norwood (New Jersey) 1987 S. 257-292.

Haus 1978: Andreas Haus, *Moholy-Nagy. Fotos und Fotogramme*, München 1978.

Hausman 1991: Carl R. Hausman, *Metaphor and Art. Interactionism and Reference in the Verbal and Nonverbal Arts*, Cambridge u.a. 1991.

Haverkamp 1983: Anselm Haverkamp (Hrsg.), *Theorie der Metapher*, 2. erweiterte Aufl., Darmstadt 1996 [1983].

Haverkamp 1998: Anselm Haverkamp (Hrsg.), *Die paradoxe Metapher*, Frankfurt am Main 1998.

Haverkamp 2002: Anselm Haverkamp, *Figura cryptica. Theorie der literarischen Latenz*, Frankfurt am Main 2002.

Haverkamp 2007: Anselm Haverkamp, *Metapher. Die Ästhetik in der Rhetorik. Bilanz eines exemplarischen Begriffs*, München 2007.

Haverkamp 2014, Anselm Haverkamp, »Wie die Morgenröte«. Baumgartens Innovation«, in: Rüdiger Campe/Anselm Haverkamp/Christoph Menke, *Baumgarten-Studien. Zur Genealogie der Ästhetik*, Berlin 2014, S. 15-47.

Haverkamp/Menke 2000: Anselm Haverkamp/Bettine Menke, »Allegorie«, in: Karlheinz Barck u.a. (Hrsg.), *Ästhetische Grundbegriffe. Historisches Wörterbuch in sieben Bänden*, Bd. 1, Stuttgart/Weimar 2000, S. 49-104.

Heffernan 1985: James A. W. Heffernan, »Resemblance, Signification, and Metaphor in the Visual Arts«, in: *The Journal of Aesthetics and Art Criticism*, Vol. 44, No. 2 (Winter 1985), S. 167-180.

Hegel 1842: Georg Wilhelm Friedrich Hegel, »Vorlesungen über die Ästhetik« [1842], in: Ders., *Ästhetik*, 2 Bde., Berlin/Weimar 1976.

Heise 1998: Jens Heise, *Johann Gottfried Herder zur Einführung*, Hamburg 1998.

Henle 1958: Paul Henle, »Metaphor«, in: Ders. (Hrsg.), *Language, Thought, & Culture*, Ann Arbor 1958, S. 173-195.

Herder 1772: Johann Gottfried Herder, »Abhandlung über den Ursprung der Sprache« (1772), in: Ders., *Werke*, 10 Bde., Band 1, Frankfurt am Main 1985, S. 695-810.

Hesse 1966: Mary B. Hesse, *Models and Analogies in Science*, Notre Dame (Indiana) 1966.

Hesse 1988: Mary B. Hesse, »Die kognitiven Ansprüche der Metapher«, in: Jean-Pierre van Noppen (Hrsg.), *Erinnern, um Neues zu sagen. Die Bedeutung der Metapher für die religiöse Sprache*, Frankfurt am Main 1988, S. 128-148.

Hesse 1992: Mary B. Hesse, »Models, Metaphors and Truth« [1992], in: Zdravko Radman (Hrsg.), *From a Metaphorical Point of View. A Multidisciplinary Approach to the Cognitive Content of Metaphor*, Berlin/New York 1995, S. 351-372.

Hester 1967: Marcus B. Hester, *The Meaning of Poetic Metaphor. An Analysis in the Light of Wittgenstein's Claim that Meaning is Use*, Den Hage 1967.

Hight 1995: Eleanor M. Hight, *Picturing Modernism. Moholy-Nagy and Photography in Weimar Germany*, Cambridge (Mass.) 1995.

Horn 2016: Esther Horn, »Ausblick auf das Selbst. Fenster und Bildraum im Frühwerk von Pablo Picasso«, in: *Picasso. Fenster zur Welt*, hrsg. v. Ortrud Westheider u. Michael Philipp, Ausst.-Kat. Bucerius Kunst Forum Hamburg 2016, München 2016, S. 10-19.

Holyoak/Thagard 1995: Keith J. Holyoak/Paul Thagard, *Mental Leaps. Analogy in Creative Thought*, Cambridge (Mass.)/London 1995.

Hubmann/Huss 2013: Philipp Hubmann/Till Julian Huss, »Das Gleichzeitigkeits-Paradigma der Moderne«, in: Dies. (Hrsg.): *Simultaneität. Modelle der Gleichzeitigkeit in den Wissenschaften und Künsten*, Bielefeld 2013, S. 9-36.

Humboldt 1835: Wilhelm von Humboldt, »Über die Verschiedenheit des menschlichen Sprachbaues und ihren Einfluß auf die geistige Entwicklung des Menschengeschlechts« [1835], in: Ders., *Gesammelte Schriften*, Band 7.1, hrsg. v. Albert Leitzmann, Berlin 1907, S. 1-344.

Huss 2017: Till Julian Huss, »»Der ganze Eisberg«. Ausstellungsmetaphorik zwischen Anschauung, Sprache und Denken«, in: *Figurationen* Nr. 1 (2017), Themenheft «Metaphern sehen/erleben«, hrsg. v. Marius Rimmele, S. 19-31.

Huss 2018: »Für eine Ästhetik der Simultaneität«, in: Kongress-Akten des X. Kongresses der Deutschen Gesellschaft für Ästhetik, 2018, http://www.dgae.de/kongresse/das-ist-aesthetik/

Indurkhya 1992: Bipin Indurkhya, *Metaphor and Cognition*, Dordrecht 1992.

Jäkel 1999: Olaf Jäkel, »Kant, Blumenberg, Weinrich. Some Forgotten Contributions of the Cognitive Theory of Metaphor«, in: Raymond W. Gibbs/Gerard J. Steen (Hrsg.), *Metaphor in Cognitive Linguistics*, Amsterdam/Philadelphia 1999, S. 9-27.

Jakobson 1956: Roman Jakobson, »Der Doppelcharakter der Sprache und die Polarität zwischen Metaphorik und Metonymik« [1956], in: Anselm Haverkamp (Hrsg.), *Theorie der Metapher*, Darmstadt 1983, S. 163-174.

Johns 1984: Bethany Johns, »Visual metaphor. Lost and found«, in: *Semiotica* 52 3/4 (1984), S. 291-333.

Johnson 1987: Mark Johnson, *The Body in the Mind. The Bodily Basis of Meaning, Imagination, and Reason*, Chicago/London 1987.

Johnson/Stern/Hausman/Summers/Wheeler 1998: Mark Johnson/Josef Stern/Carl R. Hausman/David Summers/Samuel C. Wheeler, »Metaphor«, in: Michael Kelly (Hrsg.), *Encyclopedia of Aesthetics*, Vol.3, New York/Oxford 1998, S. 208-224.

Judd 1965: Donald Judd, »Specific Objects«, in: *Arts Yearbook* 8, 1965.

Kant 1783: Immanuel Kant, *Prolegomena zu einer jeden künftigen Metaphysik, die als Wissenschaft wird auftreten können* [1783], Stuttgart 1989.

Kant 1781/1787: Immanuel Kant, *Kritik der reinen Vernunft*, [1781/1787], Hamburg 1998.

Kant 1790: Immanuel Kant, *Kritik der Urteilskraft* [1790], Hamburg 2009.

Kaplan 1954: Abraham Kaplan, »Referential Meaning in the Arts«, in: *The Journal of Aesthetics and Art Criticism*, Vol. 12, No. 4 (June 1954), S. 457-474.

Katan-Schmid 2016: Einav Katan-Schmid, »Dancing Metaphors«, in: Dies., *Embodied Philosophy in Dance*, Basingstoke 2016, S. 65-76.

Keil 1993: Geert Keil, *Kritik des Naturalismus*, Berlin/New York 1993.

Kennedy 1982: John M. Kennedy, »Metaphor in Pictures«, in: *Perception* Vol. 11 (1982), S. 589-605.

Kennedy 1990: John M. Kennedy, »Metaphor. Its Intellectual Basis«, in: *Metaphor and Symbol Activity* 5(2) (1990), S. 115-123.

Kennedy 2008: John M. Kennedy, »Metaphor and Art«, in: Raymond W. Gibbs (Hrsg.), *The Cambridge Handbook of Metaphor and Thought*, Cambridge/New York 2008, S. 447-461.

Kennedy/Green/Vervaeke 1993: John M. Kennedy/Christopher D. Green/John Vervaeke, »Metaphoric Thought and Devices in Pictures«, in: *Metaphor and Symbolic Activity* 8(3) (1993), 243-255.

Kertess 1995: Klaus Kertess, »Postcards from Babel«, in: *Metaphor 1995 Biennial Exhibition*, hrsg. v. Klaus Kertess, Ausst.-Kat. Whitey Museum of American Art 1995, New York 1995, S. 18-25.

Kertscher 2004: Jens Kertscher, »Von der Metapher zur Bildmetapher. Überlegungen im Anschluss an Davidson und Wittgenstein«, in: Ulrich Arnswald/Jens Kertscher/Matthias Kroß (Hrsg.), *Wittgenstein und die Metapher*, Berlin 2004, S. 165-194.

Kittay 1987: Eva Feder Kittay, *Metaphor. Its Cognitive Force and Linguistic Structure*, Oxford 1987.

Knowles/Moon 2006: Murray Knowles/Rosamund Moon, *Introducing Metaphor*, London/New York 2006.

Kövecses 2002: Zoltán Kövecses, *Metaphor. A Practical Introduction*, New York 2002.

Kofman 1983: Sarah Kofman, *Nietzsche und die Metapher*, Berlin 2014 [frz. Org. 1983].

Kohl 2007: Katrin Kohl, *Metapher*, Stuttgart/Weimar 2007.

Koos 2007: Marianne Koos, »Haut als mediale Metapher in der Malerei von Caravaggio«, in: Daniela Bohde/Mechthild Fend (Hrsg.), *Weder Haut noch Fleisch. Das Inkarnat in der Kunstgeschichte*, Berlin 2007, S. 65-85.

Krauss 1966: Rosalind Krauss, »Allusion and Illusion in Donald Judd«, in: *Artforum* (Mai 1966).

Krois 1987: John Michael Krois, *Cassirer. Symbolic forms and history*, New Haven/London 1987.

Krois 2011: John Michael Krois, *Bildkörper und Körperschema*, hrsg. v. Horst Bredekamp und Marion Lauschke, Berlin 2011.

Kroß 2004: Matthias Kroß, »Die Selbstverständlichkeit der Metapher. Wittgensteins Entspannung eines sprachphilosophischen Problems«, in: Ulrich Arnswald/Jens Kertscher/Matthias Kroß (Hrsg.), *Wittgenstein und die Metapher*, Berlin 2004, S. 23-53.

Kruse 1999: Christiane Kruse, »Selbsterkenntnis als Medienerkenntnis. Narziß an der Quelle bei Alberti und Caravaggio«, in: *Marburger Jahrbuch für Kunstwissenschaft*, 26. Bd. (1999), S. 99-116.

Kruse 2000: Christiane Kruse, »Fleisch werden: Fleisch malen: Malerei als ›incarnazione‹. Mediale Verfahren des Bildwerdens im Libro dell'Arte von Cennino Cennini«, in: *Zeitschrift für Kunstgeschichte*, 63. Bd., Heft 3 (2000), S. 305-325.

Kümmerling 2014: Franziska Kümmerling, »Bildmetaphern des Sehens«, in: Stephan Günzel/Dieter Mersch (Hrsg.), *Bild. Ein interdisziplinäres Handbuch*, Stuttgart/Weimar 2014, S. 32-39.

Kurz 1982: Gerhard Kurz, *Metapher, Allegorie, Symbol*, Göttingen 1982.

Lakoff 1987: George Lakoff, *Woman, Fire, and Dangerous Things. What Categories Reveal about the Mind*, Chicago/London 1987.

Lakoff 2006: George Lakoff, »The Neuroscience of Form in Art«, in: Mark Turner (Hrsg.), *The Artful Mind. Cognitive Science and the Riddle of Human Creativity*, New York 2006, S. 153-169.

Lakoff/Johnson 1980: George Lakoff/Mark Johnson, *Metaphors We Live by*, Chicago 1980.

Lakoff/Johnson 1999: George Lakoff/Mark Johnson, *Philosophy in the Flesh. The Embodied Mind and Its Challenge to Western Thought*, New York 1999.

Lakoff/Johnson 2003: George Lakoff/Mark Johnson, »Afterword«, in: Dies., *Metaphors We Live By*, Chicago u.a. 2003, S. 243-273.

Lakoff/Turner 1989: George Lakoff/Mark Turner, *More Than Cool Reason. A Field Guide to Poetic Metaphor*, Chicago 1989.

Lauschke 2007: Marion Lauschke, *Ästhetik im Zeichen des Menschen. Die ästhetische Vorgeschichte der Symbolphilosophie Ernst Cassirers und die symbolische Form der Kunst*, Hamburg 2007.

Leatherdale 1974: W. H. Leatherdale, *The Role of Analogy, Model and Metaphor in Science*, Amsterdam/Oxford 1974.

Leibniz 1684: Gottfried Wilhelm Leibniz, »Betrachtungen über die Erkenntnis, die Wahrheit und die Ideen« [1684], in: Ders. *Philosophische Schriften. Band 1: Kleine Schriften zur Metaphysik*, hrsg. u. übersetzt v. Hans Heinz Holz, Darmstadt 2013, S. 33-47.

Leja 1993: Michael Leja, »Pollock and Metaphor«, in: Ders., *Reframing Abstract Expressionism. Subjectivity and Painting in the 1940s*, New Haven u.a. 1993, S. 275-327.

Levin 1992: Samuel R. Levin, »metaphor«, in: David E. Cooper (Hrsg.), *A Companion to Aesthetics*, Oxford 1992, S. 285-288.

Liebsch 2012: Dimitri Liebsch, »›Uneigentliche‹ Bilder. Zur (historischen) Bildsemantik und -metaphorik«, in: Ders./Nicola Mößner (Hrsg.), *Visualisierung und*

Erkenntnis. Bildverstehen und Bildverwenden in Natur- und Geisteswissenschaft, Köln 2012, S. 58-80.

Lissitzky 1925: El Lissitzky, »K. und Pangeometrie« [1925], in: Carl Einstein/Paul Westheim (Hrsg.), *Europa Almanach*, Faksimile Leipzig 1993, S. 103-113.

Lossi 2010: Annamaria Lossi, »Metaphor«, in: Hans Rainer Sepp/Lester Embree (Hrsg.), *Handbook of Phenomenological Aesthetics*, Dordrecht u.a. 2010, S. 211-213.

Lopes 1996: Dominic Lopes, *Understanding Pictures*, Oxford 1996.

MacCormac 1985: Earl R. MacCormac, *A Cognitive Theory of Metaphor*, Cambridge (Mass.)/London 1985.

Majetschak 2005a: Stefan Majetschak, »Sichtbare Metaphern. Bemerkungen zur Bildlichkeit von Metaphern und zur Metaphorizität in Bildern«, in: Richard Hoppe-Sailer/Claus Volkenandt/Gundolf Winter (Hrsg.), *Logik der Bilder. Präsenz – Repräsentation – Erkenntnis*, Berlin 2005, S. 239-253.

Majetschak 2005b: Stefan Majetschak, »Was sind und worüber sprechen ästhetische Urteile? Zur semantischen Struktur des Kunsturteils und des Kunstwerkes«, in: Gertrud Koch/Christiane Voss (Hrsg.), *Zwischen Ding und Zeichen. Zur ästhetischen Erfahrung in der Kunst*, München 2005, S. 165-186.

Majetschak 2007: Stefan Majetschak, *Ästhetik zur Einführung*, Hamburg 2007.

Majetschak 2014: Stefan Majetschak, »Metaphorische Bilder. Zur semantischen Struktur von Werken der Bildenden Kunst«, in: Violetta L. Waibel/Konrad Paul Liessmann (Hrsg.), *Es gibt Kunstwerke – Wie sind sie möglich?*, Paderborn 2014, S. 113-129.

Mannings 1973: David Mannings, »Panofsky und die Interpretation von Bildern« [1973], in: Ekkehard Kaemmerling (Hrsg.), *Bildende Kunst als Zeichensystem 1: Ikonographie und Ikonologie. Theorien – Entwicklung – Probleme*, Köln 1979, S. 434-459.

Marienberg 2017: Sabine Marienberg, »Articulating Gestures«, in: Dies. (Hrsg.), *Symbolic Articulation. Image, Word, and the Body Between Action and Schema*, Berlin/Boston 2017, S. 31-45.

Marks 1996: Lawrence E. Marks, »On Perceptual Metaphors«, in: *Metaphor and Symbolic Activity* 11(1) (1996), S. 39-66.

Martyn-Hemphill 2013: Amelia Martyn-Hemphill, *The Daily Beast* 06.03.2013: https://www.thedailybeast.com/seeing-war-vividly-richard-mosse-stars-at-the-venice-biennale letzter Aufruf: 04.11.2017.

Menke 2014: Christoph Menke, »Das Wirken dunkler Kraft: Baumgarten und Herder«, in: Rüdiger Campe/Anselm Haverkamp/Christoph Menke, *Baumgarten-Studien. Zur Genealogie der Ästhetik*, Berlin 2014, S. 73-115.

Meyer 2012: James Meyer, »NOTES FROM THE FIELD: Anthropomorphism«, in: *The Art Bulletin*, Vol. 94, No. 1 (March 2012), S. 24-27.

Mitchell 1984: W. J. T. Mitchell, »Was ist ein Bild?« [engl. Org. 1984], *Bildtheorie*, hrsg. v. Gustav Frank, Frankfurt am Main 2008, S. 15-77.
Mitchell 1990: W. J. T. Mitchell, »Repräsentation« [engl. Org. 1990], *Bildtheorie*, hrsg. v. Gustav Frank, Frankfurt am Main 2008, S. 78-97.
Mitchell 1992: W. J. T. Mitchell, »Pictorial Turn« [engl. Org. 1992], *Bildtheorie*, hrsg. v. Gustav Frank, Frankfurt am Main 2008, S. 101-135.
Mitchell 1994a: W. J. T. Mitchell, »Über den Vergleich hinaus: Bild, Text und Methode« [engl. Org. 1994], *Bildtheorie*, hrsg. v. Gustav Frank, Frankfurt am Main 2008, S. 136-171.
Mitchell 1994b: W. J. T. Mitchell, »Metabilder« [engl. Org. 1994], *Bildtheorie*, hrsg. v. Gustav Frank, Frankfurt am Main 2008, S. 172-233.
Moholy-Nagy 1927: László Moholy-Nagy, *Malerei Fotografie Film*, 2. Fass., Weimar 1927.
Molderings 2005: Herbert Molderings, »Odilon Redon: ›L'Œil comme un ballon bizarre se dirige vers l'infini‹. Das körperlose Auge als antiimpressionistische Metapher«, in: *Zeitschrift für Kunstgeschichte* Bd. 68, Heft 1 (2005), S. 91-110.
Moran 1989: Richard Moran, »Seeing and Believing: Metaphor, Image, and Force«, in: *Critical Inquiry* Vol. 16, No. 2 (Herbst 1989), S. 87-112.
Müller 1888: Friedrich Max Müller, *Das Denken im Lichte der Sprache*, Leipzig 1888.
Müller 1997: Axel Müller, *Die ikonische Differenz. Das Kunstwerk als Augenblick*, München 1997.
Müller 1998: Axel Müller, »Albertis Fenster. Gestaltwandel einer ikonischen Metapher«, in: Klaus Sachs-Hombach/Klaus Rehkämper (Hrsg.), *Bild – Bildwahrnehmung – Bildverarbeitung. Interdisziplinäre Beiträge zur Bildwissenschaft*, Wiesbaden 1998, S. 173-183.
Müller-Richter/Larcati 1997: Klaus Müller-Richter/Arturo Larcati (Hrsg.), *Der Streit um die Metapher. Poetologische Texte von Nietzsche bis Handke*, Darmstadt 1998.
Nietzsche 1873: Friedrich Nietzsche, »Ueber Wahrheit und Lüge im aussermoralischen Sinne«, in: *Nietzsche Werke KGA* III2 (=Nachgelassene Schriften 1870-1873), hrsg. v. Giorgio Colli u. Mazzino Montinari, Berlin/New York 1973, S. 369-384.
Nietzsche 1872/1873: Friedrich Nietzsche, »Nachgelassene Fragmente, Sommer 1872 – Anfang 1873«, in: *Friedrich Nietzsche. Sämtliche Werke KSA* Band 7, 2. durchgesehen Auflage, München 1988, S. 417-520.
Onians 1992: John Onians, »Architecture, Metaphor and the Mind«, in: *Architectural History* Vol. 35 (1992), S. 192-207.
Ortony 1979: Andrew Ortony (Hrsg.), *Metaphor and Thought*, Cambridge 1979.
Ortony 1993: Andrew Ortony, »Metaphor, language, and thought«, in: Ders. (Hrsg.), *Metaphor and Thought*, 2. erweiterte Aufl., Cambridge 1993, S. 1-16.

Pächt 1977: Otto Pächt, »Kritik der Ikonologie« [1977], in: Ekkehard Kaemmerling (Hrsg.), *Bildende Kunst als Zeichensystem 1: Ikonographie und Ikonologie. Theorien – Entwicklung – Probleme*, Köln 1979, S. 353-376.

Paetzold 1990: Heinz Paetzold, »Ästhetik der Metapher«, in: Ders., *Profile der Ästhetik. Der Status von Kunst und Architektur in der Postmoderne*, Wien 1990, S. 181-198.

Panofsky 1927: Erwin Panofsky, »Die Perspektive als ›symbolische Form‹« [1927], in: Ders., *Aufsätze zu Grundfragen der Kunstwissenschaft*, hrsg. v. Hariolf Oberer u. Egon Verheyen, 2. erw. Aufl., Berlin 1974, S. 99-167.

Panofsky 1932: Erwin Panofsky, »Zum Problem der Beschreibung und Inhaltsdeutung von Werken der bildenden Kunst« [1932], in: Ekkehard Kaemmerling (Hrsg.), *Bildende Kunst als Zeichensystem 1: Ikonographie und Ikonologie. Theorien – Entwicklung – Probleme*, Köln 1979, S. 185-206.

Panofsky 1939: Erwin Panofsky, »Ikonographie und Ikonologie« [1939], in: Ekkehard Kaemmerling (Hrsg.), *Bildende Kunst als Zeichensystem 1: Ikonographie und Ikonologie. Theorien – Entwicklung – Probleme*, Köln 1979, S. 207-225.

Paul 1804: Jean Paul, *Vorschule der Ästhetik*, Hamburg 1990 [Org. 1804].

Pepper 1942: Stephen C. Pepper, *World Hypotheses. A Study in Evicence*, Berkeley/Los Angeles/London 1942.

Pérez-Carreño 2000: Francisca Pérez-Carreño, »Looking at Metaphors«, in: *The Journal of Aesthetics and Art Criticism*, Vol. 58, No. 4 (Autumn 2000), S. 373-381.

Pochat 1999: Götz Pochat, »Zeit/Los – zur Kunstgeschichte der Zeit«, in: Carl Aigner/Götz Pochat/Arnulf Rohsmann (Hrsg.), *Zeit/Los – zur Kunstgeschichte der Zeit*, Ausst.-Kat. Kunsthalle Krems 1999, Köln 1999, S. 9-95.

Quendler 2016: Christian Quendler, *The Camera-Eye Metaphor in Cinema*, New York/London 2016.

Quintilian 1995: Marcus Fabius Quintilian, *Institutionis oratoriae libri XII/Ausbildung des Randers. Zwölf Bücher*, hrsg. u übersetzt v. Helmut Rahn, 2 Bde, Band 2, Darmstadt 1995.

Rebentisch 2003: Juliane Rebentisch, *Ästhetik der Installtion*, Frankfurt am Main 2003.

Recki 1999: Birgit Recki, »Der praktische Sinn der Metapher. Eine systematische Überlegung mit Blick auf Ernst Cassirer«, in: Franz Josef Wetz/Hermann Timm (Hrsg.), *Die Kunst des Überlebens. Nachdenken über Hans Blumenberg*, Frankfurt am Main 1999, S. 142-163.

Recki 2004: Birgit Recki, *Kultur als Praxis. Eine Einführung in Ernst Cassirers Philosophie der symbolischen Formen*, Berlin 2004.

Recki 2013: Birgit Recki, *Cassirer*, Stuttgart 2013.

Richards 1924: Ivor Armstrong Richards, *Prinzipien der Literaturkritik*, Frankfurt am Main 1972 [engl. Org. 1924].

Richards 1936: Ivor Armstrong Richards, »Die Metapher« [engl. Org. 1936], in: Anselm Haverkamp (Hrsg.), *Theorie der Metapher*, Darmstadt 1996, S. 31-52.

Ricoeur 1975: Paul Ricoeur, *Die lebendige Metapher*, München 1986 [frz. Org. 1975].

Ricoeur 1978: Paul Ricoeur, »The Metaphorical Process as Cognition, Imagination, and Feeling«, in: *Critical Inquiry* Vol. 5, No. 1 (August 1978), S. 143-159.

Rimmele 2011: Marius Rimmele, »›Metapher‹ als Metapher. Zur Relevanz eines übertragenen Begriffs in der Analyse figurativer Bilder«, E-Journal *kunsttexte.de* 1/2011, S. 1-22.

Rimmele 2013: Marius Rimmele, »Das Verhältnis genuin visueller und präexistierender Metaphorik als Herausforderung kunstwissenschaftlicher Begriffsbildung«, in: Marie Lessing/Dorothee Wieser (Hrsg.), *Zugänge zu Metaphern – Übergänge durch Metaphern. Kontrastierung aktueller disziplinärer Perspektiven*, München 2013, S. 73-96.

Rimmele 2017a: Marius Rimmele, »Einleitung«, in: *Figurationen* Nr. 1 (2017), Themenheft »Metaphern sehen/erleben«, hrsg. v. Marius Rimmele., S. 7-18.

Rimmele 2017b: Marius Rimmele, »Im Bann der ›unbegrenzten Plastizität des menschlichen Geistes‹. Ernst Gombrichs kognitives Metaphernkonzept«, in: *Figurationen* Nr. 1 (2017), Themenheft »Metaphern sehen/erleben«, hrsg. v. Marius Rimmele., S. 103-128.

Ripa 1603: Cesare Ripa, *Iconologia. Overo descrittione di diverse imagini cavate dall' antichità, e di propria inventione*, 2. Nachdruckaufl. d. Ausg. Rom 1603, Hildesheim u.a. 1984.

Rolf 2005: Eckard Rolf, *Metaphertheorien. Typologie, Darstellung, Bibliographie*, Berlin u.a. 2005.

Rothenberg 1979: Albert Rothenberg, *The Emerging Goddess*, Chicago 1979.

Rothenberg 1980: Albert Rothenberg, »Visual Art. Homospatial Thinking in the Creative Process«, in: *Leonardo* Vol. 13, Nr. 1 (1980), S. 17-27.

Rorty 1981: Richard Rorty, *Der Spiegel der Natur*, Frankfurt am Main 1981.

Rozik 1989: Eli Rozik, »Stage Metaphor«, in: *Theatre Research International* Vol. 14/1 (1989), S. 50-70.

Rozik 1994: Eli Rozik, »Pictorial Metaphor«, in: *Kodikas/Code Ars Semeiotica* Vol. 17 No. 1-4 (1994), S. 203-218.

Rozik 2007: Eli Rozik, »Cognitive Theories of Metaphor«, in: *The European Legacy* 12:6 (2007), S. 745-748.

Rudolph 2003: Enno Rudolph, *Ernst Cassirer im Kontext. Kulturphilosophie zwischen Metaphysik und Historismus*, Tübingen 2003.

Scheidemann 2006: Christian Scheidemann, »Nachrichten aus dem Laboratorium«, in: *Barney/Beuys. All in the present must be transformed*, hrsg. v. Nancy Spector, Ausst.-Kat. Deutsche Guggenheim 2007, New York/Berlin 2006, S. 124-139.

Schöffel 1987: George Schöffel, *Denken in Metaphern. Zu Logik sprachlicher Bilder*, Opladen 1987.

Schürmann 2010: Anja Schürmann, »Giotto in den Tropen. Zu Metapher und Vergleich in der wissenschaftlichen Kunstbeschreibung«, in: Christian Filk/Holger Simon (Hrsg.), *Kunstkommunikation*, Berlin 2010, S. 173-185.

Schwarz 2007: Michael Schwarz, »Johannes Brus. Das Atelier als chinesische Enzyklopädie«, in: Klaus Gallwitz (Hrsg.), *Johannes Brus. Der ganze Eisberg*, Ausst.-Kat. Arp Museum Bahnhof Rolandseck 2007-2008, Düsseldorf 2007, S. 78-82.

Scruton 1974: Roger Scruton, *Art and Imagination. A Study in the Philosophy of Mind*, London 1974.

Sedivy 1997: Sonia Sedivy, »Metaphoric Pictures, Pulsars, Platypuses«, in: *Metaphor and Symbol* 12(2) (1997), S. 95-112.

Serig 2008: Daniel Serig, *Visual Metaphor and the Contemporary Artist. Ways of Thinking and Making*, Saarbrücken 2008.

Sibley 1959: Frank Sibley, »Aesthetic Concepts« , in: *The Philosophical Review* Vol. 68, No. 4 (1959), S. 421-450.

Skudlarek 2010: Jan Skudlarek: »Ausgang, zurück«, in: Ders., *erloschene finger*, Köln 2010, S. 11.

Sonesson 2003: Göran Sonesson, »Über Metaphern in Bildern«, in: Jørgen Dines Johansen/Roland Posner (Hrsg.), *Zeitschrift für Semiotik*, Band 25, Heft 1-2, Tübingen 2003, S. 25-38.

Spector 1995: *Félix González-Torres*, hrsg. v. Nancy Spector, Ausst.-Kat. Guggenheim Museum New York/Kunst-Werke Berlin 1995-1996, New York 1995.

Spector 2002: Nancy Spector, »Nur die perverse Phantasie kann uns noch retten«, in: *Matthew Barney: the CREMASTER Cycle*, hrsg. v. Nancy Spector, Ausst.-Kat. Museum Ludwig Köln/Musée d'Art Moderne de la Ville de Paris/Guggenheim Museum New York 2002-2003, Ostfildern-Ruit 2002, S. 2-91.

Spector 2006: Nancy Spector, »in potentia«, in: *Barney/Beuys. All in the present must be transformed*, hrsg. v. Nancy Spector, Ausst.-Kat. Deutsche Guggenheim 2007, New York/Berlin 2006 , S. 15-55.

Steiner 2006: Uwe C. Steiner, *Verhüllungsgeschichten. Die Dichtung des Schleiers*, München 2006.

Stern 1997: Josef Stern, »Metaphors in Pictures«, *Philosophical Topics* Vol. 25, No. 1, »Aesthetics« (Frühling 1997), S. 255-293.

Stoellger 2000a: Philipp Stoellger, »Die Metapher als Modell symbolischer Prägnanz. Zur Bearbeitung eines Problems von Ernst Cassirers Prägnanzthese«, in:

Dietrich Korsch/Enno Rudolph (Hrsg.), *Die Prägnanz der Religion in der Kultur. Ernst Cassirer und die Theologie*, Tübingen 2000, S. 100-138.

Stoellger 2000b: Philipp Stoellger, *Metapher und Lebenswelt. Hans Blumenbergs Metaphorologie als Lebenswelthermeneutik und ihr religionsphänomenologischer Horizont*, Tübingen 2000.

Stöppel 2014: Daniela Stöppel, *Visuelle Zeichensysteme der Avantgarden 1910 bis 1950. Verkehrszeichen, Farbleitsysteme, Piktogramme*, München 2014.

Stoichita 1993: Victor I. Stoichita, *Das Selbstbewusste Bild. Vom Ursprung der Metamalerei*, München 1998 [frz. Org. 1993].

Stone 2012: David M. Stone, »Signature Killer: Caravaggio and the Poetics of Blood«, in: *The Art Bulletin*, Vol. 94, No. 4 (Dezember 2012), S. 572-593.

Strub 1998: Christian Strub, »Spiegel-Bilder. Zum Verhältnis von metaphorischer Reflexivität und Ikonizität«, in: Tilman Borsche/Johann Kreuzer/Christian Strub (Hrsg.), *Blick und Bild im Spannungsfeld von Sehen, Metaphern und Verstehen*, München 1998, S. 265-277.

Syring 2014: Stephanie Syring, »Das Innere nach außen kehren. Zur physiologischen Bildmetaphorik in Matthew Barneys CREMASTER Cycle«, in: Christiane Hille/Julia Stenzel (Hrsg.), *CREMASTER ANATOMIES. Beiträge zu Matthew Barneys CREMASTER Cycle aus den Wissenschaften von Kunst, Theater und Literatur*, Bielefeld 2014, S. 155-176.

Taureck 2004: Bernhard H. F. Taureck, *Metaphern und Gleichnisse in der Philosophie. Versuch einer kritischen Ikonologie der Philosophie*, Frankfurt am Main 2004.

Tebartz-van Elst 1994: Anne Tebartz-van Elst, *Ästhetik der Metapher. Zum Streit zwischen Philosophie und Rhetorik bei Friedrich Nietzsche*, München 1994.

Trabant 1994: Jürgen Trabant, *Neue Wissenschaft von alten Zeichen. Vicos Semantologie*, Frankfurt am Main 1994.

Trabant 2017: Jürgen Trabant, »Language and Image as Gesture and Articulation«, in: Sabine Marienberg (Hrsg.), *Symbolic Articulation. Image, Word, and the Body Between Action and Schema*, Berlin/Boston 2017, S. 47-69.

Turbayne 1962: Colin Murray Turbayne, *The Myth of Metaphor*, New Haven/London 1962.

Urbaschek 2007: Stephan Urbaschek, »...der Versuch, Objekten, diesen größeren Strukturen, emotionale Wirkmacht zu verleihen – ein Ausstellungsrundgang«, in: *Matthew Barney*, hrsg. v. Ingvild Goetz u. Stephan Urbaschek, Ausst.-Kat. Sammlung Goetz 2007-2008, München 2007, S. 21-45.

Urbich 2014: Jan Urbich, »Sprachtheorie: Bilder als Metaphern«, in: Stephan Günzel/Dieter Mersch (Hrsg.), *Bild. Ein interdisziplinäres Handbuch*, Stuttgart/Weimar 2014, S.131-138.

Verene 1987: Donald Philip Verene, *Vicos Wissenschaft der Imagination. Theorie und Reflexion der Barbarei*, München 1987 [engl. Org. 1981].

Vico 1744: Giovanni Battista Vico, *Prinzipien einer neuen Wissenschaft über die gemeinsame Natur der Völker*, 2 Bde., Hamburg 1990. [Scienza nuova, 3. erweiterte Fassung 1744]

Villwock 1999: Jörg Villwock, *Metapher und Bewegung*, Hamburg 1999.

Visch 2016: Henk Visch, »Nachwort«, in: *Friends Forever. The last Catalogue of Klasse Henk Visch*, Münster 2016, S. 136.

Vischer 1878: Friedrich Theodor Vischer, »Das Symbol« [1878], in: Frauke Berndt/Heinz J. Drügh (Hrsg.), *Das Symbol. Grundlagentexte aus Ästhetik, Poetik und Kulturwissenschaft*, Frankfurt am Main 2009, S. 200-214.

Von Maur 1985: *Der Klang der Bilder*, hrsg. v. Karin von Maur, Ausst.-Kat. Staatsgalerie Stuttgart 1985, München 1985.

Weinrich 1963: Harald Weinrich, »Semantik der kühnen Metapher« [1963], in: Anselm Haverkamp (Hrsg.), *Theorie der Metapher*, Darmstadt 1983, S. 316-339.

Wagner 1999: Christoph Wagner, *Farbe und Metapher. Die Entstehung einer neuzeitlichen Bildmetaphorik in der vorrömischen Malerei Raphaels*, Berlin 1999.

Weiberg 2004: Anja Weiberg, »›Ein Bild hielt uns gefangen‹. Die Kraft der Metapher«, in: Ulrich Arnswald/Jens Kertscher/Matthias Kroß (Hrsg.), *Wittgenstein und die Metapher*, Berlin 2004, S. 115-135.

Werner 2007: Elke Anna Werner, »Die Schleier der Venus. Zu einer Metapher des Sehens bei Lucas Cranach d. Ä.«, in: *Cranach der Ältere*, hrsg. v. Bodo Brinkmann, Ausst.-Kat. Städel Museum Frankfurt am Main/Royal Academy of Arts London 2007-2008, Ostfildern 2007.

Wheelwright 1968: Philip Ellis Wheelwright, *Metaphor and Reality*, Bloomington/London 1968.

Whittock 1990: Trevor Whittock, *Metaphor and Film*, Cambridge 1990.

Whittock 1992: Trevor Whittock, »The Role of Metaphor in Dance«, in: *British Journal of Aesthetics*, Vol. 32, No. 3 (Juli 1992), S. 242-249.

Willer 2010: Stefan Willer, »Metapher/metaphorisch«, in: Karlheinz Barck u.a. (Hrsg.), *Ästhetische Grundbegriffe. Historisches Wörterbuch in sieben Bänden*, Bd. 7: Supplemente, Register, Stuttgart/Weimar 2010, S. 89-148.

Wittgenstein 1924: Ludwig Wittgenstein, *Tractatus logico-philosophicus* [1924], Frankfurt am Main 1984.

Wittgenstein 1958: Ludwig Wittgenstein, *Philosophische Untersuchungen*, Frankfurt am Main 1967 [engl. u. dt. Org. 1958].

Wittkower 1955: Rudolf Wittkower, »Die Interpretation visueller Symbole in der bildenden Kunst« [1955], in: Ekkehard Kaemmerling (Hrsg.), *Bildende Kunst als Zeichensystem 1: Ikonographie und Ikonologie. Theorien – Entwicklung – Probleme*, Köln 1979, S. 226-256.

Wollheim 1980: Richard Wollheim, »Seeing-as, Seeing-in, and pictorial representation«, in: Ders., *Art and its objects*, 2. ergänzte Fassung, Cambridge 1980, S. 205-226.

Wollheim 1987: Richard Wollheim, »Painting, metaphor and the body: Titian, Bellini, De Kooning, etc.«, in: Ders., *Painting as an Art*, London 1987, S. 305-356.

Wollheim 1991: Richard Wollheim, »Die Metapher in der Malerei«, in: Richard Heinrich/Helmuth Vetter (Hrsg.), *Bilder der Philosophie. Reflexionen über das Bildliche und die Phantasie*, Wien/München 1991, S. 17-31.

Yiu 2005: Yvonne Yiu, »Der Spiegel: Werkzeug des Künstlers oder Metapher der Malerei? Zur Deutung des Spiegels in Produktionsszenarien in der nordischen Malerei des 15. und frühen 16. Jahrhunderts«, in: *Zeitschrift für Kunstgeschichte*, 68. Bd., Heft 4 (2005), S. 475-488.

Zangwill 1991: Nick Zangwill, »Metaphor and Realism in Aesthetics«, in: *The Journal of Aesthetics and Art Criticism*, Vol. 49, No. 1 (Winter 1991), S. 57-62.

Zill 2004: Rüdiger Zill, »Der Vertrakt des Zeichners. Wittgensteins Denken im Kontext der Metapherntheorie«, in: Ulrich Arnswald/Jens Kertscher/Matthias Kroß (Hrsg.), *Wittgenstein und die Metapher*, Berlin 2004, S. 137-164.

Zimmermann 2000: Ruben Zimmermann, »Einführung: Bildersprache verstehen *oder* Die offene Sinndynamik der Sprachbilder«, in: Ders. (Hrsg.), *Bildersprache verstehen. Zur Hermeneutik der Metapher und anderer bildlicher Sprachformen*, München 2000, S. 13-54.

Zunjic 1987: Slobodan Zunjic, »Begrifflichkeit und Metapher. Einige Bemerkungen zu Nietzsches Kritik der philosophischen Sprache«, in: *Nietzsche-Studien* Band 16, Berlin/New York 1987, S. 149-163.

Abbildungsverzeichnis

Abbildung 1: Domenico Rosa, *Je suis Charlie*, Quelle: Twitter.
Abbildung 2: Joseph Jastrow, *The Duck-Rabbit*, Quelle: W. J. T. Mitchell, *Bildtheorie*, hrsg. v. Gustav Frank, Frankfurt am Main 2008, S. 187.
Abbildung 3: Wittgenstein, *Hase-Ente-Kopf*, Quelle: Ludwig Wittgenstein, *Schriften. Tractatus logico-philosophicus. Tagebücher 1914-1916. Philosophische Untersuchungen*, Frankfurt am Main 1960, S. 504.
Abbildung 4: Wittgenstein, *Doppelkreuz*, Quelle: Ludwig Wittgenstein, *Schriften. Tractatus logico-philosophicus. Tagebücher 1914-1916. Philosophische Untersuchungen*, Frankfurt am Main 1960, S. 518.
Abbildung 5: Titelbild von Haverkamp 2007, Quelle: Anselm Haverkamp, *Metapher. Die Ästhetik in der Rhetorik. Bilanz eines exemplarischen Begriffs*, München 2007.
Abbildung 6: Jan Vermeer, *Junge Frau mit Wasserkanne am Fenster*, Quelle: Arthur K. Wheelock (Hg.), *Vermeer. Das Gesamtwerk*, Stuttgart/Zürich, 1995, S. 147.
Abbildung 7: Giovanni Antonio Bazzi (Sodoma), Quelle: Robert H. Hobart Cust, *Giovanni Antonio Bazzi. The Man and The Painter. 1477-1549*, London 1906, Abb. 53a.
Abbildung 8: Francisco de Zurbarán, *Agnus Die*, Quelle: *Zurbarán*, Ausst.-Kat. Museo del Prado 1988, Madrid 1988, S. 437.
Abbildung 9: W. J. T. Mitchell, *Family of Images*, Quelle: W. J. T. Mitchell, *Iconology*, Chicago/London 1986, S. 10.
Abbildung 10: Charles Philipon/Honoré Daumier, *Louis Philippe*, Quelle: Arthur Coleman Danto, *Kunst nach dem Ende der Kunst*, München 1996, S. 92.
Abbildung 11: Claes Oldenburg, *Typewriter-Pie*, Quelle: *Claes Oldenburg. Writing on the Side 1956-1969*, hrsg. v. Karen Kelly, Museum of Modern Art, New York 2013, S. 324.
Abbildung 12: Man Ray, *Le Violon d'Ingres*, Quelle: *Man Ray 1890-1976. Sein Gesamtwerk*, hrsg. v. Merry Foresta u.a., Schaffhausen 1989, S. 317.

Abbildung 13: El Lissitzky, *Der Konstrukteur*, Quelle: Ulrich Pfisterer/Valeska von Rosen (Hrsg.), *Der Künstler als Kunstwerk. Selbstporträts vom Mittelalter bis zur Gegenwart*, Stuttgart 2005, S. 160.

Abbildung 14: László Moholy-Nagy, Covergestaltung der Zeitschrift *foto-Qualität*, Quelle: Jeannine Fiedler, *Fotografie am Bauhaus*, Berlin 1990. S. 228.

Abbildung 15: El Lissitzky, *Tatlin, Working on the Monument*, Quelle: El Lissitzky 1890 – 1941. Retrospektive, hrsg. v. Norbert Nobis, Sprengel Museum Hannover 1988, Frankfurt am Main 1988, S. 121.

Abbildung 16: Nicolas Poussin, *Die Heilige Familie im Tempel*, Quelle: Oskar Bätschmann, „Diskurs der Architektur im Bild. Architektur im Werk von Poussin", in: Carlpeter Braegger (Hrsg.), *Architektur und Sprache. Gedenkschrift für Richard Zücher*, München 1982, S. 21.

Abbildung 17: Richard Mosse, *Come Out (1966) II, North Kivu, eastern Democratic Republic of Congo*, Quelle: Der Künstler, Jack Shainman Gallery und carlier | gebauer.

Abbildung 18: Richard Mosse, *Of Lillies and Remains*, Quelle: Der Künstler, Jack Shainman Gallery und carlier | gebauer.

Abbildung 19: Giovanni Bellini, *Die Taufe Christi*, Quelle: Otto Pächt, *Venezianische Malerei des 15. Jh.*, München 2002, Abb. 34.

Abbildung 20: Jackson Pollock, *The Key*, Quelle: *Jackson Pollock*, hrsg. v. Kirk Varnedoe, New York 1998, S. 213.

Abbildung 21: Jackson Pollock, *Untitled (Cut Out Figure)*, Quelle: *Jackson Pollock*, hrsg. v. Kirk Varnedoe, New York 1998, S. 253.

Abbildung 22: Athanasius Kircher, *Camera Obscura*, Quelle: *Ars lucis et umbrae*, Rom 1647.

Abbildung 23: Dziga Vertov, Film-Still, Quelle: Michael Temple, *For Ever Godard*, London 2004, S. 204.

Abbildung 24: Caravaggio, *Opferung des Isaak* (Detail), Quelle: Daniela Bohde/Mechthild Fend (Hrsg.), *Weder Haut noch Fleisch. Das Inkarnat in der Kunstgeschichte*, Berlin 2007, S. 68.

Abbildung 25: René Magritte, *Die Beschaffenheit des Menschen (La Condition humaine)*, Quelle: Uwe M. Schneede, *Die Kunst des Surrealismus. Malerei, Skulptur, Dichtung, Fotografie, Film*, München 2006, S. 115.

Abbildung 26: Picasso Pablo, *Interieur mit verschneiter Landschaft*, Quelle: Josep Palau i Fabre, *Picasso. The Early Years 1881-1907*, New York 1981, S. 165.

Abbildung 27: Ray Man, *Object to be destroyed*, Quelle: *Man Ray. 1890-1976. Sein Gesamtwerk*, hrsg. v. Merry Foresta, Schaffhausen u.a. 1989, S. 252.

Abbildung 28: Henk Visch, *The Metaphor*, Quelle: Der Künstler.

Abbildung 29: Alicja Kwade, *Lucy*, Quelle: *Alicja Kwade*, Ausst.-Kat. kestnergesellschaft Hannover/Westfälischer Kunstverein Münster 2010, Berlin 2010.

Abbildung 30: Silvie & Cherif Defraoui, Autoportrait, Quelle: *Defraoui. Archives du futur 1975-2004*, Ausst.-Kat. Kunstverein St. Gallen Kunstmuseum/Musée d'art moderne et contemporain Genève/Macedonian Museum of Contemporary Art Thessaloniki 2004-2005, Nürnberg 2004, S. 118.

Abbildung 31: Tizian, *Allegorie der von der Vernunft regierten Zeit*, Quelle: *Tiziano*, Ausst.-Kat. Palazzo Ducale Venedig/National Gallery of Art Washington 1990, S. 349.

Abbildung 32: Rembrandt Harmensz van Rijn, *Das Gastmahl in Emmaus*, Quelle: Jacqueline/Maurice Guillaud, *Rembrandt*, Stuttgart 1986, Nr. 655.

Abbildung 33: Paolo Uccello, *Die Jagd*, Quelle: Annarita Paolieri, *Paolo Uccello, Domenico Veneziano, Andrea del Castagno*, Florenz 1991, Abb. 52.

Abbildung 34: Johannes Brus, Ansicht der Ausstellung *Der ganze Eisberg*, Quelle: *Johannes Brus. Der ganze Eisberg*, hrsg. v. Klaus Gallwitz, Ausst.-Kat. Arp Museum Bahnhof Rolandseck 2007-2008. Düsseldorf 2007, S. 90.

Abbildung 35: Johannes Brus, Atelieransicht, Quelle: *Johannes Brus. Der ganze Eisberg*, hrsg. v. Klaus Gallwitz, Ausst.-Kat. Arp Museum Bahnhof Rolandseck 2007-2008. Düsseldorf 2007, S. 22.

Abbildung 36: Matthew Barney, *Drawing Restraint 2*, Quelle: *Matthew Barney. Drawing Restraint Vol. 5 1987-2007*, hrsg. v. Melissa Larner, Ausst.-Kat. Serpentine Gallery 2007/Kunsthalle Wien 2008, Köln 2007, S. 44.

Abbildung 37: Matthew Barney, *TRANSEXUALIS incline (manual) C*, Quelle: *Barney/Beuys. All in the present must be transformed*, hrsg. v. Nancy Spector, Ausst.-Kat. Deutsche Guggenheim 2007, New York/Berlin 2006, S. 87.

Abbildung 38: Matthew Barney, *Cremaster 1: Goodyear Chorus*, Quelle: *Matthew Barney: the CREMASTER Cycle*, hrsg. v. Nancy Spector, Ausst.-Kat. Museum Ludwig Köln/Musée d'Art Moderne de la Ville de Paris/Guggenheim Museum New York 2002-2003, Ostfildern-Ruit 2002, S. 163.

Abbildung 39: Matthew Barney, *Crestmaster 1*: Choreografische Station von sieben zu acht, Quelle: *Matthew Barney: the CREMASTER Cycle*, hrsg. v. Nancy Spector, Ausst.-Kat. Museum Ludwig Köln/Musée d'Art Moderne de la Ville de Paris/Guggenheim Museum New York 2002-2003, Ostfildern-Ruit 2002, S. 160.

Abbildung 40: Matthew Barney, *Crestmaster 1*: Choreografische Station von acht zu neun, Quelle: *Matthew Barney: the CREMASTER Cycle*, hrsg. v. Nancy Spector, Ausst.-Kat. Museum Ludwig Köln/Musée d'Art Moderne de la Ville de Paris/Guggenheim Museum New York 2002-2003, Ostfildern-Ruit 2002, S. 160.

Abbildung 41: Matthew Barney, *Crestmaster 1*: Choreografische Station von neun zu zehn, Quelle: *Matthew Barney: the CREMASTER Cycle*, hrsg. v. Nancy Spector, Ausst.-Kat. Museum Ludwig Köln/Musée d'Art Moderne de la Ville de Paris/Guggenheim Museum New York 2002-2003, Ostfildern-Ruit 2002, S. 160.

Abbildung 42: Matthew *Barney, Crestmaster 1*: Choreografische Station elf, Quelle: *Matthew Barney: the CREMASTER Cycle*, hrsg. v. Nancy Spector, Ausst.-Kat. Museum Ludwig Köln/Musée d'Art Moderne de la Ville de Paris/Guggenheim Museum New York 2002-2003, Ostfildern-Ruit 2002, S. 162.

Abbildung 43: Matthew Barney, *Cremaster 1*: Choreogafische Station drei, Quelle: *Matthew Barney: the CREMASTER Cycle*, hrsg. v. Nancy Spector, Ausst.-Kat. Museum Ludwig Köln/Musée d'Art Moderne de la Ville de Paris/Guggenheim Museum New York 2002-2003, Ostfildern-Ruit 2002, S. 142.

Abbildung 44: Matthew Barney, *Cremaster 1*: Choreogafische Station elf, Quelle: *Matthew Barney: the CREMASTER Cycle*, hrsg. v. Nancy Spector, Ausst.-Kat. Museum Ludwig Köln/Musée d'Art Moderne de la Ville de Paris/Guggenheim Museum New York 2002-2003, Ostfildern-Ruit 2002, S. 165.

Namensregister

Alberti, 360-366, 426
Albus, 32-38, 47
Aldrich, 13, 16, 148, 150, 228, 313, 319-322, 333, 342, 384, 424
Aristoteles, 10-11, 71, 76, 123, 125, 131-132, 135, 153-155, 159, 170, 284
Arnheim, 21, 195-196, 210, 311, 313, 375-383, 388, 413, 423, 426, 430
Asmuth, 135-136, 258
Bätschmann, 17, 276-282, 290, 302-303, 333-339, 424-425
Baldessari/Weiner, 404-406, 427
Barney, 409-422, 426
Baumgarten, 19, 29-31, 44-46, 119-122, 165, 225, 257, 368-369
Baxandall, 16, 284
Beardsley, 16, 155, 225-226
Berry, 16, 281, 424
Biese, 16, 122-123, 230-231
Black, 11, 90, 123, 125-131, 139, 146-148, 152-153, 168, 169, 178-180, 185, 188, 192, 193, 195, 206-208, 210, 217, 228, 258-261, 279, 289, 291, 292, 316, 353, 371, 375, 379, 429, 430
Blumenberg, 11-13, 19, 20, 30, 52, 87-106, 108-111, 138, 148, 157, 161-163, 166, 168, 170-174, 178, 184, 188, 203-204, 211-213, 223, 258-259, 290, 292, 300, 337, 339, 366, 374, 380, 413, 432
Boehm, 22, 243, 251, 276-279, 284, 287-293, 297-300, 332, 354, 425
Brandstätter, 373
Budd, 16, 228
Carroll, 16-18, 84, 227-228, 240-246, 316, 321, 325-329, 384-387, 424-425, 433
Cassirer, 12, 20, 30, 67-86, 94, 103-105, 108-110, 122, 171-172, 183-187, 209-213, 222, 232-33, 238, 248, 258-259, 268-270, 384, 426, 430-432
Cennini, 361-362
Cernuschi, 350-351
Coenen, 132, 251, 260
Cohen, 16, 136-137, 226
Crary, 297, 355-356, 426
Danesi, 383
Danto, 16, 144-146, 225-228, 240-249, 254, 258-261, 279-280, 322-325, 332-333, 338, 342, 346-347, 348, 354, 372, 374, 418, 424-425
De Man, 13, 159, 167, 259
Debatin, 52, 91, 130, 156, 168, 203-204, 217

Derrida, 13, 64, 103, 117, 138, 159-174, 182, 203, 213, 258-259
Descartes, 31, 35-36, 56-57, 83, 87-88, 99, 109, 154, 161, 163, 181, 212, 356
Didi-Huberman, 403
Dilworth, 138
Dittmann, 268-270, 424
Durand, 17, 311, 316
Edelman, 408-409
Fauconnier, 198, 200, 219-222
Fauconnier/Turner, 200, 211, 218-222, 259
Forceville, 17-19, 302, 307-312, 316-318, 338, 415, 424-425
Forssman, 271, 284
Frazer, 135-138, 258
Fried, 402-403
Fürst, 46-47
Furbank, 141-143, 150-151, 295, 383-384
Gadamer, 20, 152-154, 160, 185, 290
Gaut, 16, 226-227, 260
Gehring, 24-25, 92-93, 102, 138-140, 169, 209, 215, 303, 336-337
Gibbs, 17, 210-212, 312, 432
Gombrich, 16-18, 21, 233, 244, 272-276, 301-307, 311-313, 340-341, 424
González-Torres, 397-401, 426
Goodman, 16, 17, 84, 153, 175, 186-188, 192, 207-208, 225-228, 231-240, 246, 249, 253-254, 260-261, 290-291, 297-298, 322, 332, 367, 424
Grant, 16, 226, 352
Grassi, 38, 213
Haeflinger, 88, 103-104, 212
Haskell, 32, 38, 213-214, 259, 306

Hausman, 16, 207, 228, 250-253, 261, 281, 292-293, 316, 333, 338, 387-388, 424-425
Haverkamp, 12-16, 24, 113, 119, 121, 139-140, 147-148, 158, 159-160, 165-167, 283, 368-369
Heffernan, 17, 322, 337
Hegel, 16, 123, 137, 225, 229-231, 260, 268, 270-271, 296
Heise, 42-45
Henle, 141-142, 152-155, 168-169
Herder, 19, 29-30, 36, 41-48, 57, 63, 71, 75, 76, 79-80, 107-110, 121-122, 171-172, 211, 216, 230, 248, 257-260, 362, 373, 426, 430
Hesse, 131, 145, 149, 184-188, 261
Hester, 148-152, 155-156, 258, 261, 319, 322, 383, 425
Holyoak/Thagard, 374
Humboldt, 71, 154, 211, 216, 230
Indurkhya, 204-209, 260-261, 305
Jäkel, 211-212
Jakobson, 11-13, 287
Johns, 17, 311, 337
Johnson, 12, 193-196, 215, 221
Judd, 401-402
Kant, 30, 49-52, 69-70, 73, 79, 82-83, 88-89, 99-102, 104, 109-110, 130, 154-156, 164, 173-174, 193-195, 198, 210-212, 254, 259-260, 290, 296-297, 328, 379, 430
Kaplan, 16, 228, 280-281, 424
Keil, 64, 156
Kennedy, 17, 302, 311-313, 424, 425
Kertess, 407-409
Kittay, 205-207, 261, 356-357, 367
Kövecses, 14
Kofman, 57-64
Kohl, 13, 14, 23, 133, 137-138, 169, 170, 177-178, 188, 209-213, 258, 283

Koos, 17, 362
Krauss, 401-402
Krois, 79-80, 208-209, 216, 227, 232, 260, 352, 403, 433
Kruse, 17, 361, 426
Kümmerling, 16, 359
Kurz, 14
Lakoff, 196-198, 381-382
Lakoff/Johnson, 12, 14, 18, 20, 74, 104, 138, 148, 178, 189-202, 204-223, 259-261, 283, 302, 306-308, 315, 316-317, 337, 359, 373-374, 378, 394, 402, 426
Lakoff/Turner, 215
Lauschke, 83-84
Leatherdale, 373
Leibniz, 30, 41, 44, 79, 82-83, 119-120, 172
Leja, 347-352
Liebsch, 292-293, 300
MacCormac, 177-178, 202-205, 222, 259
Majetschak, 16-17, 120, 146, 332-333, 424-425
Mannings, 275, 284, 424
Marks, 306, 309, 425
Mitchell, 22, 287, 293-300, 315, 326, 353-355, 359, 425
Molderings, 359
Moran, 16, 136-137, 225-226,
Müller, F. M., 29, 75-77, 80, 110, 122, 160, 171, 211, 230
Müller, A., 300, 333, 343, 363-365
Nietzsche, 12, 13, 19-20, 30, 38, 53-65, 71, 79, 85, 94, 96, 101, 102, 108-111, 117, 123, 159, 160, 162, 171, 173-174, 182, 195, 211, 213-214, 230, 259, 290-292, 370, 377, 411, 430
Ortony, 12, 13, 17, 191, 201
Paetzold, 246, 253-254, 374, 388

Panofsky, 21, 267-278, 284, 297-298, 360, 425
Paul, 122, 160, 230
Pérez-Carreño, 17, 322, 337, 342-343, 352
Quintilian, 11, 33, 76, 100, 119-121, 133, 162, 229, 336
Rebentisch, 402
Recki, 74-75, 80-82, 102-105
Richards, 11, 12, 123-128, 133, 136, 140-143, 149-150, 154, 165, 169, 178, 182, 195, 213, 258, 279, 285, 316, 375
Ricoeur, 23, 90, 127, 137-138, 152-156, 186, 187-188, 195, 207-208, 253-254, 258, 259, 291, 315-316, 319, 322, 383
Rimmele, 17-18, 274, 284-285, 301-307, 319, 333-339, 423, 425, 433
Ripa, 271, 273, 276
Rolf, 24
Rothenberg, 21, 325, 328, 384-389, 418, 423
Rorty, 22, 287, 291, 297, 354, 356
Rozik, 17, 18, 209, 214, 314, 424
Schöffel, 62, 231
Scruton, 16, 225-226, 260
Sedivy, 18, 314-315, 424
Serig, 388-389
Sibley, 16, 225-226, 228
Sonesson, 17, 315-316, 424, 425
Spector, 398-399, 409-421
Stern, 17, 137, 202, 237, 326
Stoellger, 75, 77, 82-83, 90, 92, 97-98, 101-103, 163, 203, 213
Stoichita, 359-360, 426
Strub, 167-168
Syring, 413-414
Taureck, 300
Tebartz-van Elst, 52, 54-65
Trabant, 33-34, 217, 432

Turbayne, 181-182, 203, 259, 355
Verene, 36-38
Vico, 19, 29-39, 42-43, 46-48, 57, 58, 63, 70-71, 74, 78, 83, 87-88, 104-105, 107-110, 119-122, 130, 171-172, 183, 193, 211-214, 216, 230, 246, 257, 260, 274, 291, 362, 387, 426
Visch, 368-369, 407, 426
Vischer, 123, 268-271, 298
Weinrich, 11-12, 131-132, 138, 143, 171-172, 211-212
Wagner, 17, 281-282, 338-340, 342, 366, 425
Warburg, 217, 267-268
Wheelwright, 182-184, 207, 216, 259
Whittock, 18, 316, 433
Willer, 11, 16, 116, 119-122, 133, 135, 138, 169, 258
Wittgenstein, 130, 131, 137, 144-157, 168-169, 173-175, 185, 188, 192, 196, 211, 243, 247, 254, 258-259, 290-298, 315-333, 354, 430
Wittkower, 271, 424, 425
Wollheim, 17, 146, 282, 321-322, 342-346, 361-362, 374, 402-403, 424, 425
Zangwill, 16, 225-227, 260, 350
Zill, 148, 173

Kunst- und Bildwissenschaft

Julia Allerstorfer, Monika Leisch-Kiesl (Hg.)
»Global Art History«
Transkulturelle Verortungen
von Kunst und Kunstwissenschaft

2017, 304 S., kart.
34,99 € (DE), 978-3-8376-4061-8
E-Book: 34,99 € (DE), ISBN 978-3-8394-4061-2

Horst Bredekamp, Wolfgang Schäffner (Hg.)
**Haare hören –
Strukturen wissen –
Räume agieren**
Berichte aus dem Interdisziplinären Labor
Bild Wissen Gestaltung

2015, 216 S., kart., zahlr. farb. Abb.
34,99 € (DE), 978-3-8376-3272-9
E-Book kostenlos erhältlich als Open-Access-Publikation
ISBN 978-3-8394-3272-3

Heike Engelke
Geschichte wiederholen
Strategien des Reenactment in der Gegenwartskunst –
Omer Fast, Andrea Geyer und Rod Dickinson

2017, 262 S., kart.
32,99 € (DE), 978-3-8376-3922-3
E-Book: 32,99 € (DE), ISBN 978-3-8394-3922-7

**Leseproben, weitere Informationen und Bestellmöglichkeiten
finden Sie unter www.transcript-verlag.de**

Kunst- und Bildwissenschaft

Burcu Dogramaci, Katja Schneider (Hg.)
»Clear the Air«. Künstlermanifeste seit den 1960er Jahren
Interdisziplinäre Positionen

2017, 396 S., kart., zahlr. z.T. farb Abb.
29,99 € (DE), 978-3-8376-3640-6
E-Book: 26,99 € (DE), ISBN 978-3-8394-3640-0

Astrit Schmidt-Burkhardt
Die Kunst der Diagrammatik
Perspektiven eines neuen
bildwissenschaftlichen Paradigmas

2017, 372 S., kart., zahlr. Abb.
39,99 € (DE), 978-3-8376-3631-4
E-Book: 39,99 € (DE), ISBN 978-3-8394-3631-8

Gerald Schröder, Christina Threuter (Hg.)
Wilde Dinge in Kunst und Design
Aspekte der Alterität seit 1800

2017, 312 S., kart., zahlr. z.T. farb. Abb.
36,99 € (DE), 978-3-8376-3585-0
E-Book: 36,99 € (DE), ISBN 978-3-8394-3585-4

**Leseproben, weitere Informationen und Bestellmöglichkeiten
finden Sie unter www.transcript-verlag.de**